Kundenorientierung

Jörg Staudacher

Kundenorientierung

Grundlagen, Modelle und Best Practices
für eine erfolgreiche Transformation

Jörg Staudacher
HWZ Hochschule für Wirtschaft Zürich
Zürich, Schweiz

ISBN 978-3-658-20175-3   ISBN 978-3-658-20176-0   (eBook)
https://doi.org/10.1007/978-3-658-20176-0

Die Deutsche Nationalbibliothek verzeichnet diese Publikation in der Deutschen Nationalbibliografie;
detaillierte bibliografische Daten sind im Internet über http://dnb.d-nb.de abrufbar.

Planung/Lektorat: Angela Meffert
Springer Gabler ist ein Imprint der eingetragenen Gesellschaft Springer Fachmedien Wiesbaden GmbH und ist
ein Teil von Springer Nature.
Die Anschrift der Gesellschaft ist: Abraham-Lincoln-Str. 46, 65189 Wiesbaden, Germany

Für Liz

Vorwort

Dies ist ein leidenschaftliches Buch, lieber Leser. Es warnt dich schon beim Eintritt, dass ich mir kein anderes Ende vorgenommen habe als ein anspruchsvolles und ehrliches. Du hältst ein Buch in den Händen für Don Quijote, Handwerker und Veränderer, die vom Kunden aus denken und handeln wollen. Ich habe es für den persönlichen Gebrauch allen Verantwortlichen geschrieben, die die Kundenorientierung ihres Unternehmens steigern wollen. Mögen sie, wenn sie vor einer Herausforderung stehen, die optimale Antwort darin finden.

Das Buch richtet sich an Manager, aber auch an Studierende. Es ist als Ergänzung zu den Standardwerken in den jeweiligen Fachbereichen zu sehen. Neben den angeführten Quellen ist in die Erstellung meine umfangreiche Erfahrung eingeflossen.

Du wirst dieses Buch lieben, wenn du vom positiven Einfluss der Kundenorientierung auf den Erfolg eines Unternehmens überzeugt bist; wenn du schon grundlegende Erfahrungen mit den aktuellen Modellen in Strategie, Organisationentwicklung, Kundendaten- und Kundenbeziehungsmanagement hast; wenn du schon das ein oder andere Projekte hast scheitern sehen, weil die Organisation nicht kundenorientiert ausgerichtet war; wenn du keine Zeit mehr verlieren und wenn du wertvolle Beziehungen zu Kunden aufbauen willst; wenn du Kundenorientierung als Handwerk und nicht als Modethema begreifst. In der Summe: Wenn für dich Wachstum und Gewinn eine wichtige Motivation für deine tägliche Arbeit sind. Dieses Buch hilft dir, …

1. Grundlagen der Kundenorientierung zu verstehen,
2. aktuelle Modelle mit der Praxis zu verbinden und
3. anhand von Cases die Verbesserung der Kundenorientierung zu üben.

Du findest ergänzende Informationen und die Cases unter:
https://customersx.ch/bk

Die Fälle werden im Zeitablauf aktualisiert und angepasst. Deshalb habe ich im Buch keine detaillierte Beschreibung der Cases vorgenommen.

Wenn du Fragen oder Anmerkungen hast, schreib mir gerne unter: bk@customersx.ch.

Gerade Bücher zum Thema Kundenorientierung schmücken sich mit den Namen von möglichst erfolgreichen Organisationen. Als Berater bin ich zur Verschwiegenheit verpflichtet. Ich verweise an der einen oder anderen Stelle auf Organisationen und vergangene Erfahrungen. Meine Beispiele werden aber anonym vorgestellt. Ich möchte nicht mit Logos, sondern mit Inhalten überzeugen. Abschließend weise ich darauf hin, dass Kundenorientierung kein Zustand ist, sondern ein kontinuierlicher Prozess. Alle Beispiele gelten für den Moment der Erstellung dieses Buches.

Im Buch wird der Begriff Kundenorientierung synonym mit dem Begriff Customer Centricity verwendet. Zahlreiche andere Managementbegriffe werden für das einfachere Verständnis in Englisch belassen (bspw. Customer Experience). Darüber hinaus wird in diesem Buch der Begriff *Kunde* im Sinne von Nachfrager benutzt, also Kunden und potenzielle Kunden, außer, es wird explizit eine Unterscheidung getroffen. Dies soll ebenfalls den Lesefluss vereinfachen.

Dank gilt all meinen Kollegen, Kunden und Studierenden, die dieses Buch überhaupt erst ermöglicht haben.

Mein besonderer Dank gilt Frau Antonia Jost für das Lektorat meiner Ausführungen. Wenn die Gedanken schneller als die Finger sind, kann es für den Leser leicht herausfordernd werden.

Schließlich gilt mein Dank dem Team von Springer Gabler für die sehr engagierte und professionelle Zusammenarbeit sowie für die Geduld, die für die Finalisierung dieses Buches notwendig war. Insbesondere bei Frau Angela Meffert möchte ich mich stellvertretend für das ganze Team herzlich bedanken.

Ich wünsche dir, lieber Leser, viel Spaß, viele Erkenntnisse und einen möglichst großen Nutzen für deine tägliche Arbeit. Die Kundenorientierung zu verbessern, ist nicht einfach, aber es lohnt sich!

Jörg Staudacher

Inhaltsverzeichnis

Abbildungsverzeichnis

Tabellenverzeichnis

Einleitung 1

Im Rahmen meiner Tätigkeit für einen erfolgreichen Konzern, der stolz auf seine vielen Patente und Angebote ist, machte ich folgende Erfahrung:

Meine bisherigen Erlebnisse in der Ausbildung und im Berufsleben hatten mich davon überzeugt, dass Kundenorientierung grundsätzlich wichtig für den Erfolg einer Organisation ist und dass eine kundenorientierte Unternehmensführung zu mehr Wachstum und Gewinn führt. Somit war ich begeistert, als sich mein damaliger Arbeitgeber dazu entschloss, Ressourcen und Kompetenzen zur Verbesserung der Kundenorientierung einzusetzen bzw. aufzubauen. In einer ersten Phase wurde mit großem finanziellem Aufwand eine weltweite Kundenbefragung für die verschiedenen Geschäftsbereiche etabliert. Eine Kennzahl zur Messung der Entwicklung der Kundenorientierung wurde festgelegt. Es wurde versucht, die Erkenntnisse des Design Thinkings und des Customer Experience Managements in die bestehenden Prozesse zu integrieren. Meine Begeisterung stieg, und alle im Team waren ebenfalls euphorisch, dass auf Basis von Daten und statistischen Methoden die einzelnen Elemente zur Verbesserung der Kundenorientierung kritisch evaluiert wurden. Aber schon bald bemerkte ich, dass einzelne Aktivitäten je nach Widerstand in der Organisation vorangetrieben wurden oder eben nicht. Der Kundenwert und das Preismanagement wurden bspw. in den Überlegungen nicht berücksichtigt. Auch der Versuch, die einzelnen Geschäftsbereiche basierend auf den Ergebnissen der jeweiligen Kundenbefragung zu einer Transformation zu bewegen, fiel im Zeitablauf unterschiedlich erfolgreich aus.

Nach einer zweijährigen Euphorie-Welle war erkennbar, dass die Führungsebene das Thema der Kundenorientierung als immer weniger relevant betrachtete. Erst konnte ich mir diese negativere Einschätzung nicht erklären. Die Fachabteilung, die das Thema Kundenorientierung vorantrieb, arbeitete auf sehr hohem konzeptionellem und methodischem Niveau. Die unterstützenden Beratungen und Agenturen gehörten zu den besten. Das Engagement zur Verbesserung der Kundenorientierung war allgemein hoch.

© Springer Fachmedien Wiesbaden GmbH, ein Teil von Springer Nature 2021
J. Staudacher, *Kundenorientierung*, https://doi.org/10.1007/978-3-658-20176-0_1

Die Relevanz und positive Entwicklungen zum Thema Kundenorientierung wurden intern umfassend kommuniziert. Manche Produktentwicklungs-, Kommunikations- und Verkaufsabteilungen übernahmen sogar freiwillig die neuen Instrumente. Woher kam die plötzliche Skepsis in der Geschäftsleitung? In den unterschiedlichen Entscheidungs- gremien auf Konzern-, Geschäftsfeld- und Bereichsebene beobachtete ich, dass die neuen Kundeninformationen aufgrund der Kundenbefragungen für die jeweiligen Ver- antwortlichen schwer zu verstehen und für die entsprechenden Entscheidungen zu nutzen waren. Das aufwendig eingeholte Kundenfeedback bezüglich der Markenstärke, der Kundenbeziehungsmanagementaktivitäten, der Customer Experiences und der Angebots- performances stand oftmals nicht im Einklang mit der finanziellen Entwicklung des jeweiligen untersuchten Bereichs. Auch die Veränderungen der Kennzahl First Choice im Zeitablauf schienen in vielen Geschäftsbereichen eher willkürlich zu sein als auf den Aktivitäten der Organisation zu basieren.

Die Organisation teilte sich nach zwei Jahren, vereinfacht dargestellt, in drei Gruppen auf. Gruppe eins gehörte der Großteil der Mitarbeitenden an. Ihnen wurde kommuniziert, dass die Organisation eine stärkere Kundenorientierung anstrebte, aber in den jeweiligen Entscheidungsgremien waren kaum Veränderungen in Bezug auf die Entscheidungsfindung wahrzunehmen, was zu einer Konfusion bezüglich der Relevanz und Beständigkeit dieses Themas führte. Gruppe zwei bestand aus einer kleinen Gruppe von „Fanatikern". Sie trieben das Thema Kundenorientierung immer weiter voran und bildeten eine Art Wagenburgmentalität aus. Gruppe drei bestand aus einzelnen Führungskräften, die eigentlich überzeugt waren, dass eine Verbesserung der Kundenorientierung für die Steigerung des Wachstums und Gewinns wichtig ist. In den jeweiligen Entscheidungsgremien entstand aber eine zunehmende Unsicherheit bezüg- lich des Zielsystems der Organisation und der Frage, welche Informationen als Basis für die unterschiedlichen Entscheidungen herangezogen werden sollten. Im Ergebnis wurde das Thema Kundenorientierung nach drei Jahren de-priorisiert. Offensichtlich wurden trotz sehr guter Voraussetzungen und eines sehr hohen Einsatzes gravierende Fehler bei der Verbesserung der Kundenorientierung gemacht. Dieses Erlebnis bewog mich dazu, in den kommenden Jahren die bestehenden Empfehlungen für eine kundenorientierte Unternehmensführung kritisch zu analysieren.

Auf Basis dieser Erfahrung folgte ich zu Beginn meiner Untersuchungen der Ein- schätzung von Haubrock und Öhlschlegel-Haubrock (2015, S. 3), dass Kunden- orientierung in der Praxis inzwischen mehr Verwirrung als Klarheit stiftet. Zwar haben sich die Anfragen bei Google zum Begriff Kundenorientierung zwischen 2008 und 2019 mehr als verdoppelt (Google Trends 2020) und zahlreiche Organisationen, wie bpsw. Amazon, HP und Fresenius schreiben Kundenorientierung in ihr Leitbild, trotz- dem scheint niemand genau zu wissen, was mit dem Begriff gemeint und wie dieser zu gestalten ist. Obwohl sich die Umwelt immer stärker verändert (Digitalisierung, Pandemien, abnehmende Wachstumsraten etc.), setzen Organisationen immer noch eher auf Kostenoptimierung und Wettbewerbsfokussierung und weniger auf Differenzierung und Wachstum. Daraus ergibt sich ein Customer Management, das eher als langweiliger One-Night-Stand konzipiert ist, als dass es an eine aufregende langjährige Ehe erinnert.

Kostenmanagement ist ein wichtiger Erfolgsfaktor für eine Organisation, aber auf den folgenden Seiten soll es nicht nur um die Kosten gehen, sondern auch darum, wie sich eine Organisation differenziert und Wachstum erzielt werden kann. Ein Beispiel für eine Organisation, die den hohen Stellenwert von Wachstum erkannt hat, ist Coca-Cola. Das Unternehmen hat entschieden, die Position des CMO (Chief Marketing Officer) nicht mehr zu besetzen und stattdessen die Rolle eines CGO (Chief Growth Officer) zu installieren (Roderick 2017, S. 1).

Vor Jahren traf eine Führungskraft im Rahmen eines Workshops die folgende Aussage: „Wettbewerbsanalysen mache ich keine mehr. Es ist mir egal, was der Wettbewerb macht. Ich will meine Kunden am besten betreuen." Eine starke Aussage. Die restliche Organisation schaute aber von morgens bis abends nur auf den Wettbewerb, weil das viel einfacher und billiger war. Es bot auch Sicherheit. „Wenn der Wettbewerb etwas erfolgreich umsetzt, dann kriegen wir das auch hin. Wenn wir warten, können wir lernen, welche Fehler wir möglichst nicht machen sollten." Diese Aussage habe ich über Jahre immer wieder diskutiert. Sollte eine Organisation nach Differenzierung streben oder im Sinne von Me-Too den Stärksten einer Branche folgen? Viele Organisationen sind seit Jahrzehnten mit einer Me-Too-Strategie im Sinne von „Wir kopieren den Wettbewerb" erfolgreich. Ich habe aber oft erlebt, dass diese Organisationen schnell an ihren Existenzrand gedrängt werden, sobald ihre Branche mit Veränderungen konfrontiert wird. Die Herausforderung besteht dann vor allem darin, die Einstellung und das Verhalten der Mitarbeitenden zu ändern. Während in ruhigen Zeiten durch Blick auf den Wettbewerb relativ sicher entschieden werden konnte, bringt die Ausrichtung auf den Kunden eine unbekannte Perspektive mit sich. Dies war auch ein Grund für das Scheitern der Verbesserung der Kundenorientierung in meinem Beispiel eingangs. Das zukünftige Verhalten von Kunden zu prognostizieren, impliziert eine höhere Unsicherheit innerhalb der Entscheidungsfindung. Ich fordere nicht, der extremen Perspektive zu folgen, den Wettbewerb gar nicht zu berücksichtigen. Die Organisation ist aber auf die Kunden auszurichten und der Wettbewerb über die Wahrnehmung der Kunden zu analysieren.

Eine weitere treibende Kraft für dieses Buch ist die moderne Managementforschung. Diese stürzt sich mit einem Strukturgleichungsmodell auf einen möglichst kleinen Untersuchungsgegenstand, um diesen valide zu untersuchen. Aufgrund des zunehmenden Wettbewerbs, auch in der Forschung, und der geringeren Kosten in der quantitativen Arbeit ist dies durchaus verständlich. Was dabei etwas verloren geht, sind Managementmodelle, die versuchen, Komplexitäten zu strukturieren, anstatt diese zu detaillieren. So verlieren sich viele Ausführungen gerade im Marketing immer mehr in Teildisziplinen und Begriffen (bspw. Mobile Marketing, Content Marketing, Influencer Marketing, Digital Marketing, Social-Media-Marketing), die für eine Betrachtung eines überschaubaren Aspekts vielleicht hilfreich sind. Jedoch bleiben die großen Zusammenhänge unberücksichtigt.

Kundenorientierung ist eine Rückbesinnung darauf, bei der Steuerung einer Organisation die Komplexität zu reduzieren. Damit ist nicht gemeint, empirische Forschung im Bereich Kundenorientierung nicht anzuwenden – sonst bleibt Kundenorientierung heiße Luft. Ich bezweifle, dass einzelne banale Empfehlungen, wie bspw. „Kenne deinen Kunden", wirklich helfen. Kundenorientierung ist ein Handwerk, das es durch empirische Forschung als Basis für einen Lernprozess kontinuierlich zu verfeinern gilt. In der Praxis und Ausbildung erlebe ich aber leider oft noch Porters Five Forces, den Produktlebenszyklus und die SWOT-Analyse und dann nicht viel mehr Neues.[1]

Kundenorientierung verpflichtet eine Organisation dazu, sich die neusten Modelle und Techniken anzueignen. Sie führt zu einer Lebendigkeit einer Organisation und dazu, dass sie experimentiert, systematisch hinterfragt und auch (ver-)lernt (Handlbauer und Renzl 2009, S. 149). Im Geiste von Albert Einstein gilt für die folgenden Seiten: Mache die Dinge so einfach wie möglich, aber nicht einfacher.

Die Durchsicht der Veröffentlichungen zum Thema Kundenorientierung strapaziert schnell die Nerven. Dies ist explizit ein „Handwerks"-Buch, das Verantwortlichen helfen soll, ihre Organisation erfolgreicher auszurichten. Ich bin nicht davon überzeugt, dass es hilfreich ist, von Kundenorientierung zu sprechen und dies nur als Ansammlung von War Stories über Nokia, AirBnB und Apple zu begreifen (vgl. beispielhaft o. V. 2009; Gündling 2018). Kundenorientierung darf nicht zu einem Buzz Word verkommen. Schon bei der Etablierung der Modelle zum Thema Kundenorientierung wurde Kritik laut, dass es sich nur um eine Modeerscheinung handeln könne, die gerade von Klein- und Mittelbetrieben kaum aufgegriffen wird (Witte 2001, S. 204). Es gilt aufzuzeigen, dass neben all dem Digitalisierungshype Kundenorientierung als Managementaufgabe auch immer ein Handwerk ist, das wie jedes Handwerk kontinuierlich zu verbessern ist. Auch deshalb habe ich dieses Buch geschrieben.

Meine Einschätzung der Ausgangslage baut auf der zentralen Kritik von Webster (1980) bezüglich des Kundenbeziehungsmanagements aus dem Jahr 1980 auf. Die von ihm befragten CEOs gaben an, dass aus ihrer Sicht vor allem das Kundenbeziehungsmanagement unter einem Produktivitätsproblem leidet. Ausgehend von dieser Erkenntnis kamen Sheth et al. (2000, S. 58) zu dem Ergebnis, dass gerade Organisationen mit geringer Produktivität im Kundenbeziehungsmanagement einen stärkeren Antrieb haben werden, auf Kundenorientierung zu setzen. Ich beobachte aber genau das Gegenteil: Organisationen, die bisher die Produktivität im Kundenbeziehungsmanagement nicht steigern konnten, weisen sogar eine weiter abnehmende Produktivität auf. Zentrale Herausforderung für diese Organisationen ist nicht so sehr die Nutzung neuer Instrumente für das Kundenbeziehungsmanagement, sondern das grundlegende Verständnis, was Kundenorientierung ist und wie diese verbessert werden kann. Der interne Change der Organisation bereitet ihnen größte Mühen (Gabathuler 2019), was Beispiele wie Globus zeigen.

---

[1]Ich bin nicht grundsätzlich gegen diese Modelle, jedoch überrascht mich immer wieder, wie langsam neue Modelle in der Praxis Verbreitung finden.

Um auf den Aspekt der Komplexität zurückzukommen, ist festzuhalten: Kundenorientierung soll helfen, die Komplexität bei der Steuerung einer Organisation zu reduzieren (o. V. 2009). Dies ist nicht einfach, da Kundenorientierung viele Dimensionen umfasst (Witte 2001, S. 204). Dabei bedeutet die Verbesserung der Kundenorientierung im Alltag für jede Organisation etwas anderes. Es gibt nicht den verbindlichen Startpunkt und den genauen Weg für jede Organisation in jeder Situation und jedem Umfeld. Dies macht Kundenorientierung ebenfalls komplex. Deshalb kommt der Identifikation von zentralen Schwächen und Potenzialen und deren Eliminierung bzw. Ausschöpfung eine so hohe Bedeutung bei dem Bestreben, die Kundenorientierung zu verbessern, zu.

Viele Bücher betonen den hohen Stellenwert des Unterschieds zwischen Branchen gerade in Bezug auf die Verbesserung der Kundenorientierung. Ebenfalls wird die Unterscheidung zwischen Konsumgüter-, Industriegüter- und Dienstleistungsmarketing sowohl in der Theorie als auch in der Praxis zelebriert. Aber Multi-Sided-Market-Geschäftsmodelle, wie bspw. TripAdvisor, zeigen auf, dass Kundenorientierung keinen spezifischen Bezug zu einer Zielgruppe hat. Darüber hinaus werden die Erkenntnisse des Dienstleistungsmarketings für alle Organisationen an Stellenwert gewinnen. Aus meiner Sicht ist Kundenorientierung ein universelles Managementmodell und kann für jede einzelne Organisation, egal in welcher Branche, genutzt werden. Die Organisation als individuelles System ist entscheidend für die Ausgestaltung der Kundenorientierung, nicht die Branche!

Aber warum scheitern so viele Organisationen daran, die Kundenorientierung zu verbessern? Es zeigt sich, dass der Begriff häufig nicht richtig verstanden wird. Was Kundenorientierung nicht ist, kann auf den ersten Blick (und auf LinkedIn) anscheinend einfach beantwortet werden. Das nachfolgende Beispiel zeigt aber, dass die Beantwortung der Frage, was Kundenorientierung ist, nicht so einfach ist, wie es auf den ersten Blick erscheint.

Beispiel: United Airlines

Das Unternehmen United Airlines dient seit Jahren als interessantes Beispiel. Zwei Ereignisse haben große Aufmerksamkeit erfahren. Erst hat eine Rockgruppe dem Unternehmen ein Lied gewidmet, weil die Band beim Aussteigen aus dem Flugzeug beobachten konnte, wie ihre wertvollen Musikinstrumente einfach herumgeschmissen und zerstört wurden (https://www.youtube.com/watch?v=5YGc4zOqozo, abgerufen 14.04.2017). Dabei ist anzumerken, dass dies die Mitarbeitenden des Flughafens und nicht der Airline zu verantworten hatten, was aber nichts an dem Hype dieses Vorfalls als Beispiel für mangelnde Kundenorientierung ändert.[2] Ein paar Jahre später

---

[2]Aufgrund der Kostenfokussierung der Airlinebranche hat das Erlebnis im Flughafen inzwischen einen größeren Einfluss auf die Zufriedenheit eines Kunden mit einem Flug als das Erlebnis mit der jeweiligen Airline (Sparrow et al. 2014, S. 68).

bekam das Unternehmen für die Entfernung eines Passagiers aus einem überbuchten Flugzeug extrem negative Presse (o. V. 2017). Das Flugzeug war voll und keiner der Passagiere wollte freiwillig zurückbleiben. Deshalb wurden per Losverfahren die Passagiere bestimmt, die das Flugzeug verlassen sollten. Ein Passagier weigerte sich und wurde von den Sicherheitskräften (des Flughafens!) so gewaltsam aus dem Flugzeug gezerrt, dass er Zähne verlor. So groß die Aufregung über die Vorfälle war, das Unternehmen hat in den letzten drei Jahren den Aktienwert um über 80 % steigern können. Die Zwischenfälle hatten enormes Medienecho, aber der Aktienkurs ging jeweils nur um 6 % für einen kurzen Zeitraum zurück. ◄

Auch andere Beispiele zeigen, dass das, was allgemein unter Kundenorientierung verstanden wird, nicht zwangsläufig einen Einfluss auf den langfristigen Erfolg einer Organisation haben muss. Im Beispiel von United Airlines waren in beiden Fällen nicht die Mitarbeitenden der Organisationen für die Entwicklung verantwortlich, sondern diejenigen des Netzwerks der Organisation. Somit gilt festzuhalten, dass nicht das Medienecho sowie kurzfristige Kursschwankungen als Beurteilung dafür genutzt werden sollten, ob eine Organisation kundenorientiert ist, sondern die Art der Beziehung zu den Kunden sowie das Erlebnis, das eine Organisation den Kunden bietet in Relation zu ihrer Transformationsfähigkeit und der Art der Entscheidungsfindung. Kundenorientierung ist somit zweidimensional, wobei der Bezug auf die Organisation in den meisten Veröffentlichungen untergeht oder nur angeschnitten wird.

Die hohe Relevanz der Kundenorientierung lässt sich am Konstrukt Wettbewerbsvorteil einordnen. Die Erzielung eines Wettbewerbsvorteils wird als eine der wichtigsten Aufgaben einer Organisation gesehen.

▶ Ein **Wettbewerbsvorteil** kommt nur dann zustande, wenn er sich auf Leistungsmerkmale einer Organisation bezieht, die bedeutsam und wahrnehmbar für den Kunden sowie dauerhaft und effizient gegenüber der Konkurrenz verteidigbar sind (Hamelau 2004, S. 65).

Es wird aber immer schwieriger, eigene Wettbewerbsvorteile dauerhaft und vor allem effizient zu verteidigen. Die Disruption im Sinne von „Overturning Old Market Sector Industry Beliefs, Convictions, Assumptions, and Habits" (Vandermerwe 2014, S. XVII) wird uns beschäftigen oder beschäftigt uns bereits. Die meisten Organisationen haben gerade in der Vergangenheit den Wandel eher als etwas Bedrohliches gesehen. Beispiele wie Kodak und Burberry zeigen, wie schnell eine Organisation bankrott sein oder wie eine Marke gerettet werden kann. Organisationen, wie bspw. Google und Apple, nutzen mehrere Wettbewerbsvorteile, die dann auch schneller wieder aufgegeben werden müssen, da sie erodieren oder nur für einen kurzen Zeitraum verteidigt werden können.

In der Summe stehen Organisationen heute deshalb vor der Herausforderung, ihre Reagibilität (Anpassungsfähigkeit) zu erhöhen. Die Anpassungsfähigkeit ist mit der Verteidigung bestehender Vorteile zu balancieren. Kundenorientierung gilt es demnach als Reagibilität und Transformation zu begreifen und nicht als „Wohlfühloase" oder „Königreich für Kunden".

Literatur

Gabathuler, M. (2019). Es war einmal das Warenhaus. https://www.srf.ch/kultur/gesellschaft-religion/kaufhaeuser-in-der-krise-es-war-einmal-das-warenhaus. Zugegriffen: 11. Dez. 2019.

Google Trends. (2020). „Customer Centricity." https://trends.google.de/trends/explore?date=all&q=customer%20centricity. Zugegriffen: 22. Juni 2020.

Gündling, C. (2018). *Letzter Aufruf Kundenorientierung*. Wiesbaden: Springer Gabler.

Hamelau, N. (2004). *Strategische Wettbewerbsanalyse: Eine konzeptionelle Umsetzung am Beispiel der Spezialchemie*. Wiesbaden: Gabler.

Handlbauer, G., & Renzl, B. (2009). Kundenorientiertes Wissensmanagement. In H. H. Hinterhuber & K. Matzler (Hrsg.), *Kundenorientierte Unternehmensführung* (S. 147–176). Wiesbaden: Gabler.

Haubrock, A., & Öhlschlegel-Haubrock, S. (2015). *Der Mythos vom König Kunde: wie Kundenorientierung tatsächlich gelingt* (4. Aufl., Nachdr. 2009). Wiesbaden: Gabler.

o. V. (2009). So you think your business is customer-centric? Think again. *Marketing Week*. https://www.marketingweek.com/. Zugegriffen: 6. Mai 2013.

o. V. (2017). Passagier wird mit Gewalt aus überbuchtem Flugzeug gezerrt. *Spiegel Online*. https://www.spiegel.de/reise/aktuell/united-airlines-passagier-wird-mit-gewalt-aus-ueberbuchtem-flugzeug-gezerrt-a-1142760.html. Zugegriffen: 22. Nov. 2019.

Roderick, L. (2017). Coca-Cola and the rise of the chief growth officer. *Marketing Week*. https://www.marketingweek.com/2017/03/29/chief-growth-officer-coca-cola/. Zugegriffen: 4. Febr. 2017.

Sheth, J. N., Sisodia, R. S., & Sharma, A. (2000). The antecedents and consequences of customer-centric marketing. *Academy of Marketing Science, 28*, 55–66.

Sparrow, P., Hird, M., & Cooper, L. C. (2014). *Do we need HR?: Repositioning people management for success*. Basingstoke: Palgrave Macmillan.

Vandermerwe, S. (2014). *Breaking through: Implementing disruptive customer centricity*. New York: Palgrave Macmillan.

Webster, F. E., Jr. (1980). *Top management views of the marketing function*. Cambridge: Marketing Science Institute.

Witte, E. H. (2001). Kundenorientierung: Eine Managementaufgabe mit psychologischem Feingefühl. *Gruppendynamik und Organisationsberatung, 32*, 203–215.

Dimensionen der Kundenorientierung

2

Trotz aller Verwirrung hat Kundenorientierung (Customer Centricity) in den letzten Jahren kontinuierlich an Bedeutung gewonnen (Day und Moorman 2013) – nicht zuletzt deshalb, weil mehrere Studien aufzeigen konnten, dass Organisationen, deren Kundenorientierung auf einem hohen Niveau liegt, durchschnittlich eine 3 bis 5 % höhere Profitabilität aufweisen (Staudacher und Nyholm 2019, S. 2; o. V. 2015, S. 3). Schon in den 1990er Jahren wurde der positive Zusammenhang zwischen Kundenorientierung und Unternehmenserfolg im Rahmen der Erfolgsfaktorenforschung empirisch nachgewiesen (Simon 1990).

Kundenorientierung ist ein Managementmodell, dessen Mehrwert jede Organisation für sich individuell bestimmen muss.[1] Aufgrund der zunehmenden Austauschbarkeit von Marken (Sander 2009) und der immer schnelleren Nachahmung von Innovationen durch Wettbewerber (Sathit 2017, S. 89) bleibt nur eine stärkere Hinwendung zum Kunden. Dies impliziert, wie in jeder erfolgreichen privaten Beziehung, eine mittel- bis langfristige Perspektive. Kundenorientierung zielt auf ein profitables Wachstum einer Organisation ab. Dabei ist anzumerken, dass nur ein Drittel aller Organisationen Wachstum als wichtigste Priorität einstuft. In den vergangenen Jahren wurde dabei vor allem auch auf Technologie und digitale Innovationen gesetzt, die durch einen Chief Digital Officer entwickelt und geführt werden (Sparrow et al. 2014, S. 9). Kundenorientierung fokussiert aber im Gegensatz zu dieser Vorgehensweise nicht Technologie, sondern den Kunden und nutzt Technologie, wenn sinnvoll. Sie benötigt dafür Zeit und Kontinuität: zwei Erfolgsfaktoren, die in den meisten Organisationen nicht ausreichend vorhanden sind.

---

[1]Zur Kritik am Modell der Kundenorientierung vgl. beispielhaft Gummesson (2008a) und Kumar und Petersen (2005).

© Springer Fachmedien Wiesbaden GmbH, ein Teil von Springer Nature 2021
J. Staudacher, *Kundenorientierung*, https://doi.org/10.1007/978-3-658-20176-0_2

Bitte nicht falsch verstehen: Auch eine kurzfristige Steigerung der Kundenorientierung kann einen positiven Einfluss auf den Unternehmenswert haben. Kundenorientierung ist aber ein kontinuierlicher Prozess, der auf eine mittel- bis langfristige,
erfolgreiche Entwicklung einer Organisation abzielt.

Manche Autoren haben in der Vergangenheit das Level an Kundenorientierung von
der Branche einer Organisation abhängig gemacht (Sheth et al. 2000, S. 61). Aufgrund
von Globalisierung, Technologie und Kooperationen ist diese Abhängigkeit immer
weniger vorhanden. Kundenorientierung gilt immer mehr für alle Branchen.

Obwohl der Begriff schon seit Längerem existiert, gibt es bisher nur wenige Aus-
führungen zu diesem Managementmodell (vgl. beispielhaft Matzler et al. 2009 oder
Lamberti 2013). Dabei fällt auf, dass bisher keine eindeutige Abgrenzung bzw.
Definition des Begriffs Kundenorientierung existiert (o. V. 2009). Ich schließe mich der
Aussage von Bruhn (2016, S. 10) an, der ausführt, dass eine zentrale Ursache für das
bestehende Umsetzungsdefizit der Kundenorientierung in der immensen Vielfalt der
Begriffe und unterschiedlichen Interpretationsvarianten besteht. Eine steigende Anzahl
an neuen Begriffen ohne klare Definition und Abgrenzung sowie ohne ein umfassendes
Umsetzungsverständnis wird eingeführt (Varadarajan 2010, S. 138). Dies ist eine Entwicklung, die sich auch im Kundenbeziehungsmanagement immer stärker ausbreitet.

Ein kleines Experiment verdeutlicht diese Situation. Frage drei bis vier Personen in
deinem beruflichen oder privaten Umfeld, was sie unter dem Begriff Kundenorientierung
verstehen, und du bekommst fünf bis sieben verschiedene Definitionen. Meist deckt sich
keine von ihnen mit deinem Verständnis.

2.1 Begriffsabgrenzung

Es gibt zahlreiche Ansatzpunkte, um zu einer Definition von Kundenorientierung zu
gelangen. In einem ersten Schritt folge ich Gregori (2006, S. 9), der Kundenorientierung
von Marktorientierung abgrenzt. Beide bauen auf der gleichen theoretischen Basis auf
(Levitt 1960). Die stärkere Marktorientierung der Unternehmensführung setzte Ende der
60er Jahre des 20. Jahrhunderts ein, als erkannt wurde, dass die Verantwortlichen eine
sich ständig verändernde Umwelt bei ihren Entscheidungen mitberücksichtigen sollten
(Meffert et al. 2019, S. 5).

▶ **Marktorientierung** ist definiert als die Ausrichtung, die der profitablen Schaffung
und Aufrechterhaltung eines überlegenen Kundennutzens unter Berücksichtigung des
Interesses anderer wichtiger Stakeholder höchste Priorität einräumt. Sie bietet Verhaltensnormen für die organisatorische Entwicklung und für die Reaktion auf Markt-
informationen (Slater und Narver 1994, S. 24).

Der Bezugsrahmen der Marktorientierung ist das Dreieck bestehend aus Organisation,
Wettbewerber und Kunde (Ohmae 1985). Der Branche kommt im Rahmen dieser

Perspektive ein hoher Stellenwert zu. Die Analyse des Wettbewerbs und des Rivalitäts-grads ist hier ein wichtiges Instrument, um den eigenen Erfolg abzusichern (Day 1990, S. 5). Ziel ist, die Differenzierung im Markt mittels der besseren Befriedigung von Kundenbedürfnissen zu erreichen. Darüber hinaus findet die Zeitstruktur in Form der einzelnen Zyklen innerhalb einer Branche ebenfalls große Beachtung (Schulte 1996, S. 136).

Während Kundenorientierung die Ausrichtung der Organisationsaktivitäten auf die aktuellen und potenziellen Kunden beschränkt, schließt die Marktorientierung sämt-liche Marktteilnehmenden ein (Gregori 2006, S. 9). Zwar wird der Wettbewerb auch im Rahmen der Kundenorientierung analysiert, aber aus der Wahrnehmung der Kunden und nicht in einem Organisationsvergleich. Ein Beispiel für den Unterschied zwischen Markt- und Kundenorientierung stammt von Jorgen Vig Knudstorp, der Lego wieder erfolgreich machte. Er teilt den Wettbewerb in drei Arten ein (Vandermerwe 2014, S. 20):

1. Organisationen, die günstiger kopieren,
2. Organisationen, die den Wert für den Kunden leicht steigern, aber nicht die Marken-stärke haben, um diese Wertsteigerung den Kunden zu attraktiv zu machen und
3. Organisationen, die das gleiche Bedürfnis auf eine für den Kunden wertvollere Art befriedigen.

Die Ableitung der eigenen Entscheidungen auf Basis der Analyse des Wettbewerbs ist ein wesentliches Merkmal der Marktorientierung und auch grundsätzlich nicht falsch. Kundenorientierung setzt aber stärker bei den Kunden an. So führte Knudstorp aus, dass die dritte Art des Wettbewerbs aus seiner Sicht am gefährlichsten ist und dieser nur durch die konsequente Ausrichtung am Kunden erfolgreich begegnet werden kann. Die Betrachtung des Wettbewerbs wird hier kaum einen Mehrwert bringen. Darüber hinaus fokussiert sich Kundenorientierung im Vergleich zur Marktorientierung viel stärker auf die Wertgestaltung zwischen Kunden und der Organisation und nicht nur auf die Bedürf-nisbefriedigung der Kunden (Lamberti 2013, S. 597).

Betrachten wir in einem zweiten Schritt die ersten Definitionsansätze, dann fällt auf, dass Kundenorientierung der Angebotsorientierung konträr gegenübergestellt wurde (vgl.Kühn 1991; Gale 1994). Zwar klingt das auf den ersten Blick einleuchtend (bspw. die Autoindustrie, die in ihren CRM-Systemen immer noch das Auto und nicht den Kunden als Identifikationselement führt), greift aber zu kurz, weil es durchaus erfolg-reiche Organisationen gibt, die auf das Angebot fokussieren (bspw. On-Laufschuhe) und trotzdem kundenorientiert sein könnten. Auch fehlt diesem Definitionsansatz ein klar abgegrenztes Managementmodell. Das Angebot ist der nicht ausreichende Kern des Nutzens für den Kunden und kann in Bezug auf die Kundenorientierung nur philo-sophisch abgegrenzt werden. Die Ausprägung der Kundenorientierung hat auch immer eine Auswirkung auf das Angebot einer Organisation.

In den folgenden Jahren wurde Kundenorientierung als universeller Fixstern begriffen, der unerreicht alles Leben in der Organisation antreibt. Klingt gut, ist jedoch wenig hilfreich im Tagesgeschäft einer Geschäftsleitung. Auch, dass sich die Definition von Kundenorientierung im Laufe der Zeit immer wieder umfassend veränderte, hat dazu geführt, dass jeder etwas anderes unter Kundenorientierung versteht. Das Fehlen eines Modells mit unterschiedlichen Elementen und Zusammenhängen macht es für viele Mitarbeitende nicht nachvollziehbar, wie kundenorientiert die eigene Organisation überhaupt ist. Andere Arbeiten zum Thema Kundenorientierung sehen ihre Aufgabe vor allem in der Etablierung einer kundenfokussierten Organisationskultur (Shah et al. 2006). Die Kultur einer Organisation ist ein wichtiger Baustein für den Erfolg. Aber wie der Name schon sagt richtet sich Kundenorientierung eben am Kunden aus und (wieder!) nicht nur an der Organisation.

Die meisten englischsprachigen Autoren setzen Kundenorientierung mit Kunden-erlebnis bzw. Customer Centricity mit Customer Experience gleich (vgl. beispielhaft Evans 2016 und die Ausführungen in Lamberti 2013). Dies bietet für das Management keinen erkennbaren Mehrwert. Customer Experience ist ein wichtiges Element der Kundenorientierung, aber eben auch nur eines. Andere Autoren reduzieren Kunden-orientierung auf die Nutzung von Kundenerkenntnissen (Syam et al. 2005). Dieses Verständnis baut auf der Wissensorientierung auf. Ab Mitte der 1990er Jahre etablierte sich eine wissensbasierte Sicht auf Organisationen und das Primat des Wissens und des intellektuellen Kapitals als wichtigstes Potenzial einer Organisation wurde betont (Penrose 1995). Folglich sind das Wissen und die Lernfähigkeit der Mitarbeitenden die primäre Quelle von Wettbewerbsvorteilen und Basis der Überlebensfähigkeit einer Organisation (Simon 1991, S. 125). Eine wissensbasierte Organisation transferiert das vorhandene Wissen und Können in Leistungen, die es gestatten, ihre Herausforderungen besser zu meistern (Bleicher 2004, S. 126). Übertragen auf das Customer Management wurde der Begriff „Market-based Learning" eingeführt (Vorhies und Morgan 2005).

Wie bei der Kultur greift der alleinige Fokus auf die Wissensentwicklung einer Organisation zu kurz. In der Einleitung habe ich mehrmals von Kundenorientierung als Handwerk gesprochen. Das Verständnis von Kundenorientierung als ein Handwerk belegt, wie bei jedem Handwerk, welchen hohen Stellenwert Wissen hat. Aber es gibt noch andere Elemente, die es zu berücksichtigen gilt. Es bleibt festzuhalten, dass auf Basis der Wissensorientierung Kundeninformationen ein wichtiger Baustein der Kunden-orientierung sind. Die reine Gewinnung von Kundeninformationen erlebe ich in der Praxis aber nicht als ausreichend für die Verbesserung der Kundenorientierung. Es gibt immer noch viele Organisationen, die keine hochwertige Kundenbefragung durchführen. Meine eigene Erfahrung zeigt – und dies wird in den meisten Gesprächen mit großer Frustration von vielen Marktforschern und Datenanalysten geteilt –, dass Kunden-informationen häufig nicht für Entscheidungen genutzt werden. Kundenorientierung hört eben nicht bei der Produktion von Erkenntnissen über den Kunden auf, sondern diese müssen im Anschluss für möglichst viele Entscheidungen in der Organisation genutzt werden. Dies ist ein Problem, das ich eingangs schon genannt hatte.

Darüber hinaus sehen manche Autoren Kundenorientierung als Äquivalent zu Customer Relationship Management (Witte 2001; Fader 2012). Hieraus ergibt sich auch kein wirklicher Mehrwert bzw. ist die Sinnhaftigkeit, zwei Begriffe für ein identisches Managementmodell zu verwenden, nicht nachvollziehbar. Darüber hinaus gibt es Ansätze, die Kundenorientierung durch mehrere Begriffe zu definieren versuchen, bspw. Total Experience, Customer Obsession oder Insight Engine (o. V. 2015, S. 3). Die Auswahl an Begriffen erscheint wahllos und die Begrifflichkeiten zum Teil angseinflößend. Wer möchte schon besessen sein? Die Gefahr einer solchen kontinuierlichen Begriffswillkür soll am Beispiel der Begriffsdefinition von Kundenorientierung und Customer Obsession nach Towers dargestellt werden. Towers (2019) stellt die Unterschiede zwischen Kundenorientierung und Customer Obsession in einer Tabelle (vgl. Tab. 2.1) dar.

Die Gegenüberstellung macht deutlich, dass die Abgrenzung eher erzwungen wurde. Welche Organisation hört nur auf das, was der Kunde sagt, ohne davon zu lernen? Auf Basis der Ausführungen von Towers ist aus meiner Sicht Kundenorientierung mit Customer Obsession gleichzusetzen. Die Tab. 2.1 zeigt eher die unterschiedlichen Zielsetzungen von Kundenorientierung auf. Kundenorientierung hat eine kurzfristige und eine langfristige Perspektive. Towers benutzt den Begriff Customer Obsession, um die langfristige von der kurzfristigen Perspektive der Kundenorientierung zu trennen. Zum einen erschwert dies das Verständnis, weil die langfristige Steigerung des Kundenwerts eine Begeisterung voraussetzt, und es bleibt unklar, warum eine Organisation Kunden nicht auch begeistern sollte, um langfristig den Kundenwert zu steigern.

Dieses Beispiel zeigt den zunehmenden Begriffs-Wirrwarr exemplarisch auf. Welcher wiederum zu einer steigenden Verwirrung bezüglich des Modells Kundenorientierung in der Praxis führt. Diese Entwicklung ist sicher nicht hilfreich, um Kundenorientierung in Organisationen erfolgreich zu etablieren.

Tab. 2.1 Unterschiede zwischen Kundenorientierung und Customer Obsession. (Quelle: Towers 2019)

Kundenorientierung	Customer Obsession
Hören, was der Kunde sagt	Testen und lernen mit dem Kunden
Die aktuellen Bedürfnisse des Kunden verstehen	Neue Bedürfnisse entwickeln und auf latenten Bedürfnissen aufbauen
Fokus auf Kundenbegeisterung	Fokus auf langfristige Steigerung des Kundenwerts
Besseres Angebot als der Wettbewerb anbieten	Neue Märkte mit weniger Wettbewerb erschließen
Kundenbegeisterung und Gewinn balancieren	Höchste Kundenbegeisterung erzielen und absichern, dass das Erlebnis schwer zu kopieren ist

Darüber hinaus sehen andere Autoren den Unterschied zwischen Kundenorientierung und Customer Obsession, darin, dass Customer Obsession für die kontinuierliche Transformation und Kundenorientierung für ein einzelnes Projekt zur Verbesserung der Kundenorientierung stehen soll (Claveria 2019). Einmalige Projekte zum Thema Kundenorientierung sind in der Praxis die Mehrheit. Auch ich betone immer wieder, wie wichtig die kontinuierliche Verbesserung ist und dass Kundenorientierung nicht nur ein Projekt darstellt. Somit sind Kundenorientierung und Customer Obsession gleichzusetzen und beide beziehen sich auf die langfristige Transformation einer Organisation.

2.2   Definition

Auf den ersten Blick existieren somit zahlreiche unterschiedliche Verständnisse von dem Begriff Kundenorientierung. Meistens wird Kundenorientierung viel zu eng definiert und ist dadurch kaum mehr abgrenzbar von Begriffen wie bspw. Kundendatenmanagement, Customer Experience Management oder Customer Relationship Management. Bei den komplexeren Definitionsversuchen steht eher das Ziel im Fokus, eine sprichwört-lich neue Sau durchs Dorf zu treiben, als ein wirkungsvolles Managementmodell zu etablieren. Kundenorientierung läuft damit Gefahr, wie Digitalisierung zu einem Hohl-wort zu werden, das niemand versteht, das aber Motten anzieht wie das Licht.

Die bisherigen Definitionsversuche des Begriffs Kundenorientierung lassen sich für die weiteren Ausführungen in drei Punkten zusammenfassen (Lamberti 2013, S. 594):

1. die Gewinnung von wertvollen und differenzierenden Kundenerkenntnissen (Sharma und Sheth 2004);
2. die aktive Einbindung des Kunden in den Leistungserstellungsprozess (Payne und Frow 2005) sowie
3. die Erweiterung des Angebotsfokus auf die zusätzliche Bereitstellung eines mög-lichst begeisternden Erlebnisses für den Kunden, das in einer langfristigen Beziehung mündet (Evans 2016).

Diese Elemente sollen als Grundlage für die Ausarbeitung einer Definition des Begriffs Kundenorientierung dienen.

Ich möchte anmerken, dass eine einseitige Betonung von Begriffsdefinitionen fragwürdig ist, weil eine Begrenzung der Theoriebildung auf eine Begriffsdefiniererei das Essenzielle von Wissenschaft vernachlässigt: das Aufzeigen und Erklären bzw. Ver-stehen von Verbindungen zwischen den einzelnen Konstrukten. Begriffsdefinition ist somit eine wichtige Voraussetzung einer guten Theoriebildung – aber auch nicht mehr (Wolf 2011, S. 2 ff.). Kundenorientierung ist allerdings bisher so undefiniert, dass jedes Theoriehaus auf diesem Sand schnell einbricht.

Da Kunden und Marketing eng verbunden sein sollten, ist es sicher hilfreich, auf den modernen Marketingdefinitionen aufzubauen. Während die American Marketing

Assoziation (AMA) Marketing als eine Funktion und eine Ansammlung von Prozessen sieht, definieren Meffert et al. (2019, S. 11 und 13) Marketing als ein Leitbild des Managements sowie eine gleichberechtigte Unternehmensfunktion. Es kann festgehalten werden, dass die modernen Marketingdefinitionen zwar die Organisation in Form von Prozessen oder Denkhaltung beachtet, es jedoch kaum eine Verbindung zwischen Customer Management und Prozess/Denkhaltung in den jeweiligen Ausführungen gibt.[2] Die Organisation und deren Reagibilität werden in den einzelnen Veröffentlichungen und Definitionen angedacht, aber in den weiteren Ausführungen meist nicht mehr behandelt.

Kundenorientierung geht somit über das Marketingverständnis hinaus und hat eine deutlich integrativere Perspektive auf eine Organisation. Die einzelnen Marketing-definitionen sprechen die Integration zwar an, die Ausführungen zu diesem Aspekt sind aber meist sehr kurz gehalten.

Für die Ausarbeitung des Managementmodells Kundenorientierung hilft eine mög-lichst integrative Sichtweise. Am weitesten gehen bisher Matzler et al. (2009) mit ihrer Vorstellung eines Customer-based Views. Sie bauen auf dem modernen Marketingver-ständnis von Market-based und Competence-based View auf.[3] Während der Market-based View als Grundlage für die marktgerichteten Aktivitäten einer Organisation dient, zielt der Competence-based View auf den hohen Stellenwert der Kompetenzen/Ressourcen einer Organisation für den Erfolg ab.

Ein Begriff, der diese beiden Managementperspektiven verbindet, ist der des Erfolgs-potenzials. Aus dem Zusammenwirken organisationsspezifischer Potenziale mit markt-lichen Potenzialen ergeben sich strategische Erfolgspotenziale (Gälweiler 2005). Das Management von Erfolgspotenzialen umfasst zwei grundsätzliche Aufgaben: Kurzfristig steht die effiziente Nutzung bestehender Potenziale für marktliche Wettbewerbsvorteile im Vordergrund. Langfristig kommt es auf das Erkennen von Potenzialen an, welche die Nutzung marktlicher Chancen ermöglichen (Jenner 2006, S. 159). Der Aufbau von Erfolgs-potenzialen kann eher mittel- bis langfristig erfolgen. Zeitlich zu spät erkannte Defizite können daher meist nicht kurzfristig angepasst werden. Während der Handlungsdruck in einer solchen Situation steigt, sinkt gleichzeitig der Handlungsspielraum (vgl. Abb. 2.1).

Daraus folgt, dass eine Organisation zwangsläufig eine ständige Überprüfung bezüg-lich des Zustands seiner Potenziale durchführen sollte, um – falls nötig – deren Erosion entgegenzuwirken (Hamel und Prahalad 1995, S. 352). Eine mittel- bis langfristige Perspektive in der heutigen Zeit einzufordern, klingt völlig verrückt. Der Zeitdruck nimmt zu und der Geduldsfaden, nicht nur gegenüber Fußballtrainern, verglüht. Wie oft höre ich von „Quick Wins" und „Low Hanging Fruits", die am liebsten gestern gewonnen bzw. gepflückt werden sollten. Es spricht nichts dagegen, kurzfristige Erfolgspotenziale

---

[2]Obwohl mit dem Dienstleistungsmarketing die 7 Ps etabliert wurden, die sich mit People, Process und Physical Facilities stärker auf die Organisation fokussieren. Jedoch wurde diese Erweiterung bisher nur rudimentär in der Marketingliteratur aufgegriffen.

[3]Zum Market-based View vgl. Reichheld und Sasser (1990) und zum Competence-based View vgl. Prahalad und Hamel (1990).

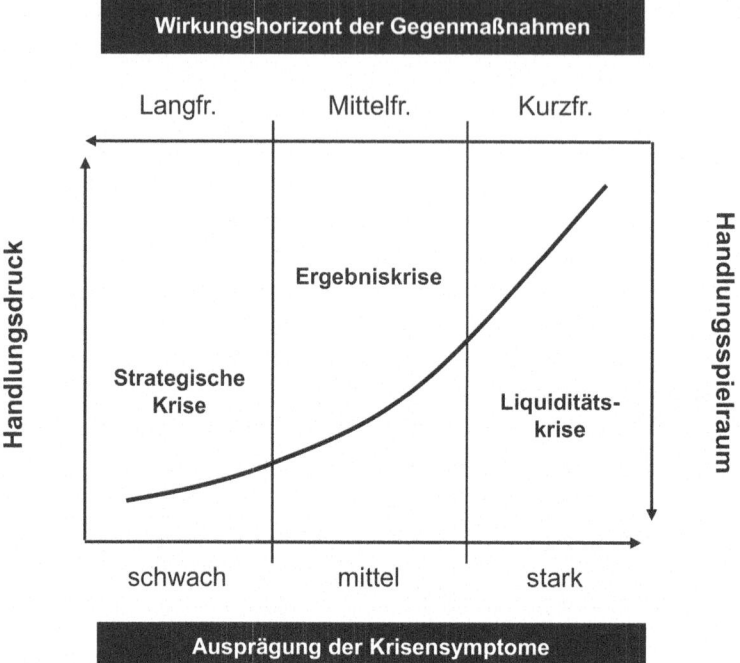

Abb. 2.1 Handlungsdruck und Handlungsspielräume in Krisensituationen. (Quelle: Kraus und Haghani 2004, S. 16)

zu nutzen und „Low Hanging Fruits" zu pflücken. Aber zur Wahrheit, auch wenn diese nicht gerne gehört wird, gehört eben auch die Einsicht, dass Erfolg Zeit benötigt. In den letzten Jahren wurde über selbstfahrende Autos gesprochen, über Blockchain und Artificial Intelligence. Bis diese Angebote marktreif sind, werden noch viele Jahre ins Land gehen. Es mag gerade im Moment der Eindruck existieren, dass alles im Chaos versinkt und es keine Langfristigkeit gibt. Das mag bezogen auf Themen wie bspw. Chatbots und Instagram auch richtig sein, aber für die Ausrichtung einer erfolgreichen Organisation kann es nur eine mittel- bis langfristige Perspektive geben. Die kontinuierliche Analyse ist somit ein wesentliches Element der Kundenorientierung (Müller 1986, S. 70). Darüber hinaus gilt es, basierend auf den Analysen die richtigen Entscheidungen zu treffen. Kundenorientierung fußt auf einer kontinuierlichen Analyse der Erfolgspotenziale, auf Entscheidungen auf Basis von Erkenntnissen über den Kunden und hat eine eher strategische Perspektive auf die Steuerung einer Organisation.

Albers und Eggert (1988) bestimmten im Rahmen ihres Definitionsversuches drei Dimensionen der Kundenorientierung: „differenzierte Marktbearbeitung", „Flexibilität gegenüber Kundenwünschen" und „Reagibilität auf mittel- bis langfristige Veränderungen". Die Reagibilität bzw. Responsiveness wird in der allgemeinen Diskussion zum Begriff Kundenorientierung oft übersehen.Vor dem Hintergrund der Nutzung von Erfolgspotentialen ist die Reagibilität (Anpassungsfähigkei) eine zentrale Dimension der Kundenorientierung.

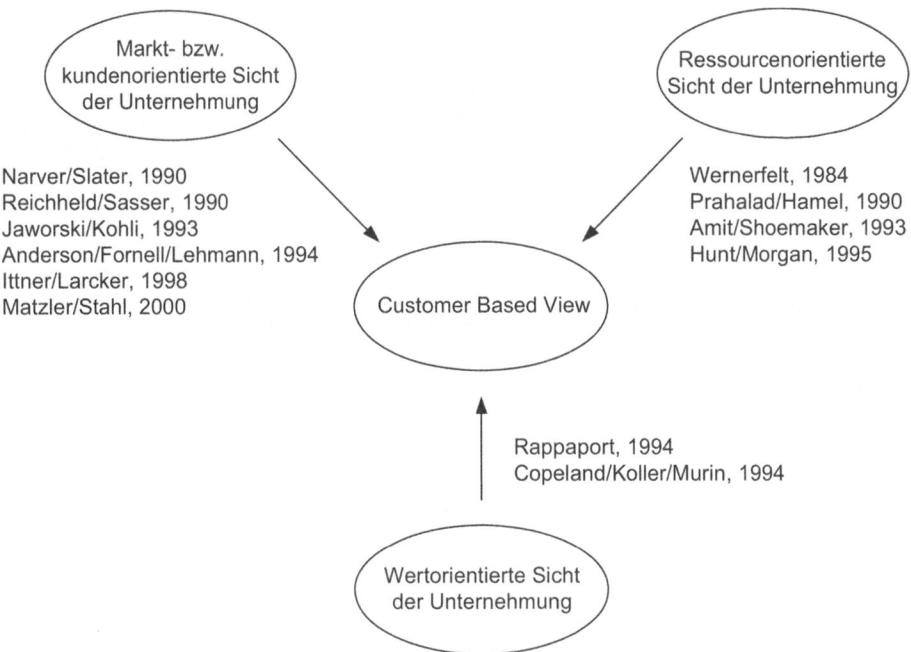

Abb. 2.2 Theoretische Grundlagen des Customer-Based Views. (Quelle: Matzler et al. 2009, S. 6)

Matzler et al. (2009) bringen in ihrer Definition darüber hinaus noch eine weitere Perspektive ins Spiel. Nach ihrem Verständnis baut Kundenorientierung auch auf der Wertorientierung (Value-based View) auf (vgl. Abb. 2.2).[4]

Der Begriff Wertorientierung wird gleichgesetzt mit der konsequenten Ausrichtung der Organisationsziele an den Eigentümerinteressen. Wertorientierung kann als risiko-adäquate Verzinsung des von den Eigentümern eingesetzten Kapitals verstanden werden (Horváth 2003, S. 507). In Anlehnung an die Arbeit von Rappaport (1986) wird Wert-orientierung oft mit Shareholder Value gleichgesetzt. Es ist festzuhalten, dass die Wert-orientierung als Leitbegriff moderner Unternehmensführung immer noch populär ist (Coenenberg und Salfeld 2003, S. 5). Trotz der nachgewiesenen Stärken dieser Perspektive steht die Wertorientierung auch in der Kritik (Bärtl 2001, S. 18). Share-holder-Value-Analysen für sich allein sind meist zeitpunktbezogen. Deshalb können Investitionen systematisch unterbewertet werden, weil aufgrund einer möglichen Unsicherheit ein hoher Zuschlag auf die Kapitalkosten kalkuliert wird (Zinkin 2006, S. 174). Investitionen in die Kunden bergen per Definition immer ein gewisses oder sogar hohes Risiko. Wenn eine Organisation z. B. regelmäßig Preisnachlässe gibt, tut sie das nicht mit dem Ziel, dass die Kunden die Marke mittel- bis langfristig als weniger

---

[4]Vgl. zum Value-based View Rappaport (1986).

wertvoll betrachten, aber meist geschieht dies bzw. die Kunden werden erzogen, auf Preisnachlässe zu warten oder diese einzufordern, wie aktuell in der Automobilindustrie. Wenn eine Organisation neue Zusatzdienstleistungen wie Apps, Portale etc. lanciert, hofft sie meist, dass die Kunden mindestens nach einer gewissen Zeit dazu bereit sind, dafür zu bezahlen. Die Kunden haben aber gelernt, dass alles umsonst ist. Die mittel- bis langfristige Perspektive des Konzepts der Erfolgspotenziale kann (muss aber nicht) im Konflikt einer zu kurzfristig verstandenen Wertorientierung stehen.

Die Wertorientierung ist ein wichtiges Element der Kundenorientierung. Ohne Wertorientierung verkommt Kundenorientierung zu einer Phrase und verliert an Überzeugungskraft innerhalb einer Organisation. Wertorientierung folgt dabei aber nicht dem klassischen Quartalsdenken, sondern das Wertverständnis der Kundenorientierung baut auf der fundamentalen Erkenntnis auf, dass es um die mittel- bis langfristige Entwicklung geht. Vandermerwe definiert Kundenorientierung aufbauend auf den bisherigen Ausführungen als „ability to get and stay ahead, by giving long-term value to and getting long-term value from customers, in a way that makes it difficult for others to catch up" (Vandermerwe 2014, S. XVII).

Bei der vertiefenden Analyse des Customer-Based Views nach Matzler et al. (2009) fällt eine hierarchische Struktur, angelehnt an eine Balanced Scorecard, auf. Sie sehen die Kernkompetenzen einer Organisation als die Grundlage der Kundenorientierung. Die Kernkompetenzen sollen eine höhere Kundenzufriedenheit ermöglichen. Die höhere Kundenzufriedenheit soll den Kundenwert steigern und letztlich den Wert der Organisation. Aus meiner Sicht kann als maßgeblicher Erkenntnisgewinn aus den Ausführungen von Matzler et al. geschlussfolgert werden, dass der Kundenwert und nicht die Kundenzufriedenheit die Basis der Kundenorientierung ist. Zwar haben Matzler et al. die Kundenzufriedenheit in ihrer hierarchischen Modellstruktur integriert, aber der Fokus liegt auf der Steigerung des Kundenwerts. Zahlreiche Autoren gehen davon aus, dass die Steigerung der Kundenzufriedenheit die Steigerung des Unternehmenswertes zur Folge hat. Das kann ich aufgrund meiner zahlreichen Erfahrungen in unterschiedlichen Branchen nicht bestätigen. Gerade in der heutigen Zeit muss eine steigende Kundenzufriedenheit nicht zwingend zu einem höheren Unternehmenswert führen, wenn bspw. die Kaufkraft der Zielgruppe stagniert oder die Angebotskategorie eine niedrigere Relevanz besitzt (vgl. Abschn. 3.3.2).

Für die weiteren Ausführungen gilt es, aufbauend auf Matzler et al. (2009) den Market-, Competence- und Value-based View miteinander zu verbinden. Darüber hinaus werden die Grenzen der Kundenzufriedenheit für die Entscheidungsfindung überwunden und es wird ein stabilerer Bezug zwischen Kaufverhalten und Entwicklung des Unternehmenswertes etabliert. Der Kundenwert im Verständnis von sowohl Wert für die Organisation (profitables Wachstum) als auch Wert für den Kunden selbst (Begeisterung in Form eines positiven Kundennettonutzens) ist ein wichtiger Baustein der Kundenorientierung und wird inzwischen von mehreren Autoren als zentrale Dimension der Kundenorientierung betrachtet (vgl. beispielhaft Gupta und Lehmann 2005; Fader 2012). Abb. 2.3 stellt die zentralen Steuerungsgrößen für eine Organisation in Bezug auf die

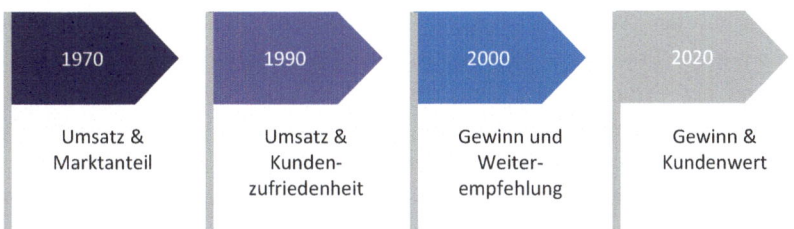

Abb. 2.3 Entwicklung der zentralen Steuerungsgrößen der Kundenorientierung im Zeitablauf

Kundenorientierung im Zeitablauf dar. In vielen Organisationen ist noch zu beobachten, dass Umsatz und Kundenzufriedenheit im Fokus der Verantwortlichen stehen. Gewinn und Kundenwert etablieren sich als wichtigste Steuerungsgrößen langsam in der Praxis – unter anderem, weil die Anforderungen an das Kundendatenmanagement für die Erstellung von Kundenwerten deutlich höher sind als einfach Kundenzufriedenheits- oder Weiterempfehlungsbereitschaftsmessungen.

Organisationen stehen vor der Herausforderung, dass sie Market-/Competence- und Value-based View gleichzeitig erfolgreich verfolgen. Im August 2019 haben 181 CEOs führender Unternehmen eine Absichtserklärung unterschrieben, stärker die Stakeholder, also auch Kunden und Mitarbeitende (Anspruchsgruppen), bei den Entscheidungen zu berücksichtigen (Useem 2019). Die stärkere Fokussierung auf Kunden und Mitarbeitende könnte sich somit vielleicht in der Praxis langsam durchsetzen.

Der Kundenwert ist ein Ergebnis, aber nur eine von mehreren Ergebnisgrößen. Er resultiert aus den vorangegangenen Entscheidungen und hängt von der Umsetzung der Entscheidungen ab. Deshalb stehen neben dem Kunden- und Unternehmenswert die Menschen im Zentrum des kundenorientierten Managementmodells.

Ich folge der Aussage von Peter Drucker, der auf die Frage, was aus seiner Sicht den Unterschied zwischen Organisationen in stagnierenden Märkten ausmachen wird, geantwortet haben soll: drei Dinge – die Menschen, die Menschen und noch mals die Menschen.

Dabei spielen, neben den Kunden, die Mitarbeitenden einer Organisation eine zentrale Rolle. Kundenorientierung setzt bei den Mitarbeitenden an und versucht, über deren Beeinflussung das Kaufverhalten der Kunden zu beeinflussen, um wiederum den Wert des Unternehmens zu steigern. Somit baut Kundenorientierung vor allem auf der Transformation einer Organisation auf. Das Kundenbeziehungsmanagement ist eine abgeleitete Aufgabe. Ohne die richtige Führung, Kompetenzen, Strukturen, Entscheidungsprozesse und Kultur wird ein erfolgreiches langfristiges Customer Management dem Zufall überlassen. Kundenorientierung muss somit als systematischer Transformationsprozess einer Organisation begriffen werden. Wie bereits ausgeführt, haben Albers und Eggert (1988) schon früh auf den hohen Stellenwert der Anpassungsfähigkeit in Verbindung mit dem Modell Kundenorientierung hingewiesen.

Die Verbindung zwischen Mitarbeitenden und Kunden sowie der Werterstellung einer Organisation wurde durch das Aufkommen der Service-Dominant Logic verstärkt untersucht (Vargo und Lusch 2004). Aufgrund der Prozessperspektive dieses

Ansatzes steht der Werterstellungsprozess zwischen Organisation und Kunde im Fokus und nicht Produktion und Konsumtion. Wert wird co-kreiert zwischen den Kunden und der Organisation (Vargo und Lusch 2010, S. 167). Die Integration des Kunden kann für alle Aufgaben innerhalb einer Organisation von Vorteil sein: von den Prozessen über die Strategie und Kundenbeziehungsmanagement bis zu den einzelnen Marketingmixinstrumenten. Dafür wird der Begriff „Value Co-Creation Ecosystem" genutzt. Somit wird nicht mehr nur auf die reine Werterstellung im Sinne des Shareholder-Value-Gedankens abgestellt, sondern auf die Werterstellung innerhalb von unterschiedlichen Beziehungen. Im Rahmen der Kundenorientierung sind die Ziele der Eigentümer mit den Zielen der Kunden in einen optimalen Einklang zu bringen (Deakin 2005, S. 13). Darüber hinaus gilt es, die Beziehung zwischen den einzelnen Anspruchsgruppen erfolgreich im Zeitablauf zu gestalten,

Eine weitere Perspektive, die es deshalb für die Definition zu berücksichtigen gilt, ist der Relational View (Mattson 1997, S. 447 f.). Die Vertreter des Relational Views gehen davon aus, dass Wettbewerbsvorteile durch die Art des Partnerschaftsmanagements erzielt werden können (Duschek 2004, S. 61). Aus dieser Perspektive ist die Zusammenarbeit zwischen einer Organisation und ihren Zulieferern/ihrem Netzwerk ebenfalls nicht unerheblich für die Steigerung der Kundenorientierung (Gummesson 2008b). Vor allem der zwischenbetriebliche Wissensaustausch im Sinne von Wissen über den Kunden stellt ein wichtiges Element dar. Ähnlich wie beim Competence-based View sehe ich aber die Limitierung beider Ansätze darin, dass sie die Organisation sehr aggregiert betrachten. Ich folge deshalb Lamberti, dass Kundenorientierung in Bezug auf die Organisation vier Ebenen umfasst: auf der individuellen (menschlichen) Ebene mit großem Fokus auf die Geschäftsleitung bzw. den Verwaltungsrat; in der intra-organisationalen (Beziehungen zwischen den Abteilungen einer Organisation und der Beziehung zum Kunden); der inter-organisationalen (im Sinne der gesamten Supply Chain/des Netzwerks einer Organisation) sowie der Infrastruktur und Systemebene (Lamberti 2013, S. 590).

Kundenorientierung setzt in der Organisation an. Sie soll die Beziehungen zwischen Kunden und Organisation, zwischen Abteilungen sowie zwischen der Supply Chain/ dem Netzwerk möglichst verbessern. Somit ist die Art des Beziehungsmanagements neben der mittel- bis langfristigen Perspektive, der Entscheidungsfindung und der Wertorientierung eine weitere Perspektive der Kundenorientierung. Ein Ziel der Kundenorientierung ist es, die Beziehungen zu den einzelnen Akteuren zu vertiefen bzw. die Grundlage zu schaffen, dass die Interessen zwischen unterschiedlichen Parteien ausgeglichen werden können.

Kundenorientierung als Managementmodell verbindet demnach Organisationsmanagement, Strategie/Marketing/Vertrieb sowie Supply-Chain-Management/Netzwerkmanagement und hat dabei den Kunden im Fokus (Sheth et al. 2000, S. 61). Sie adressiert das Commitment der Geschäftsleitung bzw. des Verwaltungsrates (Kumar und Reinartz 2018, S. 37). Somit ist Kundenorientierung nicht etwas völlig Neues oder eine neue Disziplin. Sie propagiert eine umfassendere und verbindende Perspektive auf die Fragestellung: Wie kann eine Organisation möglichst erfolgreich Wert erstellen?

Die bisherigen Ausführungen entsprechen auch meinen Praxiserfahrungen. Den meisten Organisationen gelingt ein profitables Wachstum nicht nur mit der Verbesserung des Customer Managements. Erfolg basiert meist auf der Anpassungsfähigkeit, und diese setzt die Veränderungsfähigkeit einer Organisation voraus. Es bedarf immer einer gewissen Zeit, bis sich eine Organisation angepasst hat. Genau dieses Element wird leider häufig einseitig unter dem Begriff Agilität missdeutet. Für mich ist die Reagibilität einer Organisation entscheidender als deren Agilität. Organisationen, die eine hohe Reagibilität auszeichnet, besitzen ein deutlich höheres Potenzial, die Kundenorientierung zu verbessern, als Organisationen, die eine geringe Reagibilität besitzen (Nink 2018). Die vorangegangenen Ausführungen und meine Praxiserfahrung führen zu der folgenden Definition des Managementmodells Kundenorientierung:

▶ **Kundenorientierung** ist eine Denkhaltung sowie ein Managementmodell, das aus vier unterschiedlichen Dimensionen besteht. 1) Customer Value-based Decision Making: Die Verantwortlichen sollen Entscheidungen so treffen, dass der Customer Value (Customer-Firm Value) kontinuierlich steigt. 2) Customer-centric Transformation: Kundenorientierung ist als kontinuierlicher Transformationsprozess zu verstehen, der die Reagibilität auf mögliche Veränderungen der Einstellung und des Verhaltens der Kunden absichert. 3) Co-Creation: Im Kern dient die Kundenorientierung dazu, den Kunden möglichst wertstiftend in die Organisation zu integrieren. 4) Customer Management: Im Ergebnis wird die Organisation befähigt, ein differenzierendes Kundenmanagement zu etablieren, das wertvollere Beziehungen zu den Kunden auf- und ausbauen kann als der Wettbewerb.

Anstelle von Kundenorientierung wird auf Basis der Arbeit von Peters und Waterman (2015) auch von Kundennähe gesprochen. Ich betrachte beide Begriffe als Synonyme. Manche Autoren würden bei diesem Verständnis von Kundenorientierung vielleicht von Kundenbeziehungsmanagement 5.0 oder „Disruptive Blockchain Growth" sprechen. Mein Verständnis von Kundenorientierung unterscheidet sich von bisherigen Ansätzen auf mehreren Ebenen. Der Ausgangspunkt meines Verständnisses von Kundenorientierung sind die Organisation und die darin getroffenen Entscheidungen sowie die den Entscheidungen zugrunde liegenden Kundenerkenntnisse. Die Transformation der Organisation bestimmt die Stärke der Kundenorientierung. Dabei zielt meine Definition nicht auf die Kundenzufriedenheit, sondern auf den Kundenwert ab. Der Kunde soll in die Werterstellung integriert werden, wodurch sich das Customer Management gegenüber dem Wettbewerb differenziert. In vielen Marketing- und Verkaufsbüchern kommt der Aspekt des Wertes meist zu kurz (Kelly et al. 2017, S. 3). Der fehlende Bezug der Kundenorientierung auf die Wertentwicklung einer Organisation in den meisten Veröffentlichungen hat, neben dem Begriffs-Wirrwarr, den Effekt, dass die Verbesserung der Kundenorientierung in der Praxis eine große Herausforderung darstellt.

Die ausgearbeitete Definition basiert auf der bestehenden Literatur und meinen Erfahrungen. In einem weiteren Schritt habe ich empirisch untersucht, welche Faktoren eine kundenorientierte Organisation auszeichnen. Der hohe Stellenwert der Customer-centric Transformation konnte über zwei Erfolgsfaktoren empirisch bestätigt werden: die Förderung des Managements von kundenorientiertem Verhalten der Mitarbeitenden in der Organisation sowie das Verständnis der Mitarbeitenden, wie wichtig die Anpassungs-fähigkeit für den Erfolg der Organisation ist. Auch das Customer Value-based Decision Making konnte bestätigt werden. Kundenorientierte Organisationen haben ein höher-entwickeltes Kundenwertmodell. Darüber hinaus nutzen diese Organisationen den Kundenwert systematisch für die Entscheidungsfindung (Staudacher und Nyholm 2019, S. 3). Der Einfluss der Co-Creation konnte bisher nicht nachgewiesen werden. Dies liegt wahrscheinlich daran, dass nur wenige Organisationen dies nutzen und Co-Creation viele unterschiedliche Ebenen betreffen kann. Es gilt, weitere Unter-suchungen durchzuführen. Zentrale Erkenntnis ist, dass das Customer Management nur eine nachgelagerte Rolle bei der Bestimmung der Kundenorientierung einnimmt. Jede Organisation muss zu jedem Zeitpunkt spezifisch auf die Veränderungen bei den Kunden reagieren. Es gibt kein richtiges oder falsches Customer Management aus einer übergeordneten Perspektive. Das Customer Management ist gefangen zwischen den Anforderungen der Kunden und der Transformations- und Co-Creation-Fähigkeit der Organisation (vgl. Abb. 2.4).

Kundenorientierung ist eine Art der Unternehmensführung und stellt auf die ziel-gerichtete Beeinflussung der Handlungen von Personen ab (Frese et al. 2012, S. 25). Gummesson (2008b) schlägt vor, von einer Balanced Centricity anstelle von Kunden-orientierung zu sprechen. Er empfiehlt Organisationen eine Balance zwischen Mit-arbeitenden- und Kundenorientierung. Die Annahme hinter dieser Empfehlung ist, dass sich Mitarbeitende, wenn sie zufrieden sind, mehr oder weniger automatisch optimal um die Kunden kümmern. Eine Studie mit 10.000 Mitarbeitenden kommt aber zu einem ganz anderen Ergebnis: Zufriedene Mitarbeitende verfallen oft in einen passiven Zustand, der in eine übertriebene Anspruchs- und Konsumhaltung gegen-über der Geschäftsleitung münden kann (Hilber 2016). Somit kann eine zu starke Mitarbeitendenorientierung leicht zu einer Bequemlichkeit führen.

Abb. 2.4 Erfolgsfaktoren der Kundenorientierung

Der zentrale Kritikpunkt an der Argumentation von Gummesson ist, dass sein Verständnis von Kundenorientierung zwar die Organisation umfasst, aber seine Empfehlung eine enorme Komplexität für den Alltag bedeutet. Welche Zielgrößen existieren für eine solche Balance? Wie kann eine solche Balance gesteuert werden? Und wie wird mit Zielkonflikten umgegangen? Dies sind nur einige Fragen, die aufzeigen, dass solche Anforderungen an die Verantwortlichen zu große Herausforderungen beinhalten. Nach meinem Verständnis haben die Mitarbeitenden einen wesentlichen Einfluss auf die Kundenorientierung einer Organisation. Es gilt, die Organisation nach den Kunden auszurichten und dabei die Selbstführung der Mitarbeitenden optimal einzusetzen. Getreu dem Motto: Kein Wind ist demjenigen günstig, der nicht weiß, wohin er segeln will.

Die Ausführungen von Gummesson mit der gleich starken Fokussierung auf zwei Anspruchsgruppen kann die Führungskomplexität im Alltag noch steigen lassen. Das heißt im Umkehrschluss nicht, dass sich kundenorientierte Organisationen nicht um die Mitarbeitenden kümmern sollten. Im Gegenteil: Viele kundenorientierte Organisationen sind weit oben in den Rankings von Great-Place-to-Work-Bewertungen. Kundenorientierung fokussiert auf den Kunden und leitet daraus die Anforderungen an die Mitarbeitenden ab.

Die ausgearbeitete Definition zeigt, dass Kundenorientierung eine gewisse Komplexität inhärent ist. Aufgrund meiner Erfahrung in zahlreichen Branchen und gestützt durch eigene empirische Forschung komme ich zu dem Ergebnis, dass moderne Managementmodelle eine gewisse Komplexität voraussetzen. Die Komplexität in der Realität ist deutlich angestiegen. Einfache Lösungen gibt es nicht mehr, schon gar nicht, wenn Erfolg über einen längeren Zeitraum angestrebt wird.

Das heißt nicht, dass ich der Ansicht bin, dass keine klare Trennung der Aufgaben von Marketing/Vertrieb und Organisationsentwicklung für die Forschung und Praxis für den weiteren Erkenntnisgewinn nötig ist. Für die Verantwortlichen einer Organisation bedarf es jedoch eines Modells, das beide Perspektiven zusammenführt, den Kunden ins Zentrum stellt und die Komplexität nicht noch weiter erhöht. Die vorgestellte Definition von Kundenorientierung umfasst dabei vier Perspektiven. Erstens die entscheidungsorientierte Perspektive in dem Sinne, dass Kundenorientierung voraussetzt, dass Erkenntnisse über den Kunden erstellt und genutzt werden. Zweitens die erlebnis- und beziehungsorientierte Perspektive, d. h., Kundenorientierung bezieht sich auf die Begeisterungsstärke des Erlebnisses und die Beziehung zu Kunden und Partnern. Diese Perspektive inkludiert das Verständnis, prozessorale und organisatorische Veränderungen durchzuführen. Die dritte ist die organisationale Perspektive. Hierbei wird Kundenorientierung als wichtiger Bestandteil der Organisation aufgefasst und wirkt sich bspw. auf Kultur, Struktur und Prozesse und damit letztlich auf das Verhalten der Mitarbeitenden aus. Abschließend zielt die Kundenorientierung auf die Verbesserung von Wachstum und Profitabilität aus Basis der wertorientierten Perspektive ab.

Die einfachen Formeln, wie bspw. „Der Kunde ist König" oder „Machen, was der Kunde will", greifen zu kurz. Die meisten Mitarbeitenden in Organisationen scheinen inzwischen förmlich Angst vor dem König-Kunden zu haben. Merksprüche in Organisationen wie „Ich bin hier auf der Arbeit und nicht auf der Flucht" illustrieren, dass ein den Kunden überhöhender Ansatz bzw. das Verständnis von Kundenorientierung in dieser Art in der Praxis scheitert (Haubrock und Öhlschlegel-Haubrock 2015, S. 1 f.).

Die bisherigen Ausführungen können folgendermaßen zusammengefasst werden: Die kundenorientierte Unternehmensführung (Customer-centric-based View) basiert grundsätzlich auf der entscheidungs- und erlebnisorientierten Perspektive und integriert darüber hinaus Erkenntnisse des Market-, Competence-, Knowledge-, Relation- und Value-based Views. Ausgehend von den allgemeinen Erkenntnissen der jeweiligen Perspektiven wird an manchen Stellen ein spezifischer Fokus gewählt. So wird bspw. ausgehend vom Market-based View der Wettbewerb nur über die Wahrnehmung der Kunden berücksichtigt oder die Ausrichtung des Value-based Views über den Shareholder Value hinaus durch die Integration bzw. Gegenüberstellung des Customer Values erweitert. Die Organisation wird in vier Ebenen unterteilt: die individuelle (menschliche), die intra- und inter-organisationale- sowie die Infrastruktur-/Systemebene. Diese Einteilung soll helfen, Kundenorientierung in Bezug auf die Organisation nicht nur verkürzt als ein Thema der Einstellungs- und Verhaltensänderung der Mitarbeitenden zu begreifen.

Kundenorientierung besteht aus den vier Dimensionen (Customer-centric-based View): Customer value-based Decision Making, Customer-centric Transformation, Co-Creation und Customer Management. Bevor auf diese vier Dimensionen in den folgenden Abschnitten ausführlich eingegangen wird, soll durch eine Kurzvorstellung der vier Dimensionen eine ganzheitliche Übersicht über die Kundenorientierung dargestellt werden. Dies soll helfen, aus einem ganzheitlichen Verständnis der Kundenorientierung die einzelnen Detailelemente nachfolgend besser einzuordnen. Darüber hinaus soll gewährleistet werden, dass aufgrund der zahlreichen unterschiedlichen Ansätze und Definitionen, die bisher über Kundenorientierung existieren, es nicht zu Verwirrungen kommen kann. Dabei erhebt der etablierte Ansatz keinen Anspruch auf universelle Gültigkeit. Die hier vorgenommene Definition und Konzeptionalisierung von Kundenorientierung ist die bisher umfassendste und unterscheidet sich deutlich von den bestehenden Ansätzen. Im Folgenden werden deshalb die Definition der vier Dimension vorgenommen und wichtige Bausteine vorgestellt, um die Unterschiede zu bisherigen Aussagen zur Kundenorientierung besser nachvollziehen zu können.

2.3   Dimensionen der Kundenorientierung

2.3.1   Customer Value-based Decision Making

Wie bereits angeführt, stand zu Beginn der Begriffsdefinition von Kundenorientierung nur die „Orientierung" im Fokus (Kumar und Reinartz 2018, S. 36 f.). Diese wurde verstanden als das Aufbauen von Wissen über den Kunden und das Transformieren dieses

Wissens in Wert für den Kunden (Gündling 2018, S. 73). Kundenorientierung war zu
Beginn eng verbunden mit dem Qualitätsbegriff. Wert für den Kunden basiert auf der
Qualität des Angebots. Dabei lag ein technischer Qualitätsbegriff zugrunde, der nur
objektiv messbare Kriterien berücksichtigte. Die technische Qualität ist heutzutage aber
nur die Eintrittskarte in einen Markt und reicht zur Differenzierung immer weniger aus
(Haubrock und Öhlschlegel-Haubrock 2015, S. 4). Die Qualität eines Angebots wird von
Kunden nicht nur auf technischer Ebene beurteilt, sondern Kunden besitzen ein ganzheitliches Qualitätsverständnis. Ein allgemeingültiges Qualitätsurteil kann deshalb nicht
bestimmt werden (Pepels 2008, S. 27) (vgl. Abb. 2.5).

Ich empfehle deshalb, den Qualitätsbegriff zu vermeiden. Er führt grundsätzlich in die
falsche Richtung (nämlich ins 20. Jahrhundert). Die große Gefahr ist, dass der Begriff
im Alltag in den jeweiligen Modellen falsch genutzt wird. Wenn du in einer Kundenbefragung gebeten wirst, die Qualität deiner Socken zu beurteilen, an was würdest du
die Bewertung festmachen? An der Beständigkeit, wie sich der Stoff anfühlt, der Marke?
Jeder Kunde hat unterschiedliche Bedürfnisse und dadurch eine sehr subjektive Quali-
tätsbeurteilung. Eine weitere Gefahr liegt darin, sich über Qualität positionieren zu
wollen. Wenn eine Organisation als Positionierungskern die Qualität wählt, was macht
die Angebote aus deiner Sicht dann besser als die der Konkurrenz? Erwartest du nicht
von jedem Anbieter grundsätzlich eine hohe Qualität? Deshalb gilt es, möglichst den
Qualitätsbegriff zu vermeiden und den Wert für die Kunden klarer zu spezifizieren.

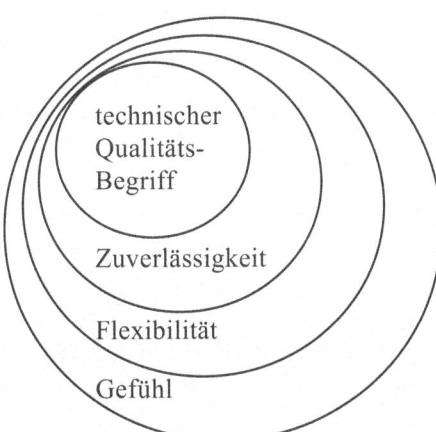

Abb. 2.5 Technischer und ganzheitlicher Qualitätsbegriff. (Quelle: Handlbauer und Renzl 2009,
S. 151)

Unsere Organisation produziert die Socken, die am längsten halten usw. Kundenorientierung bezieht sich somit auf den subjektiven Wert für den Kunden und den individuellen Wert für die jeweilige Organisation.

Das Wissen um die Bedürfnisse und den Wert der Kunden in Form von Informationen innerhalb der Organisation gilt als wichtige Voraussetzung für die Verbesserung der Kundenorientierung (Günter 1996, S. 60). Aus meiner Sicht stehen aber nicht die Informationen und deren Qualität im Fokus der Bestimmung dessen, wie kundenorientiert eine Organisation ist. Erst die Nutzung der Informationen über die Kunden im Rahmen von Entscheidungen bestimmt das Potenzial der Kundenorientierung einer Organisation. Bisher werden die Begriffe Daten und Informationen in den meisten Veröffentlichungen verwendet, um Wissen in Organisationen zu beschreiben. Ich führe an dieser Stelle den Begriff Kundenerkenntnisse ein, weil es sich dabei nicht nur um Daten oder Informationen im eigentlichen Sinne handelt. Der Begriff Kundenerkenntnisse stellt auf die wertsteigernde Erkenntnis der vorliegenden Information über die Kunden ab.

▶ **Kundenerkenntnisse** oder **Customer Insights** sind Informationen über die Einstellungen und das Verhalten der Kunden, die eine Differenzierung gegenüber dem Wettbewerb zur Verbesserung des Kundenwerts ermöglichen.

Kundenerkenntnisse sind eine dezentral verteilte Ressource, die es für Entscheidungen zusammenzufassen gilt und die eine hohe Veränderungsdynamik aufweisen können (Tsoukas 1996, S. 13). Kundenerkenntnisse sind niemals komplett oder richtig, sondern beziehen sich immer auf das bestehende Zielsystem einer Organisation (Handlbauer und Renzl 2009, S. 154). Will eine Organisation die Kundenbindung verbessern, sind andere Kundenerkenntnisse notwendig, als wenn die Kundenakquise verbessert werden soll. Wie oft habe ich für meine Kunden umfassende Kundenerkenntnisse zutage gefördert? Wie oft wurden diese aber bei der Entscheidungsfindung wirklich berücksichtigt? Wie oft habe ich Mitarbeitende von Marktforschungsunternehmen klagen gehört, dass die Befragungsergebnisse nicht für die Entscheidungsfindung genutzt werden? Wie oft haben sich interne Mitarbeitende in der Marktforschungsabteilung über das „Nicht-Gehört-Werden" beschwert?

Beispiel: Verbindung von Kundenerkenntnissen und Kundenwert

Die Verbindung von Kundenerkenntnissen und Kundenwert wurde mir früh deutlich. Für einen B2B-Kunden führte ich eine weltweite Studie zum Thema Markenstärke durch. Dabei wurde für unterschiedliche Geschäftsbereiche die Markenstärke auf Basis der Einstellungen und Verhaltensabsicht der Kunden gemessen (Abschn. 3.1.4.1). Mein Einwand, dass auch der Kundenwert bei der Analyse berücksichtigt werden sollte, wurde anfangs sehr skeptisch beurteilt. Bei der Präsentation der Ergebnisse konnte ich für das B2B-Unternehmen aufzeigen, dass die 20 % A-Kunden, die über 70 % des Umsatzes ausmachten, die Marke deutlich anders wahrnahmen als die 50 % C-Kunden, die nur 10 % des Umsatzes ausmachten. Hätte ich die Durchschnittswerte aller Kunden genommen und somit jedem Kunden den gleichen Wert zugeordnet, hätte das Projektteam ganz andere Entscheidungen bezüglich des Markenmanagements getroffen. Somit reicht es nicht aus, nur Informationen über die Kunden zu ermitteln. Es gilt, bei der Analyse des Kundenfeedbacks immer den Kundenwert, zu berücksichtigen. ◄

Kundenerkenntnisse müssen somit einen Bezug zum Kundenwert haben, aber eben auch für Entscheidungen genutzt werden. Nur Kundenerkenntnisse produzieren und dann aus dem Bauch heraus entscheiden, steigert nicht die Kundenorientierung einer Organisation. Dies ist ein wichtiger Punkt, der Kundenorientierung als Managementmodell so herausfordernd macht. Es gilt, die eigene Erfahrung und Meinungen in einem gewissen Grad hintenanzustellen. Dabei unterscheide ich zwei Ebenen. Auf strategischer Ebene gilt es, die Analyse der grundsätzlichen Ausrichtung sowie der Herausforderungen und Potenziale immer auf Basis von Kundenerkenntnissen durchzuführen. Auf operativer Ebene können nicht immer ausreichend Kundenerkenntnisse vorliegen. An dieser Stelle sollten gewisse Kompromisse eingegangen bzw. Annahmen getroffen werden. Die Erfahrung und das Gespür der Verantwortlichen kommen somit auf der operativen Ebene in einem gewissen (kleinen) Umfang zum Tragen.

▶ **Customer Value-based Decision Making** bezeichnet die systematische Nutzung von wertsteigernden Kundenerkenntnissen innerhalb der Entscheidungsprozesse einer Organisation. Darüber hinaus umfasst es die kontinuierliche Kontrolle und Verbesserungen von Entscheidungen und Entscheidungsprozessen innerhalb einer Organisation.

Hinsichtlich der Entscheidungsfindung sehe ich folgende vier Herausforderungen innerhalb von Organisationen:

1. Die Entscheidungsträger sind sich des Stellenwerts von Kundenerkenntnissen nicht bewusst.
2. Die Entscheidungsträger besitzen nicht die Kompetenz, Kundenerkenntnisse zu verstehen.
3. Die Entscheidungsträger wollen Macht demonstrieren.
4. Entscheidungsprozesse werden zu selten optimiert.

Zu 1): Gerade in kleinen und mittelständischen Organisationen herrscht noch immer kein Bewusstsein über den hohen Stellenwert von Kundenerkenntnissen. Kundenbefragungen und Analysen werden meist überhaupt nicht oder nur alle drei Jahre durchgeführt. Dadurch erlauben die Ergebnisse nur einen Blick in die Vergangenheit und kaum in die Zukunft (Brown und Brown 2014, S. 11). Trendstudien können die wenigsten Organisationen auf Basis ihrer Kundenbefragungen realisieren, weil diese, meist aufgrund von Kostenüberlegungen, zu selten und unsystematisch durchgeführt werden oder die Qualität des Fragebogens nicht ausreichend ist. Trotzdem wird der „schlechte" Fragebogen aufgrund der Vergleichbarkeit jedes Jahr aufs Neue ins Feld geschickt.

Zu 2): Das Fach Statistik stößt in den Vorlesungen oder Seminaren selten auf Interesse. Dies resultiert darin, dass in der Praxis gerade Ergebnisse von multivariaten Analysemethoden selten von den Entscheidungsträgern nachvollzogen werden können. Für mich ist es immer wieder traurig, zu beobachten, dass Manager aus Marketing und Vertrieb über deutlich weniger Kompetenzen verfügen als Manager aus der Produktentwicklung oder dem Finanzbereich, wenn es um Statistik geht. Ganz besonders schlimm ist die nicht vorhandene Statistik-Kompetenz in den Bereichen Kommunikation und Customer Experience Management. Kompetenzen im Bereich Statistik sind aber nur eine hinreichende Bedingung zum Verständnis von Kundenerkenntnissen. Um statistische Ergebnisse mit Managemententscheidungen zu verbinden, ist auch eine gewisse Erfahrung notwendig. Hier könnte einiges von anderen Berufszweigen wie bspw. der Medizin gelernt werden. Viele Kennzahlen von Untersuchungsergebnissen sind für sich allein nicht interpretierbar. Es ist meist ein Verständnis des Gesamtsystems und unterschiedlicher Indikatoren nötig, um die Gesundheit seriös einschätzen zu können. Die kontinuierliche Weiterbildung ist hier essenziell für die systematische Verbesserung über die Zeit.

Zu 3): Gerne wird auf Steve Jobs und andere Manager verwiesen, denen Zitate nachgesagt werden, welche die Nutzung von Kundenerkenntnissen in Zweifel stellen. Dies soll die Entscheidungsmacht des jeweiligen Managers absichern helfen. Es sind sicher nicht immer umfassende statistische Analysen notwendig, sondern auch einzelne Erlebnisse und Gespräche mit Kunden können zu sehr wertvollen Kundenerkenntnissen führen. Die große Herausforderung von Managern liegt darin, zu ermitteln, wie die Mitarbeitenden und vor allem die Mitarbeitenden in anderen Abteilungen überzeugt werden können. Mitarbeitende alleine aufgrund der Machtposition zu überzeugen, wird immer mehr eine Herausforderung.

Zu 4): Das Thema Agilität hat in den letzten Jahren in den Organisationen viele Diskussionen zum Thema Schnelligkeit von Entscheidungen und Aktivitäten befruchtet. Dabei ist der Grundtenor, möglichst die Geschwindigkeit zu erhöhen. Im Rahmen von zahlreichen Gesprächen ist mir aufgefallen, dass die Entscheidungsprozesse meist gar nicht oder nur sehr spät evaluiert werden. Gruppenentscheidungen werden Einzelentscheidungen vorgezogen, obwohl diese nicht per se überlegen sind. Entscheidungen fallen in Gremien an bestimmten Tagen im Monat. Agilität wird quasi ad absurdum geführt. Entscheidungen werden nicht systematisch festgehalten und systematisch infrage gestellt. Hier besteht für Organisationen ein enormes Potenzial. Schnell ist meist nicht besser, weil dann wenig Zeit bleibt, die Mitarbeitenden mitzunehmen. Darüber hinaus ist zu empfehlen, die Kundenerkenntnisse systematisch zu gewinnen. Dann können Entscheidungen mit der Informationsgewinnung optimal abgestimmt werden.

2.3.2 Customer-centric Transformation

Eine weitere Dimension der Kundenorientierung ist die Customer-centric Transformation. Deren hoher Stellenwert wurde in mehreren Studien bestätigt (beispielhaft Staudacher und Nyholm 2019, S. 3; Gündling 2018, S. 74). Dabei ist die Reagibilität im Sinne der Transformations- oder Changefähigkeit zu beachten. Während kleine Organisationen schnell und anpassungsfähig sein können, geht die Zunahme an Größe meist mit einer Verzögerung bei Veränderungszielen einher. Veränderungen innerhalb einer Organisation haben meist einen eher mittel- bis langfristigen Charakter. Dies gilt es bei der Einführung oder Verbesserung der Kundenorientierung zu berücksichtigen (Kühn 1991, S. 102). Zu diesem Punkt erlebe ich als Berater oft das Missverständnis, dass ich angefragt werde, um auf Basis der Optimierung der Kundenorientierung kurzfristig den Erfolg zu stärken. Wenn aber den Verantwortlichen klar wird, dass sich die Kundenorientierung meist nicht kurzfristig umfassend verbessern lässt bzw. sie sich einem umfassenden Change-Prozess der Organisation stellen müssen, sinkt die Begeisterung bezüglich der Verbesserung der Kundenorientierung merklich. Neben den vorgestellten Erfolgsfaktoren zur Stärkung der Kundenorientierung haben auch die Wertschätzung der Mitarbeitenden sowie ein kundenorientiertes Vergütungssystem einen Einfluss auf die Stärke der Kundenorientierung (Staudacher und Nyholm 2019). Dieses Ergebnis deckt sich mit den Erkenntnissen von Jaworski und Kohli (1993, S. 61), die bei ihrer Untersuchung der Marktorientierung nachweisen konnten, dass ein marktorientiertes Vergütungs- und Beförderungssystem die Marktorientierung einer Organisation positiv beeinflusst.

In vielen Organisationen ist die Zunahme eines sog. „Silo-Denkens" zu beobachten. Aufgrund der starken Veränderungen des Kundenbeziehungsmanagements wurden in den letzten Jahren immer mehr Spezialabteilungen aufgebaut. Die Koordination hinsichtlich eines einheitlichen Kundenerlebnisses wird dadurch eine Herausforderung für Organisationen. Schnittstellen zwischen unterschiedlichen Abteilungen lassen sich in keiner Organisation völlig vermeiden. Diese dürfen nur nicht zu aufwendigen Abstimmungs- und langwierigen Entscheidungsprozessen führen (Homburg et al. 2016, S. 118). Die digitalen Abteilungen konkurrieren mit den analogen Abteilungen um Aufmerksamkeit und Budget. Die Customer-centric Transformation zielt deshalb auch darauf ab, Silos kontinuierlich zu reduzieren (Sheth et al. 2000, S. 63).

Organisation wird in dieser Perspektive nicht nur als das einzelne Unternehmen verstanden, sondern umfasst das gesamte Netzwerk dieses. Dafür hat sich der Begriff Ecosystem etabliert.

▶ Ein Ecosystem ist eine Ansammlung an Organismen und ihrer Umwelt, die als eine ökologische Einheit funktionieren (o. V. 2003).

Ich spreche aber weiterhin von „Organisation", weil ich die Perspektive der Verantwortlichen einer Organisation auf die Steuerung derselben einnehme. Für das umfassende Verständnis einer Customer-centric Transformation kann aber die Perspektive auf eine Organisation als Ecosystem mit Partnern, Zulieferern und Kunden helfen (Spigel 2017).

Beispiel: Carsharing

Als Beispiel kann Carsharing angeführt werden. Als Carsharing populär wurde, bot noch jeder Automobilhersteller ein eigenes Modell an, aus lauter Angst vor der Übernahme durch Google und Co. Inzwischen haben eigentliche Wettbewerber wie Daimler und BMW ihr Carsharingangebot zusammengelegt. Die eigene Organisation gilt es deshalb immer öfter in ein Ecosystem einzubinden, was zu einer höheren Komplexität in der Steuerung führen kann. Dabei ist zu beachten, dass die Zunahme an Komplexität die notwendige Transformation nicht negativ beeinflusst (Srivastava und Singh 2010, S. 3). ◄

Transformation bezieht sich aber nicht nur auf die Organisation, sondern auch auf das Wissen jedes einzelnen Mitarbeitenden (Sheth et al. 2000, S. 63). Nicht zuletzt dieser Umstand hat mich dazu veranlasst, dieses Buch zu schreiben. Sowohl meine Studierenden als auch die überwiegende Anzahl an Organisationen arbeiten im Alltag mit Modellen und Begriffen, die schon mindestens 30 Jahre alt sind. Damit beziehe ich mich nicht auf die Digitalisierungseuphorie mit Digital Natives und Co. Viele der hier im Buch vorgestellten Modelle und Vorgehensweisen sind in den meisten Organisationen leider nicht Standard. Die Integration der Transformation als Element der Kundenorientierung greift die Kritik von Webster aus dem Jahr 1980 auf, dass die Produktivität nur gesteigert werden kann, wenn Organisationen auf den neusten Erkenntnissen und Modell aufbauen. Gerade im Marketing und Vertrieb ist das Festhalten an alten Modellen kritisch hinsichtlich der Leistungsfähigkeit zu hinterfragen.

Neben den Modellen hat der optimale Einsatz von Technologie einen immer größeren Einfluss auf den Erfolg einer Organisation. Für mich bezieht sich Transformation auch auf die technischen Systeme einer Organisation. Können die unterschiedlichen Systeme wie bspw. ERP, CRM und Marketingautomation untereinander Daten automatisch austauschen? Wie groß ist der manuelle Aufwand für die Verbindung der unterschiedlichen Systeme einer Organisation? Durch die kürzeren Innovationszyklen der IT, die steigende Anzahl an Anbietern sowie die zunehmende Spezialisierung gilt es, die Verbindung der Systeme im Auge zu behalten und kontinuierlich zu verbessern. In wie vielen Organisationen werden Kundendaten doppelt oder dreifach geführt? Das muss per se nicht schlecht sein und den Erfolg verunmöglichen. Es gilt aber, die Infrastruktur und die Systeme an mögliche Entwicklungen ebenfalls anzupassen.

▶ **Customer-centric Transformation** bezeichnet einen kontinuierlichen Change-Prozess einer Organisationen, der das Ziel hat, die Voraussetzung zu schaffen, die Kunden möglichst optimal in die Werterstellung zu integrieren, die Zusammenarbeit zwischen Abteilungen zu gewährleisten, die neuesten Modelle in der Organisation anzuwenden, die besten Systeme zu nutzen und zu verbinden sowie die Kundenorientierung im Netzwerk der Organisation zu stärken. Ziel ist eine möglichst hohe Reagibilität der Organisation auf die Veränderung der Einstellungen und des Verhaltens der Kunden.

Diese Definition erweitert das Verständnis der Service-Dominant Logic, die vor allem auf die Werterstellung zwischen Organisation und Kunde abstellt (Grönroos und Voima 2013). Für die Werterstellung gilt es aber, die Organisation optimal auf diese auszurichten. Die Perspektive auf die Organisation im Rahmen der Kundenorientierung soll den Verantwortlichen helfen zu verstehen, dass sie einen Change-Prozess und anschließend einen Optimierungsprozess verantworten. Dieser soll die Kundenorientierung besser verankern und stärken. Es gilt eben, nicht nur einzelne digitale Kundenkontaktpunkte zu etablieren, weil das gerade in Mode ist, sondern auch einen kontinuierlichen Prozess mit einem klaren Plan, wohin sich die Organisation bewegt und was mit welcher Priorität zu verändern ist.

Abschließend möchte ich noch einen weiteren wichtigen Punkt zur erfolgreichen Organisationsentwicklung thematisieren: die Sprache. Aus der Perspektive der Customer-centric-Transformation gilt es, die Organisation möglichst gesamtheitlich zu betrachten und täglich daran zu arbeiten, dass die „natürlichen" Abstände durch die Struktur, Prozesse und Entwicklungen verringert werden. Begriffen wie bspw. digitale Strategie, digitaler Vertrieb, digitales Marketing, New Work etc. sollte ein Riegel vorgeschoben werden, damit keine Glaubenssätze entstehen, die dem zukünftigen Erfolg im Weg stehen (Bungay 2019). Die Etablierung eines Begriffshandbuchs kann für Organisationen gerade für den Bereich Customer Management hilfreich sein, um ein geteiltes gemeinsames Verständnis zu stärken. Allen Mitarbeitenden soll aufgezeigt werden, dass trotz der vielen tollen Buzz-Words und Entwicklungen alle Abteilungen einer Organisation gemeinsam den Kunden begeistern müssen und sich nicht einzelne Abteilungen in die Schlacht werfen, wohingegen andere Abteilungen auf ihr Gnadenbrot warten. Meine Erfahrung zeigt, dass neben einem Begriffhandbuch die umsichtige Nutzung von Begriffen, gerade durch das Top-Management, sehr wichtig ist, damit der Zusammenhalt für eine erfolgreiche Veränderung gestärkt werden kann.

2.3.3 Co-Creation

Die Service-Dominant Logic hat das Konzept der Co-Creation bzw. des Customer Engagements eingeführt. Die Service-Dominant Logic geht davon aus, dass der Kunde immer ein Bestandteil der Werterstellung einer Organisation ist (Vargo und Lusch 2004). In den letzten Jahren haben sich die Möglichkeiten zur Steuerung und Integration des

Kunden in die Werterstellung deutlich erhöht. Bisher hat diese Perspektive aber kaum einen Eingang in die Literatur gefunden. Organisationen werden fälschlicherweise bzw. verkürzt als allein werterstellende Systeme betrachtet, die dem Kunden Wert bereitstellen, den er durch eine Transaktion gegen Geld beziehen kann. Entspricht der Wert, den die Organisation bereitstellt, den Erwartungen des Kunden oder ist er höher, ist dieser zufrieden und die Organisation ist demnach kundenorientiert. Vor allem die Erfolgswelle von agilem Arbeiten hat dazu geführt, dass die Ausrichtung der Angebote an den Kundenbedürfnissen schon als kundenorientiert missverstanden wurde. Dieses altmodische Verständnis ist auch in vielen „modernen" Start-ups zu beobachten. Angebote möglichst an den Kundenbedürfnissen auszurichten, ist nicht nur sinnvoll, sondern trägt auch zur Überlebensfähigkeit einer Organisation bei (Günter 1996, S. 60). Das Ausrichten von Angeboten an den Bedürfnissen der Kunden ist eine notwendige, aber keine ausreichende Voraussetzung für die Kundenorientierung einer Organisation. Somit bezieht sich Kundenorientierung nicht nur auf das Innovations- bzw. Angebotsmanagement, sondern es gilt, eine viel umfassendere Perspektive auf die Möglichkeiten der Werterstellung im Rahmen von Kundenbeziehung einzunehmen (Tab. 2.2).

Schon 1996 kam Lengnick-Hall (1996, S. 791) zu dem Ergebnis, dass die Kundenintegration (Co-Creation) von zentraler Bedeutung für die Kundenorientierung einer Organisation ist. Kundenorientierte Organisationen beziehen den Kunden daher im Gegensatz zu nicht-kundenorientierten in die Geschäftsmodell-, Marken-, Erlebnis-, Angebotsentwicklung, aber auch für alle weiteren Prozesse in der Organisation und deren Netzwerk ein (Wind und Rangaswamy 2001). Dabei zielt Kundenorientierung nicht einfach auf die Integration der Kunden im Sinne von Beziehungsmanagement ab. Es gilt, die Kunden so in die Prozesse zu integrieren, dass der Wert für die Kunden, aber auch für die Organisation systematisch gesteigert wird (Prahalad und Ramaswamy 2004).

Tab. 2.2 Veränderungen im Kundenbeziehungsmanagement. (Quelle: In Anlehnung an Bhalla 2011, S. 4)

	Alte Realität	Neue Realität
Identität	Konsumenten, reaktiv	Kreative Partner
Rolle	Passive, Wert konsumieren	Co-Produzenten des Werts
Quelle der Kundenerkenntnis	Quantitative Befragungen	Qualitative Konversationen
Interaktion	Transaktion	Erlebnisreiche Beziehung
Lokation	Am Ende der Werterstellung	Überall in der Werterstellung
Kommunikation	Werbung und Botschaften	Konversation und Weiterempfehlung
Konzept der Werterstellung	Ein Angebot für alle	Kunde bestimmt Angebot
Wichtigste Wertquelle	Marke/Angebot	Kauf- und Nutzungserlebnis

▶ **Co-Creation** ist ein Prozess, in dem der Kunde als Ressource in die Werterstellung einer Organisation integriert wird. Dabei kann es unterschiedliche Interaktionsgrade geben (Galvagno und Dalli 2014).

Grundsätzlich sind immer mehr Kunden bereit, eigene Ressourcen in die Werterstellung von Organisationen einzubringen. Ein Beispiel ist die Entwicklung des Open-Source-Movements (Bhalla 2011, S. 6). In B2B-Branchen wird schon seit Jahren in dieser Form zusammengearbeitet. So arbeiten Zulieferer meist über mehrere Jahre mit ihren Kunden an neuen Lösungen. Auch in B2C-Branchen wird Co-Creation inzwischen vermehrt eingesetzt. Die technologischen Entwicklungen haben dieser Form der Interaktion zwischen Kunden und Organisationen einen neuen Schub verliehen.

Co-Creation ist dabei nicht ohne Risiko, vor allem, wenn nicht wirklich klar ist, welcher Wert erstellt werden soll (Beckers et al. 2018). So ist es spannend zu beobachten, dass Organisationen immer mehr Touchpoints und Prozesse bereitstellen, um Co-Creation mit dem Kunden zu betreiben. Eine klare Zielsetzung kann ich dabei eher selten entdecken. Dies kann im einfachsten Fall dazu führen, dass kein Wert erstellt wird bzw. sich die Kosten für die Organisation nicht amortisieren. Aber es ist durchaus möglich, dass durch diesen ziellosen Ansatz auch Schaden für die Organisation entsteht, wenn sich Kunden, ermöglicht durch die Organisationen, auf den eigenen Plattformen negativ äußern können (Harmeling et al. 2017). Somit bedarf es, wie immer im Management, eines klaren Zielsystems und einer klaren Strategie, wie, wo und in welchem Umfang Co-Creation betrieben werden soll. Dabei müssen die Wertsteigerung und die Steuerungsmöglichkeiten für die Organisation berücksichtigt werden.

Es werden allgemein bisher drei Dimensionen von Co-Creation unterschieden (Grönroos und Voima 2013). Die Nutzung von Kundenerkenntnissen bspw. auf Basis von Kundenbefragungen ist als eine Art Co-Creation zu betrachten. Andere Organisationen nutzen Kunden im Rahmen von Co-Creation-Workshops bei der Entwicklung von Geschäftsmodellen, Marken, Customer Experiences und Angeboten. Wiederum andere Organisationen lassen die Kunden das Angebot erstellen (bspw. Wikipedia). Bisher völlig unterschätzt ist die Nutzung von Co-Creation für den Verkauf. Manche Organisationen, wie bspw. die Swisscom, haben den Mehrwert von Co-Creation erkannt und setzen diesen konsequent ein. Immer mehr Angebote besitzen eine modulare Struktur und/oder sind mit einem Kranz an Value-Added-Services umgeben. Nicht jeder Kunde will bzw. benötigt die gesamten Leistungen. Die Swisscom hat einen Co-Creation-Prozess für den Verkauf etabliert, in dem mithilfe der Geschäftsleitung des Kunden das jeweilige Angebot gemeinsam im Rahmen von Workshops definiert wird.

Darüber hinaus stellen Organisationen User-Groups als Hilfestellung für die Angebotsnutzung anderer Kunden zur Verfügung. Abb. 2.6 zeigt auf Basis einer Studie in unterschiedlichen Branchen auf, dass Beschwerde- und Kommunikationsmanagement im Fokus der Organisationen hinsichtlich Co-Creation stehen. Eine tiefergehende Werterstellung mit dem Kunden setzen sich noch wenige Organisationen als Ziel. Dies unterstreicht die Aussage, dass den meisten Verantwortlichen nicht klar ist,

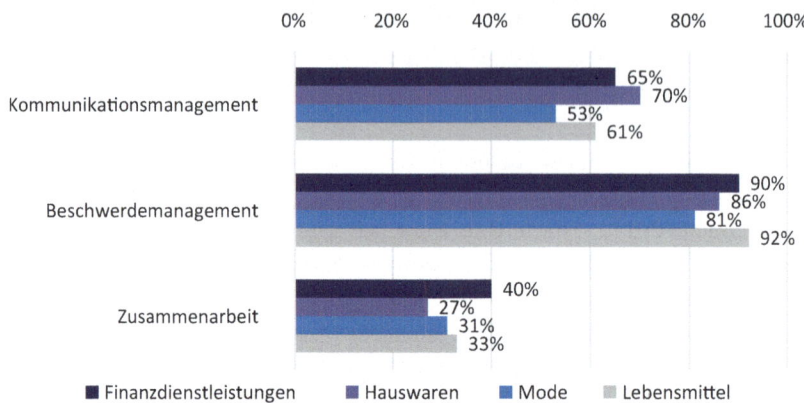

Abb. 2.6 Unterschiedliche Stufen von Co-Creation und deren geplante Nutzung nach Branchen. (Quelle: Żyminkowska 2019, S. 142; Übersetzung des Verfassers)

dass Kundenorientierung heute weit über die Kundenzufriedenheit hinausgeht. Im Kern zielt die Kundenorientierung neben der kontinuierlichen Transformation auf die möglichst wertstiftende Integration des Kunden in die Werterstellung ab. Dabei besitzt jede einzelne Organisation unterschiedliche Möglichkeiten. Neben der grundsätzlichen Wertschätzung von Kunden sollten diese möglichst optimal in die Werterstellung integriert werden (Co-Creation) (Sheth et al. 2000, S. 62).

2.3.4 Customer Management

Das Customer Management ist die Dimension der Kundenorientierung, die auf den anderen drei Dimensionen aufbaut. Es ist somit das Ergebnis der vorausgehenden Aktivitäten einer Organisation. Kundenorientierung bezieht sich nicht primär auf das Customer Management, sondern auf die Wertpotenziale, die Transformations- und Co-Creation-Fähigkeiten der Organisation. Diese setzen wiederum den Rahmen für das Customer Management.

▶ **Customer Management** ist eine organisationale Funktion, eine Aktivität und eine Ansammlung an Prozessen, um die Kundenbeziehungen so zu steuern, dass unter Berücksichtigung der Co-Creation sowohl der Wert für die Organisation als auch der Wert für die Kunden (Customer-Firm Value) kontinuierlich wächst.

Dem Customer Management kommt somit die Aufgabe zu, basierend auf dem Kundenwert für die optimale Ausgestaltung des Kundenbeziehungsmanagements zu sorgen. Dabei ist darauf zu achten, dass einige als Gesetzmäßigkeiten angesehene Grundsätze eben doch nicht für jede Organisation gelten. Als Beispiel für einen solchen Grundsatz kann die Aussage angeführt werden, dass Kunden, die zu einem Cross-Buying bewegt werden können, meist profitabler sind als Kunden, die kein Cross-Buying tätigen. Eine Studie kommt aber zu dem Ergebnis, dass Organisationen oftmals Cross-Selling-Erfolge durch umfassende Preisrabatte erzielen. Dies zieht Kunden mit einem zu geringen verfügbaren Einkommen oder niedriger Zahlungsbereitschaft an. Die Studienautoren führen an, dass 10 bis 35 % eines Kundenstamms, der Cross-Buying tätigt, unprofitabel sein können (Shah et al. 2012).

Oft ist zu lesen, dass der Kunde besser informiert ist als früher, dass er mehr Macht hat und weniger treu ist. Dies stimmt, aber nur für einen kleinen Teil der Kunden (wenn auch wachsend). In vielen Branchen ist ein anderer Kundentyp zu beobachten, der bis 60 % der Kundenbasis ausmacht: der „Schläfer" (Gündling 2018, S. 77 f.). Dieser Kundentyp wechselt ungern den Anbieter, obwohl der Wettbewerb bessere Angebote, Preise, Erlebnisse oder sogar alle drei Dinge gleichzeitig bietet. Der Wettbewerb kommuniziert dies sogar lautstark (bspw. bestes Netz, niedrigste Gebühren im Mobilfunkmarkt). Aber die Kunden wechseln nicht. Dies führt in vielen Organisationen zu grosser Verwirrung. Man fragst sich: Wir haben doch alles gemacht, dass der Kunde mehr Wert bekommt, warum greift er nicht (oder nur so wenige) zu?

Beispiel: Den Schläfer überzeugen

Wenn z. B. in der Make-up-Branche KundInnen selten die einmal gewählte Foundation wechseln, muss man sich als Wettbewerber im Klaren sein, dass man hohe Investitionen in die Überzeugung der KundInnen (eben nicht nur in das Angebot) tätigen muss. Oder man bietet „Ausprobierangebote" wie bspw. Liquid Lipsticks an, um die KundInnen mit seiner Marke vertraut zu machen. Anschließend versucht man, die neue Foundation bei den bestehenden Kunden zu platzieren, was deutlich effizienter ist, als dies direkt bei Nichtkunden zu probieren.

Ein weiteres Beispiel sind die unendlich vielen Apps und digitalen Services, von denen die meisten nicht genutzt werden, aber so viele Organisationen inzwischen anbieten. Ein Lieblingszitat eines Managers ist dazu: „Wir haben keine Probleme, digitale Innovationen auf den Markt zu bringen, bloß will keiner dafür etwas zahlen." Design thinking, Scrum und Corroboree[5] wurden angewandt, aber die Wertsteigerung für die Organisation erschließt sich so erst mal nicht. ◄

Zwar können allgemeine Forschungsergebnisse als Basis für Entscheidungen herangezogen werden, jede Organisation sollte aber das Customer Management auf Basis ihrer eigenen Ausgangslage vornehmen. Während die Ausrichtung an den wertvollen

---

[5]Ein Corroboree ist eine traditionelle Zeremonie, die die Aborigines in Australien abhalten. Es sind Veranstaltungen mit Tanz, Musik, Gesang und Körperbemalung. Dies erinnert inzwischen an viele Workshops und Events in Zeiten der Digitalisierung.

Kunden selbsterklärend ist, haben viele Organisationen Schwierigkeiten mit unprofitablen Kunden. Eine kundenorientierte Organisation richtet das Kundenmanagement darauf aus, unprofitable Kunden möglichst nicht oder in einer profitablen Art zu bedienen (Sheth et al. 2000, S. 62).

Abschließend soll noch auf die Aussage „Der Kunde ist König" eingegangen werden. Diese ist oft im Rahmen der Kundenorientierung zu lesen, und nicht wenige propagieren diesen Satz mit einer starken Vehemenz. Wie aufgezeigt, bezog sich Kundenorientierung zu Beginn nur auf Kundenzufriedenheit. Auf diesem altmodischen Verständnis baut der Ausdruck „Der Kunde ist König" auf. Das Konzept Kundenzufriedenheit ist mit dem Konzept Kundenwert zu ersetzen und mehr in wertvollen Beziehungen und Co-Creation zu denken. Der Kunde kann in diesem Verständnis kein König sein. Wie jede Beziehung, sei sie beruflich oder privat, ist sie davon geprägt, dass beide Parteien auf Augenhöhe sind, sich respektieren und vor allem gemeinsam wachsen. Dem König am Monatsende den Tribut zu überlassen und den ganzen Tag im Regen auf dem Acker zu stehen, während der König ein Bankett nach dem anderen gibt, klingt für denjenigen im Regen nicht so ideal. Wir brauchen keine Könige mehr, sondern Kunden, die bereit sind, mit uns zusammen kontinuierlich den Wert der gemeinsamen Beziehung zu steigern.

2.4   Customer Centricity Canvas

Die bisherigen Ausführungen waren etwas umfassender, auch vor dem Hintergrund, dass viele Organisationen bei dem Versuch, die Kundenorientierung verbessern, scheitern (Sathit 2017, S. 91). Die Verbesserung der Kundenorientierung umfasst mehrere Dimensionen und diese beeinflussen sich gegenseitig.

Der Startpunkt jeder guten Diskussion, jedes Austauschs, Workshops und jeder Entscheidung zum Thema Kundenorientierung ist das geteilte Verständnis, was Kundenorientierung eigentlich umfasst. Es bedarf eines Canvas (Rahmen), den jeder versteht, der Beschreibungen liefert und Diskussionen dadurch unterstützt. Die jeweilige Gruppe sollte am gleichen Punkt anfangen und über die gleichen Dinge sprechen können. Die Herausforderung bei der Erstellung war, dass dieser Canvas möglichst einfach, relevant und intuitiv verständlich ist, aber die inhärente Komplexität auch nicht zu sehr vereinfacht. Der Customer Centricity Canvas soll helfen,

1. den Begriff Kundenorientierung in einen konkreten Ordnungsrahmen zu platzieren und ihn in der Organisation verständlich zu machen,
2. aufgrund der Größe die Beteiligten zu zwingen, auf den Punkt zu kommen,
3. als Design-Instrument die Verbesserung der Kundenorientierung einer Organisation zu unterstützen,
4. als Werkzeug zur Fremd- und Selbstbeurteilung, um Potenziale zu identifizieren,
5. Abhängigkeiten besser zu antizipieren,
6. Prioritäten für eine anschließend erfolgreiche Transformation zu bestimmen.

Neben einem gemeinsamen Verständnis über die Potenziale zur Verbesserung der Kundenorientierung muss auch eine geteilte Sprache etabliert werden. Ohne eine gemeinsame Grundlage wird es herausfordernd, systematisch die Kundenorientierung zu analysieren und zu verbessern (vgl. Abb. 2.7).

Im Folgenden werden die einzelnen Punkte kurz vorgestellt, bevor in den weiteren Kapiteln auf die jeweilige Dimension des Canvas umfassender eingegangen wird.

Die Dimension **Customer Value-based Decision Making** besteht aus den vier Dimensionen Verstehen, Sammeln, Auswerten und Decision Making. Den Kunden zu verstehen, bezieht sich auf die psychologischen und verhaltensbasierten Modelle, die in einer Organisation angewendet werden. Welche Modelle erklären das Kunden-verhalten am besten? Das Sammeln zielt auf das kontinuierliche Optimieren der Kundendatengewinnung ab: Welche Kundendaten benötigen wir zur Erstellung von Kundenerkenntnissen, die Grundlage für unsere Entscheidungen sind? Das Auswerten von Kundendaten bezieht sich auf die Fähigkeiten einer Organisation, möglichst viel Wert aus den gewonnenen Daten zu extrahieren: Wie können wir unsere Kundendaten-auswertung und unser Kundenwertmodell verbessern? Entscheiden zielt darauf ab, sowohl die bestehenden Entscheidungsprozesse als auch die Entscheidungen stärker auf die Nutzung der Kundenwertberechnungen zu verpflichten. Zusammengefasst werden in dieser Dimension die Potenziale bestimmt, Entscheidungen besser am Kundenwert aus-zurichten. Folgende Fragen helfen dir bei der Bestimmung von Potenzialen:

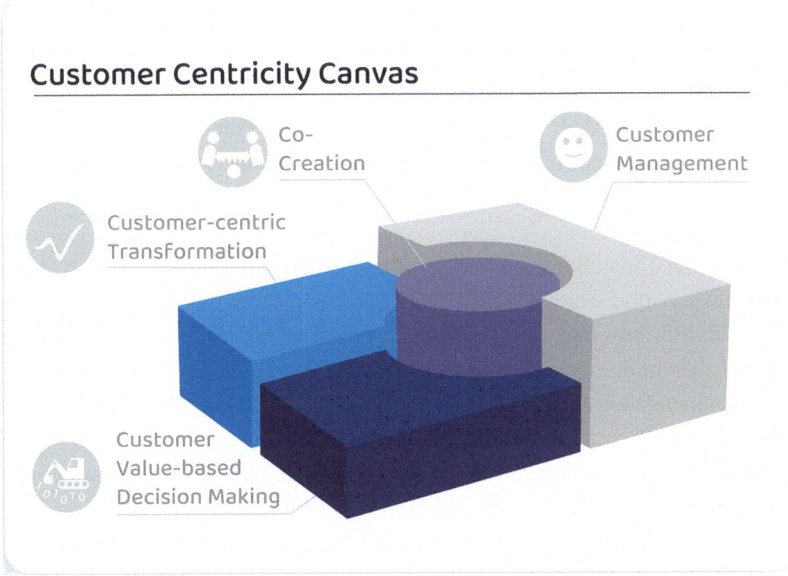

Abb. 2.7 Customer Centricity Canvas. (Quelle: © CustomersX. All rights reserved. Reprinted by permission)

- Besitzt du wertvolle Customer Insights, die dir helfen, dich vom Wettbewerb zu differenzieren?
- Welche Kundenerkenntnisse solltest du zusätzlich gewinnen?
- Wie kannst du Dein Kundenwertmodell verbessern?
- Wie kannst du Deine Entscheidungsprozesse optimieren?
- Welche Entscheidungen sollen sich stärker am Kundenwert ausrichten?

Das Kundenwertmodell ist einer der zentralen Erfolgsfaktoren für die Verbesserung der Kundenorientierung. Dafür werden wertvolle Kundenerkenntnisse benötigt und die Analyseergebnisse sollen bei möglichst vielen Entscheidungen zum Einsatz kommen.

Die Dimension **Customer-centric Transformation** umfasst ebenfalls vier Dimensionen: die Kundenebene (also die individuelle Ebene), die intraorganisationale Ebene, die interorganisationale Ebene und die Systemebene. Neben dem Verständnis der Ausgangslage gilt es zu bestimmen, wie diese unterschiedlichen Ebenen transformiert werden können. Die individuelle Ebene umfasst die Einstellung und das kundenorientierte Verhalten jedes Mitarbeitenden einer Organisation: Wie können die Einstellung gegenüber der kundenorientierten Ausrichtung und das kundenorientierte Verhalten gestärkt werden? Die intraorganisationale Ebene umfasst die Kompetenzen, Struktur, Prozesse, Kultur und das Führungssystem einer Organisation: Wie kann die Zusammenarbeit zwischen den Abteilungen verbessert werden, damit die wertvollen Kunden gebunden werden können? Die interorganisationale Ebene umfasst das Netzwerk/Eco-System, in das eine Organisation eingebunden ist. Wie können die Partner beeinflusst werden bzw. wie können diese dazu beitragen, die Kundenorientierung der Organisation zu verbessern? Die Systemebene umfasst die Systeme und Infrastruktur einer Organisation: Welche Systeme unterstützen die Organisation am effizientesten dabei, die Kundenorientierung zu verbessern?

Zusammengefasst werden in dieser Dimension die Potenziale bestimmt, welche Elemente der Organisation zu transformieren sind. Folgende Fragen helfen dir bei der Bestimmung von Potenzialen:

- Wie können die Einstellung und das Verhalten der Mitarbeitenden stärker kundenorientiert ausgerichtet werden?
- Wie sind die Führung und die Kultur anzupassen, damit die Kundenorientierung als Dominant Logic in der Organisation gestärkt wird?
- Welche Kompetenzen fehlen in der Organisation zur Verbesserung der Kundenorientierung?
- Wie sind die Struktur und die Prozesse zu verändern, um die Kundenorientierung zu stärken?
- Wie kann das Netzwerk der Organisation helfen, die eigene Kundenorientierung zu verbessern?
- Was muss an der IT-Infrastruktur und den IT-Systemen verändert werden, um die Kundenorientierung zu erhöhen?

Bevor das Customer Management angepasst wird, gilt es, immer zuerst die jeweiligen Bereiche in der Organisation zu transformieren. In dieser Dimension ist man gefordert, mit einer strengen Priorisierung ein gemeinsames Verständnis darüber zu erlangen, was in der Organisation transformiert werden muss, um die Kundenorientierung zu verbessern.

Co-Creation besteht ebenfalls aus vier Dimensionen. Design bezieht sich auf die Entwicklung von Geschäftsmodellen, Marken, Erlebnissen und Angeboten. Wie kann eine Organisation in diesem Bereich die Kunden optimal integrieren, um anschließend sowohl für die Organisation als auch für den Kunden den Wert zu steigern? Mit Erstellung ist das Ziel gemeint, den Kunden nicht nur bei der Entwicklung zu integrieren, sondern ihn möglichst das jeweilige Zielobjekt umsetzen zu lassen. Je nach Organisation bestehen in diesem Bereich schnell Grenzen, weil den Kunden die Kompetenzen fehlen werden. Der Verkauf wurde bisher in den Ausführungen zu Co-Creation vernachlässigt. Die steigende Komplexität von Angeboten und die große Zunahme an Angeboten und Varianten zwingt den Verkauf dazu, den Kunden immer stärker bei der Erstellung des Angebots zu integrieren. Überspitzt verkauft der Kunde sich das jeweilige Angebot selbst. Zuletzt zielt die Unterstützung darauf ab, wie die Kunden eingesetzt werden, um anderen Kunden bei der Nutzung der Angebote einer Organisation behilflich zu sein. Die steigende Anzahl an Expert Groups, die Kundenanfragen beantworten, zeigt, dass Co-Creation ein wichtiges Element für eine Organisation ist.

Zusammengefasst werden in dieser Dimension die Potenziale bestimmt, wie der Kunde stärker in die Leistungserstellung und -vermarktung integriert werden kann. Folgende Fragen helfen dir bei der Bestimmung von Potenzialen:

- Wie kann Co-Creation stärker für das Angebotsdesign zum Einsatz kommen?
- Wie kann Co-Creation stärker für die Produktion des Angebots zum Einsatz kommen?
- Wie kann Co-Creation stärker für den Vertrieb des Angebots zum Einsatz kommen?
- Wie kann Co-Creation stärker für den Support anderer Kunden zum Einsatz kommen?

Kundenorientierte Organisationen sehen nicht sich als Wertersteller, sondern den Kunden. Deshalb gilt es, kontinuierlich Potenziale zu bestimmen, wie Co-Creation in der Organisation über die vier Dimensionen gesteigert werden kann.

Die Dimension **Customer Management** umfasst sieben Elemente. Ausgehend vom Geschäftsmodell gilt es, das Zielsystem, die Markbearbeitungsstrategie, das Markenmanagement, das Kundenbeziehungsmanagement sowie das Customer Experience Management kundenorientiert auszurichten. Dabei wird deutlich, dass sich die Instrumente aus der Perspektive der Kundenorientierung stärker auf die Co-Creation beziehen als auf die klassische Umsetzungsperspektive des Marketings.

Zusammengefasst werden in dieser Dimension die Potenziale bestimmt, wie der Wert der Kundenbeziehung sowohl für den Kunden als auch für die Organisation verbessert wird. Folgende Fragen helfen dir bei der Bestimmung von Potenzialen:

- Was sollte am Geschäftsmodell verändert werden?
- Was sollte an der Marktbearbeitungsstrategie anpasst werden?
- Muss die Markenpositionierung verändert werden?
- Wie kann das Kundenbeziehungsmanagement verbessert werden?
- Wie kann die Customer Experience optimiert werden?
- Wie ist die Ausgestaltung der 4Ps zu verändern?

Einen Neukunden zu gewinnen, ist um ein vielfaches teurer, als einen Bestandskunden wieder zu einem Kauf zu bringen. Das setzt voraus, dass Dein Customer Management optimal ausgerichtet ist und Du in die richtigen Kundenbeziehungen investiert hast. Das Customer Management ist somit der nach außen erlebbare Teil Deiner Anstrengungen, die Kundenorientierung zu verbessern.

Die unterschiedlichen Dimensionen werden in Kap. 3 bis 6 vorgestellt. Dabei ist anzumerken, dass auf den jeweiligen Grundlagen aus Abschn. 2.3 aufgebaut und auf Besonderheiten zur Verbesserung der Kundenorientierung eingegangen wird. Somit hat dieses Buch, auch aufgrund des Umfangs, nicht den Anspruch, alle folgenden Themen umfassend darzustellen. Die zentralen Elemente stehen im Fokus und werden dort vertieft, wo aus meiner Erfahrung in der Praxis die größte Unsicherheit oder das größte Potenzial besteht. Ich wünsche dir viele gute Erkenntnisse beim Eintauchen in die einzelnen Dimensionen der Kundenorientierung auf den folgenden Seiten.

2.5   Branchenbesonderheiten

Die meisten Menschen sind der Meinung, ihre Lebenssituation sei eine besondere. Da erstaunt es nicht, dass auch der Großteil der Verantwortlichen und Mitarbeitenden einer Organisation der Ansicht ist, ihre Organisation, bzw. ihre Branche, sei derart anders als alle anderen, dass es sich nicht lohne, von anderen zu lernen oder von anderen erprobte Vorgehensmodelle anzuwenden.

Noch immer ist eine der ersten Fragen im Kontakt mit meinen potenziellen Kunden, welche Branchenerfahrung ich besitze und für welche Organisationen ich schon gearbeitet habe. Es sind viele, zwar nicht alle, aber hoffentlich in Zukunft noch viele mehr. Anschließend folgt eine umfassende Diskussion über die Vor- und Nachteile von bestehender bzw. nicht bestehender Erfahrung in der jeweiligen Branche. Glücklicherweise nimmt die Annahme ab, man befinde sich in einer mit nichts vergleichbaren Branche und müsse in jeder Hinsicht das Rad neu erfinden. Doch gibt es meiner Erfahrung nach bis zu einem gewissen Grad – branchenübergreifend – unterschiedliche Ausgangslagen. Es gilt, sich dieser bewusst zu werden, wenn man sich auf den Weg macht, seine Organisation in Richtung Kundenorientierung zu transformieren. Alle unterschiedlichen Ausgangslagen aufzuführen, würde den Umfang dieses Buches bei Weitem sprengen. Dennoch möchte ich auf ein paar Spezialsituationen eingehen, da sich der Weg zur Erreichung von Kundenorientierung und die relative Wichtigkeit der Erfolgsfaktoren unterscheiden können.

Start-ups

Start-ups sind insofern in einer speziellen Situation, als sie wegen ihres jungen Alters oftmals noch über keine nennenswerte Kundenbasis verfügen und sich in vielerlei Hinsicht noch im Aufbau befinden (bspw. bezüglich der Angebotsdefinition, Mitarbeitenden- und Partnerfindung oder der Definition von Strukturen und Prozessen). Das ist Herausforderung und Segen zugleich. Einerseits ist es noch keine Priorität der Geschäftsführung, ein systematisches Managementmodell der Kundenorientierung einzuführen. Aber mit großer Energie werden das Angebot, einzelne Instrumente und die Finanzierung bzw. das Überleben fokussiert. Andererseits sind sie in der beneidenswerten Lage, dass sie Strukturen, Arbeitsweisen und Denkhaltung in der Organisation schon beim Aufbau in Richtung Kundenorientierung gestalten können.

Die zwei wichtigsten Fragen, die ich jedem Start-up-Verantwortlichen stelle, sind:

1. Wie kannst du deine Kunden für die Werterstellung nutzen?
2. Was ist dein zusätzliches Angebot, das Du verkaufen möchtest?

Beide Fragen zielen auf die Spezifika der Kundenorientierung für Start-ups ab. Je besser Co-Creation eingesetzt werden kann, desto besser für die Wertentwicklung der Organisation. Darüber hinaus erlebe ich oft, dass Cross-Selling sträflich vernachlässigt wird. Cross-Selling ist deutlich günstiger als Kundenakquise, aber dafür sind weitere Angebote notwendig, die beim Aufbau einer Organisation oft vergessen bzw. zu spät lanciert werden.

Business-to-Business (B2B)

Die typische B2B-Organisation hat meist eine geringere Anzahl Kunden und eine engere Beziehung zu ihnen, als es bei B2C-Organisationen (Business-to-Consumer) der Fall ist. Oft besteht die Beziehung nicht mit einer Person, sondern mit einem Buying Center, das sich aus mehreren Individuen mit unterschiedlichen Funktionen zusammensetzt. Die Beziehung wird auch auf der Seite des Anbieterunternehmens von mehreren Personen wahrgenommen. Diese Tatsache verstärkt die Wichtigkeit der unternehmensinternen Zusammenarbeit und Koordination. Kundendaten können von B2B-Organisationen meist nur eingeschränkt quantitativ erhoben werden. Auch sind die Kosten aufgrund der Vielzahl an Personen und deren schwieriger Erreichbarkeit vergleichsweise hoch. Auf der anderen Seite ist Co-Creation viel einfacher zu realisieren und wird auch schon seit Jahrzehnten praktiziert. Die zentrale Herausforderung dabei, Kundenorientierung innerhalb von B2B-Organisationen einzuführen, ist die Bestimmung eines Kundenwerts, der über die finanziellen Kennzahlen hinausgeht. Da nicht für jeden Mitarbeitenden eines Kunden beurteilt werden kann, wie viel Einfluss er auf die jeweilige Kaufentscheidung hat, müssen Kompromisse bei der Erstellung eines Kundenwertmodells eingegangen werden. Darüber hinaus sind „moderne" Managementmodelle wie Markenmanagement und Customer Experience Management in den meisten B2B-Organisationen noch nicht angekommen, was die Nutzung des vollen Potenzials einer kundenorientierten Ausrichtung erschwert. Hier ist vor allem das Top-Management gefragt. Organisationen wie bspw. Hilti zeigen auf, dass es auch anders geht.

B2B2C

Einen Spezialfall von B2B-Organisationen stellen Organisationen dar, die ihre Angebote Absatzmittlern verkaufen, die wiederum Endkunden bedienen. Typische Beispiele sind Konsumgüterhersteller, die ihre Angebote via Einzelhandel vertreiben. Ihre Herausforderung besteht oft darin, dass sie zwar intensive Beziehungen zu ihren Absatzpartnern pflegen (siehe B2B), aber die Ausrichtung auf die Endkunden – und damit ein aktives Kundenbeziehungsmanagement – Schwierigkeiten bereitet. Die Organisation ist sowohl physisch als auch gedanklich weit von den Endkunden entfernt. Meist wird der Kunde vor allem mit Werbung beschallt. Wichtige Ansatzpunkte sehe ich in diesen Fällen in der gezielten Beschaffung und Analyse von Informationen über Endkunden, in der verstärkten Integration der Absatzmittler sowie in der Co-Creation mit Endkunden. Die Nutzung des Kundenwerts wird dabei noch herausfordernder, wenn der Absatzmittler keine Informationen zur Verfügung stellt. Diese Organisationen müssen Kundenorientierung über die eigenen Organisationsgrenzen hinaus denken. Gerade die Absatzmittler müssen von dem Nutzen der Kundenorientierung und den daraus resultierenden Anforderungen an das gesamte Netzwerk überzeugt werden.

Organisationen mit einer marktbeherrschenden Stellung

Ein weiterer Spezialfall sind Organisationen, die in ihrem Markt eine marktbeherrschende Stellung einnehmen. Beispiele dafür sind der Markt für Getränkeverpackungen oder der Markt für Betriebssysteme von Computern oder Smartphones, den einige wenige Anbieter unter sich aufteilen. Organisationen mit einer solchen marktbeherrschenden Stellung stehen unter starker Beobachtung durch die Kartellbehörden, die verhindern wollen, dass sie ihre wirtschaftliche Stellung ausnutzen. Das schränkt das ihnen zur Verfügung stehende Instrumentarium bis zu einem gewissen Grad ein, besonders bezüglich Co-Creation und Kundenbeziehungsmanagementaktivitäten. Auch sind einige Instrumente wie bspw. Werbung oder Preisdifferenzierung nicht oder nur eingeschränkt erlaubt. Für diese Organisationen ist es unattraktiver, Kundenorientierung zu etablieren, weil der finanzielle Anreiz meist nicht so hoch ist, jedoch kann die kundenorientierte Ausrichtung zu einer höheren Zufriedenheit der Mitarbeitenden führen und helfen, sich auf mögliche zukünftige Veränderungen optimal vorzubereiten.

Non-Profit-Organisationen

Bei Organisationen ohne Gewinnziel (Non-Profit- oder Not-for-Profit-Organisationen) stellt sich die Frage, wieso diese überhaupt kundenorientiert sein sollten. Schließlich limitiert der fehlende Profitabilitätsanspruch (wie bspw. bei Wohltätigkeits- und Hilfsorganisationen) vermeintlich den Druck auf Veränderungen in Richtung Kundenorientierung. Diese Organisationen stehen aber im Wettbewerb um Spenden und Aufmerksamkeit. Beides kann durch die Einführung einer kundenorientierten Ausrichtung deutlich verbessert werden. Gerade der Wettbewerb um Spendengelder ist nicht zu unterschätzen. Darüber hinaus sollten diese Organisationen nicht zu viel Geld in Kommunikationsinstrumente investieren. Die stärkere Nutzung von Co-Creation kann diesen Organisationen helfen, mehr Spendengelder und Aufmerksamkeit zu erreichen und sogar die Ausgaben zu senken.

Öffentliche Verwaltung und Dienste
Anders sieht es bei öffentlichen Verwaltungen und Diensten wie bspw. Steuerbehörden oder Unternehmen der öffentlichen Wasserversorgung aus. Bei ihnen wirkt sich die Tatsache, dass Kunden oft keine andere Wahl haben, als Leistungen abzunehmen, in vielen Fällen tatsächlich hemmend auf die Kundenorientierung aus. Hier entsteht der Anreiz erst mit einem veränderten Blickwinkel. Initiativen wie WoV und Flag haben vor Jahren einen ersten Schwung in das Thema Kundenorientierung im Sinne von Kundenzufriedenheit gebracht. Länder wie bspw. Dubai, die in einem starken Wettbewerb mit anderen Ländern stehen, haben den hohen Stellenwert der Kundenorientierung erkannt und ein eigenes Ministerium gegründet, das sich nun diesem Thema widmet (o. V. 2019b). Ich beobachte vermehrt, dass Entscheidungsträger in politischen Einheiten eingesehen haben, dass die Verbesserung der Kundenorientierung sich im Standortwettbewerb für die Ansiedlung von Einwohnern oder Organisationen auswirkt oder dass sie den Entscheidungsträgern zur Wiederwahl verhilft. Auch bei der Entwicklung von neuen digitalen Angeboten für die Bürger ist eine kundenorientierte Ausrichtung hilfreich, weil die Betroffenen die Leistung beziehen müssen. Die Ausrichtung ermöglicht, Widerstände und vor allem Ärger deutlich zu reduzieren.

Jede einzelne Branche und Organisation hat gewisse Einschränkungen und besondere Möglichkeiten, die es bei der kundenorientierten Ausrichtung zu beachten gilt. Bei der Vorstellung der Beispiele wird aber deutlich, dass die Unterschiede überschaubar sind und die eigentliche Mechanik immer gleich bleibt. Kundenorientierung ist für jede Organisation wertstiftend und hilft dieser, sich gegenüber anderen Organisationen zu differenzieren, mit dem Ergebnis, mehr Gewinn oder mehr Spenden zu erzielen oder mehr Bürger und Unternehmen zu gewinnen. Somit gibt es eigentlich keine Argumente, die gegen eine kundenorientierte Ausrichtung sprechen. Dies bringt uns zum nächsten Abschnitt, in dem ich die Totschlagargumente gegen die Verbesserung der Kundenorientierung anführe, um sie anschließend zu entkräften.

2.6 Argumente gegen die Verbesserung der Kundenorientierung

Die kundenorientierte Ausrichtung einer Organisation hat einen positiven Einfluss auf das Wachstum und den Gewinn. Trotz diverser Studien und meiner eigenen empirischen Arbeit, die diese Punkte belegen, gibt es zahlreiche Argumente gegen die kundenorientierte Ausrichtung einer Organisation. Ich möchte zur Vollständigkeit einige davon aufgreifen. Wer die Kundenorientierung verbessern will, braucht leider ein dickes Fell, weil viele dieser Argumente im Alltag auftauchen werden und man damit umgehen muss. Dieser Abschnitt hat das Ziel, dich zu stärken und auf die Argumente vorzubereiten, die kommen werden. Arbeitest du in einer grundsätzlich kundenorientierten Organisation, dann kannst du diesen Abschnitt gerne überspringen.

Nachfolgend habe ich eine nicht abschließende Liste von Argumenten gegen eine kundenorientierte Ausrichtung einer Organisation angeführt:

1. Nur für Konzerne
2. Hohe Komplexität
3. Datenschutz und Ethik
4. Mangelnde Repräsentativität
5. „Großartige Angebote"
6. Agiles Arbeiten
7. Kosten
8. Inklusion

Nur für Konzerne

Witte (2001, S. 204) führt an, dass Kundenorientierung kaum von Klein- und Mittelunternehmen aufgegriffen worden ist. Diese Einschätzung ist so nicht richtig. Gerade Start-ups und kleine Organisation sind aufgrund des Klumpenrisikos bzw. der Abhängigkeit von wenigen Kunden meist viel stärker kundenorientiert als größere Organisationen. Zwar wird nicht so viel in eine systematische Kundenorientierung investiert, aber Mitarbeitende, Prozesse, Strukturen, Kultur, etc. sind auf Kunden ausgerichtet, weil sonst ein Überleben kaum möglich wäre. Je größer eine Organisation wird, desto größer ist die Gefahr, dass die Kundenorientierung weniger stark verfolgt wird. Größe geht meist einher mit Komplexität und diese führt zur Beschäftigung mit sich selbst statt mit dem Kunden. Aber Kundenorientierung ist kein exklusives Managementmodell für Konzerne, sondern für jede Organisationsgrösse. In Kap. 7 werde ich auf die Besonderheiten von Start-ups, KMUs und Konzernen eingehen.

Hohe Komplexität

Kundenorientierung als Managementmodell wohnt eine gewisse Komplexität inne. Ich erlebe immer wieder die große Sehnsucht nach der einfachen Lösung dafür, wie sich Wachstum und Gewinn für die kommenden 10 Jahre exponentiell steigern lassen. Das zu erreichen, ist aber genauso realistisch wie ein 6er im Lotto. Kundenorientierung ist die tägliche Transformation in kleinen Schritten mit vielen Rückschlägen auf dem Weg und zahlreichen Herausforderungen. Bei der Berücksichtigung der folgenden beispielhaften Entwicklungen wird eine gewisse Komplexität eines erfolgsorientierten Management-modells deutlich: Globalisierung im Sinne der Befriedigung von immer mehr Märkten, kürzere Angebotslebenszyklen, Überangebot, stagnierende Märkte, steigende Aus-tauschbarkeit von Marken und Angeboten (Großklaus 2015, S. 1), Einkommensduali-tät im Sinne von steigende Anzahl Reicher und Armer in den Gesellschaften und vieles mehr. Wenn heute gefühlt 100 Kommunikationsinstrumente zur Verfügung stehen, wo es früher nur 20 gab, dann erhöht dies durchaus die Komplexität. Somit ist nicht Kunden-orientierung als Managementmodell komplex, sondern die adäquate Antwort auf eine zunehmend komplexere Welt.

Datenschutz und Ethik

Der Datenschutz scheint die Stärkung der kundenorientierten Ausrichtung einer Organisation seit Anfang des Jahrtausends immer mehr zu erschweren (Sheth et al. 2000, S. 63). Vor allem die DSGVO hat zu viel Unsicherheit und zahlreiche (recht nervige) Cookie-Banner auf jeder Webseite geführt. Aber ist der Datenschutz wirklich ein Problem? Kundenerkenntnisse sind die wichtigste Ressource einer Organisation. Der Staat bzw. Gesetzgeber hat eine Ordnungsfunktion. Hier gibt es große Unter-schiede zwischen den einzelnen Ländern. Während die Europäische Union sich für mehr Ordnung einsetzt, sehen die Schweiz und die USA den Gesetzgeber eher kritischer und haben ein liberaleres Grundverständnis. In der Konsequenz gilt es, die Anforderungen an den Datenschutz einzuhalten, aber auch die einzelnen Vorgaben kritisch und detailliert zu prüfen. Nicht jeder Blogartikel und jede Aussage auf Kongressen bilden die Realität wirklich ab. Meist sind die Möglichkeiten gar nicht so eingeschränkt, wie angenommen (Heukrodt-Bauer 2017). Kundendaten sind wertvoll. Dessen ist sich nicht jeder Kunde bewusst (siehe bspw. die Anzahl Instagram-Bilder, die unentgeltlich zur Verfügung gestellt werden).

Der Datenschutz wird immer wieder stark aus ganz unterschiedlichen Abteilungen angeführt, wenn eine Verbesserung der Kundenorientierung verhindert werden soll. Vor allem die Einführung der General Data Protection Regulation (GDPR) im Jahr 2018 hat sehr viel Wasser auf die Mühlen der Verhinderer gebracht. Aus Sicht der Kunden-orientierung ist Datenschutz nicht eine Bürde oder eine Verunmöglichung, sondern ein wichtiger Baustein, um Kunden langfristig für Co-Creation zu gewinnen und wert-volle Kundenbeziehungen aufbauen zu können. Aufgrund der Zunahme an technischen Instrumenten möchte der Kunde nicht, dass Maschinen ohne menschliche Intervention die Beziehung führen. Stattdessen will er der Datennutzung zustimmen und das Recht haben, dass seine Daten gelöscht werden. Kundenerkenntnisse sind wertvoll, und der Kunde möchte den Organisationen diesen Wert nicht einfach umsonst zur Verfügung stellen. Aber es muss auch angemerkt werden, dass Kunden den Datenschutz momentan nicht ganz so ernst zu nehmen scheinen. So beschweren sich weibliche C-Prominente, dass sie pro Tag über 20 Penis-Fotos zugeschickt bekommen (o. V. 2019a).

Darüber hinaus wird das Thema Ethik im Rahmen der Digitalisierung immer wichtiger. Ein Unternehmer in China hat andere Möglichkeiten und Herausforderungen als ein Unternehmer in der Schweiz. Auf Kongressen wird vermehrt die Aufforderung laut, aufgrund ethischer Aspekte möglichst wenige Kundendaten zu sammeln und zu nutzen. Ich vertrete die Meinung, dass Ethik eine Aufgabe der Gesellschaft und somit vor allem des Staates ist, der den Organisationen einen klaren Rahmen geben muss. Darüber hinaus muss jede Organisation entscheiden, wie weit sie bei der Nutzung von Kundendaten gehen möchte. Europäische Organisationen haben einen Wettbewerbsnachteil im Bereich Kundendatenmanagement. Es sollte kritisch überprüft werden, ob die Aufforderung, möglichst wenige Kundendaten zu nutzen, im internationalen Wettbewerb in den kommenden Jahren zielführend ist. Kundendaten sind die wertvollste Ressource einer jeden Organisation!

Mangelnde Repräsentativität
Ein weiteres Totschlagargument in Bezug auf die Nutzung von Kundenerkenntnissen ist die Repräsentativität. Diese hat zwei Gesichter. Viele Organisationen haben nur 50 Kunden. Quantitative Analysen sind bei so wenigen Kunden nicht möglich. Andere haben B2B-Kunden, deren Motivation zur Teilnahme an einer Befragung mit hohen Kosten verbunden ist. Es ist finanziell meist nicht zu empfehlen, bspw. über 200 Ärzte, Architekten und das C-Level zu befragen. Somit müssen viele Organisationen auf Basis von qualitativen Informationen Entscheidungen treffen. Die Ergebnisse können vermeintlich leichter in Zweifel gezogen werden.

Auf der anderen Seite machen es sich viele Organisationen sehr einfach in Bezug auf Kundenbefragungen. Um Kosten zu sparen, befragen sie ihre Kunden ohne repräsentativen Filter. Jeder, der auf der Webseite oder per Social Media an der Befragung teilnimmt, ist dabei. Somit werden die Antworten nicht am Wert des Kunden ausgerichtet, sondern daran, wer gerade da ist und Zeit hat. Das sind aber nicht immer die wertvollen Kunden. Wenn dann noch von Kundenorientierung im Rahmen solcher Vorgehensweise gesprochen wird, wird die Nachvollziehbarkeit noch schwieriger.

Die Kosten für die Datengewinnung müssen in einem Verhältnis zum Nutzen stehen, und für viele Organisationen ist eine repräsentative Studie nicht möglich. Allerdings erlebe ich in der Praxis, dass für Kundenerkenntnisse viel zu wenig investiert wird. Auf der anderen Seite wird alles mit dem Argument der Repräsentativität niedergebügelt, obwohl alle wissen, dass sie für diese spezifische Organisation nicht realisierbar ist. Grundsätzlich gilt es, immer auf die Repräsentativität von Kundenbefragungen zu achten, aber auch anzuerkennen, dass deren Erreichung für viele Organisationen nicht möglich ist und die dann vorliegenden Daten trotzdem genutzt werden.

In meiner Verzweiflung gegenüber einem Mitarbeitenden eines Marktforschungs-unternehmens, der eine Formulierung einer Fragestellung methodisch für nicht ganz optimal hielt, konnte ich nur antworten: Für mich als Manager gibt es zwei Optionen. Ich entscheide die Fragestellung aus dem Bauch heraus oder versuche, mich mit einer methodisch nicht ganz optimalen Herangehensweise einer optimalen Antwort zu nähern. Das Bauchgefühl ist wichtig, aber trotzdem empfehle ich immer, Kundendaten zu nutzen.

„Großartige Angebote"
Jede Organisation bzw. jeder Mitarbeitende sollte stolz auf die eigenen Angebote sein. Es ist grundsätzlich viel Kraft notwendig, um Angebote auf den Markt zu bringen. Auch wenn Kundenorientierung auf die Beziehung zu den Kunden abstellt, heißt das im Umkehrschluss nicht, dass wenn ein Angebot bei der Nutzung nicht den Grundnutzen erfüllt, die Beziehung zum Kunden positiv und langfristig sein wird. Die Bereitstellung des Grundnutzens durch ein Angebot ist die elementare Grundlage, um eine Beziehung zu Kunden aufbauen zu können. Aber!

> **Beispiel: „Unser Produkt verkauft sich von selbst"**
>
> Ein einschneidendes Erlebnis hatte ich vor Jahren bei einem meiner Kunden. Es galt, die Kundenorientierung zu verbessern. Die Geschäftsleitung bat mich, mit der Kommunikationsabteilung den Launch eines neuen Angebots zu besprechen. Dieses Angebot war die Weiterentwicklung eines bestehenden Angebots, das durch Zufall sehr erfolgreich gewesen war. Zwar war niemandem in der Organisation bewusst, warum das ursprüngliche Angebot so erfolgreich war, aber der Erfolg sollte mit einer Adaption des bestehenden Angebots wiederholt werden. Ich war aufgerufen, eine europaweite Kampagne mit einem Budget von 100 Mio. Euro zu beurteilen. Der Kommunikationsverantwortliche präsentierte die Kampagne auf Basis einer Lebens-stilsegmentierung mit unterschiedlichen Personas. Erste Frage von meiner Seite: Was ist der Kundenwert der Zielgruppe? – Betretenes Schweigen. Okay, nächste Frage: Wie ist die Zahlungsbereitschaft der Zielgruppe? – Wieder betretenes Schweigen. Nächste Frage: Wie ist die Touchpointnutzung (auf Basis quantitativer Zahlen) der vor-gestellten Personas? Grundsätzlich habe ich nichts gegen Stille. Aber in einem solchen Moment fühlt sie sich nicht wirklich gut an. Es vergingen drei weitere schmerzliche Minuten für alle Beteiligten, bis der Kommunikationsverantwortliche zum ultimativen Befreiungsschlag ausholte: „Unser Produkt ist so großartig, das verkauft sich von selbst." Das neue Produkt wurden in fast allen Märkten nicht verkauft. ◀

Die Organisation hatte viel zu wenige Kompetenzen in den Bereichen Strategie, Marken-management, Kundenbeziehungsmanagement und Customer Experience Management sowie kaum Kundenerkenntnisse. Darüber hinaus waren zahlreiche Versuche, einen Transformationsprozess zu initiieren, gescheitert. Oft ist dann zu erleben, dass die

Mitarbeitenden eine übertriebene Erwartung hinsichtlich des Einflusses des Grundnutzes eines Angebots auf das Kaufverhalten haben. Getreu dem Motto: „Wir haben so großartige Angebote, die verkaufen sich von selbst."

Für solche Organisationen wird es immer herausfordernder, neue Angebote erfolgreich zu lancieren. Die Fokussierung auf das Angebot und begleitende Kommunikation ist verständlich, weil es sich um einen einfachen Managementansatz handelt. Aber dieser funktioniert immer weniger. Innovative Angebote sind wichtig für den Erfolg, aber immer weniger ausreichend, um diesen langfristig abzusichern.

Agiles Arbeiten

Agiles Arbeiten ist seit zehn Jahren auf dem Vormarsch, und viele Organisationen beschäftigen sich intensiv mit diesem Führungsansatz (Beck et al. 2001). Ich finde die Reagibilität einer Organisation wichtiger als deren Agilität. Agilität kann nicht schaden, ist aber für mich keine ausreichende Bedingung für die erfolgreiche Hebung von Erfolgspotenzialen. Gerne wird agiles Arbeiten als „schnell und willkürlich" missverstanden. Es kann leicht der Eindruck entstehen, dass durch die kurzfristigen Sprints keine langfristige Perspektive im Sinne von Erfolgspotenzialen benötigt wird. Eine Organisation befindet sich in einem konstanten „Muddling Through" mit ungewissem Ausgang. Klingt vielleicht schön, aber übersteigt die Vorstellungskraft der meisten Menschen. Das agile Manifest hat die Kundenorientierung explizit als einen wichtigen Erfolgsfaktor erwähnt. Zwar wird dabei auf Kundenzufriedenheit und nicht auf Kundenwert abgestellt, aber zur damaligen Zeit wurde Kundenorientierung als Kundenzufriedenheit verstanden. Die Gewinnung und Nutzung von Kundenerkenntnissen benötigen Zeit. Somit steht agiles Arbeiten der Kundenorientierung nicht im Weg, aber wer wirklich agil arbeiten möchte, muss das Kundendatenmanagement systematisch verfolgen. Sonst stehen die Anforderungen an die Kundenorientierung (mittel- bis langfristig) schnell im Konflikt mit der kurzfristigen Fokussierung des agilen Arbeitens. Wenn bspw. Kundendaten systematisch im Sinne von regelmäßig erhoben werden, können diese in die jeweiligen Sprints integriert werden. Wird die Gewinnung von Kundendaten nur ad hoc durchgeführt, dauert die Gewinnung meist zu lange, als dass die Ergebnisse für die Sprint-Perspektive wirklich einen Nutzen erfüllen. Somit zwingt agiles Arbeiten automatisch zu einer kundenorientierten Ausrichtung der Organisation oder wird zum Synonym für Trial und Error im Sinne von: „Ein blindes Huhn findet auch mal ein Korn."

Kosten

Das Kostenmanagement hat in den letzten Jahren einen hohen Stellenwert in den allermeisten Organisationen erhalten. Dies baut auf dem Shareholder-Value-Gedanken auf, der zwar nie so extrem formuliert wurde, aber in der Praxis eine Umsetzung mit Fokus auf der Kostenoptimierung erfuhr. Ich gehe davon aus, dass die meisten Organisationen eine finanzorientierte Ausrichtung verfolgen, ohne genaue Angaben über die Verteilung machen zu können. Kundenorientierung bedarf eines systematischen Transformationsprozesses, der Investitionen erfordert. Damit meine ich nicht, dass die Anschaffung der teuersten CRM-Software oder Ecommerce-Lösung eine Organisation automatisch kundenorientierter macht, aber die Befähigung der Mitarbeitenden und Veränderungen führen zwangsläufig zu Kosten, die in vielen Organisation kritisch gesehen werden. Die Betrachtung der Schweizer Retailer zeigt auf, dass diese in den letzten 20 Jahren zu wenig in die Kundenorientierung investiert haben und jetzt große Investitionen aufzubringen haben, welche die jeweiligen Organisationen in den Bankrott oder kurz davor treiben würden. Die ersten Marken sind verschwunden, und es ist davon auszugehen, dass E-Commerce aufgrund der Erfahrungen in der Pandemie noch deutlich stärkeres Wachstum verzeichnen wird. 20 Jahre können nicht in zwei Jahren aufgeholt werden.

Inklusion
Meine Studierenden müssen immer mal wieder Gruppenprüfungen ablegen, und die Begeisterung hält sich oft in Grenzen. Mit anderen etwas zu organisieren, ist per se herausfordernd. Im Rahmen einer Organisation wird dies noch schwieriger, weil Macht einen wichtigen Einfluss auf Entscheidungen hat. Als Abteilungsleitender bin ich nicht primär daran interessiert, dass meine Mitarbeitenden oder ich mit anderen Abteilungen möglichst eng zusammenarbeiten. Grundsätzlich herrscht sofort Misstrauen, wenn über Abteilungsgrenzen zusammengearbeitet werden soll. Darüber hinaus gibt es noch den „Nasen-Faktor" – manche Menschen können schlicht nicht miteinander arbeiten. Somit wird es in jeder Organisation immer wieder aufs Neue Widerstände gegenüber einer engen Zusammenarbeit geben, die für die optimale Ausrichtung auf den Kunden aber notwendig ist. Oft geschieht dies unbewusst für die Verantwortlichen. Es ist einfach, die Verbesserung der Zusammenarbeit als Sisyphusarbeit abzutun und sich dieser zu verweigern. Auch wird es immer Widerstände in einer Organisation geben, aber es führt kein Weg daran vorbei. Nur gemeinsam kann eine Organisation die Kundenorientierung verbessern.

Ich hoffe, ich konnte einige Totschlagargumente gegenüber der Kundenorientierung erfolgreich entkräften. Sei gewappnet, denn wenn du die Kundenorientierung verbessern willst, werden noch viele andere Argumente angeführt werden. Aus meiner Sicht ist die Alternative zur Stärkung der Kundenorientierung einer Organisation mittel- bis langfristig der Misserfolg. Viele Organisationen können kurzfristig weniger erfolgreich überleben, aber der Druck nimmt zu. Als kleine Inspiration möchte ich diesen Abschnitt mit dem folgenden Zitat abschließen:

> „If you work just for money, you'll never make it, but if you love what you're doing and you always put the customer first, success will be yours."
> Ray Kroc, Gründer von McDonald's

Literatur

Albers, S., & Eggert, K. (1988). Kundennähe – Strategie oder Schlagwort. *Marketing – Zeitschrift für Forschung und Praxis, 10,* 5–16.

Bärtl, O. (2001). *Wertorientierte Unternehmenssteuerung – Zum Zusammenhang von Kapitalmarkt, externer und interner Rechnungslegung.* Frankfurt a. M.: Lang.

Beck, K., et al. (2001). Manifesto for Agile software development. https://agilemanifesto.org/. Zugegriffen: 19. Aug. 2019.

Beckers, F. M., van Doorn, J., & Verhoefen, P. C. (2018). Good, better, engaged? The effect of company-initiated customer engagement behavior on shareholder value. *Journal of the Academy of Marketing Science, 46,* 366–383.

Bhalla, G. (2011). *Collaboration and co-creation.* New York: Springer.

Bleicher, K. (2004). *Das Konzept Integriertes Management. Visionen – Missionen – Programme.* Frankfurt a. M.: Campus.

Brown, L. R., & Brown, C. L. (2014). *The customer culture imperative.* New York: McGraw-Hill.

Bruhn, M. (2016). *Kundenorientierung* (5. Aufl.). München: DTV.

Bungay, S. (2019). 5 Myths about strategy. *Harvard Business Review.* https://hbr.org/2019/04/5-myths-about-strategy. Zugegriffen: 18. Nov. 2019.

Claveria, K. (2019). 6 Marketing and business experts on which companies demonstrate „customer obsession". *Vision Critical.* https://www.visioncritical.com/blog/customer-obsession. Zugegriffen: 18. Nov. 2019.

Coenenberg, A. G., & Salfeld, R. (2003). *Wertorientierte Unternehmensführung.* Stuttgart: Schäffer-Poeschel.

Day, G. S. (1990). *Market driven strategy.* London: Free Press.

Day, G. S., & Moorman, C. (2013). Regaining customer relevance: The outside-in turnaround. *Strategy and Leadership, 41,* 17–23.

Deakin, S. (2005). The coming transformation of shareholder value. *Corporate Governance, 13,* 11–18.

Duschek, S. (2004). Inter-firm resources and sustained competitive advantage. *Management Review, 15,* 53–73.

Evans, G. (2016). *Customer centricity.* Great Britain: Eastbound.

Fader, P. (2012). *Customer centricity* (2. Aufl.). Philadelphia: Wharton Digital Press.

Frese, E., Graumann, M., & Theuvsen, L. (2012). *Grundlagen der Organisation: Entscheidungsorientiertes Konzept der Organisationsgestaltung* (10. Aufl.). Wiesbaden: Gabler.

Gale, B. T. (1994). *Managing customer value: Creating quality and service that customers can see.* New York: The Free Press.

Galvagno, M., & Dalli, D. (2014). Theory of value co-creation: Asystematic literature review. *Managing Service Quality, 24,* 643–683.

Gälweiler, A. (2005). *Strategische Unternehmensführung* (3. Aufl.). Frankfurt a. M.: Campus.

Gregori, C. (2006). *Instrumente einer erfolgreichen Kundenorientierung: Eine empirische Untersuchung.* Wiesbaden: Dt. Univ.-Verl.

Grönroos, C., & Voima, P. (2013). Critical service logic: Making sense of value creation and co-creation. *Journal of the Academy of Marketing Science, 41,* 133–150.

Großklaus, R. (2015). *Positionierung und USP – Wie Sie eine Alleinstellung für Ihre Produkte fnden und umsetzen.* Wiesbaden: Springer Gabler.

Gummesson, E. (2008a). Customer centricity: Reality or a wild goose chase. *European Business Review, 20,* 315–330.

Gummesson, E. (2008b). Extending the service-dominant logic: From customer centricity to balanced centricity. *Academy of Marketing Science, 36,* 15–17.

Gündling, C. (2018). *Letzter Aufruf Kundenorientierung*. Wiesbaden: Springer Gabler.

Günter, B. (1996). Kundenanalyse und Kundenzufriedenheit als Grundlage der Customer Integration. In M. Kleinaltenkamp (Hrsg.), *Customer-Integration: Von der Kundenorientierung zur Kundenintegration* (S. 57–72). Wiesbaden: Gabler.

Gupta, S., & Lehmann, D. R. (2005). *Managing customers as investments*. Upper Saddle River: Wharton School Publishing.

Hamel, G., & Prahalad, C. K. (1995). *Wettlauf um die Zukunft*. Wien: Ueberreuter.

Handlbauer, G., & Renzl, B. (2009). Kundenorientiertes Wissensmanagement. In H. H. Hinterhuber & K. Matzler (Hrsg.), *Kundenorientierte Unternehmensführung* (S. 147–176). Wiesbaden: Gabler.

Harmeling, C. M., Moffet, J., Arnold, M., & Carlson, B. (2017). Toward a theory of customer engagement marketing. *Journal of Academy of Marketing Science, 45*, 312–335.

Haubrock, A., & Öhlschlegel-Haubrock, S. (2015). *Der Mythos vom König Kunde: wie Kundenorientierung tatsächlich gelingt* (4. Aufl., Nachdr. 2009). Wiesbaden: Gabler.

Heukrodt-Bauer, S. (2017). Rechtskonforme e-mail-marketing-automation. In U. Hannig (Hrsg.), *Marketing und Sales Automation: Grundlagen – Tools – Umsetzung; Alles, was Sie wissen müssen* (S. 59–70). Wiesbaden: Springer Gabler.

Hilber, J. (2016). Die Kraft, die (Kunden-)Begeisterung schafft. *Hilber.com*. https://hilber.com/blog/die-kraft-die-kunden-begeisterung-schafft. Zugegriffen: 11. Dez. 2019.

Homburg, C., Schäfer, H., & Schneider, J. (2016). *Sales excellence* (8. Aufl.). Wiesbaden: Springer Gabler.

Horváth, P. (2003). *Controlling* (9. Aufl.). München: Vahlen.

Jaworski, B. J., & Kohli, A. K. (1993). Market orientation: Antecedents and consequences. *Journal of Marketing, 57*, 53–70.

Jenner, T. (2006). Controlling strategischer Erfolgspotentiale bei hoher Marktdynamik. In S. Reinecke & T. Tomczak (Hrsg.), *Handbuch Marketingcontrolling: Effektivität und Effizienz einer marktorientierten Unternehmensführung* (S. 155–172). Wiesbaden: Gabler.

Kelly, S., Johnston, P., & Danheiser, S. (2017). *Value-ology: Aligning sales and marketing to shape and deliver profitable customer value propositions*. Cham: Palgrave Macmillan.

Kraus, K.-J., & Haghani, S. (2004). Krisenverlauf und Krisenbewältigung – Der aktuelle Stand. In N. Bickhoff (Hrsg.), *Die Unternehmenskrise als Chance. Innovative Ansätze zur Sanierung und Restrukturierung* (S. 13–38). Berlin: Springer.

Kühn, R. (1991). Methodische Überlegungen zum Umgang mit der Kundenorientierung im Marketing-Management. *Marketing Zeitschrift für Forschung und Praxis, 13*, 97–107.

Kumar, V., & Petersen, J. A. (2005). Using a customer-level marketing strategy to enhance firm performance: A review of theoretical and empirical evidence. *Journal of Academy of Marketing Science, 4*, 504–519.

Kumar, V., & Reinartz, W. (2018). *Customer relationship management* (3. Aufl.). Berlin: Springer.

Lamberti, L. (2013). Customer centricity: The construct and the operational antecedents. *Journal of Strategic Marketing, 21*, 588–612.

Lengnick-Hall, C. A. (1996). Customer contributions to quality: A different view of the customer-oriented firm. *Academy of Management Review, 21*, 791–824.

Levitt, T. (1960). Marketing myopia. *Harvard Business Review, 38*, 45–56.

Mattson, L.-G. (1997). Relationship marketing and the markets-as-networks approach – A comparative analysis of two evolving streams of research. *Journal of Marketing Management, 23*, 447–461.

Matzler, K., Stahl, H. K., & Hinterhuber, H. H. (2009). Die Customer-based View der Unternehmung. In H. H. Hinterhuber & K. Matzler (Hrsg.), *Kundenorientierte Unternehmensführung* (S. 3–33). Wiesbaden: Gabler.

Meffert, H., Burmann, C., Kirchgeorg, M., & Eisenbeiss, M. (2019). *Marketing* (13. Aufl.). Wiesbaden: Gabler.

Müller, W. (1986). *Planung von Marketing-Strategien*. Frankfurt a. M.: Lang.

Nink, M. (2018). Engagement index Deutschland 2018. *Gallup*. https://www.gallup.de/183104/engagement-index-deutschland.aspx. Zugegriffen: 5. Febr. 2020.

Ohmae, K. (1985). *Macht der Triade*. Wiesbaden: Gabler.

o. V. (2003). *Merriam-webster's collegiate dictionary* (11. Aufl.). Springfield: Franklin Electronic Publishers.

o. V. (2009). So you think your business is customer-centric? Think again. *Marketing Week*. https://www.marketingweek.com/. Zugegriffen: 6. Mai 2013.

o. V. (2015). Driving customer-centric growth. https://www.millwardbrown.com/docs/default-source/china-downloads/newsletter/151026_insights2020_global_results.pdf. Zugegriffen: 7. Aug. 2019.

o. V. (2019a). „Ich bekomme jeden Tag um die 20 Penis-Fotos". *bild.de*. https://www.bild.de/bildplus/unterhaltung/leute/leute/evelyn-burdecki-promi-frauen-ueber-ihren-umgang-mit-dick-pics-64210024,view=conversionToLogin.bild.html. Zugegriffen: 28. Aug. 2019.

o. V. (2019b). Mohammed bin Rashid launches „Ministry of Possibilities" to develop radical solutions for government's key challenges. *United Arab Emirates: The Cabinet*. https://uaecabinet.ae/en/details/news/mohammed-bin-rashid-launches-ministry-of-possibilities-to-develop-radical-solutions-for-governments-key-challenges. Zugegriffen: 5. Dez. 2019.

Payne, A., & Frow, P. (2005). A strategic framework for customer relationship management. *Journal of Marketing, 4,* 167–176.

Penrose, E. (1995). *The theory of the growth of the firm*. Oxford: Oxford University Press.

Pepels, W. (2008). Qualitäts- und Zufriedenheitsmessung als CRM-Basis. In S. Helmke, F. Matthias Uebel, & W. Dangelmaier (Hrsg.), *Effektives Customer Relationship Management: Instrumente, Einführungskonzepte, Organisation* (S. 25–56). Wiesbaden: Gabler.

Peters, T. J., & Waterman, R. H. (2015). *In search of excellence: Lessons from America's best-run companies*. London: Profile Books.

Prahalad, C. K., & Hamel, G. (1990). The core competence of the corporation. *Harvard Business Review, 68,* 79–91.

Prahalad, C. K., & Ramaswamy, V. (2004). *The future of competition*. Boston: Harvard Business School Press.

Rappaport, A. (1986). *Creating shareholder value*. New York: Free Press.

Reichheld, F. F., & Sasser, W. E. (1990). Zero defections: Quality comes to service. *Harvard Business Review, 09/10,* 105–111.

Sander, B. (2009). Brand Parity Studie 2009. *Slideshare*. https://de.slideshare.net/atzberger/brand-parity-studie-2009. Zugegriffen: 17. Febr. 2020.

Sathit, P. (2017). *Competitive advantage of customer centricity*. Singapore: Springer Nature.

Schulte, R. (1996). *Zeit und strategische Planung – Analyse der Zeitdimension zur Stützung der Unternehmenspraxis*. Wiesbaden: Gabler.

Shah, D., Rust, R. T., Parasuraman, A., Staelin, R., & Day, G. S. (2006). The path to customer centricity. *Journal of Service Research, 9,* 113–124.

Shah, D., Kumar, V., Qu, Y., & Chen, S. (2012). Unprofitable cross-buying: Evidence from consumer and business markets. *Journal of Marketing, 76,* 78–95.

Sharma, A., & Sheth, J. N. (2004). Web-based marketing: The coming revolution in marketing thought and strategy. *Journal of Business Research, 7,* 696–702.

Sheth, J. N., Sisodia, R. S., & Sharma, A. (2000). The antecedents and consequences of customer-centric marketing. *Academy of Marketing Science, 28,* 55–66.

Simon, A. H. (1991). Bounded rationality and organizational learning. *Organization Science, 2,* 125–134.

Simon, H. (1990). Hidden Champions – Speerspitze der deutschen Wirtschaft. *Zeitschrift für Betriebswirtschaft, 60*(9), 875–890.

Slater, S. F., & Narver, J. C. (1994). Market orientation, customer value, and superior performance. *Business Horizons, 37,* 22–28.

Sparrow, P., Hird, M., & Cooper, L. C. (2014). *Do we need HR?: Repositioning people management for success.* Basingstoke: Palgrave Macmillan.

Spigel, B. (2017). The relational organization of entrepreneurial ecosystems. *Entrepreneurship Theory and Practice, 41,* 49–72.

Srivastava, V., & Singh, T. (2010). Value creation through relationship closeness. *Journal of Strategic Marketing, 18,* 3–17.

Staudacher, J., & Nyholm, J. (2019). Wirkung der Kundenorientierung auf die Profitabili-tät. https://whataboutthecustomer.com/wp-content/uploads/2018/05/Auswirkung_Kunden-orientierung_auf_Profitabilitaet.pdf. Zugegriffen: 15. Juni 2019.

Syam, N. B., Ruan, R., & Hess, J. D. (2005). Customized products: A competitive analysis. *Marketing Science, 24,* 569–584.

Towers, S. (2019). CX obsession v. CX focused. *Linkedin.* https://www.linkedin.com/pulse/cx-obsession-v-focused-steve-towers-ceo-cppc-acxc/. Zugegriffen: 18. Nov. 2019.

Tsoukas, H. (1996). The firm as a distributed knowledge system – A constructionist approach. *Strategic Management Journal, 17,* 11–25.

Useem, M. (2019). The Kraft Heinz implosion shows where unilever got it right. https://www.linkedin.com/pulse/kraft-heinz-implosion-shows-where-unilever-got-right-michael-useem. Zugegriffen: 23. Sept. 2019.

Vandermerwe, S. (2014). *Breaking through: Implementing disruptive customer centricity.* New York: Palgrave Macmillan.

Varadarajan, R. (2010). Strategic marketing and marketing strategy: Domain, definition, fundamental issues and foundational premises. *Journal of the Academy of Marketing Science, 38,* 119–140.

Vargo, S. L., & Lusch, R. F. (2004). Evolving to a new dominant logic for marketing. *Journal of Marketing, 68,* 1–14.

Vargo, S. L., & Lusch, R. F. (2010). "Relationship" in transition: An introduction to the special issue on relationship and service-dominant logic. *Journal of Business Market Management, 4,* 167–168.

Vorhies, D. W., & Morgan, N. A. (2005). Benchmarking marketing capabilities and sustainable competitive advantage. *Journal of Marketing, 69,* 80–94.

Wind, J., & Rangaswamy, A. (2001). Customerization: The next revolution in mass customization. *Journal of Interactive Marketing, 15,* 13–32.

Witte, E. H. (2001). Kundenorientierung: Eine Managementaufgabe mit psychologischem Fein-gefühl. *Gruppendynamik und Organisationsberatung, 32,* 203–215.

Wolf, J. (2011). *Organisation, Management, Unternehmensführung: Theorien, Praxisbeispiele und Kritik* (4. Aufl.). Wiesbaden: Gabler.

Zinkin, J. (2006). Strategic marketing: Balancing customer value with shareholder value. *Marketing Review, 6,* 163–181.

Żyminkowska, K. (2019). *Customer engagement in theory and practice: A marketing management perspective.* Cham: Springer International Publishing.

Dimension 1: Customer Value-based Decision Making

3

Lass uns an dieser Stelle einen weiteren kurzen Blick in die Vergangenheit werfen. Erst vor ein paar Jahren wurde Big Data an jede Ecke auf ein Plakat gepinselt, daraus wurde erst vor Kurzem quasi über Nacht der Begriff Smart Data. Es scheint erst letzte Woche gewesen zu sein, dass zwei Buchstaben aus keinem Blogpost mehr wegzudenken waren: AI. Das Phänomen von jährlich neu auftauchenden Begriffen mit neuen Ansätzen und meist in Verbindung mit IT-Anwendungen wird Hype-Zyklus (Hype Cycle) genannt (Fenn 1995). Dieser wird immer kürzer, und in der Praxis wird immer unklarer, welchen Nutzen der jeweilige Zyklus eigentlich hat. Zahlreiche Anbieter bewerben ihre IT-Lösungen, die wie durch Zauberhand alle Daten nutzbar machen wollen. Bei der Verbesserung der Kundenorientierung stehen nicht die jeweilige IT und deren Leistungsfähigkeit im Vordergrund. Die Verantwortlichen stehen vor der Frage: Welche Entscheidungen können mit welchen Kundendaten verbessert werden, um den Wert für die Organisation und die Kunden zu steigern?

Customer Value-based Decision Making baut auf dem Knowledge-based View (KBV) auf. Dieser entwickelte sich aus dem Competence-based-View und rückt das Wissen einer Organisation in das Zentrum der Analyse (Enkel 2005, S. 38). Eine Organisation ist aus dieser Perspektive eine zentrale Wissensbasis, die für alle Mitarbeitenden zugänglich ist und von allen genutzt wird. Eine wissensorientierte Organisationssteuerung hat das Ziel, aus Daten Informationen und aus Informationen Wissen zu generieren. Dieses Wissen gilt es, in Wettbewerbsvorteile umsetzen, die als Geschäftserfolg messbar werden (Schreyögg und Geiger 2003, S. 8). Davenport untersuchte 32 Organisationen. Elf davon waren überdurchschnittlich erfolgreich. Diese elf Organisationen verfügten über umfassende Kompetenzen im Bereich Customer Value-based Decision Making und unternahmen kontinuierliche Anstrengungen, diese Kompetenzen zu verbessern. Als weiteres Ergebnis konnte er aufzeigen, dass vor allem die Betonung der Geschäftsleitung, dass dieser Bereich wichtig für den Erfolg ist, die untersuchten Organisationen voneinander unterschied (Davenport 2006).

© Springer Fachmedien Wiesbaden GmbH, ein Teil von Springer Nature 2021
J. Staudacher, *Kundenorientierung,* https://doi.org/10.1007/978-3-658-20176-0_3

Kundenorientierung muss von der Geschäftsleitung verfolgt und eingefordert werden. Das bezieht sich vor allem auf die Verbesserung der Kompetenzen in der Gewinnung und Nutzung von Kundendaten.

Als Ausgangspunkt ist Wissen von Daten und Informationen abzugrenzen. Daten sind Werte, die von einem Messinstrument aufgezeichnet werden. Sie sind „gegebene Aussagen über Gegenstände, deren Eigenschaften und Beziehungen" (Schwarz 2002, S. 185). Werden diese Daten gesammelt und aufbereitet, entstehen Informationen. Diese sind kontextoffen und noch nicht an eine Entscheidung gebunden (Weide 2004, S. 14). Informationen werden erst durch die Anwendung für die Lösung einer Fragestellung zu Wissen (Wehner et al. 2000, S. 327).

Informationen sind die wichtigste Ressource und deren Management sowie Nutzung für Entscheidungen in Form von Wissen die wichtigsten Kompetenzen einer Organisation (Handlbauer und Renzl 2009, S. 153). In Gesprächen höre ich immer wieder, dass die meisten Organisationen schon über 80 % aller relevanten Kundendaten verfügen würden oder dass die Webanalyticsabteilung täglich einen Report im Intranet zur Verfügung stellt. Bei einer genaueren Analyse werden aus den 80 % meist 30 % und oftmals liegen gravierende Datenlücken vor (Stahl und Staab 2017, S. 11).

Viele Organisationen besitzen Kundendaten, die meist willkürlich oder zufällig gesammelt werden, weil der Aufwand für die Sammlung sehr gering ist. Sollen diese Daten für die Entscheidungsfindung eingesetzt werden, wird schnell klar, dass sie meist kaum oder oft sogar keine Hilfestellung bieten. Deshalb sollte, bevor über die Verbesserung der Kundenorientierung überhaupt nachgedacht wird, geklärt werden, wie es um das Wissen über den Kunden in der eigenen Organisation eigentlich bestellt ist. Meine Einschätzung für mehr oder weniger alle Organisationen ist: Es sieht nicht gut aus!

Der Kultur einer Organisation kommt ein hoher Stellenwert für den erfolgreichen Wissensaufbau und die Wissenspflege zu (Janz und Prasarnphanich 2003, S. 373). Mitarbeitende sollten die Motivation, aber auch die Freiheit besitzen, ihr Wissen mit anderen Organisationsmitgliedern und Partnern zu teilen. Dies setzt eine Kultur voraus, die eine derartige Verhaltensweise unterstützt.

Wissen muss im Rahmen von Entscheidungen angewendet werden, diese wiederum setzen Strukturierungsleistungen des Entscheidungsträgers voraus, die darin bestehen, ein Entscheidungsproblem zu definieren und zu lösen (Langley et al. 1995). Aus dieser Perspektive ist die zentrale Kompetenz einer Organisation die Entscheidungskompetenz. Im weiteren Verlauf des Buches wird im Besonderen auf das Wissen der Verantwortlichen über mögliche Umweltentwicklungen, die Stellung der Organisation bei den Kunden und die Entscheidungen, die zur Verbesserung der Kundenorientierung getroffen werden, eingegangen. Dabei ist zu beachten, dass das Aufkommen von netzwerkartigen Organisationsverbindungen dazu führen kann, dass die Wissens- und Entscheidungsbasis fragmentiert (Froschmayer 1997, S. 134). Einzelne Partnerorganisationen verfügen über spezifisches Wissen und Entscheidungskompetenzen, die für die Verbesserung der Kundenorientierung der eigenen Organisation relevant sind. Das Wissen und die

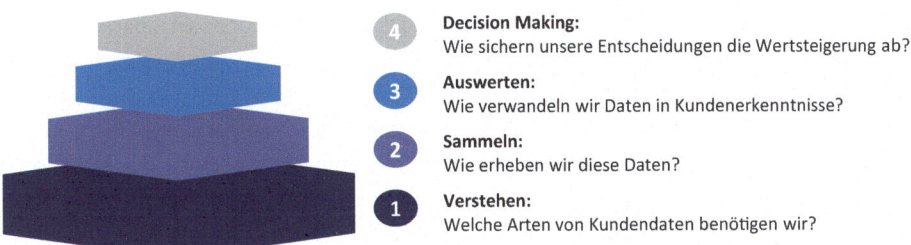

Abb. 3.1 Die Dimensionen des Customer Value-based Decision Making

Entscheidungskompetenz der Partner sind deshalb möglichst in das gesamte Netzwerk/ Eco-System einzubinden (Burmann und Zeplin 2005, S. 133).

Customer Value-based Decision Making umfasst vier Dimensionen, die beachtet werden sollten (vgl. Abb. 3.1). Die Verantwortlichen müssen mit Blick auf die gewählte Strategie und Maßnahme verstehen, welche Kundendaten benötigt werden. Sind die vorhandenen Daten in der Organisation ausreichend oder werden für eine bessere Entscheidungsfindung weitere Daten benötigt? Im Anschluss gilt es, zu bestimmen, wie die benötigten Daten am besten gesammelt werden, wenn sie fehlen oder ihre Qualität nicht ausreichend ist. Zeitaspekte, technologische Möglichkeiten, die Kundenerwartungen sowie die finanziellen Aspekte sind dabei zu berücksichtigen. Die Auswertung erstellt aus den Kundendaten Kundeninformationen und aus den Kundeninformationen Kundenerkenntnisse. Letztlich ist das Ziel, mit diesen Kundenerkenntnissen das Customer Value-based Decision Making zu unterstützen, indem der Wert sowohl für die Organisation als auch für die Kunden systematisch verbessert wird.

3.1 Verstehen

Für nicht wenige Organisationen ist es in diesem Schritt zunächst wichtig, zu bestimmen, wer überhaupt der Kunde ist (Sparrow et al. 2014). Für Pharmahersteller könnten es Apotheker, Ärzte oder Patienten sein. Organisationen sollten eine Übersicht bezüglich der einzelnen Marktteilnehmer erstellen und dann bestimmen, welche Teilnehmer Kunden sind und ob die Kunden z. B. in Endkunden und Handelskunden unterschieden werden sollten. Grundsätzlich sollte nicht unterschätzt werden, dass eine solche klare sprachliche Unterteilung in vielen Organisationen fehlt. Bevor also der Kunde „verstanden" wird, muss geklärt werden, wer der oder die Kunden überhaupt sind.

Beispiel: Wissen, wer der Kunde ist

In einem Softwareunternehmen, dessen Kunden Banken waren, sollte das Kundenbeziehungsmanagement verbessert werden. Die Organisation hatte langjährige Beziehungen zu den einzelnen Banken. Jeder im Unternehmen kannte die einzelnen

Mitarbeitenden in der Bank, da auch die Anzahl an Banken überschaubar war. Auch aus diesem Grund wurde seit Jahren keine Kundenbefragung durchgeführt. Bei der Analyse des Ecosystems der Bank wurde deutlich, dass viele Banken inzwischen die Kaufentscheidung an Beratungsunternehmen mehr oder weniger ausgelagert hatten. Da die Komplexität der einzelnen Softwareanwendungen aus Sicht der Banken so hoch war, wurden externe Experten für eine optimale Entscheidungsfindung zurate gezogen. Das Softwareunternehmen hatte diese Zielgruppe bisher nicht beachtet. Da man in der Organisation glaubte, man kenne den Kunden und eine vertiefende Analyse sei nicht notwendig, wurde übersehen, dass sich das Buying Center ausgedehnt hatte und neue Teilnehmende in Form von Beratungsunternehmen einen deutlichen Einfluss auf die jeweilige Kaufentscheidung hatten. ◄

In vielen B2B-Organisationen wird bis heute von einem rationalen Käufer ausgegangen (Kuß und Tomczak 2000, S. 1). Inzwischen ist erwiesen, dass es sich bei Menschen um doch eher irrationale Wesen handelt. Trotzdem wird in den letzten Jahren propagiert, dass der Kunde durch die neuen Technologien mehr Wissen hat und dieses gezielt und gekonnt einsetzt. Wir scheinen nur schwer akzeptieren zu können, dass wir oftmals eher durchs Leben irren und nicht alles unter Kontrolle haben. Die Erfahrungen in der Zeit der Corona-Pandemie bestätigen dies.

Der Mensch ist nicht rational, und das macht Kundenorientierung schwierig, aber auch spannend. Welches Ziel verfolgen wir denn, wenn wir Kunden verstehen wollen? Wollen wir wissen, was der Kunde gestern gekauft hat, auf welchen Webseiten er letzte Woche war und wie viel er für einen Softdrink ausgegeben hat? Sind wir an der Vergangenheit interessiert? Vielleicht. Wir sollten aber vor allem versuchen, die Kunden möglichst gut zu verstehen, um ihr zukünftiges Verhalten optimal vorhersagen zu können. Dieser Aspekt wird immer wieder vergessen. Verstehen heißt, für die Zukunft zu lernen und zu wissen. Dabei stehen Organisationen vor der Herausforderung, dass das vergangene Verhalten immer weniger mit dem zukünftigen Verhalten korreliert. Ich möchte ausgewählte Gründe für diese Entwicklung vorstellen.

3.1.1 Aktuelle Entwicklungen des Kundenverhaltens

Mein Vater hat über Jahrzehnte immer die neusten Autos der Marke Opel gekauft. Für Opel war er ein berechenbarer und wertvoller Kunde. Ich saß zwar als Kind jahrelang in Autos dieser Marke, aber die Begeisterung ging nicht auf mich über. Noch viel schlimmer – das Auto als Ausdruck der eigenen Identität wurde in meinem Leben ein recht nerviges Objekt, das viel kostet, viel Aufmerksamkeit benötigt und dessen Nutzung durch die vielen Staus immer weniger Spaß macht. Im Ergebnis besitze ich meine Autos deutlich länger und ändere bei jedem Kauf die Marke.

Dies ist ein persönliches Beispiel und mein Vater kann meine Einstellung zu Autos nur schwer nachvollziehen. Aber es soll aufzeigen, dass sich das Kundenverhalten gerade

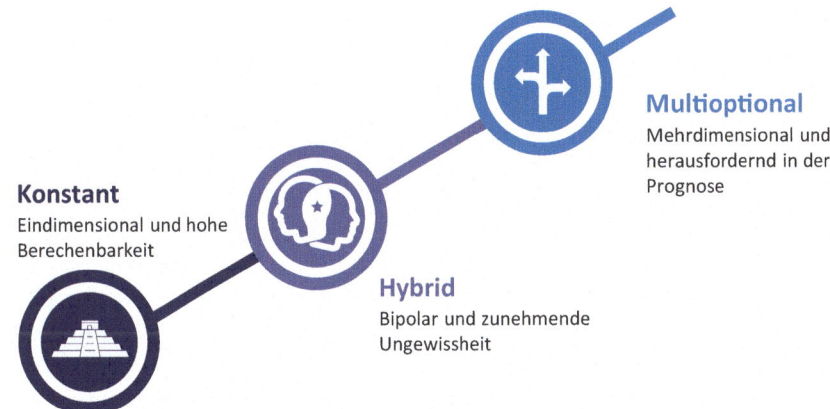

Abb. 3.2 Entwicklung des Kaufverhaltens über die Zeit

in den letzten 20 Jahren geändert hat bzw. dass die konstante Veränderung inzwischen ein wesentliches Merkmal des Kundenverhaltens ist. War früher das Kaufverhalten meist konstant, erlebe ich immer mehr hybrides und multioptionales Kaufverhalten (vgl. Abb. 3.2). Vielleicht gilt das nicht für jeden einzelnen Kauf, aber allgemein kann festgehalten werden, dass es herausfordernder geworden ist, das zukünftige Verhalten von Kunden zu bestimmen. Der Kunde selbst weiß immer weniger, warum er in welchem Moment wie handelt.

Kunden wechseln ihre Rolle und/oder Gruppenzugehörigkeit und weisen immer mehr divergierendes (multioptionales) Verhalten auf (Foscht et al. 2015, S. 5). Wir essen bei Fastfood-und in Fünf-Sterne-Restaurants. Wir gehen bei Discountern und Spezialitätengeschäften einkaufen. Manche Kleidung kommt aus dem Discounter, andere von Premiummarken. Das immense Angebot und die bessere Verfügbarkeit werden von den Kunden genutzt, um ihr Geld dort auszugeben, wo für sie der größte Nutzen entsteht. Einfache Gleichungen oder klar bestimmbare Segmente gibt es dadurch immer weniger.

So ist für die meisten der Kauf eines hochpreisigen Angebots und eines günstigen Angebots in der gleichen Angebotskategorie kein Widerspruch. Es können Verhaltensweisen bestimmt werden, bei denen mehrere Handlungsprinzipien zur gleichen Zeit parallel verfolgt werden. So geben jüngere Generationen durchschnittlich wieder mehr Geld für Lebensmittel aus, wenn diese erkennbar nachhaltiger produziert worden sind. Ein Element, das im Rahmen dieser Entwicklung zu beachten ist, ist Variety Seeking.

▶ **Variety Seeking** kann als der bewusste Wunsch nach Abwechslung im Konsum definiert werden (in Anlehnung an Helmig 1997, S. 11 ff.).

Diese Definition räumt mit einem Missverständnis in der Praxis auf. Viele Verantwortliche glauben immer noch, der Kunde würde sich nur durch die hohe „Qualität" (das Wort sollte nie gebraucht werden!) der Angebote, Marke oder Customer Experience automatisch binden. Dies ist ein Trugschluss. Kunden sind in vielen Branchen zu faul, um den Anbieter zu wechseln, aber in anderen Branchen treibt sie immer mehr der Wunsch nach Abwechslung als die Unzufriedenheit mit der bisherigen Marke/dem Angebot oder Erlebnis an.

Die Kunden werden wechselhafter, während Organisationen versuchen, sie an sich zu binden. Kundenorientierte Organisationen stehen in der Zukunft vor größeren Herausforderungen, die Kunden zu binden. Dabei ist der Einsatz von Mehrmarken für die gleiche Angebotskategorie, wie im Waschmittelmarkt, ein Lösungsansatz. Der Kunde erhält Abwechslung, kauft aber mehr oder weniger bewusst bei der gleichen Organisation ein. Es gilt zu akzeptieren, dass Kunden wechselhafter werden (Haubrock und Öhlschlegel-Haubrock 2015, S. 5).

Ein weiterer Grund für die aktuellen Entwicklungen im Kaufverhalten ist das Aufbrechen der Präferenzstrukturen. Eine Entscheidung eines Kunden basierte in der Vergangenheit deutlich stärker auf den bestehenden Einstellungen, um Angebot A gegenüber Angebot B zu beurteilen (Shiv 2010, S. 148). Kunden bilden aber inzwischen immer weniger Einstellungen gegenüber Marken und Angeboten aus, welche im Vergleich zu früher zur Bewertung fehlen. Dies wird noch durch die Rücksendemöglichkeit im E-Commerce verstärkt. Der Kunde lernt, dass er Entscheidungen wieder rückgängig machen kann und Kaufen eine Art Replyfunktion hat, in der es nicht mehr darum geht, im Kaufmoment die richtige Entscheidung zu treffen, sondern Entscheidungen über mehrere Stufen aufzuteilen, deren Ergebnisse immer zufälliger werden. Auch dies macht die Prognose zukünftigen Kundenverhaltens immer herausfordernder.

Die Zunahme an Angeboten, Kommunikationskanälen, Preispositionen und Verkaufskanälen hat dazu geführt, dass Kunden immer stärker verunsichert werden, was sie eigentlich kaufen sollen (Voeth und Herbst 2013, S. 456). Unter dem Begriff Consumer Confusion wird diese Entwicklung zusammengefasst.

▶ **Consumer Confusion** bezeichnet eine kognitive Überlastung, die eng an negative Emotionen gekoppelt ist und bewusst oder unbewusst auftreten kann (in Anlehnung an Buerke 2016, S. 15 ff.).

Der Grad an Consumer Confusion kann durch die Markenpositionierung, das Erlebnis, die Kommunikation, die Darstellung der Angebote und den Aufbau des Vertriebswegs beeinflusst werden (Garaus und Wagner 2019, S. 431). In ihrer Studie konnten Iyengar und Lepper (2000) aufzeigen, dass ein größeres Sortiment deutlich mehr Interessierte erzeugt, aber eben auch deutlich weniger Käufer, und zwar in einem signifikanten Maß. Ihre Ergebnisse gingen aber noch weiter: So konnten sie aufzeigen, dass neben der Kaufwahrscheinlichkeit auch die Zufriedenheit der Käufer deutlich abnimmt, wenn ein großes Sortiment vorliegt. Die Studie zeigt auf, dass die Sortimentsgröße einen hohen Einfluss auf den Erfolg einer Organisation haben kann. Die große Anzahl an Interessenten ist dabei die verwirrende Dimension. Diese suggeriert eine hohe Kaufwahrscheinlichkeit, und die Verantwortlichen suchen die Probleme der geringen

Conversion-Rate bei den Angeboten oder der Ausgestaltung der Touchpoints sowie dem Preis. Die Consumer Confusion nimmt immer mehr zu und deshalb sollte sie stärker berücksichtigt werden.

Mehr Optionen gehen somit nicht automatisch mit einer höheren Zufriedenheit und Mehrkäufen einher. Das Ziel sollte sein, eine optimale Balance zu finden. Besonders der Handel steht vor der Herausforderungen, die zunehmend anwachsenden Sortimente noch überschaubar zu gestalten (Schweizer 2005). Ist ein Kunde bewusst oder unbewusst von Konfusion betroffen, hat dies meist negative Auswirkungen für eine Organisation (Walsh und Mitchell 2010, S. 840).

Ein schönes Beispiel sind die Speisekarten in den Restaurants, die einen Kochprofi im TV zur Rate ziehen. Meist ist die Speisekarte viel zu umfangreich und vergrault die Kunden eher, als dass sie zum Essen animieren. Trotz der immer gleichen Empfehlung der Kochprofis an die Besitzer, die Speisekarte zu vereinfachen und sich zu fokussieren und damit zu differenzieren, wird dies oft abgelehnt.

Neben der Konfusion steigt auch die Austauschbarkeit von Angeboten und Marken. Sander et al. (2009) konnten in ihren Studien aufzeigen, dass Marken sich für Kunden immer mehr und mehr angleichen (Sander et al. 2009). Rund 64 % der Kunden nehmen keinen Unterschied zwischen ihrer präferierten und der konkurrierenden Marke wahr. Dabei handelt es sich um Durchschnittswerte über alle Angebotskategorien. Aber es ist festzuhalten, dass Marken im Sinne einer Differenzierung immer weniger erfolgreich sind.

▶ **Markenaustauschbarkeit/Brand Commoditization** beschreibt die Entwicklung der Wahrnehmung von Marken durch Kunden. Sie liegt dann vor, wenn Kunden immer weniger die Differenzierung zwischen Marken der gleichen Angebotskategorie wahrnehmen, die Marken also zunehmend austauschbar werden.

Die Studie von Sander et al. (2009) zeigt auf, dass z. B. in der Automobilbranche die Austauschbarkeit deutlich zunimmt, mit den inzwischen bekannten Konsequenzen für die Hersteller. Marken im Sinne der Einstellungsbildung vor dem Kauf verlieren an Kraft. Die Markenaustauschbarkeit kann verringert werden, wenn sich das Markenmanagement deutlich stärker auf die Nachkaufphase konzentriert. Darüber hinaus gewinnt das Erlebnis im Kaufmoment an Stellenwert. Dadurch entsteht die Herausforderung in Organisationen Markenmanagement und Customer Experience Management zu verbinden.

Darüber hinaus wird davon ausgegangen, dass sich Kunden immer mehr für Nachhaltigkeit und Ökologie interessieren. Die Fridays-for-Future-Bewegung erhielt große mediale Aufmerksamkeit. Daraus abgeleitet wird von einem „Nachhaltigkeitsmarketing" gesprochen (Meffert et al. 2019, S. 286 f.). Immer mehr Kunden (aber immer noch eine sehr kleine Minderheit!) interessieren sich dafür, wie Produkte hergestellt werden. Sie wollen Einfluss auf die Organisationen nehmen und sind bereit, eigene Ressourcen für die Werterstellung der Organisation bereitzustellen (Bhalla 2011, S. 5), sich an einem Co-Creation-Prozess zu beteiligen. Eine Studie mit 8.000 Endkonsumenten aus mehreren Industrienationen konnte aufzeigen, dass sich über 85 % der Teilnehmenden

Gedanken über den Einfluss ihres Kaufverhaltens auf die Umwelt machen (Bonini und Oppenheim 2008), aber weniger als 30 % der Kunden wollen in Zukunft umweltverträglichere Produkte kaufen.

Es ist somit gefährlich, Kundenorientierung aus einer moralischen Perspektive zu betrachten. Für einzelne Organisationen, gerade in Nischen, kann es durchaus kundenorientiert sein, nachhaltigere Angebote anzubieten. Für einen Großteil der Organisationen ist dies aber nicht der Fall. Diese Perspektive auf Kundenorientierung geht von einer Verantwortlichkeit der Gesellschaft und der Politik aus. Diese setzen den Rahmen, in dem Organisationen agieren müssen. Wir erleben in der Praxis oft extreme Denkhaltungen zu diesem Aspekt. Entweder wird der steigende Anspruch an Nachhaltigkeit von Verantwortlichen völlig verneint (es sind ja weniger als 30 %) oder völlig überbewertet (jeder Kunde wird bald nachhaltigere Angebote kaufen). Deshalb ist es für Organisationen wichtig, Entwicklungen im Kaufverhalten von Kunden auf Daten zu stützen und diese möglichst sachlich auf die eigene Organisation zu übertragen.

Ein weiterer Punkt, der an Aufmerksamkeit gewinnt, ist die steigende technische Verbindung von Kunden zu anderen Kunden und Organisationen. In den letzten 20 Jahren haben hier die Möglichkeiten stark zugenommen. Henderson und Palmatier (2010, S. 37) sprechen dabei von dem „Customer's Relational Ecosystem". Ein solches Ecosystem erlaubt den weltweiten Austausch von Kunden untereinander. Diese Stärkung der Kundenautonomie, die durch ein solches Ecosystem entstehen kann, wird auch Customer Empowerment genannt (Gouthier 2006). Es stimmt, dass sich Kunden besser informieren könnten und die allermeisten Organisationen ihre geringen Preismanagementkompetenzen inzwischen sehr schmerzlich wahrnehmen. Wer sich vergleichbar macht (bspw. Preisausweisung im Webshop), hat es schwieriger, sich vom Wettbewerb zu differenzieren. Die große Anzahl von möglichen Angeboten führt eben auch wieder zu Konfusion bei den Kunden. Somit können Kunden heute mehr gestalten, aber nur wenige machen davon in ausgewählten Momenten Gebrauch. Die Wahl der Zahnpasta, des Kaffeebechers, der Milch etc. erfolgt meist ohne große Interaktion mit anderen Kunden und Organisationen.

Die bisher getroffenen Aussagen treffen auch für B2B-Organisationen zu. Zwar sind die Kaufmotive nicht immer identisch und gleich stark ausgeprägt, aber auch Einkäufer erleben Consumer Confusion und Markenaustauschbarkeit bei einem steigenden Angebot in den jeweiligen Märkten. Wie eingangs angeführt, bestehen Unterschiede zwischen Organisationen, nicht aber so sehr zwischen Branchen.

Eine weitere Entwicklung bei extensiven Kaufentscheidungen im B2C- und im B2B-Bereich ist, dass Kunden erst bei 60 bis 70 % des Kaufentscheidungsprozesses mit der Organisation interagieren (Kelly et al. 2017, S. 31 f.). Die Kunden haben zu diesem Zeitpunkt bereits ein mehr oder weniger klares Bild davon, was sie kaufen wollen und was nicht. Organisationen übersehen, dass potenzielle Kunden auch den Verkauf kontaktieren, um sich selbst zu bestätigen, dass diese Option die falsche ist (vgl. Abschn. 3.1.4.3). Diese Kontakte werden als potenzielle Verkaufschance gewertet und der Verkauf dahin gehend beurteilt bzw. unter Druck gesetzt. Die Chance, die Präferenz eines Kunden zu verändern, ist aber zu diesem Zeitpunkt meist geringer. Dieser Entwicklung sollten Organisationen begegnen, indem Marketing und Vertrieb als Customer Management zusammengefasst werden. Eine Unterscheidung zwischen diesen beiden Funktionen in der Praxis ist immer weniger zielführend, wenn die Kundenorientierung gesteigert werden soll.

Eine weitere Entwicklung in B2B-Organisationen ist die Anzahl an Entscheidungsträgern in Buying-Centern. Vor ein paar Jahren waren durchschnittlich drei Personen an Entscheidungen beteiligt, inzwischen ist die Anzahl auf 5,4 Personen angewachsen (Kelly et al. 2017, S. 40). Dies macht das Beziehungsmanagement immer herausfordernder. Zum einen müssen immer mehr Personen identifiziert und zum anderen muss mit diesen eine Beziehung aufgebaut werden. Die Komplexität und der Ressourceneinsatz werden steigen. Auf der anderen Seite ist es ein weiteres Argument, die Kunden möglichst gut zu verstehen, damit eine Organisation fokussiert vorgehen kann und die Aufwände möglichst zielgerichtet eingesetzt werden. Je besser das Buying-Center verstanden wird, desto höher sollten Effizienz und Effektivität sein.

3.1.2 Drei Ebenen von Kundenerkenntnissen

Ich habe den Begriff Kundenerkenntnisse bereits eingeführt und dessen hohe Relevanz für die kundenorientierte Ausrichtung einer Organisation dargelegt. Kundenerkenntnisse haben das Ziel, den Wert für die Kunden und die Organisationen durch bessere Entscheidungen der Verantwortlichen zu steigern. Mithilfe von Kundenerkenntnissen sollen folgende Fragen beantwortet werden (in Anlehnung an Walsh et al. 2013, S. 42):

1. Warum wird gekauft (Bedürfnis)?
2. Was wird gekauft (Angebot/Marke)?
3. Wer kauft (Zielgruppe)?
4. Wie wird gekauft (Kaufprozess)?
5. Wann wird gekauft (Zeit)?
6. Wo wird gekauft (Ort/Erlebnis)?
7. Wie oft und zu welchem Preis wird gekauft (Wert)?

Kundenerkenntnisse basieren auf unterschiedlichen Datenebenen und deren Kombination (vgl. Abb. 3.3). Folgende drei Datenebenen können für die Erstellung von Kundenerkenntnissen genutzt werden (in Anlehnung an Kumar und Reinartz 2018, S. 159):

1. Basisdaten (soziodemografische Daten wie Name, Alter, Geschlecht, Postleitzahl oder im B2B-Kontext, Organisationsgröße, Branche etc.)
2. Einstellungsdaten (Bedürfnisse, Zufriedenheit, Loyalität etc.)
3. Verhaltensdaten (Transaktionsdaten mit der Organisation wie Kauf, Anfrage, Kundenbindung etc.)

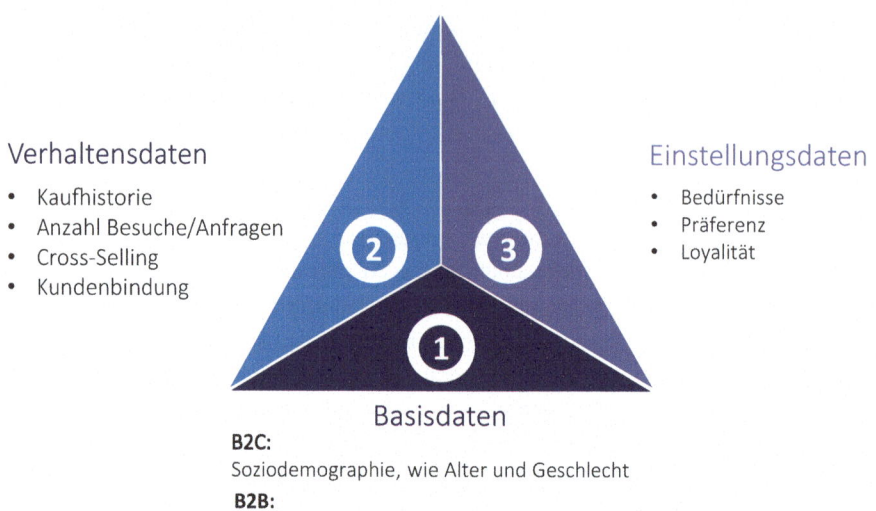

Verhaltensdaten
- Kaufhistorie
- Anzahl Besuche/Anfragen
- Cross-Selling
- Kundenbindung

Einstellungsdaten
- Bedürfnisse
- Präferenz
- Loyalität

Basisdaten

B2C:
Soziodemographie, wie Alter und Geschlecht
B2B:
Organisationscharakteristika, wie Branche und Grösse

Abb. 3.3 Die drei Ebenen von Kundenerkenntnissen

Basisdaten

Viele Verantwortliche in Organisationen, denen lediglich Basisinformationen vorliegen, glauben, dass ausreichend Informationen über die Kunden vorhanden sind. Deshalb wird der Großteil der Entscheidungen im Kundenbeziehungsmanagement immer noch aufgrund solcher Basisdaten getroffen. Der grundsätzliche Gedanke, auf den ich immer wieder treffe, ist: „Wenn diese einfach zu erhebenden Daten nur optimal verbunden und ausgewertet werden, kann damit das zukünftige Verhalten der Kunden optimal prognostiziert werden." Neuere technologische Entwicklungen lösen nicht das grundsätzliche Problem, das mit dieser Annahme verbunden ist (Seifi 2019). Aus Postleitzahl und Alter ergeben sich meist keine Kundenkenntnisse, die für Entscheidungen zur Wertsteigerung genutzt werden können. Auch ist das Problem mit Basisdaten, dass sie praktisch jedem Wettbewerber zur Verfügung stehen. Wenn eine Organisation nicht über bessere Kundenerkenntnisse als der Wettbewerb verfügt, wie sollen dann differenzierende Entscheidungen getroffen werden? Dabei müssen zwei weitere Punkte beachtet werden. Länder wie die Schweiz mit etwas mehr als 8 Mio. Einwohnern und vielen B2B-Organisationen können oftmals nicht auf genug Datenpunkte zugreifen, um auf der Grundlage von Basisdaten stabile Prognosen erstellen zu können. Auch helfen Alter und Geschlecht (zum Glück!) immer weniger, das zukünftige Verhalten zu bestimmen. Eine Karrierefrau kann von einem Nachmittagskaffee im Kaufhaus in der Innenstadt weniger überzeugt werden, ein Hausmann schon eher. Somit führt das Ziel, die Kundenorientierung in einer Organisation zu verbessern, zu einer wichtigen Herausforderung. Deutlich mehr Einstellungs- und Verhaltensdaten über die Kunden sind kontinuierlich und auf einem möglichst hohen Niveau zu beschaffen.

Diese sollen helfen, das zukünftige Verhalten möglichst genau zu prognostizieren, die Differenzierung zu ermöglichen und dadurch den Wertzuwachs zu unterstützen.

Einstellungsdaten

Einstellungen von Kunden waren bis vor 20 Jahren im Zentrum der Analyse und galten als Basis für die Entscheidungsfindung. Einstellungsdaten können meist nur über die Abfrage beim Kunden erhoben werden. Die Kundenbefragung ist hier das Mittel der Wahl. Aufgrund der beschriebenen Entwicklungen verlieren Einstellungsdaten aber an Aussagekraft. Eine Kundenbefragung kann ermitteln, was die Lieblingsmarke eines Kunden ist und wie wahrscheinlich es ist, dass er loyal gegenüber der Marke in Zukunft sein wird. Variety Seeking oder Consumer Confusion und andere Entwicklungen können aber dazu führen, dass sich auch eigentlich loyale Kunden trotz der bewussten Angaben in der Befragung beim nächsten Kauf für eine andere Marke entscheiden. Diese Entwicklung, aber die auch die fehlenden Kompetenzen in den allermeisten Organisationen im Bereich Kundenbefragung, führt dazu, dass Geschäftsleitungen Kundenbefragungen zur Entscheidungsfindung immer weniger vertrauen. Einstellungen sind zwar wichtige Informationen zur Prognose zukünftigen Verhaltens, aber für sich allein meist nicht mehr ausreichend. Wertvolle Kundenerkenntnisse basieren meist auf Einstellungsdaten, aber auch auf deren Ergänzung durch andere Daten.

Verhaltensdaten

Technische Entwicklungen wie Web- oder Social Analytics liefern zahlreiche weitere Informationen über das Verhalten der Kunden, aber auch die Appnutzung oder Trackingsysteme im physischen Verkauf erlauben die Gewinnung von Verhaltensdaten. Es gilt, diese möglichst mit Einstellungsdaten zu verbinden. Nur aufgrund des vergangenen Verhaltens von Menschen deren zukünftiges Verhalten zu bestimmen, wird immer herausfordernder. Grundsätzlich bedarf es möglichst vieler Datenpunkte. Bei der bestehenden Bevölkerungsgröße und Kundenanzahl sind diese für Schweizer Organisationen nicht immer einfach zu generieren.

Die Verbindung der Kundendatenebenen

Wie könnte die Verbindung von Einstellungs- und Verhaltensdaten optimal aussehen? Ein Kunde gibt bspw. in einer Kundenbefragung an, welche Marke er präferiert und dass er diese deutlich besser findet als die Wettbewerbsmarken. Im letzten Monat hat er diese Marke dreimal gekauft. Letzte Woche hat er eine andere Marke gekauft. Die Analyse nur auf Basis der Verhaltensdaten zeigt nur auf, dass es einen Wechsel im Kauf gegeben hat. Durch die Verbindung mit den Einstellungsdaten kann aufgezeigt werden, dass entweder etwas im Einkaufserlebnis passiert ist, das so gravierend war, dass die Marke gewechselt wurde, oder dass der Kunde etwas anderes ausprobieren wollte. Das Wissen über die Einstellungen eines Kunden kann der Organisation in dieser Situation helfen, zu bestimmen, wie viel Aufwand für die Rückgewinnung des Kunden betrieben werden sollte und was an Wert für den Kunden verbessert werden kann.

Basis- und Verhaltensdaten sind für die Entscheidungen innerhalb des Kommunikationsmanagement nur begrenzt nützlich. Inhalte für die Kommunikation lassen sich daraus meist nicht ableiten. Es können nur Angebote unterbreitet werden. Immerhin besser, als wenn nur Basisdaten wie Name und E-Mail-Adresse bekannt sind. Einige Organisationen haben angefangen, Einstellungsdaten zu sammeln und zu nutzen, bisher meist aber in sehr reduzierter Form. Die Reduktion auf die Sammlung von wenigen Einstellungsdaten und der damit verbundene geringe Aufwand werden leider in vielen Organisationen und Publikationen positiv bewertet (vgl. beispielhaft Reichheld 2003). Organisationen wie bspw. Booking.com nutzen die Kundenzufriedenheit in Form des NPS®[1]. Diese verkürzten Kennzahlen geben nur eine binäre Auskunft darüber, ob der Kunde zufrieden ist oder nicht. Zwar bieten einzelne Messmodell die Ergänzung um qualitative Aussagen, der Erkenntnisgewinn in Bezug auf die Wertoptimierung für Organisation und Kunden ist aber begrenzt. Es ist auch möglich, aus Verhaltensdaten Einstellungen abzuleiten. Gerade die Preissensitivität kann durch Verhaltensanalyse eingeschätzt werden. Jedoch bedarf es dafür vieler Datenpunkte und einer hohen Kompetenz sowie leistungsstarker Systeme innerhalb einer Organisation. Diese Voraussetzung ist bei wenigen Organisationen vorhanden. Somit empfehle ich die direkte Abfrage der Kundeneinstellung über mehrere Dimensionen und die Verbindung mit Kundenverhaltensdaten. Dabei ist es nicht das Ziel, gleich eine perfekte Lösung zu entwickeln. Jede Organisation sollte einen Zwei- bis Dreijahresplan entwickeln, wie die Kundendaten immer besser erhoben und miteinander kombiniert werden können. Diese Planung ist die Grundlage, um eine Organisation überhaupt kundenorientiert auszurichten. Ohne Kundenerkenntnisse, die für Entscheidungen eingesetzt werden, gibt es keine Verbesserung der Kundenorientierung. Im Folgenden gehe ich auf ausgewählte Einstellungs- und Verhaltenskonstrukte ein. Mit den nachfolgenden grundlegenden Konstrukten sollte eine kundenorientierte Organisation tagtäglich arbeiten.

3.1.3   Einstellungen

Das Einstellungskonstrukt gehört zu den am meisten untersuchten Gegenständen in der Konsumentenforschung (Kuß und Tomczak 2000, S. 46). Basierend auf den frühen Arbeiten von Fishbein und Ajzen (1975, S. 6) sind Einstellungen Neigungen, die eine positive oder negative Reaktionen bewirken. Dabei wurde in der Vergangenheit davon ausgegangen, dass Einstellungen relativ stabil sind (Solomon 2013, S. 253). Wie bereits ausgeführt, werden Einstellungen immer unbeständiger, wobei das nicht heißt, dass Kunden gar keine Einstellungen mehr aufbauen. Es ist also nach wie vor wichtig, Ein-

---

[1]Bei NPS® und Net Promter Score® handelt es sich um in den USA markenrechtlich geschützte Begriffe. Die Rechte liegen bei Frederick F. Reichheld.

stellungen zu verstehen, für sich allein reichen sie aber oft nicht mehr aus, um das Kundenverhalten der Zukunft zu prognostizieren.

▶ Eine **Einstellung** ist ein subjektives, gelerntes, wertendes und objektbezogenes Urteil einer Person, das aus affektiven, kognitiven und konativen Komponenten besteht (Stolle 2013, S. 49, 53).

Einstellungen bestehen aus drei Komponenten. Mit der kognitiven Komponente werden die rationalen Bewertungen gegenüber einem Objekt bezeichnet („Dieser Skischuh hat das beste Testergebnis"). Die affektive Komponente umfasst die subjektive Bewertung („Der Skischuh fühlt sich sehr gut an"). Die konative Komponente bezieht sich auf die Verhaltenstendenz auf Basis der kognitiven und affektiven Bewertung (Foscht et al. 2015, S. 71 f.) („Diesen Skischuh werde ich mir kaufen, weil er der beste ist und sich gut anfühlt", oder: „Diesen Skischuh werde ich, obwohl er das beste Testergebnis hat und sich eigentlich gut anfühlt, nicht kaufen, weil ich der Marke nicht vertraue"). In Anlehnung an Assael (1995, S. 278 f.) können vier Anwendungsmöglichkeiten des Einstellungskonzepts bestimmt werden:

1. Prognose des zukünftigen Verhaltens
2. Bestimmung von Segmenten
3. Bestimmung von Interaktionsinhalten
4. Controlling der Aktivitäten in der Vergangenheit

Auf die Prognose des zukünftigen Verhaltens von Kunden bin ich schon eingegangen. Mithilfe von Einstellungen lassen sich Segmentierungen erstellen. Segmentierungen auf Basis von Einstellungen können wiederum helfen, die jeweiligen Inhalte für die Interaktionen zwischen Kunden und Organisation zu bestimmen. Das Angebot und die Kommunikationsinhalte können spezifischer ausgerichtet werden. Ein wichtiger Aspekt und in der Praxis stark vernachlässigter Punkt ist das Controlling der Aktivitäten im Kundenbeziehungsmanagement. Zwar fokussieren sich die Entscheidungen innerhalb einer Organisation auf die Zukunft, aber es gilt zu verstehen, welche Veränderungen im Zeitablauf zu erkennen sind. Hier möchte ich ein paar Erlebnisse teilen, die mich immer wieder überraschen.

Beispiel: Einstellungsmessung

Eine Organisation führte jedes Jahr eine quantitative Kundenbefragung durch. Nach Aussage der Geschäftsleitung waren die Ergebnisse stabil und kaum Veränderungen zu erkennen. Jedoch ging der Umsatz seit drei Jahren kontinuierlich zurück. In einer solchen Situation kann es zwar mehrere Gründe dafür geben, aber es sollte doch jedem sofort ins Auge springen, dass mit sehr hoher Wahrscheinlichkeit die Kundenbefragung die falschen Inhalte abfragt. Wie sollen Einstellungen stabil bleiben, wenn sich das Verhalten gleichzeitig kontinuierlich ändert? Wir fanden gemeinsam heraus, dass der Fragebogen viel Luft nach oben hatte.

In einer anderen Organisation sprachen die Verantwortlichen immer davon, dass Einstellungen umfassend gemessen werden, aber auf meine Frage, wo denn die Segmentierung mit den jeweiligen Kommunikationsschwerpunkten sei, lautete die Antwort: „Die gibt es nicht." Eine weitere Analyse zeigte, dass die Organisation nur die Zufriedenheit der Kunden abfragte. Die Zufriedenheit ist eine erste Erkenntnis hinsichtlich der Frage, ob und in welchem Ausmaß es Probleme gibt. Zufriedenheitsanalysen helfen aber nicht, die umfassenden Einstellungen des Kunden zu verstehen, mit dem Ziel, die Zufriedenheit systematisch zu verbessern. Salopp formuliert: Wenn der Kunde unzufrieden ist, kauft er meist nicht mehr. Deshalb wundert mich, dass der Fokus häufig auf der Kundenzufriedenheit liegt, anstelle auf dem umfassenden Verständnis mehrerer Einstellungsdimensionen der Kunden, die viel hilfreicher für die Entscheidungsfindung sind.

Bei vielen Organisationen erlebe ich das Grundmissverständnis aus den Anfängen des Aufkommens des Begriffs Kundenorientierung, dass es nur darum geht, sich den Einstellungen der Kunden möglichst optimal anzunähern. Viele scheinen zu vergessen, dass auch die Möglichkeit besteht, die Einstellungen der Kunden zu verändern. Aber wenn man Einstellungen ändern möchte, dann muss man (mit Betonung auf **muss!**) die Einstellungen und die jeweiligen Treiber sehr genau verstehen. Dies setzt voraus, dass diese mindestens jährlich gemessen und umfassende Treiberanalysen durchgeführt werden. ◄

Neben der Messung gilt es, die unterschiedlichen Funktionen von Einstellungen genauer zu verstehen (Solomon 2013, S. 235 f.).

Nutzenfunktion
Die Nutzenfunktion baut auf dem Aspekt des Belohnens oder Bestrafens auf.

▶ **Nutzen** (Utility) ist eine abstrakte quantitative Größe, die angibt, wie positiv oder negativ ein Kunde ein Angebot/Marke/Beziehung/Erlebnis bewertet oder wie wünschenswert eine Konsequenz im Kontext einer Entscheidung ist (in Anlehnung an Pfister et al. 2017, S. 38).

Kunden bauen Einstellungen auf Basis des Nutzens im Abgleich mit ihren Bedürfnissen auf, weil bspw. die Marke Begeisterung oder Aversion verursacht. So kann der Kauf eines Softdrinks Begeisterung auslösen, aber eben auch Aversion, wenn das Ziel besteht, sich gesund zu ernähren oder abzunehmen. Darüber hinaus haben Einstellungen eine wertvermittelnde Funktion. Kunden möchten eine bestimmte soziale Identität von sich vermitteln. Einstellungen gegenüber Marken unterstützen die Markenauswahl hinsichtlich der Frage, ob diese meine Persönlichkeit, wie ich mich selbst gerne sehe, unterstützt oder nicht. Gerade bei Statussymbolen wie Autos, Reisen oder Handtaschen spielt diese Funktion eine wichtige Rolle.

Selbstschutzfunktion

Die Selbstschutzfunktion zielt darauf ab, die Kunden vor externen Bedrohungen zu schützen. Beispielsweise nutzen Mitarbeitende im beruflichen Alltag in jedem zweiten Satz die Wörter „Digitalisierung" oder „Disruption", damit niemand denkt, sie gehören zur Analog-Fraktion. Die Selbstschutzfunktion von Einstellungen wird in der Praxis oft unterschätzt. Nutzen- und Selbstschutzfunktion sind eng miteinander verbunden. Die Frage ist deshalb: Warum kauft ein Kunde eine Marke hauptsächlich? Die Antwort könnte sein: Um sich darzustellen oder sich abzusichern.

Wissensfunktion

Abschließend haben Einstellungen eine Wissensfunktion. Menschen benötigen Halt, und unser Bedürfnis nach Ordnung und Struktur wächst in einer immer mehr Möglichkeiten bietenden Umwelt. Kunden können auf das bestehende Wissen in Form von Einstellungen für die Entscheidungsfindung zurückgreifen. Wenn ich meine Studierenden frage, ob sie ein Thema gut oder schlecht finden, erhalte ich oft eine klare Meinung. Wenn ich nachfrage, warum sie das Thema so oder so bewertet haben, wird es oft still. Diesen Effekt werde ich in Abschn. 3.2.3 vertiefend vorstellen. An dieser Stelle sei darauf hingewiesen, dass Kunden immer weniger auf Basis von bestehenden Einstellungen in Form von Wissen Entscheidungen treffen, sondern die spontane Suche und Nutzung von Informationen einen deutlich höheren Einfluss auf die Kaufentscheidungen haben.

Das heißt aber nicht, dass die Wissensfunktion an Einfluss verliert. Kunden haben eine Einstellung, diese ist jedoch immer weniger fundiert und dadurch auch leichter zu ändern. Die aktuelle Politik liefert dafür ein Beispiel: Die Wähler besitzen immer weniger Wissen bezüglich der Sachverhalte, sind dadurch eigentlich auch leichter beeinflussbar. Aufgrund der zunehmenden Komplexität schotten sie sich aber auch gegenüber neuen (widersprüchlichen) Informationen ab. Welche Partei sie am Ende wählen, wird immer undurchsichtiger, und Wählerprognosen werden immer herausfordernder. Auch deshalb gewinnt das Kundenverhalten zunehmend an Stellenwert für die Bestimmung von Kundenerkenntnissen.

3.1.3.1 Wahrnehmung

Wie ausgeführt, beruhen Einstellungen auf der subjektiven, kognitiven und affektiven Wahrnehmung eines Kunden. Bevor wir etwas wahrnehmen und bewerten können, muss der Impuls eine gewisse Reiz- oder Empfindungsschwelle überschreiten (Felser 2015, S. 28). Diese ist in jeder Situation und bei jeder Person unterschiedlich. Darüber hinaus gilt es zu beachten, dass eine Organisation nicht nur das Ziel hat, überhaupt wahrgenommen zu werden. Grundsätzlich will sie möglichst wertvoll und unterschiedlich (differenziert) wahrgenommen werden.

Zum Verständnis dieser Herausforderung ein Beispiel aus der Akustik. Es ist ein um 9 % stärkerer Schallreiz notwendig, damit Menschen überhaupt einen Lautstärkeunterschied wahrnehmen (Bourne und Ekstrand 1992, S. 88). Es bestehen somit Wahrnehmungsschwellen, die es für die Ausgestaltung der jeweiligen Kundenbeziehungsinstrumente zu beachten gilt. Trotz einer Steigerung bzw. Intensivierung von Aktivitäten können diese, wenn sie nach wie vor unter der Wahrnehmungsschwelle liegen, von den Kunden nicht wahrgenommen werden.

▶ **Wahrnehmung** ist ein kognitiver Prozess der Informationsverarbeitung, bei dem vom Individuum aufgenommene Umweltreize und innere Signale entschlüsselt zu einem inneren Bild der Umwelt und der eigenen Person verarbeitet werden, sodass sie einen Sinn (Informationsgehalt) erhalten (Schiffman und Wisenblit 2015, S. 114).

Die subjektive Wahrnehmung spielt uns gerne einen Streich. Coca-Cola schmeckt den meisten Menschen im Blindtest schlechter als Pepsi, aber mehr Kunden trinken Coco-Cola. Frischer Ananassaft wurde, weil früher viel aus der Dose getrunken, oft als verdorben wahrgenommen, weil der metallische Geschmack fehlte (Felser 2015, S. 38). Weintester sagen, dass die Blindverkostungen von großartigen Weinen oft enttäuschend sind. Die Wahrnehmung ist immer subjektiv und kann gesteuert werden. Zahlreiche Blindtests mit unterschiedlichen Marken und verschiedenen Angeboten zeigen über viele Angebotskategorien auf, dass Kunden die Marke zur Beurteilung des Angebots heranziehen und meist nicht das Angebot selbst. Auch deshalb sollte der Begriff Qualität nicht mehr benutzt werden. Kunden sind nicht in der Lage, die Qualität eines Angebots objektiv zu beurteilen. Das Konstrukt Wahrnehmung wird in drei Dimensionen unterteilt (Kroeber-Riel und Gröppel-Klein 2013, S. 363 ff.):

1. Subjektivität
2. Selektivität
3. Aktivität

Jede Wahrnehmung ist geprägt durch unsere bisherigen Erfahrungen und unsere Erwartungen (Felser 2015, S. 32). Dabei kommt dem Anwendungskontext von Marken und Angeboten ein hoher Stellenwert zu. So werden Eigenschaften eines Staubsaugers mit der eigenen Wohnung in Verbindung gebracht (Subjektivität). Wenn wir durch die Stadt laufen, lächeln uns viele Plakate auf unseren Wegen an. Wir nehmen aber nur eine ganz kleine Anzahl überhaupt wahr (Selektivität). Gerade Verantwortlichen von digitalen Touchpoints ist oft nicht bewusst, wie wenig diese in den Weiten des Internets wahrgenommen werden. Abschließend bedarf es einer aktiven Interpretation des wahrgenommenen Elements (Kuß und Tomczak 2000, S. 30). Die Wahrnehmung reicht nicht, es bedarf auch einer aktiven Reaktion durch die Kunden (Aktivität).

Es wird gemutmaßt, dass über 98 % aller Kommunikationsbotschaften nicht beim Empfänger ankommen (wenn ich an die vielen, vielen Marketing-Automation-Newsletter denke, wahrscheinlich sogar noch mehr) (Solomon 2013, S. 88). Ein weiteres Phänomen, das ich in der Praxis erlebe, ist „Appmageddon". Die Anzahl an Apps steigt und steigt, und die meisten Apps leiden darunter, dass die Nutzerzahl sehr gering bleibt. Viele Organisationen gehen dazu über, das Herunterladen und die Installation der eigenen Apps mit finanziellen Anreizen zu versehen. Wenn der Kunde aber nicht aktiviert ist, wird er die App meist nie oder nur einmal nutzen. Der Aktivierung kommt deshalb ein immer höherer Stellenwert zu. Wenn immer mehr Apps und Angebote in immer kürzeren Zyklen auf den Markt kommen und Kunden immer mehr Möglichkeiten haben, ihre Zeit damit zu verbringen, befinden wir uns alle in einem Kampf um Aufmerksamkeit. Wir müssen immer wieder versuchen, unsere Kunden für unsere Beziehungsaktivitäten zu aktivieren. Deshalb gilt es, bevor über die Botschaft nachgedacht wird, zu überlegen: Wie können Kunden zum „Zuhören und Weiterempfehlen" aktiviert werden?

▶ Die **Aktivierung** stellt die Grunddimension aller Antriebsprozesse dar, versorgt den Organismus mit Energie und versetzt ihn in einen Zustand der Leistungsfähigkeit und -bereitschaft (Foscht et al. 2015, S. 37).

Die Aktivierung kann gezielt eingesetzt werden. Es werden drei Arten von Reizen zur Aktivierung unterschieden (Foscht et al. 2015, S. 41):

1. Affektive Reize: Diese basieren auf Reiz-Reaktions-Schemata oder Konditionierungen (bspw. Kindchenschema, Natur, Erotik) oder individuell relevanten Reizen (bspw. Sportarten, Laufsteg und Frauenmode).
2. Physische Reize: Diese lösen allein durch die Präsenz über bspw. Größe, Farben und Lautstärke Reaktionen aus.
3. Kognitive Reize: Sie zwingen den Betrachter zu einer mentalen Verarbeitung (bspw. über Überraschung und Humor).

Dabei ist immer wieder in der Praxis zu beobachten, dass die Aktivierung nicht berücksichtigt wird bzw. es nicht gelingt, die notwendige Aufmerksamkeit zu erzielen. Dies liegt zu oft daran, dass Kampagnen auf das Design und auf die Botschaft ausgerichtet werden und die Aktivierung nicht mitgedacht wird. In Meetings fallen dann Aussagen wie: „Das sieht ja toll aus" oder „Das passt zu unserer Marke" oder das Gegenteil. Da die Mitarbeitenden gegenüber dem eigenen Angebot über eine hohe Aufmerksamkeit verfügen, bleibt die Aufmerksamkeitsoptimierung leicht auf der Strecke. Ein klassisches Beispiel ist der Einsatz von Erotik in Form von meist leicht bekleideten Frauen für Angebote, für die es sehr herausfordernd ist, Aufmerksamkeit zu erzielen. Wer ist gegenüber Botschaften zum

Thema Autobatterie, Motoröl oder Nagelfeile aufmerksam? Diese Organisationen stehen vor der Herausforderung, nicht wahrgenommen zu werden, wenn die Botschaft nicht mit aktivierenden Elementen ergänzt wird, oder vor dem Problem, dass die ergänzenden Elemente, wie bspw. Erotik, die eigentliche Botschaft überstrahlt. Das ist kein Aufruf, möglichst viele nackte Menschen auf Plakaten auszustellen, ganz im Gegenteil. Es greift aber auch zu kurz, für sehr viele Angebote nicht über mögliche Aktivierungselemente nachzudenken, die zwangsläufig, weil sie ja für die Aktivierung verantwortlich sind, vom eigentlichen Angebot oder der Marke ablenken. Diesen Spagat aufzulösen, stellt eine immer größere Herausforderung in der Praxis dar, weil immer weniger zugehört wird. Der hohe Stellenwert der Aktivierung soll an folgendem Beispiel illustriert werden (vgl. Abb. 3.4):

Beispiel: American Express

Das Plakat von American Express zeigt eine Frau in Unterwäsche auf dem Rollband in einem leeren Flughafen. Die Botschaft lautet: „Sollten Sie mal ohne Gepäck dastehen, kleiden wir Sie notfalls neu ein." Warum hier „notfalls" und nicht „in jedem Fall" steht, ist nicht klar, aber das ist ein anderes Thema. Die Darstellung des Angebots ist sehr klein, die Schrift ist noch kleiner. Die Kreditkarte hebt sich kaum vom Hintergrund ab. Stattdessen richtet sich die Aufmerksamkeit auf die abgebildete Frau. Diese wirkt positiv, aber in Unterwäsche in dem leeren Flughafen leicht verloren. Die Aktivierung auf das eigentliche Angebot und die Botschaft ist begrenzt. Bei dieser Darstellung ist davon auszugehen, dass der Einsatz der Frau in dieser Art zu sehr von der eigentlichen Botschaft ablenken wird. Die gestalterisch unzureichende Umsetzung verstärkt diesen Effekt. ◄

Abb. 3.4 Beispiel für die Aktivierung eines Plakates

Der Einsatz einer Frau ermöglicht zwar eine grundsätzliche Aktivierung gegenüber dem Kommunikationsinstrument, aber es muss davon ausgegangen werden, dass aufgrund der Farbwahl, der Größe der Angebotspräsentation sowie der Kombination aus Frau und Situation nur wenig Aktivierung gegenüber der eigentlichen Botschaft erzielt worden ist. Schlimmer noch: Aufgrund der Erkenntnisse von Blickregistrierungsanalysen ist bekannt, dass Männer fast nur Augen für die Frau haben. Was lange nicht bekannt war: Frauen setzen sich sogar noch intensiver mit der Frau auseinander. Sie neigen dazu, sich mit der Frau in der Anzeige intensiv zu vergleichen und dabei das Angebot völlig zu übersehen (Gartmann 2008, S. 32). Oftmals entstehen bei Frauen sogar negative Emotionen, die eine Auseinandersetzung mit der eigentlichen Botschaft nicht mehr ermöglichen (Tiggermann und Slater 2004).

Was wir nicht wahrnehmen, existiert nicht für uns, wobei es immer wieder Versuche gibt, Botschaften unter unserer Wahrnehmungsschwelle zu versenden (bspw. Bilder mit einer sehr kurzen Anzeigedauer innerhalb von Filmen). Bisher konnte aber nicht bewiesen werden, dass wir diese wahrnehmen (Solomon 2013, S. 79). Eng mit der Wahrnehmung verbunden ist die Aufmerksamkeit.

▶ **Aufmerksamkeit** beschreibt das Ausmaß unserer mentalen Verarbeitung bezogen auf einen bestimmten Reiz.

Als Dozierender kann man erleben, wie kurz die Aufmerksamkeitsspannen im Unterricht inzwischen geworden sind. Eine mögliche Auswirkung der reduzierten Aufmerksamkeit ist, dass Kunden bei einer Kaufentscheidung nur eine sehr geringe Anzahl an Marken in Erwägung ziehen (Felser 2015, S. 41). Inzwischen werden schon Ansätze im Rahmen der Kundenwertberechnung diskutiert, bei denen allein schon die Aufmerksamkeit des Kunden gegenüber den Aktivitäten einer Organisation als ein Wert gesehen wird (Günter 2017). Sollen die Einstellungen der Kunden beeinflusst werden, ist eine zu hohe Aufmerksamkeit aber auch nicht zwangsläufig ideal. Für die Ausgestaltung eines „wahrnehmungsoptimalen" Kundenbeziehungsinstruments bedarf es deshalb der Kenntnis des Involvements.

3.1.3.2 Involvement

Um Wahrnehmung und Aufmerksamkeit müssen Organisationen bei ihren Kunden immer mehr kämpfen. Für mich ist immer wieder überraschend, dass das Involvement der Kunden gegenüber einer Marke oder einem Angebot den Verantwortlichen nicht bekannt ist. Während die Wichtigkeit von Bedürfnissen, Erlebnissen und Emotionen immer wieder betont wird, wird kaum darauf eingegangen, dass Kunden allgemein ein abnehmendes Involvement aufzeigen. Die Nicht-Berücksichtigung dieses Konstrukts in der Praxis überrascht, wird doch dem Involvement zugesprochen, die wichtigste „Weiche" im Kundenverhalten zu sein (Felser 2015, S. 111). Das Verhalten von Kunden unterscheidet sich stark, je nachdem, ob sie niedrig oder hoch involviert sind.

▶ **Involvement** besitzt mehrere Einflussfaktoren und beschreibt, wie intensiv sich Kunden allgemein mit einer Angebotskategorie aufgrund von Wichtigkeit und Interesse auseinandersetzen (in Anlehnung an Laurent und Kapferer 1985).

Es ist wichtig, zwischen dem allgemeinen Involvement gegenüber einem Angebot und dem Involvement während des Kaufprozesses zu unterscheiden. Es gilt, das allgemeine Involvement zu verstehen, das meist deutlich geringer ist als während des Kaufprozesses. Diese Unterscheidung ist für die allgemeine Kommunikation, aber auch für die Nachkaufphase sehr wichtig, um die notwendige Aktivierung optimal bestimmen zu können. Wenn eine Organisation ein Verständnis über die Höhe des Involvements ihrer Kunden besitzt, kann sie gezielter die Beziehung zu den Kunden steuern. Sie weiß, wie groß der Aufwand für manche Segmente ist, um diese überhaupt zu aktivieren. Dabei kann sich das Involvement der Kunden aufgrund situativer Faktoren verändern, was eine gewisse Herausforderung für die Segmentierung darstellt. Aktuelle Entwicklungen in einer Gesellschaft, wie z. B. in den Bereichen Mode oder Umweltschutz, können das Involvement gegenüber einer Marke und ihrem Angebot steigen lassen. Das Involvementkonstrukt ist umfassend untersucht, kritisiert und erweitert worden. In Kap. 8 findest du das Messmodell, das ich nutze und das auf zahlreichen eigenen empirischen Untersuchungen und den Arbeiten von Laurent und Kapfer (1985) basiert.

In der Literatur wird heute immer noch zwischen hohem und niedrigem Involvement unterschieden (Kuß und Tomczak 2000, S. 67), aber schon Laurent und Kapferer (1985, S. 52) erkannten, dass nicht nur die Höhe des Involvements wichtig ist, sondern auch die Faktoren, die das Involvement beeinflussen. Wenn beides bekannt ist, kann das als wertvolle Kundenerkenntnis wiederum für die Ausgestaltung der Instrumente des Kundenbeziehungsmanagements genutzt werden.

Abb. 3.5 stellt ein Teilergebnis der Involvementmessung gegenüber zwei Angebotskategorien in einem Baumarkt dar. Dabei wird ersichtlich, dass grundsätzlich das Involvement gegenüber beiden Kategorien durchschnittlich ist. Das Wissen über und das Interesse bezogen auf Pflanzen und Malerbedarf ist bei den meisten Baumarktkunden eher durchschnittlich. Der größte Unterschied zeigt sich bei der Beurteilung des Risikos. Kunden haben Sorge, beim Kauf einer Pflanze eine falsche Entscheidung zu treffen. Somit gewinnt die Beratung und Vermittlung von Sicherheit einen deutlich höheren Stellenwert bei dieser Angebotskategorie, als es beim Malerbedarf der Fall ist. Diese Erkenntnis kann für die Gestaltung des Baumarktes, die Schulung der Mitarbeitenden sowie für die Kommunikation genutzt werden.

Im Ergebnis helfen diese Kundenerkenntnisse dabei, abzuschätzen, wie groß der Aufwand für die Aktivierung ist bzw. wie realistisch es ist, die Kunden zu erreichen.

Allgemein ist zu beobachten, dass das Involvement sinkt. Für diese Entwicklung gibt es mehrere Gründe. Kunden lernen, dass sie nicht mehr alles speichern bzw. wissen müssen, weil das Internet die Informationen jederzeit vorhält. Sie interessieren sich

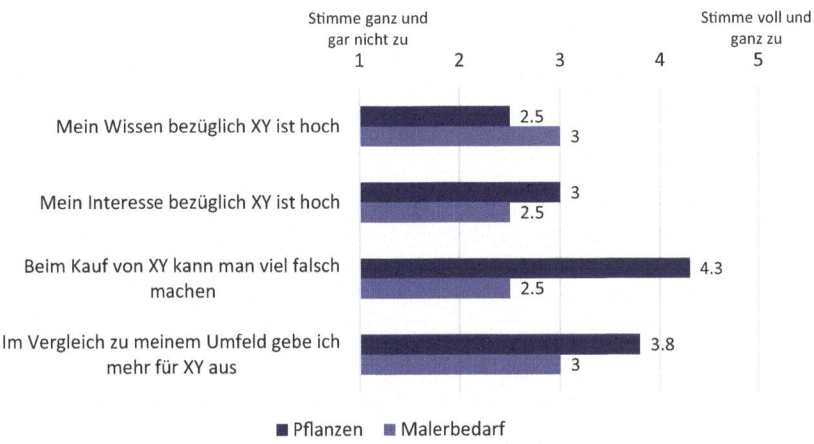

Abb. 3.5 Beispiel für eine Messung des Involvements gegenüber Pflanzen und Malerbedarf

für immer mehr Angebotskategorien und haben somit weniger Zeit. Die zunehmende Lautstärke der Botschaften macht es immer herausfordernder, sich umfassend über einzelne Themen zu informieren. Ich empfehle deshalb, bei Kundenbeziehungs-managementaktivitäten folgende Punkte beim Vorliegen einer eher Mittel- bis Low-Involvement-Situation zu beachten (Haedrich et al. 2003, S. 66 f.):

- Einsatz von aktivierenden Techniken wie bspw. Übertreibungen
- Fokussierung auf wenige, zentrale Argumente
- Einsatz von Schlüsselreizen zur Aktivierung (Bilder)
- Möglichst viele Wiederholungen
- Möglichst starke Präsenz im Alltag

Unter Low Involvement ist die Aktivierung der Kunden herausfordernder, da deren Entscheidungsprozesse begrenzter sind (Kuß und Tomczak 2000, S. 66). Darüber hinaus werden die eingesetzten Botschaften langsamer gelernt bzw. Einstellungen aufgebaut, sodass häufige und vor allem konsistente Wiederholungen wichtig sind.

Somit stellt sich als eine weitere Anforderung an kundenorientierte Organisation, das Involvement der Kunden als Kundenerkenntnis in Entscheidungen zu nutzen und die Aktivierung der Kunden als eine zentrale Herausforderung zu begreifen.

3.1.3.3 Bedürfnisse

Kundenorientierung wird in allen Ausführungen mit den Bedürfnissen von Kunden in Beziehung gebracht. Eine kundenorientierte Organisation soll die Bedürfnisse der Kunden verstehen und diese für das Beziehungsmanagement so einsetzen, dass ein optimaler Wert sowohl für den Kunden als auch die Organisation entsteht.

▶ Ein **Bedürfnis** ist ein Gefühl des Mangels, das durch eine bestimmte Verhaltensweise aufgehoben werden soll (Schweizer 2005, S. 17).

Bedürfnisse können in drei Arten unterteilt werden (Geschka und Eggert-Kipfstuhl 1994, S. 117):

1. Aktuelle Bedürfnisse sind den Kunden bewusst und existieren im Moment,
2. latente Bedürfnisse existieren, sind den Kunden aber nicht bewusst, und
3. zukünftige Bedürfnisse werden mit einer gewissen Wahrscheinlichkeit erst in der Zukunft auftreten.

Überraschend ist, dass Kundenbedürfnisse im Marketing- und Vertriebsalltag so gut wie nie genutzt werden. Zwar werden Bedürfnissegmentierungen auf Basis von Ad-hoc-Kundenbefragungen ermittelt, die systematische Gewinnung auf individueller Ebene und die Nutzung im Rahmen von Entscheidungen finden aber sehr selten statt. Bedürfnisse werden meist mit Angebotseigenschaften verwechselt. Umgangssprachlich entsteht dann ein Bedürfnis nach mehr PS für ein Auto. Dabei handelt es sich nicht um ein Bedürfnis, sondern um eine Angebotseigenschaft – ein Irrtum, der leider sehr verbreitet ist. Das Kundenbedürfnis wäre z. B., schneller von A nach B zu kommen. Dies könnte auch mit anderen Angebotseigenschaften als der PS-Anzahl erreicht werden. Kundenbedürfnisse und Angebotseigenschaften sind zu unterscheiden.

In zahlreichen Projekten habe ich versucht, Organisationen von den Möglichkeiten und der Kraft der Nutzung von individuellen Kundenbedürfnisinformationen für das Kundenbeziehungsmanagement zu überzeugen. Jedoch fehlt in Organisationen oft das Wissen über operativ nutzbare Kundenbedürfnisstrukturen. Es ist meist nicht möglich, diese auf individuellem Niveau zu sammeln und zu speichern, und letztlich fehlen die Kommunikationsvorlagen, um auf die einzelnen Dimensionen gezielt eingehen zu können. Deshalb sei an dieser Stelle darauf hingewiesen, dass wenn in der Literatur von Kundenbedürfnissen und der hohen Relevanz für die Kundenorientierung die Rede ist, die Autoren nicht den Bedürfnisbegriff aus der Psychologie meinen, sondern Click-Raten, vergangene Produktkäufe und die Anzahl an Beschwerden.

Konsequenterweise sollte allgemein nicht mehr von Kundenbedürfnissen gesprochen werden, wenn diese gar nicht berücksichtigt werden. Vielleicht hilft die Digitalisierung an dieser Stelle, die Kundenbedürfnisse für die Entscheidungsfindung in Organisationen endlich zu nutzen.

Wie könnte dies in der Praxis funktionieren? Als Erstes bedarf es einer Struktur. Das bekannteste Bedürfnismodell stammt von Maslow (1981). Dieses wurde von anderen Forschern (bspw. Herzberg 1968) erweitert. So weit, so gut. Leider stammt diese Struktur aus den 1950er Jahren und beschreibt allgemeine Bedürfnisse von Menschen. Es sollte einem Manager aber darauf ankommen, Konsumbedürfnisse zu verstehen, die für eine Differenzierung vom Wettbewerb sorgen. So ist eines der Grundbedürfnisse im Modell von Maslow u. a., Hunger zu stillen. Wie hilft dieses Bedürfnis einem Bäcker bei der Positionierung seines Angebots? Mein Brot stillt deinen Hunger besser als das der Konkurrenz? Das kann manchmal funktionieren, gerade bei Innovationen. Aber in der heutigen Überflussgesellschaft reicht der Grundnutzen zur Differenzierung meist nicht mehr aus. Darüber hinaus besteht die Kritik an den existierenden Modellen, dass sie sich zu sehr auf die Angebotsnutzung konzentrieren. Moralische Dimensionen werden außer Acht gelassen, welche bspw. vor dem veränderten Kaufverhalten aufgrund der Klimaschutzdebatte nicht ganz zu vernachlässigen sind.

Es gibt zahlreiche Forschungsarbeiten zum Thema Bedürfnisse und deren Struktur. Ich habe zwei Anforderungen definiert, um einen praktikablen Ansatz zu entwickeln. Aus meiner Sicht mangelt es nicht an komplexen Modellen, sondern an deren Einsatz im Alltag.

Die erste Anforderung ist: Es sollten Bedürfnisse genutzt werden, die verständlich bzw. messbar sind. So führen zahlreiche Modelle Erregungsbedürfnisse an (beispielhaft Raab et al. 2013, S. 245 f.; Burmann et al. 2012, S. 61 f.). Jedoch ist es schwer zu messen, wer sich in welcher Situation eher erregen lässt und von welchem Stimulus.

Die zweite Anforderung ist, dass eine überschaubare Anzahl an Bedürfnissen genutzt sollte, weil sonst die Komplexität und dadurch die Wahrscheinlichkeit der NichtNutzung steigen. Ich arbeite mit vier Bedürfnissen, welche jedes Angebot neben dem Grundnutzen besitzt: Preis, Prestige, Sicherheit und Convenience. Convenience ist das Bedürfnis, welches in den letzten Jahren am meisten an Stellenwert gewonnen hat (Kumar und Reinartz 2018, S. 8). Dabei ist zu beachten, dass Convenience, genauso wie der Qualitätsbegriff, sehr unspezifisch ist. Solche Begriffe sollten besser nicht verwendet werden. Convenience sollte in Schnelligkeit, Flexibilität etc. aufgebrochen werden. Damit aber die Komplexität nicht zu groß wird, gehe ich an dieser Stelle einen Kompromiss ein. Im Rahmen von **Kundenbefragungen** gilt es aber, den Begriff Convenience nicht zu verwenden, sondern ihn zu spezifizieren.

Neben den vier vorgestellten Bedürfnissen können noch weitere Bedürfnisse wie Ökologie oder Erotik hinzukommen, jedoch sind diese vier die Grundlage für alle Angebote. Eine wichtige Kundenerkenntnis für Organisation ist das Verständnis, wie diese vier Bedürfnisse beim eigenen Kundenstamm und im Markt ausgeprägt sind.

Aufbauend auf den vier Grundbedürfnissen sollte verstanden werden, in welchem Umfang bestehende, latente und zukünftige Bedürfnisse für die Entscheidungsfindung genutzt werden sollen. Latente Bedürfnisse sind Bedürfnisse, welche die Kunden haben, aber nicht artikulieren können. Als Beispiel aus der Vergangenheit ist die portable Nutzung der eigenen Musiksammlung zu sehen. Apple war das Unternehmen, das Telefon und Musikplayer miteinander verband und aufgrund der Stärke dieses latenten Bedürfnisses der Kunden einen Boom auslöste.

Der zentrale Vorteil von artikulierten Kundenwünschen ist darin zu sehen, dass der Kunde sich über seine Bedürfnisse im Klaren ist. Der Nachteil: Auch der Wettbewerb kann diese Information einfach gewinnen. Latente Kundenbedürfnisse sind deutlich schwieriger zu ermitteln, und bei der Relevanzbeurteilung können sich leicht Fehler ergeben. Die Nutzung von zukünftigen Bedürfnissen ist gerade für Start-ups oder für die

Erstellung von Innovationen relevant. Hier können aber nur Annahmen getroffen werden, denen meist mehr Hoffnung als Halt innewohnt. Somit sind bestehende Bedürfnisse einfach zu messen, sagen aber wenig über die Zukunft aus. Für die Ermittlung latenter Bedürfnisse ist mehr Aufwand nötig, und zukünftige Bedürfnisse lassen sich in Bezug auf die Relevanz nur grob schätzen. Für kundenorientierte Organisationen gilt es, alle drei Bedürfnisformen (artikulierte, latente und zukünftige) bei der Entscheidungsfindung zu berücksichtigen. Der Trendanalyse kommt dabei ein hoher Stellenwert zu, wie in Abschn. 3.1.5 ausgeführt wird.

Zur Bestimmung und Analyse von bestehenden und mit gewissen Einschränkungen auch bei latenten Bedürfnissen kann die Means-End-Chain-Theorie eingesetzt werden (Tolman 1932). Diese Theorie unterstellt, dass Kunden eine Vorstellung über die Eignung von Angeboten zur Erfüllung persönlicher Ziele entwickeln (Kuß und Tomczak 2000, S. 59). Die Means-End-Chains-Theorie geht davon aus, dass der Stellenwert präferierter Alternativen von der Bedeutung der mit diesen Alternativen verbundenen Werte der Kunden abhängt (Reynolds und Gutman 1988, S. 11 f.). Means-End-Chain-Modelle umfassen drei Ebenen. Innerhalb des Modells bilden die direkt beobachtbaren Angebotseigenschaften (Means) die Grundlage für die weiteren Analysen. Darauf bauen funktionale und emotionale Nutzen auf (Consequences) (Peter und Olson 1996, S. 90). Die dritte, abschließende Ebene der Means-End-Chains bilden Zielwerte, verstanden als wünschenswerte Zielzustände des Daseins (End) (Kuß und Tomczak 2000, S. 62).

Zur Operationalisierung der Means-End-Chain-Theorie kann das Laddering-Verfahren eingesetzt werden (Perrey 1998, S. 57). Auf Basis von Interviews werden sog. Hierarchical Value Maps (HVM) erstellt, die illustrieren, aus welchen Eigenschaften/Means sich welches Ziel/End für die Kunden ergibt (Gengler et al. 1995, S. 245). Das Laddering-Verfahren kann innerhalb von Befragungen der Kunden und/oder mit den verantwortlichen Organisation durchgeführt werden (Herrmann 1996, S. 106 ff.). Die Aggregation der einzelnen HVM erfolgt über eine Heuristik, die auf wiederholt vorkommende Elemente abzielt. Diese Methode hilft, zum einen die Bedürfnisse der Kunden zu strukturieren und mit den Angebotseigenschaften zu kombinieren und darüber hinaus zum anderen eine Fokussierung zu ermöglichen (vgl. Abb. 3.6).

Zur Messung von bestehenden Kundenbedürfnissen empfehle ich den Einsatz von Paarvergleichen und deren Nutzung auf individuellem oder aggregiertem Niveau.[2] Die in Abschn. 3.2.3.3 noch vorzustellende AHP-Methode ist für die Bedürfnismessung die Methode der Wahl.

Kundenorientierte Organisationen sollten somit das Involvement der Kunden verstehen und darüber hinaus auch deren Bedürfnisse. Mithilfe neuer Technologien besteht eigentlich die Möglichkeit, die Kundenbedürfnisse auf individuellem Niveau zu

---

[2]Siehe Messung Bedürfnisskala in Kap. 8.

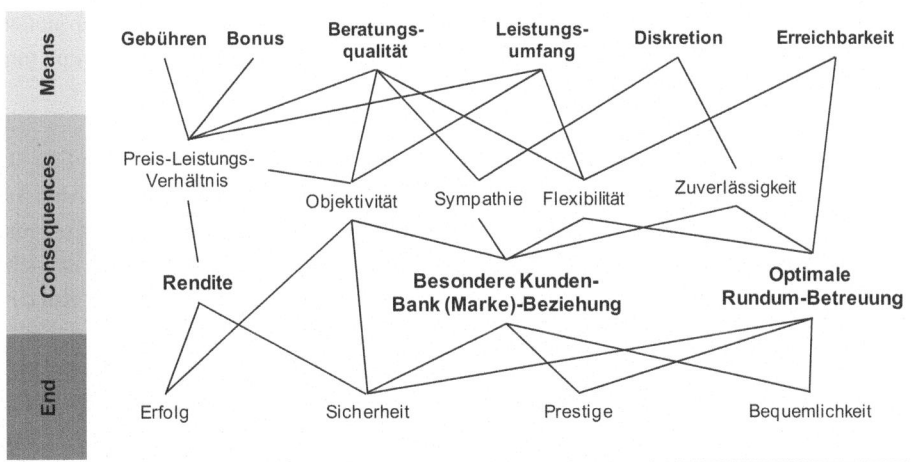

Abb. 3.6 Beispiel einer Hierarchical Value Map im Private Banking. (Quelle: Staudacher 2008, S. 238)

messen und für Entscheidungen zu nutzen. Bisher schrecken Organisation aber davor zurück, Kundenbedürfnisse systematisch im Alltag einzusetzen. Neben den höheren Anforderungen an die Datengewinnung ist die teure Bereitstellung von Inhalten für die einzelnen Bedürfnissegmente bei der Ausgestaltung der Instrumente zu berücksichtigen. Nur messen, um dann im Anschluss wieder jedem Kunden die gleiche Botschaft zu senden, ist nicht wertorientiert. Hier gilt es ebenfalls für die Zukunft zu hoffen, dass weniger in Technologie wie Chat-Bots und mehr in die Gewinnung und Nutzung von Kundenerkenntnissen investiert wird.

3.1.3.4 Emotionen

Die Vulkanier sind eine humanoide Spezies vom Planeten Vulkan, die bekannt ist für die Unterdrückung ihrer Emotionen und Hinwendung zur absoluten Logik. Es stellt sich die spannende Frage, wie viele Vulkanier auf der Erde leben. Oder anders gefragt: Wie viele deiner Kunden sind Vulkanier? Bei der Durchsicht von Kommunikationsbotschaften in der Werbung, am POS oder auf der Verpackung würde ich oft von mindestens 60 % der Zielgruppe einer Organisation ausgehen. Es wird immer noch viel zu oft angenommen, dass Kunden nur rational beeinflusst werden können.

Neben den Bedürfnissen der Kunden spielen auch Emotionen eine wichtige Rolle dabei, Kunden möglichst zu aktivieren und zu begeistern (Foscht et al. 2015, S. 46). Emotionen liegen bestimmten Wahrnehmungen der Umwelt zugrunde, bspw. ein zeitlicher Bezug auf die Vergangenheit (Reue) oder die Zukunft (Hoffnung), eine bestimmte soziale Wahrnehmung (Neid), Ursachenzuschreibung (Dankbarkeit) oder die Einschätzung von eigenen Kontrollmöglichkeiten (Verzweiflung oder Zuversicht) (Felser 2015, S. 90). Emotionen beziehen sich immer in wertender Weise auf einen Gegenstand.

▶ **Emotionen** sind Erregungsvorgänge, die als angenehm oder unangenehm empfunden werden und mehr oder weniger bewusst sind. Sie ergeben sich aus einer Aktivierung und einer subjektiven Interpretation (Foscht et al. 2015, S. 45).

Emotionen haben zwar einen großen Einfluss, sind aber auch weniger offensichtlich als Bedürfnisse. Die Messung von Emotionen wird in Abschn. 3.2.3.5 vorgestellt. Abb. 3.7 zeigt Emotionsausprägungen bei dem Besuch eines Mobilfunkgeschäfts für eine Handyreparatur. Es ist zu beachten, dass es sich dabei um Durchschnittswerte handelt. Auch können manche Prozessschritte für manche Kunden positiv, für andere Kunden wiederum negativ besetzt sein. Wahrnehmung ist, wie beschrieben, subjektiv.

Der in vielen Quellen empfohlenen Berücksichtigung von Emotionen während des Kaufprozesses gilt es situativ zu überprüfen. Zum einen ist die Messung aufwendig, zum anderen ist der Wettbewerbsdruck so groß, dass es sich Organisationen kaum mehr leisten können, zu viele negative Emotionen zu erzeugen. Auch hat sich in vielen Organisationen ein Beschwerdemanagement etabliert. Das heißt nicht, dass für die Optimierung einzelner zentraler Kontaktpunkte nicht die Analyse und das Verständnis der Emotionen zum Einsatz kommen sollten. Ich messe Emotionen für ganz spezifische Momente, in dem vorgestellten Beispiel während der Unterbreitung des Kostenvoranschlags. Den Mehrwert und den Aufwand zur Messung von Emotionen gilt es aber immer situativ abzuwägen.

Izard (1999, S. 66) folgend können zehn angeborene Basisemotionen bestimmt werden: Interesse, Überraschung, Freude, Geringschätzung, Scham, Kummer, Zorn, Ekel, Furcht und Schuldgefühle. Alle weiteren Emotionen sind aus seiner Sicht Mischungen aus den zehn Basisemotionen. Die Basisemotionen können eingesetzt werden, um die Aktivierung des Kunden zu steigern und ihn vom Kauf zu überzeugen. Das Kindchenschema oder die vorgestellten erotischen Reize sind zwei Beispiele für das Hervorrufen von Emotionen im Kundenbeziehungsmanagement. Die Wirkung von vermeintlich erotischen Reizen habe ich in Abschn. 3.1.3.2 bereits thematisiert. Das Kindchenschema (d. h. kleinkindtypische Merkmale wie ein großer Kopf und Kulleraugen) sollen beim Betrachter automatische Reaktionen wie Sympathie und Fürsorge auslösen.

Die Messung von Emotionen hat in den letzten Jahren große Aufmerksamkeit erfahren. Mithilfe der Magnetresonanztomografie (MRT) können Gehirnareale identifiziert werden, die durch verschiedene emotionale Stimuli aktiviert werden. Dies eignet sich, auch wenn es sehr teuer ist, zum Testen von einzelnen Botschaften im Vorfeld von Kampagnen. Der systematische Einsatz im Kundenbeziehungsmanagement ist nicht möglich. Auch lässt sich der Blutdruck eines Kunden schwer während des Besuchs eines Kaufhauses messen, wobei das mit Smart Watches durchaus möglich wäre. Eine weitere Methode ist die faziale Elektromyografie. Diese Methode erlaubt die Bestimmung von Emotionen durch die Analyse der Muskelspannung im Gesicht. Veränderungen in der Gesichtsmuskulatur lassen Rückschlüsse auf die Emotionen eines Kunden zu. So steigt bei einer positiven Emotion die Aktivität des Lachmuskels, während die Aktivität des Stirnrunzelns sinkt (Larsen et al. 2003). Diese Technik kommt großflächig in China zum

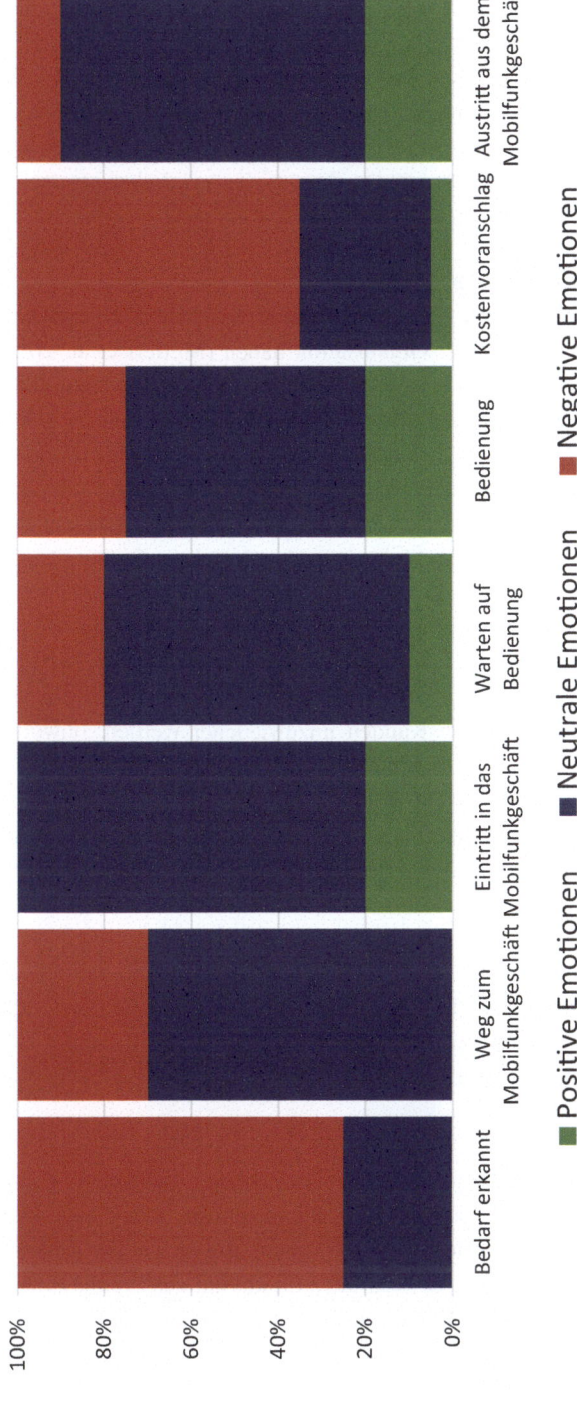

Abb. 3.7 Beispiel von unterschiedlichen Emotionen bei einer Handyreparatur

Einsatz und wirft ethische Fragen auf, bezüglich des verantwortungsvollen Umgangs und der Kontrolle einer solch „mächtigen" Technologie. Allgemein wird zur Messung von Emotionen auf Indikatoren zurückgegriffen (vgl. Kap. 8).

Es gilt somit, für eine kundenorientierte Organisation bei allen Kundenbeziehungs-aktivitäten zu überprüfen, ob die Aktivitäten optimal emotional ausgerichtet sind. Dann wird es einfacher, die Kunden zu aktivieren und zu erreichen bzw. sie zu beeinflussen. Dabei sollen die vorhandenen rationalen Argumente möglichst optimal in emotionale Erlebnisse transformiert werden.

3.1.3.5 Kundenzufriedenheit

Die Kundenzufriedenheit kann einen großen Einfluss auf den Verlauf einer Beziehung zwischen dem Kunden und einer Organisation haben (Meffert et al. 2019, S. 112). Im Vergleich zu Einstellungen handelt es sich bei der Zufriedenheit um ein sich schneller veränderndes Konstrukt, das auf einer echten Erfahrung basiert (Homburg 2016). Während in der Vergangenheit Kundenorientierung eng mit der Kundenzufriedenheit bzw. Weiterempfehlung verbunden wurde, gehen neuere Ansätze auf den Kundenwert bzw. den Kundennettonutzen ein. Der Grund dafür ist in der zunehmenden Aufweichung der unterschiedlichen Wirkungsbeziehungen der Kundenzufriedenheit zu sehen. Vor allem die Beziehung zwischen Kundenzufriedenheit und Kundenbindung wird immer fragiler (Skala-Gast 2012). So führen materialistische Ziele bei Kunden („Ich will ein tolles Auto, Handtasche, Haus" etc.) häufig zu einer geringeren Lebenszufriedenheit, höherer Depressivität und geringerem sozialen Ansehen (Bak 2011). Bei solchen Käufen kann es dazu kommen, dass die Kunden unzufriedener werden, obwohl das Angebot sich nicht verschlechtert hat. Im Ergebnis kann es sein, dass die Kunden trotz anfänglich hoher Zufriedenheit gegenüber dem „tollen Kauf" im Zeitablauf nicht mehr kaufen. Die Messung der Kundenzufriedenheit kurz nach dem Kauf ist dann meist hoch, die Kunden-bindung geht im Zeitablauf zurück. Zufriedenheit ist immer im jeweiligen Beziehungs-moment zu verstehen.

▶ **Zufriedenheit** bezeichnet beim Kunden die Übereinstimmung zwischen den subjektiven Erwartungen und der tatsächlich erlebten Bedürfnisbefriedigung (Soll-Ist-Vergleich) bei Angeboten/Marken/Erlebnissen (Bruhn 1982). Sind Erwartungen und Erfahrungen identisch oder werden die Erwartungen übertroffen, ist der Kunde zufrieden (Foscht et al. 2015, S. 236).

Jede Organisation ist gefordert, den Zusammenhang zwischen Zufriedenheit und Bindung untersuchen. Der gleiche Zufriedenheitswert kann bei unterschiedlichen Organisationen durchaus zu anderen Bindungsraten führen. Bei der Analyse der Kunden-zufriedenheit sollte deshalb immer auch die Attraktivität des Wettbewerbs aus Sicht des Kunden berücksichtigt werden (Kumar und Reinartz 2018, S. 22).

Abb. 3.8 stellt für ausgewählte Branchen die Beziehung zwischen Kundenbindung und Kundenzufriedenheit dar. Während es bei Mobilfunkanbietern und Fluggesellschaften nur eines gewissen Grades an Zufriedenheit bedarf, damit die Kunden bei der Organisation bleiben, stehen die Computer- und Autobranche vor einer deutlich größeren Herausforderung: Die Kunden müssen in diesen Branchen zufriedener gestellt werden, damit sie sich an eine Marke binden. Deshalb ist es wichtig, dass jede Organisation diesen Zusammenhang regelmäßig untersucht, weil sich hier Veränderungen im Zeitablauf ergeben können.

Zusammenfassend konnten folgende Konsequenzen einer hohen Kundenzufriedenheit festgestellt werden (Foscht et al. 2015, S. 240):

- Zufriedene Kunden kaufen tendenziell eher neue Angebote bei derselben Organisation bzw. ersetzen bei dieser alte Angebote durch neue.
- Zufriedene Kunden empfehlen die Organisation und ihre Marken/Angebote weiter.
- Zufriedene Kunden sind weniger preissensibel.
- Zufriedene Kunden liefern den Organisationen häufig Ideen und Anregungen.
- Zufriedene Kunden verursachen geringere Kosten als neue Kunden, da Transaktionskosten zwischen Kunden und der Organisation eher eingespielt sind.

Somit sollte eine Organisation das Ziel verfolgen, die Kunden möglichst zufriedenzustellen. Eine Methode, um die Einflussfaktoren auf die Kundenzufriedenheit zu bestimmen, ist das Kano-Modell (Kano et al. 1984). Dieses Model besteht aus drei Dimensionen (Klausegger und Scharitzer 2000, S. 222):

1. Basisanforderungen, die meist nicht bewusst sind, deren Nichterfüllung zu einer großen Unzufriedenheit führt, aber deren Erfüllung ab einem gewissen Punkt keine Steigerung der Zufriedenheit mit sich bringt.
2. Leistungsanforderungen, durch die die Zufriedenheit steigt, je positiver diese beurteilt werden (linearer Zusammenhang).
3. Begeisterungsanforderungen, die vom Kunden nicht erwartet werden, aber zu einem überproportionalen Anstieg der Zufriedenheit führen.

Versuchen wir, gemeinsam an dieser Stelle das Kano-Modell auf einen einfachen Tisch anzuwenden.

Beispiel: Anforderungen an einen Tisch

Was sind die Basisanforderungen an einen Tisch? Die erste Antwort im Unterricht ist immer: „Arbeits- oder Esstisch", aber um die Sache zu vereinfachen, gehen wir von einem Arbeitstisch aus. Die zweite Antwort ist: Eine Basisanforderung ist, dass der Tisch steht. Das stimmt zwar grundsätzlich, aber das Ziel des Kano-Modells ist es, das Angebot in seine Einzelteile zu zerlegen und bei der Entscheidung zu helfen, in welche Teile investiert werden soll und in welche nicht.

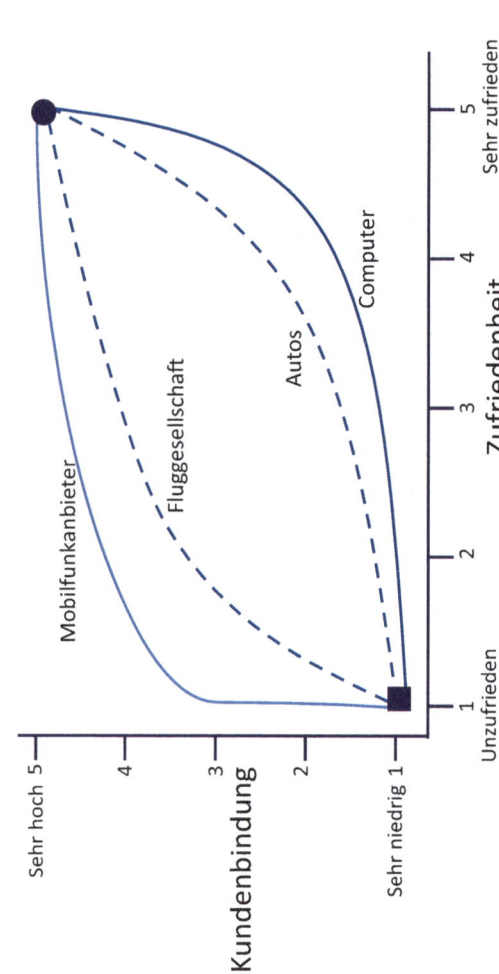

Abb. 3.8 Beziehung zwischen Kundenbindung und Kundenzufriedenheit in unterschiedlichen Branchen. (Quelle: in Anlehnung an Jones und Sasser 1995)

Die Basisanforderung an einen Tisch ist Stabilität, z. B. durch Schrauben. Diese sind den meisten nicht bewusst, wenn sie an einen Tisch denken. Werden diese locker oder gehen kaputt, ist die Unzufriedenheit hoch. Eine Nutzung von Schrauben, die 200 Jahre halten, wird aber kaum die Zufriedenheit der Kunden erhöhen, da die meisten Arbeitstische nach spätestens 20 Jahren ausgetauscht werden. In dem Modell von Herzberg werden diese Basisanforderungen auch Hygiene-Anforderungen genannt (Sauerwein 2000, S. 30). Basis- bzw. Hygiene-Anforderung können kaum zur Differenzierung genutzt werden und sollten, wenn keine Indikation vorliegt, auch nicht zu viel Aufmerksamkeit z. B. im Rahmen von Kundenbefragungen erfahren.

Eine Leistungsanforderung an einen Tisch ist eine hochwertige Beschaffenheit der Tischplatte. Je besser diese ist, je robuster, je schöner, desto zufriedener ist der Kunde. Kunden erwarten inzwischen eine robuste und schöne Tischplatte; somit geht es nicht nur darum, die einzelnen Teile in die jeweilige Anforderungskategorie einzuordnen. Die Relevanz der einzelnen Teile je Bereich muss ebenfalls bestimmt werden. Ist den Kunden eher eine robuste oder schöne Tischplatte wichtig? Und welchen Einfluss haben beide Dimensionen auf die Zufriedenheit?

Eine Begeisterungsanforderung für einen Tisch zu entwickeln, fällt erst mal nicht so leicht. Zum einen ist Begeisterung subjektiv, zum anderen hat kaum jemand die Erwartung an einen Tisch, dass er ihn durch zusätzliche Elemente begeistert. Auch hier muss auf die Zeit der Entwicklung des Modells bzw. dessen Kontext verwiesen werden. Kano nutzte immer wieder den Qualitätsbegriff, da Ende der 1970er Jahre die Qualität zwischen den einzelnen Angeboten durchaus noch unterschiedlich war (Marx 2014, S. 2). Marken und Angebote sind zunehmend austauschbar und dadurch sind die Kunden immer schwerer zu begeistern. Diese Begeisterung ist ein grundsätzlich positives Ziel einer Organisation, aber dieses Ziel gilt es kritisch zu hinterfragen. ◄

3.1.3.6 Kundenbegeisterung

Bis vor Kurzem sollten die Kunden „nur" zufrieden sein, damit sie sich möglichst loyal gegenüber einer Marke verhalten (Kumar und Reinartz 2018, S. 21). Mehrere Studien in unterschiedlichen Branchen zeigten über die Jahre auf, dass Kundenzufriedenheit nicht zwangsläufig mit Bindung korrelieren muss (beispielhaftHorbel 2008; Reichheld 1993, S. 71). Wie bereits ausgeführt, ist Zufriedenheit nicht immer ausreichend für die Verbesserung der Kundenbindung. Auch wegen der steigenden Anzahl an Touchpoints und der zunehmenden Möglichkeit der Kunden, sich aktiv selber zu informieren (Court et al. 2009), rückt die Beeinflussung der bestehenden Kunden und deren Beeinflussung von potenziellen Kunden in den Fokus des Kundenbeziehungsmanagements.

Dabei wird davon ausgegangen, dass den bestehenden Kunden ein solch „begeisterndes" Erlebnis geboten wird, dass sie anderen von ihrem Erlebnis berichten und selbst loyal bleiben (Bösener 2015, S. 30). Das Customer Experience Management baut auf diesem Gedanken auf. Kundenbegeisterung ist somit von Kundenzufriedenheit abzugrenzen (Finn 2012). Während Kundenzufriedenheit auf die positive Einstellung des Kunden abstellt, zielt Kundenbegeisterung auf ein zusätzliches Verhalten, wie bspw.

Weiterempfehlung an andere Kunden oder Unterstützung der Organisation im Rahmen von Co-Creaion ab.

▶ **Kundenbegeisterung** beschreibt eine positive Emotion, die aus der Kombination von Primäremotionen entsteht (Watson und Tellegen 1985). Sie setzt sich zusammen aus Überraschung, Freude und Erregung (Oliver et al. 1997) und stärkt die Bindung der Kunden und treibt sie zu aktiven Handlungen an.

Der zentrale Kritikpunkt an dem Begeisterungskonstrukt ist in der Herausforderung zu sehen, Kunden kontinuierlich zu begeistern und dabei den Gewinn zu steigern (Füller und Matzler 2008). Die finanziellen Aufwände für die Begeisterungssteigerung müssen der Gewinnentwicklung der Organisation gegenübergestellt werden. Es zeigt sich im Zeitablauf, dass die Gefahr bestehen kann, durch kontinuierliche Begeisterungen die Investitionen in die Kundenbeziehung kontinuierlich zu erhöhen (Bösener 2015, S. 36 f.). Solange die Kunden bereit sind, für die Begeisterung zu zahlen, ist das kein Problem. Es kann aber sein, dass die Begeisterung zwar erfolgt, aber die Bindung, Weiterempfehlung oder Zahlungsbereitschaft etc. nicht gesteigert werden können. So kommen Studien zu dem Ergebnis, dass die Kundenbindung trotz begeisternder Erlebnisse nur gering steigt (Sarkar 2013). In jedem Moment und in jeder Interaktion zu begeistern, wird für viele Organisationen sowieso herausfordernd sein. Unternehmen wie Zappos haben dies erfolgreich realisieren können, jedoch gibt es Stimmen, die empfehlen, anstelle der Begeisterung die Interaktion mit den Kunden möglichst einfach zu gestalten (Dixon et al. 2010).

Auch kann davon ausgegangen werden, dass es umso schwieriger ist, Kunden zu begeistern, je niedriger das Involvement ist. Die Kunden haben an Toilettenpapier, Stifte oder Zahnpasta gar nicht den Anspruch, dass diese begeistern. Auch spielen kulturelle Einflüsse eine Rolle. Über Toilettenpapier wird nicht gesprochen, genauso wenig wie in den meisten Gesellschaften über Sexualität. Einen Kunden mit einem Toilettenpapier zur Weiterempfehlung zu begeistern, ist deutlich herausfordernder als mit einem Auto.

Beispiel: Begeisternde Einkaufserlebnisse

In jeder neuen Klasse stelle ich den Studierenden die Frage: „Bitte versucht, euch an eure Einkaufserlebnisse im letzten Monat zu erinnern. Welches Erlebnis hat euch richtig begeistert?" Meistens melden sich auf diese Frage maximal 20 % der Studierenden. Bis vor zwei Jahren war Apple die unangefochtene Nummer eins. Meistens werden im Anschluss Angebote genannt, die mit der Freizeit in Verbindung gebracht werden (neues Fahrrad, Gitarre, Stand-up-Paddelingboard etc.). Diese Frage habe ich in den vergangen fünf Jahren mindestens 1000 Personen gestellt. Insgesamt bleibt die Begeisterung, die Organisationen auf Basis dieser Messung auslösen, überschaubar. ◀

Das Beispiel zeigt, dass es nur wenige Organisationen schaffen, ihre Kunden zu begeistern. Neben dem Involvement und der Kultur spielen Moden, aber auch die Größe des Netzwerks der Organisation und die Größe der Netzwerke der jeweiligen Kunden eine Rolle.

Die Kunden zu begeistern, ist als ein kontinuierliches Ziel zu sehen und nicht als ein Zustand, den jede Organisation mehrmals im Jahr erzielen kann. Den latenten und zukünftigen Bedürfnissen der Kunden kommt ein großer Stellenwert bei der Erzielung von Begeisterung zu. Darüber hinaus kann ein persönlicher Umgang mit Kunden einen Einfluss auf die Begeisterung haben. Der größte Anteil an Kunden wird die angebotenen Kaufprozesse ohne Begeisterung erfolgreich nutzen. Es wird immer einen gewissen Prozentsatz an Kunden geben, der innerhalb des Kaufprozesses auf Herausforderungen stößt. Werden diese eliminiert und wird ein Verständnis für die Herausforderungen des Kunden gezeigt, kann eine Begeisterung bei den Kunden ausgelöst werden. Kumar et al. (2001, S. 18) unterscheiden auf Basis dieser Gedanken zwischen „magischer Begeisterung", die eher auf Überraschung beruht, und „echter" Begeisterung, die aus der positiven Interaktion zwischen Organisation und Kunden resultiert. Ob die Überraschung ein zentrales Element der Kundenbegeisterung ist, wird kritisch diskutiert (Becker 2016, S. 26). Kunden während der gesamten Beziehungsdauer immer wieder zu überraschen, sollte angestrebt werden. Hinsichtlich Erwartungshaltung und Investitionen sowie auch in Bezug auf die Frequenz ist dies kritisch zu betrachten. Hier können schnell eine Anspruchsinflation und im Ergebnis eine Enttäuschung entstehen, wenn die Überraschung im Zeitablauf ausbleibt. Somit ist zu empfehlen, auf die „echte" Begeisterung im Sinne einer positiven Interaktion abzustellen.

Die zentrale Herausforderung des Konstrukts Begeisterung ist, dass bisher kaum erforscht ist, wie viele Investitionen und welche Kompetenzen in welcher Art eingesetzt werden sollen, um ein Optimum an Begeisterung zu erzielen. Bösener (2015, S. 250) kommt in ihrer Arbeit zu dem Ergebnis, dass Kundenbegeisterung zu einer höheren Preisbereitschaft führt. Die Auswirkung der Investionen in eine Kundenbegeisterung auf die finanzielle Entwicklung einer Organisation sollte in Zukunft stärker untersucht werden. Viele Betrachtungen sind konzeptioneller anstelle empirischer Natur. Für die Verantwortlichen bleibt nur der Rückzug auf die Erkenntnisse der Forschung der Zufriedenheit und die Ableitung dieser Erkenntnisse in Bezug auf die Kundenbegeisterung. Es gilt aber auch zu verdeutlichen, dass Kundenbegeisterung schwer zu erzielen ist, es noch wenige gesicherte Empfehlungen gibt und dass die Kundenbegeisterung im Zeitablauf schnell wieder verfallen kann.

3.1.4 Verhalten

Bisher wurden einzelne Einstellungskonstrukte vorgestellt, die aus meiner Sicht in einer kundenorientierten Organisation zu beachten sind. Darüber hinaus existiert eine große Anzahl weiterer Konstrukte. Wie beschrieben, setzen die meisten Organisationen die

Einstellungskonstrukte nur limitiert oder sogar gar nicht ein. Im Sinne der Kunden-orientierung empfehle ich, Einstellungskonstrukte für die Entscheidungsfindung stärker zu nutzen und mit wenigen, aber dafür den zentralen zu beginnen.

Einstellungen sind dem Kundenverhalten meist vorgelagert. Menschen bilden erst eine Einstellung aus und handeln dann basierend auf dieser Einstellung. Es kann aber auch sein, dass Kunden handeln (Probierkauf) und sich dann eine Einstellung aufgrund der Handlung ausbildet („Das war lecker"). Dies wird als E-V-Hypothese bzw. V-E-Hypothese bezeichnet (Foscht et al. 2015, S. 73).

Ich höre in der Praxis von Verantwortlichen in B2B-Branchen, die einzelnen Konstrukte würden nur für den B2C-Bereich gelten und seien nicht auf den B2B-Bereich übertragbar. Es stimmt, dass die meisten wissenschaftlichen Studien zu den einzelnen Konstrukten in B2C-Branchen durchgeführt werden, auch weil die Kosten für Forschung in diesem Bereich deutlich geringer sind. Somit sind die Ergebnisse hinsichtlich der Aus-prägung auf B2B-Branchen zu adaptieren. Die allgemeinen Gesetzmäßigkeiten lassen sich aber immer auch auf B2B-Branchen übertragen. Dies ist im Besonderen bei den nachfolgenden Modellen der Fall. Ich musste mich oft mit der Aussage auseinander-setzen, dass die nachfolgenden Modelle nicht für B2B-Branchen anwendbar seien. Die zugrunde liegenden Mechaniken gelten aber in allen Branchen. Deshalb möchte ich vor dem Hintergrund der Steigerung der Kundenorientierung wiederholt dazu aufrufen, das Schisma zwischen B2B und B2C unbedingt aufzuheben.[3]

Aufgrund der beschriebenen Entwicklungen im Kaufverhalten wird die Verbindung zwischen Einstellung und Verhalten immer brüchiger. Somit gehen Organisationen dazu über, stärker auf das Verhalten der Kunden abzuzielen. In den letzten Jahren hat durch die Digitalisierung die Möglichkeit, das Kundenverhalten an Touchpoints zu messen, deutlich zugenommen. Oftmals können diese Daten im Vergleich zu den Einstellungs-daten, die durch Befragungen ermittelt werden müssen, deutlich günstiger beschafft werden. Trotz des abnehmenden Einflusses der Einstellungen auf das Verhalten gilt es zu beachten, dass Verhaltensdaten nur die Antwort auf die Frage liefern: Wie ist etwas passiert? Das Warum können Verhaltensdaten nur eingeschränkt erklären. Es können zwar Annahmen auf Basis der Verhaltensdaten getroffen werden, bspw.: „Zu viele Kunden legen Angebote in den Warenkorb, aber kaufen diese anschließend nicht." Die Annahme könnte sein, dass die Bezahlfunktion nicht optimal ist. Es kann aber auch andere Gründe für diese Situation geben.

Die Perspektive auf das Kundenverhalten wurde mit dem Aufkommen des Relation-ship Marketings Anfang der 1990er Jahre grundlegend verändert (Bruhn 2014, S. 18). Die kurzfristige Betrachtungsweise auf das Kundenverhalten wird um eine langfristige Perspektive ergänzt und es wird stärker auf die Optimierung von kurz- und langfristiger Verhaltensbeeinflussung abgestellt. Auch spielen, neben dem Angebot, die Interaktion

---

[3]Der Ausdruck Schisma bezeichnet die Spaltung innerhalb einer etablierten religiösen Glaubens-gemeinschaft ohne Ausbildung einer neuen theologischen Auffassung.

	Transaktionsmarketing	Beziehungsmarketing
Betrachtungsfristigkeit	Kurzfristigkeit	Langfristigkeit
Marketingobjekt	Produkt	Produkt und Interaktion
Marketingziel	Kundenakquisition	Kundenakquisition, Kundenbindung, Kundenrückgewinnung
Marketingstrategie	Leistungsdarstellung	Dialog
Ökonomische Erfolgs- und Steuerungsgrößen	Absatz, Umsatz, Deckungsbeitrag, Gewinn, Kosten	zusätzlich: Kundendeckungsbeitrag, Kundenwert

Abb. 3.9 Transaktions- versus Beziehungsmarketing. (Quelle: Bruhn 2014, S. 31)

und das Erlebnis bei der Analyse eine Rolle. Die weitreichendste Veränderung ist die Abkehr vom reinen Umsatz/Gewinn- und Kundenzufriedenheitsdenken zur Berücksichtigung des Kundenwerts (vgl. Abb. 3.9).

Der Kundenwert stellt nicht auf einzelne Transaktionen ab, sondern besitzt eine Zeitraumperspektive. Mit seiner Hilfe sollen zukünftige Aktivitäten effizienter gestaltet werden. Kundenbindung und Kundenrückgewinnung werden als Ziele einer Organisation stärker beachtet. Diese Veränderung hat einen Einfluss auf die bestehenden Erklärungsmodelle des Kundenverhaltens.

3.1.4.1 Kauftrichteranalyse

Geschichtlicher Ausgangspunkt für die Analyse des Kundenverhaltens ist das AIDA-Modell. Es wurde 1889 von Lewis entwickelt (Foscht et al. 2015, S. 221). Die Stufen Attention, Interest, Desire und Action gehen von der Aufmerksamkeit bis zum Verhalten auf die unterschiedlichen Stufen im Kaufverhalten ein. Dieses Modell wurde in den 1990er Jahren vom Kauftrichtermodell abgelöst (vgl. Abb. 3.10).

Dieses Modell zielt darauf ab, dass Kunden bei einer Entscheidungsfindung Stück für Stück die Anzahl an möglichen Marken eliminieren, bis zum Schluss ein bis zwei Marken übrig bleiben (Meffert et al. 2019, S. 124 f.). Kunden verfügen über Einstellungen zu einer größeren Anzahl an Marken. Die bestehenden Einstellungen werden um neue Informationen ergänzt und aufgrund der Beurteilung wird die Anzahl der Marken sukzessive reduziert. Das Modell geht davon aus, dass Kunden ein allgemein mittleres bis hohes Involvement haben, da sie nur dann für einen solchen Entscheidungsprozess überhaupt stark genug mit den Marken vertraut sind.

In der Vorkaufphase werden, ausgehend von der Bedarfserkennung, die bekannten Marken oder neu entdeckten Marken einer Bewertung unterzogen. Basierend auf der Gesamtheit aller existierenden Marken (Universal Set) wird die Gesamtheit an bekannten Marken als Ausgangspunkt genommen (Retrieval Set). Diese werden hinsichtlich der

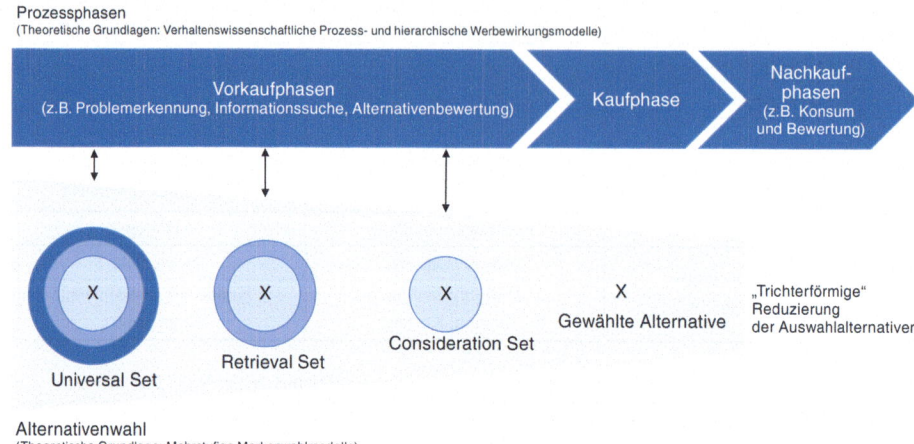

Abb. 3.10 Kaufprozessmodell von Nachfragern. (Quelle: Meffert et al. 2019, S. 125)

Marken verdichtet, die überhaupt für den Kauf infrage kommen (Consideration Set). Das können preisliche, markenspezifische oder vertriebliche Gründe sein. In der Kaufphase ergeben sich aus dem Consideration Set ein bis zwei Marken, die mit hoher Wahrscheinlichkeit erworben werden. Diese werden als First Choice bezeichnet (Dierks 2017, S. 7). In den meisten Ausführungen wird von einer einzigen First-Choice-Marke oder Angebot ausgegangen, aber das stärkere Aufkommen von Variety Seeking führt dazu, dass Kunden nicht nur eine präferierte Marke, sondern auch zwei oder mehr besitzen können. Die Nachkaufphase zielt auf die Stärke der Kundenbindung ab. Im Vergleich zum AIDA-Modell, in dem zwar der Begriff Action auch für Kauf und Wiederkauf stehen könnte, werden im Kauftrichtermodell Kauf und Wiederkauf getrennt.

Kauftrichteranalysen werden mithilfe von quantitativen Marktbefragungen durchgeführt, die Kunden und Nicht-Kunden umfassen. Die Kennzahlen für die einzelnen Stufen sind Awareness, Familiarity, Consideration Set, First Choice und Loyalty (Recommendation) (Bekanntheit, Vertrautheit, Engere Wahl, Erste Wahl und Loyalität) (Voeth und Herbst 2013, S. 169 f.). Das Retrival Set wird in zwei Dimensionen unterteilt: die Bekanntheit und die Familiarity. Familiarity bezieht sich auf Erfahrungen mit einer Marke, die über das reine Kennen der Marke hinausgehen.

Während in der Vergangenheit Kommunikationsabteilungen der Bekanntheit einer Marke eine sehr hohe Bedeutung beigemessen haben, rückt die Familiarity immer mehr in den Vordergrund. Dies ist vergleichbar mit der Entwicklung von Kundenzufriedenheit und Weiterempfehlung. Kunden lernen jeden Tag, dass das Merken von Namen nicht mehr so wichtig ist, weil sie „jede Marke auf der Welt" finden können. Darüber hinaus sehen sich Kunden einer solchen großen Markenvielfalt gegenübergestellt, dass es immer herausfordernder wird, sich einzelne Markennamen zu merken. Die Markenaustauschbarkeit nimmt zu (Sander et al. 2009).

Die Familiarity bezeichnet die Situation, dass der Kunde die Marke erlebt und sich ein gewisses Bild im Sinne von Einstellung von ihr gemacht hat. In immer mehr Angebotskategorien kennen die Kunden zwar die Marken, aber haben noch nie die Webseite der Organisation besucht oder deren Angebote erfahren. Deshalb empfehle ich, die Bekanntheit nicht mehr als Zielgröße einzusetzen, sondern auf die Familiarity als erste Kennzahl in der Trichteranalyse abzustellen. Dies reduziert die Anzahl an Fragen bei der Kundenbefragung und richtet die Aktivitäten der Organisation weniger auf das reine Kennen einer Marke, sondern auf die Möglichkeit, dass die Kunden die Marke erleben. Vor dem Hintergrund der steigenden Anzahl an Apps, digitalen Angeboten, Webseiten etc. ist diese Aufgabe nicht zu unterschätzen.

Beispiel: Appmageddon

Im Rahmen von Beratungsprojekten, aber auch allgemein beobachte ich, wie gefährlich das alte Bekanntheitsverständnis für digitale Angebote sein kann. Organisationen entscheiden meist aus dem Wettbewerbsvergleich, eine eigene App auf den Markt zu bringen. Zu ihrer Überraschung denken die allermeisten Kunden aber nicht, dass diese App notwendig ist. Somit bleiben Downloads und Nutzung geschätzt bei über 95 % der Projekte weit hinter den Erwartungen zurück. Organisationen lancieren dann Werbung, um die Marke bei den Kunden bekannt zu machen. Diese Aktivität hilft meist, die Bekanntheit der App zu erhöhen. Allerdings bewirkt sie meistens nicht, dass die Kunden die App mehr nutzen. Die Incentivierung der Familiarity ist meist zielführender. Dabei sollte die Incentivierung der Nutzung einer App erst nach einer gewissen Anzahl an Nutzungen oder dem Ausprobieren einer speziellen Funktion erfolgen. Dies stärkt die Familiarity beim Kunden und ist eine wichtige Grundlage, damit sich eine Einstellung und Präferenz überhaupt ausbilden können. ◄

Unternehmen sollten folglich nicht die Bekanntheit berücksichtigen, sondern stattdessen mit der Familiarity als erster Funnelstufe beginnen. Die Abkehr von der (liebgewonnen) Bekanntheit fällt vielen Verantwortlichen schwer, aber aufgrund meiner Erfahrungen ist dies unvermeidlich, weil zum einen die Befragung kürzer gehalten werden kann und sich vor allem die Mitarbeitenden einer Organisation auf das wesentliche Ziel, das wie beschrieben, immer schwieriger zu erreichen ist, nämlich die Einstellungsbildung und -festigung, konzentrieren. Eine Kauftrichterbefragung kann mit folgenden Fragen durchgeführt werden (Riesenbeck und Perrey 2004, S. 101):

- Familiarity: Sind Sie mit dem Angebot dieser Marke vertraut?
- Consideration: Haben Sie diese Marke beim Kauf Ihres letzten XY in die engere Wahl gezogen?
- Choice: Welche Marke haben Sie bei Ihrem letzten Kauf ausgewählt?
- Loyalty: Werden Sie diese Marke beim zukünftigen Kauf wieder kaufen?

In der Praxis sind diese Fragen anzupassen. So kann es hilfreich sein, genauer zu spezifizieren, was mit „vertraut" gemeint ist (Angebot in den Händen gehalten, App benutzt etc.). Gerade bei Angeboten, die regelmäßig erstanden werden, sollte neben der First Choice auch die Second Choice abgefragt werden. Kunden haben nicht nur einen Lieblingskäse, -wurst, -salat etc. Es ist auch zu beobachten, dass statt nach der Loyalität nach der Weiterempfehlung gefragt wird. In der Vergangenheit sind zahlreiche Ansätze mit unterschiedlichen Stärken und Schwächen entwickelt worden. Zentrales Ziel ist es, dass diese Studie jährlich durchgeführt wird und die Fragen identisch bleiben, damit Entwicklungen im Sinne von Kundenerkenntnissen ermittelt werden können (vgl. Abb. 3.11).

In dem vorgestellten Beispiel hat Marke 1 eine niedrigere Familiarity. Dies kann viele Gründe haben, beispielsweise eine geringere Vertriebsdichte oder eine kleinere Zielgruppe im Gesamtmarkt. Dafür schafft es Marke 1, über den gesamten Trichter höhere Werte als Marke 2 zu erzielen. Marke 2 erzielt eine höhere Familiarity, kann diese aber nicht in eine höhere Prozentanzahl im Consideration Set konvertieren. Die Kaufprozessanalyse erlaubt die Messung der prozentualen Verteilung der eigenen Marke über die vier Stufen, aber auch die Conversion Rate (Konversionsrate) von der einen zur folgenden Stufe. Sie dient als Zielsystem für das Kundenbeziehungsmanagement. Jede Organisation kann bestimmen, an welchen Zielen gearbeitet werden sollte, um die Kundenakquise und Kundenbindung zu verbessern. Basierend auf den Ergebnissen der Kaufprozessanalyse werden die Prioritäten für die einzelnen Instrumente im Kundenbeziehungsmanagement abgeleitet (Voeth und Herbst 2013, S. 172). Dazu werden die Teilnehmenden gebeten, den Einfluss der Instrumente zu bewerten. Die vier Fragen der Kaufprozessanalyse werden durch eine Item-Batterie ergänzt. Einflussfaktoren umfassen die vier Ps, werden aber in der Praxis weiter heruntergebrochen, um möglichst genau zu identifizieren, in welchem Bereich eine Investition den größten Einfluss hat. Dabei werden Einflussfaktoren auf die Einstellungen und das Kaufverhalten der Kunden auf einer Skala von bspw. 1 bis 5 oder 1 bis 7 mit den Skalenpolen „stimme ganz und gar nicht zu" bzw. „stimme voll und ganz zu" abgefragt. Dies können Aussagen sein wie bspw.

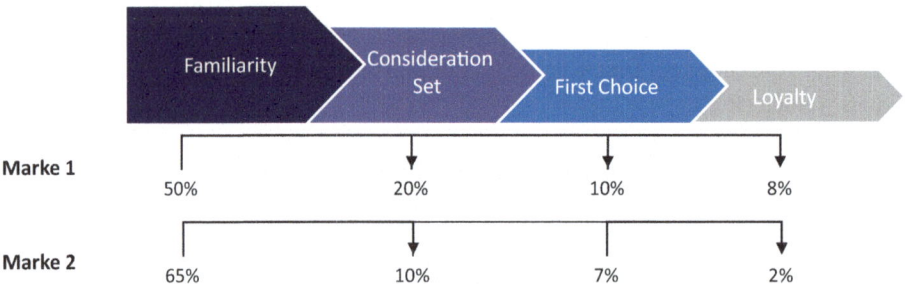

Abb. 3.11 Beispiel für eine Kaufprozessanalyse zwischen zwei Marken. (Quelle: in Anlehnung an Perrey et al. 2002, S. 29)

„Marke XY bietet den günstigsten Preis im Markt" oder „Die Verkaufenden von XY sind immer sehr gut informiert". Mithilfe der Regressionsanalyse (vgl. Abschn. 3.3.1.3) kann anschließend ermittelt werden, welche Einflussfaktoren auf welche Stufe im Kauftrichter welche Auswirkung haben. Dies dient als Grundlage für die folgende Priorisierung.

In Abb. 3.12 wird deutlich, dass z. B. die Mitarbeitenden nur einen Einfluss von 5 % darauf haben, ob eine Marke die First Choice ist oder nicht. Eine Investition in diesen Bereich wird mit einer geringeren Wahrscheinlichkeit zu einem optimalen Return on Investment führen als eine Investition in das Angebot oder das Erlebnis. Der größte Hebel in diesem Beispiel ist der Preis, aber diesen möchten ja die meisten Organisationen gerade nicht verringern. Somit gilt es, in einem ersten Schritt die Stufen im Kauftrichter und anschließend die optimalen Einflussfaktoren zu identifizieren, um die Conversion Rates zu steigern und den Return on Investment zu optimieren. Obwohl das Modell nicht mehr ganz neu ist, wird es nur von wenigen Organisationen eingesetzt, um bessere Kundenerkenntnisse zu erzielen. Die Durchführung und Auswertung sind im Vergleich zu anderen Modellen sehr einfach.

Die Kaufprozessanalyse steht in der Kritik. Zum einen ist die Annahme, dass die Kunden immer unter High Involvement auf Basis einer Vielzahl an Einstellungen eine Kaufentscheidung treffen, immer weniger haltbar und nur für manche Marken anwendbar. Darüber hinaus bieten die neuen Technologien den Kunden die Möglichkeit, aktiv jederzeit und überall nach Informationen zu suchen, was den Zwang, Einstellungen über Marken aufzubauen, für spätere optimale Entscheidungen reduziert. So werden immer mehr Marken im Kaufprozess für die Auswahl hinzugenommen. Bronnenberg et al. konnten in ihrer Studie aufzeigen, dass viele Kunden mit der tatsächlichen First Choice erst kurz vor der Kaufentscheidung in Berührung kam. Eine quantitative Befragung hätte somit ganz andere Ergebnisse geliefert, die in nur geringem Maße das tatsächliche Kaufverhalten abbilden (Bronnenberg et al. 2016).

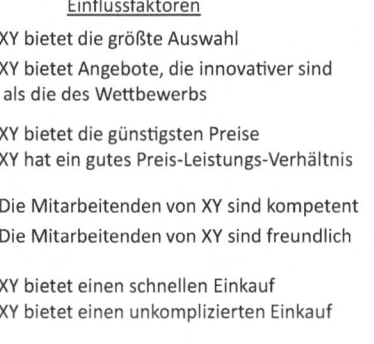
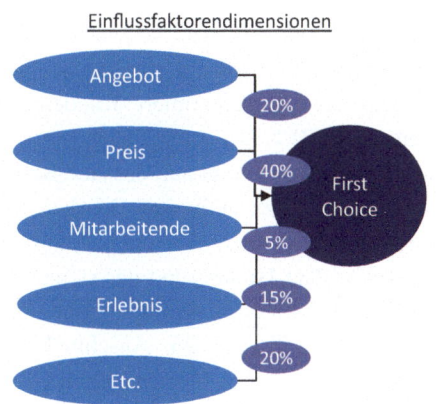

Abb. 3.12 Beispielhafte Bestimmung der Relevanz von Einflussfaktoren auf die First Choice

Auch während meiner Tätigkeit für den eingangs erwähnten erfolgreichen Konzern und darüber hinaus habe ich immer wieder festgestellt, dass bei Kaufprozessanalysen das Involvement der Kunden berücksichtigt werden muss und möglicherweise Zusatzfragen notwendig sind, um die Robustheit der Angaben der Kunden zu überprüfen. Darüber hinaus besteht für viele Angebote zu Beginn eines Kaufprozesses nur ein kleines Set an Marken, mit denen die Kunden vertraut sind. In der Consideration-Phase steigt die Anzahl an Marken deutlich, weil der Kunde recherchiert, bevor das Set abschließend auf eine First Choice reduziert wird (Meffert et al. 2019, S. 127).

Auch verlaufen die Kaufprozesse immer weniger linear, sondern werden pausiert, es wird immer wieder ein Schritt zurückgegangen oder eine Stufe übersprungen. Darüber hinaus informieren sich Kunden nicht nur bei Organisationen, sondern auch verstärkt in ihrem persönlichen Netzwerk. Die dort erhaltenen Informationen können ein großen Einfluss haben (Dierks 2017, S. 132). Abschließend ist anzumerken, dass Kunden (zumindest gefühlt) immer mehr unter Zeitdruck stehen. Es ist zu beobachten, dass sie bei einzelnen Kaufentscheidungen deshalb die Consideration-Stufe einfach überspringen.

3.1.4.2 Consumer Decision Journey

Die beschriebenen Entwicklungen haben dazu geführt, dass Court et al. (2009) ein neues Modell für die Analyse des Kaufverhaltens entwickelt haben: die Consumer Decision Journey. Auf Basis ihrer Studien passen sie das Kauftrichtermodell an das veränderte Kaufverhalten der Kunden an. Sie gehen davon aus, dass die meisten Kunden nur mit einem kleinen Set an Marken vertraut sind. Dieses Set nennen sie Initial Consideration Set. Bei Low-Involvement-Angeboten war das auch früher schon so. Wer kennt schon mehr als zehn Matratzenmarken? Aber wie beschrieben sinkt das Involvement der Kunden allgemein gegenüber Marken, und die Anzahl an Einstellungen nimmt ab. Somit wird im Ergebnis das Initial Consideration Set kleiner. Kunden haben aber gelernt, sich zu helfen, und dank der neuen Technologien machen sie sich in einem ersten Schritt aktiv auf die Suche nach notwendigen Informationen (Active Evaluation). Die Informationen stammen aber nicht nur von der jeweiligen Organisation, sondern u. a. auch vom persönlichen Netzwerk des jeweiligen Kunden. Auch muss nicht jede Informationssuche zwingend digital erfolgen. Diese beiden Punkte werden in der Praxis noch zu wenig antizipiert. Kunden nutzen meist mehrere Touchpoints simultan (Heinemann 2013).

Diese Entwicklung zeigt auf, dass die Bekanntheit nicht mehr als Ziel verfolgt werden sollte. Kunden suchen aktiv nach Marken. Dass eine Marke leicht gefunden wird und sich schnell eine positive Vertrautheit ausbilden kann, ist für den Erfolg inzwischen wichtiger. Vor dem Hintergrund der steigenden Relevanz digitaler Kommunikation und der zahlreichen „Finde-Maschinen" zielt Kundenorientierung darauf ab, gefunden zu werden (Gündling 2018, S. 96). Anschließend entscheiden sich die Kunden auf Basis der ermittelten Informationen für oder gegen eine Marke (Moment of Purchase). Da aber oft keine starken Einstellungen vorliegen, gewinnt die Warenpräsentation bzw. das Erlebnis am POS deutlich an Stellenwert. Der steigende Einfluss der Präsentation und der

Gestaltung des POS ergibt sich auch aufgrund des zunehmend hedonistischen Konsums (Solomon 2013, S. 67). Court et al. (2009) konnten ermitteln, dass trotz umfassender Markeneinstellungen zu Shampoos 50 % der Kunden zu einer anderen Marke als der ursprünglichen First Choice greifen, nur aufgrund der Darbietung am POS. Durch ein differenzierendes und wertvolles Erlebnis kann am POS die bestehende Markenpräferenz beeinflusst werden. Auch Baxendale et al. (2015, S. 249) kommen zu dem Ergebnis, dass die Kommunikation am POS den stärksten Einfluss auf die Kaufentscheidung hat.

Court et al. (2009) erweitern den Kauftrichter um weitere Elemente (vgl. Abb. 3.13). Auf Basis ihrer Ergebnisse stellen sie nicht mehr auf die Loyalität, sondern das Erlebnis nach dem Kauf ab (Postpurchase Experience). Aufgrund der Ausrichtung des Relationship Marketings soll mit Kunden auch nach dem Kauf eine Beziehung aufrechterhalten bleiben. Die meisten Organisationen haben diesen Gedanken bisher vernachlässigt. Dhebar (2013, S. 202) unterteilt die Postpurchase Experience noch weiter in Delivery, Use, Supplements, Maintance und Disposal. Ich empfehle Organisationen, die Postpurchase Experience viel genauer zu studieren und mögliche Potenziale für eine bessere Bedürfnisbefriedigung zu erkennen, die helfen, sich im Wettbewerb zu differenzieren und den Wert für den Kunden und die Organisation zu steigern.

Studien zeigen, dass wenn eine Beziehung nach dem Kauf aufrechterhalten bleibt, die Möglichkeit besteht, dass die Kunden noch mehr vom gleichen oder einem anderen Angebot der Organisation kaufen (Court et al. 2009). Wird gezielt ein Trigger gesetzt (bspw. Preis, neues Angebot, Anruf durch den Verkaufenden) neigen Kunden bei positiven Erfahrungen nach dem Kauf dazu, die aktive Suche nach Informationen vor dem nächsten Kauf zu überspringen oder deutlich zu reduzieren. Dies wird Loyalty Loop genannt.

Die Consumer Decision Journey ersetzt somit das Kaufprozessmodell und geht auf das veränderte Kundenverhalten ein. Dieses Modell ist auf konzeptioneller Ebene dem Kaufprozessmodell deutlich überlegen. Die zentrale Herausforderung besteht in der empirischen Nutzung. Zwar hat der Kaufprozess zahlreiche Limitierungen, kann aber relativ einfach angewendet werden. Auch sind die beschriebenen Limitierungen der Annahmen des Kaufprozessmodells nicht ganz so negativ zu beurteilen, denn selbst wenn das Kaufverhalten nicht genau abgebildet wird, so kann doch im Vergleich über die Jahre mit diesem Modell überprüft werden, ob die Kundenbeziehungsaktivitäten einen Einfluss hatten bzw. wie groß dieser war. Die Messung der Consumer Decision Journey im Rahmen einer quantitativen Studie stößt aufgrund der Erinnerungsfähigkeit der Teilnehmenden an ihre Grenzen. Allein die Frage „Welche Marken waren dir zu Beginn vertraut und welche hast du während deiner Suche kennengelernt?", ist für viele Kunden herausfordernd. Darüber hinaus stellen Organisationen immer mehr Touchpoints zur Verfügung (Hansen und Sia 2015), die eine Bewertung zunehmend herausfordernder machen. Auch alle Maßnahmen nach dem Kauf und deren Einfluss auf den möglichen Loyalty Loop zu bewerten, stellt Teilnehmende einer Kundenbefragung vor große Probleme. Es bestehen zahlreiche Gefahren. Hier empfehlen sich die Verbindung von qualitativen und quantitativen Befragungen und die Beachtung bei der Auswahl

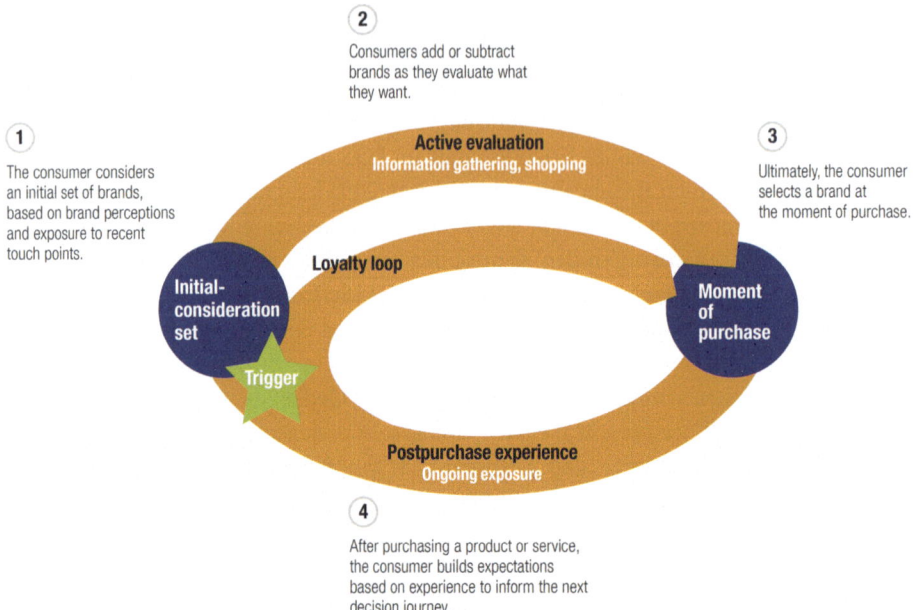

Abb. 3.13 The consumer decision journey, June 2009, McKinsey Quarterly, www.mckinsey.com. Copyright (c) 2020 McKinsey & Company. All rights reserved. Reprinted by permission. (Quelle: Court et al. 2009, S. 3)

der Teilnehmenden durch ein Screening, wann diese welche Erfahrung gemacht haben. Dadurch steigen die Kosten und die Komplexität für Kundenbefragungen, aber nur so lassen sich differenzierende Kundenerkenntnisse ermitteln, die für die Analyse der Consumer Decision Journey der Kunden einer Organisation genutzt werden können.

3.1.4.3 Customer Purchase Process

Es wird davon ausgegangen, dass – egal ob B2B oder B2C – Kunden die Kaufentscheidung schon zu durchschnittlich 70 % getroffen haben, bevor sie mit einem Verkaufenden digital oder persönlich in Kontakt treten. Die Consumer Decision Journey geht davon aus, dass Kunden nach der aktiven Evaluation direkt zum Kauf schreiten. Im Rahmen meiner Projekte konnte ich aber zwei weitere Phasen identifizieren, die es zu beachten gilt: Die Confirmation-Phase und die Re-Confirmation-Phase. Diese gilt es besonders bei extensiven Kaufentscheidungen zu berücksichtigen, die meist aus Unsicherheit, wegen eines höheren Kaufbetrags oder wegen des mit dem Kauf verbundenen Prestiges mit einem hohen Involvement verbunden sind. Sie sind somit kennzeichnend für die meisten B2B-Kaufentscheidungen und extensive sowie limitierte Kaufentscheidungen in B2C-Branchen.

Wenn sich Kunden immer besser im persönlichen Netzwerk und online informieren können, benötigen sie für die Entscheidung immer weniger den POS des Anbieters. So werden immer mehr Entscheidungen beim Kauf von Reisen, Elektronik, Versicherungen etc. getroffen, ohne einen Touchpoint des Herstellers zu besuchen. Nachdem z. B. in einem Vergleichsportal, in einem Gespräch mit Freunden oder aufgrund eines Testberichts eine Entscheidung gefällt wird, neigen Kunden dazu, ihre Entscheidung bei den Touchpoints und vor allem am POS der Organisation zu bestätigen. Dies führt zu einer fundamental veränderten Perspektive auf den Einkaufsprozess von Kunden, weil die Consumer Decision Journey auf Basis von Marken entwickelt wurde, die nicht durch den persönlichen Verkauf gekennzeichnet sind.

Dem Verkaufenden kommt eine neue Rolle zu. In der Vergangenheit besaßen die meisten Kunden nur ein eingeschränktes Wissen und die Möglichkeiten, sich zu informieren, waren begrenzt. Das bedeutet nicht, dass die Kunden heute objektiv über bessere Informationen verfügen, sondern dass sie das subjektive Gefühl haben, weniger Unterstützung bei der Kaufentscheidung durch Verkaufende zu benötigen. Ein weiterer Effekt ist das systematische Kostensparen in fast allen Branchen im Bereich des persönlichen Verkaufs, das diese Berufsgruppe immer stärker unter Druck setzt. Verkaufende erhalten weniger Ausbildung, sind leichter frustriert und wechseln häufiger den Arbeitsplatz. Im Ergebnis haben Kunden zunehmend das Gefühl, „besser" informiert zu sein als der Verkaufende.

Folglich gehen Kunden nicht mehr an den POS, um sich zu informieren und dort direkt ihre finale Kaufentscheidung zu treffen, sondern sie haben sich schon zu 70 % entschieden und wollen ihre Kaufentscheidung nur bestätigen (Staudacher und Wahrlich 2018).

▶ Die **Confirmation-Phase** ist eine Prozessstufe innerhalb des Customer Purchase Process, die auf der subjektiv wahrgenommenen hohen Sicherheit der Kaufentscheidungen aufbaut, aber getätigt wird, um letzte Zweifel auszuräumen.

Zwar besteht für den Verkaufenden in dieser Phase des Customer Purchase Process eine gewisse Chance, die Kunden zu einer anderen Entscheidung zu bewegen. Aber der dafür notwendige Aufwand bzw. die Anforderungen an die Kompetenzen des Verkaufenden sind hoch. Somit sollten Organisationen entscheiden, ob die Verkaufenden überhaupt noch die Kaufentscheidung der Kunden ändern sollten oder ob nicht die eigentliche Aufgabe darin besteht, die vom Kunden getroffene Entscheidung optimal zu bestätigen. Die meisten Organisationen besitzen noch kein klares Verständnis davon, welche Aufgabe der Verkaufende in dieser Phase hat. Wie wichtig dieses Verständnis ist, zeigt folgendes Beispiel:

Beispiel: Aufgaben des Verkaufenden in der Confirmation-Phase

In einer Organisation mit einem physischen POS wurden die täglichen Besucherzahlen gemessen. Die Verantwortlichen waren überrascht, dass über 40 % der

Besucher keinen Kauf tätigten, und gaben das Ziel aus, diese Quote deutlich zu senken. Zahlreiche Veränderungen wurden vorgenommen, die Mitarbeitenden besser qualifiziert, Prozesse optimiert, das Erlebnis am POS verbessert – selbstverständlich alles, ohne jemals die 40 % der Kunden gefragt zu haben, warum sie eigentlich nicht kaufen. Nachdem nach mehreren Monaten kaum eine Veränderung bezüglich des Umsatzes eintrat, wurde die Schuld den Angeboten zugeschrieben („Unsere Angebote sind einfach zu schlecht bzw. viel zu teuer für diese Kunden"). Dass ein Großteil der Kunden zwar das Geschäft besuchte, aber die Entscheidung gegen das Unternehmen und seine Angebote schon längst gefallen war, wurde nicht antizipiert. ◄

Kunden suchen immer häufiger einen POS auf, um ihre Entscheidung zu bestätigen. Das bedeutet bei manchen Kaufentscheidungen aber auch, dass ein POS besucht wird, um zu bestätigen, dass diese Marke für den Kunden nicht infrage kommt. Im Ergebnis stellt sich für jede Organisation die Frage: Können wir Kunden, die sich schon zu 70 % sicher sind, unsere Marke nicht zu kaufen, vom Gegenteil überzeugen, und lohnt sich diese Aufgabe finanziell für die Organisation? Hier kann keine pauschale Aussage getroffen werden, weil die Kaufentscheidung immer von einer Vielzahl von Faktoren abhängig ist. Aber einfach ist es nicht.

Organisationen und deren Verkaufenden kommt deshalb im Rahmen des Customer Purchase Process die zentrale Aufgabe zu, möglichst früh herauszufinden, ob der Kunde seine Kaufentscheidung positiv oder negativ konfirmieren möchte.

Eine weitere Phase, die es zu berücksichtigen gilt, ist der Kaufentscheidung nachgelagert. Kunden besuchen nach dem Kauf noch mal Kontaktpunkte der Organisation, um ihre Entscheidung zu re-konfirmieren (Staudacher und Wahrlich 2018, S. 5). Bei größeren Anschaffungen muss oft mit Wartezeiten gerechnet werden, bis die Ware geliefert wird bzw. genutzt werden kann. Auch Online-Shopping führt dazu, dass Kunden auf die Waren warten müssen. Sie nutzen diese Zeit, um ihre Entscheidung noch mal zu bestätigen und sich über die Kaufentscheidung zu freuen. Für Organisationen besteht hier die Möglichkeit, mögliche kognitive Dissonanzen aufzulösen bzw. die Freude über den Kauf zu stärken (Foscht et al. 2015, S. 60).

▶ Die **Re-Confirmation-Phase** ist eine Stufe innerhalb des Customer Purchase Process, die das Warten auf das Angebot beschreibt und dadurch gekennzeichnet ist, dass Kunden ihren Kauf an den unterschiedlichen Touchpoints noch mals bestätigen, obwohl der Kauf schon getätigt wurde.

Innerhalb der Re-Confirmation-Phase ist noch eine weitere Unterteilung möglich. Bei B2B- und extensiven sowie limitierten B2C-Kaufentscheidungen befinden sich die Kunden ab dem Besitz einer Ware für eine gewisse Zeit in einer emotional positiv besetzten Phase. Dies ist vergleichbar mit den Flitterwochen. Nach dem Erwerb ist der Kunde hoffentlich glücklich über die neue Errungenschaft und genießt die Nutzung. Probleme tauchen meist erst später auf.

▶ **Honeymoon** bezeichnet die Phase innerhalb der Re-Confirmation- und Usage Experience-Phase kurz nach dem Kauf, in der Kunden eine hohe Aufmerksamkeit gegenüber der Organisation besitzen.

Diese Phase hat aus zwei Gründen einen hohen Stellenwert. Zum einen kann durch weitere Kundenbeziehungsaktivitäten das positive Erlebnis bei der Übergabe oder kurz nach dem Besitz noch weiter gesteigert werden. So können im B2B-Kontext unerwartete Zusatzdienstleistungen umsonst angeboten werden. Für Endkunden können Probierangebote beigelegt werden. In dieser Phase sind Kunden besonders aufmerksam gegenüber der Organisation. Es können zusätzliche Botschaften gesendet werden, die, wenn optimal auf den Kunden ausgerichtet, dazu führen können, dass er beim kommenden Kauf mehr oder weniger sofort zur gleichen Marke greift. Zum anderen kann in dieser Phase davon ausgegangen werden, dass Kunden deutlich eher bereit sind, weiterzuempfehlen und auch deutlich öfter weiterempfehlen.

Organisationen sind somit gut beraten, diese drei Phasen (Confirmation-, Re-Confirmation- und Honeymoon-Phase) in ihre Überlegungen zu integrieren und die Kundenbeziehungsaktivitäten optimal darauf auszurichten. Abb. 3.14 stellt den Customer Purchase Process vor. Die unterschiedliche Größe der Felder Familiarity und Evaluation soll aufzeigen, dass die Kunden zu Beginn des Prozesses mit nur wenigen Marken vertraut sind. Im Rahmen der Evaluationsphase lernen sie weitere Marken kennen. Die Evaluationsphase endet mit der Entscheidung für zwei bis drei Marken, die in der Confirmation-Phase bestätigt oder nicht bestätigt werden. Nach dem Kauf befindet sich der Kunde in der Re-Confirmationsphase. Bis das Angebot eintrifft, nutzt der Kunde die unterschiedlichen Touchpoints der Organisation, um seine getroffene Entscheidung zu rekonfirmieren. Dann beginnt die Honeymoonphase, die in die Nutzungsphase übergehen kann. Kundenorientierte Organisationen setzen in dieser Phase einen oder mehrere Loyalty-Trigger ein, damit sich die Kunden loyal gegenüber der Marke verhalten und beim kommenden Kauf direkt in die Confirmation-Phase springen. Nicht-kundenorientierte Organisationen bauen keine Beziehung mit dem Kunden nach dem Kauf auf. Im Ergebnis ist der Kunde entweder zu träge und bleibt deshalb gebunden, oder aber es besteht die Gefahr, dass der Kunde beim folgenden Kauf wieder die einzel-

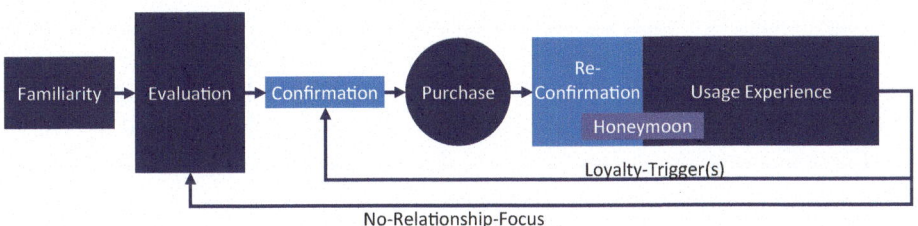

Abb. 3.14 Customer Purchase Process. (Quelle: © CustomersX. All rights reserved. Reprinted by permission)

nen Marken im Markt umfassend evaluiert und sich dann für eine andere Marke entscheidet.

Die Usage-Experience-Phase kann je nach Angebot kürzer oder länger dauern. Aus dem Customer Purchase Process lassen sich fünf Erkenntnisse für die Verbesserung der Kundenorientierung einer Organisation ableiten:

1. Mehr in Kundenerkenntnisse investieren, da Kaufprozesse komplexer geworden sind.
2. Marken müssen gefunden werden können (keine Investitionen in die Bekanntheit).
3. Vor und nach dem Kauf kann ein bestätigendes Erlebnis angeboten werden.
4. In der Honeymoon-Phase gilt es, den Kunden für Co-Creation zu gewinnen.
5. In der Usage-Experience-Phase sollten Loyalty Trigger gesetzt werden, damit der Kunde gebunden bleibt.

Die Erkenntnisse aus dem Customer Purchase Process lassen sich auf alle Organisationen anwenden. Jede Organisation ist aber gefordert, für ihre spezifische Beziehung mit ihren Kunden zu verstehen, was genau innerhalb der einzelnen Phasen passiert und welche Instrumente in welcher Art einzusetzen sind. Deshalb ist die Gewinnung von Kundenerkenntnissen für die Entscheidungsfindung eine grundlegende Bedingung für kundenorientierte Organisationen.

3.1.4.4 Touchpoints

In den letzten Jahren hat die steigende Anzahl an Kontaktpunkten, an denen Kunden mit der Organisation in Kontakt treten können, deutlich zugenommen (Meffert et al. 2019, S. 126). Darüber hinaus kann eine steigende Nutzungsintensität der Kontaktpunkte festgestellt werden (van der Veen und van Ossenbruggen 2015).

▶ Ein **Touchpoint/Kundenkontaktpunkt** ermöglicht einen Kontakt zwischen einer Organisation und ihren Kunden. Er erfüllt verschiedene Aufgaben und ist für jeden einzelnen Kunden unterschiedlich relevant. Die Touchpoints einer Organisation sollen aufeinander abgestimmt sein und, sowohl einzeln als auch in ihrer Gesamtheit, dabei helfen, die Kundenbeziehung zu stärken.

Jeder Touchpoint ist möglichst so auszugestalten, dass die unterschiedlichen Bedürfnisse der Kunden befriedigt werden können. Manche Kunden besuchen eine Webseite, um sich über das Design des Angebots zu informieren, andere, um den technischen Aufbau des Angebots zu verstehen. Manche Kunden gehen in ein Kaufhaus, um Angebote in die Hand zu nehmen, andere, um Preise zu vergleichen. Gleichzeit sind die einzelnen Touchpoints aufeinander abzustimmen, damit an diesen ein einheitliches Marken-, Beziehungs- und Kauferlebnis entstehen kann.

Das Touchpoint-Management ist eine relativ junge Disziplin. Viele Organisationen bauen im Zeitablauf einen Touchpoint nach dem anderen auf. Die kritische Gesamtevaluation bleibt oft auf der Strecke. So fließen über 40 % der Investitionen in Touchpoints, die für die Kunden irrelevant sind (Staudacher und Wahrlich 2018). Andere Studie zeigen, dass durch bessere Investitionen in Touchpoints der Umsatz um 20 % gesteigert und die Kosten um 15 % gesenkt werden können. Ich möchte einen weiteren wichtigen Punkt ansprechen, der uns noch bei den Ausführungen zur Customer-centric Transformation begleiten wird. Die Mitarbeitendenzufriedenheit scheint signifikant zu steigen, wenn Abteilungen zusammenarbeiten und die Touchpoints optimal orchestriert werden (Esch et al. 2012). Zur Analyse der Touchpointnutzung während des Customer Purchase Process nutze ich die folgende Struktur:

1. Owned Touchpoints
2. Paid Touchpoints
3. Earned Touchpoints
4. Missed Touchpoints

Die meisten Systematiken gehen nur auf die ersten drei Arten ein. Ich habe zu oft erlebt, dass Organisationen relevante Touchpoints gar nicht anbieten, die aber für das Wachstum und die Gewinnsteigerung relevant sind.

Beispiel: Missed Touchpoints

In vielen Branchen sind in den letzten Jahren Vergleichsportale auf den Markt gekommen. Zu Beginn sind diese meist sehr klein und werden von wenigen Kunden genutzt. In vielen Organisationen ist man sich zwar bewusst, dass diese Portale existieren, aber im Zeitablauf vergessen viele, dort aufzutreten. Im Ergebnis verlieren diese Organisationen meist zwangsläufig, wenn die Portale einen steigenden Einfluss auf die Kaufentscheidung der Kunden haben. ◄

Owned Touchpoint bezieht sich auf die eigenen Kontaktpunkte wie bspw. Webseite, Gebäude und Newsletter. Paid Touchpoints sind Kontaktpunkte, für die eine Organisation an Dritte zahlen muss. Hier ist vor allem die Werbung zu nennen. Earned Touchpoints bezieht sich auf Kontaktpunkte, die sich eine Organisation durch gutes Kundenbeziehungsmanagement verdient hat. Die Weiterempfehlung und Reviews im Internet sind hier zwei mögliche Kontaktpunkte. Diese drei Arten von Touchpoints müssen optimal orchestriert werden. Somit gilt es, neben den vorgestellten Einstellungsmodellen auch das Kaufverhalten vor dem Hintergrund des Customer Purchase Process und der Touchpointnutzung zu verstehen und in Kundenerkenntnisse für die Entscheidungsfindung zu transformieren.

Neben dem Verständnis des Einflusses eines Touchpoints auf die Kaufentscheidung während des Customer Purchase Process kann es auch hilfreich sein, die Nutzungsintensität der Touchpoints zu verstehen. Immer wieder erstaunt es mich, dass diese grundlegende Aufgabe im Touchpointmanagement trotzdem von den allermeisten Organisationen übersehen wird. Inzwischen steht vor allem die Webseite einer Organisation im Wettbewerb mit Informationen von Dritten sowie den Informationen im persönlichen Umfeld. Eine Hotelwebseite muss mit den Informationen auf Booking.com oder Tripadvisor sowie den Bildern der Freunde auf Instagram oder deren Erzählungen konkurrieren. Da der Preis bei Kaufentscheidungen in den letzten Jahren an Stellenwert gewonnen hat, hat die eigene Webseite einer Organisation per se in einem Nachteil, weil Dritte Preise objektiver darstellen können. Auch bieten Dritte und Freunde mehr Convenience. Dritte stellen alle Angebote übersichtlich dar und Freunden wird viel mehr vertraut als Organisationen. Hier gilt es, trotz Chatbots und Social Media kontinuierlich darüber nachzudenken, welchen Mehrwert die eigene Webseite gegenüber Dritten und dem persönlichen Umfeld bieten kann. Segmentspezifische bzw. personalisierte Inhalte können, wenn auch mit Investitionen verbunden, eine Lösung sein, genauso wie spezielle Angebote, die nur über die eigene Webseite zu beziehen sind. So haben Autohersteller in den vergangenen zehn Jahren enorme Summen in die Optimierung des Einkaufserlebnisses in Autohäusern gesteckt, die einzelnen Webseiten wurden aber zu wenig beachtet. Die Herausforderung für die Zukunft für jede Organisation besteht darin, dass es keine einfache Regeln für die Steuerung der Touchpoints gibt. Sobald sich ein Anbieter wie bspw. Tripadvisor in einer Branche etabliert, gerät die Webseite deutlich unter Druck. Der kontinuierlichen Analyse der Touchpointnutzungintensität kommt deshalb ein hoher Stellenwert zu.

Abb. 3.15 stellt die Kontakthäufigkeit beim Kauf eines E-Bikes über die unterschiedlichen Phasen des Customer Purchase Process dar. Oft wird vergessen, dass Kunden von anderen Kunden nicht nur über die aktive Weiterempfehlung beeinflusst werden. Auch wenn Kunden ein Produkt auf der Straße sehen, können sie beeinflusst werden. In der Evaluationsphase steht für viele Marken die Webseite des Herstellers mit der Meinung von Freunden sowie den Angaben von Dritten, wie bspw. Fachzeitungen oder

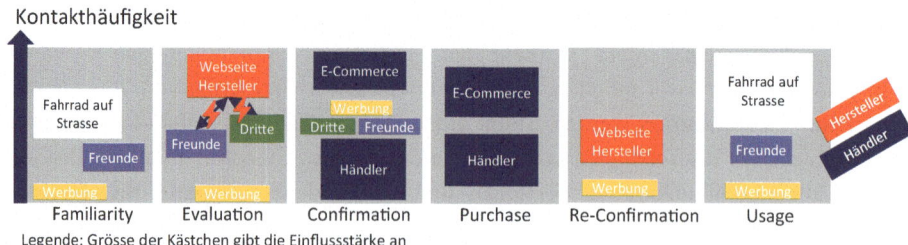

Abb. 3.15 Bestimmung der Einflussstärke und Kontakthäufigkeit von Touchpoints beim Kauf eines E-Bikes

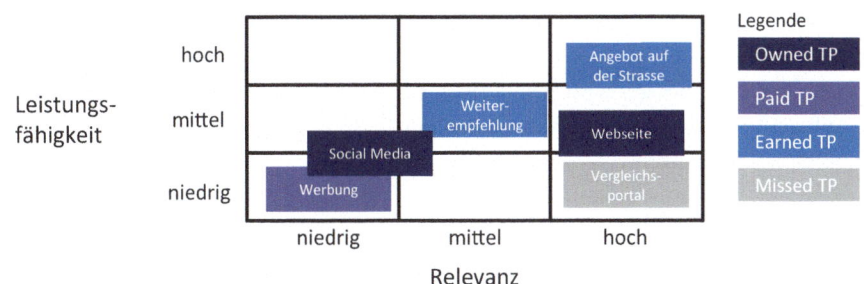

Abb. 3.16 Beispiel für die Leistungsfähigkeit- und Relevanzbeurteilung von Touchpoints

Vergleichsportalen, in einem starken Wettbewerb. Anschließend wird zwischen einem E-Commerce-Kauf und einem Kauf bei einem physischen Händler unterschieden. Dabei wird der Händler vielleicht zwei- bis dreimal aufgesucht, während bei einem E-Commerce-Kauf die entsprechende Seite mehrmals besucht wird. Wird die Werbung zu Beginn des Customer Purchase Process meist nicht wahrgenommen, steigt deren Wahrnehmung, nachdem die Kaufentscheidung mehr oder weniger gefallen ist, und bleibt anschließend auf einem höheren Niveau. In Abb. 3.15 wird der Prozess so dargestellt, wie er in der Branche meist zu erleben ist. Der Kunde ist sich und seinem Umfeld in der Usage-Phase mehr oder weniger allein überlassen. Kundenorientierte Organisationen lassen den Kunden aber nicht allein, sondern bemühen sich aktiv um eine Beziehung, um den Kunden an die Marke zu binden und Cross-Selling zu betreiben. Somit sind Händler und Hersteller auch in der Usage-Phase gefordert.

Sind die Einflussstärke und Kontakhäufigkeit bekannt, können diese beiden Dimensionen als Relevanzbeurteilung aus Sicht des Kunden zusammengefasst werden. Für die Ableitung von Maßnahmen ist auch die Performance der Touchpoints zu bestimmen (Staudacher und Wahrlich 2018, S. 12).

Abb. 3.16 zeigt ein fiktives Beispiel für die Leistungsfähigkeits- und Relevanzbeurteilung der relevanten Touchpoints einer Organisation. Meist haben Earned Touchpoints eine hohe Relevanz bei der Beeinflussung einer Kaufentscheidung. Im Vergleich dazu stößt Werbung immer mehr an Grenzen, weil die Kunden ihr kaum mehr Aufmerksamkeit schenken. Auch Social Media ist nicht der Heilsbringer für jede Organisation. Für kundenorientierte Organisationen ist es deshalb zentral, genau zu verstehen, welcher Touchpoint wie wichtig ist und wie die eigene Organisation aus Sicht der Kunden performt. Dabei können, in Anlehnung an die Analyse des Kaufprozesses, auch Vergleiche mit dem Wettbewerb durchgeführt werden, aber auch der Vergleich mit Organisationen aus anderen Branchen kann an dieser Stelle hilfreich sein, um die richtigen Prioritäten zu setzen.

Abschließend müssen mögliche Optimierungsmaßnahmen entwickelt werden. Dabei ist aber immer auch das allgemeine Zielsystem der Organisation und des Kundenbeziehungsmanagements zu berücksichtigen. Manche Touchpoints eigenen sich eher für die Kundenakquise, manche eher für die Kundenbindung. Somit sollte die Optimierung immer hinsichtlich der Performance der einzelnen Touchpoints und auch hinsichtlich der übergeordneten Ziele einer Organisation abgestimmt werden – ein Aspekt, der in der Praxis meist vergessen wird. Die Leistungsfähigkeit einzelner Touchpoints wird mit viel Aufwand verbessert, auch wenn diese nur bedingt das eigentliche Zielsystem der Organisation unterstützen.

3.1.5 Trendanalyse

„Die größte Gefahr in Zeiten der Veränderung ist nicht die Veränderung an sich, sondern das Handeln mit der Logik von gestern" (Peter F. Drucker). Bevor auf das Sammeln von Kundenerkenntnissen eingegangen wird, soll eine Methode vorgestellt werden, die für die Gewinnung und Nutzung von Kundenerkenntnissen wichtig ist. Die Trendanalyse ist eine Methode, die in den meisten Veröffentlichungen zum Thema Kundenerkenntnisse nicht vorkommt und in der Praxis selten angewendet wird. Vor dem Hintergrund der Digitalisierung, der zunehmenden Austauschbarkeit von Angeboten und Marken sowie der hohen Floprate von Innovationen ist die geringe Beachtung der Trendanalyse in der modernen Managementliteratur überraschend (Staudacher 2008, S. 66). Auch die große Angst vor der VUCA[4]-Welt sollte doch eigentlich dazu führen, dass die Trendanalyse wieder stärker in den Vordergrund rückt (Mack und Khare 2016). Jedoch scheint, wie so oft, die Beschreibung des Untergangs der Welt einfacher zu sein als mögliche Lösungsansätze.

▶ Die **Trendanalyse** ist eine Methode zur Untersuchung von Einflussfaktoren auf ein Objekt hinsichtlich des zukünftigen Wirkungskontextes.

Anstellen von Trendanalyse wird im Zusammenhang mit Organisationen auch von Strategic Foresight gesprochen (Müller und Müller-Stewens 2009, S. 1). Eingangs bin ich auf die hohe Relevanz der Reagibilität eingegangen. Diese basiert auf dem Ziel, mögliche zukünftige Erfolgspotenziale schneller und/oder besser als der Wettbewerb zu nutzen, um sich zu differenzieren.

Somit gilt es, für die Verbesserung der Kundenorientierung mögliche zukünftige Entwicklungen und deren Einfluss auf die Kunden sowie die Organisation möglichst optimal einzuschätzen und dann ideal darauf zu reagieren (Duncker und Schütte 2018, S. 5). Die Gewinnung von Kundenerkenntnissen hat deshalb vor allem das Ziel, die Zukunft des Kundenverhaltens und der Kundeneinstellungen besser zu verstehen. An dieser Stelle werden meisten Beispiele wie Nokia oder Kodak genannt, die es offensichtlich nicht geschafft haben, diese Aufgabe optimal zu gestalten. Während diese beiden Beispiele extrem sind, weil beide Organisationen einen Totalabsturz erlitten, stelle ich in der Praxis

---

[4]Volatility, Uncertainty, Complexity, Ambiguity.

ein anderes Phänomen fest. Ich nenne es den „schleichenden Tod": Organisationen schätzen die Zukunft falsch ein, und anstatt diese Fehleinschätzungen in der kommenden Periode zu korrigieren, wird weiter unter den getroffenen Prämissen entschieden. Da die spezifische Branche weniger dynamisch ist, der Wettbewerb ähnliche Fehler begeht oder andere Gründe vorliegen, fallen diese Fehlentscheidungen zunächst nicht so stark ins Gewicht. Dies kann über Jahre fortgesetzt werden und plötzlich kommt der Moment, in dem eine Organisation in einer Sackgasse steckt, aus der es meist kein Entkommen mehr gibt.

So haben viele Organisationen Digitalisierung vor allem als Front-End-Social-Media-Spaß betrachtet und zahlreiche Touchpoints aufgebaut und in diese investiert. Gleichzeitig wurden keine Anstrengungen hinsichtlich der Gewinnung von besseren Kundenerkenntnissen unternommen. Im Ergebnis hat der Kunde zwar lustige Inter-aktionen, aber dies mit einer Organisation, die sich wie ein tauber Blinder aufführt, der einfach irgendeine Geschichte erzählt. Prominente Beispiele sind Siroop, Globus oder auch Interio.

Grundsätzlich können Menschen die Zukunft kaum richtig einschätzen. Selbst prominente Persönlichkeiten wie bspw. Bill Gates haben bei mehreren Prognosen völlig falsch gelegen. Es kommt nicht darauf an, Hellseher oder Wahrsagerinnen ein-zustellen bzw. auszubilden, sondern die Trendanalyse als ein wichtiges Lerninstrument zu begreifen. Für Organisationen ist es wichtig, möglichst viel aus vergangenen Ent-scheidungen zu lernen (Ortmann 2010, S. 65). Die Durchführung einer Trendanalyse hat somit nicht nur das Ziel, die Zukunft möglichst optimal zu bestimmen,[5] sondern sie soll auch helfen, im Nachgang möglichst viel aus den Fehleinschätzungen zukünftiger Entwicklungen zu lernen und die zugrunde liegenden Entscheidungsprämissen neu zu bewerten.

Abb. 3.17 zeigt, dass die Trends der globalen Umwelt direkt oder über die jeweiligen Anspruchsgruppen auf die Interaktionsumwelt einer Organisation einwirken. Das Ziel der Trendanalyse ist es, bessere Entscheidungen für die Zukunft zu unterstützen. Darüber hinaus soll die Geschwindigkeit von Entscheidungen erhöht werden, da auf-grund regelmäßiger Trendanalysen mehr Vertrauen in die Einschätzung der Zukunft in der Organisation vorliegt.

Beispiel: Zara

Als Beispiel kann die Marke Zara des Unternehmens Inditex angeführt werden (Ferdows et al. 2004). Die Modebranche ist seit Jahren hart umkämpft. H&M war lange Jahre aufgrund seiner Preisführerschaftsstrategie hohe Wachstumsraten

---

[5]Ich führe in den Vorlesungen an dieser Stelle an: „Wenn das jemand kann, soll er sich bitte bewerben." Diesen Aufruf möchte ich an dieser Stelle wiederholen. Die E-Mail-Adresse findest du im Vorwort dieses Buches.

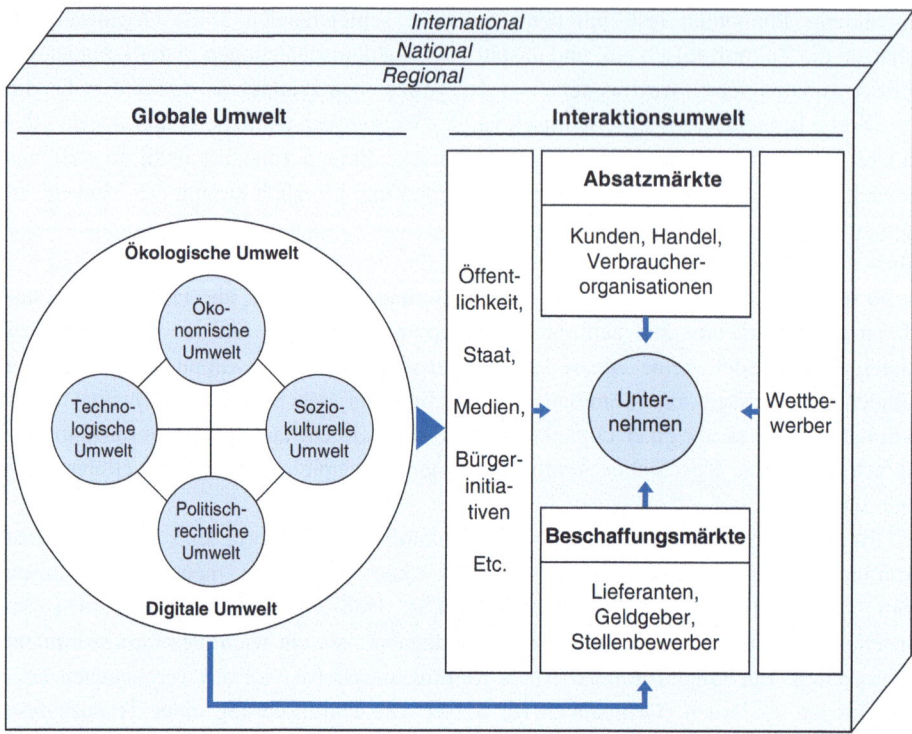

Abb. 3.17 Modell der Organisationsumwelt. (Quelle: Meffert et al. 2019, S. 48)

gewohnt. Für Inditex wäre es herausfordernd geworden, H&M direkt nur über den Preis zu attackieren, wie es das Unternehmen Primark tut. Statt H&M zu kopieren, wählte das Unternehmen Inditex eine Outpacing-Strategie (vgl. Abschn. 6.3), indem es günstige Kleidung anbietet, die aber auf den aktuellen Modetrends basiert. Dadurch konnte die Marke Zara überdurchschnittlich wachsen und H&M deutlich in Bedrängnis bringen. Während H&M die Angebote in Asien fertigte, verlegte Inditex die Produktion nach Nordafrika und ließ 20 % an Produktionskapazität ungenutzt, um schneller auf Trends reagieren zu können. H&M musste aufgrund dieser Strategie in der Vergangenheit die angestrebte Expansion zurücknehmen und sich neu ausrichten. Aufgrund der durchschnittlichen „Wegwerfquote" von 70 % bei Bekleidung haben neue Wettbewerber wie bspw. ASOS.com die Produktion zurück nach Europa verlagert, um noch schneller auf Basis von Kundendaten produzieren zu können und deutlich weniger Produkte vernichten zu müssen. Nicht jede Branche ist von der gleichen Dynamik wie die Modebranche betroffen, aber die Entwicklung zeigt: Wer stehenbleibt, verliert. Es gilt, relevante Trends möglichst frühzeitig zu antizipieren. ◄

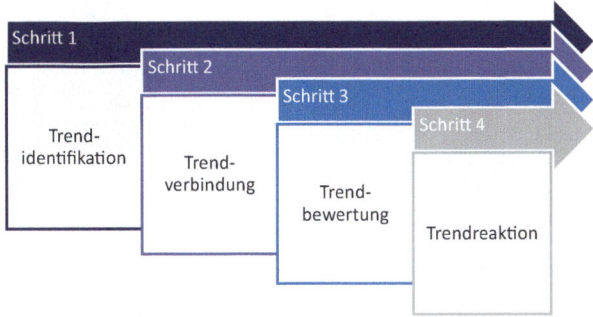

Abb. 3.18 Trendanalyseprozess

Ich empfehle für die Trendanalyse einen abgeleiteten Prozess basierend auf den Ausführungen von Horx (2011), da bisher nur wenige Prozesse für die Nutzung der Trendanalyse entwickelt wurden (Grünig und Kühn 2018, S. 90) und da viele Ansätze zu komplex erscheinen (vgl. Duncker und Schütte 2018, S. 8 ff.).

Die Trendanalyse besteht aus vier Schritten (vgl. Abb. 3.18). In einem ersten Schritt gilt es, die relevanten Mega- und Mikro-Trends zu identifizieren (Trendidentifikation). In einem zweiten Schritt werden die beiden sinnvoll verbunden (Trendverbindung). In einem dritten Schritt müssen die relevanten Mikro-Trends hinsichtlich ihres Einflusses auf die Organisation bewertet werden (Trendbewertung). Im vierten und letzten Schritt sollen, basierend auf den Erkenntnissen der Trendbewertung, mögliche Strategien entwickelt werden, um auf die Trendentwicklungen optimal zu reagieren (Trendreaktion). Darüber hinaus gilt es, notwendige Anforderungen an die Gewinnung von Kundenerkenntnissen abzuleiten.

Die Trendidentifikation erfolgt auf zwei Ebenen: der Mega- und Mikrotrendebene. Dabei ist eine Unterscheidung zwischen den beiden Trendebenen nicht immer einfach (Deckers und Heinemann 2008, S. 56). In der Organisation sollte ein gemeinsames Verständnis über die Zuordnung der einzelnen Trends etabliert werden.

▶ **Megatrends** sind Entwicklungen, die langfristig und tief greifend unsere sozialen, politischen und ökonomischen Verhältnisse umkrempeln (Naisbitt und Naisbitt 2018). Typische Megatrends sind Globalisierung, Individualisierung, Urbanisierung, Global Aging und Konnektivität.

Dabei ist Megatrend nicht mit LinkedIn-Hype zu verwechseln. Megatrends erscheinen nicht alle zwei Jahre, sondern sind über mehrere Jahre konstant und werden gerne auch übersehen (Naisbitt und Naisbitt 2018, S. IV). Um mögliche Megatrends zu identifizieren, eignet sich als Ausgangspunkt die PESTEL-Analyse (vgl. Abb. 3.19).

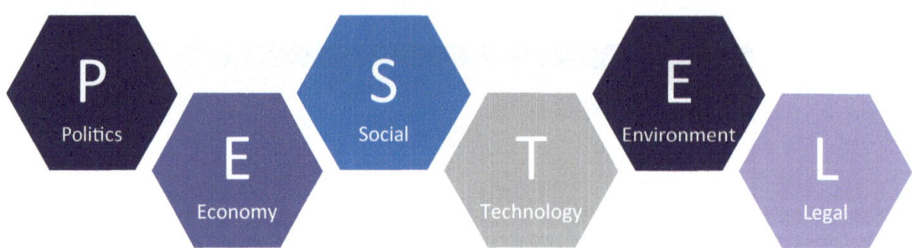

Abb. 3.19   Dimensionen der PESTEL-Analyse

Die sechs Dimensionen der PESTEL-Analyse sollen helfen, mögliche Megatrends zu identifizieren und zu strukturieren. So ist z. B. die zunehmende Alterung der Gesellschaft ein wichtiger Megatrend in Europa, der viele Branchen beeinflusst. Zur Identifikation können externe Anbieter, aber auch externe Experten herangezogen werden.[6] Anschließend gilt es, relevante Mikrotrends zu bestimmen.

▶ **Mikrotrends** bezeichnen Trends, die sich aus den bestehenden Megatrends für eine spezifische Branche bzw. Organisation ableiten. Sie sind meist kurzlebiger und haben keinen rückwirkenden Einfluss auf die Megatrends (Simon 2011, S. 191).

Mikrotrends können weiter unterteilt werden in Branchentrends und Moden, wobei Moden noch kurzfristiger sind als Branchentrends. Diese Unterscheidung ist aber aus meiner Sicht nicht zielführend, weil die Komplexität der Betrachtung ohne großen Mehrwert steigt. Vier Mikrotrends bezogen auf den Megatrend Marktentwicklung sollten grundsätzlich berücksichtigt werden (Lauer 2019, S. 22):

- **Imitation:** Starbucks besaß in manchen Ländern schon Imitatoren, bevor es in den jeweiligen Markt eintrat.
- **Verdrängung:** StudiVZ, Facebook und Instagram zeigen, wie schnell sich heute alles ändert.
- **Erschöpfung:** Produktlebenszyklen besitzen steile Wachstumsphasen, aber kaum mehr ausgedehnte Reifephasen.
- **Ausschlachtung:** durch die Digitalisierung haben die meisten Organisationen unwissentlich Macht an den Kunden abgegeben. Dies führt inzwischen zu Preis- und Rabattschlachten, die es vorher so nicht gegeben hat.

Sind Mega- und Mikrotrends bestimmt, werden in einem zweiten Schritt die relevanten Trends miteinander verbunden (Grünig und Kühn 2018, S. 91). In Abb. 3.20 werden am

---

[6]Vgl. beispielhaft zu den einzelnen Methoden Duncker und Schütte (2018, S. 10 ff.).

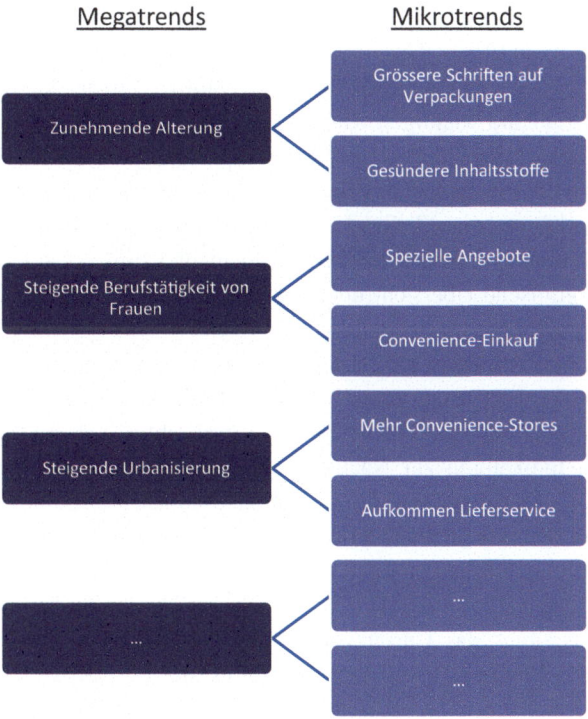

Abb. 3.20 Verbindung zwischen Mega- und Mikrotrends am Beispiel eines Lebensmittel-herstellers

Beispiel eines Lebensmittelherstellers mögliche Megatrends mit Mikrotrends in Verbindung gebracht. Dabei kann die Anzahl deutlich größer sein als hier illustriert.

Je nach Anzahl an Trends können im dritten Schritt die Bewertung der Megatrends und anschließend die Mikrotrends der relevanten Megatrends oder nur die Mikrotrends bewertet werden. In Tab. 3.1 werden die einzelnen Mikrotrends auf Basis einer bewertet. Dabei ist darauf zu achten, dass möglichst viele Verantwortliche einer Organisation in den Bewertungsprozess integriert sind. Wie ausgeführt, soll nicht der „Magier" der Organisation gesucht werden. Dies ist auch kein Casting für den intelligentesten

Tab. 3.1 Bewertung der Mikrotrends auf einer Skala von 1 bis 10

Trend	Einfluss	Wahrscheinlichkeit
Größere Schriften auf Verpackungen	5	10
Gesündere Inhaltsstoffe	8	8
Spezielle Angebote	9	8
Convenience-Einkauf	6	7
Mehr Convenience-Stores	4	6
Aufkommen Lieferservice	5	7

Manager einer Organisation. Der Prozess soll dabei helfen, dass alle Beteiligten ein Verständnis von der zukünftigen Perspektive der Organisation entwickeln und mögliche spätere Veränderungen nachvollziehen können. Darüber hinaus kann dieser Prozess helfen, den Fokus auf die wichtigen Kundenerkenntnisse für die Entscheidungsfindung zu lenken. Im Fokus stehen der Transformationsprozess bzw. die Responsivität einer Organisation und nicht die einmalige glückliche Voraussage der Zukunft.

Die Ergebnisse können anschließend in ein Beeinflussungsportfolio integriert werden (vgl. Abb. 3.21). Je nach Eintrittswahrscheinlichkeit und Einfluss auf die Organisation erlaubt dies eine grafische Übersicht über zukünftige Entwicklungen und die Relevanz für die Organisation.

In einem weiteren Schritt gilt es, die priorisierten Trends zu analysieren und mögliche Reaktionen der Organisation zu definieren (vgl. Abb. 3.22). Um die Sicherheit innerhalb der Entscheidungen zu erhöhen, werden abschließend die für die relevanten Trends optimalen Indikatoren zur Nachverfolgung im Zeitablauf bestimmt (Vahs und Brem 2015, S. 124). Dabei können sich die Indikatoren auf die Kunden oder auf andere Bereiche beziehen. Zu beachten ist, dass die kundenbezogenen Indikatoren im Rahmen des Sammelns auch berücksichtigt werden.

In unserem Beispiel kann als ein möglicher Indikator für die Entwicklung von „Convenience-Einkäufen" das Umsatzvolumen des Online-Lebensmittelhandels herangezogen werden. In Frankreich wird der Online-Lebensmitteleinkauf im Jahr 2023 insgesamt auf über 9,4 Mio. EUR geschätzt, während er in Deutschland bei 2,1 und in der Schweiz bei 1,5 Mio. EUR liegen soll (Ohanian 2017). Die Pandemie wird zeigen, ob diese Zahlen realistisch sind oder ob die Kunden deutlich stärker ihre Lebensmittel online beziehen werden. Somit ist in absehbarer Zeit nicht mit E-Commerce zu rechnen, stattdessen wird der physische Einkauf mehr Convenience bieten müssen – sicher auch ein Grund, warum Migros und Coop die jeweiligen Marken für den E-Commerce-Kanal (Coop at home und Leshop) vom Markt genommen haben und Lebensmittel online unter

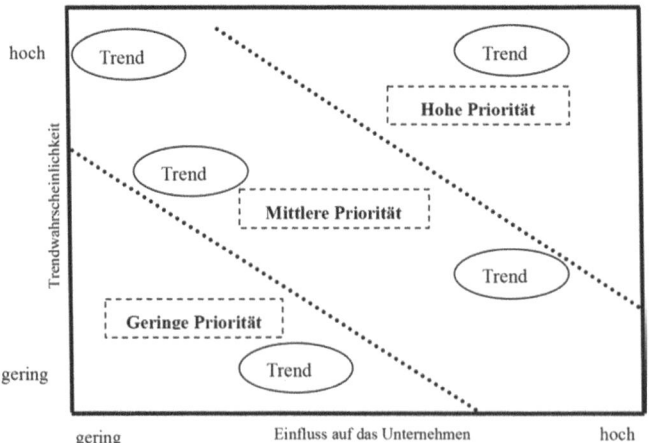

Abb. 3.21 Trendbeeinflussungsportfolio. (Quelle: Dimler 2016, S. 72)

Abb. 3.22 Trendreaktion

der Dachmarke anbieten. Sollte aber der Indikator in den kommenden Jahren überdurchschnittlich wachsen, gilt es, die möglichen Reaktionen erneut zu bewerten.

Wie bereits erwähnt, ist es nicht das Ziel der Trendanalyse, genau zu wissen, wie die Zukunft aussieht. Sie soll den Verantwortlichen erlauben, die Zukunft systematischer und rationaler zu antizipieren. Im Rahmen der Trendanalyse sollten auch latente und mögliche zukünftige Bedürfnisse von Kunden integriert werden. So kann der Umweltschutz z. B. dazu führen, dass eigentlich als positiv bewertete Convenience-Angebote aufgrund der Nutzung von Verpackungsmaterial weniger attraktiv erscheinen (aber vielleicht trotzdem gekauft werden, weil die gewonnene Zeit den Kunden wichtiger ist als die Verringerung der Erderwärmung).

In einem weiteren Schritt können noch unterschiedliche Szenarios entwickelt werden (Becker 2013, S. 407). Es gilt, Aufwand und Ertrag abzuwägen. Für viele Organisationen kann es aufgrund der steigenden Dynamik sinnvoll sein, unterschiedliche Szenarien zu entwickeln. Aus meiner Sicht ist aber vor allem darauf zu achten, die Trendanalyse einmal pro Jahr durchzuführen und diese breit in der Organisation abzustützen.

Auch wenn es nur wenig Literatur zur Trendanalyse gibt, ist diese ein wichtiges Instrument zur Verbesserung der Kundenorientierung. Kundenerkenntnisse müssen immer in Bezug zu Trends in der Umwelt einer Organisation gesehen werden. Kennzahlen und Befragungen erlauben in der ersten Analyse nur einen Blick in den metaphorischen Rückspiegel. Die Verbindung mit einer Trendanalyse erlaubt einen gesicherteren Blick in die Zukunft. Das Sammeln von Kundenerkenntnissen sollte deshalb auch immer dabei helfen, die Anforderung der Trendanalyse möglichst optimal abzudecken.

3.2 Sammeln

Es klingt zwar trivial, aber es sei an dieser Stelle noch mal explizit angemerkt, dass die Kundenorientierung einer Organisation nicht gesteigert werden kann, wenn nicht systematisch Kundeninformationen im Sinne von Kundenerkenntnissen für die Entscheidungsfindung gesammelt werden (Gregori 2006, S. 68). In den letzten Jahren hält sich das Gerücht, dass die meisten Organisationen schon über 80 % der

Kundeninformationen verfügen, die sie benötigen, um sich erfolgreich im Markt zu differenzieren. Diese Aussage belegt einen zentralen Denkfehler: Es geht nicht um die Masse der Informationen. Kundenorientierung bezieht sich nicht auf die Eichhörnchenmentalität einer Organisation (mehr Nüsse = Erfolg). Es gilt, wertvolle Kundeninformationen für die Entscheidungsfindung zu besitzen. Hier kann weniger (aber teuer zu erwerben) oftmals sehr viel mehr sein.

Die vergangenen Ausführungen haben gezeigt, dass es für kundenorientierte Organisationen mehr Kompetenzen und mehr Investitionen in das Sammeln von wertvollen Kundendaten bedarf. Daraus folgt, dass Organisationen diese Kundendaten auch nutzen, weil nur durch Wachstum und Gewinnsteigerungen höhere Investitionen in diesen Bereich getätigt werden können. Ich erlebe meist, dass Organisationen die Kosten für das Sammeln von Kundenerkenntnissen möglichst gering halten. Daraus ergibt sich, dass die billig gewonnen Informationen für die Entscheidungsfindung auch kaum angewendet werden. Diese kurzfristige Denkweise lindert den Kostendruck einer Organisation, führt aber meist dazu, dass die Organisation zu einem späteren Zeitpunkt nicht schnell genug die Kompetenz entwickelt, mit besseren Kundeninformationen im Sinne von Kundenerkenntnissen Entscheidungen zu treffen. Im Ergebnis führt irgendwann der zunehmende Druck aus der Umwelt dazu, dass Organisationen mehr und wertvollere Daten sammeln. Sie investieren mehr in einer Zeit, in der Umsatz und Gewinn häufig schon rückläufig sind. Weil aber die Auswertungs- und Entscheidungskompetenzen fehlen, ist der Nutzen dieser gesammelten Kundenerkenntnisse meist gering. Die Enttäuschung gegenüber den Versprechungen des Managementmodells Kundenorientierung kann dann groß sein.

▶ Ich kann es nur noch mal betonen: Kundendaten im Sinne von Kundenerkenntnissen sind das Öl der Zukunft, die wichtigste Ressource einer Organisation.

Viele Lehrbücher gehen nur auf die Kundenbefragung als eine Quelle der Beschaffung von Kundenerkenntnissen ein (vgl. beispielhaft Homburg 2017). Dies zeigt wohl auch, dass selbst in der Wissenschaft der hohe Stellenwert von Kundenerkenntnissen noch nicht ganz antizipiert wird. Kundenbefragungen sind ein wichtiger Baustein, der aber um weitere Aktivitäten ergänzt werden sollte. Wurde früher vor allem auf Primärforschung auf Basis von Befragungen gesetzt, etablieren sich seit Mitte des 20. Jahrhunderts zunehmend die Möglichkeiten, Kundenerkenntnisse durch Sekundärerhebungen zu bestimmen (Meffert et al. 2019, S. 170). EAN-Codes in Verbindung mit Kundenkarten haben dazu geführt, dass individuelle Kundtransaktionen gemessen und gespeichert werden können. CRM-Systeme erlauben die Nutzung dieser so gewonnenen Daten im Anschluss. Online-Analytic-Anwendungen unterstützen das Sammeln von Daten in Bezug auf die Nutzung von Webseiten, Apps und Social-Media-Kanälen (Wedel und Kannan 2016, S. 98 f.). Im Vergleich zur Befragung können diese Daten meist ohne größeren Aufwand gesammelt werden. Somit gilt es, für kundenorientierte Organisationen die Sammlung an den einzelnen Quellen sowie das Zusammenspiel dieser Kundendatenquellen zu optimieren. Dabei sei betont, dass Kundenorientierung ohne Kundenbefragung nicht möglich ist, aber diese durchaus durch andere Daten ergänzt werden kann.

In Abb. 3.23 wird noch der Begriff Big Data verwendet. Dabei stand die Anzahl an Daten im Vordergrund der Überlegungen. Inzwischen hat sich der Begriff Smart Data etabliert, der im Sinne von Kundenerkenntnissen auf den Wert für die Entscheidungsfindung abstellt. Seit Kurzem erfährt der Begriff Artificial Intelligence eine Renaissance. Während die bisherigen Ausführungen auf die Entscheidungen von Verantwortlichen abzielen, gibt es Entwicklungen, innerhalb derer Systeme aufgrund eines vorgegebenen Entscheidungsrahmens selbstständig Entscheidungen treffen. Die Verantwortlichen erstellen den Entscheidungsbezug, mögliche Entscheidungsalternativen sowie die Algorithmen zu deren Berechnung. Das System entscheidet auf Basis der eingegebenen Daten mehr oder weniger autonom. In der Vergangenheit konnte aufzeigt werden, dass Systeme durchaus das Kundenverhalten signifikant beeinflussen können. Ein populäres Beispiele dafür ist Amazons „Kunden, die diesen Artikel gekauft haben, kauften auch" (Fogg 2003, S. 3).

Mich interessiert dabei weniger die Frage, ob die Systeme die Menschen ersetzen werden, sondern vielmehr, wie Systeme und Menschen optimal zusammenarbeiten. Im Vergleich zur Produktion eines Stuhles wird dieser nicht mehr in Handarbeit und Einzelfertigung hergestellt, sondern im Rahmen industrieller Fertigung in großen Mengen. Die gleiche Entwicklung scheint sich beim Sammeln und Nutzen von Kundendaten zu vollziehen. Die „Industrialisierung" des Kundendatenmanagements sollten Organisationen umfassend beachten und die eigene Organisation so ausstatten, dass eine Partizipation möglich ist.

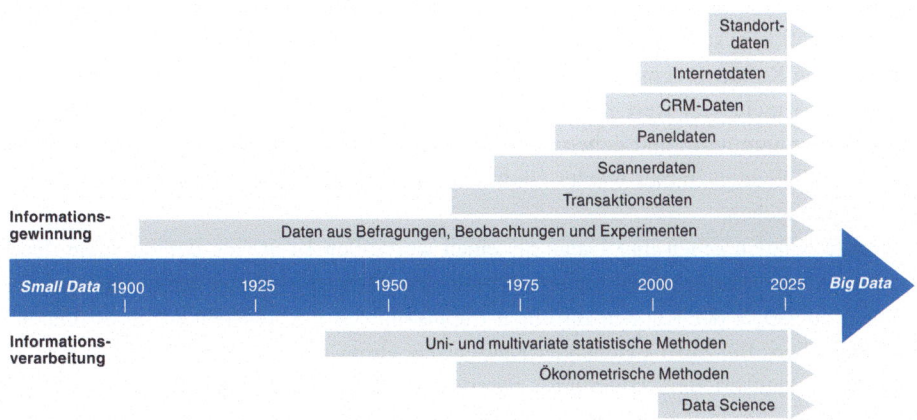

Abb. 3.23 Entwicklung Kundendatengewinnung. (Quelle: Meffert et al. 2019, S. 169)

3.2.1 Datenschutz

Viele Skeptiker der kundenorientierten Ausrichtung einer Organisation führen in Gesprächen schnell den Datenschutz an (vgl. Abschn. 2.5). „Wir verstehen ja, dass Kundendaten die wichtigste Ressource einer Organisation sind, aber der Datenschutz macht es uns fast unmöglich, diese Ressource zu nutzen" oder „Kunden möchten die Daten immer weniger gerne angeben und sind besorgt, was mit ihren Daten passiert" sind häufig genannte Argumente. Was mich immer wieder überrascht, sind die starken Emotionen, die solche Aussagen begleiten. In unserem Kulturkreis wird die Sammlung von Kundendaten als etwas Böses gesehen, was eigentlich nicht so sein sollte. Auch die aufkommenden Digital-Ethic-Konferenzen propagieren: „Sammelt bloß nicht zu viele Kundendaten" oder: „Sammelt nur, was wirklich notwendig ist". Trotz aller Emotionen möchte ich dieses Thema zumindest versuchen zu versachlichen.

Grundsätzlich stehen Organisationen im Wettbewerb um Ressourcen. Je günstiger eine Organisation z. B. Öl einkaufen kann, desto eher kann sie ihre Verkaufspreise senken oder den Gewinn steigern. Betrachtet man das Verhalten der meisten Organisationen in Bezug auf moralische Dimensionen, wird schnell deutlich, dass das Abholzen der Regenwälder, die Ausbeutung von Arbeitern oder die Überfischung der Weltmeere einer moralischen Argumentation nicht standhalten. Organisationen sollten sich moralisch verhalten, aber die meisten tun es nicht, weil sie in einem Wettbewerb ums Überleben stehen. Somit möchte ich der moralischen Argumentation nicht weiter folgen. Um jedes Missverständnis zu vermeiden: Moralisches Handeln ist immer und für jeden anzustreben im Sinne des kategorischen Imperativs nach Kant.

Kundenorientierung basiert auf dem Verständnis, eine Beziehung zwischen Organisation und Kunden zu führen. Im Kern gilt es, Co-Creation zwischen Kunden und Organisation zu ermöglichen, mit dem Ziel, den Wert sowohl für den Kunden als auch die Organisation systematisch zu steigern. Ohne umfassendes Verständnis der Kunden im Sinne von Kundenerkenntnissen ist dies herausfordernd. Vielen Kunden scheinen ihre Kundendaten nicht viel wert zu sein. Sie stellen alle Informationen auf Social Media, selbst Telefonnummern, und gehen mit ihren Daten sorglos um. Die „Prism is a Dancer Show" im ZDF zeigt immer wieder eindrucksvoll, was Menschen wohl unbewusst alles von sich preisgeben.

Andere Kunden sehen ihre Daten als einen wertvollen Besitz an, den sie nicht ohne entsprechende Gegenleistung hergeben möchten. Dies illustrieren auch Studien. So möchte nur 50 % der Kunden für einen Impulskauf oder Alltagseinkauf ihre Kundendaten hergeben. Bei einer extensiven Kaufentscheidung sind es aber 70 %, die für ein besseres Einkaufserlebnis (Beratung) bereit sind, ihre Kundendaten der Organisation zur Verfügung zu stellen (Crowden und Hannich 2015, S. 8). Es gilt, die Wünsche der Kunden zu berücksichtigen, aber es ist keineswegs so, dass die allermeisten Kunden nicht bereit sind, ihre Daten den Organisationen zur Verfügung zu stellen. Die vorgestellten Studienwerte beziehen sich auf die Datennutzung ohne explizite

Incentivierung der Kunden. Bei einer Incentivierung ist davon auszugehen, dass die Bereitschaft noch deutlich höher ist.

Somit bezieht sich Datenschutz aus meiner Sicht zum einen auf die rechtlichen Vorgaben der Regierungen, aber auch auf das Wertempfinden der Kunden. Organisationen, die langfristig erfolgreich sein wollen, müssen das Kundenvertrauen an oberste Stelle setzen. So kommen Studien zu dem Ergebnis, dass 50 % der Kunden, die einer Organisation nicht mehr vertrauen, deren Angebote auch nicht mehr erwerben. Darüber hinaus teilen 25 % die negativen Erfahrungen mit ihrem Umfeld (de Ruiter 2016, S. 15). Datenschutz ist ein sensibles Thema, das es immer wieder aufs Neue mit den Kunden zu verhandeln gilt. Organisationen, die mit ihren Kunden einen aktiven Austausch zu diesem Thema suchen, werden kaum Vertrauen verspielen. Die Abschottung gegenüber den Kunden führt aber oft dazu, dass Datenschutz vor allem als Gefahr verstanden wird und die Unwissenheit früher oder später zu schmerzlichen Erfahrungen führt.

Wenn Kunden das Vertrauen in eine Organisation verlieren, siehe Bankbranche oder die Automobilbranche, sind die Konsequenzen für die Organisationen meist lebensbedrohlich. Was aus meiner Sicht in Organisationen fehlt, ist nicht ein Verständnis für den Datenschutz, sondern dafür, wie wertvoll Kundendaten sind. Wenn Kunden für ihre Daten einen gewissen Gegenwert erhalten, sind sie meistens damit einverstanden, dass die Organisation diese nutzt. Somit sollte nicht die Anzahl der Kundendaten im Fokus von Empfehlungen stehen, sondern die optimale Gratifikation der Kunden für ihre Daten. Da aber noch viel Verwirrung bezüglich des Themas Datenschutz besteht, möchte ich auf folgende Punkte vor dem Hintergrund der DSGVO eingehen (Kumar und Reinartz 2018, S. 298 f.).

Automatisiertes Profiling von Kunden ist verboten. So dürfen z. B. Kreditanträge nicht ohne menschliche Interaktion durch Systeme abgelehnt werden. Die vollständige Automatisierung des Kundenbeziehungsmanagements ist somit nicht möglich und aus meiner Sicht auch nicht sinnvoll. Organisationen sind dazu angehalten, den Datenschutz systematisch in die bestehenden Prozesse zu integrieren. Die privaten Daten von Kunden müssen geschützt werden. Wenn Kundendaten die wertvollste Ressource sind, sollten Organisationen die Prämisse verfolgen, diese nur freiwillig zu teilen. Kunden sollen die Möglichkeit haben, der Sammlung und Nutzung von Kundendaten zuzustimmen bzw. diese abzulehnen. Sowohl die Zustimmung als auch die spätere Ablehnung sollten gleich einfach für die Kunden durchzuführen sein. Die Cookie-Banner sind inzwischen zwar extrem nervig, aber wie bei der Einführung des Autos wird es in Zukunft immer mehr Regeln im Umgang mit Kundendaten geben, die sich zu Beginn komisch oder nervig anfühlen werden. Wer Autos ohne Sicherheitsgurt gefahren ist, wird Sicherheitsgurte erst mal nicht als Bequemlichkeitsvorteil wahrnehmen. Die damit einhergehende Sicherheit hat sich als gesellschaftlicher Konsens inzwischen etabliert. Abschließend muss den Kunden die Möglichkeit zugestanden werden, ihre Daten löschen zu lassen. Die Löschanfrage muss innerhalb eines Monats beantwortet und unverzüglich umgesetzt werden. Die Löschung betrifft auch mögliche Partner der Organisation. Wenn sich eine Organisation nicht an diese Bestimmung hält, drohen deutliche Strafen.

Die rechtliche Situation ist also übersichtlich und verständlich. Es gibt gewisse Einschränkungen, die es zu berücksichtigen gilt. Somit gibt es keinen Grund zur Angst vor dem Datenschutz oder der Interaktion mit Kunden. In Deutschland haben diese Gesetze aber dazu geführt, dass vor allem kleinere Organisationen diese nicht schnell oder konsequent genug umgesetzt hatten. In der Folge haben Anwaltskanzleien es zu ihrem Geschäftsmodell gemacht, diese Organisationen abzumahnen, und großen Schaden aufgrund eines falsch verstandenen Datenschutzes verursacht. So hat der BGH endlich entschieden, dass Abmahnungen eine Form von Betrug sind, wenn sie primär als Einkommensquelle dienen (von Ruben 2018). In Deutschland wird ein neues Gesetz angestrengt, das diesem „Abmahnungswahnsinn" Einhalt gebietet.

Kundendaten sind nicht Klopapier, auch wenn dieses im März/April 2020 für eine kurze Zeit sehr kostbar war. Sie sind wie bereits mehrfach erläutert die wertvollste Ressource einer Organisation. Somit muss angestrebt werden, dass die Verantwortlichen den rechtlichen Rahmen für die Nutzung optimal verstehen. Die Geschäftsleitungen und Verwaltungsräte sind hier aufgerufen, die Verantwortlichen mit den richtigen Kompetenzen auszustatten. Die Angst, die in zu vielen Organisationen noch zu spüren ist, ist absolut ungerechtfertigt und schadet dem langfristigen Erfolg einer Organisation. Ohne Kundendaten ist eine kundenorientierte Ausrichtung nicht möglich.

3.2.2 Gamification

Der Einsatz von Gamification-Elementen kann helfen, Kundenerkenntnisse zu sammeln. Dies wird schon seit langer Zeit in Formen von Gewinnspielen angewendet. Dabei gibt der Kunde meist seinen Namen, Adresse, Telefonnummer und E-Mail-Adresse in der Hoffnung her, einen Gewinn zu erhalten. Die Anzahl solcher Gewinnspiele ist ausufernd, aber gerade für Organisationen, die keinen direkten Kundenkontakt haben, ist es eine der wenigen Möglichkeiten, mit dem Kunden in Kontakt zu treten.

Diese Gewinnspiele haben es aus meiner Sicht aber irgendwie nicht in die Neuzeit geschafft. Nur den Namen und die Kontaktdaten von Kunden abzufragen, hilft kaum bei der Ansprache: Man weiß zwar, wem und wohin man einen Brief oder E-Mail senden kann, aber nicht, wie dieser aussehen soll. Der gleiche Brief für alle oder, metaphorisch gesprochen, die Gießkanne der Langweile und Verschwendung. Gamification bietet aber so viel mehr als ein einfaches Gewinnspiel. Eric Schmidt (Google CEO) meint, dass in der Zukunft alles im Internet aussehen wird wie ein Multiplayer-Game. Für einen loyalen C64-Fan der ersten Stunde ist das eine traurige Entwicklung. Aber Spaß beiseite, diese Einschätzung scheint wahrscheinlich.

▶ **Gamification** bezeichnet die Anwendung von Spieldesigntechniken in einem Nichtspielekontext (Werbach und Hunter 2012, S. 26).

Gamification baut auf dem Spieltrieb von Menschen auf. Der Spieltrieb soll dazu genutzt werden, die Konzentration und das Engagement von Kunden auf eine bestimmte Aufgabe zu fokussieren (Anderson und Rainie 2012). Gamification hat grundsätzlich das Ziel, die Motivation der Teilnehmenden zu steigern (Huotari und Hamari 2012). Trotz des steigenden Einsatzes weiß man noch nicht viel über Gamification. Vor allem gibt es wenig Erkenntnisse über die negativen Auswirkungen des regelmäßigen Einsatzes von Gamification (Thiebes et al. 2014). Bei der Nutzung von Gamification zur Sammlung von wertvollen Kundendaten muss konsequent der Datenschutz berücksichtigt werden, damit Kunden nicht das Vertrauen gegenüber der Organisation verlieren (Reeves und Read 2009).

Vor dem Hintergrund der abnehmenden Aufmerksamkeit der Kunden und der beschriebenen Entwicklungen im Kaufverhalten empfehle ich den Einsatz von Gamification zur Gewinnung von Kundendaten. Dabei sollen nicht simple Gewinnspiele durchgeführt werden, sondern systematisch die Beziehung zu den Kunden spielerischer gestaltet werden (Blohm und Leinmeister 2013). Bei der Nutzung von Gamification sind vier Dimensionen zu beachten (Werbach und Hunter 2012, S. 44).

1. Motivation
2. Relevante Auswahlmöglichkeiten
3. Struktur
4. Mögliche Konflikte

Motivation bezieht sich auf den wahrgenommenen Wert der Teilnahme. Dabei spielt wieder das Involvement eine große Rolle. Angebotskategorien mit einem höheren Involvement können eher Gamification einsetzen als Kategorien mit einem niedrigen Involvement (Welcher Kunde hat Interesse an einer spielerischen Beziehung mit einem Zuckeranbieter?). Motivation kann für kreative Arbeiten, alltägliche Aufgaben oder Verhaltensänderungen eingesetzt werden. In den meisten Geschäften werden Kunden beim Betreten gefragt, ob ihnen geholfen werden kann. Die Antwort ist meist „Nein". Die Frage nach der Teilnahme an einem Spiel kann helfen, den Kontaktaufbau deutlich zu verbessern, und der Einsatz von Gamification bei der Kundenberatung kann dabei unterstützen, Kundendaten besser zu ermitteln, den Kunden ein besseres Erlebnis zu bieten und das Verhalten der Kunden zu ändern. Gerade das Erlebnis mit dem Verkaufenden kann verbessert werden. Durch den Einsatz von Gamification-Elementen können Kunden einen Mehrwert durch das Spiel selbst oder ein besseres Erlebnis erhalten, für das sie bereit sind, ihre Kundendaten zu teilen.

Für die Teilnehmenden an einer gamifizierten Interaktion bedarf es relevanter Auswahlmöglichkeiten. Sobald offensichtlich wird, dass die Teilnehmenden kaum oder nur einen geringen Einfluss auf das Geschehen haben, sinkt die Motivation. Teilnehmende schätzen einen gewissen Grad an Autonomie (Werbach und Hunter 2012, S. 47). Darüber hinaus benötigt eine gamifizierte Interaktion eine gewisse Struktur, damit auf die Entscheidungen der Teilnehmenden reagiert werden kann. Dazu müssen Routinen oder

Algorithmen entwickelt werden, sodass je nach Handlung des Teilnehmenden reagiert wird. So hat Samsung beispielsweise auf seiner Webseite eine gamifizierte Interaktion mit dem Namen Nation etabliert. Kunden können nicht nur auf der Webseite unterschiedliche Aufgaben erledigen, sie erhalten je nach Aktivitätslevel unterschiedliche Belohnungen von der Webseite (Firsching 2013). Dabei stehen den Kunden 16 verschiedene Missionen zur Auswahl.

Mögliche Konflikte mit anderen Motivationen durch den Einsatz einer gamifizierten Interaktion sind dabei zu vermeiden. Wenn die Kunden zu Beginn einer Beratung ein Spiel zur Einschätzung ihrer Bedürfnisse spielen, ihnen aber gleichzeitig versprochen wird, dass sich der Einkaufsprozess verkürzt, stehen beide Motivationen in einem Konflikt miteinander (Werbach und Hunter 2012, S. 48). Bei der Nutzung einer gamifizierten Interaktion müssen somit die unterschiedlichen Bedürfnisse der Kunden genau verstanden und deren Stärke muss gemessen werden, damit die neue Interaktion alten Bedürfnissen nicht im Weg steht.

Eine Gamification-Interaktion besteht aus drei Elementen (Werbach und Hunter 2012, S. 82):

1. Dynamik
2. Mechanik
3. Komponenten

Die Dynamik beschreibt das Big Picture, das eigentliche Ziel der Interaktion. Die Mechanik bezeichnet den zugrunde liegenden Prozess, der die Handlung vorantreibt. Komponenten beziehen sich auf die einzelnen Elemente, die für die spezifische Interaktion zum Einsatz kommen.

Beispiel: Differenzierung durch Gamification

Für die Differenzierung beim Möbelkauf ist folgender Einsatz von Gamification-Elementen denkbar: Der Kunde betritt das Geschäft und wird von dem oder der Verkaufenden gefragt, ob er Interesse hat, an einer kurzen Selbsteinschätzung teilzunehmen, um von ihm anschließend optimal beraten werden zu können. Es ist davon auszugehen, dass nicht alle Kunden einwilligen werden, aber erste Studien gehen von bis 40 % Zustimmungsquote aus. Neben Fragen zu den Präferenzen bezüglich der relevanten Kategorien wird ein Quiz bezüglich des Einkaufshauses oder der ausgestellten Marken eingebunden. Dabei wird auf die Dynamik Emotion mit dem Schwerpunkt Neugier und Wettbewerb gesetzt. Kunden können sich durch die Beantwortung der Quizfragen mit anderen Kunden, die vorher an dem Quiz teilgenommen haben, messen. Darüber hinaus wird die Neugier gegenüber den interessierenden Marken befriedigt. Als Mechanik kann eine Herausforderung in Form eines direkten Feedbacks nach der Beantwortung jeder Quizfrage bereitgestellt werden. Darüber hinaus kann ein Wettbewerb mit den bisherigen Kunden zum

Einsatz kommen sowie eine Belohnung in Form einer Gratislieferung. Das Quiz und das direkte Feedback treiben die Geschichte auf Basis des Wettbewerbs auf das Ziel der Belohnung für die Teilnahme zu. Als Komponenten können bspw. Levels genutzt werden, damit jeder Kunde weiß, auf welcher Stufe er sich gerade befindet, auch Badges als Visualisierung des Erreichten sind möglich sowie ein Leaderboard, um den Vergleich zu bisherigen Teilnehmenden zu ermöglichen oder eine Quest in Form der Herausforderung, der beste oder schnellste Teilnehmende zu sein. Zwischen den Quizfragen werden immer wieder Fragen zu Angebotspräferenzen, Bedürfnissen und der allgemeinen Bewertung der Organisation gestreut, um durch diese Informationen die anschließende Beratung zu optimieren. ◀

Jede Gamification-Interaktion ist hinsichtlich Dynamik, Mechanik und Komponenten sowie ihrer zahlreichen Unterdimensionen auszugestalten. Dabei sollte berücksichtigt werden, dass die Teilnehmenden nicht durch einen übermäßigen Einsatz an Elementen überfordert werden. Im Gegensatz zu Computerspielen, die manche Menschen über Jahre fesseln, sind der Zeitraum und damit auch die Komplexität im Bereich des Kundenbeziehungsmanagements und der Sammlung von Kundendaten begrenzt.

Abb. 3.24 stellt die Wirkung von Gamification auf die Motivation und auf die Leistung von Personen dar. Werden durch den Einsatz von Gamification das Kompetenzerleben, das Autonomieerleben sowie das Erleben sozialer Eingebundenheit ermöglicht, hat dies einen positiven Einfluss auf die Leistung von Menschen (Sailer 2016, S. 137).

Gerade im persönlichen Verkauf kann Gamification helfen, Kundendaten zu gewinnen und diese möglichst live dem Verkaufenden wieder zur Verfügung zu stellen. Da Kunden meist schon zu 70 % entschieden haben, was sie kaufen möchten, bevor sie auf den Verkaufenden treffen, kann der Verkaufende aufgrund der gewonnenen Daten ein viel

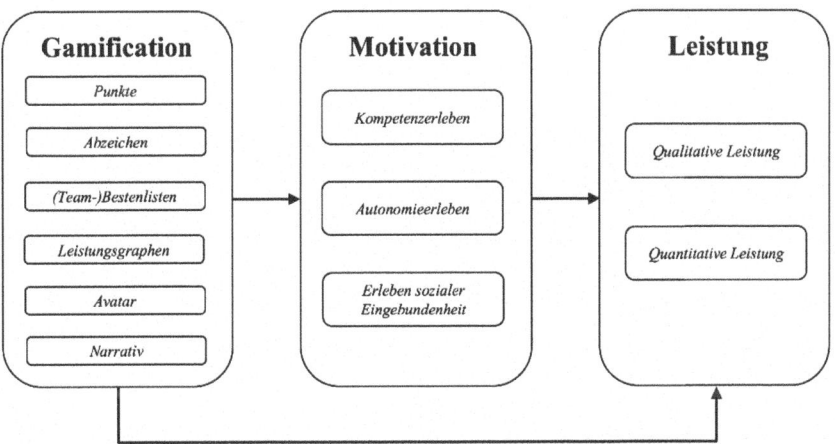

Abb. 3.24 Einfluss von Gamification auf die Motivation und Leistung. (Quelle: Sailer 2016, S. 137)

besseres Erlebnis bieten, als wenn er bei jedem einzelnen Kunden aufs Neue auf sich allein gestellt versuchen muss, eine optimale Confirmation zu bieten.

Gamification für die Gewinnung von Kundenerkenntnissen zu nutzen, bietet mehrere Vorteile. Kunden sind bei einem guten Spiel viel eher bereit, ihre Daten für weitere Aktivitäten preiszugeben. Der zentrale Vorteil liegt aber in der Wertigkeit der gewonnenen Informationen. Während des Spiels selbst kann schon ein Profil über den Kunden erstellt werden. So kann ein Spiel aufdecken, welche Kunden eher marken- und welche eher preisaffin sind. Darüber hinaus hilft eine Gamification-Interaktion, sich vom Wettbewerb zu differenzieren. Abschließend ist auf die Steigerung der Aufmerksamkeit der Kunden hinzuweisen. Kunden sind gespannt, was nach der Interaktion passiert, bei einem guten Abschneiden sind sie sogar emotional positiv beeinflusst.

Ich erlebe sehr große Bedenken gegenüber solchen Gamification-Interaktionen von-seiten der Organisationen, aber grundsätzlich bin ich überzeugt, dass Kunden beim Ein-kaufen Spaß und Unterhaltung haben wollen. Gamification kann dazu einen wichtigen Beitrag leisten.

3.2.3 Kundenbefragung

Kundenbefragungen sind ein zwingender Baustein der Kundenorientierung.

▶   Ohne systematische und professionelle Kundenbefragungen ist deine Organisation niemals kundenorientiert!

Kundenbefragungen sind ein sehr wichtiges Instrument, um Kundenerkenntnisse zu sammeln (Kromrey 2016, S. 335). Kundenbefragungen werden vor allem dann durch-geführt, wenn die Organisation nicht erfolgreich ist. Ein wesentlicher Aspekt, der aus meiner Sicht in der Praxis oft vergessen wird, ist, dass positives Kundenfeedback die Stimmung in der Organisation verbessern kann und sich durch die Auswirkung auf das Verhalten der Mitarbeitenden auch die Performance der Organisation verbessert (Kipfelsberger 2013). Somit ist das oft zu beobachtende Verhalten, dass Kunden-befragungen nur dann durchgeführt werden, wenn eine Organisation nicht so erfolgreich ist, kritisch zu sehen.

Die Verbesserung der Kundenorientierung basiert stark auf den Kompetenzen im Bereich der Gewinnung von Kundenerkenntnissen. Eine Agentur zu beauftragen, reicht heute nicht mehr aus. Die Mitarbeitenden und vor allem die Entscheidungs-träger benötigen in einer kundenorientierten Organisation umfassende Kompetenzen im Bereich Kundenbefragung.

Die Ansprüche an Marktforschungsabteilungen werden auch in Zukunft weiter steigen (Löffler und Einhorn 2012). Ich bin immer wieder überrascht, wie viele Organisationen immer noch keine Kundenbefragung durchführen. Der ehemalige CEO eines Medienhauses bringt die Vorbehalte auf den Punkt: „Die Ergebnisse der

Marktforschungsabteilung helfen mir nicht bei meinen Entscheidungen." Studierende, die die Fragebögen aus ihren Organisationen mitbringen und meine Meinung dazu wollen, zeigen mir leider auch immer wieder, wie niedrig das Niveau der meisten Befragungen ist. Für einen ersten Einstieg in das Thema Kundenbefragung sei beispielhaft Kuß et al. (2018) angeführt. Im Folgenden will ich auf für mich wichtige Erfahrungen aus der Praxis eingehen.

▶ **Kundenbefragung** umfasst die Gewinnung, Auswertung und Interpretation von Informationen über die jetzige und zukünftige Situation der Kunden sowie Entscheidungen einer Organisation (Bruhn 2014, S. 87).

Allgemein können in Bezug auf Kundenbefragungen vier Trends identifiziert werden (Löffler und Einhorn 2012, S. 8):

1. von der Itembatterie zur Kundenmeinung,
2. von der retrospektiven Messung zum proaktiven Impuls,
3. von der Kundenbefragung zum Kundendialog und
4. vom Ad-hoc-Projekt zur kontinuierlichen Befragung an den Kundenkontaktpunkten.

Diese Trends haben dazu geführt, dass immer stärker die qualitative Marktforschung oder die Messung mittels Einzelkennzahl an den jeweiligen Touchpoints zum Einsatz kommt. Großangelegte quantitative Studien sind auf dem Rückzug.

In Büchern und Ausbildung werden im Rahmen der Marktforschung Validität und Reliabilität als wichtige Qualitätsindikatoren angeführt.[7] Eine weitere Kennzahl, die aber zu wenig Beachtung bei der Durchführung von Kundenbefragungen findet, ist die Repräsentativität. Organisationen nutzen immer mehr quantitative Online-Befragungen zur Bestimmung von Kundenerkenntnissen. Dabei werden meist aus Kostengründen die Befragungslinks über E-Mail, Social Media oder die Webseite verteilt. Die so gewonnene Stichprobe deckt die Zielgruppe nicht oder ungenau ab. Einzelne Gruppen sind über- bzw. unterrepräsentiert. Eine Möglichkeit, mit einer solchen Stichprobe umzugehen, besteht darin, Teilnehmende vor der Analyse zu löschen bzw. zu gewichten. Moderne Statistikprogramme bieten diese Möglichkeit an. Es ist aber anzumerken, dass die beschriebene Stichprobenart meist auf mehreren Dimensionen nicht repräsentativ ist und eine Gewichtung fast für jede einzelne Auswertung vorgenommen werden müsste, je nach Fragestellung.

Ein anderer Weg ist die Definition einer proportional geschichteten Stichprobe (repräsentative Stichprobe) (Bortz 2005, S. 88). Dies bedeutet, die Verteilung über die zentralen Elemente der Teilnehmenden (bspw. Einkommen, Alter, Geschlecht, Wohnort) stimmt mit der Verteilung in der zu analysierenden Grundgesamtheit überein.

---

[7]Vgl. beispielhaft zu einer Definition beider Begriffe Eckstein (2008, S. 287).

Eine solche Verteilung über einen einfachen Aufruf in einem Social-Media-Kanal fällt nicht vom Himmel. Für eine repräsentative Stichprobe bietet es sich an, auf Basis des eigenen Kundenstamms repräsentativ einzuladen und die einzelnen Kenngrößen wie Alter und Geschlecht in der Feldphase laufend zu überwachen und nur dort weiter einzuladen, wo die Verteilung nicht stimmt, oder, wenn auch Nichtkunden befragt werden sollen, eine Recruitingagentur zu nutzen. Dabei können Kosten pro Interview von 1 EUR für Kunden klassischer B2C Angebote bis zu 150 EUR für B2B Kunden aufgerufen werden. Recruitingagenturen besitzen ein Panel und können dieses vor der Studie analysieren und bestimmen, welche Verteilung aufgrund ihrer Panelmitglieder möglich ist. Diese Investition können Kundenbefragungen verteuern, was viele Organisationen zurückschrecken lässt. Es ist immer wieder erstaunlich, dass Manager eher auf die Repräsentativität von Befragungen verzichten, um Kosten zu sparen, als eine wertvolle Entscheidungsgrundlage zu erhalten. Gerade diese Fehlentscheidung kann nur dazu führen, dass der Eindruck entsteht, Kundenbefragungen bildeten nicht die „echten" Einstellungen und das Kaufverhalten der Kunden ab, wie eingangs die Aussage des CEOs belegt. Die Verbesserung der Kundenorientierung sollte auf wertvollen Kundenerkenntnissen basieren. Der Repräsentativität der Stichprobe kommt dabei ein hoher Stellenwert zu.

Eine weitere wichtige Dimension in Bezug auf quantitative Kundenbefragung, die zu wenig Beachtung findet, ist der Halo-Effekt. Dieser leitet sich von den beschriebenen Entwicklungen des Kundenverhaltens ab. Es werden immer weniger belastbare Einstellungen ausgebildet, und Kunden verfügen über immer weniger Informationen (ohne aktiv zu werden), um eine Marke zu beurteilen.

▶ Als **Halo-Effekt** bezeichnet man die Verzerrung, dass ein Element homogener, gleichförmiger wahrgenommen wird, als es in Wirklichkeit ist (Felser 2015, S. 7; Thorndike 1920). Der Name stammt vom griechischen halos für „(Licht-)Hof, Schein, Heiligenschein".

Dieser Effekt kann im Rahmen quantitativer Kundenbefragungen auftreten, wenn bspw. versucht wird, die Performance der eigenen Webseite mit der des Wettbewerbes zu vergleichen. Das Ergebnis bildet nicht die spezifisch gegenüber der Webseite entwickelten Einstellungen ab, sondern die Gesamteinstellung gegenüber der Marke. Längere Itembatterien mit unterschiedlichen Dimensionen bilden somit immer seltener die Einstellung zur einzelnen Dimension, sondern die Einstellung gegenüber der Marke allgemein ab. Oft sehen wir „strichförmige" Darstellungen der Ergebnisse von Einstellungsmessungen auf Basis von Mittelwerten aufgrund dieses Effekts. Auch dieser Effekt ist ein Grund für die Zunahme an qualitativer Forschung.

Die Ergebnisse von Kundenbefragungen sollen die Entscheidungsfindung optimal unterstützen. Dabei gilt es, folgende fünf Datenfallen zu vermeiden (Osterwalder et al. 2015, S. 210 f.):

1. Die Falsch-positiv-Falle
2. Die Falsch-negativ-Falle
3. Die Maximum-erreicht-Falle
4. Die Maximum-erschöpft-Falle
5. Die Falsche-Daten-Falle

Die **Falsch-positiv-Falle** tritt auf, wenn die Auswertungen zu falschen Schlussfolgerungen führen. Ich empfehle deshalb, gerade in Kundenbefragungen mehrere Methoden zu verwenden und auch im Rahmen von quantitativen Befragungen die zentralen Untersuchungsergebnisse mittels unterschiedlicher Konstrukte zu untersuchen. Die **Falsch-negativ-Falle** kann vor allem dann auftreten, wenn es um latente Bedürfnisse geht oder einfach Fehler im Aufbau der Befragung existieren. Der zweite Punkt kann nur durch eine ständige Verbesserung der Befragungskompetenzen in der Organisation reduziert werden. Der erste Punkt kann verringert werden, wenn Kundenbefragung und eine Trendanalyse in Verbindung eingesetzt werden. Die **Maximum-erreicht-Falle** tritt oftmals auf, weil die Befragung nicht breit genug aufgesetzt wird. Der Fokus der Untersuchung ist so klein, dass mögliche weitere Potenziale aufgrund fehlender Beachtung nicht entdeckt werden. Auch deshalb empfehle ich den Einsatz von qualitativen Befragungen vor quantitativen Befragungen, weil die Limitierungen der Fragebogenläge leicht zu einem zu engen Untersuchungsfokus führen können.

Die **Maximum-erschöpft-Falle** ist eine gerade für die Schweiz im B2C-Bereich oft vergessene Falle. Viele Organisationen starten Geschäftsmodelle in der Schweiz, die in den USA, China oder Europa erfolgreich sind. Dabei übersehen sie, dass die Schweiz nur über rund 8 Mio. Einwohner verfügt. Die Anzahl an möglichen Teilnehmenden für eine Kundenbefragung kann für Start-ups, Nischenanbieter, aber auch B2B-Organisationen für eine quantitative Studie zu klein sein. Die **Falsche-Daten-Falle** ist eng verbunden mit der Repräsentativität. Wenn die falschen Personen für die Befragung ausgewählt werden, können die Ergebnisse schnell irreführend sein. Gerade im Bereich digitale Kundenkontaktpunkte werden zu viele Studien durchgeführt, die zwar günstig und schnell sind, aber mit Anlauf in die Falsche-Daten-Falle tappen.

Meine grundlegende Empfehlung ist es, auf qualitative Befragungen zur Ermittlung von Kundenerkenntnissen zu setzen. Quantitative Befragungen sollten trotzdem jährlich durchgeführt werden und können durch Veränderungen der Ergebnisse im Zeitablauf als eine Art Trendentwicklung auch wichtige Kundenerkenntnisse liefern. Darüber hinaus helfen quantitative Befragungen, Sachverhalte besser zu berechnen und abzuschätzen. Die Bedürfnisse, Emotionen und weitere wichtige Dimensionen sowie ihre dahinterliegenden Auslöser sollten aber im Rahmen von qualitativen Studien bestimmt werden. Somit gilt die einfache Formel „Online-Befragung = Kundenorientierung" nicht.

In der Vergangenheit habe ich mehrere Methoden zur Gewinnung von wertvollen Kundenerkenntnissen und als Basis für das Customer Value-based Decision Making wiederholt genutzt. Im Zeitablauf entstand ein Toolset, Customer Purchase Process Analysis, die je nach Fragestellung die verschiedenen Methoden miteinander verbindet. Die zentrale Anforderung an die einzelnen Methoden war, möglichst einzigartige und wertvolle Erkenntnisse auf metrischem Niveau für jeden einzelnen Kunden zu ermitteln. Kundenorientierung zielt auf die Steigerung des Kundenwerts ab, und dazu sollten die eingesetzten Instrumente die Wertsteigerung optimal bestimmen können. Darüber hinaus sollen die Ergebnisse so gut wie möglich dabei helfen, die Unterschiede zwischen den einzelnen Anbietern im Markt oder Alternativen aufzuzeigen. Die von mir ausgewählten Methoden werden in unterschiedlichen Kombinationen (je nach Fragestellung des Kunden) im Rahmen von persönlichen qualitativen Interviews eingesetzt.

Die Customer Purchase Process Analysis stellt zwei Herausforderungen an Organisationen. Zum einen verlangen die eingesetzten Methoden eine hohe Kompetenz der auf allen Stufen involvierten Personen im Bereich Strategie/Marketing/Vertrieb, Käuferverhalten und statistische Analyse. Zum anderen ist der Ansatz vergleichsweise aufwendig und zeitintensiv. Die Customer Purchase Process Analysis kommt als Methodenkombination vor allem dann zum Einsatz, wenn die strategische Grundausrichtung einer Organisation bzw. Marke aus Sicht der Kunden evaluiert werden soll. Im Folgenden stelle ich die einzelnen Methoden vor. Die folgenden Ausführungen werden aufzeigen, dass wertvolle und differenzierende Kundenerkenntnisse Energie und Kompetenzen in einer Organisation voraussetzen, die bisher noch nicht viele Organisation bereit sind, zu etablieren.

3.2.3.1 Fragebogen

Bei der Erstellung eines Fragebogen sind mehrere Punkte zu beachten (Walsh et al. 2013, S. 116). Die Teilnehmenden erwarten immer kürzere Fragebögen und dadurch ist nie genug Platz für alle relevanten Fragen. Deshalb muss man sich bei einem Fragebogen immer fokussieren. Ich erlebe in der Praxis oft, dass der Aufbau eines Fragebogens eher einem Punk-Lied gleicht als einer Oper von Puccini. Ausstrahlungs- und Reihenfolgeeffekte müssen möglichst vermieden werden. Zu Beginn empfiehlt es sich, Eisbrecherfragen zu stellen und die Teilnehmenden nicht mit Fragen zu Alter und Einkommen zu vergraulen. Im Anschluss sollte sich die Schwierigkeit der Fragen langsam steigern, bis sie gegen 75 % der Befragung wieder abnehmen sollte. Ganz wichtig ist, dass mögliche unangenehme Fragen nach Einkommen, sexueller Orientierung oder Religion ganz am Ende gestellt werden. Ansonsten besteht die Gefahr, dass zu viele Teilnehmende die Befragungen abbrechen. Es kann auch problematisch sein, wenn die Beantwortung der Fragen nicht verpflichtend ist. Dies kann zu einem deutlich höheren Analyseaufwand führen (Homburg 2017, S. 319). Deshalb empfehle ich, alle Fragen abgesehen von sensiblen Fragen wie eben zum Einkommen verpflichtend zu machen, bzw. wenn davon auszugehen ist, dass eine größere Gruppe an Teilnehmenden die Frage nicht beantworten kann, eine „Weiß nicht"-Option anzubieten. Abschließend sei auf die soziale Erwünschtheit beim Einsatz von direkten Fragen hingewiesen (Meffert et al. 2019, S. 194). Fragen zu Parteipräferenzen oder Einkommen können die Probanden durchschauen und ihre Angaben den „Wünschen" der Gesellschaft bzw. des Studienverantwortlichen anpassen. Deshalb werden im Rahmen von Befragungen allgemein indirekte Fragen gegenüber direkten Fragen bevorzugt.

Zum inhaltlichen Aufbau eines Fragebogens sollen in einem ersten Schritt die strategischen bzw. operativen Optionen entwickelt werden, die es zu untersuchen gilt. Im Anschluss sind die Optionen auf einzelne den Optionen zugrunde liegende Hypothesen herunterzubrechen. Diese Hypothesen werden dann wieder in einzelne Fragen zerlegt, um die hohe Komplexität der zugrunde liegenden Optionen für die Teilnehmenden der Befragung verständlich zu machen.

Beispielsweise möchte eine Organisation verstehen, ob sie eher vor oder nach dem Kauf in die Kundenbeziehung investieren soll. Somit bestehen die Optionen, mehr in die Vorkaufsphasen, mehr in die Nachkaufphasen oder in beide Phasen gleich viel zu investieren. Dazu werden die Hypothese 1 „Das Involvement der Kunden ist mittel bis niedrig" und die Hypothese 2 „Kundenbegeisterung führt bei Wiederholungskauf zu einer höheren Loyalität und Zahlungsbereitschaft" formuliert. Je nach Fragestellungen gilt es, aufgrund der Ausgangslage noch weitere Hypothesen zu entwickeln. Im Anschluss wird jede Hypothese durch Fragen für die Teilnehmenden konkretisiert. Ich erlebe an dieser Stelle in der Praxis den absoluten Freestyle. Mitarbeitende oder Teams fangen an, irgendwelche Fragen zu entwickeln. Kreativität in allen Ehren, aber die Entwicklung einer Kundenbefragung ist ein Handwerk. Ärzte, Rechtsanwälte, Ingenieure – die meisten Berufsgruppen bilden sich kontinuierlich fort bzw. müssen sich sogar fortbilden, um weiterhin tätig sein zu können. Kundenbefragungen entwickeln kann anscheinend jeder, und jeder Mitarbeitende einer Organisation darf noch ein, zwei Fragen ergänzen bzw. über die Formulierung entscheiden.

An dieser Stelle gilt es, tief Luft zu holen. Es sei noch mal daran erinnert, dass sich viele CEOs und Geschäftsleitungen über die Ergebnisqualität von Kundenbefragungen negativ äußern. Ich gehe mal einem Verdacht nach, woran das liegen könnte. In zwei Worten: kein Plan! Aus meiner Erfahrung heraus hat in kaum einer anderen Berufsgruppe die Wissenschaft einen solch schlechten Stellenwert wie in der Betriebswirtschaftslehre. Heerscharen an Forschenden entwickeln Messinstrumente, um Kundeneinstellungen und Kundenverhalten im Rahmen von Befragungen möglichst genau zu messen, aber die meisten Organisationen sind sich dieser Erkenntnisse nicht bewusst und nutzen sie deshalb auch nicht. Deshalb habe ich in Kap. 8 beispielhaft Skalen eingefügt, die die unterschiedlichen Konstrukte wie Involvement, Begeisterung etc. valide messen. Die Nutzung solcher Skalen steigert die Kompetenz einer Organisation im Bereich Kundenerkenntnisse signifikant. Somit gilt es, bei der Entwicklung von Fragebögen möglichst auf solche wissenschaftlich überprüften Messmodelle zurückzugreifen. Auch wenn vielleicht die eine oder andere Formulierung missfällt, sollte die eigene Wertung gegenüber einer möglichst hohen Validität hintenangestellt werden. Bei der Fragenformulierung sind die folgenden drei Punkte zu berücksichtigen (Homburg 2017, S. 316):

1. **Einfachheit:** Vermeidung von Fachsprache und zu langen Sätzen
2. **Neutralität:** Vermeidung von Suggestivformulierungen, die die Teilnehmenden beeinflussen können
3. **Eindeutigkeit:** Vermeidung von Doppelfragen

Ich erlebe oft, dass die Eindeutigkeit verletzt wird. Fragen wie bspw.: „Bietet Marke XY einen einfachen und günstigen Service?" können nicht eindeutig ausgewertet werden. Wenn dieser Aussage nicht zugestimmt wird, ist nicht klar, welche Eigenschaft nicht zutrifft.

Zur Messung von subjektiven Sachverhalten wie Einstellungen, Bedürfnisse, Involvement, Emotionen, die eine Transformation von qualitativen Bewertungen in quantitativen Größen notwendig machen, wird meist die Likert-Skala eingesetzt (Pepels 1995, S. 286 f.). Die Likert-Skala ist streng genommen keine metrische Skala, weil nicht eindeutig ist, wie groß die Abstände zwischen den einzelnen Stufen der Skala sind, im Gegensatz zur Temperaturskala (Walsh et al. 2013, S. 117). Trotzdem werden Likert-Skalen wie metrische Skalen für die Analyse genutzt (vgl. Tab. 3.2).

In der Praxis sind unterschiedliche Skalierungen für Likert-Skalen zu beobachten. Allgemein geht die Psychologie davon aus, dass Menschen nicht mehr als vier unterschiedliche Bewertungsstufen gegenüber einem Objekt vornehmen können. Für die statistische Analyse wird aber im Rahmen eines multivariaten Analyseverfahrens eine ungerade Skalierung benötigt, damit die Verteilung nicht zu extrem auf der einen oder anderen Seite ausgeprägt ist. Darüber hinaus können Teilnehmende unentschlossen sein. Bei einer

Tab. 3.2 Beispiel einer Likert-Skala zur Messung des Involvements gegenüber einem Auto

	Bitte bewerten Sie die folgenden Aussagen	1 Stimme überhaupt nicht zu	2	3	4	5 Stimme voll und ganz zu
1.1	Es ist mir wichtig, ein Fahrzeug zu besitzen					
1.2	Fahrzeuge spielen in meinem Leben eine wichtige Rolle					
1.3	Wenn man ein Fahrzeug kauft, besteht immer das Risiko, dass man sich für die falsche Marke oder das falsche Modell entscheidet					

geraden Skala ist jeder Teilnehmende gezwungen, entweder dafür oder dagegen zu sein. Wenn multivariate Methoden zum Einsatz gelangen sollen, setze ich Skalen von 1 bis 5 oder 1 bis 7 mit den Skalenbeschriftungen wie in Tab. 3.2 dargestellt ein.

Vor dem Hintergrund einer qualitativen Studie, die nicht mit multivariaten Methoden analysiert werden sollte, kann der Einsatz von geraden Skalen hilfreich sein. Die Verantwortlichen müssen sich auf Basis der Ergebnisse der Befragung für eine Option entscheiden. Eine große Anzahl an mittleren Bewertungen kann zu einer Unsicherheit bei der Bewertung der Ergebnisse führen. Es besteht auch die Möglichkeit, die mittleren Angaben in der weiteren Analyse nicht zu berücksichtigen. Eine gerade Skala kann den Verantwortlichen bei der Entscheidungsfindung aber mehr Sicherheit geben. Somit sollte sich die Skalierung immer an das Ziel der Studie bzw. die Entscheidungssituation anpassen.

Eng mit Likert-Skalen verbunden sind Itembatterien. Diese werden oft im Rahmen der Kundenbefragung (qualitative oder quantitativ) eingesetzt. Sie ermöglichen ein differenzierteres Bild als Einzelkennzahlen, allerdings muss der Einsatz von Itembatterien kritisch betrachtet werden. Teilnehmende entwickeln eine gewisse Reaktanz gegenüber langen Itembatterien und nutzen Muster, um die Befragung schneller abschließen zu können (Löffler und Einhorn 2012, S. 8 f.). Durch die regelmäßige Durchführung von Kundenbefragungen wird eine Organisation in die Lage versetzt, die jeweiligen Itembatterien im Sinne der richtigen und der wesentlichen Items kontinuierlich zu verbessern.

Eine Skalenart, die nur selten Verwendung findet, und dies aus meiner Sicht zu Unrecht, ist der Paarvergleich (vgl. Abb. 3.25). Der Paarvergleich erlaubt die genauere Messung der Abstände zwischen zwei Items. Bei dem Einsatz der Likert-Skala können sich bei den Probanden aufgrund der Anspruchsinflation über viele Items identische Bewertungen ergeben, die im Rahmen der Auswertung eine Priorisierung vor allem auf segment- oder individueller Ebene erschweren. Paarvergleiche führen zu einer genaueren Messung der Abstände zwischen zwei Items. Dabei gilt es zu beachten, dass Daten auf Basis von Paarvergleichen nicht für multivariate Analysemethoden eingesetzt werden können, weil die Multikollinearität verletzt wird, da die Bewertung der Items, aufgrund des Paarvergleichs, in einer Abhängigkeit steht (Bortz 2005, S. 453).

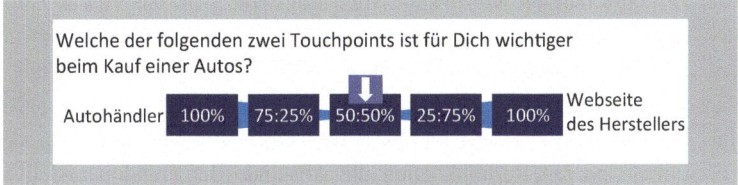

Abb. 3.25 Beispiel für einen Paarvergleich zur Bestimmung der Wichtigkeit eines Touchpoints

Bei der Bestimmung der Relevanz der einzelnen Kundenbedürfnisse können mittels Paarvergleich die Abstände genauer ermittelt werden. Ich setze dabei den Preis immer als Basis und stelle diesen den anderen Bedürfnissen der Kunden gegenüber. Dabei sollte immer eine ungerade Skala zum Einsatz kommen, damit der Teilnehmende ausdrücken kann, dass ihm beide Bedürfnisse gleich wichtig sind. Den Aufbau zur Messung der Relevanz von Kundenbedürfnissen über Paarvergleiche findest du in Kap. 8. Die Ergebnisse können anschließend auf individuellem und aggregiertem Niveau ausgewertet werden.

Eng mit Paarvergleichen verwandt sind semantische Differenziale. Bei einem semantischen Differenzial werden mehrere bipolare Ratingskalen verwendet. Die Probanden müssen Marken/Angebote durch Gegensatzpaare wie teuer und günstig oder zuverlässig und unzuverlässig bewerten. Zur Bestimmung von Markenimages ist das semantische Differenzial das Standardinstrument im Rahmen von Kundenbefragungen (Homburg 2017, S. 314).

Ist der Fragebogen finalisiert, gilt es, diesen mit möglichst Unbeteiligten zu testen. Gerade für qualitative Studien besteht die Gefahr, dass der Fragebogen zu lang ausfällt, denn je nach Themengebiet sind Nachfragen erforderlich und die Antwortzeit ist dadurch schwer abzuschätzen.

3.2.3.2 Repertory-Grid-Technik

Neben dem Fragebogen setze ich die Repertory-Grid-Technik im Rahmen der Customer Purchase Process Analysis ein. Die Repertory-Grid-Technik ist eine Methode, die eher selten bei der Ermittlung von Kundenerkenntnissen zum Einsatz kommt. Entwickelt wurde sie von Kelly in den 1950er Jahren im Bereich der Psychologie (Kelly 1991). Er entwickelt den Begriff persönliche Konstrukte. Dieser Begriff beschreibt die Art und Weise, wie Menschen die Welt wahrnehmen (Hemmecke 2012, S. 2). So nehmen verschiedene Menschen das identische Angebot unterschiedlich wahr. Das Konstruktsystem definiert dabei, wie ein Kunde denkt, fühlt und sich verhält (Catina und Schmitt 1993).

Kundenerkenntnisse für die Organisation bereitzustellen, zielt u. a. darauf ab, auch latente Bedürfnisse und möglichst die individuelle Wahrnehmung analysieren zu können. An dieser Stelle kann der Einsatz der Repertory-Grid-Technik hilfreich sein. Innerhalb der Erhebung werden nicht Vorgaben der Organisation durch Kunden bewertet, sondern die Kunden bewerten mit eigenen Worten die ihnen vorgelegten Konstrukte. Als Konstrukte können Angebote, Marken oder aber Touchpoints eingesetzt werden. Die Organisation bestimmt die zu beurteilenden Konstrukte. Hier empfiehlt sich, das eigene Angebot, das des stärksten Wettbewerbs, das teuerste und das billigste Angebot des Wettbewerbs sowie des fiktiven „idealen Anbieters", aufzunehmen. Die Repertory-Grid-Technik zeichnet sich gegenüber anderen Methoden dadurch aus, dass sie auf der Sprache jedes Einzelnen aufbaut. Darüber hinaus liefert die Repertory-Grid-Methode metrische Ergebnisse. In einem dreidimensionalen Raum können die Abstände der Kundeneinstellungen dargestellt werden. Somit ermittelt eine Befragung mittels Repertory-Grid-Technik die einstellungsbasierten Abstände von Konstrukten (Angeboten, Marken, Touchpoints) und die jeweiligen Assoziationen der teilnehmenden Kunden auf individueller und aggregierter Ebene. Im Folgenden soll der Ablauf einer Repertory-Grid-Befragung vorgestellt werden.

Bei der Bestimmung der zu bewertenden Konstrukte sollten nicht mehr als acht bis zwölf Konstrukte ausgewählt werden, damit der Teilnehmende nicht überfordert wird. Auf Basis der definierten Konstrukte wird anschließend die Befragung durchgeführt. Dabei werden den Teilnehmenden drei Konstrukte vorgestellt (Triadenmethode) und sie werden gefragt: Welche beiden Konstrukte sind aufgrund welcher Eigenschaft anders als das dritte Konstrukt (Hemmecke 2012, S. 10)? Beispielsweise werden Mercedes, Audi und BMW als Konstrukte vorgestellt, und jeder Teilnehmende muss für sich bewerten, was zwei von diesen Marken im Gegensatz zur dritten Marke verbindet. Dabei wird nach dem positiven und negativen Unterschied gefragt. Zum Beispiel werden von einem Teilnehmenden zwei der Marken als teuer bezeichnet. Im Anschluss wird gefragt, was für den Teilnehmenden das Gegenteil von „teuer" ist, in diesem Fall „billig". Gerade zu Beginn der Befragung muss der Interviewer bei den Angaben mithilfe der Laddering-Technik, die ich zum Thema Means-End-Chains vorgestellt haben, immer wieder nachfragen. Kunden antworten oft mit: „Die zwei Marken finde ich gut, die andere schlecht." Dann gilt es zu verstehen, was sich genau hinter dem Urteil „gut" oder „schlecht" verbirgt. Darüber hinaus kann es vorkommen, dass manchen Teilnehmenden die vorgestellten Konstrukte zu unvertraut sind. Dann kann die Triade übersprungen werden. Die Repertory-Grid-Technik benötigt deshalb einen Interviewer, der den Teilnehmenden helfen bzw. die Antworten einordnen kann. Nach mehreren Bewertungen von Triaden (in Abhängigkeit von der Anzahl der Konstrukte) folgt ein weiterer Schritt.

Die Teilnehmenden werden gebeten, die einzelnen Konstrukte auf einer Skala einzuordnen (Herrmann und Huber 2013, S. 185). Diese Skala besteht aus den vorher vom Teilnehmenden selbst definierten Gegensatzpaaren (wie oben angeführt: teuer und billig). Auf der Skala werden dann die einzelnen Konstrukte angeordnet, je nachdem, als wie teuer bzw. wie billig diese durch den Teilnehmenden bewertet werden. Dabei werden alle Konstrukte auf den zuvor gesammelten individuellen Bewertungen der Teilnehmenden zugeordnet. Dies erlaubt später die metrische Analyse von Abständen der unterschiedlichen Marken, Angebote oder Touchpoints. Im Ergebnis kann der Wahrnehmungsraum der Teilnehmenden bezüglich der Fragestellung visualisiert werden.

Abb. 3.26 stellt unterschiedliche Automarken und die jeweils von den Teilnehmenden zugeordneten Begriffe dar. Je nach Anzahl an Teilnehmenden kann die Übersicht schnell

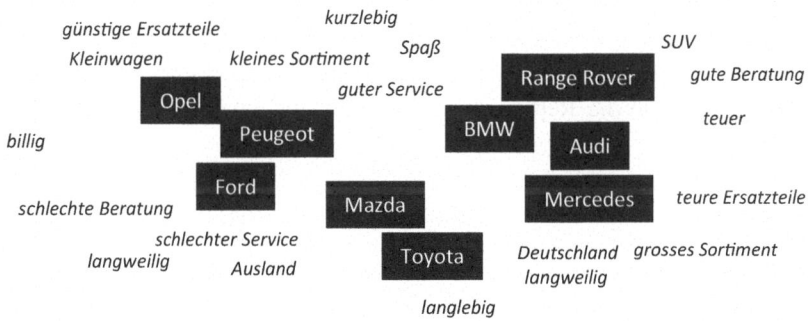

Abb. 3.26 Beispiel für einen Wahrnehmungsraum auf Basis der Repertory-Grid-Technik

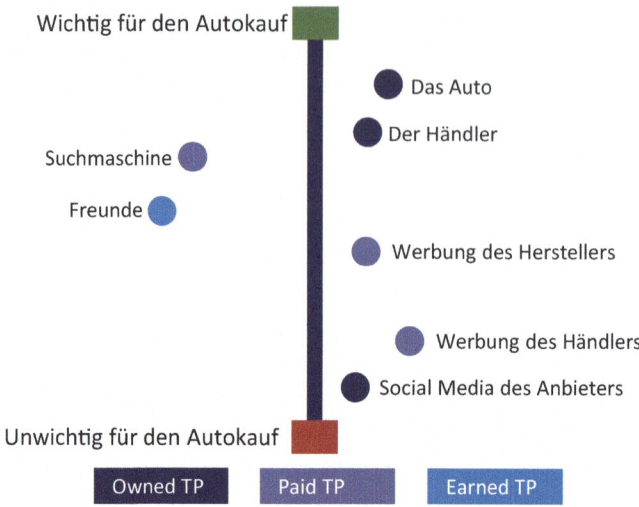

Abb. 3.27 Bestimmung der Relevanz von Touchpoints am Beispiel des Autokaufs mittels Repertory-Grid-Technik

verloren gehen. Die Abbildung ist als Illustration zu verstehen. Die zahlreichen Aussagen der Kunden gilt es im Anschluss an die Befragung zu bündeln und die Vielzahl an Begriffen zusammenzufassen. Neben den Assoziationen erlaubt die Repertory-Grid-Technik auch die Messung der Abstände zwischen den einzelnen Konstrukten in der Wahrnehmung der Kunden.

Abb. 3.27 zeigt am Beispiel des Autokaufs auf, wie Kunden die Relevanz der unterschiedlichen Touchpoints einschätzen. Manche Touchpoints stehen auf der linken, andere auf der rechten Seite. Dies erfolgt auf Basis der unterschiedlichen Assoziationen bezüglich des jeweiligen Touchpoints. Neben der Anordnung und den Distanzen können auch die Begriffe zu den unterschiedlichen Kontaktpunkten analysiert werden. Werden eher positive Begriffe wie „Vertrauen" und „Sicherheit" benutzt oder eher neutrale wie „viele Informationen" oder negative wie „Verwirrung"? Der Vorteil gegenüber anderen Methoden ist in der verbundenen Einstellungsmessung der Distanz zu sehen, die andere Methoden so nicht bereitstellen können.

Neben der Repertory-Grid-Technik kann auch die Multidimensionale Skalierung (MDS) zur Einstellungsmessung zum Einsatz kommen (Backhaus et al. 2011, S. 217). Die MDS erlaubt, wie die Repertory-Grid-Technik, die subjektive Wahrnehmung der

Distanz von Objekten durch Menschen zu bestimmen (Aaker et al. 2016). Der zentrale Unterschied zwischen beiden Methoden ist darin zu sehen, dass bei der Durchführung einer MDS die Bewertungsdimensionen vorgegeben werden. Während der Teilnehmende eines Repertory-Grid-Interviews seine eigene Begriffswelt zur Beschreibung der Objekte benutzt, zielt die MDS auf die Distanzbestimmung zwischen den Objekten auf Basis von vordefinierten Dimensionen ab (Green 1975). Ist es das Ziel, nur die Abstände zwischen den Marken, Angeboten und Touchpoints zu bestimmen, ist die MDS die günstigere und einfachere Methode. Darüber hinaus kann die MDS in Rahmen quantitativer Befragungen eingesetzt werden, wohingegen die Repertory-Grid-Technik auf ein qualitatives Studiendesign angewiesen ist (vgl. Abb. 3.28).

Zur Erstellung einer MDS stehen drei unterschiedliche Befragungsansätze zur Verfügung (Homburg 2017, S. 372). Beim **Rangreihungsverfahren** werden die jeweiligen Objektpaare anhand ihrer Ähnlichkeit sortiert, was schnell zu einer großen Anzahl an Objektpaaren führt. Bei der **Ankermethode** werden die Ähnlichkeiten zwischen den einzelnen Objekten beurteilt. Auch hier steigt die Anzahl an Bewertung schnell an. Beim **Ratingverfahren** werden die Ähnlichkeiten eines jeden Objekts auf einer mehrstufigen Skala bewertet. Dies ist deutlich schneller durchzuführen, kann aber zu Verzerrungen bei der Auswertung führen. Deshalb werden MDS meist für eine große Anzahl an Personen durchgeführt, um den Einfluss von Verzerrungen zu reduzieren (Homburg 2017, S. 373). Das Ratingverfahren wird in der Praxis am häufigsten eingesetzt. Dabei können auch der Idealpunkt bzw. die Idealmarke/das Idealangebot und Touchpoints integriert werden.

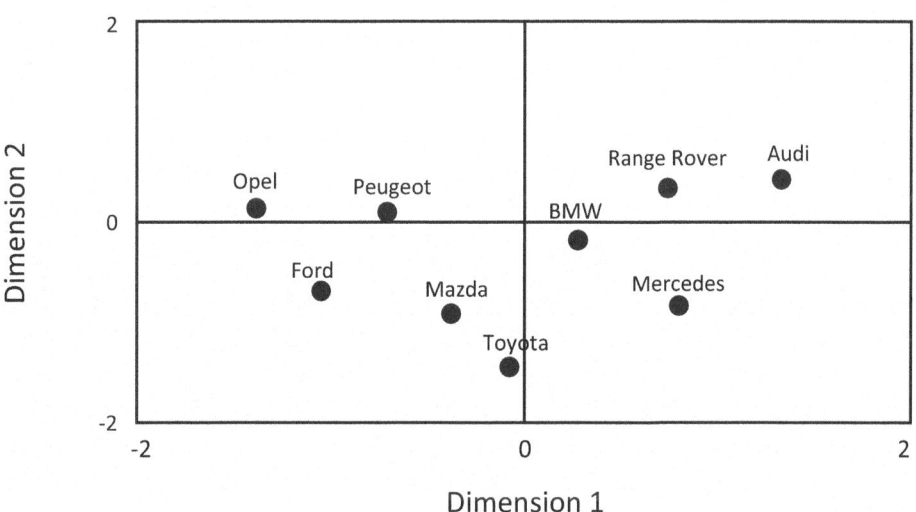

Abb. 3.28 Illustration der Zuordnung von Automarken auf Basis einer MDS

Beide Methoden haben ihre Stärken und Schwächen. Ich empfehle, die Repertory-Grid-Technik alle zwei bis drei Jahre im Rahmen einer qualitativen Studie einzusetzen, um mögliche Einstellungsveränderungen tief gehend zu untersuchen. Dies kann durch eine jährliche MDS in Form einer quantitativen Studie ergänzt werden.

3.2.3.3 Analytical Hierarchy Process

Der Analytic Hierarchy Process (AHP) wurde von Thomas L. Saaty in den 1970er Jahren entwickelt (Saaty 1980) und ist ein weiterer möglicher Bestandteil der Customer Purchase Process Analysis.[8] Drei Mitglieder des ursprünglichen Forschungsteams erhielten später einen Nobelpreis (Forman und Gass 2001, S. 470). Die Methode konnte nie eine durchschlagende Bekanntheit in Europa erzielen, auch weil die Anwendung lange Zeit kompliziert war (Meixner und Haas 2002, S. 12). Die Nutzung onlinebasierter AHP-Anwendungen hat der Methode eine gewisse Popularität zurückgebracht. Bei der Entwicklung der Methode fokussierte sich Saaty (1980, S. 14) auf zwei Prinzipien: Natürliche Systeme sind hierarchisch aufgebaut. Eine Hierarchie ist hilfreich, um komplexe Zusammenhänge übersichtlich darzustellen. Entscheidungen mit einer hohen Komplexität und schwerwiegenden Auswirkungen lassen sich meist nicht einfach gesamtheitlich beschreiben und analysieren. Durch eine Zerstückelung in Einzelteile kann dieses Problem gelöst werden (Sommerhäuser 2000, S. 20 f.).

Das zweite Prinzip basierte darauf, dass die meisten Entscheidungsträger bei ihren Entscheidungen rein ihrem Bauchgefühl folgen. Dritten gegenüber sind solche Entscheidungen oft schwer zu vermitteln. Die Systematik des AHP hilft, die Entscheidungen nachzuvollziehen (Saaty 1994, S. IX ff.). Diese Nachvollziehbarkeit ist unter dem Gesichtspunkt des Customer Value-based Decision Making wichtig, um zu einem späteren Zeitpunkt mögliche Korrekturen an der Entscheidungsgrundlage vornehmen zu können. Entscheidungen innerhalb einer Organisation bleiben sonst eine Art Black Box, die nicht systematisch analysiert und verbessert werden kann.

Mithilfe der AHP-Methode soll die optimale Handlungsalternative aus einer Reihe von Möglichkeiten zur Lösung eines Entscheidungsproblems bestimmt werden. Die Methode ist durch eine hohe Flexibilität und breite Anwendbarkeit gekennzeichnet (Lusti 2001, S. 43). In einer Zeit großer Unsicherheit bezüglich zukünftiger Entwicklungen sowie bei notwendigen Veränderungen in der Denkhaltung einer Organisation kann die AHP-Methode nützlich sein. Sie soll helfen, der Tendenz zur Konformität des Denkens entgegenzuwirken (Jenner 2003, S. 209). Die AHP-Methode kann quantitative und qualitative Informationen verarbeiten und für die Entscheidungsfindung zusammenfügen (Davies 2001, S. 874). Meistens wird der AHP nicht allein eingesetzt, sondern mit anderen Methoden verbunden (Forman und Gass 2001, S. 471). Es ist festzuhalten, dass die AHP-Methode keine Entscheidung trifft, sondern Einzelne oder

---

[8]Zu einer Vorstellung der mathematischen Grundlagen vgl. Saaty (1980), für eine kurze Einführung Forman und Gass (2001, S. 469).

Gruppen bei der Entscheidungsfindung systematisch unterstützt (Lütters und Staudacher 2008). Ich nutze die AHP-Methode erfolgreich für drei unterschiedliche Einsatzfelder:

1. Zur Entscheidungsunterstützung von Managern
2. Zur Evaluation der bestehenden Ausrichtung einer Organisation
3. Innerhalb unser Customer Purchase Process Analysis zur Bewertung von Einstellungen und Bedürfnissen[9]

Der Einsatz der AHP-Methode in diesen drei unterschiedlichen Bereichen basiert auf der inhaltlichen Freiheit der Methode. Darüber hinaus erlaubt die Methode metrische Ergebnisse auf Individualebene. Dies ist eine besondere Stärke, da gängige Skalen bei Individuen und kleinen Gruppen kaum zu aussagekräftigen Ergebnissen führen. Mithilfe der AHP-Methode können Präferenzen von Individuen genauer analysiert werden: hinsichtlich einer Marke, eines Angebots/Kundenerlebnisses/Touchpoints oder einer Entscheidung in einer Organisation. Die enorme Leistungsfähigkeit der Methode geht mit hohen Anforderungen an die Anwendungskompetenz einher. Der Einsatz der AHP-Methode erfordert eine umfassende Vorbereitung, Erfahrung und die Dokumentation der Annahmen, um bei einer notwendigen Wiederholung Optimierungspotenziale zu bestimmen.

Die Nutzung der AHP-Methode wird in zwei Phasen unterteilt. In der Konzeptphase werden Vorarbeiten geleistet, und die Methode dient als Strukturierungsgrundlage bzw. Denkschablone. Das Problem bzw. die Präferenzstruktur muss eine hierarchische Struktur besitzen. Somit gilt es, zu Beginn zu bestimmen, welche Elemente in die Bewertung einfließen. In der Umsetzungsphase empfehle ich, den sechsstufigen Prozess in Anlehnung an Lütters (2004, S. 204) anstelle des ursprünglichen fünfstufigen Prozesses von Saaty zu verwenden.

In einem ersten Schritt wird die Hierarchie erstellt (vgl. Abb. 3.30). Dann werden die jeweiligen Hierarchieelemente anhand von Paarvergleichen bewertet. Es werden so Beziehungen zwischen Einzelelementen jeder Hierarchieebene hergestellt, indem jedes Element einer Ebene in einem Paarvergleich mit den anderen Elementen bewertet wird (Saaty 1996, S. 21 f.). Im Rahmen der Datenauswertung werden die Gewichte der Elemente einer Ebene berechnet. Anschließend findet eine Überprüfung der Konsistenz der Bewertungen statt (Aguaron und Moreno-Jimenez 2003). Neben

---

[9]Wenn die AHP-Methode in der Präferenzmessung eingesetzt wird, ist eine anschließende Nutzung der Daten in der Regressionsanalyse nicht möglich. Viele Messmodelle basieren auf einem regressionsanalytischen Ansatz, der keine Multikollinearität erlaubt. Aufgrund des hierarchischen Aufbaus und der Bewertung aller Elemente einer Hierarchieebene ergeben sich automatisch hohe Korrelationen zwischen den einzelnen Elementen. Für quantitative Studien gilt es deshalb zu entscheiden, ob die Einstellung und Bedürfnisse der Kunden mittels AHP-Methode oder mittels des regressionsanalytischen Ansatzes bestimmt werden sollen.

Aufstellung
der Hierarchie

Bewertung der
Hierarchieelemente
im Paarvergleich

Bewertung der
Gewichte der Elemente
einer Ebene

Überprüfung der
Konsistenz
der Bewertungen

Berechnung der
Gewichte für die
gesamte Hierarchie

Aggregation der
Einzelbewertungen
zu Gruppenentscheidungen
mit jeweils eigener
Auswertung

Abb. 3.29 Vorgehensweise bei der Anwendung des Analytic Hierarchy Process. (Quelle: Lütters 2004, S. 204)

dem metrischen Ergebnis auf Individualniveau ist die Konsistenzprüfung eine weitere Stärke der AHP-Methode. Die Konsistenzprüfung erlaubt es, zu bestimmen, ob der Teilnehmende die Beziehung der einzelnen Elemente konsistent bewertet hat. Im Gegensatz zu klassischen Likert-Skalen kann überprüft werden, ob die Angaben überhaupt logisch sind. Das macht die AHP-Methode anderen Methoden gegenüber überlegen (vgl. Abb. 3.29). Abschließend werden die Einzelurteile zu einem Gruppenurteil zusammengefasst. Die Bewertung einer AHP-Hierarchie hat im Ergebnis einen Vektor, der visualisiert, welchen Stellenwert die einzelnen Komponenten für das Erreichen des Gesamtziels haben.

Die Ergebnisse einer AHP-Befragung können anschließend mithilfe einer Sensitivitätsanalyse untersucht werden. Die Visualisierung kann den Entscheidern helfen, die Auswirkung einer Veränderung eines Elements in Bezug auf die Lösung nachzuvollziehen (Lütters 2004, S. 226). Somit erlaubt die Methode in einem gewissen Umfang „Was-wäre-wenn"-Analysen. Die AHP-Methode unterstützt somit folgende Punkte (Meixner und Haas 2002, S. 34):

1. Gewichtung der eingesetzten Elemente
2. Bewertung der eingesetzten Alternativen (Trends, Denkhaltung, Marken, Angebote etc.)

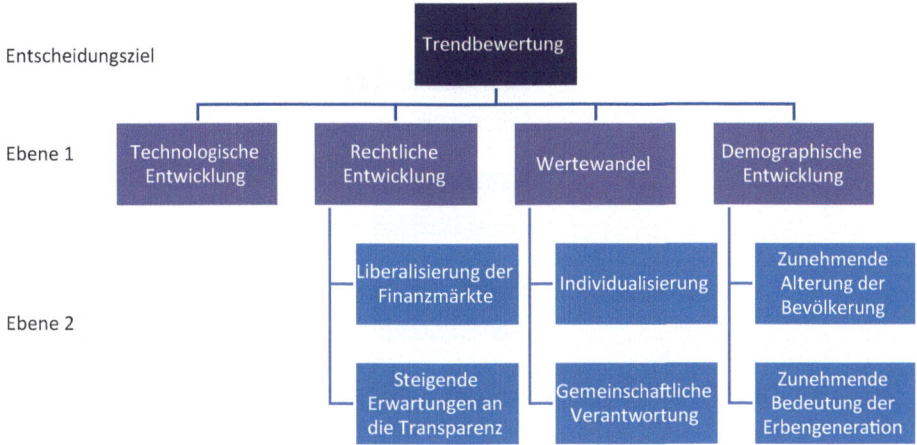

Abb. 3.30 AHP-Hierarchie zur Bewertung von Trends im Private Banking. (Quelle: Staudacher 2008, S. 224)

3. Ableitung einer optimalen Entscheidung auf Individual- und Gruppenebene
4. Analyse der Konsistenz der Teilnehmenden
5. Sensitivitätsanalysen zur Überprüfung der Stabilität der Lösung

Die AHP-Methode habe ich schon im Rahmen von zahlreichen Projekten erfolgreich eingesetzt. Neben der Entscheidungsunterstützung, wie in Abb. 3.30 am Beispiel einer Trendanalyse dargestellt, kann die AHP-Methode auch zum Aufdecken der Denkhaltungen in einer Organisation genutzt werden. Im folgenden Beispiel wurden die Mitarbeitenden einer Organisation in drei Bereiche unterteilt: die Geschäftsleitung, die Mitarbeitenden sowie die Fachabteilungen des Kundenbeziehungsmanagements. Die drei Gruppen mussten eine AHP-Befragung online ausfüllen. Das Ziel war es, die Wahrnehmung der Ausprägung unterschiedlicher Orientierungen in der gemeinsamen Organisation zu bestimmen. Den Teilnehmenden wurden drei Orientierungen vorgegeben: Kundenorientierung im Verständnis dieses Buches, Angebotsorientierung auf die Reduktion der Kundenorientierung auf die Angebotserstellung sowie Finanzorientierung mit einer nicht auf den Kunden, sondern den Eigentümer ausgerichteten Steuerung einer Organisation. Für die Interpretation der Auswertung ist anzumerken, dass die Ergebnisse einer AHP-Methode zwei Kennzahlen liefern: den Total Impact als Anteil an dem Entscheidungs- bzw. Befragungsziel sowie den Eigenvektor als Anteil der Dimension an der nächsten höheren Dimension der Hierarchie (Staudacher 2008, S. 163). Bei einer einstufigen Hierarchie wie im folgenden Beispiel sind Total Impact und Eigenvektor identisch. Ab einer zweistufigen Hierarchie unterschieden sich Total Impact und Eigenvektor ab der zweiten Stufe. Dabei ist der Eigenvektor ab der zweiten Stufe immer höher als der Total Impact. Abb. 3.31 zeigt auf, dass die Geschäftsleitung der Meinung ist, die Kundenorientierung würde von der Organisation am stärksten ver-

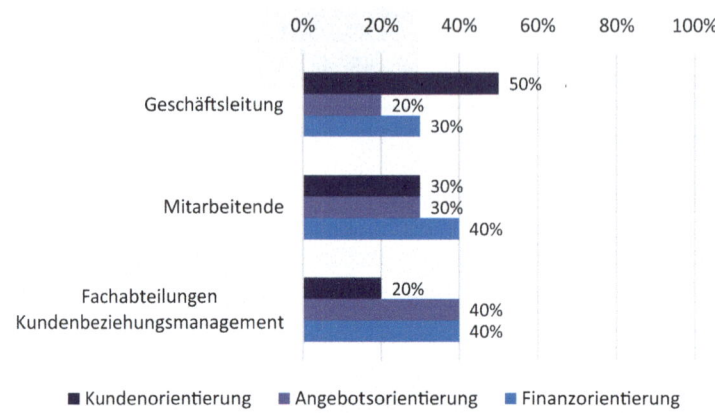

Abb. 3.31 Analyse der Stärke unterschiedlicher Ausrichtungen innerhalb einer Organisation mithilfe der AHP-Methode

folgt. Die Mitarbeitenden bewerten, dass die Organisation vor allem finanzorientiert ausgerichtet ist. Die Fachabteilungen, die für das Kundenbeziehungsmanagement verantwortlich sind, sehen Angebots- und Finanzorientierung gleichauf. Dieses Auswertungsergebnis ist relativ häufig in Organisationen anzutreffen. Die AHP-Methode ermöglicht somit, neben der Entscheidungsunterstützung, auch Denkhaltungen (Glaubenssätze) in der Organisation zu bestimmen und für die folgende Diskussion in Form einer Visualisierung einzusetzen.

Die AHP-Methode erlaubt es, interne Glaubenssätze, die gar nicht oder nur diffus wahrgenommen werden können, aufzudecken. Somit kann die AHP-Methode die Ausgangslage für den anschließenden Transformationsprozess einer Organisation liefern, um die Kundenorientierung zu stärken.

Abschließend wird noch ein Beispiel zur Bedürfnismessung der Kunden mittels AHP-Methode vorgestellt. Zur Bestimmung der Wichtigkeit der grundlegenden Bedürfnisse beim Kauf einer Handtasche erlaubt die AHP-Methode metrische Ergebnisse, die die Wichtigkeit besser beschreiben als Mittelwertanalysen auf Basis einer Likert-Skala (vgl. Abb. 3.32).

Für die KundInnen ist das Design durchschnittlich das wichtigste Bedürfnis, dicht gefolgt von der Marke (in Form von Prestige) und dem Preis. Die Ergebnisse zeigen, dass es heute nicht mehr ausreicht, nur ein ansprechendes Design für eine Handtasche zu entwickeln. Die Marke und der Preis haben ebenfalls einen hohen Einfluss auf die Kaufentscheidung. Convenience ist den KundInnen nicht so wichtig. Das heißt im Umkehrschluss nicht, dass Organisationen es den KundInnen besonders schwermachen sollten. Aber die KundInnen werden einen gewissen Aufwand in Kauf nehmen, um die Handtasche ihres Herzens zu kaufen.

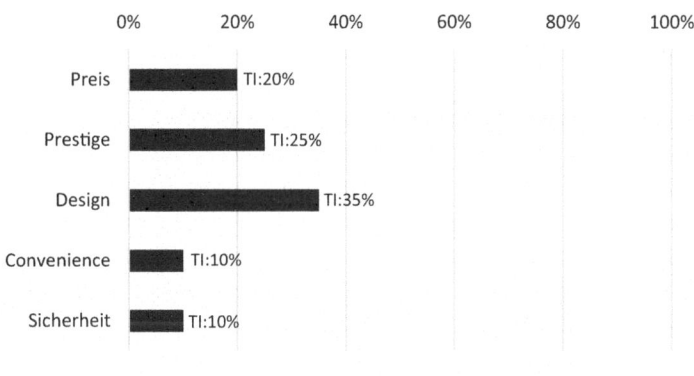

Abb. 3.32 Bestimmung der Wichtigkeit von Bedürfnissen mittels AHP-Methode

Die AHP-Methode erlaubt darüber hinaus die vertiefende Analyse der einzelnen Dimensionen der ersten Ebene. Dazu gilt es nur, weitere Ebenen, die einen Einfluss auf die jeweils höhere haben, zu modellieren. In dem Beispiel war es wichtig zu verstehen, welche Angebotsdimensionen einen Einfluss auf die Designbedürfnisse gegenüber einer Handtasche haben. Zu diesem Zweck wurden die vier Angebotsdimensionen Farbe, Form, Größe und Material auf einer zweiten Ebene innerhalb der Befragung analysiert.

Abb. 3.33 zeigt die unterschiedliche Wichtigkeit der vier zu bewertenden Angebotsdimensionen auf. Farbe und Größe haben den höchsten Einfluss auf die Kaufentscheidung in Bezug auf das Design einer Handtasche. Dabei gibt der Eigenvektor (EV) die Wichtigkeit der einzelnen Dimensionen auf der zweiten Stufe in Bezug zum Design

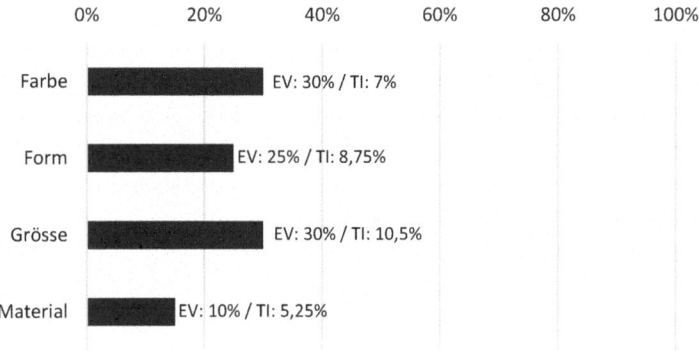

Abb. 3.33 Bestimmung der Wichtigkeit von Angebotsdimensionen mittels AHP-Methode

an. Der Total Impact weist die Relevanz der Dimension auf die Kaufentscheidung als Ganzes aus. Deshalb ist der Total Impact ab der zweiten Stufe immer kleiner als der Eigenvektor.

Die AHP-Methode kann in mehreren Anwendungsgebieten zum Einsatz kommen. Sie ist durch das metrische Ergebnis auf individueller Ebene und die Überprüfung der Konsistenz der Angaben anderen Methoden überlegen. Eine Schwäche der AHP-Methode ist darin zu sehen, dass die Daten nicht im Rahmen von Regressionsanalysen genutzt werden können und es somit nicht möglich ist, z. B. den Einfluss verschiedener Items auf die unterschiedlichen Stufen des Customer Purchase Process zu bestimmen. Dafür können die Unterschiede zwischen den eingesetzten Elementen sehr genau ermittelt werden – und das auf individuellem Niveau.

3.2.3.4 Conjoint-Analyse

Eine weitere Methode innerhalb der Customer Purchase Process Analysis ist die Conjoint-Analyse. Simon und Faßnacht (2016, S. 144) führen an, dass der Einsatz der Conjoint-Analyse höchster Sorgfalt und Vorstudien bedarf. Dies belegt, dass Kunden-erkenntnisse meist nur entstehen, wenn eine Organisation möglichst leistungsfähige Methoden einsetzt, die spezifische Kompetenzen und Investitionen voraussetzen. Mit-hilfe der Conjoint-Analyse können fünf Ergebnisse bestimmt werden (Cheridito 2003, S. 139):

1. Bestimmung der Präferenzen von Kunden
2. Bestimmung der Preiselastizität
3. Bestimmung der Zahlungsbereitschaft/Preisabsatzfunktion
4. Bestimmung des Marktpotenzials eines Angebots
5. Bestimmung der Markenstärke

Die Conjoint-Analyse (Conjoint-Measurement, Trade-off-Analyse, Verbundmessung oder konjunkte Analyse) wurde 1964 erst mals vorgestellt (Luce und Tukey 1964). Im Kern werden unterschiedliche fiktive Marken/Angebote aus Merkmalen und deren Ausprägungen kreiert und den Teilnehmenden angezeigt, die diese hinsichtlich der Präferenz bzw. Kaufbereitschaft bewerten müssen. Jede Bewertung führt aufgrund von Algorithmen zu einer Anpassung der zukünftigen Marken/Angebote, die die Teil-nehmenden zu bewerten haben, um die Nutzenfunktion jedes einzelnen Merkmals optimal zu bestimmen. Die Algorithmen der Conjoint-Analyse gehen auf die Arbeiten von Addelmann (1962) zurück.

Inzwischen hat sich die Conjoint-Analyse als ein leistungsfähiges Instrument im Rahmen von Kundenbefragungen etabliert, weil sie in der Lage ist, die Preisbereitschaft in Abhängigkeit einzelner Nutzendimensionen einer Value Proposition/Marke/eines Angebots zu bestimmen (Staudacher et al. 2017).[10] Dabei ist anzumerken, dass die Conjoint-Analyse nur in quantitativen bzw. semiquantitativen Analysen (N > 50) zum Einsatz kommen sollte. Streng genommen stellt die Conjoint-Analyse kein originäres statistisches Verfahren dar. Ihr liegt ein zweistufiger Prozess zugrunde, der in der ersten Stufe durch die Erhebung von Präferenzdaten mithilfe eines experimentellen Versuchsplans und einer anschließenden statistischen Datenanalyse in der zweiten Stufe charakterisiert ist (Brzoska 2003, S. 54). Bei der Conjoint-Analyse beurteilt der Teilnehmende ganze Leistungsbündel und nicht einzelne Dimensionen (dekompositionelles Verfahren) (Kraus 2004, S. 141). Der Durchführende bzw. die jeweils verwendete Anwendung spezifiziert und variiert die unabhängigen Merkmale und ihre Ausprägungen systematisch, während die Teilnehmenden ausschließlich über den Wert der abhängigen Variablen entscheiden. Zur Durchführung einer Conjoint-Analyse gilt es, die folgenden Schritte zu berücksichtigen (Klein 2002, S. 7 ff.):

1. Auswahl der Methode
2. Definition der Merkmale
3. Definition der Merkmalsausprägungen
4. Aufsetzen der Befragung in einer Anwendung
5. Feldphase
6. Bestimmung der Teilnutzenwerte
7. Anwendung der Teilnutzenwerte für Segmentierungen, Marktpotenzialschätzungen, Preisbereitschaftssimulationen etc.

In der Vergangenheit wurden unterschiedliche Conjoint-Analysen entwickelt. Von der von Green und Rao (1971) konzipierten Form der so genannten Traditionellen Conjoint-Analyse (TCA) gibt es in der Zwischenzeit eine Vielzahl an Verfahrensvariationen. Diese sind Folge der Kritik, die an den Modellannahmen der Traditionellen Conjoint-Analyse im Laufe der Zeit vorgenommen wurde. So erlaubt die Traditionelle Conjoint-Analyse nur die Aufnahme einer gewissen Anzahl an Merkmalen und Ausprägungen. Durch den steigenden Stellenwert von Lösungsangeboten anstelle reiner Produkte sowie der Berücksichtigung des gesamten Erlebnisses kann es passieren, dass relevante Merkmale oder Ausprägungen mit dieser Methode übersehen werden. Darüber hinaus zielte die Traditionelle Conjoint-Analyse darauf ab, Präferenzen zu messen. Diese Zielsetzung führte dazu, dass bei diesem Verfahrensansatz jedes Merkmal eine gewisse Präferenz erhielt, auch wenn der Teilnehmende überhaupt nicht gewillt war, dieses Angebot zu erwerben. Deshalb haben modernere Verfahren der Conjoint-Analyse die Frage nach der Kaufabsicht integriert, um Nichtkäufer aus der Ergebnisanalyse

---

[10]Für eine Übersicht über die Anzahl und Einsatzgebiete Green et al. (2001, S. 57 ff.).

entfernen zu können. Vor dem Hintergrund dieser beiden Punkte werden im Folgenden drei Conjoint-Methoden vertiefend vorgestellt:[11]

- Adaptive Conjoint-Analyse (ACA)
- Choice-based Conjoint-Analyse (CBC)
- Hierarchisch individualisierte Limit-Conjoint-Analyse (HILCA)

Adaptive Conjoint-Analyse (ACA)

Die Adaptive Conjoint-Analyse wurde 1981 von Johnson entwickelt. Es handelte sich um die erste hybride Conjoint-Analyse, die auf einem Computer ausgeführt werden konnte (Wittink und Cattin 1989). Johnsons primäres Ziel war es, den Befragungsprozess zu vereinfachen. Es handelt sich um eine hybride CA, da am Beginn der Befragung ein kompositioneller Teil eingesetzt wird. Den Probanden werden zunächst alle Merkmale und deren Ausprägungen präsentiert und es besteht die Möglichkeit, K.-o.-Ausprägungen zu eliminieren. In den Schritten zwei und drei werden die direkte Präferenzreihenfolge für die einzelnen Merkmalsausprägungen sowie die Wichtigkeiten der Merkmale ermittelt und die erhaltenen Informationen für eine erste Schätzung der Teilnutzenwerte herangezogen (Klein 2002, S. 36). Im vierten Schritt dienen diese Schätzwerte im dekompositionellen Part zur Konzeption von Paarvergleichen, die zum einen zur Anpassung der Teilnutzenwerte, zum anderen zur Konzeption neuer Objektpaare dienen. Es werden Vergleichskonzepte (Full Profiles als fiktive Angebots- bzw. Markenbeispiele) erzeugt, die einen annähernd gleichen Nutzen aufzeigen (Johnson 1991, S. 224). Die Angabe von Kaufwahrscheinlichkeiten für einzelne Full Profiles (Calibrating Concepts) wird im letzten Schritt zur abschließenden Anpassung der Nutzenwerte und zur Konsistenzprüfung der Gesamtbewertung herangezogen, nicht jedoch zur Integration der Kaufentscheidung (Green und Srinivasan 1990, S. 4).

Der zentrale Vorteil der ACA gegenüber der traditionellen CA ist die Aufnahme einer größeren Anzahl an Merkmalen und Ausprägungen.[12] Somit kann das Problem des Information-Overloads der Probanden deutlich reduziert werden. Die ACA konnte sich auch gegenüber der TCA durchsetzen, weil sie für den Befrager dank Computerunterstützung und Aufteilung in zwei Befragungsabläufe einfacher durchzuführen ist. Zentraler Kritikpunkt an der ACA ist, dass trotz der Möglichkeit, mehrere Merkmale aufzunehmen, die Validität (Ergebnisqualität) im Vergleich mit „einfacheren" Methoden nicht höher ist. Dies kann darauf zurückgeführt werden, dass die ACA durch den Aufbau dem Teilnehmenden nicht erlaubt, auszudrücken, dass er keine der angebotenen

---

[11]Zu einer Übersicht der Verfahrensvarianten Stadie (1998, S. 58).

[12]Als Faustregel für die ACA haben sich acht bis zehn Merkmale mit bis zu fünf Ausprägungen als maximales Set herausgestellt, auch wenn andere Autoren von bis zu fünfzehn Merkmalen ausgehen. Die TCA sollte maximal sechs Merkmale umfassen.

Optionen kaufen würde. Dadurch erhält jedes Merkmal bzw. jede Ausprägung einen gewissen Nutzenwert, was zu Fehlbewertungen führen kann.

Choice-based Conjoint-Analyse (CBC)
Der Kritikpunkt der fehlenden Berücksichtigung der Kaufentscheidung führte zur Entwicklung der Choice-based Conjoint-Analyse (Brzoska 2003, S. 136). Im Gegensatz zur TCA und ACA kann die CBC nominalskalierte abhängige Variablen wie Kauf und Nichtkauf integrieren (Hahn 1997, S. 83). Dadurch können Wahlentscheidungen bestimmt werden. Jeder Stimulus innerhalb eines TCA- und ACA-Modells führt zu einem (positiven) Nutzen. In der Marktsimulation wird somit jedem Teilnehmenden eines der Angebote zugeordnet, auch wenn er keines der Angebote kaufen würde. Dadurch kann es zu einer Fehleinschätzung bei der Bestimmung des tatsächlichen Kaufverhaltens kommen. Die CBC soll diesen Nachteil ausgleichen. Bei einer CBC-Befragung wird der Teilnehmende gebeten, eine Alternative aus einer Reihe konkurrierender Alternativen (Full Profiles) auszuwählen. Diese Darstellung der Alternativen wird als Choice-Sets bezeichnet. Als Choice-Sets sind Angebote oder Marken zu verstehen, die sich aus unterschiedlichen Kombinationen von Merkmalsausprägungen, also differierenden Full Profiles, zusammensetzen. Jeder Teilnehmende sollte mindestens acht- bis zehnmal vier unterschiedliche Full Profiles eines jeweiligen Choice-Sets bewerten, wobei er jedes Mal auch angeben kann, keine der vier dargestellten Marken/ Angebote auszuwählen. Aus dieser Serie von Auswahlentscheidungen werden im Anschluss die Teilnutzenwerte berechnet (Rebhorn et al. 2003, S. 55).

Ein Vorteil der CBC gegenüber der TCA und ACA ist in der höheren Validität zu sehen (Elrod und Chrzan 2003, S. 235). Kunden entscheiden sich zwischen einzelnen Angeboten/Marken und wählen nur diejenige aus, die ihnen einen Nutzen bereitstellt. Auch die große Anzahl an Software-Anwendungen hat zu einer hohen Popularität dieser Methode geführt. Die Choice-based Conjoint-Analyse ist somit die erste Wahl zur Durchführung einer Conjoint-Analyse. Zwar können nicht so viele Merkmale und Ausprägungen wie bei der ACA integriert werden, doch die Messung von Kaufwahrscheinlichkeiten und die dadurch verbundene höhere Validität zeichnen die CBC aus.

Die CBC wird aber hinsichtlich zweier Punkte kritisiert. Sie baut nicht auf der traditionellen Conjoint-Analyse auf. Dadurch ist es nicht möglich, mittels CBC Teilnutzenwerte auf individueller Ebene zu bestimmen.[13] Die Präferenzen einzelner Teilnehmender lassen sich somit mit der Methode nicht ermitteln. So besteht beim Einsatz einer CBC regelmäßig die Unsicherheit, ob die Schätzung der Nutzenvorteile einer

---

[13]Mit der Partial-Profile-CBC und dem Hierarchical Bayes (beispielhaft Allenby und Ginter 1995) existieren Lösungsansätze zur Schätzung individueller Nutzenwahrscheinlichkeiten, die aber als zu komplex zu beurteilen sind. Auch kann die CBC nur fünf bis sieben Merkmale sinnvoll integrieren.

Marke/eines Angebots nicht durch eine mehr oder weniger hohe Präferenzheterogenität der Teilnehmenden verzerrt wird (Scharf et al. 1997, S. 26).

Als zweiter Kritikpunkt wird angeführt, dass es bei einer großen Anzahl an Merkmalen und Merkmalsausprägungen innerhalb einer CBC-Befragung zu Vereinfachungsregeln bei den Teilnehmenden kommen kann (Elrod und Chrzan 2003, S. 236). Diese verlieren leichter den Überblick über die Gesamtheit an Marken/Angeboten und konzentrieren sich im Verlauf der Erhebung nur auf ein oder zwei Merkmale. Dies kann ebenfalls zu einer Verzerrung der Ergebnisse führen. Bei der Anwendung der CBC müssen diese Einschränkungen berücksichtig werden. Die begrenzte Möglichkeit der Integration von Merkmalen zwingt zu einer sorgfältigen Vorbereitung.

In vielen Organisationen konnte ich beobachten, dass zwei bis drei Merkmale in die Conjoint-Analyse integriert wurden, die für die Kunden kaum relevant waren. Da die Durchführung einer Conjoint-Analyse zeit- und ressourcenaufwendig ist, wurde der Fehler nicht durch eine Wiederholung korrigiert. Auch führen die meisten Organisationen Conjoint-Analysen nur alle paar Jahre durch, was eine systematische Verbesserung der Auswahl der Merkmale erschwert. Zu empfehlen ist eine Vorstudie (z. B. mittels AHP oder einfacher Paarvergleiche), um die wichtigsten Merkmale aus Kundensicht zu bestimmen, und erst im Anschluss eine Conjoint-Analyse durchzuführen. Es gilt zu berücksichtigen, dass die Ergebnisse der Conjoint-Analyse immer im Verhältnis zu den eingesetzten Merkmalen stehen. Eine Änderung der Merkmale führt somit zwangsläufig zu anderen Ergebnissen. Deshalb setzt die Anwendung der Conjoint-Analyse eine hohe Kompetenz und eine gute Vorbereitung voraus, um wertvolle Kundenerkenntnisse für eine Entscheidungsgrundlage zu liefern.

Hierarchisch individualisierte Limit-Conjoint-Analyse (HILCA)
Basierend auf der Kritik an der Choice-based Conjoint-Analyse hat Voeth (2000) die hierarchisch individualisierte Limit-Conjoint-Analyse entwickelt. Sein Ziel war es, eine größere Merkmalsanzahl zu integrieren und eine Auswahlentscheidung innerhalb des Verfahrens zu ermöglichen (Voeth 2000, S. 165 ff.). Die Methode gründet auf der Annahme der Informationsverarbeitungstheorie, dass Teilnehmende zur Beurteilung in komplexen extensiven Entscheidungssituationen eine Merkmalshierarchisierung vornehmen, d. h. nicht alle Merkmale simultan, sondern sukzessive auf verschiedenen Verarbeitungsstufen berücksichtigen.

In einem empirischen Validitätsvergleich der unterschiedlichen Conjoint-Verfahren zur Analyse eines Autokaufs kommt die HILCA mit 67 % zu einer signifikant höheren Validität (Prognosegenauigkeit) als die anderen Conjoint-Analysen mit durchschnittlich 43 % (Voeth 2000, S. 292). Trotz der guten Prognoseergebnisse wird diese Verfahrensvariante in Wissenschaft und Praxis kaum eingesetzt. Ein wichtiger Grund dafür ist, dass nur eine Software für die Nutzung der HILCA existiert.

Nutzenanalyse mithilfe einer Conjoint-Analyse

Abb. 3.34 stellt das Ergebnis einer Nutzenanalyse mithilfe einer Conjoint-Analyse dar. Auf der linken Seite wird die Relevanz der einzelnen Merkmale (in diesem Fall Bedürfnisse) auf die Kaufentscheidung dargestellt. Dabei ist zu beachten, dass es, je nach Kombination von Merkmalen, zu unterschiedlichen Ergebnissen kommen kann. Auf der rechten Seite sind die Nutzenwerte für die Preisdimension dargestellt. Es zeigt sich, dass eine Preiserhöhung zwischen 50 und 75 CHF zu einer gewissen Abnahme des Nutzens für den Kunden führt. Wird ein Preis über 75 CH gewählt, sinkt die Kaufbereitschaft der Kunden deutlich mehr als bei einer Erhöhung des Preises im Bereich zwischen 50 und 75 CHF.

Die Conjoint-Analyse ist eine wichtige Methode für die Steigerung der Kundenorientierung einer Organisation. Viele Organisationen führen aktuell keine Kundenbefragungen durch. Bei den Organisationen, die Kundenbefragungen durchführen, wird aber nur die Wichtigkeit der Bedürfnisse der Kunden gemessen, basierend auf dem veralteten Verständnis, dass Kundenorientierung auf Kundenbedürfnisse und Kundenzufriedenheit abstellt. Kundenorientierung basiert aber nicht mehr auf Kundenbedürfnissen und Zufriedenheit, sondern auf dem Modell des Kundenwerts. Customer Value-based Decision Making ist nur möglich, wenn eine Organisation die Bedürfnisse des Kunden, die Zahlungsbereitschaft und dadurch die Steigerung des Kundenwerts bei der Verbesserung des Kundenbeziehungsmanagements versteht. Nur zu messen, welche Bedürfnisse der Kunde hat, ohne die Zahlungsbereitschaft für diese Bedürfnisse zu verstehen, hat in vielen Organisationen dazu geführt, dass Kundenbefragungen immer mehr misstraut wird. Zur Überwindung dieser Limitierung ist die Conjoint-Analyse ein wichtiges Instrument.

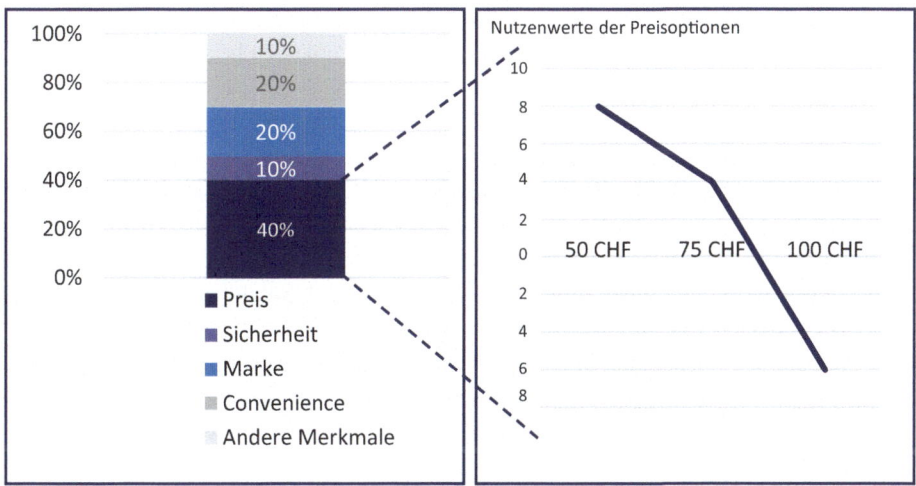

Abb. 3.34 Beispiel einer Nutzenanalyse mithilfe einer Conjoint-Analyse

Es gibt kein Conjoint-Verfahren, welches entlang aller Kriterien dominiert. Beim Vorgehen der HILCA wird ein Beurteilungsprozess unterstellt, der multiattributiv und hochgradig kognitiv gesteuert abläuft. Dies kann dazu führen, dass die HILCA insbesondere für solche Angebote geeignet scheint, die High-Involvement-Kaufentscheidungen unterliegen. Auch ist der automatisierte (unbegleitete) Einsatz der HILCA bspw. im Rahmen einer Online-Befragung kritisch zu beurteilen. Die unterschiedlichen Stufen setzen eine umfassende Auseinandersetzung des Teilnehmenden mit den jeweiligen Anweisungen pro Prozessstufe voraus.

Der Vorteil der ACA liegt in der Integration einer großen Anzahl an Merkmalen und der Existenz mehrerer Software-Anwendungen. Der zentrale Nachteil der Methode ist darin zu sehen, dass eine Integration der Kaufentscheidung nicht möglich ist. Obwohl sie in der englischsprachigen Wissenschaft und Praxis populär, ist der Einsatz der CBC ebenfalls kritisch zu betrachten. Die fehlende Möglichkeit der Bestimmung individueller Nutzenwerte kann im Rahmen einer Segmentierung zu Problemen oder einem hohen statistischen Aufwand führen. Darüber hinaus setzt diese Methode eine begrenzte Anzahl an Merkmalen voraus, die eine optimale Vorbereitung erfordern, weil ansonsten die Gefahr besteht, relevante Merkmale zu übersehen. Somit muss die Kompetenz vorhanden sein, innerhalb einer Organisation eine Conjoint-Analyse optimal durchzuführen. Darüber hinaus sind für diese anspruchsvolle Methode die notwendigen Ressourcen bereitzustellen. Für den Einsatz der Conjoint-Analyse spricht die Integration des Preises in die Befragung, die weder der AHP noch andere Methoden in dieser Form erlauben. Somit gilt es, sich der Limitierungen der einzelnen Methoden bewusst zu sein und genügend Kompetenzen aufzubauen, um diese leistungsstarken Methoden optimal einzusetzen.

Die Nicht-Nutzung ist natürlich eine weitere Möglichkeit, die auch sehr verbreitet ist, aber dann können keine quantitativen Kundenerkenntnisse bezüglich der Zahlungsbereitschaft gegenüber den einzelnen Marken-/Angebotsmerkmalen ermittelt werden. Für die Nutzung der Conjoint-Analyse empfehle ich, folgende Punkte zu beachten:

1. Es bedarf zwingend einer Vorstudie, um die Merkmale und die Abstände zwischen den einzelnen Merkmalsausprägungen optimal zu definieren.
2. Die Begriffe müssen für die Teilnehmenden verständlich sein, weil die Angebotsprofile meist aus drei bis sechs Merkmalen bestehen und sonst verwirren können.
3. Die Anzahl an Merkmalsausprägungen sollte möglichst über alle Merkmale identisch sein. Dies ist nicht immer möglich, weil manche Merkmale nur binär modelliert werden können, bspw. mit oder ohne Adapter.
4. Die Abstände zwischen den Merkmalsausprägungen müssen identisch sein, bspw. 100 CHF, 200 CHF und 300 CHF, auch wenn sich die Angebote nur zwischen 150 und 250 CHF bewegen. Das Ergebnis der Conjoint-Analyse zielt weniger auf einzelne Punkte als auf den Nutzenverlauf ab.
5. Teilnehmende unterschätzen ihre eigene Zahlungsbereitschaft innerhalb von Conjoint-Analysen, weil der Prozess eine starke Auseinandersetzung mit dem Preis fördert. Als Regel kann von einer durchschnittlichen Unterschätzung von 20 bis 30 % ausgegangen werden.

Grundsätzlich nutze ich im Rahmen der Customer Purchase Process Analysis mit einem N zwischen 50 und 100 die HIICA. Für quantitative Studien ist der Einsatz der Choice-based Conjoint-Analyse unter Berücksichtigung der Limitierungen zu empfehlen.

3.2.3.5 Kundeneinkaufsprozessanalysen

Die steigende Anzahl an Touchpoints und deren Nutzung durch die Kunden während des Customer Purchase Process stellen die Anforderung an Organisationen, diesen Prozess besser zu verstehen.

▶ **Kundeneinkaufsprozessanalysen** stellen auf die Reihenfolge, die Anzahl der Nutzung sowie die Wirkung der einzelnen Touchpoints, die für eine Kaufentscheidung genutzt werden können, ab.

Die zentrale Herausforderung von Kundeneinkaufsprozessanalysen ist in der Fähigkeit der Teilnehmenden zu sehen, sich an die einzelnen Touchpoints und deren Wahrnehmung sowie Wirkung zu erinnern (van der Bulte 2010, S. 26). Neben der Repräsentativität der Teilnehmenden ist bei den Kundeneinkaufsprozessanalysen darauf zu achten, dass die Teilnehmenden möglichst „frische" Erfahrungen besitzen. Je nach Angebot können dies unterschiedliche Zeiträume sein. Erfahrungen, die mehrere Monate zurückliegen, werden mit einer größeren Wahrscheinlichkeit einem Bias unterliegen als Erfahrungen aus der letzten Woche. Allgemein kann sich eine Kundeneinkaufsprozessanalyse nur an die Wirklichkeit herantasten. Vieles wird vergessen, gerade bei extensiven Kaufentscheidungen, bei denen der Kunde zahlreiche Touchpoints nutzt. Somit gilt es, die Befragungsergebnisse auf Basis der Kundeneinkaufsprozessanalysen möglichst mit Daten des tatsächlichen Kundenverhaltens an den zugreifbaren Kontaktpunkten abzugleichen (bspw. Webanalytics, Besucheranzahlmessungen).

Der Vorteil der Kundeneinkaufsprozessanalysen ist, in Anlehnung an die Repertory-Grid-Technik, gegenüber einem Fragebogen oder unstrukturierten Interview darin zu sehen, dass sie es erlaubt, schnell den Gedanken des Kunden zu folgen. Es besteht somit eine größere Chance, Erfahrungen aufzuspüren.

Für die Durchführung einer Kundeneinkaufsprozessanalyse ist in einem ersten Schritt zu definieren, in welchen Zeitabschnitten die Analyse durchgeführt werden soll. Sollen Tage, Wochen oder Monate für die Strukturierung zugrunde liegen? Anschließend sind die Touchpoints zu definieren, die untersucht werden sollen (bspw. Webseite, Werbung) und Meilensteine festzulegen (bspw. erster Kontakt, Entscheidung getroffen), die den Fortschritt des Kaufprozesses beschreiben. In einem weiteren Schritt sind die Marken/Angebote, die untersucht werden sollen, in die Befragung zu integrieren. Dies erlaubt auch den Vergleich mit den Touchpoints des Wettbewerbs aus Kundensicht über den gesamten Customer Purchase Process. Während der Befragung nimmt der Interviewer zusätzlich zur chronologischen Anordnung der Touchpoints Zitate, Emotionen und Bewertungen auf, die später in die Analyse einfließen können.

Neben der möglichst repräsentativen Rekrutierung der Teilnehmenden gilt es zu beachten, dass die Interviewer die Teilnehmenden nicht beeinflussen, aber gleichzeitig gezielt nachfragen. Da Kunden sich immer mehr selbst informieren, benötigt es eine gewisse Zeit, bis alle relevanten Touchpoints aufgedeckt werden. Darüber hinaus wird in vielen Publikationen auf die sog. „Moments of Truth" abgestellt (Carlzon 1987). Der Gedanke hinter diesem Begriff ist, dass spezifische Momente während des Customer Purchase Process existieren, die einen hohen Einfluss auf die Kaufentscheidung und die Weiterempfehlung von Kunden haben (Lecinski 2011). So einleuchtend dieses Konzept auf den ersten Blick klingen mag, so ernüchternd ist die Nutzung in der Praxis. Das Konzept wurde 1987 in der Luftfahrtbranche entwickelt. Damals gab es noch große Unterschiede zwischen den einzelnen Anbietern. Heute verschwimmen die Unterschiede immer mehr. Deshalb konnte ich in nur wenigen Kundeneinkaufsprozessanalysen solche Momente ermitteln. Meist sind es mehrere Momente, die für jeden einzelnen Kunden einen unterschiedlichen Stellenwert haben. Den relativen Einfluss dieser einzelnen individuellen Momente zu bestimmen, ist herausfordernd. Darüber hinaus wird in den bestehenden Beispielen zu dem Konzept von Moments of Truth meist auf Technologien abgestellt. So wird angeführt, dass Kunden ihre Kaufentscheidungen immer mehr auf dem Smartphone treffen. Dieser Aussage ist zuzustimmen, relevanter zu wissen wäre aber, ob sie dabei bspw. auf einem Social-Media-Kanal oder der eigenen Webseite sind, die Antwort eines Freundes auf WhatsApp zu Rate ziehen oder ein Vergleichsportal besuchen. Vor dem Hintergrund der steigenden Anzahl an Touchpoints wird es immer herausfordernder, die Moments of Truth aufzuspüren und im Rahmen von Analysen belastbar zu gewichten.

In meinen Analysen stelle ich auf Meilensteine ab. Ich schlüssele die einzelnen Customer Purchase Processes nach unterschiedlichen Key Moments auf. Ich stelle nicht so sehr auf den einzelnen Moment, sondern auf den Zeitraum bis zu einem gewissen Ereignis ab. Beispielsweise frage ich: Was ist passiert, bis der Kunde sich ziemlich sicher war, was er kaufen wollte, und was passierte danach? Wann hat der Kunde die Marke/ das Angebot das erste Mal weiterempfohlen und welche Aktivitäten hat er bis zu diesem Zeitraum getätigt? Im Gegensatz zu dem Konzept der Moments of Truth-Konzept, die für jeden einzelnen Kunden sehr unterschiedlich sein können, erlauben solche Analyse stabilere Ergebnisse in Bezug auf die Frage, in welche Touchpoints in welchem Umfang zu investieren ist oder welche Touchpoints für welche Phase des Customer Purchase Process relevant sind.

Eng verbunden mit dem Konzept der Moments of Truth ist die „Glorifizierung" digitaler Touchpoints. Die neuen Touchpoints sind meist digital und erhalten von Kunden immer mehr Aufmerksamkeit, aber eben nicht in jeder Branche und schon gar nicht für jede Marke/jedes Angebot. Nur zu gerne wird vergessen, dass viele Kunden sich im privaten und beruflichen Umfeld über Marken/Angebote informieren und dies einen hohen Einfluss auf die Kaufentscheidung hat. Diese „privaten" Momente werden von den Kunden leichter vergessen als der Besuch der Webseite. Auf den Einfluss von Weiterempfehlungen ist deshalb ein besonderes Augenmerk im Rahmen von Kundeneinkaufsprozessanalysen zu richten – auch, weil je nach Ausprägungen dies einen anderen Schwerpunkt für das Kundenbeziehungsmanagement setzt. Die Verbesserung der Performance der Webseite oder des Social-Media-Kanals ist ungleich einfacher als die Steigerung der Weiterempfehlung.

Abschließend ist anzumerken, dass Kundenbefragungen für sich allein immer mehr an ihre Grenzen stoßen (Bhalla 2011, S. 42). Gerade quantitative Kundenbefragungen können nur einen kleinen Ausschnitt betrachten und benötigen relativ viel Zeit von der Konzeption bis zur Präsentation der Ergebnisse. Diese Zeit wird in Organisationen immer weniger zur Verfügung gestellt. Auch deshalb empfehle ich Organisationen, wenn quantitativ Kundenbefragungen durchgeführt werden, dies dann jährlich zu tun, damit die Ausreden „zu wenig Zeit" und „aktuell kein Budget" nicht gelten.

Qualitative Kundenbefragungen können viele dieser Punkte beheben. Durch die Ausweitung von Touchpoints kommt dem Verständnis der Relevanz sowie der richtigen Inhalte eine immer größere Bedeutung zu. Kunden können sich aber bei den meisten Touchpoints schon nach einer gewissen Zeit nicht mehr an die Erfahrungen und ihre Bedürfnisse in den jeweiligen Momenten erinnern. Hier setzt die ethnografische Forschung an. Sie folgt dem Kunden. Ein Ansatz dieser Forschung ist die Nutzung von Befragungsapps. Der Kunde erhält zu Studienbeginn einen Fragebogen für das Screening und die Einstufung und beurteilt über einen gewissen Zeitraum die unterschiedlichen Touchpoints mehr oder weniger direkt nach der Erfahrung. Dieses Real-time-Experience-Tracking gewinnt an Stellenwert (Macdonald et al. 2012). Die Komplexität und der organisatorische Aufwand für ein solches Tracking sind aus meiner Sicht im Moment noch nicht zu unterschätzen. In einer Zeit, da die Aufmerksamkeitsspanne kürzer wird und die Anzahl an Touchpoints und Botschaften exponentiell zunimmt, stößt erinnerungsbasiertes Sammeln von Kundendaten aber an seine Grenzen. Hier gilt es, den Einsatz neuer Prozesse und Technologien zu prüfen oder Daten aus Kundenbefragungen mit weiteren Datenquellen zu verbinden.

3.2.4 Online Analytics

Online Analytics sind quasi die jüngeren Geschwister der Kundenbefragungen (Peterson 2009). Hinsichtlich der Zielsetzung und Anforderungen sind sie mit der Kundenbefragung vergleichbar. Die Verbindung mit anderen Datenquellen ist bei Online Analytics besonders hervorzuheben.

▶ **Online Analytics** zielen darauf ab, das Verhalten der Kunden an den digitalen Touchpoints zu sammeln und zu Kundenerkenntnissen aufzubereiten.

Dabei ist zu beachten, dass Online Analytics Auskunft geben können über das Was, aber nicht über das Warum. Somit gilt es, in jedem Fall Online Analytics mit Kundenbefragungen zu ergänzen, um die Ursachen von Verhaltensveränderungen zu verstehen.

Kaushik (2010, S. 7) geht auf fünf unterschiedliche Dimensionen ein, die benötigt werden, um Kundenerkenntnisse zu erstellen. Dabei gehört die vorletzte Dimension (Voice of Customer) nicht zu Online Analytics, zeigt aber, dass diese nicht allein stehen sollten:

1. Clickstream
2. Multiple Outcome Analysis
3. Emperimentation und Testing
4. Voice of Customer
5. Competitive Intelligence

Clickstream zeigt das Verhalten der Besucher auf den einzelnen Seiten auf: Wie lange sie auf der Seite waren, wie viele Seiten sie besucht haben, woher sie gekommen sind, mit welchem Browser sie die Seiten angeschaut haben und wie hoch die Bounce Rate ist. Multiple Outcome Analysis bezieht sich darauf, dass Ziele bezüglich des Kundenverhaltens gesetzt (bspw. den Kauf oder den Download) und diese überprüft werden. Grundlegend hat ein Touchpoint drei Ziele: Umsatzsteigerung, Kostenreduktion und Steigerung der Kundenbegeisterung/-bindung (Kaushik 2010, S. 8). Die einzelnen Subziele gilt es zu spezifizieren, damit die Weiterentwicklung in der Zeit gewährleistet ist. Durch Experimentation und Testing können schnell neue Kundenerkenntnisse gewonnen werden. Webseiten, Social-Media-Seiten und Kampagnen können in unterschiedlichen Varianten angeboten und die Reaktion kann überprüft werden. Dies ist im Vergleich zu anderen Touchpoints wie bspw. Werbung deutlich schneller und meist günstiger möglich. Voice of Customer umfasst die unterschiedlichen Möglichkeiten der Kundenbefragung. Darüber hinaus bieten zahlreiche Organisationen die Möglichkeit, die eigene Performance der Web-Touchpoints mit denen des Wettbewerbs zu vergleichen (bspw. https:// blog.unmetric.com/10-best-competitor-benchmarking-tools-in-2019). Dies ermöglicht es, die eigenen Aktivitäten mit denen der Wettbewerber in Beziehung zu setzen und Verbesserungen hinsichtlich der Wirkung noch besser abschätzen zu können (Competitive Intelligence).

Insgesamt zielt Online Analytics noch zu stark auf das Reporting des Nutzungsverhaltens und die Optimierung der Konversionsraten ab. Das Gewinnen von tiefergehenden Kundenerkenntnissen im Sinne des individuellen Kundenwerts ist nur bedingt möglich (o. V. 2015). Somit gilt es, stärker in die Verbindung von Online Analytics mit anderen Quellen zu investieren, um nicht nur die Leistungsfähigkeit einzelner Seiten und Kampagnen zu verbessern.

3.2.4.1 Web Analytics

Web Analytics bauen auf der Logfile-Analyse auf. Unter Logfile ist eine Datei zu verstehen, in der die Zugriffsdaten auf eine Webseite gespeichert werden (Kreutzer 2012, S. 153). Web Analytics gehören inzwischen eigentlich zum Standard einer Organisation, da sie im Vergleich zu Kundenbefragungen deutlich günstiger sind. In der Schweiz setzen aber noch nicht alle Organisationen Web Analytics ein. Vor allem Online-Shops scheinen noch Nachholbedarf zu haben (o. V. 2014, S. 3). Somit ist festzuhalten, dass selbst eine so günstige Datenquelle wie Web Analytics von Organisationen nicht umfänglich genutzt wird. Die Verbesserung der kundenorientierten Ausrichtung einer Organisation baut aber auf der Gewinnung von Kundenerkenntnissen auf.

▶ **Web Analytics** bezeichnet das Sammeln und Auswerten von Daten des Besucherverhaltens auf Webseiten (Meffert et al. 2019, S. 182).

Inzwischen gibt es eine Vielzahl an Anbietern im Bereich Web Analytics. Google Analytics, da kostenfrei, hat die mit einem Marktanteil von über 80 % die größte Verbreitung (o. V. 2014, S. 3). Die meisten Anwendungen bieten eine Übersicht über das Verhalten der Besucher auf der Webseite.

Abb. 3.35 zeigt ein Dashboard des Kundenverhaltens auf einer Webseite mittels Google Analytics. Aggregiert dargestellt werden die Anzahl der Besucher pro Zeiteinheit, die in Zeiträumen verglichen werden können, die gesamten Besucher, die durchschnittliche Zeit des Besuchs, die durchschnittliche Anzahl der Seiten pro Besuch, ob es sich um neue oder bestehende Besucher handelt, die geografische Herkunft und welcher Browser für die Ansicht genutzt wurde. Dabei entwickeln sich die einzelnen Anwendungen immer weiter und erlauben immer leistungsfähigere Analysen.

Die zentrale Herausforderung für die Gewinnung von Kundenerkenntnissen über Web Analytics ist darin zu sehen, dass die Kunden anonym sind und die Auswertungen meist aggregiert und nicht individuell vorhanden sind. Darüber hinaus liegen die Informationen in einer Online-Anwendung vor und müssen erst extrahiert werden, bevor sie mit anderen Anwendungen verbunden werden können. Diese Punkte stellen eine große Herausforderung dar, die im Rahmen von Web Analytics gewonnenen Daten für die Erstellung von Kundenerkenntnissen zu nutzen. Somit ist davon auszugehen, dass Web Analytics „nur" für die Optimierung des einzelnen Touchpoints in den meisten Organisationen eingesetzt werden. Die Verbindung mit dem Kundenwert oder anderen Segmentierungen ist, wenn kein E-Commerce zugrunde liegt, nicht möglich.

Für die allermeisten Organisationen bedeutet dies, dass Kundenbefragungen nach wie vor eine der wichtigsten Quellen für die Gewinnung von Kundenerkenntnissen sind. Web Analytics können einzelne Erkenntnisse unterstützen. Die Anwendungen liefern Daten zu vier Bereichen:

1. Zielgruppe
2. Akquisition
3. Verhalten
4. Conversions

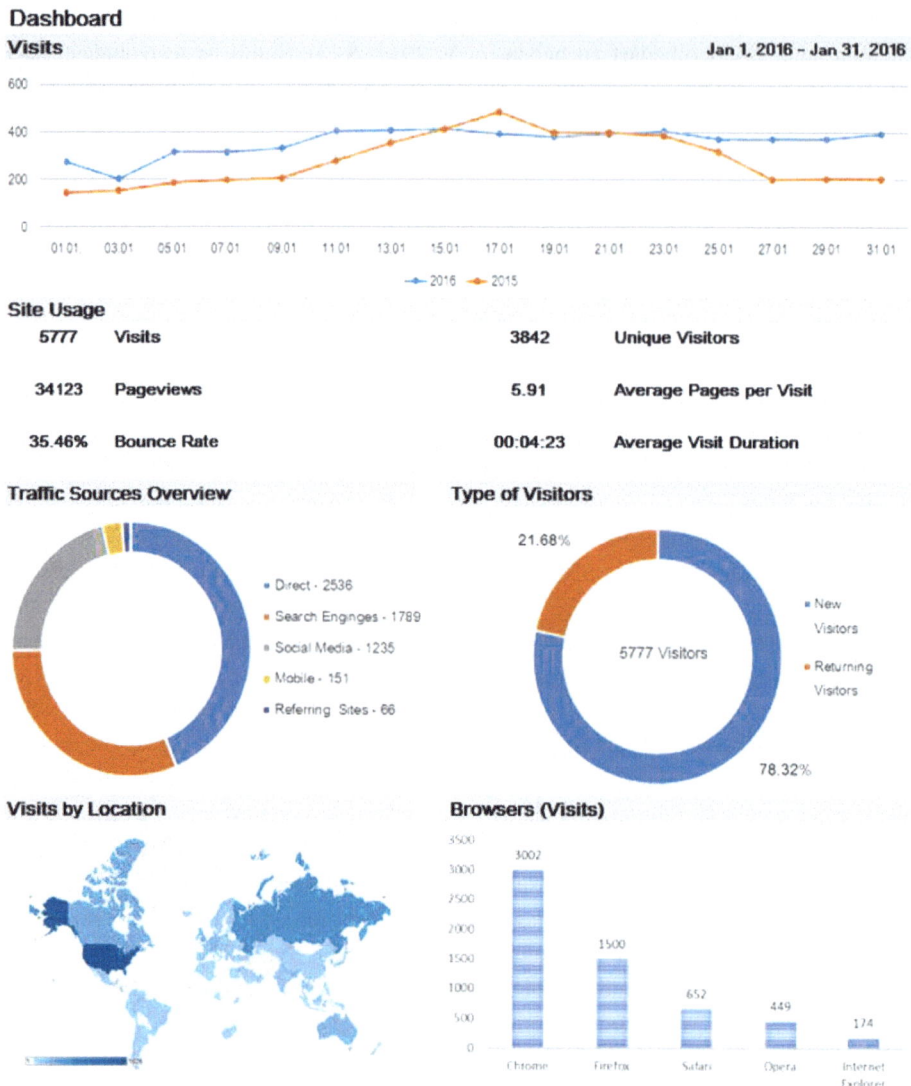

Abb. 3.35 Dashboard auf der Grundlage von Google Analytics. (Quelle: Meffert et al. 2019, S. 183)

Zielgruppe

Der Bereich Zielgruppe gibt Aufschluss über die demografischen Eigenschaften und das generelle Verhalten der Kunden. Meist werden Alter, Geschlecht, Herkunft, Sprache, neue vs. wiederkehrende Besucher, Häufigkeit und Aktualität der Nutzung, Interaktionen, Endgerät, Browser und Betriebssystem dargestellt.

Akquisition

Der Bereich Akquisition gibt an, woher die Besucher kommen, die eine Webseite besuchen. Dabei wird zwischen Quelle und Medium unterschieden. Die Quelle gibt die direkte URL (z. B. linkedin.com, google.ch etc.) bzw. die Kampagne (z. B. Newsletter 02/2018, E-Mail-Signatur etc.) wieder, von der die Webseitenbesucher kommen.

Das Medium zeigt auf, auf welche Weise die Besucher auf die Webseite gelangen. Besucher kommen entweder direkt durch Eingabe der URL auf die Webseite (Direct), über Suchmaschinen (Organic), durch Verweise von anderen Webseiten (Referral), durch Verweise in Social-Media-Kanälen (Social) oder durch Verweise in E-Mails. Wenn bspw. ein Artikel auf LinkedIn gepostet wird, kann verfolgt werden, wie viele Besucher über den Klick auf einen Link im Artikel auf die Webseite gelangt sind. Für den Verweis von Kampagnen gilt es einen Zwischenschritt zu beachten. Organisationen sind aufgefordert, möglichst alle Links, die im Kundenbeziehungsmanagement mit dem Kunden ausgetauscht werden, als UTM-Link (Urchin Tracking Monitor) zu spezifizieren. Ein UTM-Link besteht grundsätzlich aus drei Komponenten, nämlich Source, Medium und Campaign (es können aber auch weitere spezifiziert werden) (Bullock 2018). Im Folgenden ein Beispiel für einen UTM-Link:

Webseite-URL/?utm_source=newsletter&utm_medium=Email&utm_campaign=022.020

Source beschreibt, auf welchen Touchpoint (Newsletter) sich der Link bezieht. Mit Medium kann angegeben werden, welche Technik (E-Mail) dabei genutzt wird. Mit Campaign kann angegeben werden, auf welche Kampagne (bspw. Januar oder Februar) sich der Link bezieht. Werden die Links einer Organisation mit solchen UTM-Parametern versehen, ist anschließend die spezifischere Analyse der Bewegungen auf der Webseite möglich. Da, wie bereits ausgeführt, die aggregierten Auswertungen nur eine gewisse Tiefe an Erkenntnissen zulassen, sollten UTM-Links möglichst systematisch verwendet werden.

Verhalten

Im Bereich Verhalten wird das Verhalten der Besucher der Webseite analysiert. Dies ist eng angelehnt an die Funneldarstellung des Kaufprozesses. Zu Beginn wird die Gesamtheit der Besucher ausgewiesen, die sich über die folgenden Schritte über die einzelnen Seiten der Webseite verteilt. Dies erlaubt eine Indikation, welche Inhalte wie relevant sind bzw. wie gut die angedachten Inhalte gefunden werden. Zusätzlich zeigt dieser Bereich, welche Suchbegriffe innerhalb der Webseite genutzt werden und wie schnell die Webseite ist.

Conversions

Der Conversion-Bereich erlaubt es, den Erfolg spezifischer Ziele nachzuvollziehen bzw. wie viele Besucher eine gewünschte Handlung vollzogen haben (Kreutzer 2012, S. 187). Die Handlungen gilt es im Vorfeld zu spezifizieren und in die Analyse einzubinden. Ein zentrales Ziel möchte ich vor dem Hintergrund der Bestimmung von

Kundenerkenntnissen vorstellen. Wie bisher ausgeführt, sind die Daten aus Web-Analytic-Systemen meist anonymisiert. Durch ein Log-in oder Sign-up kann die Analyse auf individueller Ebene stattfinden. Durch die Nutzung weiterer Systeme kann dann die Analyse des Verhaltens auf der Webseite auf individuellem Niveau erfolgen. Dies ist ein Grund, warum zahlreiche Organisationen versuchen, die Besucher von Webseiten zur Anmeldung zu motivieren.

Allgemein kann eine Vielzahl an Kennzahlen ermittelt werden. Klicks, Page-Impressions, Page-Views, etc. Eine Kennzahl einer Webseite ist für mich besonders wichtig: die Absprungrate oder auch Bounce Rate. Kaushik (2010, S. 51) definiert diese Kennzahl als: „I came, I puked, I left". Dieser Definition ist eigentlich nichts mehr hinzuzufügen. Während gerade Page Impressions immer einen gewissen Fehlerterm beinhalten, und Klickanalysen auch nicht immer zu Erkenntnissen führen, ist die Bounce Rate eindeutiger. Diese gibt den prozentualen Anteil von Besuchern einer Webseite, an, die die Seite wieder verlassen, ohne eine weitere Unterseite aufzurufen. Sie zeigt somit auf einer übergeordneten Ebene an, wie relevant der Touchpoint Webseite für die Kunden insgesamt ist. Diese Kennzahl ist aggregiert, aber sie kann in Verbindung gebracht werden mit Kundeneinkaufsprozessanalysen. Wenn Kunden angeben, auf der Webseite der Organisation gewesen zu sein, aber diese über eine hohe Bounce Rate verfügt, wird die Relevanz der Webseite für die Entscheidungsfindung als nicht so hoch zu werten sein. Somit gibt die Bounce Rate an, wie sehr eine Webseite „stinkt".

Abschließend ist auf gewisses Ärgernis im Bereich Web Analytics einzugehen. Die müssen, wie bei jeder Sammlung, bereinigt werden. Zum einen durchforsten tausende von Robotern das Internet und hinterlassen Spuren auf den jeweiligen Webseiten. Diese gilt es vor der Analyse herauszufiltern – ein nicht ganz unaufwendiges Unterfangen. Darüber ist es notwendig, die IP-Adressen der eigenen Mitarbeitenden und Dienstleister aus der Analyse zu exkludieren. Gerade bei der Erstellung bzw. der Überarbeitung von einzelnen Seiten werden diese intensiv betrachtet. Diese „handwerklichen" Besuche sollten möglichst nicht in die Analyse aufgenommen werden. Ein Ansatz ist die Sperrung der jeweiligen IPs. Da aber immer mehr mit dynamischen IPs gearbeitet wird, kann über Plug-ins in einigen Browsern das Tracking abgeschaltet werden. Diese Aufgabe gilt es regelmäßig zu wiederholen, damit z. B. Zeitvergleiche nicht durch den Anstieg von Robotorbesuchen oder Veränderungen an der Webseite die Ergebnisse verzerren.

Web Analytics sind ein wichtiges Element, um Kundenerkenntnisse zu erzielen. Da sie aber meist in aggregierter Form vorliegen, sollten diese, wenn möglich, ergänzt werden. Darüber hinaus erlauben die Anwendungen die Auswertung zahlreicher Dimensionen wie bspw. von Betriebssystemen, die aber nur einen begrenzten Mehrwert haben. Durch die Nutzung von Log-ins können CRM-System und Web-Analyticanwendungen verbunden werden und ein vertiefender Blick in das Kundenverhalten kann erfolgen.

3.2.4.2 Social Analytics

Neben Webseiten, Landingpages und Kampagnen gilt es, auch die Social-Media-Touchpoints, wenn vorhanden, zu analysieren. Diese noch junge Disziplin gewinnt zunehmend an Stellenwert (Sponder 2012, S. 2). Die Gewinnung von Kundenerkenntnissen durch Web Analytics ist schon herausfordernd, jedoch stellen die Netzwerkverbindungen eine noch größere Herausforderung an Social Analytics (Kaushik 2010, S. 247).

▶ **Social Analytics** zielen auf die Analyse des Netzwerks einer Organisation mit den Kunden und der darauf stattfindenden Interaktion ab (Krishnan und Rogers 2014, S. 24). Sie erlauben individuelle und aggregierte Analysen des Verhaltens und der Aussagen der Kunden.

Die jeweiligen Daten können aus den Systemen ausgespielt und mit anderen Informationen in Verbindung gebracht werden. Aufgrund der Anonymität sind solche Verbindungen aber nur begrenzt möglich. Social Media steht allgemein vor dem Problem, dass die einzelnen Plattformen ein Verfallsdatum aufweisen. Während die Webseite einer Organisation beständig in Sonne und Regen im Netz steht, sind Myspace, StudiVZ und anscheinend auch bald Facebook Geschichte. Die Analysen gilt es dann jeweils der neuen Plattform anzupassen. Allgemein sind die Auswertungen mit denen von Web Analytics vergleichbar.

Neben den vorgestellten Kennzahlen ist die Anzahl an Followern/Fans/Subscribern als universelle Zielgröße zu sehen (Goncalves 2017, S. 253). Dabei wird von folgender Annahme ausgegangen: Je mehr Follower eine Person oder Organisation hat, desto mehr Einfluss hat diese auf die Einstellung und das Verhalten der ihr folgenden Personen. Während Web Analytics nur auf das Verhalten der einzelnen Besucher abzielt, hat Social Analytics somit auch das Verhalten des jeweiligen Netzwerkes im Auge (wie viele Personen aus dem Netzwerk kommentieren, wie viele liken etc.). Dabei können drei Dimensionen bestimmt werden (Reineck und Suntrop 2019, S. 14): Die Interested Audience umfasst alle Personen, die Zugang zum jeweiligen Netzwerk haben und sich für den Inhalt interessieren. Reached Audience bezeichnet den Anteil der Personen, welche eine Person oder Organisation mit ihrem Content über den jeweiligen Social-Media-Kanal erreicht hat. Engaged Audience bezeichnet die Anzahl an Personen, die aufgrund des Contents reagiert haben. Dies kann bspw. durch Likes oder Kommentare geschehen. So wird z. B. bei Facebook von 0,16 % aller Follower durchschnittlich davon ausgegangen, dass sich diese engagieren (o. V. 2018). Neben der Anzahl und deren Aktivität gilt es, auch die „Stickiness" vergleichbar mit der Bounce Rate zu analysieren (Kreutzer 2012, S. 415). Im Vergleich zu einer Webseite (ohne Berücksichtigung der Blogfunktion) zielt ein Social-Media-Touchpoint auf die Bereitstellung von immer neuem Content ab und soll so das Wiederkommen bzw. die Bindung der Besucher fördern. Die Kosten für solch relevanten Content sind gerade für Organisationen im Vergleich zu Einzelpersonen deutlich höher und haben eine deutlich geringe Wirkung – man vergleiche nur die Reaktionen auf einen in der Herstellung vergleichsweise billigen Post von Kim Kardashian West mit den Reaktionen auf den Post einer Schweizer Krankenkasse. Darüber hinaus erhalten Einzelpersonen von Sponsoren noch Geld für ihre Beiträge, während diese Möglichkeit für Organisationen nur beschränkt existiert.

Im Gegensatz zu Web Analytics gilt es bei Social Media, auch unstrukturierte Daten zu berücksichtigen. Während bei Web Analytics skalierte Verhaltensdaten vorliegen, sind Kommentare durch Umgangssprache, Abkürzungen, Smileys und andere Elemente gekennzeichnet, die eine Analyse erschweren. Auch die Tonalität kann für Analysen herausfordernd sein (aufgrund von Ironie und Sarkasmus). Einfach nur die Anzahl an Lesern der einzelnen Beiträge zu zählen, ist nicht zielführend. Der Fokus von Social Analytics liegt stärker auf der Bindung der Besucher bzw. Follower und dem Verständnis der Tonalität der Botschaften, welche hinterlassen werden (Kreutzer 2012, S. 415).

Social Analytics können helfen, den Einfluss eines Kunden auf das Netzwerk bzw. die Verbindungen und deren Stärke zu verstehen (van der Bulte 2010, S. 22). Inzwischen besteht die Herausforderung darin, dass Kunden mehrere Social-Media-Kanäle nutzen. Dabei sind die Verbindungen bei LinkedIn durchaus andere als bei Instagram. Abschließend ist zu erwähnen, dass die Auswirkungen von Social Media im Durchschnitt überschätzt werden. Hier ist zu hoffen, dass der ROI noch stärker in den Fokus des Interesses rückt (Kreutzer 2012, S. 414). Kundenorientierte Organisationen sollten nur in Instrumente investieren, die nachweislich den Wert sowohl für die Organisation als auch den Kunden steigern.

3.2.5 Interne Daten

Organisationen können über Primär- und Sekundärdaten verfügen (Meffert et al. 2019, S. 182). Die internen Daten werden zur Kategorie der Sekundärdaten gezählt (Leußer et al. 2011b, S. 734). Online Analytics werden auch zu den internen bzw. Sekundärdaten gezählt. Aufgrund der steigenden Bedeutung habe ich diesen aber ein Extrakapitel gewidmet.

Neben Kundenfeedbacks können Organisationen bspw. Studien, Absatzzahlen, Finanz- und Kostendaten, CRM-Daten, vergangene Kundenbefragungen, Kundenbeschwerden und Außendienstreports besitzen. Diese gilt es in einem ersten Schritt hinsichtlich der Strukturiertheit zu analysieren. Zahlreiche Anbieter unterstützen Organisationen dabei, unstrukturierte Daten zu analysieren, jedoch stellt sich die Frage, ob es nicht sinnvoller ist, darauf zu achten, dass Daten schon strukturiert gesammelt werden. Am Beispiel der Kommentare von Social-Media-Aktivitäten ist dies nicht immer möglich, aber gerade Außendienstreports zeichnen sich nicht durch eine effiziente und klar strukturierte Vorlage aus. Da interne Daten über Owned Touchpoints gewonnen werden, sind Organisationen angehalten, möglichst wenig unstrukturierte Daten zu sammeln. Grundsätzlich ist anzumerken, dass sich im Vergleich zu Kundenbefragungen die Themengebiete von internen Daten nicht so einfach ändern lassen (Homburg 2017, S. 296). Auch bedarf es bei einer neuen Ausrichtung der Datensammlung einer gewissen Zeit, bis genügend Daten vorliegen. Darüber hinaus umfassen interne Daten nur die bestehenden Kunden und interessierte Kunden. Informationen über alle Nachfrager eines Marktes liegen nicht vor (Coppenhaver 2018, S. 23). Dies birgt die Gefahr, dass Kundenorientierung zu eng verstanden wird und zukünftige potenzielle Kunden nicht genug Aufmerksamkeit erhalten, bzw. die Organisation sich nicht rechtzeitig oder mit zu wenig Elan auf diese ausrichtet. Allgemein gilt es bei Sekundärdaten zu beachten, wie stabil sie für die Entscheidungsfindung bezüglich des Kundenbeziehungsmanagement der Zukunft einer Organisation überhaupt noch sind. Die berühmte Kundenbefragung von vor drei Jahren gleicht der seit drei Wochen abgelaufenen Milch im Kühlschrank. Für beides kann die gleiche Empfehlung ausgesprochen werden.

3.2.5.1 ERP-Daten

Enterprise-Ressource-Planning-Systeme (ERP-Systeme) werden schon seit einer ganzen Weile in Organisationen eingesetzt. Ihr Ziel ist es, die unterschiedlichen Bereiche einer Organisation mit Daten zu unterstützen. Dabei hält sich die Begeisterung in der Praxis gegenüber den Systemen oft in Grenzen. ERP-Systeme können neben den Basisdaten Informationen bezüglich des Kaufs von Kunden, Angeboten, Prozessen, Kosten etc. speichern.

▶ Ein **Enterprise Ressource Planning System** (ERP) ist eine Datenbank. Sie besteht aus verschiedenen Modulen, die es einer Organisation erlauben, Daten einzugeben, zu verändern, auszuwerten und in Echtzeit innerhalb der Organisation und im bestehenden Netzwerk auszutauschen (Wanchai 2017, S. 3).

ERP-Daten können somit eine interorganisationale und eine intraorganisationale Dimension haben (Schäffer und Leyh 2017, S. 102). Jede Organisation muss für sich entscheiden, wo die Kundenstammdaten verwaltet werden. Manche Organisationen nutzen dafür das CRM-System, die meisten legen die Basisdaten im ERP-System ab. Das ERP-System dient dann als Basis, und die darin enthaltenden Daten werden von einer immer größeren Anzahl an Systemen genutzt (Schäffer und Leyh 2017, S. 100). Dabei stellt die Absicherung der Qualität der Stammdaten[14] für viele Organisationen eine nicht zu unterschätzende Herausforderung dar (Hertfelder und Futterknecht 2019, S. 5). Im Rahmen einer Studie gaben 80 % der Teilnehmenden an, dass eine schlechte Qualität der Stammdaten einen hohen negativen Einfluss auf den Erfolg der Organisation haben kann

---

[14]Ich benutze den Begriff Basisdaten für soziodemografische Kundendaten. Im technologischen Umfeld wird dabei von Stammdaten gesprochen. Beide Begriffe sind in den weiteren Ausführungen als Synonyme zu betrachten.

(Schäffer und Leyh 2017, S. 102). Aber nur die allerwenigsten Organisationen kennen die Methoden zur Verbesserung der Datenqualität und können diese nutzen (Batini et al. 2009). Meistens werden die Daten reaktiv, im Sinne von: „Es gilt, ein bestehendes Problem zu eliminieren", gesäubert (Holland 2009, S. 170). Für eine kundenorientierte Ausrichtung ist es wichtig, die Datenqualität kontinuierlich proaktiv zu verbessern. Das heißt, die Verantwortlichen und Mitarbeitenden sind angehalten, immer wieder Überlegungen anzustellen, wie bspw. Umzüge von Kunden besser in den Systemen antizipiert werden können.

▶ Das **Datenqualitätsmanagement** umfasst alle Aktivitäten einer Organisation in Bezug auf die Erfassung, Verarbeitung und Nutzung von Kundeninformationen, um ein ausreichend hochwertiges Datenqualitätsniveau zu erreichen (Wilde et al. 2008, S. 1183).

In vielen Organisationen herrscht das reinste Chaos bezüglich der Stammdaten. Es gibt weder eine klare Strategie noch eine systematische Pflegeakzeptanz durch die Mitarbeitenden. Einige Organisationen haben zwar ein klares Konzept, aber die Mitarbeitenden sind nicht motiviert, sich daran zu halten. Andere haben kein Konzept, aber grundsätzlich wären die Mitarbeitenden motiviert. Der letzte Fall ist eher selten anzutreffen: Nur sehr wenige Organisationen haben es geschafft, ein verständliches Konzept bezüglich der Stammdatenpflege zu entwickeln und die Mitarbeitenden zu motivieren, sich daran zu halten.

In den meisten Organisationen werden fehlerhafte Stammdaten manuell korrigiert, ohne meist das zugrunde liegende Problem zu lösen. Ist dies schon grundsätzlich nicht ideal, zeigt sich in den meisten Organisationen bei einem Wachstum (was ja wünschenswert ist), dass der Aufwand für die manuellen Korrekturen deutlich zunimmt. Weil die Kosten für die manuellen Anpassungen nicht explizit ausgewiesen werden, sind sich viele Verantwortliche des nicht zu unterschätzenden Arbeitsaufwandes und damit auch der Kosten für diese eigentlich nicht notwendigen Tätigkeiten nicht bewusst. Beispielhaft können folgende Aufgaben für die Transformation bzw. Pflege von Kundendaten anfallen (Böhnlein 2001, S. 51 ff.):

1. Attributbezeichnungen harmonisieren (z. B. KNr in KundenNr).
2. Datentypen anpassen (z. B. Telefonnummer als Zahl in eine Zeichenkette umwandeln oder zehnstellige Zeichenketten in zwölfstellige umwandeln).
3. Abgrenzung von Attributen angleichen (z. B. Kundenname aus KName und KVorname zusammensetzen).
4. Rechtschreib- und Tippfehler korrigieren (z. B. über (teil-)automatisierten Abgleich mit elektronischen Wörterbüchern).
5. Fehlende Werte ergänzen (die Erkennung fehlender Werte wird erschwert, wenn in der operativen Datenbank Dummy- oder Default-Werte gespeichert sind, die bei einer inhaltlich korrekten Erfassung der jeweiligen Sachverhalte eigentlich ersetzt werden müssten).

6. Fehlerhafte Attributwerte korrigieren (insbesondere sind auch Beziehungen zwischen mehreren Attributwerten hinsichtlich ihrer Konsistenz zu prüfen, z. B. Postleitzahl und Wohnort).

7. Duplikate entfernen.

8. Sofern die extrahierten Daten bereits Aggregationen darstellen, sind diese (z. B. auf korrekte Summierung) zu prüfen und ggf. zu korrigieren.

9. Synonyme beseitigen.

10. Codierungen anpassen (z. B. männlich vs. weiblich als 0 bzw. 1 oder als m bzw. w).

11. Einheiten harmonisieren (z. B. Zentimeter in Meter oder Meilen in Kilometer und auch Zeithorizonte).

12. Detaillierungsgrade anpassen (z. B. Umsätze von Artikeln in Umsätze von Warengruppen überführen).

Neben der Motivation gilt es deshalb abzusichern, dass die betroffenen Mitarbeitenden über die notwendigen Kompetenzen verfügen und sich der Verantwortung bezüglich der Stammdaten bewusst sind. In vielen Organisationen betrifft diese Anforderung eine große Anzahl an Mitarbeitenden. Für die Stärkung der Kundenorientierung einer Organisation empfehle ich deshalb, möglichst allen Mitarbeitenden in einer Organisation den hohen Stellenwert von Kundendaten zu verdeutlichen, sie zu motivieren, diese optimal zu pflegen sowie mit den entsprechenden Kompetenzen auszustatten und zu einem verantwortungsvollen Handeln aufzufordern. Kundenorientierung setzt bei der Datenpflege jedes einzelnen Mitarbeitenden an.

Es gilt, heute – aber vor allem für die Zukunft – zu beachten, dass das ERP-System sich mit immer mehr Systemen abgleichen muss. Deshalb ist die optimale Pflege der Stammdaten so relevant, weil ansonsten durch die Datengewinnung in mehreren Umsystemen der gleiche Kunde mehrfach auftauchen kann. Somit ist festzuhalten, dass das Stammdatenmanagement ein Grundstein der Kundenorientierung gerade bei der Zunahme an IT-Systemen und der Komplexität der Infrastruktur ist.

Neben den Stammdaten gilt es, die ERP-Daten so zu sammeln und auszuwerten, dass Kundenerkenntnisse erzielt werden können. Ein weiterer Punkt, der nur selten erwähnt wird, ist die „Right-Time-Nutzung" (Leußer et al. 2011b). Kundenorientierung zielt auf die Stärkung der zukünftigen Beziehung mit den Kunden ab. Dabei ist auch zu beachten, dass Daten allgemein im Zeitablauf an Wert verlieren. Deshalb sollte es das Ziel sein, Daten möglichst schnell für die Entscheidungsfindung bereitzustellen. Dies umfasst die Gewinnung, Speicherung, Auswertung und Darstellung der Daten (vgl. Abb. 3.36).

ERP-Daten können für viele Entscheidungen in Organisationen zum Einsatz kommen. Die im Folgenden vorgestellten Kundenwertmodelle basieren meist auf den ERP-Daten einer Organisation. Da der Kundenwert ein zentrales Element der Kundenorientierung ist, sind gut gepflegte ERP-Daten besonders wichtig.

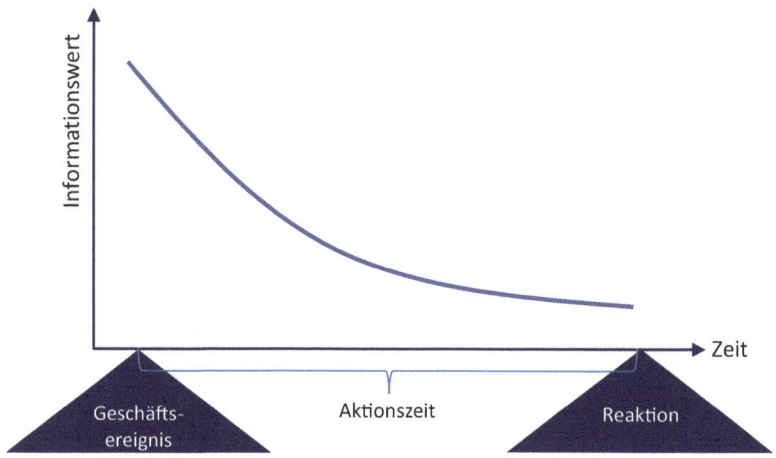

Abb. 3.36   Informationswert eines Geschäftsereignisses. (Quelle: Schelp 2006, S. 429)

3.2.5.2 Kundenfeedback

Kundenfeedback ist eine wertvolle Ressource für eine Organisation – und zwar unabhängig davon, ob es positiv oder negativ ist. Es ist als ein wichtiges Element für die Steuerung des Kundenbeziehungsmanagements zu sehen (Stauss 2011, S. 445). Neben Kundenfeedback hat sich auch der Begriff Voice of the Customer (VoC) etabliert (Yang 2008). In der Telekommunikations- sowie Reisebranche ist dies inzwischen Standard. Zahlreiche Anbieter unterstützen Organisationen dabei, an möglichst vielen Touchpoints mit einer Vielzahl an Technologien so viel Feedback wie möglich von den Kunden zu erhalten.

▶ **Kundenfeedback** ist ein interpersonales Konstrukt und bezeichnet eine Rückmeldung an eine Person oder Organisation, wie deren Verhalten wahrgenommen bzw. verstanden wird und was dieses Verhalten bewirkt (Stauss 2011, S. 441).

Meist wird eine einzige Kennzahl eingesetzt, mit der Option, die Bewertung mit einem kurzen Statement zu kommentieren. Dadurch wird eine Transkription des Kundenfeedbacks deutlich vereinfacht. Es ist nicht zwingend notwendig, eine teure Textanalysesoftware zu implementieren (Inmon 2018). Die Stärke der Nutzung von Kundenfeedback wird durch die Aussage eines Managers eines großen Versicherungskonzerns belegt. „Erst seit wir anstelle von 1000 Personen im Rahmen von quantitativen Ad-hoc-Kundenbefragungen, die wir, aufgrund der Kosten, einmal im Jahr erhoben haben, 200 Feedbacks täglich von unseren Kunden an unserem zentralen Touchpoint erhalten, besitzen wir stabile Ergebnisse." Dabei ist aber anzumerken, dass die Ergebnisqualität steigt und aktueller ist. Im Vergleich zu Kundenbefragungen ist die Erkenntnistiefe dieser Daten aber deutlich geringer. Zur Gewinnung von Kundenfeedbacks kommen immer mehr Voice-of-the-Customer-Systeme zum Einsatz.

▶ **Voice-of-the-Customer-Systeme** (VoC-Systeme) geben Kunden die Möglichkeit, der Organisation an den unterschiedlichen Touchpoints transaktionales oder relationales Feedback zu geben (Coppenhaver 2018, S. 21).

Somit könnten VoC-Daten auch in den Bereich Kundenbefragungen eingeordnet werden. Da Kundenfeedbacks in der Praxis meist nur aus einer oder zwei Fragen bestehen, ist für mich eine Trennung aufgrund der Erkenntnistiefe wichtig. Kundenfeedbacks können grundsätzlich transaktional (nach einem Erlebnis an einem Touchpoint) oder relational (jährlich) erhoben werden. So kann im Rahmen von Kundenbefragungen ein relationales Kundenfeedback erhoben werden und durch ein VoC-System kontinuierlich an den relevanten Touchpoints ein transaktionales. Dadurch können auf Basis der Kombination beider Datenquellen weitere Erkenntnisse gerade auch im Hinblick auf die allgemeine Entwicklung der Kundenbindung gewonnen werden. VoC-Systeme sind eng verbunden mit dem Begriff Closed-Loop-Prozess.

▶ **Closed-Loop-Prozess** bezeichnet die Gewinnung von Informationen aus einer Kundeninteraktion, deren Zuführung in den Entscheidungsprozess, die Reaktion der Organisation sowie die Kommunikation des Ergebnisses an den Kunden (Kreutzer 2010, S. 500).

Es reicht nicht, nur Kundenfeedback zu sammeln, gerade bei negativen Kunden-feedbacks muss in einen konstruktiven Dialog hinsichtlich möglicher Lösungsansätze getreten werden (Markey et al. 2009). Die Verantwortlichen sehen sich in der Praxis vor zwei große Herausforderungen gestellt. Manche Kundenreklamation erfordern für die Elimination der Ursache eine Transformation in unterschiedlichen Organisations-bereichen (Customer-centric Transformation) und manche Kundenreklamationen will die Organisation nicht aufgreifen, weil sich z. B. der Wert für die Organisation aufgrund der Transformationsbemühungen für die Organisation überproportional verringern würde (Customer Value-based Decision Making). Der Kunde ist nicht der König.

Es gibt aber nicht nur Kritik, sondern auch Lob. Um basierend auf Kundenlob an digitalen Touchpoints andere Kunden zu erreichen, ist es zu empfehlen, dass sich Organisationen systematischer mit Kundenlob auseinandersetzen (Stauss 2011, S. 445). Diese kann für die Neukundengewinnung und Steigerung der Bestandskunden genutzt werden, wenn diese systematisch bearbeitet werden. So bieten mehrere Anbieter an, das positive Kundenfeedback in Form eines Scores auf der eigenen Webseite darzustellen. Darüber hinaus sollten Organisationen ebenfalls systematischer versuchen, Kunden-lob auch für die eigenen Mitarbeitenden erlebbar zu machen. Meist tritt das Kundenlob an einer einzelnen Kontaktstelle auf und bleibt in der Organisation ungehört. Gerade bei Start-ups und Innovationen ist darauf zu achten, auch Lob systematisch in die Organisation zu speisen.

Während sich die meisten Verantwortlichen und Mitarbeitenden über positive Rückmeldungen und Lob von ihren Kunden freuen, diese aber meist nicht aufgreifen

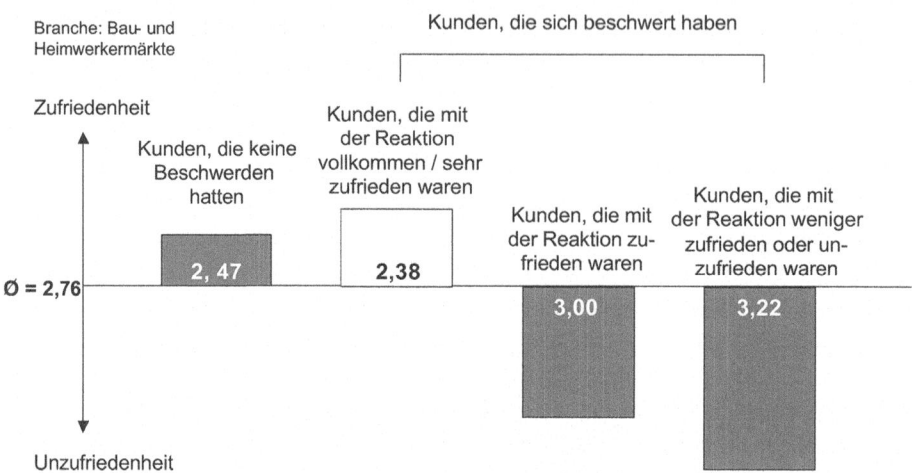

Abb. 3.37 Zusammenhang zwischen Beschwerdezufriedenheit und allgemeiner Zufriedenheit. (Quelle: Stauss 2009, S. 359)

und nutzen, tun sich viele schwer mit negativem Feedback (Beschwerden). Dabei bergen gerade Beschwerden ein großes Potenzial für Verbesserungen, wenn sie richtig provoziert, analysiert und behandelt werden. Abb. 3.37 zeigt, dass ein Kunde zufriedener ist, wenn seine Beschwerde zu seiner großen Zufriedenheit gelöst wird, als wenn er keine Beschwerden hatte. Gleichzeitig gilt es zu beachten, dass bei einer „nur" zufriedenen oder sogar unzufriedenen Beurteilung der Reaktion einer Organisation die allgemeine Zufriedenheit sinkt.

Ja, du hast richtig gelesen. Beschwerden sollten provoziert werden (Beschwerdestimulierung). Ein Kunde, der zwar Grund zur Beschwerde hat, diese aber nicht vorbringt, stiftet keinen Wert im Sinne des Co-Creation-Gedankens. Der Wert kann nur gesteigert werden, wenn Informationen vorliegen. Der Kunde wird in einer solchen Situation die Marke/das Angebot kaum wieder berücksichtigen, aber er behält den Grund für die Abwanderung für sich. Beschwerden von Kunden sind allgemein selten (Chebat et al. 2005). Je nach Branche äußern sich bis zu 90 % der unzufriedenen Kunden nicht (Stauss 2011, S. 446). Niedrige Beschwerderaten sind somit kein Indikator für eine hohe Kundenzufriedenheit (Pepels 2008, S. 45). Dies ist auch ein Grund, warum Kundenzufriedenheit kein ausreichendes Maß zur Bestimmung der Kundenorientierung ist. Nicht so selten dagegen sind negative Äußerungen gegenüber Dritten im privaten Umfeld oder auf Online-Portalen (Ward und Ostrom 2006).

▶ **Kundenbeschwerden** sind Artikulationen der Unzufriedenheit gegenüber einer Organisation. Diese werden mit dem Ziel geäußert, auf ein subjektiv als schädigend empfundenes Verhalten der Organisation aufmerksam zu machen, Wiedergutmachung der Schädigung zu erreichen bzw. eine Änderung des kritisierten Verhaltens zu erzielen (Stauss und Seidel 2014).

Kundenbeschwerden sind deshalb ein wichtiges Element für die Verbesserung der Kundenorientierung einer Organisation.

Beispiel: Kundenbeschwerde

Haubrock und Öhlschlegel-Haubrock (2015, S. 60 f.) führen in einem Beispiel an, wie ein Lebensmittelhändler an der Wurst- und Fleischtheke ein Nummernsystem für die Bedienung einführte, um Kunden prozesseffizienter zu bedienen. Nach zahlreichen Kundenbeschwerden wurde das Nummernsystem wieder abgeschafft. Der Wertvorteil Effizienz für die Organisation war aus Sicht der Kunden zu einseitig und der Mehrwert für den Kunden nicht hoch genug. ◄

Unterschiedliche Studien haben aufgezeigt, dass Kunden, die sich beschweren und eine Wiedergutmachung bzw. Änderung im Verhalten der Organisation erreichen, eine deutlich höhere Bindung aufweisen (Smith und Bolton 1998) (vgl. Abb. 3.38). In der zunehmend vernetzten Welt mit immer schnelleren Veränderungen auch der Wertmaßstäbe bleiben Beschwerden nicht aus. Grundsätzlich gilt: Es gibt keine unberechtigte Beschwerde, aber es stellt sich immer die Frage, wie zu reagieren ist (Homburg et al. 2016, S. 322). Organisationen sind gefordert, Beschwerden auszuwerten und für die Entscheidungen zur Wertsteigerung für Kunden und die Organisation zu nutzen. So hat zwar das in Kap. 1 vorgestellte Beispiel von United und dem „Gitarrenlied" zu einer großen medialen Verbreitung geführt und in der Kommunikationsbranche als Negativ-Beispiel für eine kundenorientierte Ausrichtung große Popularität erfahren, der Aktienkurs der Organisation ist aber trotzdem gestiegen. Während die betroffene Band vielleicht nicht mehr mit diesem Anbieter fliegen wird, sind die meisten anderen

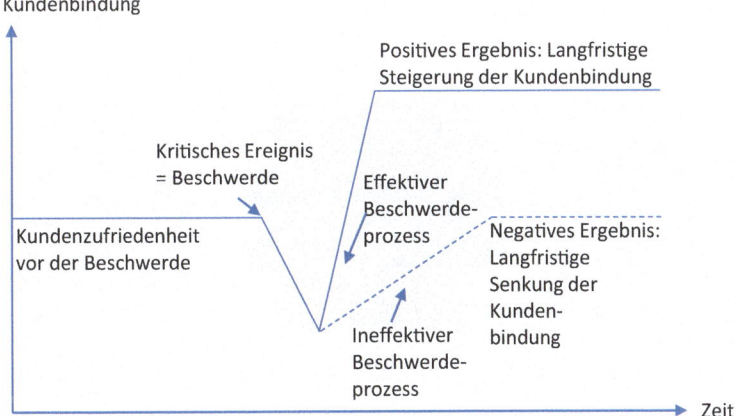

Abb. 3.38 Beschwerdemanagement als Schlüssel zur Kundenbindung. (Quelle: Homburg et al. 2016, S. 321)

Kunden angetan von der Airline und geben immer mehr Geld für diese Organisation aus. Somit sind einfache Losungen wie „möglichst keine Beschwerden" oder „jede Beschwerde muss sofort gelöst werden" zwar einfach zu kommunizieren, jedoch sollte der Einfluss auf die Wertentwicklung sowohl für den gesamten Kundenstamm als auch auf die Organisation immer kritisch überprüft werden. Jeder Trennung wohnt auch eine neue Chance inne.

Bei Kundenbeschwerden sollte auch berücksichtigt werden, dass sich nicht wenige Beschwerden auf Aspekte beziehen, die eine Organisation gar nicht oder nur eingeschränkt beeinflussen kann (Homburg 2017, S. 952). So kann eine ungenügende Zustellung nur schwer durch einen kleinen Webshop beeinflusst werden. Hier gilt es, die Daten danach zu klassifizieren, ob sie die Organisation selbst oder deren Netzwerk betreffen.

Homburg et al. (2016, S. 322) haben neun Entscheidungen für ein erfolgreiches Beschwerdemanagement definiert (vgl. Abb. 3.39). Ich übersetze die neun Entscheidungen im Uhrzeigersinn frei in ein Set von Fragen, die beim Kreieren eines Systems zur Aufnahme, Analyse und Behandlung von Kundenfeedback beachtet werden sollten:

1. Welche Art von Information versuchen wir aufzunehmen?
2. Wie verankern wir das Beschwerdemanagement organisatorisch?
3. Wie stimulieren wir Beschwerden, um von Unzufriedenheit zu erfahren?
4. Wie und über welche Kanäle nehmen wir Beschwerden an?
5. Wie verarbeiten wir Beschwerden intern?
6. Wie erhalten wir alle notwendigen Informationen aus Kundenbeschwerden?
7. Wie messen wir, ob unser Beschwerdemanagement erfolgreich war?
8. Wie setzen wir das Beschwerdemanagement technisch um?
9. Wie stellen wir die richtige Kultur in der Organisation sicher?

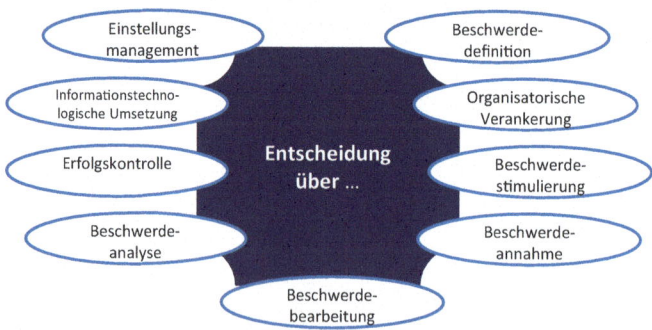

Abb. 3.39 Entscheidungsfelder bei der Konzeption eines Beschwerdemanagements. (Quelle: Homburg et al. 2016, S. 322)

Somit ergeben sich aus Beschwerden drei Datendimensionen: der Grund für die Beschwerde und ob die Beschwerde erfolgreich gelöst wurde sowie welche Entscheidung hinsichtlich der Beschwerde getroffen wurde. Diese sollten systematisch gesammelt und genutzt werden. Oft wird vergessen, die Entscheidung in Bezug auf die Beschwerde strukturiert zu dokumentieren (Gregoire et al. 2009). Durch die Dokumentation des Entscheidungsprozesses und des Entscheidungsverhaltens der Beteiligten in der Organisation lassen sich aber die Transformationsfähigkeit sowie mögliche unbekannte Auswirkungen für zukünftige Entscheidungen besser antizipieren.

3.2.5.3 CRM-Daten

Die folgenden Aussagen beziehen sich auf den Bereich des analytischen CRM, die Nutzung von Kundendaten für die Entscheidungsfindung. In den vergangenen Jahren wurde der Funktionsumfang von CRM-Systemen deutlich verbessert. Organisation können zahlreiche Informationen gewinnen, auswerten und verteilen. Was mir an CRM-Systemen so gefällt, ist die Möglichkeit, dass alles über die Kunden gesammelt und gespeichert werden könnte – mit Betonung auf *könnte*. Der Fantasie sind eigentlich keine Grenzen gesetzt. Warum sind in der Praxis die CRM-Daten so unglaublich begrenzt?

Beispiel: CRM-System

Vor 20 Jahren wurden die meisten Informationen manuell in ein CRM-System eingegeben. Mitarbeitende mussten ihre wertvolle Zeit für die Niederschrift von Informationen nutzen. Dabei wurden diese Arbeiten unregelmäßig, oft kurz vor Feierabend und dem Wochenende getätigt, was die Datenqualität nicht steigerte. Für die Steuerung des Kundenbeziehungsmanagements für meine Studiengänge nutze ich ein CRM-System. Dieses erlaubt u. a. über eine Formularfunktion, dass die Studierenden direkt am Informationsabend ihre Bewertung in das System schreiben. Bisher wurde diese auf Papier eingesammelt und anschließend manuell in eine Datenbank übertragen. CRM-Systeme können somit immer mehr für Co-Creation genutzt werden, das heißt, der Kunde gibt seine Daten direkt in das jeweilige System ein. Die Mitarbeitenden werden entlastet und auf beiden Seiten wird der Wert gesteigert. Der Kunde erhält eine optimale Beratung und die Hochschule wertvollere Kundenerkenntnisse und weniger Aufwand beim Sammeln. ◄

Wie bereits erwähnt, muss jede Organisation bestimmen, in welchem System welche Informationen vorliegen. Grundsätzlich sollten im CRM-System alle kundenrelevanten Informationen enthalten sein. Ergebnisse von Kundenbefragungen und Online Analytics können aufgrund der Anonymität meist nicht integriert werden. Aber es gibt immer mehr Möglichkeiten, Kundendaten zu sammeln und zu speichern. Die manuelle Eingabe durch Mitarbeitende gilt es kontinuierlich so gering wie möglich zu halten. Die Eingabe durch den Kunden (Co-Creation) muss kontinuierlich gesteigert werden, weil dadurch im Gegensatz zu den Eingaben der Mitarbeitenden Einstellungsdaten gesammelt werden können. Die Zufriedenheit und die Weiterempfehlungsabsicht von Dritten zu bestimmen, ist nicht möglich. Deshalb können Einstellungsdaten nur valide durch die „Selbstangabe" des Betroffenen genutzt werden. Es ist nicht zielführend, wenn die Mitarbeitenden die Zufriedenheit der einzelnen Kunden einschätzen sollen. Manchmal geht es nicht anders, aber grundsätzlich ist es optimal, wenn Kunden ihr Feedback direkt in das System eintragen können. Eine weitere Möglichkeit besteht in der Anreicherung der Kundendaten innerhalb eines CRM-Systems (Leußer et al. 2011b, S. 737).

Wie angeführt, liegen die Ergebnisse von Kundenbefragungen meist in anonymer Form vor. Durchschnittlich antworten auch nur 5 bis 20 % der Kunden auf eine Anfrage zu einer Befragung. Durch Data Matching können unter Zuhilfenahme von Strukturdaten wie bspw. Angebotsausstattung, Kaufhäufigkeit, Alter und Kundenbindung die Einstellungen von Kunden geschätzt werden (Liehr 2001). So können manche Kundengruppen auf Basis der Strukturdaten eine niedrigere Bereitschaft zur Weiterempfehlung besitzen als andere. Dabei darf aber nicht vergessen werden, dass es sich um geschätzte Tendenzen auf Basis von Durchschnittswerten handelt und die Einstellung des Einzelnen durchaus anders sein kann.

Aus meiner Sicht gilt es, in einem CRM-System möglichst alle drei Datenebenen abzubilden: Basis-, Einstellungs- und Verhaltensdaten. Dabei ist der Schwerpunkt auf Einstellungs- und Verhaltensdaten zu setzen (Kumar und Reinartz 2018, S. 51). So ist es durchaus hilfreich, zu speichern, welcher Kunde sich beschwert hat, wie bezüglich der Beschwerde entschieden wurde und wie die Entscheidung dem Kunden kommuniziert wurde in dem Fall, dass sich dieser im Anschluss wieder an die Organisation wendet oder nach einer gewissen Zeit noch mal mit der Organisation in Kontakt kommt. Im Rahmen des CRM hat sich für die Bezeichnung der unterschiedlichen Daten eine andere Systematik etabliert als die in diesem Buch verwendete (siehe Abb. 3.40). Während

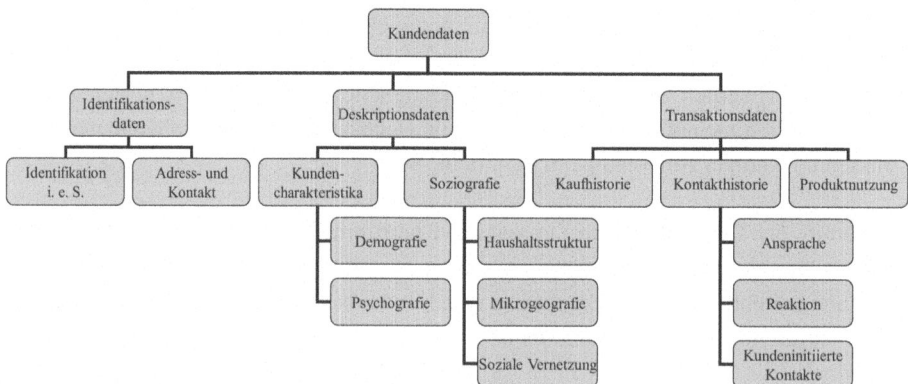

Abb. 3.40 Typologisierung von Kundendaten innerhalb eines CRM-Systems. (Quelle: Leußer et al. 2011b, S. 738)

meine Systematik auf alle Daten einer Organisation abzielt, betrifft diese Systematik nur das CRM-System. Dabei sind Identifikationsdaten, Demografie und Soziografie mit Basisdaten gleichzusetzen. Psychografie entspricht den Einstellungsdaten und Transaktionsdaten entsprechen den Verhaltensdaten.

Die unterschiedlichen Daten innerhalb eines CRM-Systems können grundsätzlich auf folgende Arten ausgewertet werden (Becker und Knackstedt 2011, S. 772):

- Report Generator
- Executive-Information-System
- Online-Analytical-Processing-System (OLAP)
- Data-Mining-System
- Spreadsheet-System

Alle CRM-Anwendungen bieten einfache Reports, um Daten auszuwerten. Für ein Tracking über die Zeit sind diese Darstellungen hilfreich. Meist wird eine Kundengruppe im Zeitablauf mit einer anderen Kundengruppe hinsichtlich einer Dimension verglichen oder dargestellt, wie sich der Umsatz über die Monate verteilt. Auf Basis dieser Informationsdarstellung lassen sich meist nur eingeschränkt Kundenerkenntnisse gewinnen. Auch fehlt diesen Reports eine Prognoseperspektive. Executive-Information-Systeme sind von der Konzeption identisch und weisen meist eine höhere Aggregationsstufe der Reports bzw. eine Zusammenfassung unterschiedlicher Kennzahlen für die Verantwortlichen auf. Neben den klassischen Reports eines CRM-Systems gehen OLAPs einen Schritt weiter.

▶ Ein **OLAP** stellt betriebswirtschaftlichen Größen (bspw. Umsatz, Deckungsbeitrag meistens in Bezug auf das Angebot) im Vergleich zu unterschiedlichen Dimensionen (bspw. Kundengruppe, Angebot oder Region) in Form eines multidimensionalen Datenwürfels dar (Englbrecht 2007, S. 12).

Mithilfe von OLAP lassen sich schnell und interaktiv grundlegende Erkenntnisse bezüglich der Kunden erstellen (Chamoni und Gluchowski 2006, S. 14). Ohne integriertes Kundenwertmodell und weitere statistische Analysen bleibt der Mehrwert solcher Analysen relevant, aber eben auch überschaubar. OLAP liefert deskriptive Darstellungen der Daten und benötigt klar formulierte Hypothesen (Hippner et al. 2011, S. 787). Es können, im Vergleich zu den Standardreports, schon komplexere Zusammenhänge untersucht werden, aber die Gewinnung von Kundenerkenntnissen bleibt auch hier auf der Strecke. Abb. 3.41 stellt unterschiedliche Prozesse und Analysemöglichkeiten innerhalb eines CRMs dar. Dabei ist anzumerken, dass die meisten dort aufgeführten Analysen von den IT-Anwendungen bislang gar nicht oder nur grundlegend unterstützt werden.

Um aus CRM-Daten Kundenerkenntnisse zu gewinnen, ist deshalb meist Data Mining notwendig (Hippner et al. 2011, S. 210). Einige Anbieter offerieren Zusatzmodule für ein Data Mining. Ansonsten gilt es, die bestehende CRM-Anwendung mit einer Data-Mining-Anwendung zu verbinden.

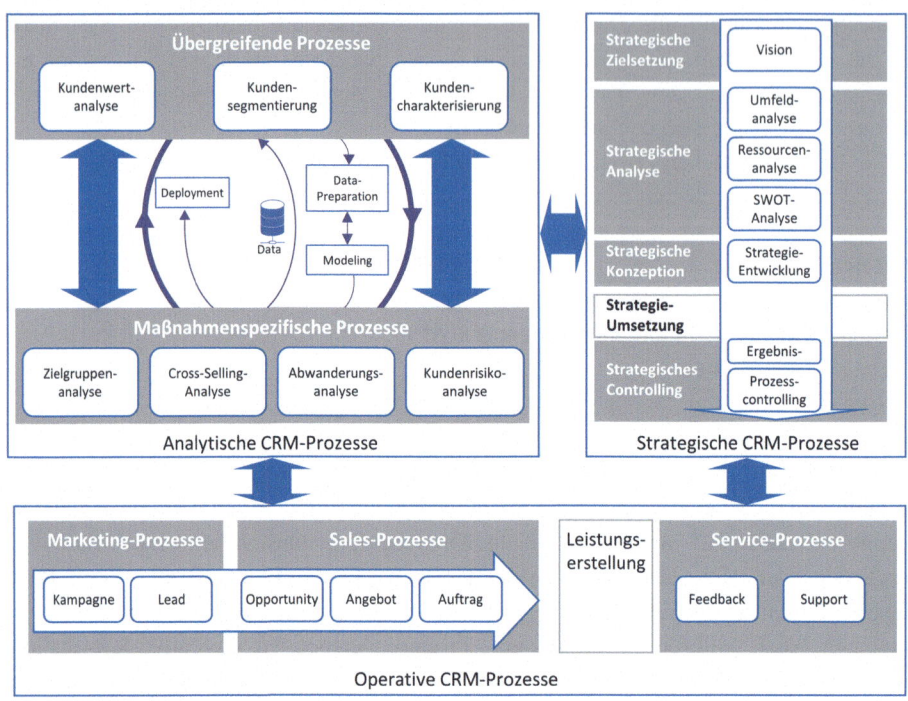

Abb. 3.41 Prozesse im CRM und Möglichkeiten für Analysen. (Quelle: Leußer et al. 2011a, S. 39)

▶ **Data Mining** bezeichnet das Durchsuchen großer Datenvolumina mit anspruchsvollen automatisierten Methoden nach neuen, gesicherten und handlungsrelevanten Kunden-erkenntnissen (Berry und Linoff 1997, S. 5).

Data Mining erlaubt das Aufdecken von Kundenerkenntnissen und die Erstellung von Prognosen ohne Einschränkungen. Während ein OLAP die Beziehungen zwischen den jeweiligen Größen nicht untersucht, sondern nur grafisch abbildet, erlaubt das Data Mining die statistische Analyse der Beziehungszusammenhänge und ihre jeweilige Stärke. Dabei können grundlegende Statistik, maschinelles Lernen oder Artificial Intelligence zum Einsatz kommen (Hippner et al. 2011, S. 788). Auch wenn in vielen Meetings der Wunsch nach der automatischen Gewinnung von Kundenerkenntnissen immer wieder spürbar ist, so benötigt es, egal welches System genutzt wird, den Menschen, damit aus Daten eine sinnvolle Entscheidungsgrundlage entsteht. Data-Mining-Systeme sind entweder direkt mit dem CRM-System verbunden oder die Daten müssen manuell in das Data-Mining-System überführt werden. IBM SPSS bzw. PSPP als kostenlose Alternative haben sich in diesem Bereich als Standard etabliert.

Spreadsheet-Systeme wie bspw. Microsoft Excel oder Google Sheets erlauben ver-tiefende Analysen, aber stoßen bei multivariaten Analysen schnell an ihre Grenzen. Für die Nutzung von Spreadsheet-Systemen müssen die Daten manuell ausgespielt und mögliche Ergebnisvariablen manuell wieder in das System eingespielt werden.

Während die Flexibilität bei dieser Vorgehensweise am größten ist, gilt es, bei der Datenein- bzw. -ausspielung darauf zu achten, dass keine Fehler entstehen.

3.2.6 Datenintegration

In den vorherigen Kapiteln wurden die unterschiedlichen Gründe, die für eine möglichst hohe Datenintegration sprechen, vorgestellt. Die zentrale Herausforderung für Organisationen besteht vor dem Auswerten von Daten deshalb in der Integration unterschiedlicher Systeme und deren Daten. Die Integration von Daten verspricht für die Zukunft einen hohen Mehrwert. Es gilt, Datensilos so gut wie möglich zu vermeiden.

▶ **Datensilos** sind zu einem Fachgebiet gehörende Anwendungslandschaften aus Daten, Anwendungen, Prozessen sowie IT- und fachlichen Experten (Stahl und Staab 2017, S. 4).

Datensilos wurden von den einzelnen Abteilungen über Jahre aufgebaut und auf die spezifischen Anforderungen der einzelnen Abteilung ausgerichtet, immer mit dem Fokus, die Entscheidungen der Abteilungen optimal zu unterstützen. Eine Verbindung mit anderen Abteilungen stellt die Verantwortlichen vor enorme Herausforderungen, weil bspw. Codes oder Formate nicht übereinstimmen und viele Daten dadurch an Integrierbarkeit verlieren.

Es können bspw. Daten aus den Online-Touchpoints, dem CRM, der Kundenbefragung und dem VoC- sowie ERP-System vorliegen. Studien zeigen, dass der Markt von Anbietern wie Squirro oder Palentir, die Daten aus unterschiedlichen Systemen extrahieren können, wächst und immer mehr Organisationen darüber nachdenken, solche Anwendungen zu nutzen (Tello et al. 2016). Das Thema technische Integration wird in Abschn. 4.5.1 vorgestellt. An dieser Stelle soll ein Fokus auf die Daten gelegt werden. Viele Organisationen können Kundendaten nicht nutzen, weil sie bspw. aus Online-Kanälen stammen oder weil nur Daten von Handelsorganisationen ohne die Möglichkeit der Zuordnung zu bestehenden Kundendaten vorliegen (Gimpel et al. 2018, S. 92 f.). Darüber hinaus ist bei internationalen Organisationen zu beachten, dass die jeweiligen Kundendaten in einzelnen Datenbanken auf Landesebene oder Tochtergesellschaftsebene gespeichert sind und die jeweiligen identischen Daten eine andere Bezeichnung bzw. Systematik besitzen.

Beispiel: Vereinheitlichung Datenbezeichnung

Nestlé hat enorme Anstrengungen im Rahmen seines Globe-Programms unternommen, die Daten zu standardisieren. Dabei wurden die Begriffe und Datenbezeichnungen in jedem Land und Bereich vereinheitlicht. Dies konnte nur erreicht werden, weil alle Informationen in einer und derselben Datenbank gespeichert wurden (Cordon et al. 2016, S. 15). ◀

Erste Studien zeigen, dass es bei der Nutzung von aggregierten Kundendaten aus
mehreren Quellen zu Ängsten bei den Kunden kommt. Dabei gehen die Erwartungen
der Kunden an den Datenschutz über die rechtlichen Rahmenbedingungen meist hinaus
(Kleindienst et al. 2017). Organisationen sind deshalb gefordert, über die bestehenden
Vorgaben zum Datenschutz hinaus den Mehrwert für die Kunden bezüglich der Nutzung
von aggregierten Kundendaten aus mehreren Quellen deutlich aufzuzeigen.

▶ **Datenintegration** ist die Verbindung heterogener Daten aus unterschiedlichen
Quellen in einer Datenbank sowie die einheitliche Darstellung dieser Daten zur
Gewinnung von Kundenerkenntnissen (in Anlehnung an Lenzerini 2002).

Die Datenintegration kann für zwei Stufen genutzt werden, wobei Stufe 2 automatisch
Stufe 1 umfasst:

1. Erstellung von Kundenerkenntnissen für die Entscheidungsfindung und
2. kontinuierliche Nutzung als Basis eines Geschäftsmodells.

Die Grenzen zwischen beiden Stufen sind nicht immer eindeutig. Für Stufe 2 sind
Angebote wie Netflix oder Kfz-Versicherungen auf Basis der Telematik (Fahrverhaltens)
zu nennen (Maier und Todte 2013). Ich sehe (mit Besorgnis), dass im Vergleich zu
anderen Regionen Organisationen in Deutschland und der Schweiz noch viel zu wenig
auf Datenintegration setzen. Dabei wird in den meisten „digitalen" Workshops immer
noch viel zu schnell nur auf das Angebot abgestellt. Kundendaten und deren Gewinnung,
Integration und Nutzung werden meist sträflich vernachlässigt.

Es müssen die folgenden vier grundlegenden Schritte der Datenintegration berücksichtigt werden (Stelz 2017, S. 44 f.): In einem ersten Schritt sind die Daten physisch
bzw. virtuell zu integrieren (in einem der bestehenden Systeme oder in einem zusätzlichen System). Hier gilt es, Kosten und Flexibilität abzuwägen. Die Integration von
Daten in ein System (bspw. CRM-System) erhöht die Abhängigkeit von dem jeweiligen
Anbieter. Die Nutzung eines zusätzlichen Systems steigert die Flexibilität, kann aber die
Kosten für die Implementierung in die Höhe treiben. Ich empfehle eher, ein zusätzliches
System zu nutzen, da der Funktionsumfang der einzelnen Systembereiche schnell wächst
und so ein Austausch eines Systems in Zukunft deutlich einfacher ist.

Anschließend gilt es, die Daten zu validieren. Gerade der Bereinigung von Dubletten
kommt dabei ein hoher Stellenwert zu. In einem dritten Schritt gilt es zu überprüfen,
ob Datenlücken vorhanden sind. Beispielsweise liegen nur unzureichende Informationen
vor, um die krebserregende Wirkung von Glyphosat abschließend zu beurteilen, weil
die Informationen über die geografische Verteilung von Krankheiten äußerst lückenhaft
sind (Stahl und Staab 2017, S. 11). Im Anschluss sollte eine Organisation prüfen, ob die
Daten über einen Drittanbieter nicht noch weiter angereichert werden können.

Dann gilt es, die Daten auf Basis des Prozesses in Abb. 3.42 aufzubereiten. Die meist
sehr unterschiedlichen technischen Grundlagen der einzelnen Systeme führen oft auch zu

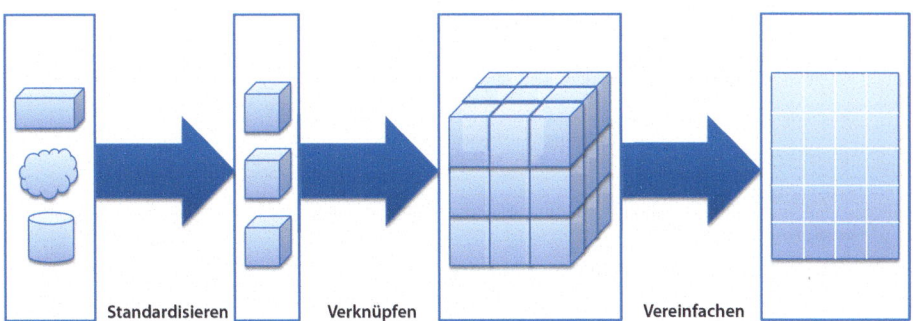

Abb. 3.42 Komplette Prozesskette der Datenintegration und -aufbereitung. (Quelle: Stahl und Staab 2017, S. 26)

einer heterogenen Datenstruktur (Gimpel et al. 2018, S. 93). Dieses „Rohmaterial" gilt es in einem ersten Schritt zu standardisieren. Die eindeutige Zuordnung von Merkmalsträgern (Orte, Angebote, Unternehmen etc.) und von Merkmalsausprägungen (Zürich/ Bern, Kaffee/Tee, Migros/Coop etc.) sind zwei wichtige Aspekte (Stahl und Staab 2017, S. 6). Abschließend sollen die Daten miteinander verknüpft werden. Dies führt meist zu einer hohen Komplexität. Somit besteht die zentrale Herausforderung darin, den Datenwürfel im Anschluss wieder „platt zu drücken", ihn also zu vereinfachen (Stahl und Staab 2017, S. 25).

Im Ergebnis spricht Stelz (2017, S. 45) von einem „Golden Record" oder „Single Point of Truth", der möglichst viele entscheidungsrelevante Informationen über den Kundenstamm umfasst und als Grundlage für die Auswertung dient. Dies deckt sich mit dem Gedanken des Customer Value-based Decision Makings. Organisationen sollen das Ziel verfolgen, Daten möglichst optimal für die Werterstellung zu verbinden. Der Golden Record sollte kontinuierlich mit den angeschlossenen Systemen abgeglichen und bei möglichen Veränderungen angepasst werden, aber auch die einzelnen Daten in den Systemen müssen durch Erkenntnisse der Analyse des Golden Records im Zeitablauf abgeglichen werden. Es ist darauf zu achten, dass im Ergebnis die Integration zu Kundenerkenntnissen führt und die Anwender nicht in einem Datensumpf stecken bleiben (Gimpel et al. 2018, S. 94).

Im Folgenden sollen am Beispiel der Automobilbranche die Möglichkeiten der Datenintegration vorgestellt werden.

Beispiel: Automobilbranche

Die Hersteller verfügen über zahlreiche Kundeninformationen, die in unterschiedlichen Systemen gespeichert sind (vgl. Abb. 3.43). Neben der Firmenzentrale haben die Landesgesellschaften und die Bank eigene Datensysteme. Eine weitere Herausforderung ist das Vertriebsnetz, das meist aus eigenen Verkaufsstätten und unabhängigen Vertriebspartnern besteht. Im Rahmen der Digitalisierung wurden darüber hinaus

Abb. 3.43 Heterogene Kundendatenstruktur in der Automobilbranche. (Quelle: Gimpel et al. 2018, S. 98)

zahlreiche Zusatzdienstleistungen entwickelt, die ebenfalls Kundendaten sammeln. Die Branche besitzt über den gesamten Customer Purchase Process verteilt unterschiedliche Kundendaten: die Konfiguration des Autos auf der Webseite, die Probefahrt, die Kreditwürdigkeitsprüfung, Einladung zu Events, Nutzung von After-Sales-Services und Zufriedenheitsbefragungen. Der hohe Stellenwert dieser Daten sowie die Relevanz der Integration dieser Daten für den zukünftigen Erfolg sind der Branche nicht bewusst. Das Auto steht als technische Lösungskomponente im Fokus der Verantwortlichen.

In einem ersten Schritt muss die Organisation entscheiden, wie die Daten zusammengeführt werden, ob also ein bestehendes System wie bspw. CRM- oder ERP-System genutzt werden soll oder eine Anwendung zum Einsatz kommt, die die Daten aus den einzelnen Systemen integriert. Dann gilt es zu prüfen, ob die Datenqualität den Anforderungen entspricht. So kann sich ein Kunde mit seiner privaten und seiner geschäftlichen E-Mail-Adresse bei der Konfiguration und der Probefahrt angemeldet haben. In einem weiteren Schritt ist zu prüfen, ob die bestehenden Daten angereichert werden können. Es ist ersichtlich, dass in den bestehenden Systemen nur die Zufriedenheitsbefragung Erkenntnisse hinsichtlich der Einstellungen der Kunden liefert. Somit ist zu überlegen, ob noch weitere Einstellungsdaten über die Kunden gesammelt und für die Datenintegration genutzt werden können. Anschließend müssen die Daten standardisiert und miteinander verbunden werden. In einem letzten Schritt gilt es, aus der Menge an Daten die relevanten Daten zu identifizieren und aus diesen den Golden Record zu erstellen. ◀

Datenintegration ist herausfordernd. Es sei noch mal explizit angemerkt, dass für die Verbesserung der Kundenorientierung den meisten Organisationen Daten bezüglich der Einstellung der Kunden fehlen. Dies resultiert nicht selten in dem Ergebnis, dass zwar Daten integriert werden können, aber die Fragen, warum ein bestimmtes Ergebnis vorliegt bzw. wie die Differenzierung erfolgen soll, mit diesen Daten nicht beantwortet werden kann.

3.3   Auswerten

Im Rahmen von CRM-Daten wurden einzelne Auswertungsmethoden bereits vorgestellt. Im Folgenden sollen die unterschiedlichen Anwendungen und Methoden vertieft
erläutert werden. Bevor auf das Thema Auswerten eingegangen wird, gilt es festzuhalten, dass Marketing-, Kommunikations- und Verkaufsstudierende mit Mathematik,
Statistik und Daten zu kämpfen haben. Somit besteht in den Abteilungen mit direktem
Kundenkontakt meist keine ausgeprägte Kompetenz, die Kundendaten auszuwerten.
Meine langjährige Lehrerfahrung zeigt, dass sich Marketing- und Kommunikations-
studierende förmlich gegen jede Form der statistischen Analyse wehren. Marketing
und Kommunikation werden als Studienfächer gewählt, um kreativ zu wirken. Dies
führt dazu, dass in der Praxis die fehlende Nutzung von Daten und die fehlende
Gewinnung von Kundenerkenntnissen neben anderen Punkten vor allem mit der völlig
unzureichenden Kompetenz der meisten Mitarbeitenden einer Organisation begründet
werden können. Wenn Kundendaten die wichtigste Ressource einer Organisation sind,
dann ist die Auswertung bzw. Gewinnung von Kundenerkenntnissen eine der wichtigsten
Kompetenzen einer Organisation. Hier hoffe ich auf ein Umdenken in der Praxis.

Kundenorientiert kann nur derjenige sein, der die Daten der Kunden in Kundenerkenntnisse transformiert, Entscheidungen darauf basierend fällt und den Wert für den
Kunden und die Organisation kontinuierlich steigert. Um aber Entscheidungen auf Basis
von Kundenerkenntnissen zu treffen, gilt es, die dahinterliegenden Auswertungen nachvollziehen zu können. Deshalb sei an dieser Stelle die Anforderung an Organisationen
gestellt, welche die Kundenorientierung stärken wollen, dass die Kompetenzen im
Bereich Datengewinnung und Datenanalyse aller – und ich wiederhole: aller – Mitarbeitenden massiv zu verbessern. Vor allem die Kompetenzen der Mitarbeitenden in den
Abteilungen, die für das Kundenbeziehungsmanagement verantwortlich zeichnen, gilt es
kontinuierlich zu steigern.

Studien belegen meine Wahrnehmung der fehlenden Kompetenzen in der Praxis:
In 20 bis 40 % aller Auswertungen sind anscheinend gravierende Fehler enthalten
(Davenport 2006). Neben dem Prozess und den Anwendungen sollte die organisatorische
Ausgestaltung von Datenauswertungen beachtet werden. Jede einzelne Abteilung in
einer Organisation nutzt ihre eigenen Methoden, Anwendungen und Vorgehensweisen.
Dies ist für eine kundenorientierte Organisation nicht optimal. Ich empfehle die Ausstattung der einzelnen Abteilungen mit Analysekompetenzen, aber auch die Einführung
eines Auswertungsgremiums, wie es bspw. Procter & Gamble etabliert hat (Staudacher
2018). Dieses Gremium steuert die Auswertungskompetenzen einer Organisation
systematisch und verbindet die unterschiedlichen Abteilungen.

„Mit Daten beginnt alles – sie sind die Bausteine, die Atome in unserem Universum
und der Ausgangspunkt unserer Arbeit" (Stahl und Staab 2017, S. 12). Allgemein
sind zwei verschiedene Ansätze zur Gewinnung von Kundenerkenntnissen zu unterscheiden: Business Intelligence und Big Data Analytics (vgl. Abb. 3.44). Die meisten

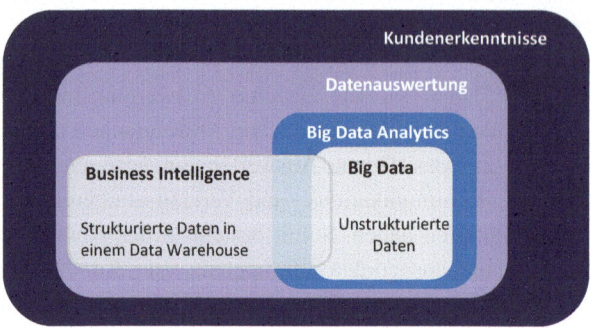

Abb. 3.44 Die Dualität der Datenauswertung. (Quelle: in Anlehnung an Dedic und Stanier 2017, S. 115)

Organisationen werden trotz des Big-Data-Hypes auf Basis von strukturierten Daten in einem Data Warehouse mittels Business Intelligence versuchen, Kundenerkenntnisse zu gewinnen.

▶ **Business Intelligence** (BI) bezeichnet einen integrierten, organisationsspezifischen, IT-basierten Gesamtansatz zur betrieblichen Entscheidungsunterstützung (Kemper et al. 2010, S. 9).

Business Intelligence ist eng mit dem Thema Datenintegration verbunden. Die Daten in den einzelnen Systemen werden in einem der Systeme oder in einer zusätzlichen Datenbank zusammengefasst. Auf Basis dieser Datenbank (Data Warehouse) erfolgen die Analysen. Im Anschluss werden die ermittelten Kundenerkenntnisse in der Organisation verteilt.

▶ Ein **Data Warehouse** ist ein organisationsweiter Datenbestand, der von den operativen Systemen abgekoppelt ist und aufgrund seiner konsequenten thematischen Ausrichtung organisationsrelevante Informationen für den jeweiligen Anwenderkreis bereitstellt (Hoffmann 2010, S. 20).

Durch den Einsatz eines Data Warehouse soll die Auswertung dynamischer und schneller erfolgen (Stahl und Staab 2017, S. 15). Dies klingt herausfordernd und viele Verantwortliche suchen deshalb ihr Glück in IT-Systemen (vgl. Abb. 3.45). Auch wenn IT einen großen Mehrwert für Organisationen bereitstellen kann, gilt es doch, in der Praxis den Nutzen von Systemen wieder reflektierter vorzunehmen. In den letzten Jahren wurde viel gekauft und implementiert, was sich anschließend leider als eine Nummer zu klein oder zu groß herausgestellt hat. Dabei ist anzumerken, dass nur wenige Organisationen ein Data Warehouse besitzen. Die meisten Organisationen können Daten aus unterschiedlichen Quellen nicht integrieren. Für ein Data Warehouse muss nicht zwingend eine kostspielige Anwendung zum Einsatz gelangen, Microsoft Excel/Access und Google Sheets können hierfür verwendet werden.

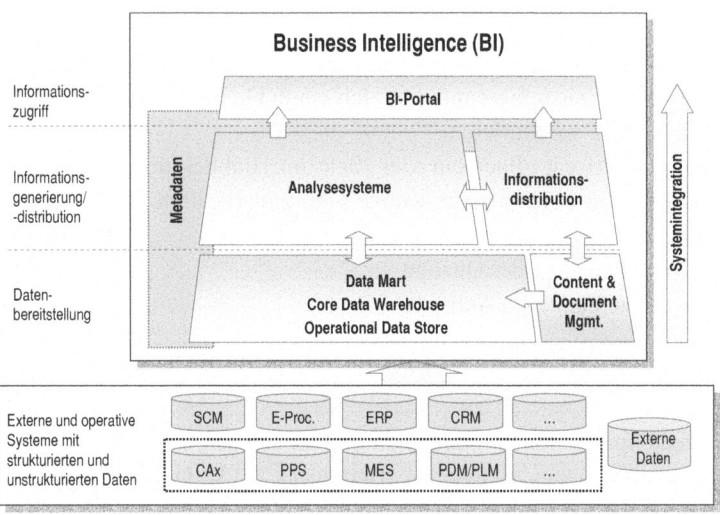

Abb. 3.45 Aufbau eines Business-Intelligence-Systems. (Quelle: Kemper et al. 2010, S. 11)

Nur sehr wenige Organisationen können Big Data nutzen. Trotzdem möchte ich den Begriff an dieser Stelle kurz einordnen. Ich erlebe immer wieder, dass in vielen Organisationen ein fast mystischer Heilsglaube zu diesem Begriff vorhanden ist.

▶ **Big Data** bezeichnet ein großvolumiges, komplexes, wachsendes Datenset aus meist unterschiedlichen Quellen (Wu et al. 2014).

Big Data klingt erst mal gut. Daten müssen nicht zwingend strukturiert werden. Es braucht kein Data Warehouse und keine Business Intelligence: alle Daten einfach in einen großen Sack packen, ein paar Mal draufhauen und es kommen wertvolle Kunden-erkenntnisse raus. Allgemein ist zu beobachten, dass auch nicht so wirklich klar zu sein scheint, was mit Big Data überhaupt gemeint ist. Ariely bringt es mit folgender Aus-sage auf den Punkt: „Big Data is like teenage sex: everyone talks about it, nobody really knows how to do it, everyone thinks everyone else is doing it, so everyone claims they are doing it" (Ariely 2018).

Big Data kann gerade am Anfang von Datenanalyseprozessen und bei kontinuier-lich sprudelnden Datenquellen wie Social Media oder Sensordaten hilfreich sein (Stahl und Staab 2017, S. 17). Für die kundenorientierte Ausrichtung einer Organisation ist es aber oft zu wenig. Ich erlebe die Gefahr, dass nicht mehr nach der Antwort auf die Frage, wie sich eine Organisation optimal differenziert und den Wert für sich und den Kunden systematisch gesteigert wird, gesucht wird. Anstelle dieser Frage wird mehr „gefischt" und jeder noch so kleine Fisch als Erfolg bzw. Low Hanging Fruit gepriesen. Ziel der Kundenorientierung ist es, bestehende und zukünftige Entscheidungen in der Organisation mit einer stabilen Grundlage abzusichern. Das „Stochern" im Datensumpf kann zu einzelnen Ergebnissen führen, eine systematische Verbesserung von Entscheidungen ist damit nur schwer möglich. Ich empfehle deshalb, früher anzusetzen und Daten möglichst gut zu strukturieren.

Das Auswerten verfolgt allgemein vier Ziele im Hinblick auf die Verbesserung der Kundenorientierung (in Anlehnung an Kumar und Reinartz 2018, S. 52):

1. Datenanalyse hinsichtlich der Qualität
2. Controlling der vergangenen Aktivitäten
3. Zukunftsvorhersage
4. Bestimmung des Kundenwerts

Die allermeisten Organisationen fokussieren im Rahmen der Auswertung auf Punkt 2, das Controlling der vergangenen Aktivitäten (Bertolucci 2013). Dies wird auch Descriptive Analytics genannt. Erfolg oder Misserfolg sollen erklärt werden auf Basis der Daten, die in der Vergangenheit gesammelt wurden und einen Bezug zu dem Ergebnis haben. Dies ist hinsichtlich der Auswertung der vermeintlich einfachste Aspekt. Kundenorientierung bezieht sich aber immer auf die Zukunft. Somit sollten Auswertungen in erster Linie auf Zukunftsvorhersagen fokussieren (Punkt 3). Die Vorhersage der Zukunft kann in Predictive und Prescriptive Analytics unterschieden werden (Gronwald 2017, S. 54 f.). Predictive Analytics umfasst die Vorhersage der Zukunft auf Basis von historischen Daten mittels Algorithmen. Prescriptive Analytics geht noch einen Schritt weiter und erklärt, warum ein Ereignis stattfinden könnte (Bertolucci 2013). Dabei ist es das Ziel, Entscheidungsoptionen zu bewerten und das Risiko möglichst zu minimieren.

Im Sinne des Customer Value-based Decision Makings steht die Steigerung des Kundenwerts im Zentrum der Entscheidungen. Somit sind Zukunftsvorhersagen bezüglich der Kundeneinstellungen, des Kundenverhaltens sowie der Entwicklung des Kundenwerts die drei Grundpfeiler für die Verbesserung der Kundenorientierung im Bereich Auswerten.

Die zu Beginn des Kapitels geübte Kritik an den bestehenden Statistikkompetenzen und dem Interesse mag (vielleicht) überrascht haben, aber in den meisten Organisationen reichen die Kompetenzen vor allem für die Punkte 1, 3 und 4 nicht aus. Da diese Ziele in den meisten Organisationen gar nicht verfolgt werden, wird auch meist nicht ersichtlich, welche Kompetenzen fehlen.

Für die Auswertung von Daten kann der Cross-Industry Standard Process for Data Mining (CRISP-DM) herangezogen werden (Brachman und Anand 1996, S. 48 ff.). Dieser setzt sich aus den folgenden sechs Schritten zusammen, die iterativ durchlaufen werden (Reinartz 1998, S. 14 f.):

1. **Business Understanding (Aufgabendefinition):** Bestimmung der betriebswirtschaftlichen Problemstellung, Ableitung analytischer Ziele für das Data Mining und Projektplanung

2. **Data Understanding (Auswahl der relevanten Datenbestände):** Katalogisierung
der verfügbaren Datenquellen, qualitative Bewertung der verfügbaren Datenquellen,
Bestimmung der geeigneten Datenbestände
3. **Data Preparation (Datenaufbereitung):** Datentransformation in ein geeignetes
Format zur Datenanalyse, explorative Datenanalyse, Datenanreicherung, Daten-
reduktion, Behandlung fehlender Merkmalswerte, Behandlung von fehlerhaften
Merkmalswerten und Ausreißern, Kodierung der Merkmale
4. **Modeling (Auswahl und Anwendung von Data-Mining-Methoden):** Bestimmung
der Auswahlkriterien für Data-Mining-Methoden, Bewertung der Data-Mining-
Methoden, Bestimmung geeigneter Data-Mining-Methoden, Auswahl eines Data-
Mining-Werkzeugs, Entwicklung von Data-Mining-Modellen (Modell = Ergebnis
der Anwendung einer Methode auf einen konkreten Datenbestand), Test von Data-
Mining-Modellen, Kombination von Data-Mining-Methoden und -Modellen
5. **Evaluation (Interpretation und Evaluation der Data-Mining-Ergebnisse):**
Ausfiltern handlungsrelevanter Data-Mining-Ergebnisse, betriebswirtschaftliche
Bewertung der Data-Mining-Ergebnisse, Bewertung des Data-Mining-Prozesses
6. **Deployment (Anwendung der Data-Mining-Ergebnisse):** Anpassung der operativen
Geschäftsprozesse, Einbindung der Data-Mining-Modelle in die operativen Geschäftsprozesse, Empfehlungen für Führungsentscheidungen im Kundenbeziehungsmanagement, Aufgabendefinition für weitere Data-Mining-Prozesse

Ich erlebe immer wieder in der Praxis, dass Punkt 1 ausbleibt. Es ist nicht klar, welche
Entscheidung durch Kundenerkenntnisse unterstützt werden soll oder es werden viel zu
viele Themen gleichzeitig verfolgt. Dadurch bleibt die Ergebnisqualität systematisch
auf der Strecke. Kundenorientierte Organisationen stellen zu Beginn die Frage, welche
Wertsteigerung in welchem Umfang erfolgen soll. Ist dieses Ziel klar definiert, werden
anschließend mögliche Themengebiete wie Marke oder Erlebnis abgeleitet. So vergessen nicht wenige Organisationen die Messung des Kundenwerts im Rahmen von
Kundenbefragungen. Andere fokussieren sich aufgrund des aktuellen LinkedIn-Hypes
nur auf die Customer Experience und vergessen die Markenstärke. Die Fixierung auf
die Bekanntheit ist für mich sowieso nicht mehr nachvollziehbar. Daraus ergeben sich
Schwächen im Data Understanding, die es möglichst zu eliminieren gilt.

Auf die Data-Preparation bzw. -Kodierung bin ich schon kurz eingegangen. Im Vergleich zu quantitativen Daten stellen qualitative Daten aus Tiefeninterviews etc. eine
höhere Anforderung an die Kodierung. Es ist darauf zu achten, dass der Verantwortliche
bei der Kodierung nicht zu starken Einfluss auf die Qualität der Ergebnisse nimmt.

▶ **Kodierung** bezeichnet den Prozess der Kategorisierung von Rohdaten (Homburg
2017, S. 320).

Hinsichtlich der IT-Unterstützung können fünf unterschiedliche Anwendungen für die Datenauswertung identifiziert werden:

1. Tabellenkalkulation (Microsoft Excel, Google Sheets und Co.)
2. Statistiksoftware (IBM SPSS, PSPP und Co.)
3. Komplexe Statistikprogramme (SAS, Rstudio und Co.)
4. Integrierte Anwendungen in den unterschiedlichen Systemen
5. Cloudbasierte Auswertungsanwendungen mit Datenintegrationsfunktion (Squirro und Co.)

Dabei ist zu unterscheiden, ob die Daten aus dem System ausgespielt (1 bis 3) oder im System ausgewertet werden (4 bis 5). In der Praxis ist zu beobachten, dass immer mehr Anbieter immer leistungsstärkere Anwendungen auf den Markt bringen, um direkt in den jeweiligen Systemen Auswertungen durchzuführen. Das kann zu Beginn ausreichen. Das Ausspielen und die Berechnung in den Spezialanwendungen erlauben aber aktuell noch deutlich mehr Möglichkeiten.

3.3.1 Statistische Methoden

Wie bereits ausgeführt, scheint Statistik ein Buch mit sieben Siegeln zu sein. Da dies so kompliziert wirkt, traut man Auswertungen (im Besonderen von Kundenbefragungen) einfach per se nicht. Sätze wie „Traue nie einer Kundenbefragung, die du nicht selbst gefälscht hast" tun ihr Übriges dazu. Auch ist anzumerken, dass sich statistische Ausführungen in den meisten Veröffentlichungen gerne in komplizierten mathematischen Darstellungen verlieren. Dies führt zur Annahme in Anlehnung an ein Zitat von Einstein: „Wenn du es nicht einfach erklären kannst, hast du es selbst nicht verstanden." Dabei ist Statistik sicher kein einfaches Thema, aber ich unternehme den Versuch, dir die zentralen Begriffe und Methoden so vorzustellen, dass die Angst, diese anzuwenden, hoffentlich deutlich abnimmt.

Zu Beginn soll kurz auf das Text Mining und die Sentiment Analysis eingegangen werden. Text Mining bezieht sich auf die Umwandlung von unstrukturierten Texten, sodass diese mit anderen analytischen Methoden weiterbehandelt werden können, um daraus Erkenntnisse zu erlangen (Hardoon und Shmueli 2013). Typische Anwendungen sind Social Media, Suchbegriffe, E-Mails etc. Dabei kann das Ziel verfolgt werden, die Textinhalte in Kategorien einzuteilen und Muster und Strukturen zu erkennen und darauf aufbauend Vorhersagen zu machen bzw. die Einstellungen und das Verhalten der Kunden besser zu verstehen (Gronwald 2017, S. 55).

Sentiment Analysis zielt auf die Analyse von geäußerten Emotionen, Meinungen und Beurteilungen von Kunden gegenüber einer Organisation und ihren Angeboten/ihrer Marke ab (Chaudhuri 2019). Sie ist somit eine spezifische Form des Text Minings auf Basis der linguistischen Analyse (Duffy 2008). Dadurch, dass Kunden ihre Ansicht immer mehr äußern können, besteht für Organisationen die Möglichkeit, diese Äußerungen auszuwerten und für die Entscheidungsfindung nutzbar zu machen. Die große Herausforderung besteht darin, dass Aussagen immer in einem Kontext getroffen werden, der für Anwendungen nicht einfach nachzuvollziehen ist. Sarkasmus, Ironie und Humor sind große Herausforderungen, aber aufgrund der steigenden Nutzung von Kundenfeedbacksystemen wird diese Analyse in der Zukunft deutlich an Stellenwert gewinnen. Dabei liegen diese Daten unstrukturiert vor, was eine weitere Herausforderung darstellt.

Beide Analysen gehören streng genommen nicht zu statistischen Auswertungen. Sie gewinnen aber aufgrund der steigenden Anzahl qualitativer Kundenfeedbacks an unterschiedlichen Touchpoints immer mehr an Stellenwert. Auf den ersten Blick liegt der Charme der Nutzung dieser Methoden darin, dass eine große Masse an Kundenfeedbacks ausgewertet werden kann. Die Interpretation der Ergebnisse ist äußerst herausfordernd.

3.3.1.1 Entscheidungsbäume

Ein einfaches statistisches Verfahren, das oft zum Einsatz kommt, sind Entscheidungsbäume. Ein Entscheidungsbaum beginnt mit einer Entscheidung oder einem Ziel. Ausgehend von diesem Punkt werden Linien zu zwei bis x möglichen Optionen gezogen (Schawel und Billing 2018, S. 122). Im Laufe des Verfahrens werden immer feinere Untergruppen gebildet, wobei die folgende Unterteilung jeweils anhand eines Merkmals erfolgt, das eine bestmögliche Trennung der Gruppen erlaubt (Hippner et al. 2011, S. 793). Damit wird so lange fortgefahren, bis alle relevanten Optionen dargestellt sind. Anschließend werden die einzelnen Optionen aufgrund ihrer Wahrscheinlichkeit

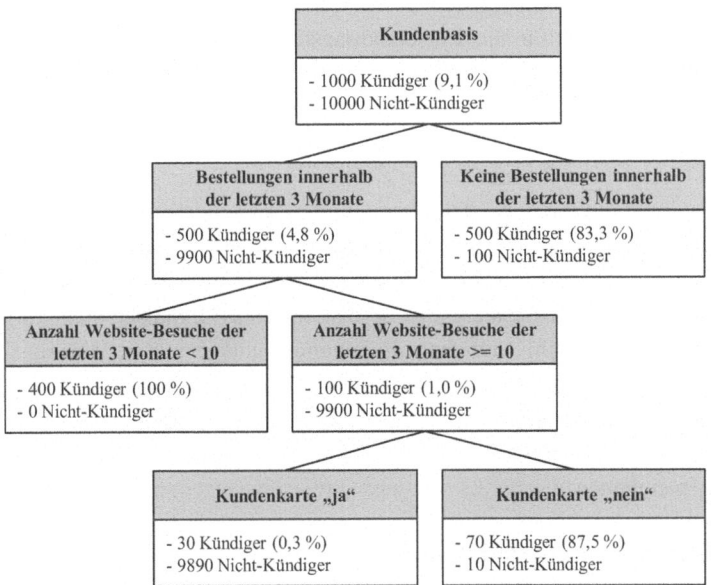

Abb. 3.46 Entscheidungsbaum am Beispiel Kündigeranalyse. (Quelle: Hippner et al. 2011, S. 794)

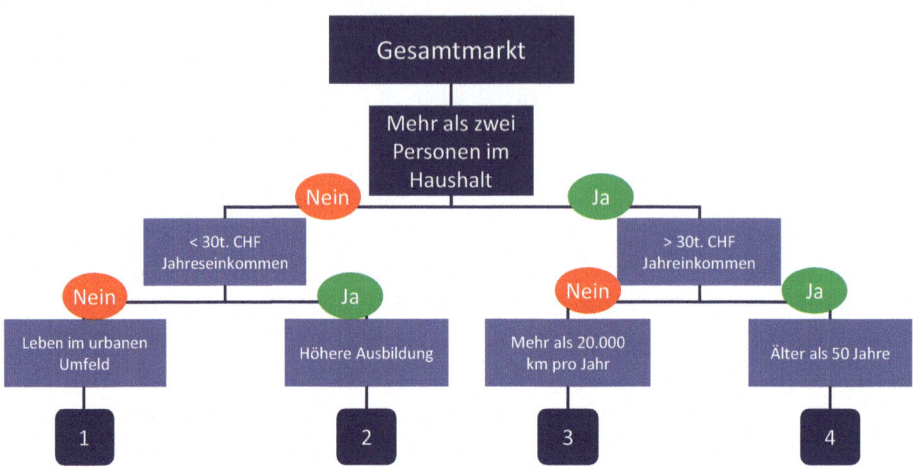

Abb. 3.47   Entscheidungsbaum für die Segmentierung am Beispiel der Automobilbranche

bewertet. Bei unsicheren Optionen kann noch die Eintrittswahrscheinlichkeit bewertet werden (Schawel und Billing 2018, S. 122). Für die Ermittlung eines Entscheidungsbaums auf Basis von Kundendaten stehen mehrere Methoden zur Verfügung (vgl. zu den einzelnen Ansätzen beispielhaft Bühl 2014, S. 695).

Abb. 3.46 stellt eine Kündigeranalyse vor. Dabei werden auf Basis der prozentualen Verteilung die einzelnen Untergruppen ermittelt. Entscheidungsbäume können für die Datenanalyse, aber auch für die Entscheidungsfindung zum Einsatz kommen. Der in Abschn. 3.2.3.3 vorgestellte Analytic Hierarchy Process (AHP) baut auf einer Entscheidungsbaumstruktur auf. Neben der Unterstützung von Entscheidungen werden Entscheidungsbäume auch für die Segmentierung eingesetzt.

Abb. 3.47 zeigt eine Segmentierung mithilfe einer Entscheidungsbaumstruktur am Beispiel der Automobilbranche. Die Berechnung der einzelnen Optionen kann durch unterschiedliche Methoden erfolgen. In dem dargestellten Beispiel habe ich eine Clusteranalyse eingesetzt, um die einzelnen Segmente zu bestimmen (vgl. Abschn. 3.3.1.4). Das Beispiel fußt auf Basisdaten, die in den meisten Organisationen vorliegen und eine einfache Nutzung im täglichen Beziehungsmanagement erlauben. Der Nachteil dieser Vorgehensweise ist darin zu sehen, dass keine Aussagen bezüglich bspw. Kommunikationsinhalten oder der Preisbereitschaft getroffen werden können. In Abschn. 3.3.4 werde ich auf die Vor- und Nachteile unterschiedlicher Segmentierungsmöglichkeiten eingehen.

3.3.1.2 Mittelwert und Signifikanz

Der Mittelwert ist der Klassiker unter den Methoden für die Auswertung von Daten. Auf Basis von metrischen Skalen wird meist das arithmetische Mittel berechnet (Bühl 2014, S. 156). In der Umgangssprache hat sich der Begriff Mittelwert etabliert.

Das arithmetische Mittel ist das am häufigsten verwendete Maß zur Darstellung der Tendenz einer Verteilung von Antworten (Bortz 2005, S. 37). Die Berechnung erfolgt, indem die Summe aller Werte durch die Anzahl aller Werte dividiert wird. In den gängigen Softwareanwendungen ist diese Berechnung als Formel hinterlegt. Somit ist die Bestimmung des Mittelwerts keine große Herausforderung. Auch deshalb wird sie meist als einzige Kennzahl bei der Auswertung von metrischen Daten angegeben. Je einfacher die Bestimmung, umso schwieriger aber oft die Interpretation. Während sich viele Verantwortliche im Rahmen von Ergebnispräsentationen von Kundenbefragungen mit der Frage der Repräsentativität beschäftigen, werden die Herausforderungen bei der Interpretation von Mittelwerten gerne übersehen. Denn meistens werden Mittelwerte nicht nur für die eigene Organisation, sondern auch für die Performance der Konkurrenz bestimmt. Es ist interessant zu beobachten, dass der Vergleich mit dem Wettbewerb immer noch einen so hohen Stellenwert für Organisationen hat. Somit besteht meist die Aufgabe, auf Basis von Mittelwerten zu interpretieren, wo Stärken bzw. Schwächen aus Sicht der Kunden gegenüber dem Wettbewerb bestehen.

Einzelne Entwicklungen wie das immer stärkere Angleichen von Angeboten und Marken sowie der HALO-Effekt wurden bereits vorgestellt. Diese haben einen Einfluss auf Kundenbefragungen. Deshalb gilt es immer auch, die Signifikanz der Ergebnisse zu überprüfen.

▶ Ein **Signifikanztest** ist ein Verfahren, mit dem anhand einer Stichprobe Hypothesen hinsichtlich der Verteilung bzw. einzelne Parameter von Merkmalen in der Grundgesamtheit überprüft werden können (Homburg 2017, S. 344).

Für die Ausführung zu den unterschiedlichen Fehlerarten sei auf die Literatur verwiesen (Bortz 2005, S. 110 ff.). Die Signifikanz ergibt sich aus der Verteilung der Antworten. So kann bspw. die Bewertung von zwei Marken zu ähnlichen Mittelwerten führen, aber die Verteilung deutlich unterschiedlich sein. Während für Marke 1 alle Werte um den Mittelwert von 3,6 angegeben wurden, wurden bei Marke 2 extremere Bewertungen links und rechts von dem Mittelwert 3,3 gesetzt. Der Mittelwert ist leicht unterschiedlich, aber die Verteilung der Kundenmeinungen sehr verschieden. Der Signifikanztest soll bestimmen, ob der Unterschied zwischen beiden Marken in der Höhe von 0,3 Punkten auf die unterschiedliche Performance der Marken zurückzuführen oder nur zufällig ist. Bei den vorliegenden Mittelwerten und der unterschiedlichen Verteilung der Antworten für beide Marken kommt der Signifikanztest zu dem Ergebnis, dass der Unterschied signifikant ist. Würde die Verteilung der Antworten zu beiden untersuchten Marken ähnlich sein und der Abstand nur bei 0,3 Punkten liegen, könnte auch ein nicht signifikantes Ergebnis vorliegen.

Daraus folgt eine wichtige Vorgabe für kundenorientierte Organisationen. Es kann nicht oft genug betont werden, dass ohne die Ausweisung der Signifikanz keine Vergleiche von statischen Kennzahlen erfolgen sollten. Vor allem beim Vergleich der Performance der eigenen Organisation mit dem Wettbewerb gilt es zwingend Signifikanztest einzusetzen. Da sich Angebote und Marken in der Wahrnehmung der Kunden immer mehr annähern, sind die Unterschiede auf metrischen Skalen immer geringer. Deshalb ist es für die Entscheidungen innerhalb einer Organisation wichtig zu verstehen, ob ein gemessener Abstand von 0,3 zum Wettbewerb wirklich signifikant oder nur zufällig entstanden ist, da beide Organisationen in der Wahrnehmung der Kunden mehr oder weniger gleichauf liegen könnten.

Für die Praxis gibt es unterschiedliche Methoden, die Signifikanz zu ermitteln. Für die Bestimmung der Signifikanz bedarf es der Festlegungen eines Signifikanzniveaus.

▶ Das **Signifikanzniveau** entspricht der Wahrscheinlichkeit, dass die getroffene Annahme falsch ist, obwohl sie eigentlich richtig ist (Homburg 2017, S. 344).

Dabei stehen laut Literatur die Werte 1 % und 5 % zur Verfügung. Ob 1 % oder 5 % genutzt werden, ist aus meiner Sicht nicht so entscheidend. Viele Verantwortliche sind immer überrascht, wenn ich ihnen aufzeige, dass ihre bisherigen Mittelwertvergleiche über viele Dimensionen zwar leicht unterschiedliche Mittelwerte ausweisen, aber nicht signifikant sind. Vor dem Hintergrund der wachsenden Angleichung von Marken und Angeboten wird die Nutzung des 5 %-Niveaus immer mehr an Bedeutung gewinnen.

Beispiel: Relevanz von Signifikanztests

Zur Veranschaulichung der hohen Relevanz von Signifikanztests betrachten wir ein kleines Beispiel (für die umfassende statische Beschreibung verweise ich auf Homburg 2017, S. 345 ff.). Vor Jahren wollten Autohersteller die jeweiligen Autohändler motivieren, stärker kundenorientiert zu agieren. Sie implementierten die Idee, dass Autohändler, die eine Kundenzufriedenheit größer als 4,5 auf einer 5er-Skala erzielen, einen Zusatzbonus erhalten. Grundsätzlich ist von solchen Maßnahmen eher abzuraten, weil die Händler mit großer Wahrscheinlichkeit die Kunden aktiv auffordern werden, ihnen möglichst gute Bewertungen zu geben.

Um die Autohändler zu identifizieren, die einen Bonus auf Basis statisch belastbarer Analysen „verdient" hatten, wurde der Mittelwert der Kundenzufriedenheit für jeden Händler bestimmt. Viele waren unter der Schwelle von 4,5, manche deutlich darüber und manche um die Schwelle herum verteilt. In einem zweiten Schritt wurde die Signifikanz der Ergebnisse, die einen Mittelwert zwischen 4,2 und 4,8 hatten, bestimmt. Dabei konnte ermittelt werden, dass manche Händler, die „nur" einen Mittelwert von 4,4 hatten, eigentlich auf Basis des Signifikanztests den Bonus verdient hatten. Andere wiederum hatten den Bonus trotz eines Mittelwerts von 4,6 oder 4,7 eigentlich nicht verdient.

Dieses Beispiel verdeutlicht, dass die angesprochenen fehlenden Kompetenzen im Bereich Kundenerkenntnisse es nicht erlaubten, eine kundenorientierte Arbeitsweise zu stärken. Während die Berechnung mittels einer Statistiksoftware einfach ist, braucht es für die anschließende Kommunikation mit dem Autohändler viel Kraft. Für die Händler, die im Mittelwert unter der Schwelle lagen, wird es neben Freude nur Verwunderung geben. Für die Händler, die aber einen Mittelwert oberhalb der gesetzten Schwelle erreicht haben, jedoch aufgrund des Signifikanztests keinen Zusatzbonus erhalten, wird die Freude nicht ganz so groß sein. Vor allem, wenn finanzielle Kompensationen an solchen Entscheidungen hängen, hört der statistische Spaß schnell auf. Es ist mit Unterstellungen („Die wollen nicht zahlen") über Ablehnung („Die in der Zentrale mit ihren Analysen wissen nicht, wie schwer unsere tägliche Arbeit ist") bis zu einem noch stärkeren Aufruf an die Kunden, bitte möglichst positiv zu bewerten, zu rechnen. Dies zeigt, dass es nicht damit getan ist, die Auswertungskompetenzen zu verbessern. Die bestimmten Ergebnisse müssen auch in der gesamten Organisation möglichst nachvollzogen werden können. ◄

3.3.1.3 Regressionsanalyse

Neben der Bestimmung des Mittelwerts und der Signifikanz ist die Regressionsanalyse eine der wichtigsten Analysemethoden quantitativer Kundendaten. Die Regression prüft den Einfluss unabhängiger Variablen (bspw. Preis, Service, Sortimentsgröße) auf eine abhängige Variable (bspw. Zufriedenheit, Net Promoter Score®) (Bortz 2005, S. 182). Dies wird multiple Regression (mehrere unabhängige Variablen) genannt (Homburg 2017, S. 384). Es kann auch der Einfluss einer unabhängigen Variablen auf eine abhängige Variable mittels Regressionsanalyse untersucht werden. Die eingesetzten Variablen sollten alle metrisch ungerade (1 bis 5 oder 1 bis 7)[15] skaliert sein. Jedoch gibt es eine Sonderform der Regressionsanalyse: die logistische Regression. Für die Durchführung einer logistischen Regression muss die abhängige Variable binär verteilt sein (bspw. Kunde oder Nichtkunde). Eine Regressionsanalyse kann zwar inzwischen auch mit einem Tabellenkalkulationsprogramm durchgeführt werden, es empfiehlt sich jedoch, ein Statistikprogramm zu nutzen. Ein klassisches Beispiel für die Nutzung der Regressionsanalyse ist die Kaufprozessanalyse in Abb. 3.12. Einzelne unabhängige Variablen werden auf die jeweiligen Stufen im Kaufprozess regressiert und dadurch wird ihr jeweiliger Einfluss auf die Stufe bestimmt. Die Regressionsanalyse bietet mehrere Vorteile:

1. Der Regressionskoeffizient gibt an, wie gut die unabhängigen Variablen die abhängige Variable erklären (Bestimmtheitsmaß R2).
2. Die Wichtigkeit von Variablen muss nicht direkt abgefragt werden, sondern wird über die Regressionsfunktion bestimmt. Der Fragebogen bleibt kürzer.
3. Es wird die Signifikanz über alle Variablen und der einzelnen Variablen angeführt.

---

[15]Der NPS® wird mit 0 bis 10 skaliert und ist somit zwar „breiter", aber auch ungerade.

Tab. 3.3 Beispielauswertung des R^2 einer linearen multiplen Regressionsanalyse

Modell	R	R-Quadrat	Korrigiertes R-Quadrat	Standardfehler des Schätzers
1	,557	,310	,278	1,623

a) Einflussvariablen: (Konstante) „Mein Wissen über Kosmetikprodukte ist hoch", „Beim Kauf von Kosmetikprodukten ist es mir wichtig, dass meine Freundinnen die Marke positiv beurteilen", „Wenn ich neue Kosmetikprodukte kaufe, ist es nicht so schlimm, wenn ich einen Fehlgriff tätige", „Es kommt häufig vor, dass ich beim Kauf von Kosmetik einen Fehlgriff tätige", „Meiner Meinung nach sagt die Marke der Kosmetikprodukte viel über die Frau aus, die sie verwendet", „Ich verändere hin und wieder meine Art, mich zu schminken", „Beim Kauf von Kosmetikprodukten ist es mir wichtig, dass ich diese vorher ausprobieren kann", „Im Vergleich zu meinem Umfeld gebe ich mehr Geld für Kosmetikprodukte aus"
b) Abhängige Variable: Ich informiere mich regelmäßig über die neusten Trends im Bereich Kosmetik

4. Es wird die Stärke des Einflusses der unabhängigen Variable auf die abhängige Variable aufgezeigt (Beta-Koeffizient).

Im Folgenden wird sowohl die lineare als auch die logistische Regressionsanalyse vorgestellt. Tab. 3.3 zeigt das Bestimmtheitsmaß einer linearen multiplen Regressionsanalysen auf. Dabei wurde untersucht, welche Dimensionen des Involvements der KundInnen deren Informationsverhalten gegenüber Kosmetik beeinflussen.

In diesem Beispiel wird deutlich, dass die unabhängigen Variablen nur zu 31 % die abhängige Variable Informationsverhalten erklären. Das bedeutet, es gibt zahlreiche andere Variablen, die einen Einfluss auf das Informationsverhalten haben können. Bei Kundenbefragungen ist allgemein ein Wert zwischen 75 und 80 % anzustreben. 100 % ist nie möglich, da es immer Variablen geben wird, die aufgrund des Umfangs nicht in die Messung aufgenommen werden können. R^2-Werte von 75 bis 80 % werden meist nicht in der ersten quantitativen Kundenbefragung erzielt. Oft liegen die Werte bei 55 bis 65 % oder sogar darunter. Im aktuellen Beispiel müssen bei der Wiederholung der Messung die irrelevanten Variablen eliminiert und durch möglichst relevante ersetzt werden.

Deshalb gilt, dass meist erst die zweite Durchführung einer quantitativen Kundenbefragung für die anschließende Analyse mittels Regressionsanalyse stabile Ergebnisse liefert. Dies ist ein weiteres Argument dafür, dass möglichst jährlich eine quantitative Kundenbefragung durchgeführt werden sollte. Bei der Nutzung der Regressionsanalyse auf Basis anderer Daten (bspw. CRM, Social Media) sind solch hohe R^2-Werte nicht

Tab. 3.4 Beispiel einer Signifikanzberechnung für eine lineare multiple Regressionsanalyse

Modell	Quadratsumme	Df	Mittel der Quadrate	F	Sig
Regression	202.367	8	25.296	9609	,000a
Nicht standardisierte Residuen	450.183	171	2633		
Gesamt	652.550	179			

möglich. Dann dient der R^2-Wert vor allem der Abschätzung des allgemeinen Einflusses der untersuchten Variablen.

Neben dem R^2 ist die Signifikanz des Regressionsmodell zu überprüfen (vgl. Tab. 3.4) Diese liegt im vorliegenden Fall bei 0,000. Somit ist das Modell signifikant.

Bei der Durchführung einer Regressionsanalyse ist zu beachten, dass der Einfluss von zahlreichen unabhängigen Variablen auf eine abhängige Variable schrittweise

Tab. 3.5 Bestimmung der Signifikanz der unabhängigen Variablen im Regressionsmodell

	Regressionskoeffizient B	Standardfehler	Beta	T	Sig
(Konstante)	,546	,630		,867	,387
Ich verändere hin und wieder meine Art, mich zu schminken	,164	,070	,157	2,341	**,020**
Wenn ich neue Kosmetik-produkte kaufe, ist es nicht so schlimm, wenn ich einen Fehlgriff tätige	,012	,071	,011	,169	,866
Es kommt häufig vor, dass ich beim Kauf von Kosmetik einen Fehlgriff tätige	−,134	,091	-,096	−1,472	,143
Meiner Meinung nach sagt die Marke der Kosmetikprodukte viel über die Frau aus, die sie verwendet	,122	,066	,121	1,848	,066
Beim Kauf von Kosmetikprodukten ist es mir wichtig, dass ich diese vorher ausprobieren kann	,052	,074	,048	,703	,483
Beim Kauf von Kosmetikprodukten ist es mir wichtig, dass meine Freundinnen die Marke positiv beurteilen	,014	,073	,013	,186	,853
Im Vergleich zu meinem Umfeld gebe ich mehr Geld für Kosmetik-produkte aus	,219	,070	,237	3,148	**,002**
Mein Wissen über Kosmetikprodukte ist hoch	,284	,080	,266	3,564	**,000**

geprüft werden sollte. Dabei ist meistens zu Beginn der Analyse das Bestimmtheitsmaß relativ niedrig und die unabhängigen Variablen sind nicht signifikant (vgl. Tab. 3.5). Im weiteren Verlauf kann das Bestimmtheitsmaß durch die Elimination von Einflussvariablen steigen und sich auch die Modellsignifikanz verändern.

In einem weiteren Schritt wurden nur die Variablen 1, 7 und 8, die eine Signifikanz von ‚020, ‚002 und 0,00 aufweisen, in den weiteren Analysen berücksichtigt. Dies wird als schrittweises Vorgehen bezeichnet (Bühl 2014, S. 449). Trotz der Elimination von fünf Variablen sinkt das R^2 nur leicht auf 28,2 % bei gleicher Signifikanz. Das R^2 kann nach einer Elimination von Variablen aber auch steigen.

Tab. 3.6 zeigt, dass die beiden unabhängigen Variablen („Im Vergleich zu meinem Umfeld gebe ich mehr Geld für Kosmetikprodukte aus" und „Mein Wissen über Kosmetikprodukte ist hoch") einen signifikanten Einfluss auf das Informationsverhalten der Kundeninnen haben. Die Variable „Ich verändere hin und wieder meine Art, mich zu schminken" erfüllt nicht ganz die Anforderungen an die Signifikanz. Bei solchen Variablen gilt es bei der Nutzung im Rahmen von Entscheidungen zu überprüfen, ob weitere Informationen in der Organisation deren Aussage stützen können oder diese nicht zu berücksichtigen sind. Statistik hat eine gewisse Unschärfe, die immer antizipiert werden muss.

Darüber hinaus ist es auf dieser Stufe der Analyse möglich, den Einfluss der einzelnen Variablen zu bestimmen. Dazu wird der Beta-Koeffizient betrachtet (Homburg 2017, S. 388). Im Beispiel zeigt sich, dass das Wissen einen leicht höheren Einfluss (0,288) im Vergleich zum Ausgabeverhalten (0,250) auf das Informationsverhalten hat.

Die Nutzung einer schrittweisen Regressionsanalyse ermöglicht, nur die unabhängigen Variablen in die Analyse zu integrieren, die signifikant sind. Das führt meist auch zu einem besseren Bestimmtheitsmaß. Dabei ist bei einer größeren Anzahl unabhängiger Variablen zu beachten, dass jede Kombination zu anderen Ergebnissen führen kann. Somit ist es verlockend, nach einer ersten Analyse einfach die nicht-signifikanten unabhängigen Variablen zu eliminieren. Es gilt jedoch bei der schrittweisen Regressionsanalyse, sachlogische Überlegungen nicht zu vernachlässigen (Backhaus et al. 2006, S. 105). Nicht der Computer sollte die Ergebnisse steuern,

Tab. 3.6 Schrittweise Anpassung des Regressionsmodells

	Regressionskoeffizient B	Standardfehler	Beta	T	Sig
(Konstante)	,838	,365		2,295	,023
Ich verändere hin und wieder meine Art, mich zu schminken	,169	,070	**,161**	2,418	,017
Im Vergleich zu meinem Umfeld gebe ich mehr Geld für Kosmetikprodukte aus	,232	,068	**,250**	3,418	**,001**
Mein Wissen über Kosmetikprodukte ist hoch	,308	,078	**,288**	3,935	**,000**

sondern der Anwender. Deshalb empfehle ich, unterschiedliche Kombinationen an unabhängigen Variablen auf Basis sachlogischer Überlegungen zu kombinieren. Diese Kombinationen gilt es einzeln zu testen, immer unter der Vorgabe eines möglichst großen Bestimmtheitsmaßes.

Neben der linearen Regressionsanalyse können auch nicht-lineare Regressions-analysen durchgeführt werden. Die meisten Beziehungen haben keine lineare Struktur (Bühl 2014, S. 452). Deshalb kann die Ergebnisqualität verbessert werden, wenn der Beziehungsverlauf optimiert wird. Dies hat einen zusätzlichen Aufwand zur Bestimmung des Verlaufs zur Folge. So haben z. B. die Kundenzufriedenheit und die Kundenloyali-tät bei Mittelklassewagen einen linearen Zusammenhang, bei Premiumwagen aber einen degressiven Verlauf (bei steigender Kundenzufriedenheit erhöht sich die Loyalität nur sehr gering). Die Softwareanwendungen erlauben die Nutzung von unterschiedlichen Beziehungsfunktionen. Die Herausforderung im Alltag besteht darin, diese für jede Befragung immer wieder aufs Neue zu schätzen bzw. zu bestimmen. Hier kann es helfen, die Verteilung der Antworten in einem Streudiagramm zu betrachten.

In Abb. 3.48 wird die Beziehung zwischen der abhängigen Variable „Informationsver-halten" und der unabhängigen Variable „Ausgaben für Kosmetik" dargestellt. Zwischen den beiden Variablen besteht ein linearer Zusammenhang. Bei einem nichtlinearen Zusammenhang gilt es bei der Durchführung der Regressionsanalyse die Modellpara-meter anzupassen.

Ist die abhängige Variable binär codiert (bspw. Kauf oder Nichtkauf), kommt eine andere Form der Regressionsanalyse zum Einsatz. Grundsätzlich kann jede metrische Variable binär umgewandelt werden. Bei der Verwendung einer ungeraden Skala (1 bis 5 oder 1 bis 7) ist darauf zu achten, was mit dem Skalenmittelwert (3 oder 4) passiert.

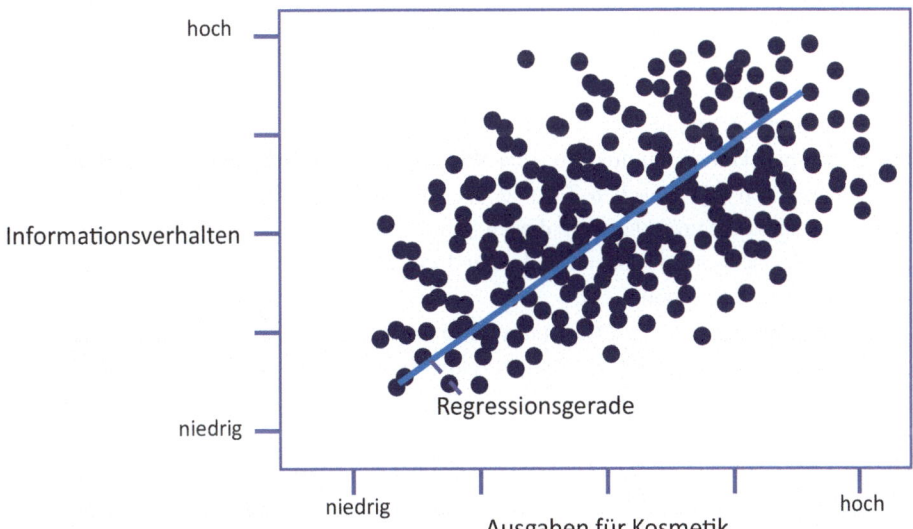

Abb. 3.48 Regressionsgerade im Streudiagramm

Tab. 3.7 Omnibus-Tests der Modellkoeffizienten bei einer logistischen Regression

	Chi-Quadrat	Df	Sig
Schritt	34.999	10	,000
Block	34.999	10	,000
Modell	34.999	10	,000

Deshalb kommt der richtigen Skalierung bzw. Kodierung einer Variablen ein hoher Stellenwert zu. Die logistische Regressionsanalyse wird bei binär skalierten abhängigen Variablen eingesetzt (Kumar und Reinartz 2018, S. 121 ff.).

In dem folgenden Beispiel sollte untersucht werden, welche Dimensionen einen Einfluss auf den Wiederkauf oder Nichtwiederkauf einer Kosmetikmarke haben. Dazu wurden die Teilnehmenden in die Gruppe Wiederkaufende (1) und Nichtwiederkaufende (2) aufgeteilt. Die Ergebnisse wurden in der abhängigen Variable Wiederkauf gespeichert. Im Anschluss wurden die Bewertungen von zehn Dimensionen auf einer Likert-Skala mit der Skalierung von 1 bis 5 als unabhängige Variablen in die logistische Regressionsanalyse integriert. Der Omnibus-Test der Modellkoeffizienten zeigt dabei auf, dass die Analyse signifikant ist. Somit besteht ein Zusammenhang zwischen den zehn Dimensionen und dem Wiederkaufsverhalten gegenüber einer Kosmetikmarke (vgl. Tab. 3.7).

Im Anschluss wurde auf Basis des Nagelkerkes R^2 bestimmt, wie hoch dieser Einfluss ist. Es zeigt sich, dass trotz der Integration von zehn Variablen das R^2 nur bei 27,2 % liegt (vgl. Tab. 3.8). Dies verdeutlicht: Nur weil viele Dimensionen bei der Analyse verwendet werden, bedeutet das nicht automatisch, dass das Wiederkaufsverhalten umfassend erklärt werden kann.

In Anlehnung an die lineare Regressionsanalyse wurde überprüft, wie groß der Einfluss der zehn Dimensionen auf die Wiederkaufentscheidung ist. Zu diesem Zweck werden die Ergebnisse von vier Dimensionen beispielhaft dargestellt (vgl. Tab. 3.9).

Von den hier beispielhaft vorgestellten vier Dimensionen hat nur die Dimension des Beziehungsmanagements in der Usage-Phase einen signifikanten Einfluss darauf, ob eine Kundin einen Wiederkauf tätigen wird. Produkt, Preis und Convenience haben in diesem Beispiel keinen Einfluss auf den Wiederkauf. Die Zufriedenheit gegenüber den drei Dimensionen lag zwischen 3,8 und 4,2 auf Basis der 5er-Skala. Somit waren die KundInnen nicht unzufrieden mit diesen drei Dimensionen. Zur Beeinflussung eines möglichen Wiederkaufs ist aber anscheinend ein aktives Beziehungsmanagement vonseiten der Organisation nötig.

Bei der Entwicklung von Datenanalysen bzw. der Erstellung von Kundenbefragung sollte immer darauf geachtet werden, dass die Daten mittels einer Regressionsanalyse

Tab. 3.8 Gesamteinfluss der zehn Dimensionen auf den Wiederkauf

−2 Log-Likelihood	Cox & Snell R-Quadrat	Nagelkerkes R-Quadrat
171.619a	,199	**,272**

Tab. 3.9 Einfluss ausgewählter Dimensionen auf den Wiederkauf

	Regressions-koeffizientB	Standard-fehler	Wald	df	Sig	Exp(B)
Das Unternehmen bietet hochwertige Produkte	,007	,320	,000	1	,982	1,007
Das Unternehmen bietet einen guten Preis	,339	,174	3,796	1	,051	1,404
Das Unternehmen macht es mir einfach, einzukaufen	,371	,214	3,002	1	,083	1,449
Das Unternehmen engagiert sich für mich als Kunden über den Kauf hinaus	**,522**	,157	11,101	1	**,001**	1,685

ausgewertet werden können. Neben der Performance von Aktivitäten einer Organisation, die in der Praxis immer einen hohen Stellenwert im Rahmen von Präsentationen bekommt, ist es mir wichtig, dass wir uns immer die Frage stellen: Ist das überhaupt relevant für den Kunden? Kundenorientierung setzt an der Relevanz für den Kunden an (Wert) und überprüft anschließend die Performance. In der Praxis erlebe ich, dass die Verantwortlichen sich nur auf die Performance der eigenen Aktivitäten fokussieren. Dies führt nicht selten zu der Überraschung, dass die Kundenbefragung aufzeigt, dass die Organisation zwar tolle Produkte hat, wie im obigen Beispiel, diese aber für die Kunden nicht zentral für einen Wiederkauf sind.

3.3.1.4 Clusteranalyse

Mit dem Entscheidungsbaum (Klassifikationsanalyse) habe ich schon eine Methode zur Bestimmung von Segmenten vorgestellt (vgl. Abschn. 3.3.1.1). Die populärste Methode, die Clusteranalyse (Bacher et al. 2010), hat zum Ziel, die Unterschiede zwischen den Variablen einer Gruppe möglichst gering und zwischen den Clustern möglichst groß zu halten (Bortz 2005, S. 565). Allgemein zeichnen sich multivariate Analysemethoden durch eine hohe Komplexität und Verfahrensalternativen aus, die eine Anwendung und das Verständnis in der Praxis dadurch sicher nicht fördern. So gibt es inzwischen über 100 verschiedene Verfahren zur Clusteranalyse (Fett 2008, S. 12). Im Folgenden habe ich versucht, die wichtigsten Dimensionen vorzustellen.

In einem ersten Schritt ist zu bestimmen, welches Cluster-Verfahren zum Einsatz kommen soll.[16] Ich nutze meist die in Tab. 3.10 genannten drei Verfahren.

---

[16]Eine Übersicht über die unterschiedlichen Methoden liefern Backhaus et al. (2006, S. 511).

Tab. 3.10 Cluster-Analyseverfahren. (Quelle: Bühl 2014, S. 633)

Verfahren	Skalenniveau	Clusteranzahl	Spezifika	Mögliche Fall-zahlen
Hierarchische Clusteranalyse	Intervallskalierte, ordinale, binäre Variablen (jeweils getrennt)	Bereich mög-licher Lösungen	Diverse Methoden integriert	Geringe Fallzahl
Clusterzentren-Analyse	Intervallskalierte Variablen	Clusteranzahl muss vorher fest-gelegt werden	Speichern der Distanz vom Clusterzentrum für jedes Objekt	Hohe Fallzahl
Two-Step-Clusteranalyse	Kategoriale und intervallskalierte Variablen (gleich-zeitig möglich)	Automatische Anzahl	Speichern des Clustermodells in externer Datei	Hohe Fallzahl

Tab. 3.10 zeigt, dass je nach Fallzahl und Skalenniveau ein anderes Verfahren für die Durchführung einer Clusteranalyse zu empfehlen ist. Eine geringe Fallzahl ist aus meiner Sicht ein Wert zwischen 100 und 150 Teilnehmenden, wobei weniger die Anzahl selbst als die Leistungsfähigkeit des Computers die limitierende Größe ist. Darüber hinaus gilt es, das Skalenniveau der Variablen zu berücksichtigen.

Die Clusteranalyse verfolgt das Ziel, Segmente zu bestimmen, die möglichst unter-schiedlich sind. Abb. 3.49 stellt drei Segmente aufgrund der Dimensionen Service-anspruch und Zahlungsbereitschaft dar. In der Abbildung sind zwei Punkte enthalten, die keinem der drei Segmente zugeordnet werden können. Es ist deshalb anzumerken,

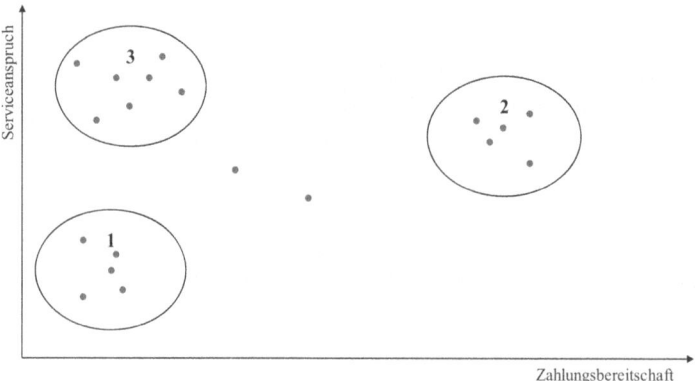

Cluster 1:   geringe Zahlungsbereitschaft, geringer Serviceanspruch
Cluster 2:   hohe Zahlungsbereitschaft, hoher Serviceanspruch
Cluster 3:   geringe Zahlungsbereitschaft, hoher Serviceanspruch

Abb. 3.49 Kundensegmente als Ergebnis einer Clusteranalyse. (Quelle: Hippner et al. 2011, S. 797)

Tab. 3.11 Beispiel einer Involvementclusterung mit vier Clustern

	Cluster 1	Cluster 2	Cluster 3	Cluster 4
Interesse	8	8	4	8
Risiko	7	2	5	3
Prestige	6	7	3	2
Wissen	8	7	7	8

Tab. 3.12 Beispiel einer Involvementclusterung mit drei Clustern

	Cluster 1	Cluster 2	Cluster 3
Interesse	8	8	5
Risiko	2	7	5
Prestige	5	6	2

dass die Clusteranalyse die Wahrscheinlichkeit angibt, dass ein Kunde ein Teil eines Segments ist. Diese Zuordnung produziert immer einen gewissen Fehlerterm, den es im Rahmen der Interpretation und Umsetzung zu berücksichtigen gilt.

Zur Durchführung einer Clusteranalyse werden die folgenden sechs Schritte durchlaufen (Hair et al. 2012):

1. Auswahl der Clustervariablen
2. Aufstellen einer Distanzmatrix
3. Elimination von Ausreißern
4. Auswahl des Clusteralgorithmus
5. Bestimmung der Clusteranzahl
6. Interpretation und Benennung der Cluster

Im Folgenden stelle ich ein Beispiel auf Basis der Clusterzentrenanalyse vor. Ziel war es, eine Segmentierung auf Basis des Involvements der Kunden gegenüber dem Kauf eines Laptops zu bestimmen. Zu diesem Zweck wurden in einem ersten Schritt die Variablen Interesse, Risiko, Prestige und Wissen ausgewählt (jeweils skaliert mit 1 bis 10) und es wurde eine Lösung von vier Clustern in der Anwendung vorgegeben.[17]

Die Ergebnisse in Tab. 3.11 zeigen, dass Interesse und Wissen korrelieren. Die Cluster 3 und 4 sind aber nicht wirklich trennscharf. In einem weiteren Schritt wurde die Variable Wissen eliminiert und die Anzahl der Cluster auf 3 reduziert.

Auf Basis dieser Lösung können drei Cluster sachlogisch identifiziert werden (vgl. Tab. 3.12). Cluster 1 steht für Kunden, denen Prestige wichtig ist, aber die im Kauf eines

---

[17]Die Variablen wurden auf einer Skala von 0 bis 10 skaliert: mit 0 = stimme ganz und gar nicht und 10 = stimme voll und ganz zu.

Laptops wenig Risiko sehen. Cluster 2 ist Prestige ähnlich wichtig, aber die Kunden haben eine deutlich höhere Risikowahrnehmung als Kunden in Cluster 1. Kunden in Cluster 3 besitzen ein niedrigeres Interesse an Laptops, was mit einem niedrigeren Bedürfnis nach Prestige korreliert. Ihr Sicherheitsempfinden ist durchschnittlich ausgeprägt. Neben der optimalen methodischen Vorgehensweise gilt grundsätzlich bei der Anwendung der Clusteranalyse, dass die Ergebnisse immer vor dem Hintergrund der sachlogischen Überlegungen beurteilt werden müssen. In dem Beispiel können folgende Schlüsse aus den Ergebnissen gezogen werden:

- **Cluster 1:** Die Liebhaber – Sie lieben Laptops und haben wenig Angst bei einem Kauf – hier gilt es bspw. positive verstärkende Argumente an den einzelnen Touchpoints einzusetzen.
- **Cluster 2:** Die Genauen – Sie lieben Laptops, aber empfinden ein hohes Risiko beim Kauf – hier gilt es bspw. mögliche Risiken wie geringe Prozessorleistung, Arbeitsspeicher, Gewicht, Lärm etc. zu verstehen und diese proaktiv zu reduzieren.
- **Cluster 3:** Die Alltäglichen – Die Marke spielt für sie keine große Rolle. Auch ist das Interesse nicht so ausgeprägt. Sie wollen eine sichere Entscheidung treffen. Hier gilt es, nicht den Laptop, sondern die Lebenswelt des Kunden in den Vordergrund zu stellen und auf die individuellen Bedürfnisse möglichst optimal einzugehen.

Zu einer Überprüfung der Cluster-Lösung kann zusätzlich die Visualisierung des Elbow-Kriteriums herangezogen werden (Backhaus et al. 2006, S. 534). Dies wird erstellt, indem die Heterogenitätsentwicklung im Vergleich zur Clusteranzahl in einem Koordinatensystem dargestellt wird (vgl. Abb. 3.50).

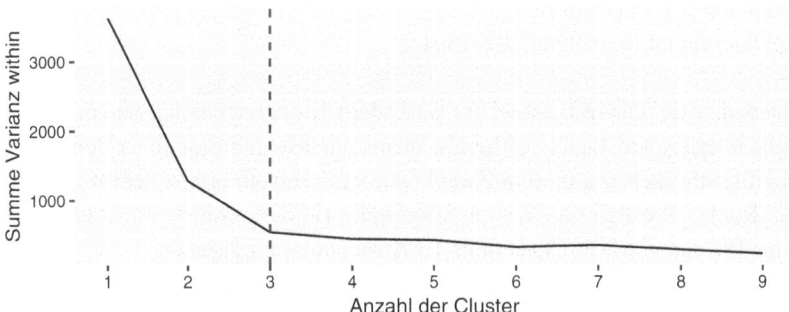

Abb. 3.50 Elbow-Kriterium zur Bestimmung der Clusteranzahl. (Quelle: Sauer 2018, S. 439)

Die Analyse des Elbow-Kriteriums unterstützt die Verwendung von drei Clustern. Darüber hinaus besteht die Möglichkeit, jeden Datensatz einem Cluster zuzuordnen und für die weiteren Analysen zu nutzen:

Beispiel für die Verteilung anhand der Drei-Cluster-Lösung
- Cluster 1: 458
- Cluster 2: 167
- Cluster 3: 375
- Gültige Teilnehmende: 1000
- Fehlend: 0

Es ist anzumerken, dass diese Zuordnung mit einem gewissen Fehlerterm besetzt ist, weil quasi jeder Kunde in ein Segment „gezwungen" wird. Somit gilt es bei der weiteren Nutzung immer zu berücksichtigen, dass diese Lösung/Zuordnung eine Näherung an die „Wirklichkeit" darstellt. Die Ergebnisse müssen sachlogisch hinsichtlich der Sinnhaftigkeit untersucht werden. Dies setzt sehr viel Übung im Umgang mit der Methode voraus. Wie erwähnt, ist die Verbesserung der Kundenorientierung ein Handwerk.

Neben den vorgestellten Methoden gibt es noch weitere Analysen wie die Varianz-, Diskriminanz- und Faktoranalyse.[18] In der Wissenschaft haben sich darüber hinaus Strukturgleichungsmodelle etabliert (Backhaus et al. 2011, S. 63 ff.), die als eine Mischung aus Faktor- und Regressionsanalyse betrachtet werden können. Strukturgleichungsmodelle sind im Vergleich zu den anderen Methoden in der Lage, „komplexere" Zusammenhänge statistisch zu untersuchen (Abb. 3.51).

Multivariate Methoden existieren schon eine ganze Weile, ihre Verbreitung in der Praxis ist aber gering. Es wird gerne angeführt, dass diese Methoden sich nur für die Wissenschaft eignen. Methodisch anspruchsvolle Datenanalyse sei etwas für „Spinner", welche die reale Welt nicht verstehen. Für die kundenorientierte Ausrichtung einer Organisation gilt diese Ausrede nicht. Eine Organisation muss deshalb erkennen, welche Kompetenzen sie im Bereich Kundendatenanalyse benötigt. Während viele Online-Unternehmen und Großkonzerne im B2C-Bereich immer stärker auf eigene Datenanalystenabteilungen setzen, ist sich der Großteil der Organisationen des Stellenwertes der Datenanalysekompetenz noch überhaupt nicht bewusst. Zwar erlebe ich in unseren Gesprächen immer wieder, dass Amazon, Netflix und Uber pausenlos genannt werden, das Verständnis, dass diese Organisationen umfassend in die Kompetenzen der Kundendatengewinnung und -auswertung investieren, wird, vor lauter Begeisterung am Geschäftsmodell, aber anscheinend leicht übersehen.

---

[18]Vgl. für einen schäfchenhaften Einstieg Bühl (2014).

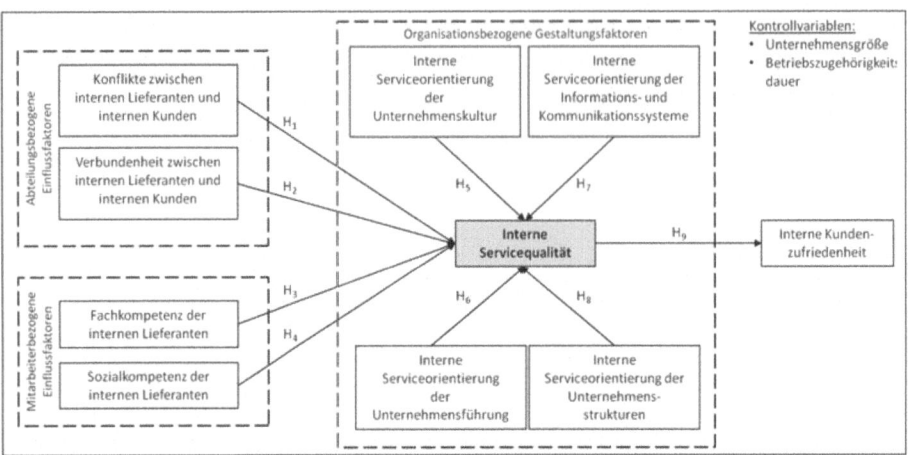

Abb. 3.51 Beispiel für ein Strukturgleichungsmodell zur Messung der internen Servicequalität. (Quelle: Hadwich und Keller 2015, S. 181)

3.3.2 Qualitative Kennzahlen des Customer Managements

Kennzahlen sollen die Verantwortlichen in einer Organisation bei der Entscheidungs-findung unterstützen. Sie haben immer eine Zeitraumperspektive. Das heißt, sie sollten über mehrere Perioden gemessen werden, um Entwicklungen aufzeigen zu können. In den meisten Organisationen werden immer noch viel zu wenige qualitative Kenn-zahlen über die Kunden und die Performance des Customer Managements für die Ent-scheidungsfindung genutzt (Staudacher 2008, S. 54).

▶ Eine **Kennzahl** ist ein Maßsystem, das eine Entwicklung eines Merkmals quantifiziert und über organisationsinterne sowie organisationsexterne Entwicklungen Auskunft gibt (Burkert 2008, S. 9).

Damit Kennzahlen ihre ganze Kraft entfalten können, gilt es, ihre Mechanik zu ver-stehen und ihren Mehrwert bzw. Anwendungsrahmen für eine Entscheidung genau zu kennen (Farris et al. 2007, S. 23). Kundenorientierung wird in vielen Organisationen noch mit Marketing und Vertrieb im Sinne von Kundenbeziehungsmanagement gleich-gesetzt und es bestehen die gleichen Vorurteile. Der Haltung, Kundenorientierung sei eine Kunst, die sich einer quantitativen Überprüfung des Leistungsnachweises nicht zu stellen habe, möchte ich vehement widersprechen. Das goldene Zeitalter der jährlichen Budgeterhöhungen bzw. -fortschreibung ist vorbei. Wer Kundenorientierung langfristig und erfolgreich in einer Organisation etablieren will, muss sich der quantitativen Über-prüfung stellen, auch wenn die kundenorientierte Ausrichtung Organisationen dabei vor eine immense Aufgabe stellt. Für die meisten Organisationen bedeutet die quantitative Überprüfung schnell einen nicht zu unterschätzenden Aufwand und den Aufbau umfassender Kompetenzen. Viele Organisationen neigen deshalb dazu, sich nur auf eine Kennzahl zu fokussieren, weil dadurch alles einfacher erscheint. Multivariate Analysen zum Verständnis von Beziehungen und zur Erstellung von Clustern fristen ein Schattendasein. Grundsätzlich wird der zu starke Fokus auf eine bzw. einzelne Kennzahlen kritisiert (Reinecke 2006, S. 28 f.):

1. Kennzahlen weisen nur die Ergebnisse aus, nicht die Ursachen.
2. Zahlen lenken von Inhalten ab.
3. Kennzahlen werden zu einfach mit Budgetallokationen verbunden.
4. Kennzahlen neigen zu einer kurzfristigen Betrachtungsperspektive – langfristige Erfolgspotenziale werden weniger berücksichtigt.
5. Kennzahlen motivieren meist extrinsisch und nicht intrinsisch.
6. Kennzahlen fördern eine Instrumente- und nicht eine Kompetenzdiskussion.
7. Kennzahlen vermitteln das Gefühl, die Kunden zu „beherrschen".

Ich schließe mich der Aussage an, dass niemals nur eine Kennzahl zur Steuerung des Customer Managements oder gar der Kundenorientierung eingesetzt werden sollte (Farris et al. 2007, S. 24). Unterschiedliche Kennzahlen haben ihre Stärken und Schwächen. Nur eine Kombination aus mehreren Kennzahlen erlaubt die Unterstützung von strategischen und operativen Entscheidungen in den einzelnen Teildisziplinen. Darüber hinaus wird aus meiner Sicht viel zu viel Zeit mit der Auswahl der „optimalen" Kennzahlen und deren Einführung verwendet. Dies geht einher mit der Vorstellung, die Kunden mit einer Kennzahl umfassend verstehen und „beherrschen" zu können. Deshalb müssen Kennzahlen kontinuierlich infrage gestellt und verbessert werden. Die zum Teil „kreativen" Begründungen der Vorteilhaftigkeit einer Kennzahl gehen an der eigentlichen Herausforderung im Alltag vorbei: Nutzung der mit der Kennzahl verbundenen zusätzlichen Kundenerkenntnisse zur Durchführung von Abweichungsanalysen (vgl. Abschn. 7.4).

Allgemein kann zwischen qualitativen und quantitativen Kennzahlen unterschieden werden. Während qualitative Kennzahlen auf Daten basieren, die mittels einer genormten Skala erhoben worden sind (bspw. Zufriedenheit), basieren quantitative Kennzahlen auf einer normierten Skala (bspw. Gewinn) (Meffert et al. 2019). Kennzahlen lassen sich des Weiteren in sog. Value-to-Customer-Metriken (V2C-Metriken), die die Kunden betreffen, und sog. Value-to-Firm-Metriken (V2F Metriken, die die Organisation betreffen) unterteilen (Verhoef et al. 2016, S. 25).

Kundenorientierung hat das Ziel, den Wert für den Kunden und die Organisation systematisch zu steigern. Somit gilt es, grundsätzlich V2C-Metriken und V2F-Metriken zu nutzen und miteinander zu verbinden. Manche Studien empfehlen die Kombination von V2C-Metriken wie Zufriedenheit und NPS® aufgrund der Korrelation mit V2F-Metriken wie Gewinn und Kundenwert. Andere Studien empfehlen, nur auf V2F-Metriken zu setzen, weil die Korrelation von V2C-Metriken nicht bestätigt werden konnte (Wübben 2008, S. 23). Grundsätzlich ist der Einsatz qualitativer Kennzahlen

(V2C-Metriken) zur Verbesserung der Kundenorientierung nur zu empfehlen, wenn diese mit der Wertentwicklung einer Organisation korrelieren.

Es besteht aber gerade bei qualitativen Kennzahlen die große Angst, dass die Ergebnisse nicht den Wert für den Kunden abbilden und keinen Bezug zur Wertentwicklung der Organisation haben. So kann es bspw. sein, dass sich unzufriedene Kunden öfter äußern als zufriedene Kunden. Die Bewertung eines Luxusresorts kann aufgrund der unterschiedlichen Erwartungshaltung der Kunden schlechter sein als die Bewertung eines Hostels. Es gibt viele Diskussionen zu diesem Thema. Darüber hinaus erlebe ich, dass meist nur Kennzahlen zur Messung des Kundenbeziehungsmanagements zum Einsatz kommen. Kennzahlen zu Struktur, Prozessen, Kompetenzen und Kultur werden in den meisten Organisationen vernachlässigt. Im Ergebnis besteht die Gefahr, dem Kunden „hinterherzulaufen" und zu stark auf „innovative" Instrumente zu setzen, anstatt die Organisation systematisch zu befähigen. Es gilt, weniger die Kennzahl, sondern vielmehr die Einflussfaktoren im Sinne von Kundenerkenntnissen zu verstehen, um die Organisation kundenorientiert auszurichten (Sathit 2017, S. 171).

Zentraler Kritikpunkt an Kennzahlen ist die Neigung zu einer eher kurzfristigen Perspektive. Somit gilt es zu betonen, dass Kennzahlen wichtige Hilfsmittel sind, aber eben nur Hilfsmittel (Reinecke 2006, S. 28). Für mich sind vier Punkte bei der Verwendung von Kennzahlen und im Besonderen von qualitativen Kennzahlen des Kundenbeziehungsmanagements zu beachten:

1. Hat die Kennzahl einen Bezug zur Wertwahrnehmung der Kunden?
2. Hat die Kennzahl einen Bezug zur Wertentwicklung der Organisationen?
3. Wird die Kennzahl in der Organisation verstanden und akzeptiert?
4. Kann eine Organisation das Ergebnis der Kennzahl durch ihren Transformationsprozess kontinuierlich verbessern?

Punkt 1 wird von den meisten diskutierten Kennzahlen erfüllt, ob Zufriedenheit, Customer Effort Score oder andere. Die im Folgenden vorgestellten Kennzahlen fokussieren sich auf die Wertwahrnehmung des Kunden.

Punkt 2 kann aufgelöst werden, indem ein statistischer Zusammenhang zwischen der Kennzahl und der Wertentwicklung der Organisation gezogen werden kann (nicht immer einfach, da viele Einflussfaktoren den Gewinn einer Organisation bestimmen) (Reinecke 2006, S. 30 f.). Hier dient der Kundenwert als veritable Brücke. Die eingesetzte Kennzahl sollte immer in Bezug zur Entwicklung des Kundenwerts gesetzt werden können.

Punkt 3 bezieht sich auf die Aussage, dass Kennzahlen nur Hilfsmittel sind. Nicht die Kennzahl ist Grundlage einer Entscheidung, sondern die Interpretation dieser durch die Verantwortlichen (Gritzmann 1991). Dazu ist es zwingend notwendig, dass Kennzahlen und deren zugrunde liegende Mechanik in der Organisation verstanden und darüber hinaus akzeptiert werden.

Punkt 4 soll auch helfen, die Diskussion bezüglich möglichen Fehlern bei der Messung einer Kennzahl zu relativieren. Es kann immer wieder Gründe geben, die einen negativen Einfluss auf eine Messung haben. Wird aber der gleiche Fehler bei jeder Messung wiederholt, dann bleiben die Ergebnisse vergleichbar. Letztlich geht es nicht um das einzelne Messergebnis, sondern darum, die Fähigkeit der Organisation in Bezug auf die Bewertung durch die Kunden zu verbessern (Uncles 2005, S. 417). Sie sollen helfen, den internen Transformationsprozess erfolgreich zu steuern.

Es ist zu berücksichtigen, ob eine Kennzahl relational oder interaktionsspezifisch eingesetzt wird. Es macht einen Unterschied, ob Kunden allgemein zur Zufriedenheit mit einer Marke/Organisation oder zu einem Erlebnis an einem Touchpoint zu einem spezifischen Moment befragt werden. In der Praxis wird der relationale Ansatz meist im Rahmen von Kundenbefragungen und der interaktionsspezifische Ansatz im Rahmen von Kundenfeedbacks an einzelnen Touchpoints eingesetzt. Bei der Entscheidungsfindung werden aber in nicht wenigen Organisationen beide Ansätze für die gleichen Entscheidungen genutzt. Grundsätzlich ist die relationale Perspektive die wertorientiertere, weil sie auf die Beurteilung der gesamten Beziehung zwischen Kunde und Organisation abzielt. In diesem Sinne gilt es, vor dem Hintergrund der Kundenorientierung eine relationale Kennzahl in der Organisation zu verankern. Diese kann mit interaktionsspezifischen Kennzahlen ergänzt werden, die aber auch nur für Entscheidungen bezüglich der spezifischen Interaktion genutzt werden sollten. Diese Empfehlung beruht auf dem Verständnis, dass Kundenorientierung eine mittel- bis langfristige Perspektive besitzt und somit auch bei der Nutzung von Kennzahlen eine optimale Balance zwischen relationaler Nutzung (eher langfristig) und interaktionaler Nutzung (eher kurzfristig) zu gewährleisten ist. Ich stelle im Folgenden die prominentesten Kennzahlen mit Bezug zur Kundenorientierung vor.[19] Dabei handelt es sich um keine abschließende Liste, sondern die Auswahl bezieht sich auf die Nutzungshäufigkeit in der Praxis.

3.3.2.1 Kundenzufriedenheit

Die Kundenzufriedenheit ist neben den quantitativen Kennzahlen wie Umsatz und Gewinn eine der etabliertesten qualitativen Kennzahlen. Es überrascht, wie viele Organisationen immer noch bspw. die Zufriedenheit der Kunden mit dem Chatbot im Rahmen einer quantitativen Befragung bewerten lassen. Dabei ist es doch eigentlich ganz einfach: Nutzt kaum jemand den großartigen teuren neuen Chatbot auf der Webseite, sind die Kunden mit dem Chatbot allgemein oder mit diesem spezifischen nicht zufrieden. Die Zufriedenheit ist meist (aber nicht immer!) dem Verhalten vorgelagert. Somit können über das Verhalten Rückschlüsse auf die Zufriedenheit gezogen werden. Wichtiger als die Zufriedenheit an sich sind die Gründe für die abnehmende oder zunehmende Zufriedenheit der Kunden.

Zur Messung der Kundenzufriedenheit kann auf merkmalsorientierte oder ereignisorientierte Verfahren zurückgegriffen werden (Kuß und Tomczak 2000, S. 148 f.).

---

[19]Eine Übersicht über unterschiedliche Kennzahlen zur Steuerung des Kundenbeziehungsmanagements liefern Farris et al. (2007) und Schneider und Hennig (2008).

Bei den merkmalsorientierten Verfahren, die meist im Rahmen von Kundenbefragungen zum Einsatz kommen, werden neben der Kundenzufriedenheit auch Merkmale abgefragt, die über eine Regressionsanalyse bezüglich deren Einflussstärke überprüft werden. Somit bieten die merkmalsorientierten Verfahren den Vorteil, dass die Zufriedenheit und die Einflussfaktoren analysiert werden. Dies geht mit einem höheren Befragungsumfang einher. Bei den ereignisorientierten Verfahren, die meist im Rahmen von Kundenfeedbacks erhoben werden, werden die Zufriedenheit und eine qualitative Begründung erhoben. Diese Vorgehensweise hat die Vorteile, dass sie deutlich kürzer ist und der Kunde seine Sprache benutzen kann, jedoch sind die Auswertung und vor allem die Relevanzbestimmung der einzelnen Aussagen deutlich herausfordernder. Wie bereits ausgeführt, gilt es, diese beiden Verfahren nicht als Gegensätze, sondern als komplementär zu begreifen. Bei einer 5er-Skala werden folgende Skalenbeschriftungen zur Messung der Kundenzufriedenheit verwendet: sehr unzufrieden, etwas unzufrieden, weder zufrieden noch unzufrieden, etwas zufrieden, sehr zufrieden. Das Ergebnis wird meist als Mittelwert ausgewiesen. Die Bewertungen werden im Anschluss in eine Matrix zur Entscheidungsfindung zusammengefasst (Abb. 3.52). Dies soll die Fokussierung der Organisation auf die wesentlichen Dimensionen unterstützen. Wichtig ist es dabei, den Kundenwert sowie die Kosten für die Transformation ebenfalls bei der Entscheidungsfindung zu berücksichtigen.

Ein Modell, das eng mit der Kundenzufriedenheit verbunden ist, ist die Satisfaction-Loyalty-Profit-Chain (Anderson und Mittal 2000). Die Performance der Leistungserstellung durch bspw. Angebot, Marke, Mitarbeitende, Touchpoints (Wert für den Kunden) hat einen Einfluss auf die Kundenzufriedenheit, diese wiederum auf die Kundenbindung und diese letztlich auf die Gewinnentwicklung (Wert für die Organisation). Unternehmen wie bspw. Zappos nutzen die Erkenntnisse dieses Modells. Das Unternehmen investiert viel in die Zufriedenheit der Kunden durch eine Ein-Jahr-Umtauschmöglichkeit und Lieferungen innerhalb von 24 h. Diese Aktivitäten führen

| | | Problemaufkommen | |
		niedrig	hoch
Problemeindruck	niedrig	geringste Priorität	mittlere Priorität
	hoch	mittlere Priorität	höchste Priorität

Abb. 3.52 Matrix der Problemdeckungsmethode. (Quelle: Pepels 2008, S. 40)

zu hohen Kosten, die aber wiederum durch die höhere Kundenbindung und auch durch die Weiterempfehlung der Kunden kompensiert werden können. Diese Vorgehensweise resultierte darüber hinaus in einem stärkeren Wachstum als bei vergleichbaren Organisationen, die sich im gleichen Zeitraum auf die Kosten fokussierten (Kumar und Reinartz 2018, S. 21). Aber nur wenige Organisationen haben bisher die vorgestellten Punkte so konsequent verfolgt wie Zappos. Studien zur Kundenzufriedenheit kommen zu dem Ergebnis, dass Zufriedenheit und Umsatz miteinander korrelieren (Ittner und Larcker 1998), aber es gibt eben auch Studien, die keinen Zusammenhang erkennen können (Zeithaml 2000).

Gerade der zunehmende Materialismus führt anscheinend dazu, dass sich trotz Konsum die Zufriedenheit der Kunden sogar verringert (Bak 2011). Somit sind nicht das Angebot bzw. die Marke das „Problem", sondern grundsätzlich die Ziele/Bedürfnisse der Kunden (Dunn et al. 2011). Diese kann eine einzelne Organisation aber nur bedingt beeinflussen.

Es ist festzuhalten, dass durch die alleinige Steigerung der Kundenzufriedenheit nicht zwangsläufig der Gewinn gesteigert wird. Somit ist Kundenzufriedenheit auch nicht mit Kundenorientierung gleichzusetzen – ein wichtiger Aspekt, der in den allermeisten Ausführungen aus meiner Sicht nicht berücksichtigt wird. Auch werden die Ergebnisse bestehender Studien nicht kritisch genug beachtet (Thomas und Tobe 2013, S. 26).

Abb. 3.53 zeigt beispielhaft den unterschiedlichen Verlauf der Zufriedenheit im Verhältnis zur Loyalität bei Volumen- und Premiummarken in der Automobilbranche auf. Während die Zufriedenheit bei Volumenmarken mit der Loyalität korreliert, ist der Zusammenhang zwischen Zufriedenheit und Loyalität bei Premiummarken deutlich fragiler. Nur die Zufriedenheit als Kennzahl zu benutzen, ist bei Volumenmarken möglich. Für Premiummarken bildet die Zufriedenheit nicht die wirkliche Wertentwicklung ab. Eine steigende Kundenzufriedenheit muss nicht zu einer höheren Loyalität und damit

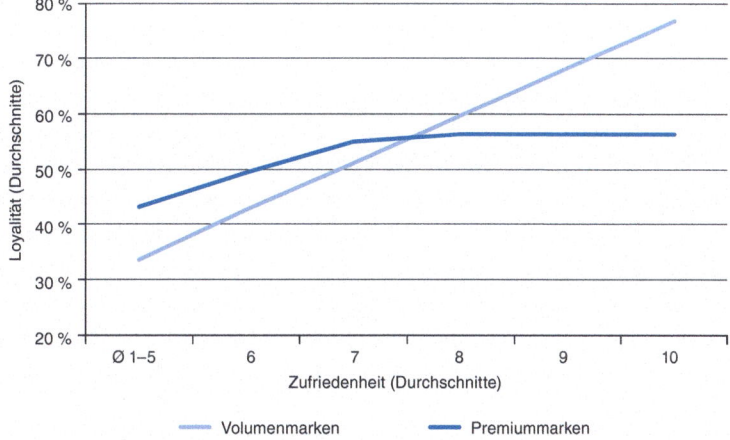

Abb. 3.53 Zusammenhang zwischen Zufriedenheit und Loyalität bei Volumen- und Premium-marken in der Automobilbranche. (Quelle: in Anlehnung an Skala-Gast 2012, S. 168 ff.)

Gewinnsteigerung führen. Bei der Auswahl einer qualitativen Kennzahl gilt es deshalb, immer für jede einzelne Organisation die Korrelation zur Gewinnentwicklung zu überprüfen. Die Aussage „In unserer Branche besteht diese oder jene Korrelation" ist zu verneinen, wie das Beispiel in Abb. 3.53 verdeutlicht.

Die Herausforderungen bei der Nutzung der Kundenzufriedenheit für die Steuerung einer Organisation zeigen die folgenden beiden Beispiele.

Beispiel: Kundenzufriedenheit mit den SBB

Vor ein paar Jahren gaben die SBB (Schweizerische Bundesbahnen) das Ziel aus, dass die Gesamtkundenzufriedenheit auf 80 % steigen soll. Grundsätzlich ist es zu begrüßen, dass eine Organisation ein qualitatives Ziel so prominent aufstellt und die Organisation daran ausrichtet. Bei der Umsetzung zeigte sich jedoch, dass es zahlreiche Faktoren gibt, die sich auf die Zufriedenheit auswirken. Neben der Pünktlichkeit, die in einem gewissen Umfang beeinflusst werden kann, hat die Bequemlichkeit des Sitzes einen hohen Einfluss auf die Zufriedenheit eines Kunden mit den SBB. Die Option, die Sitzplätze auszutauschen und durch bequemere zu ersetzen, würde sehr viel Geld kosten. Jedoch ist eine größere Anzahl an Kunden der SBB nicht zufrieden mit der Bequemlichkeit der Sitze. Diese Kunden sind nicht unzufrieden, aber so richtig wohl fühlen sie sich anscheinend auch nicht. Im Ergebnis ist es für eine Organisation nicht ideal, ein Zufriedenheitsziel von 80 % anzugeben, wenn nicht die zentralen Einflussfaktoren in absehbarer Frist geändert werden können oder deren Änderung zu teuer ist. In dieser Situation wäre es besser gewesen, auf die zugrunde liegenden Dimensionen wie Pünktlichkeit, Sauberkeit etc. einzugehen. So hätte kommuniziert werden können, dass die Zufriedenheit mit der Pünktlichkeit auf 75 % gesteigert werden soll. ◄

Beispiel: Kennzahlen als Propagandainstrument

Auf einem Customer-Relationship-Management-Kongress hielt ein CEO einer Schweizer Versicherung einen Vortrag zum Thema Kundenbeziehungsmanagement. In seinen Ausführungen gab er an, dass 95 % seiner Kunden zufrieden sind. Großes Staunen in der Runde. 95 % Zufriedenheit, davon träumt jede Organisation. Wie ist das möglich? Hat er die Zahl falsch abgelesen? Die Erklärung verdeutlicht die Gefahr, die von einzelnen Kennzahlen ausgeht. Bisher hatte sich die Versicherung wenig um den Kunden gekümmert. Qualitative Kennzahlen waren nicht bekannt, und das Top-Management hatte einen finanzwissenschaftlichen Hintergrund. Die Mitarbeitenden des CEO hatten es gut gemeint und wollten die Organisation besonders gut dastehen lassen. Deshalb suchten sie eine möglichst positive Kennzahl. Die 95 % bezogen sich auf alle Kunden, die keinen Schadensfall hatten. Somit waren mehr oder weniger

alle Kunden, die keinen Kontakt mit der Organisation hatten, zufrieden. Die Gesamtzufriedenheit betrug im Vergleich aber lediglich 62 %. Die Zahl ist grundsätzlich
nicht schlecht, aber eben durchschnittlich für eine Versicherung. Somit gilt es, im
Umgang mit Kennzahlen vorsichtig zu sein. Diese werden schnell „manipuliert", und
es bedarf eines gemeinsamen Verständnisses in der gesamten Organisation, ansonsten
verkommt eine Kennzahl schnell zu einem Propagandainstrument anstelle eines Hilfs-
mittels für die Steuerung. ◄

Allgemein empfehle ich, eine Gesamtzufriedenheit von maximal 75 % anzustreben,
da ab diesem Wert meist die Kosten für eine höhere Zufriedenheit den Mehrwert für die
Organisation übersteigen. Aber dies ist eine durchschnittliche Annahme. Jede Organisation
ist gefordert, die Korrelation und Wirkung der Zufriedenheit auf den Gewinn zu ermitteln
(Abb. 3.54).

Neben der Kundenzufriedenheit haben sich aber inzwischen weitere qualitative Kennzahlen im Rahmen der Kundenorientierung etabliert.

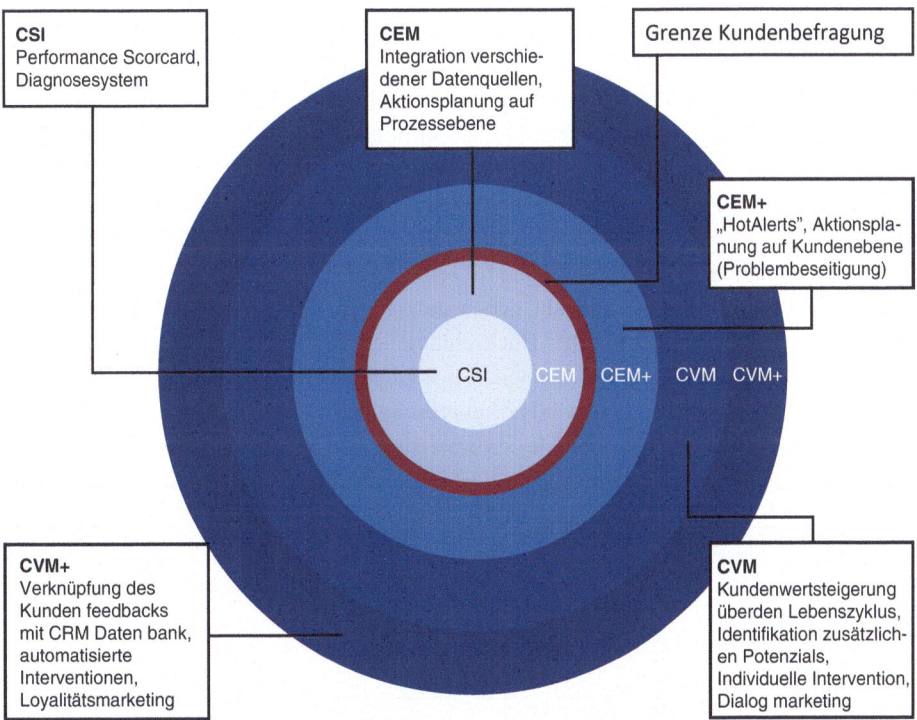

Abb. 3.54 Von der einfachen Zufriedenheit zu Kundenerkenntnissen. (Quelle: Thun 2019, S. 115)

3.3.2.2 Net Promoter Score

Der Net Promoter Score© (NPS®) ist eine populäre Kennzahl. Sie misst, ob ein Kunde eine Organisation in seinem Umfeld weiterempfehlen würde. Allgemein wird davon ausgegangen, dass die Intention einer Weiterempfehlung mit dem Wachstum einer Organisation verbunden ist (Wangenheim und Bayon 2004). Aber wie bei jeder Annahme scheint das nicht für jede Organisation in jeder Situation zuzutreffen. So fand eine Studie im Lebensmitteleinzelhandel heraus, dass kein Zusammenhang zwischen der Weiterempfehlungsintension und Mehrkäufen besteht (Godes und Mayzlin 2004). Eine andere Studie kam sogar zu dem Ergebnis, dass Kunden, die keine Weiterempfehlungs- intention hatten, mehr kauften (Yu 2005). Somit ist der Zusammenhang zwischen Weiterempfehlungsintention und der Performance einer Organisation, wie bei der Kundenzufriedenheit, grundsätzlich für jede Organisation kritisch zu überprüfen. Bei den meisten Organisationen wird ein Zusammenhang bestehen, aber wie stark dieser wirklich ist, sollte für die Verbesserung der Kundenorientierung verstanden werden.

Frederick Reichheld hat den NPS® entwickelt (Reichheld 2003, S. 54). Basierend auf seinen Untersuchungen ist er der Ansicht, dass der NPS® anderen Kennzahlen überlegen ist (Reichheld 2006). Aus seiner Sicht besteht eine höhere Korrelation des NPS® mit dem Kundenwert und dem Wachstum einer Organisation als bei anderen qualitativen Kenn- zahlen des Kundenbeziehungsmanagement (vgl. Abb. 3.55). In den vergangenen Jahren hat diese Kennzahl eine extreme Verbreitung gerade auch im Rahmen von Customer Experience und VoC-Initiativen erfahren (Mönch und Goller 2008, S. 248). Dass Reich- held das Unternehmen BzzAgent anheuerte (das sich für positive Reviews bezahlen lässt), um hohe Bewertungen auf Amazon für sein Buch zu bekommen, erklärt die Popularität der Kennzahl mit einem fahlen Beigeschmack, zeigt aber auch, dass Reichheld den hohen Wert der Weiterempfehlung verstanden hat und für seine Zwecke einsetzen konnte (Shaw 2008).

Die Befürworter dieser Kennzahl gehen davon aus, dass die Messung der Weiter- empfehlung mithilfe des NPS® eher Rückschlüsse auf das Wachstum einer Organisation zulässt als auf die Kundenzufriedenheit. So kommen Studien zu dem Ergebnis, dass Organisationen mit einem hohen NPS® durchschnittlich 2,5-mal so schnell wachsen. Darüber hinaus soll eine 12-Punkte-Verbesserung des NPS® zu einer durchschnitt- lichen Verdoppelung der Wachstumsrate einer Organisation führen (Keiningham et al.

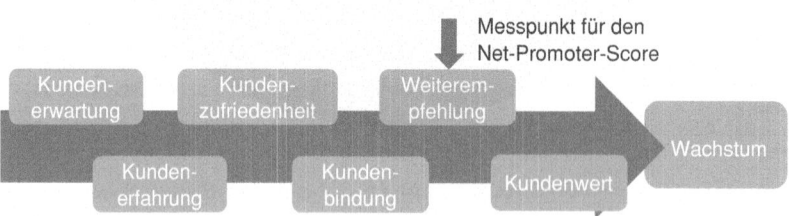

Abb. 3.55 Kundenzufriedenheit und NPS® und ihre Stellung in der Kette der Kundenwirkungs- beziehung. (Quelle: van Riet und Kirsch 2010, S. 42)

2007, S. 41). Da bei den meisten statistischen Analysen anstelle des Umsatzwachstums des Folgejahrs der NPS® mit dem Umsatzwachstum im gleichen Jahr verglichen wurde, ist zu folgern, dass Organisationen mit einem hohen Wachstum eine hohe Weiterempfehlung besitzen (Schwarz 2009, S. 107). Somit hat auch das Wachstum einen Einfluss auf die Weiterempfehlung und nicht nur die Weiterempfehlung auf das Wachstum.

Der NPS® wird auf einer Skala von 0 bis 10 gemessen. Alle Teilnehmenden, die eine Zahl zwischen 0 und 6 angeben, werden Detraktoren genannt, alle Teilnehmenden, die 7 oder 8 angeben, sind Passive, und alle Teilnehmenden, die eine 9 oder 10 angeben, werden als Promotoren bezeichnet. Der eigentliche NPS®-Wert ergibt sich aus NPS® = Promotoren (in %) minus Detractoren (in %) und gibt somit den Saldo des Anteils begeisterter und schlechter Kundenerfahrungen in einer metrischen Größe an. Der Wert kann zwischen -100 und + 100 schwanken (Reichheld und Markey 2011). Es wird davon ausgegangen, dass Detraktoren den Kundenwert negativ beeinflussen, wohingegen Promotoren den Kundenwert positiv beeinflussen (vgl. Abb. 3.56). Diese Annahme gilt es aber für jede Organisation genau zu überprüfen.

Der NPS® kann relational oder transaktional gemessen werden (van Riet und Kirsch 2010, S. 47). Meist wird er transaktional eingesetzt, was, wie bereits ausgeführt, kritisch zu betrachten ist. Wie wahrscheinlich ist es, dass ein Kunde wegen einer spezifischen Interaktion die Organisation eher weiterempfiehlt? Die Weiterempfehlung wird wohl weniger von einer einzelnen Interaktion beeinflusst, als in vielen Organisationen angenommen.

Im Anschluss wird die offene Frage gestellt, warum der Kunde diese oder jene Bewertung abgegeben hat. Diese Angabe soll helfen, die hinter der Kennzahl liegenden Motive zu verstehen. In der Praxis ist oft zu beobachten, dass der zweite Teil des NPS®

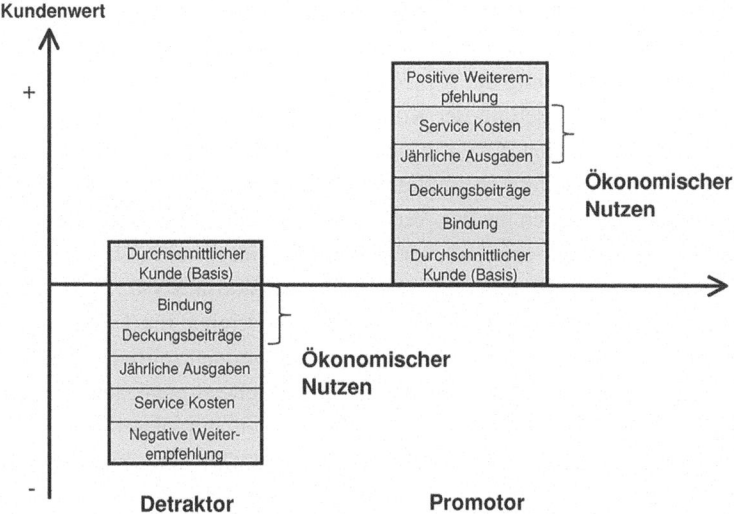

Abb. 3.56 Detraktoren und Promotoren als Wachstumsbremse und Motor. (Quelle: van Riet und Kirsch 2010, S. 44)

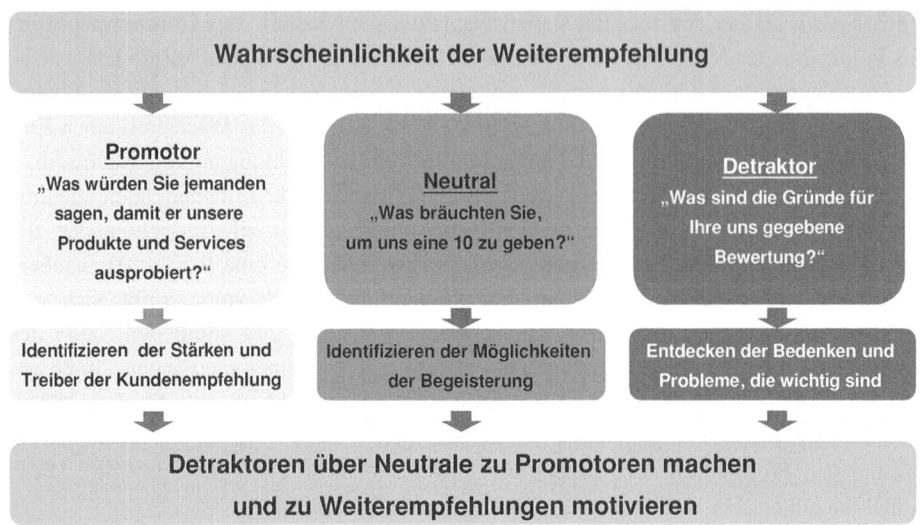

Abb. 3.57 Ansätze zur Nutzung des Kundenfeedbacks zur Steigerung des NPS®. (Quelle: van Riet und Kirsch 2010, S. 62)

nicht zum Einsatz kommt. Organisationen messen einfach die Kennzahl, die Gründe für die Bewertung bleiben verborgen (Abb. 3.57).

Die erste Frage, die sich aufgrund dieser Berechnungslogik in der Praxis für viele Verantwortliche stellt, ist: „Wie hoch ist unser NPS® und der unserer Wettbewerber?" Nicht die Frage: „Warum haben uns unsere Kunden so bewertet und wie können wir den Wert steigern?", sondern der Wettbewerb wird wieder einmal fokussiert. Das zeigt: Egal, welche Kennzahl verwendet wird – wenn sich die Verantwortlichen einer Organisation immer mit dem Wettbewerb und dann nur dem Wettbewerb in der gleichen Branche vergleichen, wird die Verbesserung der Kundenorientierung schwer möglich sein.

Ich empfehle zur Verbesserung der Kundenorientierung deshalb die Frage: „Um wie viel und wie können wir den NPS® in der kommenden Periode steigern? Unabhängig davon, wie gut der Wettbewerb ist, und davon, wie gut wir sind." Es geht nicht um die Bewunderung der Leistungen in der Vergangenheit. Der NPS® soll dazu dienen, die Organisation in der Zukunft erfolgreicher zu machen und zwar durch den Fokus auf die wesentlichen Elemente. Ich fokussiere mittels Regressionsanalyse, wenn möglich, auf die Treiber des NPS® anstelle des NPS® selbst. Da im Original die Treiber qualitativ von den Kunden benannt werden, ist es für größere Studien sehr aufwendig, die Angaben der Kunden zu strukturieren, damit die Treiber anschließend analysiert werden können. Ursachenanalysen und Handlungsempfehlungen können mit dieser Messmethode nur sehr eingeschränkt vorgenommen werden (Bauer et al. 2007, S. 70). Der Einsatz von Likert-Item-Skalen mit anschließender regressionsanalytischer Auswertung ist die erste Wahl.

Der Charme des NPS® ist darin zu sehen, dass nur eine Frage gestellt wird. Dies ist zugleich zu kritisieren. Die Kundenorientierung einer Organisation zu verbessern, indem bestehenden Kunden nur eine Frage gestellt wird, führt den Anspruch und die Komplexität der Kundenorientierung als Managementmodell ad absurdum. Reichheld (2003, S. 51 f.) zeigte darüber hinaus auf, dass der NPS® nicht für jede Branche zu empfehlen ist. Auch kommen Studien zu dem Ergebnis, dass der NPS® hinsichtlich des Erklärungsgehalts bezüglich des Wachstums einer Organisation im Vergleich mit dem Erklärungsgehalt der Zufriedenheit bezüglich des Wachstums einer Organisation nicht überlegen ist (Keiningham et al. 2007, S. 45).

Ich habe den NPS® mit dem tatsächlichen Verhalten der Kunden für viele Organisationen untersucht. Manchmal besteht eine starke, eine mittlere, eine schwache, aber eben auch keine Beziehung zu dem Wachstum und dem Gewinn einer Organisation. Für extensive Kaufentscheidungen und High-Involvement-Angebote besteht meist eine hohe Korrelation. Das Involvement ist somit ein wichtiger Einflussfaktor für die Weiterempfehlung (Shaw 2008). Angebote, die mich nicht interessieren, werde ich selten aktiv weiterempfehlen, und zu diesen werde ich meistens auch nicht in meinem Umfeld befragt. Dies erklärt u. a. die unterschiedliche Erklärungskraft des NPS® in unterschiedlichen Branchen und verschiedenen Organisationen. Darüber hinaus wird die Frage: „Würden Sie Ihre EC-Karte weiterempfehlen?", von Kunden wahrscheinlich mit einem Kopfschütteln beantwortet (Esch und Kochann 2019, S. 191).

Zusammenfassend folge ich Grisaffe (2007) in der Annahme, dass der NPS® schon auf konzeptueller Ebene mehrere Fehler besitzt und er anderen qualitativen Einstellungsmessungen nicht überlegen ist. Der NPS® ist populär, aber viele Aussagen sind als „Fake Science" zu bewerten.

Ich empfehle trotzdem die Nutzung des NPS® in Organisationen, weil er inzwischen eine hohe Popularität hat und die allermeisten Verantwortlichen die berechtigte Kritik nicht kennen. Aber bei der Nutzung des NPS® ist dieser mit anderen Kennzahlen zu verbinden und vor allem mit der finanziellen Entwicklung der Organisation sowie dem tatsächlichen Weiterempfehlungsverhalten in Beziehung zu setzen. Wenn es keine Beziehung zu diesen Größen gibt, sollte der NPS® entgegen der zuvor getroffenen Aussage auch nicht zum Einsatz kommen, so populär diese Kennzahl auch sein mag. Darüber hinaus existieren Ansätze, die Aussagekraft des NPS® durch die Ermittlung von Konfidenzintervallen zu erhöhen (Schwarz 2009). Dann kann der NPS® eine Krücke sein, weil er einfach verständlich und anwendbar ist. Für die langfristige Verbesserung der Kundenorientierung greift diese Kennzahl aber zu kurz. Sie kann als Einstieg dienen, muss aber im Zeitablauf ergänzt bzw. ersetzt werden. Der eigentliche Fokus einer kundenorientierten Organisation liegt auf dem Kundenwert (Customer Value-based Decision Making). Die Weiterempfehlung ist nur ein Teil des Wertbeitrages eines Kunden.

Für internationale Konzerne ist darüber hinaus zu berücksichtigen, dass der NPS®, wie jede andere qualitative Einstellungsmessung, kulturellen Einflüssen unterliegt (Iacobucci et al. 2003). Im Rahmen von Studien konnte ich ermitteln, dass Kunden in

den USA (wo die Kennzahl entwickelt wurde) zu einer höheren Weiterempfehlungsintention neigen als in Europa. In Asien sind die Werte noch mals geringer. So ist bspw.
ein NPS® von 40 für eine Bank in den USA gut, in Europa von 20 und in Asien von 5.[20]
Der Vergleich zwischen Ländern sollte somit nicht vorgenommen werden bzw. es sollte
meiner allgemeinen Empfehlung gefolgt werden, sich auf die Veränderung im Zeitablauf
zu fokussieren anstatt auf Wettbewerbsvergleiche.

Ein weiterer Punkt, der aus meiner Sicht zu wenig angesprochen wird, ist der
Umgang mit den Passiven. Die Berechnung der NPS® rückt die Detractoren und
Promotoren in den Fokus der Verantwortlichen. Viele Organisationen besitzen bis zu
60 % und mehr Passive als Kunden. Vereinfacht ausgedrückt: Passive sind auch wertvolle Kunden und meist sehr zahlreich. Es sollte nicht nur das Ziel bestehen, Detractoren
zu Promotoren zu konvertieren und Promotoren weiterhin zu begeistern. Passive zu
Promotoren zu konvertieren, ist ebenfalls eine wichtige Aufgabe.

Auch an dieser Stelle sei noch mals darauf hingewiesen, dass allein die Einführung
des NPS® und einer begleitenden Abteilung sowie Prozesse eine Organisation nicht automatisch kundenorientierter macht. Ich widerspreche aufs Schärfste der Annahme, dass
eine Kennzahl ausreicht, um Kundenorientierung in einer Organisation zu etablieren.
Oft erlebe ich genau das Gegenteil. Die extreme Verkürzung der Kundenorientierung
führt häufig zu einem Scheitern des Transformationsprozesses nach spätestens zwei
bis drei Jahren, welcher die Verantwortlichen frustriert. Bei einem Abendessen erzählte
eine Customer Experience Managerin eines weltweit tätigen Konzerns, die auch für das
NPS®-Programm des Konzerns verantwortlich war, dass sie bei der Einstellung von Mitarbeitenden für die Steuerung des NPS®-Programms explizit darauf achtet, wie leidens-
fähig diese sind. Sie betont im jeweiligen Vorstellungsgespräch, dass die Aufgabe mit
einer sehr hohen Frustration im Alltag verbunden ist, eben auch, weil die Reduktion
der Kundenorientierung auf den NPS® in diesem Konzern mehr zu Verwirrung als zu
Wachstum und Gewinn geführt hatte.

Kundenorientierung als kontinuierlicher Schmerz führt in meinem Verständnis
nicht zu Erfolg. Zu Beginn seiner Arbeiten zielte Reichheld auch nicht so sehr auf die
Weiterempfehlung ab, sondern empfahl Organisationen, sich auf die Kundenbindung zu
fokussieren (Grisaffe 2007, S. 39). Somit sollten Organisation neben einer Einstellungsmessung wie Kundenzufriedenheit oder NPS® immer auch das Kundenverhalten im
Auge behalten.

3.3.2.3 Customer Experience Score

Der Customer Experience Score baut auf dem NPS® auf. Er zielt ebenfalls auf die
Begeisterung des Kunden und die damit verbundenen möglichen Verhaltensintentionen
ab, aber im Vergleich zum NPS® über mehrere Dimensionen. Bisher gibt es noch wenige

---

[20]Dabei handelt es sich um Verallgemeinerungen. Jedes Land bzw. jede Kultur führt zu anderen
NPS®-Werten.

empirische Studie zu dieser Kennzahl. Neben einem sehr umfassenden Messmodell mit über 15 Indikatoren kann der Customer Experience Score anhand von vier Dimensionen gemessen werden (Oberholzer et al. 2018):

1. Erfüllt das Unternehmen ein Bedürfnis?
2. Ist es einfach, mit dem Unternehmen zu interagieren?
3. Ist die Interaktion angenehm?
4. Wird das Unternehmen stetig besser?

Der Customer Experience Score ergibt sich aus der Addition der einzelnen Fragen und der Bildung des Mittelwerts (Manning und Bodine 2012). Zentrales Problem dieser Kennzahl ist die fehlende umfassende empirische Basis. Darüber hinaus scheinen die Dimensionen zwar logisch, aber in der Zusammenstellung auch willkürlich. Die mathematische Verbindung durch einen Mittelwert über alle Dimensionen basiert auf der Annahme, dass alle Dimensionen für die Kunden gleich wichtig sind. Gerade der letzte Punkt kann angezweifelt werden und ist für jede Organisation sicher unterschiedlich. Grundsätzlich ist für die Verbesserung der Kundenorientierung möglichst eine mehrdimensionale Kennzahl einzusetzen. Ein gravierender Vorteil des Customer Experience Scores gegenüber dem NPS® ist aber nicht erkennbar. Der Einsatz des Scores innerhalb einer Befragung und die Analyse der einzelnen Antworten und nicht des Scores können für eine Organisation hilfreich sein. Dabei gilt es zu berücksichtigen, dass eine gute Customer Experience nicht zwingend Auskunft bezüglich der Kundenorientierung einer Organisation gibt. Oft werden kundenorientierte Organisationen eine gute Customer Experience haben, aber eben nicht zwingend. Das Customer Management leitet sich aus der Kundenorientierung ab.

Darüber hinaus zeigen Customer-Experience-Studien, dass die Erlebnisse, welche die Organisationen bieten, von den Kunden sehr ähnlich wahrgenommen werden (Shaw und Ivens 2005) – vor allem bei einem Vergleich in derselben Branche. Trotzdem sind manche Organisationen erfolgreicher als andere. Der Erklärungsgehalt bzw. die Differenzierungsmöglichkeiten über Kundenerlebnisse werden allgemein vielleicht überschätzt (vgl. Abschn. 6.6).

3.3.2.4 Customer Effort Score

Im Vergleich zu Zufriedenheit, NPS® und Customer Experience Score geht der Customer Effort Score von einer anderen Prämisse aus. Während die ersten drei Kennzahlen darauf setzen, die Kunden möglichst zu begeistern und dadurch die Loyalität zu steigern, stellt der Customer Effort Score auf die Convenience für die Kunden ab (Sarkar 2013). Vor dem Hintergrund des steigenden Convenience-Bedürfnisses gewinnt die Bequemlichkeit in unserer Gesellschaft einen immer höheren Stellenwert. Die Kunden nehmen wahr, dass sich Angebote und Marken immer mehr ähneln, und sind nicht mehr bereit, so viel Zeit in den Erwerb und die Nutzung der Marke zu investieren. Darüber hinaus wird Zeit allgemein ein immer wertvolleres Gut. Dixon et al. (2010) empfehlen deshalb,

dass Organisationen weniger versuchen sollten, die Kunden zu begeistern, sondern stattdessen die Interaktion möglichst einfach zu gestalten. Der Customer Effort Score misst,
wie einfach und bequem Kunden die Touchpoints einer Organisation nutzen können bzw.
die Interaktion mit der Organisation ist (Esch und Kochann 2019, S. 189). Zwar wurde
auch hier der Versuch unternommen, den Customer Effort Score in Bezug zur Loyalität und Gewinnentwicklung zu setzen, die bisherigen Erkenntnisse sind aber noch nicht
breit abgestützt.

An dieser Stelle zeigt sich, dass die Verbesserung der Kundenorientierung über
mehrere Wege erfolgen kann. Grundsätzlich sollte es das Ziel einer Organisation sein,
sich vom Wettbewerb zu differenzieren. Dabei wird meist auf die Begeisterung im
Sinne von „Mehrangebot" oder günstigerer Preis abgestellt. Eine Organisation kann
sich auch differenzieren, wenn die Interaktion mit den Kunden als deutlich bequemer
bzw. einfacher wahrgenommen wird. Dixon et al. (2010) geben an, dass 56 % der
befragten Kunden ihr Anliegen wiederholt erklären mussten und 62 % sogar wiederholt
mit der Organisation in Kontakt treten, um ein Problem zu lösen. Wir alle erleben viele
Momente, in denen wir uns denken: „Warum geht das nicht einfacher?"

Dabei sind aber aus meiner Sicht zwei Punkte zu beachten. Die Steigerung der
Bequemlichkeit muss von den Kunden als relevant wahrgenommen werden. So gibt es
viele Artikel in Bezug auf die Bankenbranche, die anführen, dass die einfache Konto-
eröffnung für Kunden wichtig ist. Ob dies allein ausreicht, um sich im Markt zu
differenzieren und den Wert für die Organisation zu steigern, ist noch unklar. Darüber
hinaus gilt es zu akzeptieren, dass tolle Erlebnisse durchaus unbequem erkauft werden
können und dass die Überwindung der Unbequemlichkeit vonseiten der Organisation
auch positiv von den Kunden erfahren werden kann. Letztlich ist die Steigerung der
Bequemlichkeit relativ leicht kopierbar, wie die Versicherungsbranche in den letzten
Jahren aufgezeigt hat. Fast alle Versicherer, zumindest die, die wachsen wollen, haben
den Prozess der Schadensabwicklung deutlich vereinfacht. Deshalb schließt sich die
Frage an, ob die Bequemlichkeit langfristig genug Potenzial bietet. Als letzter Punkt ist
anzumerken, dass Bequemlichkeit durch eine Vereinfachung der Interaktion oder durch
neue Dienstleistungen realisiert werden kann. Der Customer Effort Score hilft an dieser
Stelle nicht, die Frage zu beantworten, in welche Richtung die Organisation investieren
sollte.

Ich empfehle deshalb, die Differenzierung über verschiedene Ansätze zu überprüfen.
Die Bequemlichkeit kann ein Ansatz sein. Ich kenne aber bisher nur wenige Beispiele,
die langfristig ausschließlich über die Bequemlichkeit eine ausreichende Differenzierung
erzielen konnten. Somit ist die Bequemlichkeit meist mit anderen Differenzierungs-
elementen zu kombinieren.

Nach meinem Verständnis eignet sich der Customer Effort Score eher zur Validierung
der Leistungsfähigkeit einzelner Touchpoints wie bspw. Webseite und Call Center.
Es kann für Organisationen wichtig sein, zu verstehen, wie kompliziert die einzelnen
Touchpoints aus Sicht der Kunden ausgestaltet sind. Gerade Webseiten werden hinsichtlich ihrer Bedienungsfreundlichkeit massiv vernachlässigt. Hier „missbrauchen"

zahlreiche Organisationen den NPS®, anstatt den Customer Effort Score für die Evaluation einer einzelnen Interaktion an einem Touchpoint einzusetzen.

Ursprünglich wurde der Customer Effort Score über die Frage „Wie viel Aufwand musstest du in die Lösung der Anfrage stecken?" gemessen. Die Abfrage erfolgte auf einer 5er-Skala von sehr geringem Aufwand bis sehr hohen Aufwand (Keller 2019). Die Erweiterung dieser Kennzahl sieht wie folgt aus (Dixon et al. 2013, S. 2013):

1. Das Unternehmen hat es mir leichtgemacht, mein Problem zu lösen.
2. Es dauert nicht so lange, wie ich erwartet habe, mein Problem zu lösen.

Dabei kommt eine 7er-Skala mit „stimme nicht zu" bis „stimme voll und ganz zu" zum Einsatz. Es ist zu empfehlen, die Höhe des Convenience-Bedürfnisses von Kunden zu verstehen und bei einer hohen Ausprägung des Convenience-Bedürfnisses oder bei einer hohen Ausprägung einer Kundengruppe den Customer Effort Score einzusetzen, damit gewährleistet ist, dass die Kunden möglichst bequem mit einer Organisation interagieren können. Wie gesagt, wird aktuell meist der NPS® für diese Fragestellung eingesetzt, obwohl der Customer Effort Score die bessere Wahl für einzelne Touchpoints bzw. für die Beurteilung von Interaktionen ist.

3.3.2.5 Customer Centricity Score

Der Customer Centricity Score zielt auf die Bestimmung des Ausmaßes der Kundenorientierung einer Organisation ab. Bisher hat dieser Score keine Verbreitung in der wissenschaftlichen Diskussion gefunden. Somit fehlt eine breite empirische Fundierung. Auch die Auswirkungen auf die Performance einer Organisation sind unklar.

Baars et al. (2015) definieren Kundenorientierung über drei Dimensionen:

1. Leadership (Führung),
2. Collaboration (Zusammenarbeit) und
3. Implementation (Umsetzung).

Diese Definition von Kundenorientierung scheint willkürlich und nicht auf die bestehenden Erkenntnisse abgestützt zu sein. Zwar sind mehrere Elemente der Kundenorientierung integriert, aber gerade die Entscheidungsfindung und Transformation werden nicht berücksichtigt. Die Autoren brechen die drei Dimensionen des Customer Centricity Scores auf weitere Subdimensionen zur Messung herunter (Baars et al. 2015):

- **Leadership (Führung):** Die Führung schafft die Rahmenbedingungen, damit Kundenzentrierung in der gesamten Organisation gelebt werden kann.
  - Anchoring (Verankerung)
  - Openness (Offenheit)
  - Enabling (Befähigung)
  - Commitment (Verpflichtung)
  - Incentives (Anreize)

- **Collaboration (Zusammenarbeit):** Ein reflektierter, offener und toleranter Umgang über alle Organisationseinheiten hinweg ermöglicht eine kundenzentrierte Zusammenarbeit.
  - Tolerance (Toleranz)
  - Learning Culture (Lernkultur)
  - Persistence (Konsequenz)
  - Cross Functionality (Übergreifende Zusammenarbeit)
  - Lining-up (Touchpoint Interaktion)
- **Implementation:** Durch die Implementation von kundenzentrierten Abläufen und Systemen entstehen relevante Angebote und ganzheitliche Kundenerlebnisse.
  - System Support (Systemunterstützung)
  - Customer Insight (Kundenwissen)
  - Experience Design (Erlebnisgestaltung)
  - Customer Integration (Kundenintegration)
  - Personal Responsiveness (persönliche Agilität)

Für jede Dimension wird eine Frage gestellt, die mit ja oder nein beantwortet wird. Die Antworten über die einzelnen Fragen werden anschließend ungewichtet zusammengefasst. Der Score kann dabei Werte zwischen −100 (100 % verneinende Antworten) und 100 (100 % bejahende Antworten) erreichen.

Neben der fehlenden wissenschaftlichen Fundierung sowie der empirisch schwachen Mechanik möchte ich anmerken, dass ein solcher Score in keiner Weise zielführend ist. Kundenorientierung auf eine Kennzahl zu reduzieren und das Ergebnis noch mit anderen Organisationen zu vergleichen, führt Kundenorientierung ad absurdum. So sind Cross-Functionality und Customer Integration zwei wichtige Bausteine der Kundenorientierung, die mit z. B. Tolerance nicht gleichzusetzen sind. Somit kann eine Organisation einen besseren Customer Centricity Score besitzen, aber trotzdem eine deutlich schlechtere finanzielle Performance erzielen als eine Organisation mit einem niedrigeren Score. Die Verbindung mit der Performance einer Organisation mit solch einem komplexen und ungewichteten Score ist aus meiner Sicht nicht möglich.

Ich empfehle den Einsatz des Customer Centricity Maturity Checks unter (https://customersx.ch/cmc), um die Stärken und Schwächen der Kundenorientierung umfassend zu bestimmen. Die Verdichtung auf eine Kennzahl auf Basis einer solchen Messung ist gefährlich und unter keinen Umständen zu empfehlen. Ohne das Wissen über die Wirkungsbeziehung für jede einzelne Organisation und einen klaren Transformationsprozess führen solche Ansätze nicht zum Kunden, sondern zu einer Selbstbeschäftigung der Organisation, die den Erfolg dem Zufall überlässt.

3.3.2.6 Customer Engagement Score

Bisher wurde eine Auswahl an Kennzahlen, die nur auf die Einstellungen der Kunden abzielen, vorgestellt. Eine Kennzahl, die auf das Verhalten der Kunden abzielt, ist der

Customer Engagement Score. Aufbauend auf dem Involvement-Konstrukt, das in Abschn. 3.1.3.2 vorgestellt wurde, wird beim Engagement darauf gesetzt, dass Kunden unterschiedlich engagiert gegenüber einer Organisation bzw. Marke sind (Pansari und Kumar 2017). Die zugrunde liegende Überlegung ist, dass engagierte Partner eine zufriedenere Beziehung führen und eine engere emotionale Bindung besitzen (Kitayama et al. 2000).

▶ **Customer Engagement** ist die Wertsteigerung für die Organisation durch das direkte oder indirekte Verhalten des Kunden (Wiesel 2017, S. 117).

Die Wertsteigerung kann bspw. durch Kauf, Cross-Selling, Weiterempfehlungen, Social-Media-Konversationen oder Kundenfeedback erfolgen. Customer Engagement ist dabei nicht mit Co-Creation gleichzusetzen, sondern ein Teil der Co-Creation, weil beide auf die Integration des Kunden in die Wertsteigerung abstellen. Co-Creation geht aber über die Aktivitäten im Rahmen des Kundenbeziehungsmanagements hinaus und umfasst auch die Werterstellung selbst sowie u. a. eine umfassendere Unterstützung durch Kunden beim Verkauf und Service.

Kumar und Pansari (2016) haben ein Messmodell aus mehreren Indikatoren entwickelt, um Customer Engagement zu messen. Sie unterteilen Customer Engagement in Customer Purchase, Customer Reference, Customer Influence und Customer Knowledge. Darüber hinaus verbinden sie Customer Engagement mit Employee Engagement (Pansari und Kumar 2018). Dieses Messmodell ist sehr umfassend und es sind mehrere unterschiedliche Konstrukte integriert.

Ich empfehle, einen individuellen Customer Engagement Score für jede Organisation zu entwickeln. Je nach Zielsetzung bzw. Wirkungskette des Kundenverhaltens sowie den verfügbaren (im Sinne von mit sehr viel Anstrengungen verfügbaren) Kundendaten sollte eine Organisation einen eigenen Customer Engagement Score entwickeln. In einem ersten Schritt sind die Kundenaktivitäten aufzulisten: Likes auf Social Media, Reviews auf Social Media, Kundenfeedback mit einer qualitativen Beschreibung, Anwerbung eines neuen Kunden etc. In einem zweiten Schritt sind diese einzelnen Aktivitäten zu gewichten, da sie unterschiedliche Werte für die Organisation beisteuern. Anschließend gilt es, den Customer Engagement Score zu berechnen (Mazzeu 2018).

Customer Engagement Score $= (w1 * n1) + (w2 * n2) + \ldots + (w\# + n\#)$

Der Customer Engagement Score hat eine enge Verbindung mit dem Kundenwert. Dabei ist zu berücksichtigen, wie gut die Zuordnung der einzelnen Kundenaktivitäten an den einzelnen Touchpoints möglich ist oder ob der Customer Engagement Score nur relational gemessen werden kann. Auch ist zu berücksichtigen, dass die meisten Organisationen mehrere Kanäle nutzen. Technisch lässt sich der Customer Engagement Score einfacher an digitalen Touchpoints umsetzen. Dadurch kann die Gefahr entstehen, dass wertvolle Kunden, die nicht die digitalen Touchpoints nutzen, unterbewertet werden.

Dies geht einher mit der in der Praxis zu beobachtenden Vorgehensweise, dass
der NPS® als Kennzahl zur Messung der Interaktionsqualität falsche Verwendung
findet. Dies kann lediglich darauf zurückgeführt werden, dass ein tieferes Verständnis von Kundenorientierung und den jeweiligen Instrumenten nur eingeschränkt
vorhanden ist.

Die vorgestellten Kennzahlen können zum Einsatz kommen, aber nur in einem
umfassenden Zielsystem (vgl. Abschn. 6.2) und wenn die Wirkungsbeziehung
überprüft worden ist. Die meisten der vorgestellten Kennzahlen wurden in Bezug
auf die Wirkung hinsichtlich der Kundenbindung überprüft, doch es gibt nicht
wenige Organisationen, die zwar loyale Kunden haben, die aber nur kaufen, wenn
Aktionen angeboten werden, allgemein wenig oder die günstige Angebotsvariante
kaufen. Somit kann eine Steigerung der Bindung nicht zwangsläufig auch den Wert
der Organisation steigern. Deshalb benötigt eine Organisation, die die Kundenorientierung verbessern möchte, ein Zielsystem, das auf einem Kundenwertmodell
basiert. Das individuelle Zielsystem einer Organisation kann durch die vorgestellten
Kennzahlen vor allem zur Verbesserung der Interaktion mit dem Kunden auf
operativer Ebene ergänzt werden.

3.3.3 Customer Value

Die Dimension Customer Value-based Decision Making bezieht sich auf die Entscheidungsfindung, die den Wert für die Kunden, aber auch für die Organisation
systematisch steigert. In der Literatur hat sich in Bezug auf den Kundenwert und
Customer Value ein heterogenes Begriffsverständnis entwickelt. Darüber hinaus hat
sich in jeder Organisation ein ganz eigenes Verständnis zu diesen Begriffen etabliert.
Im Folgenden treffe ich eine begriffliche Unterscheidung, die für das Verständnis und
die Verbesserung der Kundenorientierung elementar ist. Für dich gilt, die jeweiligen
anderen Ausführungen mit meinem Begriffsverständnis abzugleichen, um Verwirrung
aufgrund der einzelnen Begriffe zu eliminieren. Meine Systematik von Customer Value
ist nicht verschieden, nur die Begrifflichkeiten sollen vor dem Hintergrund der Kundenorientierung deutlicher spezifiziert werden.

Customer Value im Verständnis der Kundenorientierung ist der Customer-Firm Value.
Dies ist die Gegenüberstellung des Wertes für den Kunden durch die Organisation mit
dem Wert des Kunden für die Organisation. Da bisher diese Zusammenführung meist
nicht beachtet und vereinfacht von Customer Value gesprochen wird, spreche ich vor
dem Hintergrund des bestehenden Begriffsverständnisses von Customer-Firm Value
anstelle von Customer Value, um die Dualität des Begriffs hervorzuheben. Customer
Value-based Decision Making bezieht sich eigentlich auf das Customer-Firm Value-
based Decision Making. Da dieser Begriff aber etwas länger ist und eine eigene

Wortkreation, wurde für das einfachere Verständnis bisher von Customer Value im Sinne von Customer-Firm Value gesprochen.

▶ **Customer-Firm Value** (Customer Value) stellt den Wert der Organisation für den Kunden dem Wert des Kunden für die Organisation gegenüber. Er dient als Entscheidungsgrundlage, um den Wert sowohl für die Kunden als auch den Wert für die Organisation systematisch zu steigern.

Der Customer-Firm Value ist zweidimensional und die Basis der kundenorientierten Entscheidungsfindung in einer Organisation, um Wachstum und Gewinn einer Organisation zu steigern (Kumar und Reinartz 2018, S. 18 ff.). Er kann auf individueller Ebene oder aggregiert für den ganzen Kundenstamm bestimmt werden. In der Praxis erfolgen sowohl die Bewertung des Werts für die Kunden als auch der Wert für die Organisation meist unsystematisch, unregelmäßig und methodisch anspruchslos. Diese Aussage von Helm et al. (2017, S. 4) kann ich nur unterstützen. Darüber hinaus werden die Berechnungen auch eher selten für die Entscheidungsfindung genutzt. Zwar wird viel über Kundenorientierung gesprochen, aber bei der Umsetzung wird das kundenorientierte Wertmanagement einer Organisation mit den einfachsten Instrumenten durchgeführt, die existieren. Dass die eingesetzten Instrumente dann auch noch mehr als 50 Jahre alt sind, wird von nicht wenigen mit den Worten kommentiert: „Genau, hat sich ja super bewährt", oder: „Bloß keine zu komplizierten Dinge einführen."

Beispiel: Möbelhandel

Blickt man auf den Leidensweg eines Schweizer Möbelhandels, wird das fehlende Wertverständnis deutlich. Das Beispiel zeigt, wie weit man mit alten Methoden meist wirklich kommt. Allgemein kommt der Handel durch neue Technologien, aber vor allem durch Handelsschranken und den starken Schweizer Franken massiv unter Druck. Anstatt durch die Gewinnung von Kundenerkenntnissen und die Transformation der Organisation auf diese Entwicklungen einzugehen, wurde weiter an alten Methoden festgehalten. In Schritt 1 wurden die Lohnkosten gesenkt, was meist zur Folge hatte, dass die engagierten Mitarbeitenden die Organisation eher früher als später verließen. In Schritt 2 wurden die Angebotskosten und in Schritt 3 die Prozess- und Lieferkosten gesenkt. Diese Vorgehensweise hat David Farmer schön beschrieben mit dem Begriff der „Purchaser Myopia" (Farmer 1997).

Das Zwischenergebnis dieser Schrittabfolge: Der Kunde erhielt ein schlechteres Erlebnis, die Marke wurde geschwächt und die Differenzierung nahm ab. In Schritt 4 wartete die Organisation auf den Erfolg, dem in Schritt 5 durch nicht markenkonformen Kommunikationsaktionismus und den starken Einsatz von Rabatten zielgerichtet jede Chance genommen wurde, sich zu entwickeln. Ergebnis dieser Stufen: Die Markenstärke nahm weiter ab, die Marge sank weiter. Zu guter Letzt wurde in

Schritt 6 der CEO ausgewechselt und in Schritt 7 wurden irgendwelche digitalen Kommunikationstools implementiert. Ende der Geschichte: Der ehemals eigenständige Möbelhandel ist jetzt eine Subbrand eines anderen Möbelhändlers (es drängen sich die Themen Markenpositionierung und Markenarchitektur auf, aber das möchte ich hier nicht ansprechen). Es zeigt sich meist, dass bei Wertabnahmen, egal auf welcher Seite, schnell Abwärtsspiralen entstehen können, die gefährlich sind.

Diese Entwicklung ist beispielhaft für viele Organisationen. Meist wird bei Herausforderungen zu viel an den Kosten und zu wenig an der Umsatzschraube gedreht. Dadurch wird der Wert für die Kunden noch weiter gesenkt, auch wenn kurzfristig der Wert für die Organisation gehalten oder sogar gesteigert werden kann. Die daraus meist resultierende Abwärtsspirale des Werts für den Kunden können aber die wenigsten Organisationen langfristig auffangen. ◀

Die im Abschn. 3.3.2 vorgestellten Kennzahlen berücksichtigen nur den Wert der Organisation für den Kunden und versuchen, meist über die Loyalität, eine Brücke mit dem Wert des Kunden für die Organisation zu bauen. Auf operativer Ebene mag das die einzige Möglichkeit sein. Für die Verbesserung der Kundenorientierung einer Organisation ist aber der Einsatz eines Customer-Firm Values-Modells zwingend erforderlich (Eggert 2017, S. 44 f.).

Ausgangspunkt für die Bestimmung des Customer-Firm Values sind zwei unterschiedliche Wertkonstrukte (Freiling 2017, S. 79). Verschiedene Kunden liefern einen unterschiedlichen Wertbeitrag für eine Organisation. Bei vielen B2B-Organisationen werden mit 20 % der Kunden 80 % des Umsatzes erwirtschaftet. Umgekehrt wird von jedem einzelnen Kunden der Nutzen eines Angebots/einer Marke unterschiedlich beurteilt. Aufbauend auf der bestehenden Literatur wird im Folgenden zwischen Kundennettonutzen als Wert für den Kunden und Kundenwert als Wert des Kunden für die Organisation unterschieden (vgl. Abb. 3.58).

Über die reine Systematik hinaus gilt es anzumerken, dass der Customer-Firm Value nicht als einzelne Transaktion zu sehen ist. Er setzt voraus, dass eine Organisation eine Beziehung zu dem Kunden im Zeitraum begreift (Grönroos 1990, S. 138). Das

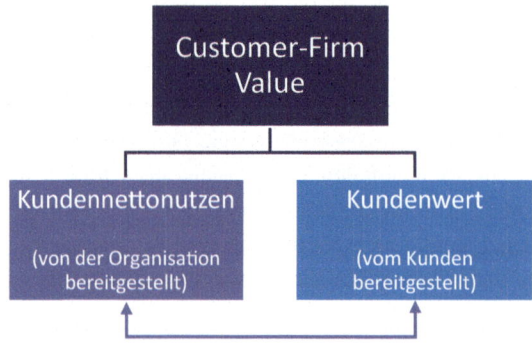

Abb. 3.58 Kunden(netto)nutzen und Kundenwert als Dimensionen des Customer-Firm Value. (Quelle: in Anlehnung an Eggert 2017, S. 45)

Wertverständnis der Kundenorientierung bezieht sich auf die Entwicklung der Beziehung im Zeitablauf. Dies stellt hohe Anforderungen an die Datengewinnung und Nutzung innerhalb von Entscheidungen (Eggert 2017, S. 42). So ist es für viele Organisationen herausfordernd, den Kundennettonutzen zu bestimmen – im Besonderen, wenn keine direkte Kundenbeziehung besteht und der Verkauf über einen Handelspartner erfolgt. Es zeigt sich in der Praxis, dass Organisationen, die sich Stück für Stück dieser Herausforderung stellen, deutlich erfolgreicher sind als Organisationen, die den Kopf in den Sand stecken oder zu ambitionierte Projekte in diesem Bereich lancieren. Customer Value-based Decision Making ist herausfordernd, aber eine elementare Grundlage der Kundenorientierung.

3.3.3.1 Kundennettonutzen

Die Existenz einer Organisation baut auf der Tatsache auf, dass sie Wert für ihre Kunden schafft. Dies wird als Kundennutzen oder auch Kundennettonutzen bezeichnet. Allgemein wird der Begriff Nutzen viel zu oft falsch genutzt. Jede Abteilung und jede Organisation besitzt ein anderes Verständnis von Nutzen und davon, welche Aktivitäten (Abteilungen) Nutzen erzeugen bzw. in welchem Umfang die einzelne Abteilungen diesen beeinflussen (Kelly et al. 2017, S. 7). In der Praxis ist zu sehen, dass Kundenorientierung meist so verstanden wird, möglichst viele Kunden mit möglichst vielen Angeboten zu überhäufen. Kundenorientierung bedeutet aber eben genau das nicht. Wie der Begriff schon vorgibt, gilt es, sich an den Kunden *zu orientieren,* aber auch den Kunden *zu orientieren* (Handlbauer und Renzl 2009, S. 150).

▶ **Kundennettonutzen** oder auch Customer Perceived Value ist ein Indikator für das Ausmaß, in dem ein Anbieter zur Erreichung der Ziele des Kunden beiträgt. Er ergibt sich aus wahrgenommener Bedürfnisbefriedigung abzüglich der für den Kunden entstandenen Kosten (Anderson und Narus 1998).

Der Kundennettonutzen ergibt sich aus der Nutzensumme nach Abzug der Kostensumme (Bliemel 1984, S. 8). Die Nutzensumme umfasst das Kernangebot, Dienstleistungen, die Marke, das Erlebnis sowie die Beziehungen mit der Organisation. Vor dem Hintergrund der Kundenorientierung umfasst der Wert für den Kunden (der Kundennettonutzen) eben nicht nur das Kernangebot, sondern die gesamte Beziehung und alle darin enthaltenden Element (Graf und Maas 2008). Die Kostensumme umfasst die monetären Kosten, Kosten für die Zeit, Kosten für möglichen physischen Aufwand sowie Kosten für den psychischen Aufwand (Kotler et al. 2007, S. 43). Dabei müssen nicht alle Dimensionen aus Abb. 3.59 für jede Bewertung durch den Kunden Berücksichtigung finden, aber je mehr eine Organisation auf der linken Seite anbietet, desto eher wird die Waage in ihre Richtung ausschlagen und der Kunde das Angebot/Marke anderen vorziehen.

Somit besteht die Herausforderung bei der Bestimmung des Kundennettonutzens nicht nur in der Ermittlung des Nutzens an sich, sondern auch in der Bestimmung der Kosten für den Kunden. Dabei besitzt jeder einzelne Kunden zu jedem Angebot eine

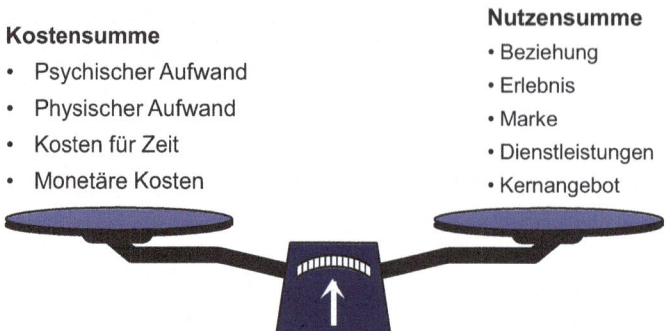

Kostensumme

- Psychischer Aufwand
- Physischer Aufwand
- Kosten für Zeit
- Monetäre Kosten

Nutzensumme

- Beziehung
- Erlebnis
- Marke
- Dienstleistungen
- Kernangebot

Abb. 3.59 Die Nettonutzenwaage

andere Formel und Bewertungen, die zu unterschiedlichen Ergebnissen führen werden (Kelly et al. 2017, S. 4). Wie lässt sich solch ein Komplexitätsmonster in der Praxis umsetzen? Ich hatte ja zu Beginn ausgeführt, dass ich versuche, die Komplexität nicht unnötigerweise zu erhöhen. Die Wertbetrachtung benötigt aber eine gewisse Komplexität, daran gibt es keinen erfolgreichen Weg vorbei.

Die bestehende Literatur zur Umsetzung des Kundennettonutzens ist eher übersichtlich gehalten. Konkrete Empfehlungen für die Umsetzung fehlen und die Ausführungen verlieren sich in der Aufzählung von „veralteten" Methoden und Befragungsansätzen (vgl. beispielhaft (Kelly et al. 2017).

▶ Um den Umfang dieses Buches nicht zu sprengen, findest du mehrere Ansätze zur Bestimmung des Kundennettonutzens detailliert unter https://customersx.ch/bk.

Der Kundennettonutzen kann grundsätzlich über einen ein- oder mehrdimensionalen Ansatz bestimmt werden. Die Verwendung der Kundenzufriedenheit oder eine andere der vorgestellten V2C-Metriken basiert auf dem eindimensionalen Ansatz. Der Wert aus Sicht des Kunden wird nur als Kundennettonutzensumme gemessen. Ein differenziertes Verständnis über die einzelnen Dimensionen liefert dieser Ansatz nicht. Der eindimensionale Ansatz ist als Einstieg für die kundenorientierte Ausrichtung einer Organisation zu empfehlen. Kennzahlen wie die Zufriedenheit können mit dem Kundennettonutzen korrelieren, aber müssen eben nicht. Je nach Organisation kann es sogar sein, dass die Korrelation nur für einen kleinen Teil der Kunden gilt.

Nach einer gewissen Zeit gilt es aber, die Limitierungen eindimensionaler Ansätze zu überwinden, um die Kundenorientierung einer Organisation weiterhin verbessern zu können. Durch einen mehrdimensionalen Ansatz besteht die Möglichkeit, die Summe des Kundennettonutzens mit der Bewertung der relevanten Einzeldimensionen zu verbinden sowie eine zukunftsgerichtetere Perspektive einzunehmen. Dies soll in Anlehnung an die Trendanalyse (vgl. Abschn. 3.1.5) helfen, bei den Entscheidungen

innerhalb einer Organisation stärker auf die Zukunft anstatt auf die Vergangenheit abzustellen. Der mehrdimensionale Ansatz umfasst folgende Dimensionen:

1. Kennzahl für die Kundennettonutzensumme (bspw. Zufriedenheit)
2. Bewertung der relevanten Nutzen- und Kostensummen (bspw. Markenstärke und
   Customer Effort Score)
3. Bewertung der Wertentwicklung der Leistung in der Zukunft (Verständnis der
   relevanten Trends für die Kunden einer Organisation)

Ein mehrdimensionaler Ansatz baut auf den Kompetenzen zur Kundendatengewinnung
einer Organisation auf. Die Daten können direkt beim Kunden erhoben oder teilweise
geschätzt werden. Es bestehen immer Limitierungen in der Praxis, die es zur Verbesserung der Kundenorientierung zu überwinden gilt. Jede Organisation muss für sich
nach der Etablierung eines eindimensionalen Messmodells den optimalen Weg finden,
ein mehrdimensionales Messmodell zu implementieren und systematisch zu verbessern.
Kundenerkenntnisse sind die Basis der Entscheidungsfindung in einer kundenorientierten
Organisation. Die Kompetenzen im Bereich Kundendatengewinnung bestimmen die
Potenziale der kundenorientierten Ausrichtung einer Organisation.

3.3.3.2 Kundenwert

Die Leistungsfähigkeit des Kundenwertmodells hat ebenfalls einen großen Einfluss auf
die Stärke der Kundenorientierung einer Organisation (Staudacher und Nyholm 2019,
S. 3). Kundenorientierung und Kundenwert sind aber nicht gleichzusetzen, wie schon
eingangs in diesem Buch ausgeführt. Kundenwert kann für den gesamten Kundenstamm,
einzelne Segmente oder den individuellen Kunden bestimmt werden (Helm et al. 2017,
S. 6).

▶ **Kundenwert**[21] beschreibt den aktuellen Wert des zukünftigen Gewinn eines Kunden
während seiner gesamten Beziehungsdauer mit einer Organisation (Kumar et al. 2010, S.
299). Die Summe aller einzelnen Kundenwerte einer Organisation ergibt den Customer
Equity.

Kundenwert wird in zwei grundsätzliche Dimensionen unterteilt: eine möglichst hohe
Steigerung des Umsatzes und eine möglichst hohe Reduktion der Kosten (Schemuth
1996, S. 24). Nicht mit jedem Kunden ist beides möglich. Es gilt nur zu beachten, dass

---

[21]In Theorie und Praxis stehen die Konstrukte Markenwert und Kundenwert einander gegenüber.
Es gibt zahlreiche Versuche, die beiden Modelle voneinander abzugrenzen oder miteinander zu
vereinen. Da Kundenorientierung den Kunden im Fokus hat, nutze ich den Begriff Kundenwert.
Die Wertanalyse der Kunden aus Sicht der Organisation kann aber auch mittels einer Markenbewertung erfolgen (vgl. beispielhaft Jost-Benz 2009).

Kundenwert nicht nur auf die Umsatzsteigerung abzielt. Liegen die Umsatzdaten pro Kunde meist noch vor, ist die Kostenanalyse meist eine große Herausforderung im Alltag (Eggert 2017, S. 42).

Aus Sicht der Organisation erlaubt die Kundenwertberechnung den zielgerichteten Einsatz von Ressourcen; sei es der gezielte Einsatz von Vertriebsmitarbeitenden, das individuelle Anbieten von Rabattaktionen, die Auswahl von Kunden, die zu Events eingeladen werden sollen, oder der Einsatz von Kundenbeziehungskampagnen. Erst anhand des Kundenwertes wird abschätzbar, für welche Kunden welche Maßnahmen aus Sicht der Organisation wertsteigernd sind. Kunden erscheinen nicht mehr als homogene Masse, sondern werden systematisch bewertet und vergleichbar. Die Nutzung eines Kundenwerts ist auch deshalb so wichtig, um Kundenakquise und -bindung einer Organisation möglichst optimal zu gewichten (Reinartz et al. 2005). Die Nutzung des Kundenwerts bietet für eine Organisation noch einen weiteren Vorteil: Er hilft dabei, die für Kundenorientierung so wichtige Transformation der Organisation zu fördern und legt einen wichtigen Grundstein für Co-Creation. Darüber hinaus kann ein Kundenwertmodell helfen, die Spannungen zwischen Abteilungen abzubauen (Fader und Toms 2018, S. 92), indem es zu mehr Transparenz bei der Mitarbeitenden-, Team-, Abteilungsbewertung beiträgt. Im Ergebnis gilt es, mit dem Modell zu entscheiden, welche Kunden gewonnen werden, wie sie bearbeitet werden sollten und von welchen Kunden sich die Organisation trennen sollte (Helm et al. 2017, S. 12). In diesem Zusammenhang sollte die sog. „80:20"-Regel gerade im B2B-Kontext berücksichtigt werden. Auf ungefähr 20 % der Kunden entfallen 80 % des Gesamtumsatzes (Plinke 1997, S. 117). Trotz dieser Vorteile nutzen noch immer die wenigsten Organisationen ein Kundenwertmodell für die strategische und operative Entscheidungsfindung (Srivastava und Wiesel 2010, S. 203).

Kundenwert hat im Rahmen der Kundenorientierung keine vergangenheitsorientierte Umsatzperspektive (Gelbrich 2001, S. 55). Der Begriff Kundenwert bezieht sich auf die Zukunft und soll helfen, Entscheidungen für die zukünftige Entwicklung einer Organisation zu unterstützen. Dieser zukünftige Wert beinhaltet mehr als die Projektion des heutigen Kaufverhaltens eines Kunden. Laut Leußer et al. (2011a, S. 25 ff.) umfasst Kundenwert zwei Gruppen von Werttreibern (vgl. Abb. 3.60): das Transaktionspotenzial, das sich aus Verkaufstransaktionen ergibt, und das Relationspotenzial, dessen Potenzial über Transaktionen mit dem Kunden hinaus aus der Tatsache entstammt, dass sich der Kunde der Organisation verbunden fühlt.

Das Transaktionspotenzial setzt sich aus folgenden Elementen zusammen (Leußer et al. 2011a, S. 26 ff.):

1. **Basisvolumen:** Das Volumen, das von der Kaufhistorie abgeleitet und auch für die Zukunft erwartet wird.
2. **Intensivierungspotenzial:** Das Potenzial, das aus der Erweiterung des historischen Basisvolumens durch den Kauf der gleichen Angebotsart entsteht.
3. **Cross-Selling-Potenzial:** Das Potenzial, das aus dem Kauf eines weiteren Angebots einer anderen Kategorie entsteht (bspw. das Eröffnen eines Sparkontos nach dem Kauf eines Girokontos).

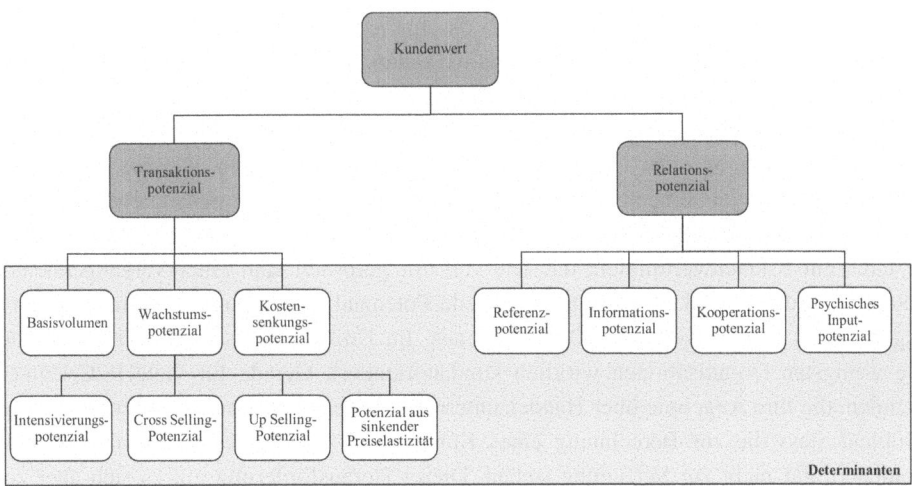

Abb. 3.60 Determinanten des Kundenwerts. (Quelle: Leußer et al. 2011a, S. 26)

4. **Up-Selling-Potenzial:** Das Potenzial, das aus dem Verkauf von höherwertigen Angeboten oder Angebots-Bündeln über die Zeit entsteht.
5. **Potenzial aus sinkender Preiselastizität:** Das Potenzial, das aus der Bereitschaft der Kunden entsteht, auf Preisvorteile zu verzichten.
6. **Kostensenkungspotenzial:** Das Potenzial, das aufgrund der Senkung der Kosten für Marketing und Verkauf sowie für die Befriedigung der Bedürfnisse der Kunden entsteht.

Das Relationspotenzial setzt sich aus folgenden Elementen zusammen (Leußer et al. 2011a, S. 26 ff.):

1. **Referenzpotenzial:** Das Potenzial, das aus Weiterempfehlungen von Kunden an ihr Umfeld entsteht.
2. **Informationspotenzial:** Das Potenzial, das aus Kundenfeedback entsteht.
3. **Kooperationspotenzial:** Das Potenzial, das aus der Bereitschaft der Kunden zur Kooperation mit dem Unternehmen entsteht.
4. **Psychisches Inputpotenzial:** Die Auswirkungen des Kundenverhaltens auf die Mitarbeiter des Unternehmens und damit auf das Unternehmen.

Die Aufzählung zeigt, dass eine Vielzahl an Daten für die Erstellung eines Kundenwerts genutzt werden kann, soweit sie in der Organisation auf individuellem Niveau vorhanden sind. Neben dem Umsatz ist im Sinne der Kundenorientierung vor allem die Rolle des Kunden als Value Co-Creator zu berücksichtigen (Vargo et al. 2008). Dies führt dazu, dass ein Kundenwert im modernen Verständnis mehrere Dimensionen umfasst (Rieker 1995, S. 49). Ähnlich wie Kundennettonutzen stoßen eindimensionale Ansätze schnell an ihre Grenzen. Die zentrale Herausforderung für die Verantwortlichen ist, dass es kein

Template für ein Kundenwertmodell gibt, das für jede Organisation anwendbar ist. Es können sowohl qualitative als auch quantitative Daten in das Kundenwertmodell integriert werden (Helm et al. 2017, S. 7). Einfach Daten zu sammeln, in einen Topf zu schmeißen und lange aufzukochen, klingt zwar gut, ist es aber leider nicht. Somit gilt es, aufgrund der spezifischen Situation einer Organisation ein Modell zu entwickeln, welches zu Beginn sehr viele Kompromisse beinhalten wird und dann – und das ist der wesentliche Punkt der Kundenorientierung – dieses Modell systematisch im Zeitablauf zu transformieren.

Über ein Kundenwertmodell, das wie von mir gefordert statt einer Vergangenheitsbetrachtung das transaktionale und relationale Potenzial in der Zukunft betrachtet, verfügen bisher nur die wenigsten Organisationen. Im Umkehrschluss sind somit also nur die wenigsten Organisationen wirklich kundenorientiert. Gerade für viele B2C-Unternehmen, die ihre Angebote über Handelsunternehmen vertreiben, ergibt sich oftmals das Problem, dass die zur Berechnung eines Kundenwerts benötigten Daten von Endverbrauchern gar nicht zur Verfügung stehen. Dieser Herausforderung gilt es sich aber zu stellen, wenn die Macht des Handels nicht noch weiter steigen soll.

Zentrale Methoden zur Bestimmung des Kundenwerts, die den beschriebenen Anforderungen entsprechen, sind die Scoringmethode und die Berechnung des Customer-Lifetime- bzw. -Engagement-Values. Bevor du nun das Buch weglegst und denkst: „Okay, das werden wir in unserer Organisation in den nächsten zehn Jahren nicht hinbekommen", sei dir Folgendes gesagt: Kundenorientierung ist eine Reise. Meine Empfehlung ist, lieber heute schon mit einem pragmatischen, einfachen Kundenwertsystem anzufangen und dieses über die Zeit zu einem leistungsfähigeren System weiterzuentwickeln. Das ist allemal besser, als jahrelang am perfekten System zu arbeiten. Aus diesem Grund seien hier die geläufigsten Modelle zur Berechnung bzw. Abschätzung des Kundenwerts aufgeführt:

1. Loyalitätsleiter
2. ABC-Analyse
3. Kundendeckungsbeitragsrechnung
4. Scoringmodelle
5. Kundenportfolios
6. Customer Lifetime Value
7. Customer Engagement Value

Die verschiedenen Modelle unterscheiden sich hinsichtlich des zeitlichen Bezuges (vergangenheitsbezogen oder zukunftsbezogen) und der Art der berücksichtigten Messgrößen (quantitativ oder qualitativ) (Kuhlmann 2001, S. 128). Abb. 3.61 zeigt, dass Scoring-, Customer Lifetime- und -Engagement-Value-Modelle den Zukunftsbezug bieten, den eine kundenorientierte Organisation benötigt. Kundenportfolios, ABC-Analysen und Kundendeckungsbeitragsrechnung können geeignete Modelle für die Etablierung eines Kundenwertmodells sein.

Jede Organisation muss für den jeweiligen Anwendungsbezug basierend auf den Möglichkeiten das optimale Kundenwertmodell entwickeln. Abb. 3.62 stellt den Prozess zur Auswahl eines Kundenwertmodells dar. Neben der grundlegenden Methode gilt es zu

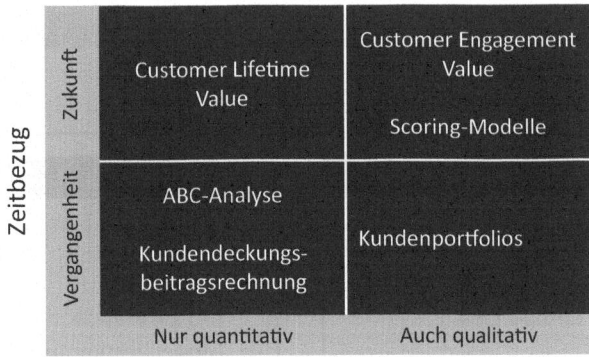

Abb. 3.61 Unterschiedliche Methoden zur Bestimmung des Kundenwerts

beachten, dass für unterschiedliche Anwendungsfelder bzw. Fragestellungen das Modell, wenn nötig, angepasst werden muss.

Im Nachfolgenden möchte ich die unterschiedlichen Berechnungsmethoden kurz vorstellen. Beispiele für die Anwendung sowie einen Implementierungsprozess findest du online.

Loyalitätsleiter

Die Loyalitätsleiter ist eine Vorstufe zur Berechnung eines Kundenwerts. Basierend auf dem Kaufverhalten bzw. der Kundenbindung wird nicht der monetäre Wert des Kunden bestimmt, sondern sein Beziehungsstatus (Gremler und Brown 1999, S. 271).

▶ Unter **Loyalitätsleiter** (Loyalitätspyramide) wird die Einordnung von Kundenwertigkeiten anhand definierter Statusparameter verstanden (Kunschert 2019, S. 39).

Im Modell von Holland (2009, S. 69) werden die Kunden in die folgenden acht Stufen eingeteilt:

1. Keine Kenntnisse über Organisation/Angebot,
2. Kenntnisse über Organisation/Angebot,
3. Angebotsinteresse,
4. Kaufinteresse,
5. Erstkauf,
6. Folgekauf,
7. Mehrfachkauf und
8. Stammkunde.

Die Methode ist zwar einfach zu handhaben, aber es fehlt das genaue Verständnis bezüglich des Wertbeitrags für die Organisation (Kunschert 2019, S. 39 f.). Ich habe

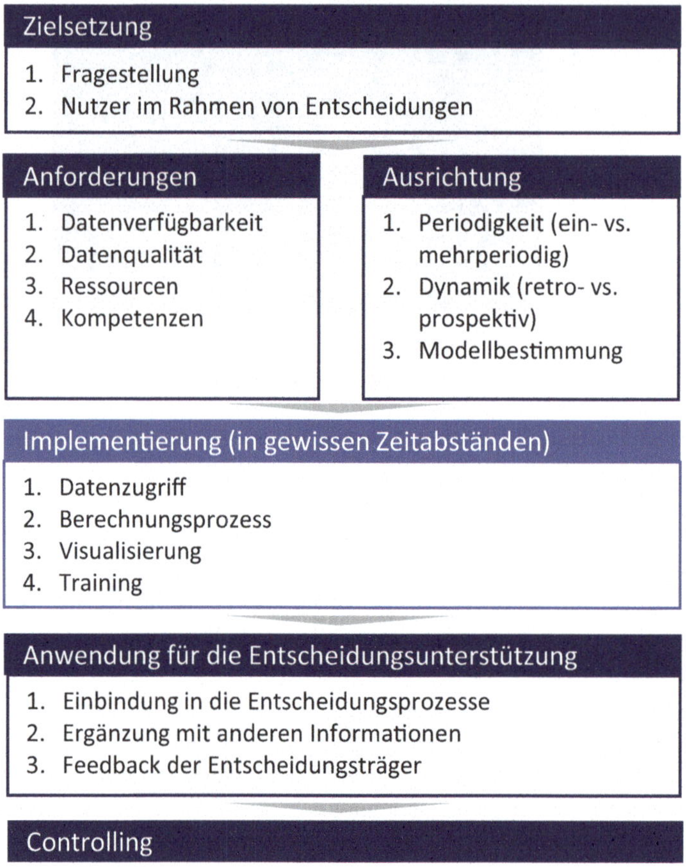

Zielsetzung

1. Fragestellung
2. Nutzer im Rahmen von Entscheidungen

Anforderungen

1. Datenverfügbarkeit
2. Datenqualität
3. Ressourcen
4. Kompetenzen

Ausrichtung

1. Periodigkeit (ein- vs. mehrperiodig)
2. Dynamik (retro- vs. prospektiv)
3. Modellbestimmung

Implementierung (in gewissen Zeitabständen)

1. Datenzugriff
2. Berechnungsprozess
3. Visualisierung
4. Training

Anwendung für die Entscheidungsunterstützung

1. Einbindung in die Entscheidungsprozesse
2. Ergänzung mit anderen Informationen
3. Feedback der Entscheidungsträger

Controlling

Abb. 3.62 Prozess zur Auswahl des optimalen Kundenwertmodells

diese Methode trotzdem kurz vorgestellt, um die Perspektive des Kundenwerts zu verdeutlichen. Nicht alle Kunden sind gleich viel wert, und das bestimmt sich neben dem Kaufvolumen und der Interaktion auch aufgrund der Beziehungsstärke, die der Loyalitätsleiter zugrunde liegt.

ABC-Analyse

Die ABC-Analyse ist eine Methode zur Gruppierung von Elementen in Kategorien aufgrund ihrer Wichtigkeit für eine Organisation. ABC-Analysen stammen ursprünglich aus dem Gebiet der Lagerhaltung, wo Produkte nach ihrem Umsatz geordnet und in drei Kategorien gegliedert wurden. Die ABC-Analyse der Kunden einer Organisation bedient sich derselben Logik. Es werden die Kunden absteigend nach historischem Umsatz oder Deckungsbeitrag geordnet (Helm et al. 2017, S. 13). Die Grenzen zwischen den drei Kategorien werden meist bei 80 % (B) und 95 % (C) des kumulierten Umsatzes gesetzt (Lennartz 2016, S. 107). Eine einheitliche Vorgehensweise existiert nicht (vgl.

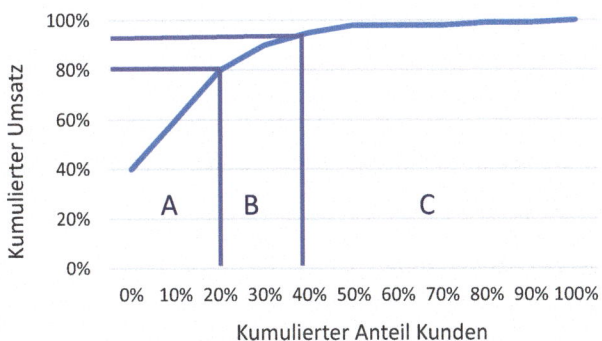

Abb. 3.63 Beispielhafte Lorenzkurve auf Basis einer ABC-Analyse

Abb. 3.63). Dabei ist zu beobachten, dass die ersten 80 % des kumulierten Umsatzes oft mit etwa 20 % der Kunden erwirtschaftet werden (Pareto-Prinzip) (Homburg und Daum 1997, S. 395).

Bei der ABC-Analyse handelt es sich um eine Methode zur Kundenwertbemessung, die aufgrund von Vergangenheitszahlen – meist des Vorjahresumsatzes – eine grobe Einteilung vornimmt. Dieser Ansatz ist in der Praxis sehr beliebt (Kunschert 2019, S. 40). Er verzichtet auf den Einbezug von Prognoseinformationen und qualitativen Informationen über den Kunden und die Beziehung zu ihm. Die Vorteile der Methode bestehen in der guten Verfügbarkeit der notwendigen Kundendaten (Umsatz/Deckungsbeitrag), in der Einfachheit der notwendigen Berechnungen und der pragmatischen, intuitiven grafischen Darstellung. Diese Vorteile prädestinieren die ABC-Analyse als Einstieg in die Welt der Kundenbewertung für Organisationen mit wenig Erfahrung. Mithilfe dieser Analyse können die Veränderung der Kundenstruktur im Zeitablauf kontrolliert und die Betreuung sowie die Fokussierung angepasst werden (Homburg und Daum 1997, S. 395). Gerade für einen großen und heterogenen Kundenstamm ist sie hilfreich bei der schnellen und einfachen Strukturierung der Kunden (Kunschert 2019, S. 42).

Grundsätzlich empfehle ich nicht, eine ABC-Analyse einzusetzen. Neben den starken Limitationen, den tatsächlichen Wert des Kunden einzuschätzen (Stahl et al. 2009, S. 255), verstößt diese Methode auf zu vielen Ebenen perspektivisch gegen das Modell Kundenorientierung. Wenn die Mitarbeitenden mit dieser Methode im Alltag arbeiten, bleibt Kundenorientierung ein fernes Ziel bzw. eine Fata Morgana. Als ein erster Schritt kann sie jedoch zum Einsatz kommen, sollte aber möglichst bald durch eine höherstehende Methode ersetzt werden.

Neben der ABC-Analyse gibt es noch zahlreiche andere Ansätze, die helfen, Kunden auf Basis von Umsatz und Kosten einzuteilen. So unterteilt bspw. die Kundenpyramide Kunden in Bleikunden, Eisenkunden, Goldkunden und Platinkunden (Rust et al. 2000, S. 193). Mal abgesehen, dass das mehr nach Schmuckdesign klingt, kann eine solche Aufteilung helfen, die einzelnen Gruppen etwas genauer zu unterscheiden, da in der ABC-Analyse gerade die C-Gruppe mit teilweise bis zu 80 % der Kunden eher die Sicht vernebelt, als dabei zu helfen, wertvolle Kunden zu identifizieren. Eine weitere Methode ist die Prozesskostenrechnung. Die Prozesskostenrechnung ermittelt die Kosten auf den einzelnen Stufen und Interaktionen zwischen Kunde und Organisation (Stahl et al. 2009, S. 256). Zentrale Herausforderung dieser Methode ist die Berechnung von Tätigkeiten der Organisation, die nicht unmittelbar vom Kunden beansprucht werden, aber ihm indirekt einen Wert bereitstellen.

Kundendeckungsbeitragsrechnung

Die Kundendeckungsbeitragsrechnung stellt nicht nur auf den Umsatz eines Kunden ab, sondern integriert auch die Kosten für das Beziehungsmanagement. Grundvoraussetzung dafür ist, dass die Organisation einen möglichst großen Teil der Kosten ihren Kunden zuschreiben kann. Das setzt eine weitaus leistungsfähigere Buchhaltung voraus, als das für die klassische ABC-Analyse nötig ist. Kostenblöcke, die nicht auf einen einzelnen Kunden geschlüsselt werden können, werden entweder nicht in die Kundendeckungsbeitragsrechnung einbezogen oder in Form eines Durchschnittswertes allen Kunden zugeordnet (vgl. Abb. 3.64).

Auch die Kundendeckungsbeitragsrechnung bedient sich ausschließlich Daten aus der Vergangenheit und exkludiert sowohl qualitative als auch zeitlich vorwärtsgerichtete Betrachtungen. Im Vergleich zur ABC-Analyse auf Umsatzbasis berücksichtigt diese Methode, dass der Wert eines Kunden mit gleichem Umsatz aufgrund von unterschiedlichen Kosten für das Kundenbeziehungsmanagement durchaus stark variieren kann.

Kunden-Bruttoerlöse pro Periode

- Erlösschmälerungen

= Kunden-Nettoerlöse pro Periode

- Kosten der vom Kunden bezogenen Produkte
   (variable Stückkosten lt. Produktkalkulation,
   multipliziert mit den Kaufmengen)

= Kundendeckungsbeitrag I

- Eindeutig kundenbedingte Auftragskosten
   (z.B. Vorrichtungen, Versandkosten)

= Kundendeckungsbeitrag II

- Eindeutig kundenbedingte Besuchskosten
   (z.B. Kosten der Anreise zum Kunden)

- Sonstige relative Einzelkosten des Kunden pro Periode
   (z.B. Gehalt eines speziell zuständigen Key-Account-Managers;
   Engineering-Hilfen; Mailing-Kosten; Zinsen auf Forderungsaußenstände;
   bei Kunden auf der Handelsstufe: Werbekostenzuschüsse,
   Listungsgebühren und ähnliche Vergütungen)

= Kundendeckungsbeitrag III

Abb. 3.64 Grundaufbau einer Kundendeckungsbeitragsrechnung. (Quelle: Köhler 2005, S. 410)

Scoringmodelle

Im Gegensatz zu den bisher vorgestellten Methoden können Kunden mittels Scoring-Modell aufgrund von mehreren Kriterien bewertet werden (Cornelsen 2000, S. 149). Die Kriterien können individuell gewählt werden und es ist möglich, qualitative Daten und zukunftsgerichtete Bewertungskriterien ebenfalls zu integrieren (Helm et al. 2017, S. 15). Scoring-Modelle bieten dadurch die Möglichkeit einer guten Anpassung der Kundenbewertung an die Ziele der Organisation und an die Situation bezüglich Datenverfügbarkeit. Sie gilt als Einstiegsmethode für kundenorientierte Organisationen. Die Ergebnisse des Scoringmodells können dann in Anlehnung an die ABC-Analyse in drei Gruppen zusammengefasst werden (Plinke 1997, S. 140). Das Scoring bedient sich derselben Vorgehensweise wie die Nutzwertanalyse und beinhaltet grundsätzlich fünf Schritte:

1. **Auswahl der relevanten, aus den Zielen der Organisation und der Datenverfügbarkeit abgeleiteten Beurteilungskriterien:** Stellt sicher, dass die Kundenbewertung ausschließlich aufgrund von Kriterien erfolgt, die für die anstehenden Entscheidungen der Organisation relevant sind und zu deren Beurteilung überhaupt Daten verfügbar sind.
2. **Gewichtung der einzelnen Kriterien hinsichtlich der Bedeutung aus Sicht der Organisation:** Berücksichtigt die Tatsache, dass aus Sicht der Organisation nicht alle Beurteilungskriterien gleich stark zum Wert eines Kunden beitragen.
3. **Messung der Kriterienerfüllung pro Kriterium für jeden Kunden auf einer numerischen Skala:** Vergibt für jeden Kunden für jedes Kriterium aufgrund eines vorgängig festgelegten Schemas eine Punktezahl.
4. **Zusammenfassung der gewichteten Punktewerte zu einem Gesamt-Score pro Kunde:** Fasst die einzelnen Beurteilungen pro Kriterium in einem Kundenwertmaß zusammen.
5. **Bildung einer Rangfolge der Kunden bezüglich deren relativen Werts für die Organisation:** Ermöglicht wertbasierte Entscheidungen, in die Beziehung mit den einzelnen Kunden zu investieren.

Kritisch sind die Subjektivität der Kriterienauswahl, deren Gewichtung sowie die Bewertung der jeweiligen Kunden zu beurteilen (Weber 2004, S. 346 ff.). Darüber hinaus sind bei steigender Kundenanzahl der Bewertungsaufwand und die Genauigkeit nicht zu unterschätzen. Tab. 3.13 stellt ein Beispiel für ein Scoringmodell zur Kundenbewertung dar.

Neben der beschriebenen frei definierbaren Vorgehensweise werden auch Scoring-Modelle mit vordefinierten Kriterien benutzt. Ein solches Modell ist die RFM-Methode (Sathit 2017, S. 164). RFM steht dabei für Recency, Frequency, Monetary (letzter Kaufzeitpunkt, Kaufhäufigkeit und Kaufwert). Die Methode bewertet Kunden mit vor Kurzem getätigten, häufigeren und wertvolleren Käufen höher (Link et al. 2011, S. 168). Diese drei Kriterien eignen sich als verlässliche Indikatoren dafür, das zukünftige

Tab. 3.13 Beispiel für ein Scoringmodell für einen Kunden

Kriterium	Gewichtung	Bewertung	Summe
Deckungsbeitrag (Vergangenheit)	7	6	13
Deckungsbeitrag (Prognose)	10	8	18
Weiterempfehlung	6	8	14
Informationen	6	8	14
Image	3	8	11
		Segment:	A

Kaufverhalten zu prognostizieren (Link und Hildebrand 1997, S. 166). Je weniger weit der letzte Kauf des Kunden zurückliegt (Recency), je häufiger der Kunde bisher eingekauft hat (Frequency) und je mehr Deckungsbeitrag während der Geschäftsbeziehung mit dem Kunden erzielt wurde (Monetary Ratio), desto öfter und mit höheren Umsätzen wird der Kunde auch in Zukunft tätig werden (Krafft 2002, S. 61). Der Zeitraum ab dem letzten Kauf als ein wichtiger Indikator für die Bestimmung des Kundenwerts konnte mehrfach bestätigt werden (Kunschert 2019, S. 50).

Während die RFM-Methode eine der Hauptschwächen von ABC-Analysen, die Beschränkung auf nur ein Kriterium, überwindet, verzichtet auch sie auf den Einbezug von qualitativen und zukunftsgerichteten Elementen und bleibt damit hinter dem Potenzial von Scoringmodellen zurück.

Kundenportfolios

Unter einem Kundenportfolio wird die meist zweidimensionale Darstellung und Bewertung der Kunden einer Organisation verstanden. Durch die Zweidimensionalität können sie gegenüber den bisher aufgeführten Verfahren besser Auskünfte über Kundenbeiträge bzw. -potenziale geben (Helm et al. 2017, S. 17). Der Portfoliogedanke kommt ursprünglich aus dem Gebiet der Unternehmensstrategie. Bereits 1970 entwickelte das Beratungsunternehmen Boston Consulting Group (BCG) eine Vierfelder-Matrix, um strategische Geschäftsfelder anhand vom Zukunftspotenzial und der gegenwärtigen Marktstellung des Geschäftsfelds zu beurteilen (Rieker 1995, S. 72). Die Kundensegmente können darauf aufbauend als Star-, Perspektive-, Mitnahme- oder Eliminationskunde bezeichnet werden (Köhler 2005, S. 419). Kundenportfolioanalysen werden vor allem in B2B- und Retailorganisationen verwendet (Kunschert 2019, S. 53).

Meist liegen ihnen Scoringmodelle zugrunde, sodass es sich bei Kundenportfolios nicht um eine eigene Methode im Sinne der Kundenwertberechnung handelt, sondern um eine andere Form der Darstellung (Helm et al. 2017, S. 17). Bei einer zweidimensionalen Portfoliodarstellung haben sich im Sinne der Kundenorientierung die beiden Achsen Kundennettonutzen und Kundenwert etabliert (vgl. Abb. 3.65).

Kundenportfolios erlauben somit die Darstellung des Customer-Firm Values. Dabei ist zu beachten, wie die jeweiligen Achsen skaliert sind. Während der Kundenwert

Abb. 3.65 Struktur eines Kundenportfolios

in CHF/EUR angegeben wird, gilt es, eine Skalierung für den Kundennettonutzen zu definieren. Daraus ergibt sich bei dem Einsatz eines mehrdimensionalen Kundennettonutzens die Herausforderung, wie dieser auf eine Dimension aggregiert werden kann. Die einzelnen Verfahrensansätze dazu findest du online.

Kundenorientierte Organisationen sollten im Besitz eines aussagekräftigen Kundenportfolios sein. Dabei gilt es, neben der aktuellen Situation die Entwicklung aus der Vergangenheit und eine Zukunftsperspektive zu integrieren. Für die Entscheidungen sollte nicht nur der aktuelle Status berücksichtigt werden, sondern auch die mögliche zukünftige Entwicklung.

In Abb. 3.66 sind die unterschiedlichen Kundengruppen zu sehen. Dabei stellt die Größe des Kreises die Anzahl an Kunden in der jeweiligen Gruppe dar. An diesem Beispiel wird deutlich, dass der Wert für den Kunden in den meisten Gruppen in der Zukunft wahrscheinlich abnehmen wird, während der Wert für die Organisation steigt. Somit gilt es im Rahmen der Entscheidungsfindung vor allem zu überlegen, in welchem Umfang der Wert für die Kunden (Kundennettonutzen) gesteigert werden kann, damit auch in Zukunft der Kundenwert wächst.

Die Stärken und Schwächen eines Kundenportfolios hängen von der dahinterliegenden Methode ab. Zentraler Vorteil von Kundenportfolios ist die kundenorientierte Wertdarstellung im Sinne von Kundennettonutzen und Kundenwert. Mit Portfolio-Konzepten ist in der Regel die Ableitung von Normstrategien verbunden, die für Kundenbeziehungen z. B. Investitions- und Wachstumsstrategien (Felder 1 und 2), Verteidigungs- (Felder 3 und 6), Desinvestitions- (Felder 4, 7 und 8), Selektions- oder Abschöpfungsstrategien (Feld 9) umfassen können (Böing und Barzen 1992, S. 88). Bei der Anwendung ist darauf zu achten, dass im Kundenbeziehungsmanagement nicht zu viele Gruppen eingesetzt werden. Für die Ableitung von Normstrategien sollten vier Felder ausreichend sein.

Customer Lifetime Value
Die Bestimmung des Customer Lifetime Values bedient sich eines Prinzips aus der Investitionsrechnung. Die Berechnung erfolgt über den heutigen Kapitalwert von

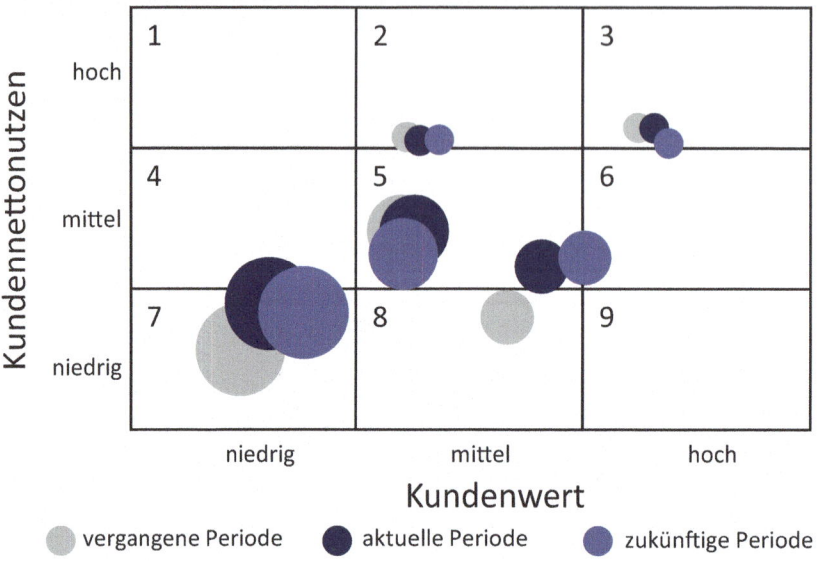

Abb. 3.66 Illustration eines Kundenportfolios

zukünftigen Zahlungsströmen durch Abzinsung (Mödritscher 2008). Dies ist eng verbunden mit dem Verständnis, dass Organisationen, die über ein profitables Portfolio an
Kundenbeziehungen verfügen, höher bewertet werden (Libai et al. 2007). Dieser Ansatz
unterstützt eine Organisation bei dem Verständnis, dass eine möglichst lange (wertvolle) Beziehung zu den Kunden gestaltet werden sollte und dadurch Kundenbindung
den dementsprechenden Stellenwert erhält (Homburg und Daum 1997, S. 400). Somit
stellen Customer-Lifetime-Berechnungen nicht nur hohe methodische Anforderungen an
Organisationen, sondern auch konzeptionelle.

Grundsätzlich bezieht sich dieser Ansatz nur auf das Kaufverhalten (Kauf, Wiederkauf, Cross-Selling etc.) und blendet qualitative Wertdimensionen wie bspw. die Weiterempfehlung aus. Dies ist Vorteil und Nachteil zugleich, da in den meisten Organisationen
qualitative Informationen über die Kunden auf individuellem Niveau nicht vorliegen.

Der Customer Lifetime Value ist die leistungsfähigste Methode zur Berechnung des
Kundenwerts, da er der Tatsache Rechnung trägt, dass zukünftige Zahlungsströme für
die Organisation weniger Wert haben als gleichhohe Zahlungen heute. Die Methode setzt
voraus, dass die Zahlungsströme (Umsatz minus Kosten) ausreichend akkurat voraus-
gesehen werden können und dass abgeschätzt werden kann, wie lange die Kundenbeziehung weiterbesteht. Daraus erfolgt die Anforderung, dass eine aussagekräftige
Kundendeckungsbeitragsrechnung in der Organisation existiert und die Kundenbeziehungen allgemein nicht zu volatil sind (Krafft und Bues 2017, S. 246). In den aller-

meisten Organisationen existiert keine Kundendeckungsbeitragsrechnung. Deshalb empfehle ich, mit einer Umsatzanalyse im Sinne der ABC-Methode zu beginnen, dann eine Kundendeckungsbeitragsrechnung zu etablieren und diese in einem finalen Schritt in eine Customer-Lifetime-Analyse umzuwandeln. Der Gedanke, sofort einen CLV zu implementieren, führt meist dazu, dass dieser erst nach Jahren zur Verfügung steht und die Organisation sich intensiv mit sich selbst anstatt mit dem Kunden beschäftigt. Die Etablierung und Verbesserung der Kundenorientierung benötigen aufgrund des notwendigen Transformationsprozesses eben eine gewisse Zeit.

Wenn die vorgestellten Prämissen gegeben sind, ergeben sie einen hoch entscheidungsrelevanten Kundenwert. Die unterschiedlichen Berechnungsarten für den Customer Lifetime Value werden in Abb. 3.67 vorgestellt.

Es gilt, bei der Berechnung des CLV zu entscheiden, ob die Loyalitätswahrscheinlichkeit (L^t) integriert werden soll oder nicht. Für manche Organisationen ist es möglich, die Loyalitätswahrscheinlichkeit zu bestimmen (bspw. Versicherungen, Mobilfunkanbieter, Abonnements) (Wübben 2008, S. 20).

Die Güte des Resultats von Customer-Lifetime-Value-Berechnungen hängt somit von der Prognosefähigkeit der Organisation hinsichtlich der Entwicklung von Kundenbeziehungen ab. Diese ist erfahrungsgemäß im Normalfall bescheiden – wer weiß schon, wie viele Angebote ein Kunde in drei Jahren kaufen wird, wie hoch der Preis zu diesem Zeitpunkt sein wird, mit welchen Kosten die Befriedigung der Kundenbedürfnisse verbunden sein wird und ob der Kunde in drei Jahren überhaupt noch bei dieser Organisation kaufen wird? Zentrale Herausforderung ist die Abschätzung des Risikos (Stahl et al. 2009, S. 259).

▶ **Risiko** drückt die Gefahr aus, in Zukunft eine Minderung der Vermögensposition zu erleiden (Becker 2009, S. 34).

Daher ist es in den meisten Fällen nicht sinnvoll, dass quasi mittels Kristallkugel für jedes kommende Jahr Umsätze und Kosten abgeschätzt werden. Oft ist es besser, gleichbleibende Deckungsbeiträge anzunehmen und eine erwartete jährliche Abgangswahrscheinlichkeit abzuschätzen. Das führt zu konservativeren Schätzungen und vereinfacht die Berechnungen beträchtlich (vgl. Abb. 3.68).

Die Berechnung des Kundenwerts unter diesen Voraussetzungen zeigt Abb. 3.69.

Customer-Lifetime-Value-Berechnungen sind die herausforderndste Art, einen Kundenwert zu berechnen. Auch bei dieser Methodik ist eine gewisse „Subjektivität" der Bewertung aufgrund der Bestimmung des zukünftigen Potenzials enthalten. Im Vergleich zur Scoringmethode ist diese aber objektiver, da nur Zahlungsströme berücksichtigt werden.

$$KW = \sum_{t=0}^{t=n} \frac{e_t - at}{(1+i)^t} = e_0 - a_0 + \frac{e_1 - a_1}{(1+i)} + \frac{e_2 - a_2}{(1+i)^2} + \frac{e_n - an}{(1+i)^n}$$

Kapitalwert einer Kundenbeziehung

e_t = (erwartete) Einzahlungen aus der Kundenbeziehung in der Periode t
a_t = (erwartete) Auszahlungen aus der Kundenbeziehung in der Periode t
i = Kalkulationszinsfuß zur Abzinsung auf einen einheitlichen Referenzzeitpunkt
t = Periode (t = 0, 1, 2, …, n)
n = Dauer der Geschäftsbeziehung

$$CLV = \sum_{t=1}^{N} \frac{x_t \cdot (a_t - kt) - KBt}{(1+i)^t}$$

Customer Lifetime Value

x_t = Abnahmeprognose für das Jahr t in Stück
a_t = Angebotspreis für das Jahr t in Stück
k_t = Stückkosten im Jahr t
KB_t = Aufwendungen für das Kundenbeziehungsmanagement im Jahr t
i = Kalkulationszinsfuß zur Abzinsung auf einen einheitlichen Referenzzeitpunkt
t = Periode (t = 0, 1, 2, …, n)
N = Dauer der Kundenbeziehung

$$CLV = \sum_{t=1}^{N} (x_t \cdot (a_t - kt) - KBt) \cdot \frac{L^t}{(1+i)^t}$$

Customer Lifetime Value mit Kundenbeziehungswahrscheinlichkeit

x_t = Abnahmeprognose für das Jahr t in Stück
a_t = Angebotspreis für das Jahr t in Stück
k_t = Stückkosten im Jahr t
KB_t = Aufwendungen für das Kundenbeziehungsmanagement im Jahr t
i = Kalkulationszinsfuß zur Abzinsung auf einen einheitlichen Referenzzeitpunkt
t = Periode (t = 0, 1, 2, …, n)
N = Dauer der Kundenbeziehung
L = Jährliche Loyalitätswahrscheinlichkeit (zwischen 0 und 1)

Abb. 3.67 Berechnungsarten des Customer Lifetime Values

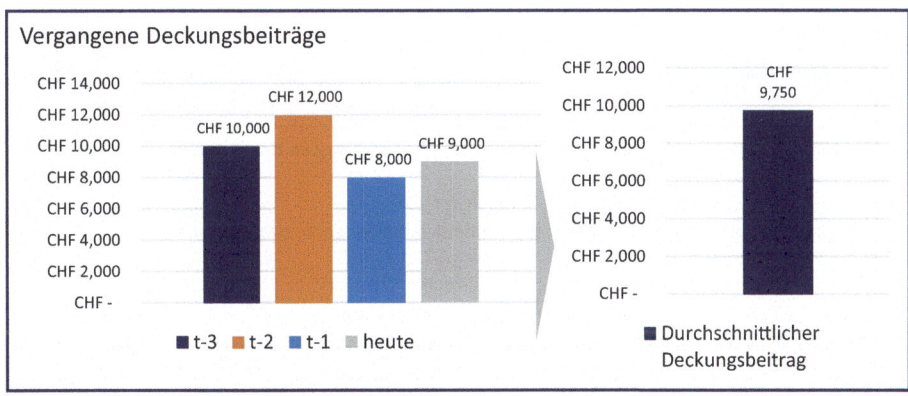

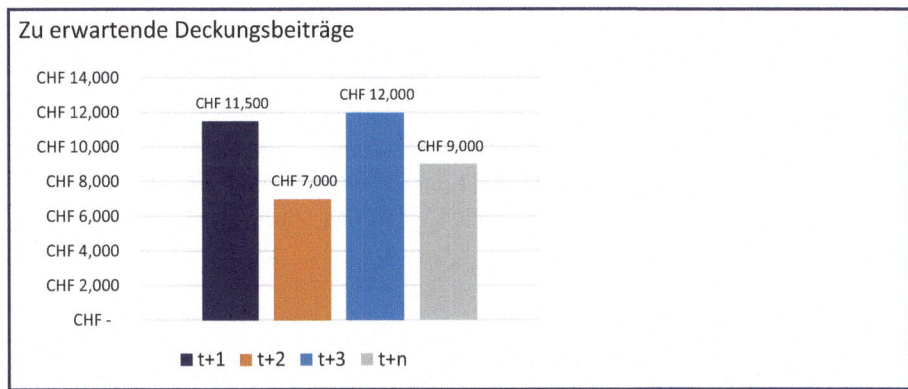

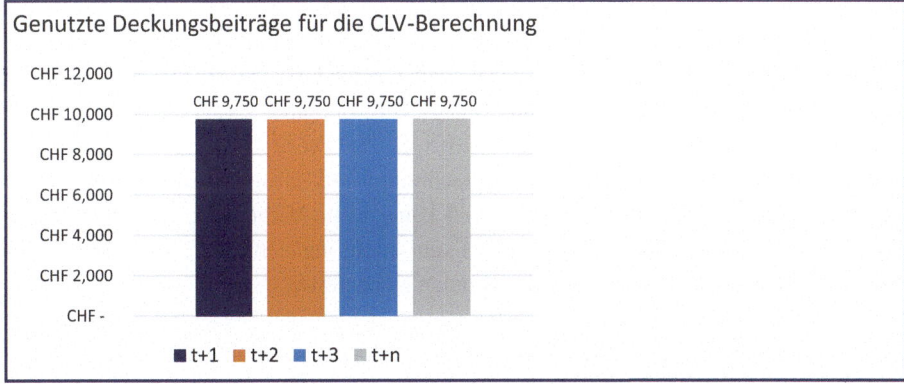

Abb. 3.68 Berechnung des Customer Lifetime Values auf Basis des durchschnittlichen Deckungsbeitrags in der Zukunft

$$CLV = DBt \left(\frac{L}{(1 + i - L)} \right)$$

CLV auf Basis des durchschnittlichen Deckungsbeitrags in der Zukunft

DB_t = Durchschnittlicher Deckungsbeitrag in der Zukunft
i = Kalkulationszinsfuß zur Abzinsung auf einen einheitlichen Referenzzeitpunkt
t = Periode ($t = 0, 1, 2, ..., n$)
L = Jährliche Loyalitätswahrscheinlichkeit (zwischen 0 und 1)

Abb. 3.69 Vereinfachte Berechnungsart des CLV auf Basis des durchschnittlichen Deckungsbeitrags

Die grundsätzliche Limitierung des Customer Lifetime Values ist darin zu sehen, dass sich die Berechnung nur auf das Kaufverhalten der Kunden bezieht. Kundenorientierung fokussiert aber nicht nur auf den Kauf der Kunden, sondern auch auf die Co-Creation-Aktivitäten. Aus diesem Grund wurde der CLV um den Customer Engagement Value erweitert.

Customer Engagement Value
Wert im Sinne der Kundenorientierung besteht nicht nur aus den Käufen und der Beziehungsdauer mit einem Kunden, sondern auch aufgrund von Co-Creation. Als Beispiel für unterschiedliche Wertdimensionen sei angeführt, dass engagierte Kunden zu 44 % häufiger ein Geschäft im Bereich Unterhaltungselektronik besuchen und durchschnittlich 84 CHF mehr ausgeben (Pansari und Kumar 2018, S. 3). Aus diesem Grund wurde der Customer Engagement Value entwickelt, der über das reine Kaufverhalten des CLV hinausgeht (Kumar und Reinartz 2018, S. 28). Diese Zielsetzung geht aber einher mit einer höheren Komplexität der Berechnung – ein Grund, warum der Customer Engagement Value bisher in der Praxis noch keine weite Verbreitung gefunden hat. Es kann aber für eine Organisation von Vorteil sein, nicht nur den Kauf, sondern auch das darüber hinausgehende Engagement der Kunden zu bewerten.

▶ Der **Customer Engagement Value** zeigt den Wert von Interaktionen zwischen Kunden und Organisationen auf. Dazu werden vier unterschiedliche Interaktionselemente berücksichtigt (in Anlehnung an Wiesel 2017, S. 114 ff.)

Der Customer Engagement Value besteht über den Customer Lifetime Value hinaus aus folgenden Dimensionen (Wiesel 2017, S. 117):[22]

- **Customer Referral Value:** Kundenempfehlungsverhalten, welches sich auf die Gewinnung neuer Kunden durch von der Organisation initiierte und durch Anreize angespornte formale Empfehlungsprogramme bezieht (extrinsisch motiviert).
- **Customer Influencer Value:** Beeinflussendes Verhalten von Kunden, welches sich auf die Beeinflussung von anderen gewonnenen Kunden oder Interessenten bezieht, ohne dass dies von der Organisation initiiert und durch Anreize angespornt ist (intrinsisch motiviert).
- **Customer Knowledge Value:** Kundenfeedbackverhalten, welches sich auf die Generierung von Ideen für Innovationen, Verbesserungen von Angeboten und Erlebnissen bezieht (extrinsisch oder intrinsisch motiviert).

Es ist offensichtlich, dass sich die einzelnen Wertdimensionen gegenseitig beeinflussen und für jede Organisation unterschiedlich einfach zu bestimmen, aber auch unterschiedlich relevant sind (Żyminkowska 2019). Während die Anwendung des Customer Engagement Values für bestehende Kunden möglich ist, stellt es sich deutlich herausfordernder dar, diesen für die Neukundenakquise einzusetzen (Venkatesan et al. 2018, S. 64). Somit gilt es, der Aussage zum Customer Engagement Score zu folgen (vgl. Abschn. 3.3.2.6), dass die Anwendung des Customer Engagement Values eine individuelle, an die Organisation angepasste Implementierung benötigt. Es sollte mit einem großen Fehlerterm begonnen und dieser dann im Zeitablauf im Sinne der Verbesserung der Kundenorientierung systematisch optimiert werden. Allgemein ist der Transfer des Customer Engagements in eine monetäre Größe wie den Customer Engagement Value nach wie vor eine Herausforderung (Kumar und Bhagwat 2010). Auch an dieser Stelle ist aus Platzgründen für die weiteren Ausführungen zu diesem Thema auf https://customersx.ch/bk/ zu verweisen. Der Customer Engagement Value basiert auf einem Co-Creation-Wertverständnis und ist somit die ultimative Steuerungsgröße einer kundenorientierten Organisation (bei allen Herausforderungen in der Umsetzung).

3.3.3.3 Die Kundenseite

Nachdem unterschiedliche Kundenwertverfahren vorgestellt wurden, möchte ich abschließend noch mal zurück auf die Kundenseite springen. Der Kundennettonutzen wird von vielen Faktoren beeinflusst. Zwei Elemente, die mir besonders wichtig sind, aber gerne vergessen werden, sind Wechselbarrieren und die Trägheit von Kunden (vgl. Abb. 3.70).

---

[22]Wiesel (2017, S. 117) selbst weißt darauf hin, dass der CLV mit dem Customer Engagement Value gleichgesetzt werden kann. Aus seiner Sicht wird dies in Theorie und Praxis aber nicht getan und deshalb ist aus seiner Sicht eine Unterscheidung notwendig.

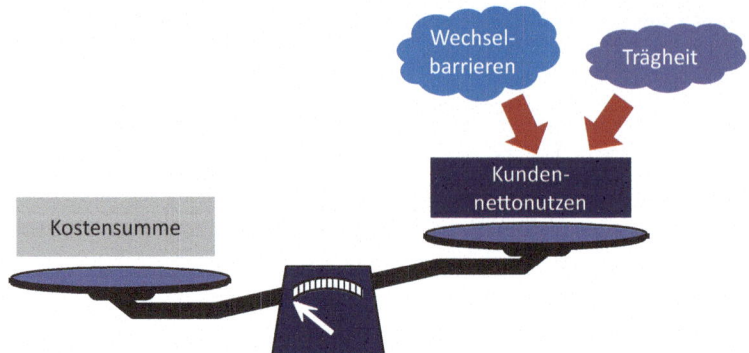

Abb. 3.70 Wechselbarrieren und Trägheit als Einflussfaktoren auf den Kundennettonutzen

Wechselbarrieren haben einen Einfluss auf die Kundenbewertung. Wenn Hürden bestehen, den Anbieter zu wechseln, wird eine bestimmte Anzahl an Kunden diesen Wechsel auch nicht vornehmen. Allgemein wird in der Forschung und der Praxis der Trägheit viel zu wenig Beachtung geschenkt. So kommen Customer-Experience-Studien in der Schweiz und Deutschland zu dem Ergebnis, dass die Erlebnisse der meisten Organisation zwischen enttäuschend und befriedigend einzuordnen sind. Eigentlich eine tolle Chance für Wettbewerber, in einer solchen Situation ein besseres Erlebnis anzu- bieten und überdurchschnittlich zu wachsen, aber die Erfahrung zeigt: Viele Kunden sind auch träge und wollen bei vielen Angeboten (zumindest im Moment) nicht wechseln.

▶ **Trägheit** bezeichnet das Beharrungsvermögen bzw. das Bestreben, in dem jetzigen Zustand zu verharren. Zur Auflösung der Trägheit sind Reize nötig, die eine hohe Motivation auslösen können.

Gerade in der Finanzbranche konnte in den letzten Jahren beobachtet werden, wie träge die einzelnen Kunden sind und wie wenig sie die Angebote der neuen Wettbewerber mit einem deutlich besseren Erlebnis schlussendlich nutzen. Deshalb ist es zu empfehlen, das Konzept der Trägheit stärker bei der Analyse der Kundeneinstellung und -verhaltens zu berücksichtigen (Henderson et al. 2014).

Zur Etablierung eines Verständnisses bezüglich der Entwicklung des Customer-Firm Values folge ich einem zweistufigen Prozess. In einem ersten Schritt summiere ich den Kundennettonutzen und den Kundenwert und verschaffe mir dabei einen Überblick über den gesamten Kundenstamm. Beide Werte sollten möglichst hoch sein bzw. ein hohes Zukunftspotenzial besitzen. In einem zweiten Schritt nutze ich die Kundenportfolio- methode, um beide Wertdimensionen und die Verteilung des Kundenstamms darzustellen und zu analysieren. Dabei betrachte ich mehrere Punkte: die Entwicklung der Segmente im Zeitablauf, die Fluktuation der Kunden zwischen den Segmenten, die Größe der Segmente bzw. auch den Erfolg von Aktivitäten, die für die einzelnen Segmente aus- geführt worden sind.

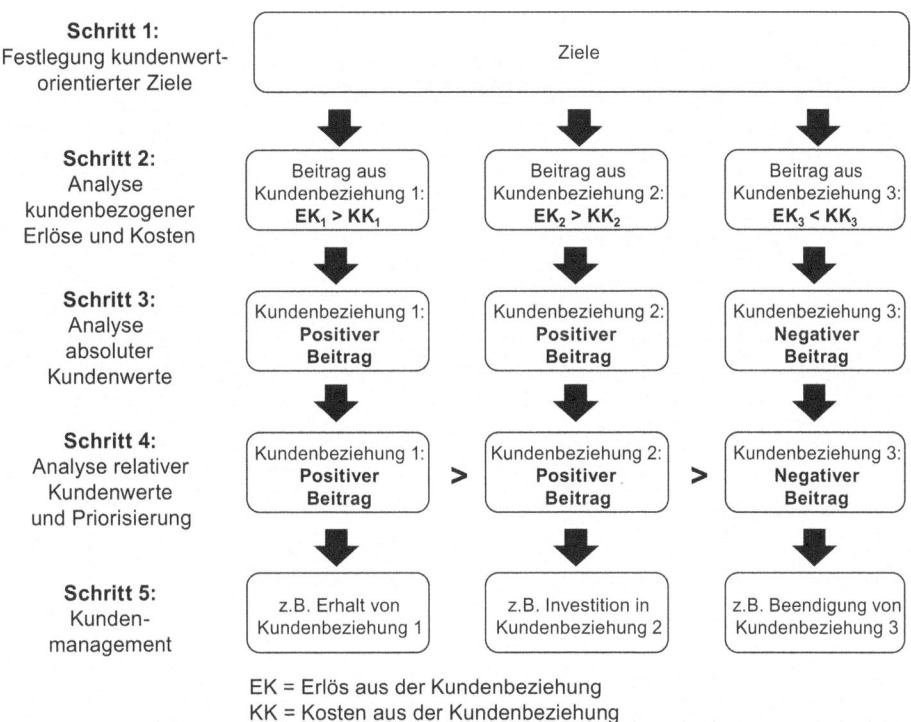

Abb. 3.71 Prozessschritte bei der Bewertung von Kundenbeziehungen. (Quelle: Helm 2017, S. 94)

Zur Analyse einzelner Kundenbeziehungen oder Segmente folge ich dem fünfstufigen Prozess aus Abb. 3.71. Grundsätzlich gilt es, die Ziele der Analyse zu bestimmen. Dabei ist darauf zu achten, dass das bestehende Kundenwertmodell das angestrebte Ziel der Analyse auch abdeckt. In einem zweiten und dritten Schritt wird der Customer-Firm Value der einzelnen Kundenbeziehungen oder eben Segmente erstellt. In einem vierten Schritt werden die unterschiedlichen Beziehungen/Segmente miteinander verglichen, zunächst nur bezüglich des jeweiligen Customer-Firm Value, in einer zweiten Stufe aber auch bezüglich möglicher Ursachen für die unterschiedliche Wertigkeit der Beziehungen/Segmente. Abschließend werden die vorliegenden Kundenerkenntnisse für die Entscheidungsfindung genutzt. Dabei wird auf einer ersten Ebene über die Beendigung, den Erhalt oder die Investition entschieden. Basierend auf anderen ergänzenden Kundenerkenntnissen kann dann eine Kundenbeziehungsstrategie definiert bzw. angepasst werden und der Instrumente-Mix auf die jeweilige Beziehung/die jeweiligen Segmente kundenorientiert ausgerichtet werden.

Wie bereits ausgeführt, benötigt jede Organisation ein eigenes Modell und einen eigenen Weg zur systematischen Nutzung des Customer-Firm Values für Entscheidungen. So gibt es zu den vorgestellten Modellen zahlreiche weitere Verfahren bzw.

Adaptionen, die versuchen, die einzelnen Limitierung zu kompensieren (Lennartz 2016, S. 101 ff.), da der Aussagehalt jedes einzelnen vorgestellten Ansatzes begrenzt ist und im Zeitablauf verbessert werden sollte (Helm et al. 2017, S. 19). Auch deshalb habe ich umfassende Cases zu den einzelnen Kundenwertmodellen online zur Verfügung gestellt.

3.3.4 Kundensegmentierung

Bevor auf die Entscheidungen auf Basis des Customer-Firm Values vor dem Hintergrund der Kundenorientierung eingegangen werden soll, wird noch die Kundensegmentierung thematisiert, da der Customer-Firm Value eine wichtige Funktion im Rahmen der Kundensegmentierung innehat.

Die Kundensegmentierung ist eines der am meisten diskutierten Konzepte im Kundenbeziehungsmanagement (Meffert et al. 2019, S. 214). Schon immer gab es Kunden mit unterschiedlichen Bedürfnissen und Einstellungen. Die Segmentierung soll Organisationen dabei unterstützen, eine Differenzierung aufgrund eines auf das jeweilige Segment optimal abgestimmten Kundenbeziehungsmanagements zu erzielen.

▶ Als **Kundensegmentierung** wird eine Aufspaltung des Kundenstamms in homogene Gruppen, die untereinander heterogen sind, verstanden. Sie stellt die Basis eines differenzierten Kundenbeziehungsmanagement dar (Homburg 2017, S. 484).

In der Praxis wird das Kundenbeziehungsmanagement aber nach wie vor nach dem „Gießkannenprinzip" oder dem „Schrotflintenprinzip" umgesetzt (Schwetz 2001, S. 17). Den Kunden wird das gleiche (günstige) Erlebnis geboten, und wer zugreift, hat vielleicht gewonnen oder verloren. Das Kundenbeziehungsmanagement erfolgt undifferenziert, und meist leiden die Effizienz für die Organisation und die Begeisterung für die Kunden unter dieser Vorgehensweise (Kohrmann 2003, S. 59). Aber warum ist das so?

Aus meiner Sicht wird Kundensegmentierung zu einseitig verstanden. Kundensegmentierung hat eine duale Ausrichtung (vgl. Abb. 3.72).

Diese Dualität gilt es genau zu verstehen. Eine kundenorientierte Organisation sollte grundsätzlich eine Segmentierung für das Kundenbeziehungsmanagement einsetzen. Somit ist die Segmentierung, wie in den vielen Ausführungen dargestellt, ein wesentliches Element der Kundenorientierung. Dabei richtet sich die Kundenorientierung auf den Wert für den Kunden und für die Organisation aus (Customer-Firm Value). Das Kundenbeziehungsmanagement soll Investitionen in die Kundensegmente tätigen, die der Organisation den größten Wertzuwachs in der Zukunft ermöglichen können (Freter 2008). Diese Prämisse ist die Grundlage für die weiteren Ausführungen. Es wird nicht segmentiert, weil es möglich ist (im Sinne von: weil die Kunden verschieden sind), sondern weil die Segmentierung die Steigerung des Customer-Firm Values unterstützt.

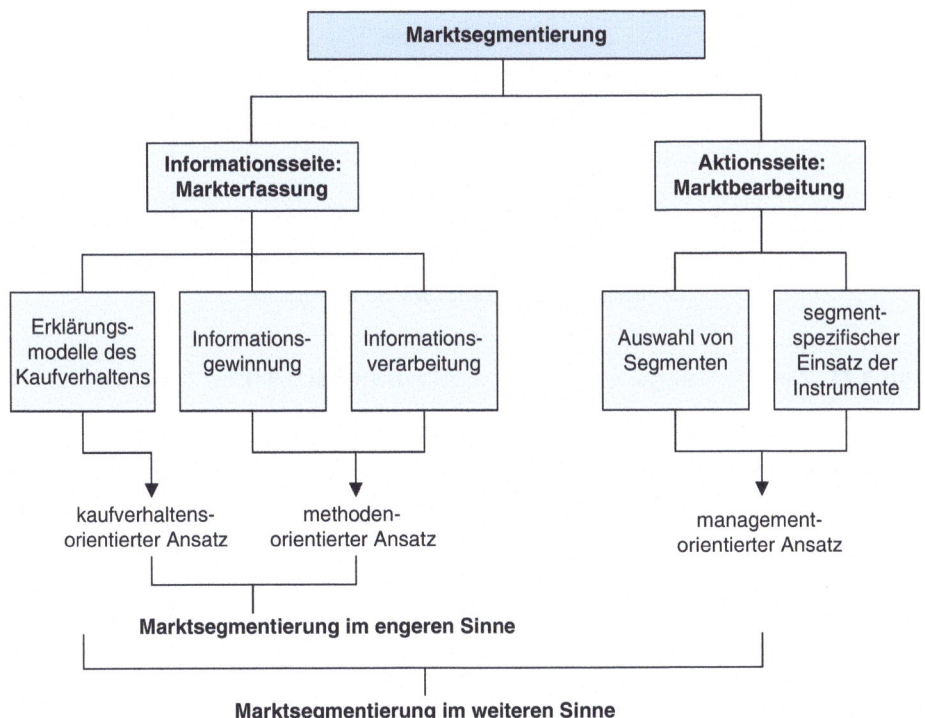

Abb. 3.72 Die Dualität der Kundensegmentierung. (Quelle: Meffert et al. 2019, S. 216)

3.3.4.1 Markterfassung

Wie bereits ausgeführt, sind die Gewinnung und Nutzung von Kundenerkenntnissen wichtige Elemente der Kundenorientierung. Mit Bezug auf die Kundensegmentierung wird dies als Markterfassung bezeichnet.

▶ Die **Markterfassung** bezeichnet das Ziel, das Kundenverhalten im Sinne von Kundenerkenntnissen möglichst gut in Bezug auf die Zielsetzung der Organisation zu verstehen (in Anlehnung an Meffert et al. 2019, S. 215).

Die Markterfassung kann für die Abgrenzung des relevanten Marktes, die Bestimmung der relevanten Marktsegmente sowie das Auffinden von Marktlücken eingesetzt werden (Meffert et al. 2019, S. 215) (vgl. Abb. 3.73). Somit stehen Kundendaten bzw. die Gewinnung von Kundenerkenntnissen im Vordergrund dieses Teiles der Kundensegmentierung.

In der Vergangenheit war es meist ausreichend, auf einfache Kundendaten wie bspw. Alter und Geschlecht zurückzugreifen, um unterschiedliche Marktsegmente zu identifizieren. Es existierten klare Markenpräferenzen der Geschlechter, und das Alter korrelierte in den meisten Angebotskategorien mit der Kaufkraft. Mittels der Nutzung

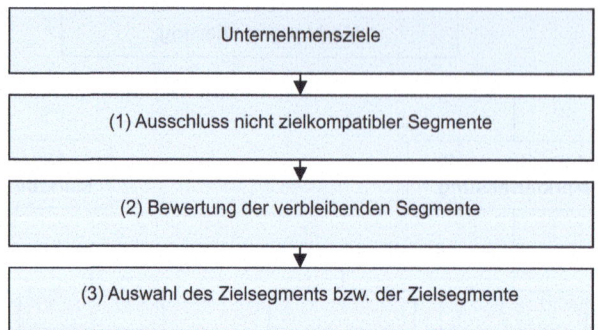

Abb. 3.73 Zielsegmentanalyse und -auswahl. (Quelle: Herrmann und Huber 2013, S. 95)

von Alter und Geschlecht (soziodemografische Daten) konnten sich Organisationen vom Wettbewerb differenzieren und ihren Wert steigern.

Heute helfen Alter und Geschlecht meist nicht mehr, um stabile Marktsegmente zu bestimmen. Immer mehr Frauen kaufen vermeintliche „männliche" und immer mehr Männer vermeintliche „weibliche" Automarken. Manche jungen Menschen geben all ihr Geld für Autos aus (vor allem im Aargau) und immer mehr ältere Menschen werden auf das Auto verzichten. Zwar gibt es noch Unterschiede zwischen Alter und Geschlecht, aber diese verschwimmen immer mehr. Darüber hinaus besitzen die meisten Organisationen die Möglichkeit, soziodemografische Daten auszuwerten und für das Kundenbeziehungsmanagement zu nutzen. Im Ergebnis belegen Studien, dass sich Angebote und Marken immer mehr gleichen, auch weil die gleichen Daten für die jeweiligen Entscheidungen zugrunde lagen. Wenn alle die gleichen Daten nutzen, werden die Entscheidungen bzw. die Ergebnisse mehr oder weniger identisch sein.

Inzwischen besteht für die Markterfassung die Möglichkeit, basierend auf dem Kundenverhalten und dem Customer-Firm Value höherstehende Segmentierungsansätze einzusetzen. Diese Segmentierungskriterien sind hilfreich, um Differenzierung und Wertsteigerung zu stärken. Als Beispiel kann der Unterschied zwischen NPS® (Einstellung) und tatsächlicher Weiterempfehlung (Verhalten) ausgemacht werden. Eine Organisation, die für jeden einzelnen Kunden wissen würde, wie oft dieser und – noch besser – an wen er die eigene Organisation weiterempfiehlt, könnte dies für ein effizienteres Kundenbeziehungsmanagement nutzen. An dieser Stelle ist ein großes Aber angebracht. Die allermeisten Organisationen wissen dies eben nicht bzw. haben keine Daten bezüglich der tatsächlichen Weiterempfehlung jedes einzelnen Kunden.

3.3.4.2 Marktbearbeitung

Die zweite Seite (Aktionsseite) der Kundensegmentierung ist die Marktbearbeitung.

▶ **Markbearbeitung** bezeichnet die Nutzung der entwickelten Segmentierung(en) für das Kundenbeziehungsmanagement durch den Einsatz der Instrumente (in Anlehnung an Meffert et al. 2019, S. 216).

Im Gegensatz zur Markterfassung steht nicht die Gewinnung von Kundenerkenntnissen, sondern deren Nutzung im Zentrum der Marktbearbeitung. Wie am Beispiel
der getätigten Weiterempfehlung wäre es für eine Organisation wertvoll zu verstehen,
welcher Kunde tatsächlich weiterempfiehlt. In der Praxis liegen diese Informationen
auf individuellem Niveau meist nicht vor. Somit muss sich die Marktbearbeitung, im
Gegensatz zur Markterfassung, auf die bestehenden Kundendaten in der Organisation
beschränken.

3.3.4.3 Herausforderungen der Kundensegmentierung

An dieser Stelle wird der hohe Stellenwert des Kundendatenmanagements für die
Verbesserung der Kundenorientierung deutlich. Wenn eine Organisation nur soziodemografische Daten über die Kunden besitzt, können auch nur genau diese für die
Marktbearbeitung eingesetzt werden. Zwar kann die Organisation im Rahmen der Markterfassung z. B. mittels einer Kundenbefragung den Customer Purchase Process oder
die tatsächliche Anzahl an Weiterempfehlungen ermitteln, diese Erkenntnisse können
aber nur unter sehr großen Anstrengungen und mit einem meist zu hohen Fehlerterm in
der Marktbearbeitung genutzt werden. Der Fehlerterm ergibt sich daraus, dass nur ein
kleiner Anteil an Kunden an einer Kundenbefragung teilnimmt. Im Anschluss gilt es,
„Krücken" wie bspw. das Alter zu ermitteln, die eine unterschiedliche Stärke an Weiterempfehlung verbindet. Die eigentlich hohe Datenqualität aufseiten der Markterfassung
geht bei dem Versuch aufgrund der fehlenden individuellen Daten über jeden Kunden
aufseiten der Marktbearbeitung wieder verloren. Die Ausführungen zeigen das zentrale
Problem der Kundensegmentierung in der Praxis auf. Aus meiner Sicht sind sich zu viele
Verantwortlichen dieses Problems überhaupt nicht bewusst.

Eine weitere Herausforderungen, die eng mit der Kundensegmentierung verbunden
ist, aber ebenfalls nicht immer klar zu sein scheint, ist die Anforderung an die Wertsteigerung (Meffert et al. 2019, S. 217). Während die allermeisten Organisationen immer
noch keine Segmentierung im Alltag nutzen, entwickeln andere Organisationen zu viele
Segmente (vgl. Abb. 3.74).

Dies führt zwangsläufig zu einer hohen Komplexität im Kundenbeziehungsmanagement und der Herausforderung, die einzelnen definierten Segmente so zu

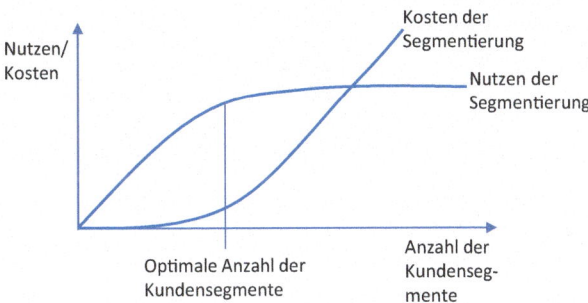

Abb. 3.74 Die optimale Anzahl an Segmenten. (Quelle: Homburg et al. 2016, S. 42)

Tab. 3.14 Unterschiedliche Segmentierungsansätze

Segmentierungsart	Anzahl Segmente	Bemerkungen
Undifferenziert	Keine	Keine Segmentierung
Fokussiert	Eins	Fokus auf ein Segment
Differenziert	Mehrere	Fokus auf einzelne Segmente
Individuell	Unendlich	Individuelles Kundenbeziehungsmanagement

bearbeiten, dass der hohe Aufwand auch zu einer Gewinnsteigerung führt. Die Anzahl an Segmenten hat einen großen Einfluss auf die Kosten für die Inhaltserstellung. Damit Kampagnen, Angebote und Touchpoints auf die jeweiligen Segmente ausgerichtet werden können, sind Investitionen notwendig. Eine zu große Anzahl an Segmenten kann zwar zu einer Wertsteigerung für die Kunden führen, aber gleichzeitig zu einer Wertvernichtung für die Organisation. Somit empfehle ich, zu Beginn Überlegungen anzustellen, wie viele Segmente aus finanzieller Sicht überhaupt sinnvoll sind, bevor zu „fein" segmentiert wird.

Jede Organisation muss entscheiden, welche Segmentierungsstrategie zum Einsatz kommen sollte. Inzwischen kursieren Ideen, möglichst individuell auf den Kunden einzugehen bzw. eine individuelle Segmentierung zu verwenden (vgl. Tab. 3.14). Dies setzt aber hohe Kompetenzen im Bereich Kundendatengewinnung und -nutzung voraus, die die allermeisten Organisationen noch nicht besitzen. Somit wird meist mit zwei bis vier Segmenten in der Praxis gearbeitet oder eben mit überhaupt keiner Segmentierung.

Den Prozess der Segmentierung stellt Abb. 3.75 dar. Wichtig ist es, in einem ersten Schritt die Zielsetzung genau zu bestimmen. Soll die Kommunikation verbessert werden, soll die Kundenakquise verbessert werden etc. Je nach Zielsetzung empfehlen sich womöglich unterschiedliche Segmentierungen. Kundenorientierte Organisationen verfügen meist nicht über nur eine Segmentierung, sondern es sind mehrere Segmentierungen für das jeweilige Anwendungsgebiet im Einsatz. Wichtig dabei ist, dass alle über die Dimension der Wertentwicklung miteinander verbunden sind. So ist es nicht hilfreich, wenn bspw. die Kommunikationsabteilung auf Basis von Lebensstilen

Abb. 3.75 Prozess der Kundensegmentierung

segmentiert und kein Verständnis des Kundenwerts vorliegt. Auf der anderen Seite nutzt der Verkauf nur eine Kundenwertsegmentierung und blendet die Lebenswelt der Kunden bei seinen Aktivitäten völlig aus.

Nach der Abgrenzung des relevanten Marktes gilt es, die relevanten Segmentierungskriterien vor dem Hintergrund der Anforderungen an Markterfassung und Marktbearbeitung zu bestimmen.

Anschließend müssen die relevanten Segmente bestimmt werden. Die gewonnenen Informationen über die einzelnen Segmente sind im Rahmen der Markterfassung für die Entscheidungsfindung zu nutzen. Abschließend werden die einzelnen Segmente auf Basis der getroffenen Entscheidungen bearbeitet.

Inzwischen haben sich die folgenden Anforderungen an Segmentierungskriterien etabliert (in Anlehnung an Homburg 2017, S. 480):

Anforderungen an Segmentierungskriterien

- **Kaufverhaltensrelevanz:** Optimierung des Kundenbeziehungsmanagements auf Basis des zukünftigen (zu prognostizierenden) Kaufverhaltens.
- **Wirtschaftlichkeit:** Art und Anzahl sollen zu einer Wertsteigerung für den Kunden und die Organisation führen (Mutual-Value-Gedanke).
- **Handlungsfähigkeit:** Optimale Verbindung zwischen Markterfassung und Marktbearbeitung ist gewährleistet.
- **Nachvollziehbarkeit:** In der Organisation werden die Segmentierung sowie deren Ausprägung von möglichst allen Mitarbeitenden antizipiert.
- **Zielkonformität:** Die Segmentierung richtet sich nach den Zielen der Organisationen und nicht nach den technischen Möglichkeiten.
- **Stabilität:** Es ist davon auszugehen, dass von der Messung bis zur Umsetzung durchschnittlich ein Jahr vergehen kann.
- **Messbarkeit:** Auch wenn immer noch sehr viele Menschen denken, das ist eine Herausforderung – inzwischen kann mit dem Gesicht bezahlt werden (Zoll 2019).

Immer wieder höre ich, die größte Herausforderung bei der Kundensegmentierung liege in der Messbarkeit. Wieso hält sich dieser Eindruck so hartnäckig? Inzwischen ist alles und jeder messbar bzw. vermessbar. Viele Messungen wie Online-Kundenbefragungen und Online-Analytics der eigenen Webseite sind nicht mal teuer. Die eigentliche Herausforderung bei der Segmentierung vor dem Hintergrund multioptionalen Kaufverhaltens liegt in der Verhaltensrelevanz. Erlaubt mir die Kundensegmentierung wirklich, das zukünftige Verhalten meiner Kunden optimal zu verstehen und zu beeinflussen? Dazu müssen die Daten auf individuellem Niveau vorliegen, und dies kann schnell die Anforderung an die Wirtschaftlichkeit verletzen (wobei inzwischen viele Möglichkeiten existieren, die Kosten zu senken, die aber kaum genutzt werden).

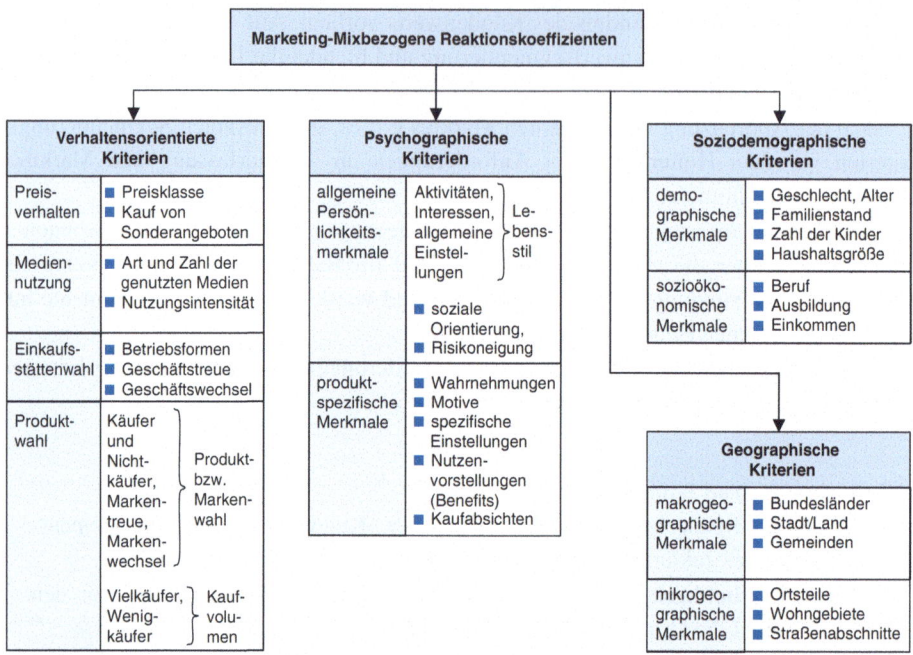

Abb. 3.76 Arten der Kundensegmentierung. (Quelle: Meffert et al. 2019, S. 223)

Neben diesen Anforderungen gilt es, bei der Auswahl der Segmentierung vor allem zu berücksichtigen, dass Markterfassung und Marktbearbeitung zieladäquat zu integrieren sind (Perrey 1998, S. 5). Die Handlungsfähigkeit der Kundensegmentierung steht im Zentrum der Bewertung. In der Praxis segmentieren immer noch zu viele Organisationen mit bestehenden Daten zu Soziodemografie, Angebotskauf etc. Somit gilt es, in einem ersten Schritt „bessere" Daten über die Kunden zu besitzen, da in stark ausdifferenzierten Märkten der Kunde (nicht im Sinne von Alter und Geschlecht) in das Zentrum der Segmentierung gerückt werden sollte (Bruhn 2014, S. 59).

3.3.4.4 Segmentierungsarten

Abgeleitet von den drei Datenebenen von Kundenerkenntnissen (vgl. Abschn. 3.1.2) stehen drei grundlegende Segmentierungsarten zur Verfügung (vgl. Abb. 3.76):

Eine **soziodemografische Segmentierung** kann meist einfach erstellt werden, nützt aber wenig zur Verbesserung der Kundenorientierung. In B2B-Branchen werden hinsichtlich der Soziodemografie im Gegensatz zu B2C-Branchen folgende Kriterien genutzt (Bruhn 2014, S. 60):

- **Branchenbezogene Kriterien:** Art der Branche, Marktvolumen, Konkurrenzintensität etc.

- **Unternehmensbezogene Kriterien:** Umsatzgröße, Mitarbeiterzahl, Innovationstyp etc.
- **Gruppenbezogene Kriterien:** Größe und Zusammensetzung des Einkaufsgremiums, Rollenverteilung im Buying Center etc.
- **Personenbezogene Kriterien:** Demografische Merkmale wie Arbeitserfahrung und Ausbildung

Eine **verhaltensbasierte Segmentierung** bietet den Vorteil, dass die benötigten Daten immer besser ermittelt werden können (elektronische Touchpoints) und dass sie auch die Anforderung an die Verhaltensrelevanz von Marktforschungskriterien optimal erfüllt. Somit gewinnt die verhaltensbasierte Segmentierung aktuell an Zuspruch. Die zugrunde liegenden Motive bleiben aber unerkannt.

Eine **einstellungsbasierte Segmentierung** oder auch **psychografische Segmentierung** kann von den allermeisten Organisationen nicht genutzt werden, weil individuelle Daten auf diesem Niveau nicht vorliegen. So besitzen Organisationen, die bspw. eine Zufriedenheitsmessung vornehmen, nur von 3 bis 10 % der Kunden die Antworten, weil immer noch nicht erkannt worden ist, wie einfach, aber auch wie wichtig gerade bei Offline-Vertriebskanälen die Einstellungsmessung auf individuellem Niveau eigentlich wäre (Staudacher 2019). Für alle Organisationen besteht grundsätzlich die Möglichkeit, auf Basis von psychografischen Daten Märkte zu erfassen. Die Bearbeitung ist aufgrund der fehlenden Daten jedoch nicht möglich.

Im Folgenden soll auf die relevantesten Segmentierungsoptionen eingegangen werden. Bei der Lebensstilsegmentierung liegen meist keine Daten auf individueller Ebene in den Organisationen vor, sodass diese nicht für die Marktbearbeitung genutzt werden können.

Lebensstilsegmentierung

Lebensstilsegmentierung ist gerade in der Kommunikation beliebt, und viele Agenturen richten die Kampagnen auf den Lebensstil der Kunden aus. Dabei kann für die Identifizierung eines Kunden der Lebensstil dieser Person hilfreich sein. Inzwischen gibt es eine Vielzahl an unterschiedlichen Ansätzen (beispielhaft Daniel 2014, S. 67 ff.). Aus meiner Erfahrung eignet sich die Lebensstilsegmentierung vor allem in High-Involvement-Angebotskategorien wie Sport-/Freizeit oder Premiumsegmenten bzw. Luxusmärkten. Ob jemand Prada oder Gucci kauft, kann nicht so sehr am Einkommen oder am Bedürfnis nach Prestige oder Preis festgemacht werden. Die Marken unterscheiden sich hinsichtlich des Markenpersönlichkeit-Fits mit der Persönlichkeit des Kunden. Somit kann die Analyse des Lebensstils helfen, die Attraktivität der unterschiedlichen Marken besser zu bestimmen. Es gilt aber zu prüfen, ob die entwickelte Lebensstilsegmentierung für die Nutzung im Rahmen der Markbearbeitung einsetzbar ist.

▶ **Lebensstil** ist definiert als die Art und Weise, wie ein Kunde sein Leben und seine Zeit verbringt sowie wie er sein Geld ausgibt (Wind und Green 1974).

Mein zentraler Kritikpunkt an der Lebensstilsegmentierung (mit Ausnahmen für einzelne Branchen) ist, dass kein direkter Bezug zum Kaufverhalten existiert. Der Bezug erfolgt immer über Ableitungen. So wird angenommen, dass konservative Kunden eher Rivella trinken und Experimentelle eher Vivi Kola. Aber diese Aussagen basieren auf Annahmen und nicht auf der Analyse des realen Kaufverhaltens. Es liegen keine metrischen Daten vor, sondern Tendenzen, die das Verhalten des Kunden beschreiben. Darüber hinaus verlieren Lebensstile immer mehr an Stabilität. Diese Herausforderung gilt es grundsätzlich bei jeder Art von Segmentierung zu beachten. Die Modelle der Lebensstilsegmentierung sind aber meiner Ansicht nach zu starr, um mögliche Veränderungen im Zeitablauf zu antizipieren. Immer neue Lebensstile und immer neue Begrifflichkeiten erschweren den Einsatz dieser Segmentierungsart im Alltag erheblich (Klug 2018, S. 1). In den letzten Jahren wurde der Versuch unternommen, die Lebensstilsegmentierung mit anderen Segmentierungskriterien zu verbinden (Kesting und Rennhak 2008, S. 19). Dies kann als eine sinnvolle Brücke betrachtet werden, Markterfassung und Marktbearbeitung besser zu verknüpfen.

Nutzenbasierte Segmentierung

Eine weitere Form der Segmentierung auf Basis von psychografischen Kriterien ist die nutzen- bzw. bedürfnisbasierte Segmentierung. Diese geht nicht von der Persönlichkeit des Kunden aus, sondern von dem Nutzen einer Marke für den Kunden bzw. dem Bedürfnis eines Kunden gegenüber der Marke. Schon 1964 hat Yankelovich das wertsteigernde Potenzial von nutzenbasierten Segmentierungsansätzen vorgestellt (Yankelovich 1964).

▶ Die **nutzenbasierte Segmentierung** basiert auf dem unterschiedlichen wahrgenommenen Nutzen der Kunden gegenüber eines Angebots/einer Marke (Perrey und Hölscher 2003, S. 8).

Es existieren zwei unterschiedliche Ansätze zur nutzenbasierten Segmentierung: das kompositionelle und dekompositionelle Verfahren. Bei dem kompositionellen Ansatz wird jede einzelne Nutzendimension gemessen und anschließend die Einzelbewertungen addiert (Gutsche 1995, S. 75). Aufgrund von Anspruchsinflation gegenüber den einzelnen Nutzendimensionen und der Unmöglichkeit, einzelne Angebote als Ganzes im Vergleich zu beurteilen, hat sich der dekompositionelle Ansatz als Standardansatz etabliert (Kesting und Rennhak 2008, S. 22). Meist auf Basis der Conjoint-Analyse (vgl. Abschn. 3.2.3.4) werden Angebote miteinander verglichen und auf Basis der jeweiligen Gesamtbewertung wird der Nutzen für die einzelne Dimension retrograd bestimmt. Im Vergleich zu den bisher vorgestellten Segmentierungsansätzen weist die nutzenbasierte Segmentierung einen hohen Bezug zur Erklärung und Prognose des Kaufverhaltens auf. Im Gegensatz zur verhaltensbasierten Segmentierung kann die nutzenbasierte Segmentierung darüber hinaus als Basis für die Positionierung bzw. Kommunikation eingesetzt werden (Perrey 1998). Da die nutzenbasierte Segmentierung auf die grundlegenden Motive der Kunden abstellt, erlaubt sie im Vergleich zur Lebens-stilsegmentierung eine klarere Ausrichtung der Aktivitäten einer Organisation. Sie gilt als leistungsfähige Kundensegmentierung für die meisten Branchen (Meffert et al. 2019, S. 236). Aber auch bei dieser Segmentierungsart besteht die Herausforderung in der Praxis, dass für die Marktbearbeitung die Informationen über die Nutzenbeurteilung nicht auf individuellem Niveau vorliegen. Somit kann diese Segmentierungsart für strategische Fragestellungen im Sinne von Positionierung und Kommunikation ein-gesetzt werden, jedoch stößt für die Markbearbeitung auch diese Segmentierung schnell an ihre Grenzen (Bornstedt 2007, S. 28). Es werden inzwischen ebenfalls Versuche unternommen, die nutzenbasierte Segmentierung mit Verhaltenskriterien zu verbinden, um diese in der Marktbearbeitung optimal einsetzen zu können. Jedoch geht diese Vor-gehensweise immer mit einem steigenden Fehlerterm einher.

Verhaltensbasierte Segmentierung
Die verhaltens- oder kaufverhaltensbasierte Segmentierung fußt auf der Annahme, dass aufgrund vergangenen (Kauf-)Verhaltens auf das zukünftige geschlossen werden kann (Bornstedt 2007, S. 25).

▶ Die **verhaltensbasierte Segmentierung** versucht auf Basis des vergangenen (Kauf-)Verhaltens des Kunden an den unterschiedlichen Touchpoints, seine zukünftigen Hand-lungen zu prognostizieren.

Das Verhalten kann über unterschiedliche Dimensionen analysiert werden. Grundsätzlich werden die Anzahl der Angebotskäufe und deren Nutzung, das Preisniveau, der Kanal im Sinne von Erlebnis sowie das Verhalten an den unterschiedlichen Kontaktpunkten als Grundlage herangezogen. Dabei hat die zunehmende technologische Ausstattung dazu geführt, dass Organisationen, die nur im Internet auftreten, diese Daten deutlich genauer für ein Individuum nutzen können als Organisationen, die nur Offline-Kanäle nutzen. So ist im Bekleidungshandel zu beobachten, dass Organisationen wie Zalando vom ersten Klick an bis zum Kauf mehr oder weniger alles über die einzelnen Kunden aber auch über die Nicht-Käufer wissen. Zentral ist dabei, dass der Kunde sich einloggt, damit die Daten auf individueller Ebene gespeichert werden können. Für physische Händler wie bspw. Modissa fehlen diese Informationen. Zwar können auch auf der Webseite Verhaltensdaten über die Kunden gesammelt, diese können aber nicht mit dem Verhalten in den physischen Geschäften verbunden werden. Darüber hinaus werden in den meisten physischen Geschäften nur die Einkaufsdaten gespeichert, jedoch fehlen Daten über die Nicht-Käufer. Dies führte zu einem so großen Wettbewerbsnachteil, dass der physische Bekleidungs-handel sehr bald das gleiche Schicksal erleiden wird wie die Plattenläden.
Die verhaltensbasierte Segmentierung hat den Vorteil, dass die Daten im Online-Umfeld leichter zu beschaffen sind. Darüber hinaus sind diese eng mit den einzelnen Kundenbeziehungsinstrumenten verbunden. Dies erlaubt eine gute Aussagekraft. Das zentrale Problem, das aus meiner Sicht noch viel zu wenig berücksichtigt wird, ist,

dass diese Daten nicht helfen, die Ursache für den Kauf zu verstehen, sondern nur das Ergebnis betrachten (Bornstedt 2007, S. 26). Dadurch wird vor allem die Anforderung an die Stabilität verletzt. Du kannst das selbst überprüfen: Wenn du eine Reise über eines der Portale wie bspw. Booking.com buchst oder dich für bestimmte Angebote interessierst, bekommst du Werbung zu diesen Angeboten an unterschiedlichen digitalen Touchpoints. Obwohl du vielleicht das Angebot beim ersten „Surfen" gekauft hast, schicken dir die einzelnen Anbieter trotzdem mehrere Tage später immer noch Informationen zu diesem Angebot. Für langsame Entscheider mag das hilfreich sein, aber es zeigt, dass Verhaltensdaten schnell an Wert verlieren. Auch kauft man sich einen Computer, ein Auto etc. so selten, dass die Informationen an Wert verlieren. Aus meiner Sicht überschätzen viele Organisationen, getrieben von den Versprechungen technischer Möglichkeiten, diese Art der Segmentierung. Es wird viel investiert, nur um am Schluss den Kunden zu nerven bzw. kleinste Steigerungen an der ein oder anderen Stelle zu erzielen. Für ein umfassendes Wachstum auf Basis einer Differenzierung stößt dieser Ansatz schnell an Grenzen.

Diese Aussage gilt eingeschränkt für Organisationen wie Amazon und Co. Sie haben aufgrund der enormen Datenanzahl und der technischen Ressourcen sowie Kompetenzen die Möglichkeit, sehr gute Prognosen auf Basis von Verhaltensdaten zu erstellen. Für Schweizer B2C-Organisationen ist dieser Ansatz aus folgenden Gründen nicht möglich:

- Nur 8 Mio. Einwohner bzw. geringe Internationalisierung und somit geringe Kundenanzahl
- Fehlende technische Ressourcen
- Fehlende Kompetenzen
- Fehlendes Mind-Set in den meisten Führungsetagen zum hohen Stellenwert von Kundendaten

Touchpointsegmentierung
Eine besondere Form der Verhaltenssegmentierung ist die Touchpointsegmentierung. Der zunehmende Stellenwert der Performance von einzelnen Touchpoints im Rahmen des Kundenbeziehungsmanagements bzw. des Customer Experience Managements hat dazu geführt, dass Segmentierungen auch für die Touchpointnutzung entwickelt werden. Diese Form der Segmentierung steht noch am Anfang, gewinnt aber aufgrund der steigenden Anzahl an Touchpoints und limitierten Ressourcen für deren Unterhalt zunehmend an Stellenwert.

Zur Erstellung von Touchpointsegmentierungen können folgende Ansätze angewendet werden:

- Quantitative Kundenbefragungen (hohe Anforderungen an das Erinnerungsvermögen)
- Qualitative Kundenbefragungen auf Basis der Kundeneinkaufsprozessanalyse (herausfordernd in der Quantifizierung der Ergebnisse)
- Repertory-Grid-Methode (komplex, aber hoher Erklärungsgehalt)

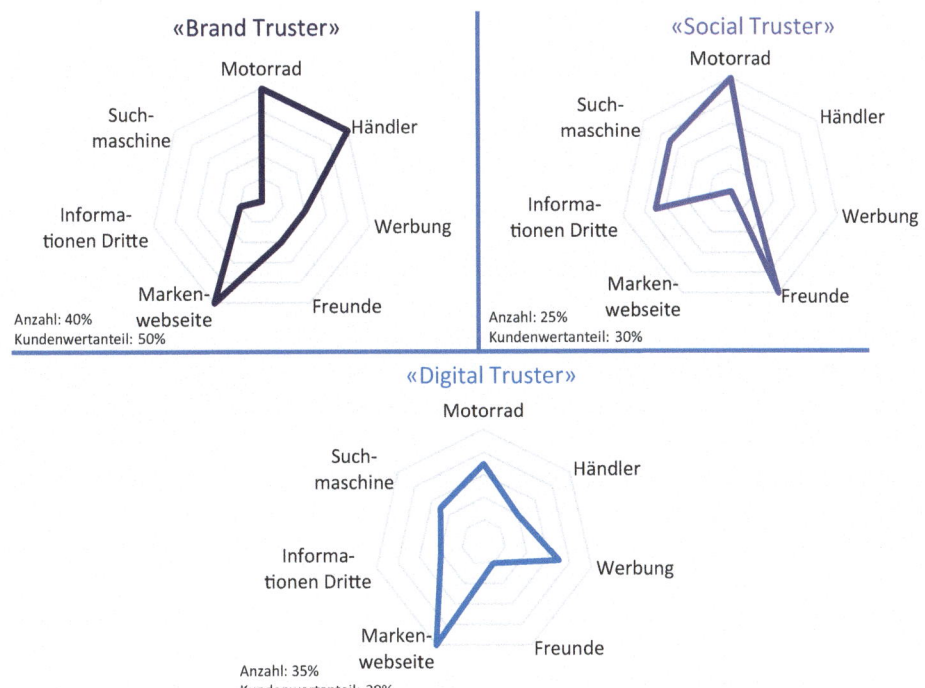

Abb. 3.77 Beispiel einer Touchpointsegmentierung für Motorräder

Abb. 3.77 zeigt eine Touchpointsegmentierung mittels qualitativer Kundenbefragung auf Basis der Kundeneinkaufsprozessanalyse für Motorräder. Dabei konnten drei Segmente ermittelt werden. Das Segment „Brand Truster" nutzt vor allem die Marke, um die Entscheidung zu treffen, welches Motorrad zu erwerben ist. Das Segment „Social Truster" verwendet vor allem Freunde und Informationen von Dritten zur Urteilsfindung und das Segment „Digital Truster" nutzt vor allem digitale Kanäle, um die einzelnen Angebote zu bewerten. Abb. 3.77 stellt den Einfluss der jeweiligen Touchpoints auf die Kaufentscheidung dar, nicht, ob diese genutzt wurden. Jeder Kunde innerhalb des jeweiligen Segmentes wird früher oder später den Händler für den Kauf aufsuchen, aber nur für das Segment „Brand Truster" hat der Händler einen Einfluss auf die Kaufentscheidung. Darüber hinaus gilt es, die Anzahl am Kundenstamm und den Kundenwertanteil des jeweiligen Segments bei der Entscheidungsfindung zu berücksichtigen. Zwar ist oftmals das Segment der „Digital Truster" in den unterschiedlichen Branchen relativ groß (35 %), der Kundenwertanteil ist aber meist deutlich geringer im Vergleich zu anderen Segmenten.

Die Gewinnung und Nutzung der vorgestellten Segmentierung stellt hohe Anforderungen an Organisationen. Zur Steigerung der Kundenorientierung gilt es aber, diese Herausforderung in Angriff zu nehmen. Oft bekomme ich das Feedback zu hören: „Das können wir bei uns nicht umsetzen." Vor allem wird auf das fehlende Commitment des Top-Managements verwiesen. Für mich ist Kundenorientierung aber eben nicht nur die Nutzung einer Kennzahl und die regelmäßigen Blogbeiträge auf LinkedIn. Kundenorientierung ist ein Handwerk, das durchaus gewisse Kompetenzen fordert, die mühsam und über Jahre zu erwerben sind. Die Qualität der Segmentierung sowie deren Nutzung im Alltag ist ein Indikator dafür, wie kundenorientiert eine Organisation wirklich ist.

Bewertung der Segmentierungskriterien

Leider wird immer noch in zu vielen Organisationen Kundenorientierung mit Customer Experience gleichgesetzt. Aus diesem grundlegenden Missverständnis wird die verhaltensbasierte Segmentierung im Sinne von Erlebnis am Touchpoint viel zu häufig eingesetzt, obwohl andere Segmentierungsarten besser Kundenerkenntnisse liefern können. Abschließend wird die Bewertung der unterschiedlichen Segmentierungskriterien in Abb. 3.78 vorgestellt.

Es zeigt sich, dass die unterschiedlichen Segmentierungsarten Vor- und Nachteile besitzen. Während die Soziodemografie vor allem bei der Wirtschaftlichkeit, Nachvollziehbarkeit, Stabilität und Messbarkeit punkten kann, bleibt diese Segmentierungsart schwach im Bereich Kaufverhaltensrelevanz. In der Praxis wird deshalb weiterhin meist auf soziodemografische Daten gesetzt, weil sie einfach und günstig zu messen sind. Viele Verantwortliche träumen immer noch davon, dass ältere Menschen das Internet nicht nutzen und junge Menschen den ganzen Tag nur online sind. Gerade am Beispiel von Facebook zeigt sich, wie schnell solche „Glaubenssätze" heute überholt sind. Während die meisten Eltern auf Facebook „verzweifelt" versuchen, die Beziehung zu ihren Kindern zu halten, sind diese inzwischen auf Instagram oder TikTok. Auch buchen immer mehr ältere Menschen ihre Reisen online. Solche „Glaubenssätze" sind nicht zielführend.

Kriterien-gruppe	Kauf-verhalten	Wirtschaft-lichkeit	Handlungs-fähigkeit	Nachvoll-ziehbarkeit	Stabilität	Mess-barkeit
Sozio-demographie	◕	●	◕	●	●	●
Lebensstil	◑	◑	◔	○	◑	◕
Nutzen-basiert	◕	◕	●	◕	◑	◑
Verhaltens-basiert	●	◕	●	●	◑	◑

● Anforderung voll erfüllt   ○ Anforderung nicht erfüllt

Abb. 3.78 Bewertung der Kundensegmentierungsarten. (Quelle: in Anlehnung an Bornstedt 2007, S. 27)

Die Lebensstilsegmentierung ist, wie angesprochen, nur für bestimme Angebote zu empfehlen. Im Vergleich zu den anderen Methoden kann sie nicht wirklich überzeugen. Die nutzen- und die verhaltensbasierte Segmentierung sind bezüglich der meisten Bewertungskriterien identisch zu beurteilen. Der Unterschied besteht vor allem darin, dass die nutzenbasierte Segmentierung in Organisationen nicht so gut verstanden und antizipiert wird wie verhaltensbasierte. Verhalten im Sinne von „Wie viele Einkäufe tätigt dieses Segment durchschnittlich in der Woche?" ist einfach nachzuvollziehen. Die unterschiedlichen Nutzendimensionen wie Prestige, Preis, Convenience und Sicherheit gilt es zunächst in einer Organisation zu etablieren, bevor mit diesen gearbeitet werden kann. Dieser Punkt unterstreicht den hohen Stellenwert der Customer-centric Transformation als Dimension der Kundenorientierung. Um die Kundenorientierung zu verbessern, gilt es, die Organisation kontinuierlich zu verändern.

Vor dem Hintergrund der Grenzen der einzelnen Segmentierungsansätze wird empfohlen, auf eine mehrstufige oder mehrdimensionale Segmentierung zurückzugreifen. Die Interdependenz von Markterfassung und Marktbearbeitung muss aufgelöst und ein Bezug zum Kundenwert etabliert werden.

Mehrstufige und mehrdimensionale Segmentierung

▶ Eine **mehrstufige Segmentierung** beschreibt eine Abprüfung verschiedener Hierarchien von Einflussfaktoren in einem stufenweisen Filterungsprozess (Kleinaltenkamp 2002, S. 51).

Der vorgestellte Entscheidungsbaum (vgl. Abb. 3.47) ist als eine mehrdimensionale Segmentierung zu betrachten. Zentraler Kritikpunkt dieser Vorgehensweise ist, dass durch die Baumstruktur je nach Startkriterium eine andere Lösung erzielt wird (Kesting und Rennhak 2008, S. 55). Deshalb gilt es, mehrere Segmentierungsansätze zu entwickeln und diese sachlogisch zu überprüfen. Fixpunkt ist das Anwendungsgebiet der entwickelten Segmentierung. Die Baumstruktur besitzt dadurch gerade bei größeren Verzweigungen eine nicht zu unterschätzende Prüfungskomplexität. Es gilt abzuwägen, ob eine einfache Segmentierung für die Wertsteigerung ausreicht oder eine mehrstufige Segmentierung zum Einsatz kommen sollte. Neben der mehrstufigen Segmentierung kann auch eine mehrdimensionale Segmentierung zum Einsatz kommen.

▶ Die **mehrdimensionale Segmentierung** verwendet im Gegensatz zur mehrstufigen Segmentierung mehrere Segmentierungskriterien simultan (Becker 2013, S. 285).

Vor dem Hintergrund des Anforderungskriteriums der Nachvollziehbarkeit an eine Segmentierung wird meist eine zweidimensionale Segmentierung entwickelt. Es besteht aber auch die Möglichkeit, eine mehrdimensionale Segmentierung zu erstellen, wenn diese nachvollzogen werden kann und wenn ein Mehrwert für Kunde und Organisation gegeben ist (Horst 1988, S. 324 f.). Eine mehrdimensionale Segmentierung hilft zwar,

			Σ=100% des Kundenstamms
Sicherheit	10%	10%	5%
Preis	5%	5%	2%
Prestige	20%	20%	10%
Convenience	30%	15%	5%
	C	B	A

Kundenbedürfnis-Segmente (vertical axis label)

Kundenwert-Segmente

Abb. 3.79 Beispiel einer zweidimensionalen Segmentierung auf Basis Kundenbedürfnisse und Kundenwert

eine Brücke zwischen Markterfassung und Marktbearbeitung zu schlagen, das grundsätzliche Problem, dass Organisationen zu wenige wertvolle Kundendaten auf individuellem Niveau besitzen, wird dadurch aber nicht gelöst. So besteht die Möglichkeit, nach Alter und Geschlecht zu segmentieren, es ist aber immer noch eine soziodemografische Segmentierung mit allen Vor- und Nachteilen. Eine mehrdimensionale Segmentierung sollte unterschiedliche Segmentierungskriteriengruppen umfassen (Vossbein 2000, S. 39).

Als Beispiel für eine zweidimensionale Segmentierung werden Kundenbedürfnisse (Kundennutzen) und Kundenwert in Abb. 3.79 miteinander kombiniert. Diese Segmentierung erlaubt es, zu verstehen, welche Verteilung die Kunden hinsichtlich des Wertes für die Organisation haben. Darüber hinaus ermöglicht das Verständnis der Verteilung der Kundenbedürfnisse die Ableitung der Positionierung und Kommunikation. Würde eine Organisation sich bspw. über Convenience positionieren, zeigt diese Segmentierung auf, dass vor allem Kunden aufgrund von Prestige (Marke) die Angebote kaufen. Auch steuern „Prestige-Kunden" überdurchschnittlich zum Wert der Organisation bei. Eindimensionale Segmentierung führt dazu, dass die Segmente nur aus Sicht des Kunden bewertet werden. Die Integration des Kundenwerts und die generelle Nutzung von zweidimensionalen Segmentierungen erlauben einen deutlich höheren Wertbezug. In Abb. 3.79 ist der Anteil der Convenience-Kunden fast genauso groß wie der Anteil der Prestige-Kunden. Die Wertverteilung zwischen beiden Segmenten unterscheidet sich aber deutlich.

Buyer-Personas

Eine weitere Form der mehrdimensionalen Segmentierung, die aufgrund der anscheinend kostengünstigen Art weit verbreitet ist, ist die Entwicklung von User- oder Buyer-Personas. Dabei handelt es sich im engeren Sinne nicht um eine Segmentierung, sondern um eine Methode, um Angebote und Touchpoints besser ausgestalten zu können. Somit ist dieser Ansatz eher operativ und mehr auf die Optimierung der Instrumente als auf die Differenzierung der Organisation ausgelegt.

▶ **Buyer-Personas** sind recherchebasierte, archetypische (modellhafte) Repräsentationen, die zeigen, wer die Käufer sind, was sie erreichen wollen, welche Ziele ihr Handeln antreibt, wie sie denken, wie sie kaufen, wo sie kaufen, wann sie entscheiden zu kaufen und warum sie Kaufentscheidungen treffen (Zambito 2002).

In der Praxis erlebe ich meist nur sehr oberflächliche, durch Mitarbeitende gebrainstormte Personas. Als Daumenregel gilt: Eine billige Segmentierung bringt meistens keinen Wert. Auch Burkholz (2017, S. 52) kommt zu dem Ergebnis, dass Personas schnell und billig entwickelt werden können, aber meist keinen Mehrwert liefern und oft sogar Schaden anrichten. Brenner (2015; Übersetzung durch den Verfasser) bringt es wie folgt auf den Punkt: „Leider gibt es eine grosse Gruppe an Beratern und Agenturen, die viel Geld dafür nehmen, um Personas für Organisation zu erstellen, die wenig bei der Entscheidungsfindung helfen und keine solide Basis für die Contenterstellung und das Beziehungsmanagement ermöglichen. Die Verantwortlichen in vielen Organisation tappen alle in die gutgemeinte Falle, dass man den Kunden verstehen könnte, ohne ihn wirklich zu kennen." Es können drei unterschiedliche Ansätze zur Persona-Entwicklung identifiziert werden (Burkholz 2017, S. 53):

- Guessing-Game-Ansatz,
- multimethodischer Forschungsdesign-Ansatz,
- interviewbasierter qualitativer Ansatz.

Der Guessing-Game-Ansatz beschreibt die Definition der Personas nur durch eigene Mitarbeitende bzw. eine Agentur. Dieser Ansatz ist sehr verbreitet und aufgrund der fehlenden Datengrundlage abzulehnen. Leider finden sich im Internet zahlreiche Quellen, die diesen Ansatz bewerben. Wenn mit Personas gearbeitet werden soll, dann gilt es, die gleichen hohen Anforderungen an die Entwicklung zu stellen wie bei jeder anderen Art der Segmentierung (Esparza 2013).

Der multimethodische Forschungsansatz steht dem Guessing-Game-Ansatz diametral gegenüber (Burkholz 2017, S. 54). Er umfasst die Nutzung von möglichst vielen Datenquellen. Dieser Ansatz ist vergleichbar mit einer mehrdimensionalen Segmentierung. Kritiker sehen in der großen Datenmenge und den Kosten die zentralen Nachteile dieses Ansatzes (Hidalgo 2015). Diese Kritik ist sicher zu pauschal. Es gilt, die relevanten Kundeninformationen zu verdichten, zu kombinieren und daraus wertvolle Kundenerkenntnisse zu erstellen. Das „Hamstern" aller verfügbaren Daten bringt nie einen Mehrwert, zumal sich die meisten Organisationen in der Situation befinden, in der sie akzeptieren, dass die verfügbaren Daten eine Erstellung von Personas überhaupt nicht ermöglichen, egal, welche aktuell existierenden Daten zu Rate gezogen werden. Somit schließt dieser Ansatz einen Mehraufwand automatisch ein. Wenn eine Organisation über die relevanten Daten und Kompetenzen verfügt, ist dieser Ansatz sicher der beste für die Erstellung von Personas.

Der interviewbasierte qualitative Ansatz ist ebenfalls eine Möglichkeit, Personas zu erstellen. Er kann relativ schnell ausgeführt werden und ist nicht so komplex hinsichtlich der Datenintegration wie der multimethodische Ansatz. Im Rahmen eines offenen, aber strukturierten Interviews wird auf Basis von maximal zehn Fragen ein Profil der Kunden je nach Fragestellung der Organisation erstellt (Revella 2015).

Zentrale Herausforderung bei der Nutzung von Personas ist die Verbindung mit den Entscheidungen in einer Organisation. Ich erlebe oft, dass Personas erstellt werden, bevor überhaupt definiert wurde, welche Entscheidungen anhand der Personas getroffen werden sollen. Selbst wenn Personas mit den besten Daten und Methoden erstellt worden sind, werden im Anschluss von den bestehenden Informationen wieder Annahmen bezüglich einzelner Fragestellungen getroffen, welche die Personas nicht direkt beantworten können, da die Zielsetzung bei der Entwicklung dieser nicht berücksichtigt wurde.

Über Individualisierung wurde in den letzten Jahren sehr viel geschrieben. Meist stehen der Datenschutz und die Gefahren, die sich aus diesem ergeben, an erster Stelle (Hansen 2011). Einzelne Organisationen, vor allem Pure Player, setzen diese Art der Segmentierung ein. Die Anzahl an Organisationen, die diese Segmentierungsart nutzen, ist bisher aber überschaubar.

Es wird angeführt, dass Kunden immer mehr möglichst individuell betreut werden wollen. Im Vergleich zur klassischen Segmentierung setzt dieser Ansatz jedoch noch mehr Ressourcen und Kompetenzen im Bereich Kundendatenmanagement voraus, aber auch für das Kundenbeziehungsmanagement (Wierich 2008, S. 31 f.). Individualisiertes Kundenbeziehungsmanagement ist vor dem Hintergrund der Kosten nur dann erfolgreich, wenn eine Organisation von der Spitze bis zum Fuß erkannt hat, dass Kundenbindung deutlich wichtiger ist als Kundenakquisition (Strüker 2005, S. 88). Ein individualisiertes Kundenbeziehungsmanagement im Sinne von Amazon und Netflix wird sich immer stärker etablieren. Die Frage ist: Ist deine Organisation dazu in der Lage?

▶ **Individualisiertes Kundenbeziehungsmanagement** umfasst neben der Aktivitäten die Häufigkeit und Verteilung im Zeitablauf (Elsner 2003).

Wie bereits mehrfach ausgeführt, ist die Qualität der Segmentierung ein wichtiger Erfolgsfaktor der Kundenorientierung. Es bedarf eines klaren Ziels vor der Entwicklung der Segmentierung und im Anschluss der notwendigen Ressourcen und Kompetenzen in der Gewinnung und Nutzung von Kundenerkenntnissen.

3.4 Decision Making

Diesen Abschnitt möchte ich mit der Aussage eines Schildes, das auf dem Arbeitstisch von Barry Beacha, dem ehemaligen CEO der Sara Lee Bakery Group, stand, beginnen: „In God we trust. All others bring data" (Davenport 2006).

Du hast dich vielleicht gewundert, warum ich so umfassend auf das Thema Kundenerkenntnisse sowie deren Gewinnung, Analyse und Nutzung eingehe. Ganz einfach: Wenn du die Kundenorientierung in deiner Organisation verbessern möchtest, dann benötigst du die besten Kundenerkenntnisse für deine Entscheidungen, die du bekommen kannst. Aber was machst du mit diesen Informationen? Hoffentlich bessere Entscheidungen fällen. Das Problem in der Praxis ist nicht, dass die meisten Verantwortlichen nicht kundenorientiert handeln wollen, sondern dass meist die notwendigen Kundenerkenntnisse dazu fehlen und die Entscheidungsprozesse Schwächen besitzen.

Zu einem tieferen Verständnis und der Analyse der internen Entscheidungsmustern kann das Modell der Dominant Logic herangezogen werden (Freiling 2000, S. 445).

▶ **Dominant Logic** bezeichnet die Art und Weise, wie die Verantwortlichen ihr Geschäftsmodell konzeptualisieren und kritische Ressourcenallokationsentscheidungen treffen (Prahalad und Bettis 1986, S. 490). Der Begriff Dominant Logic ist somit identisch mit der bisherigen Formulierung „Ausrichtung einer Organisation" in den vorangegangenen Abschnitten.

Das Konzept der Dominant Logic kann als ein Modell gesehen werden, das als Referenzrahmen die Aufnahme, Verankerung und Nutzung von Wissen durch Menschen in Organisationen selektiert und steuert (Freiling 2000, S. 446). Die Dominant Logic dient als Filter/Linse, mit deren Hilfe die Verantwortlichen die Selektion der Informationen (Filter) und die Ausrichtung auf die Zukunft (Linse) vornehmen (Bettis und Prahalad 1995, S. 7). Damit hat die Dominant Logic einen Einfluss auf die Wissensbasis und die Lernprozesse innerhalb einer Organisation.

Es ist immer wieder zu beobachten, dass trotz relativ eindeutiger Kundenerkenntnisse die Verantwortlichen in Organisationen nicht auf Basis der Erkenntnisse entscheiden. Roselieb (2003, S. 87) konnte in seiner Arbeit eigentümliche Mechanismen innerhalb von Organisationen identifizieren, die dazu führten, dass selbst beim Vorliegen von eindeutigen Kundenerkenntnissen diese für die Entscheidungfindung nicht genutzt wurden. So kann es bspw. sein, dass einzelne Abteilungen mehr mit Kundenerkenntnissen arbeiten als andere, obwohl die gesamte Organisation das Ziel verfolgt, die Kundenorientierung zu steigern. Da Organisationen als multipersonelles Entscheidungssystem zu betrachten sind (Wilms 1995), gilt es, dass möglichst alle Abteilungen die vorhandenen Kundenerkenntnisse nutzen. Das Scheitern der Verbesserung der Kundenorientierung wird aus dieser Perspektive dadurch erklärt, dass die bestehende Dominant Logic eben nicht die Kundenorientierung ist, was einen negativen Einfluss auf die Entscheidungen haben kann (von Krogh et al. 2000, S. 83).

Die Dominant Logic einer Organisation ist als eine zentrale Barriere des Customer-centric Transformationsprozesses zu sehen (Freiling 2000, S. 453). Besitzt eine Organisation bspw. eine ausgeprägte Shareholder-Value- oder Angebotsorientierung, kann es für die Mitarbeitenden schwierig sein, die Bedürfnisse der Kunden im notwendigen Maß in die Entscheidungsfindung einzubeziehen (Tangpong und Pesek 2007, S. 382).

Die Dominant Logic einer Organisation muss auf zwei Ebenen analysiert werden. Eine Ebene umfasst die Ergebnisse der Entscheidungsprozesse, eine weitere Ebene die Rekursion der Wahrnehmung der Qualität der Ergebnisse auf das zukünftige Verhalten der Verantwortlichen. Tovstiga und Birchall (2004, S. 4 und 6) kommen zu der Erkenntnis: „[…]Past successes and strong corporate cultures are irrelevant in the face of disruption; in fact, they tend to blind business leaders to developments in the market place that do not fit into their collective mental framework.[…] Established firms can quickly get bogged down by strong organizational routines and procedures that have ensured success in the past, but which may be largely irrelevant for capturing opportunity in the new market". In vielen Organisationen kann beobachtet werden, dass die bestehende Dominant Logic einen negativen Einfluss auf die Entscheidungsqualität in einer sich stark verändernden Umwelt hat. Organisationen stehen heute vor der Herausforderung, zum einen die bestehenden Kompetenzen und Kundenbeziehung zu verteidigen, aber zum anderen auch die Reagibilität zu verbessern. Kundenorientierung mit Blick auf die Entscheidungen der Mitarbeitenden, aber vor allem auch der Geschäftsleitung, fordert somit die kontinuierliche Stärkung einer kundenorientierten Dominant Logic (Vandermerwe 2014, S. 1).

Für die Verbesserung der Kundenorientierung bedeutet dies, dass zunächst die bestehende Dominant Logic einer Organisation analysiert werden muss. Dies kann über mehrere Einzelinterviews mit den jeweiligen Hierarchiestufen/Abteilungen oder eine Mitarbeitendenbefragung geschehen. Ich empfehle die Nutzung von quantitativen Befragungen, um möglichst mehrere Abteilungen und Hierarchiestufen in die Analyse einbeziehen zu können und die Anonymität zu gewährleisten.

Zur Analyse der Dominant Logic könnte einfach die Frage zum Einsatz kommen: „Wie kundenorientiert ist deine Organisation auf der Skala von 1 bis 5, wobei 5 sehr kundenorientiert ist?" Ich empfehle zur Bestimmung der Stärke der Kundenorientierung darüber hinaus die Betrachtung der zentralen Glaubenssätze einer Organisation. Die unterschiedlichen Glaubenssätze speisen die Dominant Logic, und diese hat wiederum einen Einfluss darauf, wie einfach oder schwer sich die Kundenorientierung verbessern lässt.

Ich habe lange nach einem Begriff für diesen wichtigen Einflussfaktor gesucht und mich letztendlich für „Glaubenssätze" entschieden. In der bestehenden Literatur wird die Dominant Logic einer Organisation auch mit dem Begriff Unternehmenswerte besetzt. Der Begriff „Wert" wird mit sehr unterschiedlichem Verständnis eingesetzt: mal als finanzieller, mal als kultureller und mal als moralischer Wert (Kelly et al. 2017). Auch sind Werte allgemein und grundsätzlicher Natur. Was ich ausdrücken möchte, sind sehr spezifische Werturteile, die einen Einfluss auf das Verhalten der Mitglieder einer Organisation haben. Kaushik verwendet in diesem Zusammenhang den Begriff HiPPO als Abkürzung für „Highest Paid Person's Opinion" (Kaushik 2010, S. 8). Gerade die persönlichen Meinungen des Managements haben einen hohen Einfluss auf die Kundenorientierung einer Organisation, die neben den allgemeinen Werten und Normen der Organisation stehen.

▶ **Glaubenssätze** sind nicht explizit ausgesprochene persönliche Werturteile, welche eine Organisation durch ihre Rekursivität direkt und über die Dominant Logic prägen.

Die Herausforderung bei der Analyse von Glaubenssätzen ist, dass sich die einzelnen Personen nur eingeschränkt dieser bewusst sind. Wie Mantras werden sie immer wieder unbewusst wiederholt und beeinflussen Entscheidungen. Somit muss zwischen Glaubenssätzen und Normen unterschieden werden. Normen sind ein Teil der Glaubenssätze innerhalb einer Organisation. Sie sind ausgesprochen und für alle Mitglieder einer Organisation mehr oder weniger zugänglich (Heide und John 1992, S. 35). Glaubenssätze gehen über Normen hinaus und sind stärker individueller Natur. Sie variieren meist zwischen den einzelnen Hierarchiestufen, Abteilungen und Mitarbeitenden einer Organisation. Trotz ihrer Verborgenheit haben sie einen großen Einfluss auf die jeweiligen Entscheidungen.

Beispiel: Glaubenssätze

In einem Managementmeeting, in dem über eine Ein- oder Mehrmarkenstrategie im B2B-Kontext entschieden werden sollte, argumentierte der Geschäftsleitende auf Basis des Kaufverhaltens seines Sohnes bei Media Markt. Das muss per se nicht schlecht sein, aber die Argumentation wurde eben nicht auf Basis der Kundenerkenntnisse der Organisation im jeweiligen Kontext geführt, sondern auf den sehr persönlichen Glaubenssätzen des Geschäftsleitenden. ◀

Zur Bestimmung der Glaubenssätze kommt es darauf an, wie bekannt bzw. wie stark sie versteckt sind. Sind die unterschiedlichen Glaubensätze bekannt, kann deren Einfluss auf Basis der AHP-Methode (vgl. Abschn. 3.2.3.3) ermittelt werden. Sind diese kaum bekannt, sollten sie in einem ersten Schritt durch offene Fragen an die Mitarbeitenden aufgedeckt werden.

Jeder Verantwortliche in einer Organisation will grundsätzlich Erfolg. Der Unterschied im Erfolgsverständnis im Rahmen der Kundenorientierung liegt in der mittel- bis langfristigen Perspektive und der systematischen Transformation zur Verbesserung der Reagibilität (Anpassungsfähigkeit) einer Organisation. Der Erfolg, ob bei Amazon, Apple oder Zappos, baut nicht nur auf einer einzigen Person auf, sondern auf der Wandlungsfähigkeit einer größeren Gruppe innerhalb der Organisation im Zeitablauf.

Mein Verständnis von Kundenorientierung setzt deshalb einen Schwerpunkt auf Entscheidungen in Organisationen (Customer Insights-based Decision Making). Ich baue dabei
auf der Entscheidungstheorie (Wolf 2011, S. 125 ff.) auf und im Speziellen auf die Team-
theorie, die davon ausgeht, dass durch Maßnahmen der Informationsgewinnung (Kundenerkenntnisse) bessere Entscheidungen getroffen werden können (Marschak und Radner
1972). Der Bereitstellung und der Nutzung des Customer-Firm Values für Entscheidungen
kommt dabei, wie bereits ausgeführt, ein großer Stellenwert zu (Frese et al. 2012, S. 30).

Kundenorientierung hat eine Perspektive auf die mittel- bis langfristige Zukunft und
somit das Ziel, die daraus resultierende Unsicherheit zu reduzieren. Entscheidungen
werden in diesem Verständnis immer als Unsicherheitsreduktionen verstanden.

▶ Eine **Entscheidung** im Sinne des Erwartungs-Nutzen-Modells oder der Nutzen-
maximierung wird allgemein verstanden als eine mehr oder weniger überlegte, bewusste,
abwägende und zielorientierte Auswahl eines Elements aus einer Alternativenmenge.
Sie kann unterteilt werden in die Komponenten Beurteilung, Bewertung sowie Auswahl
(Pfister et al. 2017, S. 3).

In einem ersten Schritt gilt es, Optionen für die Verbesserung von Entscheidungen zu
entwickeln. Ich erlebe, dass dafür in der Praxis immer weniger Zeit aufgewendet wird
– gerade im Kundenbeziehungsmanagement. Eine Technologie wird als Heilsbringer
eingeführt und andere Optionen werden meist gar nicht oder nur pro forma entwickelt.
Diese Vorgehensweise beruht u. a. auf dem Satisficing-Verhalten (Simon 1982). Da das
menschliche Hirn nur fünf bis neun Sinneinheiten simultan verarbeiten kann, lösen Entscheidungsoptionen in Menschen grundsätzlich Stress aus (Zimbardo und Gerrig 2004,
S. 303). Entscheidungsträger suchen deshalb oft nicht die optimale Lösung, sondern
eine zufriedenstellende Lösung aus den Alternativen aus (vgl. Abb. 3.80). In stabilen

Optimierungsverhalten	Satisficing
Viele Entscheidungskriterien berücksichtigt	Beschränkung auf wenige Entscheidungskriterien
Simultane Überprüfung zahlreicher Entscheidungsalternativen	Sequentielle Überprüfung weniger, zumeist bekannter Alternativen
Dezidierte Prüfung aller Alternativen	Oberflächliche Prüfung der Alternativen
Berechnung einer optimalen Lösung	Suche nach einer zufriedenstellenden Lösung

Abb. 3.80 Optimales Entscheidungsverhalten im Gegensatz zu Satisficing. (Quelle: Lauer 2019,
S. 37)

Umfeldern hat ein solches Entscheidungsverhalten im Zeitablauf kaum Auswirkungen. Organisationen werden aber mehr und mehr gezwungen sein, optimale Lösungen umzusetzen, um den Wandel des Kundenverhaltens erfolgreich zu antizipieren.

Die entwickelten Entscheidungsoptionen gilt es zu beurteilen und zu bewerten. Die zahlreichen Modelle in diesem Buch sollen helfen, die einzelnen Optionen zur Verbesserung der Kundenorientierung optimal zu beurteilen. Es gibt viele unterschiedliche Entscheidungsarten – einmalige Entscheidungen wie den Verkauf der Organisation bis zu Routine-Entscheidungen wie: „Welches Klopapier benutzen wir in unserer Organisation?" Ich werde an dieser Stelle nicht auf die unterschiedlichen Entscheidungen eingehen und darauf, wie stark diese emotional oder kognitiv geprägt sind. Allgemein trifft der Mensch Entscheidungen eher wie ein Affe als wie Mr. Spock.

Neben den Entscheidungen gilt es dazu auch die Entscheidungsprozesse zu berücksichtigen. Diese umfassen neben der zeitlich optimalen Integration der relevanten Kundenerkenntnisse auch die optimale Zusammenarbeit zwischen den einzelnen Abteilungen. Entscheidung müssen demzufolge möglichst die bestehenden Schnittstellen in einer Organisation überwinden können. Darüber hinaus können klare Entscheidungsprozesse und Entscheidungsgrundlagen dazu führen, dass die Mitarbeitendenzufriedenheit steigt. Transparenz und Nachvollziehbarkeit gewinnen deutlich an Stellenwert gegenüber „napoleonischer" Entscheidungsfindung auf Basis der Erfahrung Einzelner.

▶ In **Entscheidungsprozessen** wird entschieden, wann der richtige Entscheidungszeitpunkt ist, welche Personen mitentscheiden und welche Informationen wichtig, unwichtig oder gar nicht zu bekommen sind (Arlt und Schulz 2019, S. 6).

Ein Entscheidungsprozess basiert auf dem „OODA-Loop" (Richards 2004, S. 62 f.). Das Akronym steht für die Phasen „Observe", „Orient", „Decide" und „Act" im Entscheidungsprozess. Ausgangspunkt ist die Beobachtung und Einschätzung der Situation („Observe"), die in den Kontext der strategischen Vorentscheidung eingeordnet wird und so zur Orientierung verhilft („Orient"), um eine aktuelle Entscheidung („Decide") zu fällen, die dann umgesetzt wird(„Act"). Danach beginnt die Entscheidungsschleife erneut (Arlt und Schulz 2019, S. 15).

Oft wird in Organisationen auf einen rationalen Entscheidungsprozess verwiesen. Die Qualität eines Entscheidungsprozesses muss aber nicht zwingend mit der Qualität der Entscheidung korrelieren (Dequech 2001, S. 922). Wie schon Luhmann (2000, S. 173) anführte: „Rationalität ist eine Form, mit der man sich entschuldigen kann. Sie ist in diesem Sinne ‚Motiv' als vorzeigbare Erklärung." Trotz der Grenzen der Rationalität erfüllt eine Prozessrationalität zwei Funktionen. Zum einen soll das eigene Entscheidungsverhalten oder das der Gruppe positiv für andere dargestellt werden, zum anderen soll das Verhalten der anderen berechenbar sein (Arlt und Schulz 2019, S. 6 f.). Beide Dimensionen haben einen hohen Stellenwert im Rahmen von Change-Management-Prozessen. Es gilt, die möglichst starke Integration der einzelnen Abteilungen und die positive Darstellung der Entscheidungen abzusichern.

In der Praxis können Entscheidungsprozesse nie geradlinig verlaufen. Neue Entwicklungen können einen Entscheidungsprozess beeinflussen, Fehler, die erkannt werden, machen eine Veränderung des Prozesses notwendig, und allzu oft werden Entscheidungen aufgrund der „gefühlten" Unsicherheit ausgesessen. Das ist die Realität, und soziale Systeme sind keine einfachen mechanischen Maschinen. Den Verantwortlichen einer Organisation kommt aber im Rahmen der Kundenorientierung die Aufgabe zu, die Entscheidungsprozesse zu kontrollieren und zu verbessern. Dabei gilt es, die Nutzung von Kundenkenntnissen innerhalb des Prozesses einzufordern, aber auch die Entscheidungsprozesse kritisch hinsichtlich der Anpassungsfähigkeit zu untersuchen. Umgangssprachlich hört man auf vielen Unternehmensfluren Aussagen wie „Wir sind zu langsam" oder „Das wird nie entschieden". Zur Steigerung der Kundenorientierung gilt es, die Entscheidungsprozesse zu verbessern, damit solche Aussagen möglichst nicht mehr auftreten. Entscheidungen sollen positiv (nicht zwingend bezüglich des Inhalts, aber auf die Ausgestaltung des Entscheidungsprozesses) wahrgenommen werden. Dieser Aspekt wird aus meiner Sicht im Moment völlig übersehen. Zwar greifen Ansätze wie bspw. agiles Arbeiten diesen Punkt hinsichtlich der Entscheidung in Gruppen und des Zeitaspektes auf, es fehlt aber ein explizites und systematisches Management von Entscheidungsprozessen. Ansonsten erstellen die Mitarbeitenden einer Organisation zahlreiche Kundenerkenntnisse (ich weiß, wie herausfordernd und aufwendig dies meist ist) und schließlich nutzt niemand die Erkenntnisse im Rahmen der Entscheidungsprozesse. Aus der Perspektive des Customer Value-based Decision Makings können sechs unterschiedliche Ausprägungen des Customer Value-based Decision Makings identifiziert werden (vgl. Tab. 3.15).

In zahlreichen Seminaren, Vorträgen und Events wird vor allem auf die Geschäftsmodellentwicklung und Digitalisierung mit all den vielen neuen Buzz-Words und Ansätzen abgestellt. Schaut man aber genauer unter die Haube von Amazon, Netflix und den anderen üblichen Verdächtigen, gehören diese zur Gruppe derer, die Entscheidungen und Entscheidungsprozesse systematisch verbessern. Die Kundenorientierung kann nur systematisch und langfristig gesteigert werden, wenn sich eine Organisation aufgrund der Vorgaben der Geschäftsleitung bei Entscheidungen und Entscheidungsprozessen in der letzten Zeile wiederfindet. Alles andere ist entweder heiße Luft oder dazu verdammt, aufgrund der zunehmenden Komplexität auszusterben (vgl. Abb. 3.81).

Ich hatte bereits ausgeführt, dass das Wort Qualität eher schwierig ist, besonders in einem Buch zum Thema Kundenorientierung. Was macht aber eine gute Entscheidung

Tab. 3.15 Ausprägungsformen des Customer Value-based Decision Makings

Entscheidung	Entscheidungsprozess
Keine Kundenerkenntnisse vorhanden	Kein Entscheidungsprozess definiert
Kundenerkenntnisse vorhanden, aber unsystematisch für die Entscheidungsfindung genutzt	Entscheidungsprozesse definiert, aber nicht kontinuierlich verbessert
Kundenerkenntnisse vorhanden und systematisch für die Entscheidungsfindung genutzt	Entscheidungsprozesse definiert und kontinuierlich verbessert

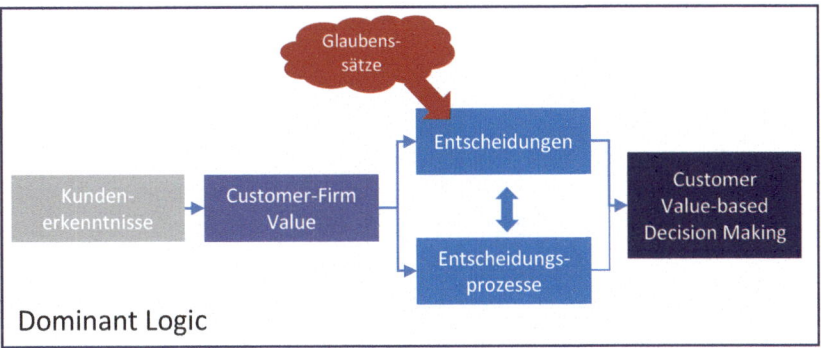

Abb. 3.81 Dimensionen des Customer Value-based Decision Makings

aus bzw. was verbirgt sich hinter dem Begriff Entscheidungsqualität? Die Entscheidungsqualität ist eng verbunden mit der Rekursion der Wahrnehmung vergangener Entscheidungen auf das zukünftige Verhalten.

▶ **Entscheidungsqualität** wird als die Ex-post-Beurteilung einer Entscheidung auf Basis der subjektiven Beurteilung der Entwicklung des Entscheidungsobjekts bzw. der Organisation verstanden.

In den vergangenen Jahren wurde im Rahmen zahlreicher Gerichtsverfahren der Versuch unternommen, Entscheidungen der Geschäftsleitung in der Automobil- und Bankenbranche in Beziehung zu pflichtwidrigem Handeln zu bringen (Brauchle 2016). Dabei spielen die Wahrnehmung der Verantwortlichen und die Auswirkung der jeweiligen Entscheidungen eine große Rolle. So wurde die Entscheidungsqualität der jeweiligen Geschäftsleitung von deren Mitgliedern, den Kunden, aber auch den Gerichten sehr unterschiedlich beurteilt.

Zur Verbesserung der Entscheidungsqualität unter Berücksichtigung der Rekursion der Wahrnehmung empfehle ich den Einsatz von Modellen und der methodischen Unterstützung von Bewertungen, aber auch die Visualisierung von Entscheidungen durch Entscheidungsbäume kann hilfreich dabei sein, die Entscheidungsqualität zu verbessern (vgl. Abb. 3.82). Solche Entscheidungsbäume zwingen zur Entwicklung von Optionen sowie zur Strukturierung eines Entscheidungsproblems und können bei späteren Abweichungen zur Fehleranalyse und schnelleren Anpassung der Organisation genutzt werden.

Entscheidungsbäume und die anderen Vorschläge sollen helfen, Entscheidungen zu strukturieren. Oftmals erlebe ich, dass versucht wird, mit dem Einsatz solcher Instrumente Emotionen aus Entscheidungen förmlich herauszuschneiden. Der Begriff Emotionen wird im Kontext von Entscheidungen meist negativ besetzt (Shiv 2010, S. 144 ff.) „Sei doch nicht so emotional" wird vielen Mitarbeitenden im Rahmen von Entscheidungsprozessen an den Kopf geworfen. Leider ist es nicht so einfach.

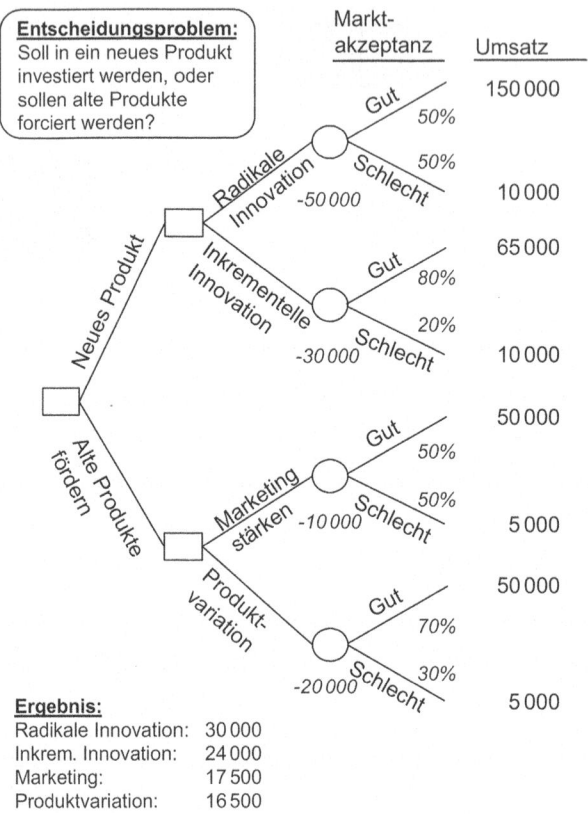

Abb. 3.82 Beispiel für einen Entscheidungsbaum. (Quelle: Schawel und Billing 2018, S. 123)

Emotionen treiben uns an. Grundsätzlich benötigen Menschen einen emotionalen Bezug zu einer Entscheidung. Aus mehreren Emotionen aufgrund von vergangenen Entscheidungen bildet sich eine Erfahrung in Bezug auf das Entscheidenden aus (Schmidt 2009, S. 61). Dieser Erfahrung oder auch Nicht-Erfahrung gilt es, sich bewusst zu werden und diese bei Entscheidungen bewusst zu machen. Durch den Einsatz der vorgestellten Instrumente sollen Emotionen nicht reduziert, sondern optimal kanalisiert werden. Eine Entscheidung kann über die vorgestellte Struktur hinaus in drei Dimensionen unterteilt werden, wobei die letzten beiden oft vergessen werden:

1. Entschluss
2. Überzeugung
3. Commitment

In Organisationen kommt es immer zu Entscheidungen. Heutzutage liegt der Fokus der Optimierung auf der Geschwindigkeit. Es überrascht mich immer wieder, dass von der ersten Projektidee bis zum Projektstart gerade in Großkonzernen immer noch ein Jahr

vergehen kann. Oft können die an der Entscheidung beteiligten Mitglieder nicht überzeugt werden. Somit liegt eine Entscheidung eigentlich erst vor, wenn ein Entschluss
erfolgt ist und die teilnehmenden Mitglieder mehr oder weniger überzeugt sind. Es
gilt somit im Rahmen von Entscheidungen nicht nur zu einem Entschluss zu kommen,
sondern die beteiligten Personen auch zu überzeigen. Sind die teilnehmenden Personen
überzeugt, kann sich ein stabiles Commitment gegenüber der Entscheidung aufbauen.
Hier spielen Emotionen im Sinne von Erfahrungen aus der Vergangenheit eine wichtige
Rolle (Bechara und Damasio 2005). Es bedarf Kundenerkenntnisse (ratio), aber auch
erfolgreicher Beispiele (emotio) aus der eigenen oder einer anderen Organisation. Ich
empfehle zu Beginn der Verbesserung der Kundenorientierung die Durchführung eines
Leuchtturmprojektes (vgl. Kap. 7). Leider ist der Begriff Leuchtturm inzwischen in
vielen Organisation negativ besetzt, weil es meist nicht zu einem Leuchtturm, sondern
einem Turmbau zu Babel im Rahmen von verschiedenen Initiativen kam oder der
Leuchtturm mit viel Mühe errichtet wurde, am Schluss wurde aber die Lampe vergessen.
Vor dem Hintergrund der Dualität einer Entscheidung mit Ratio und Emotionen kann
ein Leuchtturmprojekt hilfreich dabei sein, die emotionale Seite anzusprechen. Kundenorientierung wird erlebbar. Jede noch so gut durchgeführte Marktforschung, Web-/
CRM-Analyse kann nur bedingt auf emotionaler Ebene überzeugen. Die zukünftige
Entscheidung bleibt abstrakt, gerade wenn eine Organisation bisher keine Erfahrung mit
dem Modell Kundenorientierung gemacht hat.

Innerhalb von Entscheidungsprozessen ist auf die Zusammensetzung und Anzahl
der Entscheidungsträger zu achten. Entscheidungen können von Individuen oder von
Gruppen getroffen werden.

3.4.1 Entscheidungen von Individuen

Auf individueller Ebene hilft es, neben der Berücksichtigung der individuellen
Glaubenssätze die Entscheidungen der Verantwortlichen auf Basis der System-1- und
System-2-Theorie zu analysieren (Kahneman 2012, S. 85 ff.). System 1 arbeitet automatisch, schnell und ohne willentliche Steuerung. System 2 bezeichnet die bewusste
Entscheidungsmacht des Menschen auf Basis einer hohen Konzentration auf das Entscheidungsproblem. Kahneman (2012, S. 85) konnte z. B. aufzeigen, wie groß der Einfluss von Essen auf die Entscheidung von Richtern ist (Kahneman 2012, S. 85). System
1 bringt uns anscheinend dazu, bei schönem Wetter mehr Geld auszugeben (Gündling
2018, S. 84). Menschen neigen dazu, zu oft mit System 1 komplexe Situationen,
wie z. B. Kundenorientierung, anzugehen. Gerade für ein neues Managementmodell
ist es aber gefährlich, wenn die Verantwortlichen nicht genug Energie, Zeit und
Geduld investieren – ein Phänomen, das ich in vielen Projekten beobachten konnte.
Die Herausforderung besteht im System-1-System-2-Modell darin, dass man kaum
einen Anwendungsbezug für die Verbesserung einer Organisation ziehen kann. Das
System-1--System-2-Modell sollte aber jeder Entscheidungsträger berücksichtigen.

Gerade bei einem komplexen Themengebiet wie Kundenorientierung gilt, es möglichst System 2 bei Entscheidungen zu aktivieren.

Darüber hinaus können bei Entscheidungen unter Unsicherheit zahlreiche weitere spezielle Phänomene beobachtet werden (Pfister et al. 2017, S. 149 ff.). So konnte Olsen (1996, S. 5) in seiner Untersuchung darlegen, dass Entscheider dazu neigen, inkrementelle Verbesserungen (Muddling Through) gegenüber optimalen Verbesserungen vorzuziehen. Seo und Barrett (2007) weisen auf den hohen positiven, aber auch negativen Einfluss von Emotionen der Entscheidungsträger auf das Entscheidungsergebnis hin. Auch ist das mögliche Phänomen der Selbstüberschätzung anzuführen (Drews und Friedrichsen 2006, S. 80). Je höher der Grad der Unsicherheit bei einer Entscheidung ist, desto eher neigen Menschen zu einer Überschätzung ihrer Fähigkeiten (Bazerman 2005, S. 32). Makridakis und Gaba (1998, S. 11) führen an, dass die Anwendung von Entscheidungsregeln bei Routineentscheidungen meist zu einem besseren Ergebnis führt als die Entscheidungen von Experten ohne Entscheidungsregeln.

Zusammenfassend deuten diese Erkenntnisse darauf hin, dass Verantwortliche bei Entscheidungen durch einen Prozess und den Einsatz von Instrumenten unterstützt werden können, um die Entscheidungsqualität zu verbessern (Murphy 1992, S. 294). Es ist anzumerken, dass es im Rahmen des Customer Value-based Decision Makings nicht darum geht, die Entscheidungsträger bloßzustellen. Sondern sie sollen dazu animiert werden, Veränderungen an der Ausrichtung der Organisation vorzunehmen und mitzutragen.

3.4.2   Entscheidungen von Gruppen

Gruppen werden aus zwei Gründen zur Entscheidungsfindung eingesetzt (Brodbeck et al. 2007, S. 459). Sie verfügen in der Regel über mehr Informationen als Individuen und zudem wird die Entscheidung eher von den Teilnehmenden getragen (Hollenbeck, 1995). O'Connor und Lawrence (1998, S. 86) kommen zu dem Ergebnis, dass Individuen bestehende Informationen über zukünftige Entwicklungen effizienter auswerten als Gruppen. Somit führt ein Mehr an Informationen eben nicht zu besseren Entscheidungen. Die Entscheidungsunterstützung durch den Einsatz einer Gruppe muss allerdings auch kritisch betrachtet werden.

In Organisationen ist aufgrund der zunehmenden Kämpfe um Budget das Phänomen des Groupthinks zu beobachten (Janis 1982; Park 1990).[23] Der Begriff beschreibt ein Verhaltensmuster von Gruppen, die grundsätzlich ein hohes Harmoniebedürfnis aufweisen und deshalb nicht die beste Lösung, sondern Kompromisse auswählen (Radetzki 1999, S. 68). Studien zeigen, dass Uneinigkeit innerhalb einer Gruppe zu einer höheren

---

[23]Groupthink wurde bisher kaum empirisch erforscht. Somit sind die Aussagen von Janis mit einer gewissen Vorsicht einzuschätzen. Ich konnte aber in zahlreichen Workshops die beschriebenen Effekte durchaus nachweisen.

Informationsaufnahme und zu einem intensiveren Austausch führen kann (Schulz-Hardt et al. 2006). Gerade in Organisationen, die ein solidarisches „Wir-Gefühl" propagieren, ist das Phänomen des Groupthinks oft zu beobachten (Schweiger et al. 1986, S. 52). Verantwortliche in harmonischen Gruppen tendieren dazu, innerhalb von Gruppenentscheidungen die kritische Evaluation von Prämissen zu unterlassen. Mehrere Studien unterstreichen deshalb, dass Gruppen nicht zwangsläufig aufgrund des größeren Umfangs an Informationen zu besseren Ergebnissen als einzelne Individuen gelangen (vgl.Rowe 1998; Brodbeck et al. 2007). Zusätzlich ist zu beachten, dass Gruppenmitglieder riskanter entscheiden könnten, als sie es als Individualentscheider tun würden, wenn sie durch die Gruppe vertrauter mit der Aufgabenstellung werden (Meyer 1999, S. 155). Sie können aber auch vorsichtiger entscheiden, weil mehr Risiken durch den Gruppeneinfluss erkannt werden.

Auch wenn aktuell wieder Gruppenentscheidungen stark propagiert werden, sind diese nicht automatisch besser als individuelle Entscheidungen. Jede Entscheidungsform hat ihre Stärken und Schwächen. Zur Verbesserung der Kundenorientierung gilt es allgemein, die Entscheidungen stärker in den Fokus zu rücken.

3.4.3 Festlegung der Entscheidungskompetenz

Abschließend sind hinsichtlich der Entscheidungen in einer Organisation noch die Entscheidungskompetenzen festzulegen (Frese et al. 2012, S. 32). Aus den erfolgreichen US-amerikanischen Unternehmen ist immer wieder von autoritären CEOs zu hören, die förmlich im Alleingang den Erfolg von Großkonzernen ermöglichen. Hier ist eine gesunde Portion Skepsis angebracht. So großartig die Geschichten über Jobs, Bezos und Musk auch sind, es ist davon auszugehen, dass der Erfolg meist viele Mütter und Väter hat. Basierend auf dem kooperativen Führungsstil (vgl. Abschn. 4.2.2) sowie der steigenden Anzahl an Touchpoints (vgl. Abschn. 6.6) sollten die Entscheidungen möglichst weit an die Front verlagert werden (Bernoff und Schadler 2010). Fritz (1995, S. 428 ff.) konnte schon 1995 bestimmen: Je stärker Entscheidungen auf niedrigere Hierarchiestufen delegiert werden, desto höher ist die Kundenorientierung einer Organisation. Somit sollten im Rahmen der Kundenorientierung möglichst alle Mitarbeitenden dazu befähigt werden, möglichst kundenorientierte Entscheidungen zu treffen. In Abschn. 4.3.3 stelle ich meinen Vorschlag für eine kundenorientierte Organisationsstruktur vor. Dabei empfehle ich, die Entscheidung in Gruppen zu verlagern, die möglichst nahe am Kunden sind, und die einzelne Themengebiete wie Marke etc. aus einer strategischeren Perspektive zu steuern. Hinsichtlich der Entscheidungskompetenz zur Verbesserung der Kundenorientierung lege ich mich fest, dass dies die Aufgabe des Geschäftsführenden und des Verwaltungsrates ist. Kundenorientierung muss von oben kontinuierlich vorangetrieben werden.

Der Fokus auf die Entscheidungen innerhalb einer Organisation ist für die meisten gewöhnungsbedürftig, werden doch gewohnte Freiheiten infrage gestellt. Hier sehe ich eine große Chance in der Zukunft, da Entwicklungen wie bspw. New Work reine Top-down-Entscheidungen immer mehr infrage stellen. Mitarbeitende fordern einen stärkeren Einfluss auf die Entwicklung der Organisation. Jede Entscheidung bestimmt das Schicksal einer Organisation, nicht die Information allein! Neben dem Entscheidungsträger hat auch der Ort der Entscheidung einen gewissen Einfluss auf die Kundenorientierung.

Literatur

Aaker, D. A., Kumar, V., Leone, R. P., & Day, G. S. (2016). *Marketing research* (12. Aufl.). Hoboken: Wiley.

Addelman, S. (1962). Orthogonal main-effect plans for asymmetrical factorial experiements. *Technometrics, 4,* 21–46.

Aguaron, J., & Moreno-Jimenez, M. J. (2003). The geometric consistency index: Approximated thresholds. *European Journal of Operational Research, 147,* 137–145.

Allenby, G. M., & Ginter, J. L. (1995). Using Extremes to Design Products and Segment Markets. *Journal of Marketing Research, 4,* 392–403.

Anderson, E. W., & Mittal, W. (2000). Strengthening the satisfaction-profit chain. *Journal of Service Research, 3,* 107–120.

Anderson, J., & Rainie, L. (2012). Gamification and the internet: Experts expect game layers to expand in the future, with positive and negative results. *Games for Health Journal, 1,* 299–302.

Anderson, J. C., & Narus, J. A. (1998). Business marketing: Understand what customers value. *Harvard Business Review, 76,* 53–65.

Ariely, D. (2018). Big data is like teenage sex. *Sisense.* https://www.facebook.com/Sisense/photos/a.473348222052/10156279834442053/?type=1&theater. Zugegriffen: 27. Dez. 2019.

Arlt, H.-J., & Schulz, J. (2019). *Die Entscheidung. Lösungen einer unlösbaren Aufgabe.* Wiesbaden: Springer VS.

Assael, H. (1995). *Consumer behavior and marketing action* (5. Aufl.). Cincinnati: South-Western College Publ.

Baars, J.-E., Brandenberg, A., & Engl, S. (2015). CustomerCentricityScore. *Customer Centricity Score.* https://ccscore.com/files/flyer_de.pdf. Zugegriffen: 4. Nov. 2019.

Bacher, J., Pöge, A., & Wenzig, K. (2010). *Clusteranalyse: Anwendungsorientierte Einführung in Klassifikationsverfahren* (3. Aufl.). München: Oldenbourg.

Backhaus, K., Erichson, B., Plinke, W., & Weiber, R. (2006). *Multivariate Analysemethoden* (11. Aufl.). Heidelberg: Springer.

Backhaus, K., Erichson, B., & Weiber, R. (2011). *Fortgeschrittene multivariate Analysemethoden.* Heidelberg: Springer.

Bak, P. M. (2011). Materialismus, Selbstwert, Lebenszufriedenheit und Mediennutzung. *Journal of Business and Media Psychology, 2,* 29–39.

Batini, C., Cappiello, C., Francalanci, C., & Maurino, A. (2009). Methodologies for data quality assessment and improvement. *ACM Computing Surveys, 41,* 1–52.

Bauer, F., Bössow, O., & Studzinsky, J. (2007). Über Sinn und Unsinn des Net Promoter Score (NPS). *Planung & Analyse, 4,* 69–73.

Baxendale, S., Macdonald, E. K., & Wilson, H. N. (2015). The impact of different touchpoints on brand consideration. *Journal of Retailing, 91,* 235–253.

Bazerman, M. (2005). *Judgement in managerial decision making* (6. Aufl.). Hoboken: Wiley.

Bechara, A., & Damasio, A. R. (2005). The somatic marker hypothesis: A neural theory of economic decision. *Games and Economic Behavior, 52,* 336–372.

Becker, F. (2016). *Kundenbegeisterung durch Serviceinnovationen: Eine Analyse am Beispiel technologiebasierter Self-Services*. Wiesbaden: Springer Gabler.

Becker, J. (2009). *Das Kundenbeziehungsrisiko aus Unternehmenssicht*. Wiesbaden: Gabler.

Becker, J. (2013). *Marketing-Konzeption. Grundlagen des zielstrategischen und operativen Marketing-Managements* (10. Aufl.). München: Vahlen.

Becker, J., & Knackstedt, R. (2011). Data-Warehousing im CRM. In H. Hippner, B. Hubrich, & K. D. Wilde (Hrsg.), *Grundlagen des CRM: Strategie, Geschäftsprozesse und IT-Unterstützung* (S. 758–782). Wiesbaden: Gabler.

Bernoff, J., & Schadler, T. (2010). Empowered. *Harvard Business Review, 88,* 94–101.

Berry, M. J. A., & Linoff, G. (1997). *Data mining techniques for marketing, sales and customer support*. New York: Wiley.

Bertolucci, J. (2013). Big data analytics: Descriptive vs. predictive vs. prescriptive. *InformationWeek.* https://www.informationweek.com/big-data/big-data-analytics/big-data-analytics-descriptive-vs-predictive-vs-prescriptive/d/d-id/1113279. Zugegriffen: 29. Dez. 2019.

Bettis, R. A., & Prahalad, C. K. (1995). The dominant logic – Retrospective and extension. *Strategic Management Journal, 16,* 5–14.

Bhalla, G. (2011). *Collaboration and co-creation*. New York: Springer.

Bliemel, F. W. (1984). *Brand choice under price-quality considerations: An integrative theory* (S. 84–18) Kingston: Queen's University.

Blohm, I., & Leinmeister, J. M. (2013). *Design of IT-Based Enhancing Services for Motivational Support and Behavioral Change in Business & Information Systems Engineering, 4,* 275–278.

Böhnlein, M. (2001). *Konstruktion semantischer Data-Warehouse-Schemata*. Wiesbaden: Deutscher Universitäts-Verlag.

Böing, E., & Barzen, D. (1992). Kunden-Portfolio im Praktiker-Test, Teil I. *Absatzwirtschaft, 35,* 58–89.

Bonini, S. M. J., & Oppenheim, J. (2008). Helping green products grow. *The McKinsey Quarterly.* http://www.mckinseyquarterly.com/Help_green_products_grow_2231. Zugegriffen: 20. Febr. 2017.

Bornstedt, M. (2007). *Kaufentscheidungsbasierte Nutzensegmentierung: Entwicklung und empirische Überprüfung von Segmentierungsansätzen auf Basis von individualisierten Limit Conjoint-Analysen*. Göttingen: Cuvillier.

Bortz, J. (2005). *Statistik* (6. Aufl.). Heidelberg: Springer.

Bösener, K. (2015). *Kundenzufriedenheit, Kundenbegeisterung und Kundenpreisverhalten: empirische Studien zur Untersuchung der Wirkungszusammenhänge*. Wiesbaden: Springer Gabler.

Bourne, L. E., & Ekstrand, B. R. (1992). *Einführung in die Psychologie*. Eschborn: Klotz.

Brachman, R. J., & Anand, T. (1996). The process of knowledge discovery in databases. In U. M. Fayyad, G. Piatetsky-Shapiro, P. Smyth, & R. Uthurusamy (Hrsg.), *Advances in knowledge discovery and data mining* (S. 37–57). Menlo Park: American Association for Artificial Intelligence.

Brauchle, T. (2016). *Unternehmerische Entscheidung und Risikomanagement: Vorstandsermessen im Spannungsfeld von Organhaftung, Corporate Governance und Kapitalmarkt*. Wiesbaden: Springer Gabler.

Brenner, M. (2015). Personas are great (except when they suck). *Marketing Insider Group.* https://marketinginsidergroup.com/content-marketing/personas-are-great-except-when-they-suck/. Zugegriffen: 19. Jan. 2020.

Brodbeck, F. C., Kerschreiter, R., & Mojzisch, A. (2007). Group decision making under conditions of distributed knowledge: The information asymmetries model. *Academy of Management Review, 32,* 459–479.

Bronnenberg, B. J., Kim, J. B., & Mela, C. F. (2016). Zooming in on choice: How do consumers search for cameras online *Marketing Science, 35,* 693–829.

Bruhn, M. (1982). *Konsumentenzufriedenheit und Beschwerden – Erklärungsansätze und Ergebnisse einer empirischen Untersuchung in ausgewählten Konsumbereichen.* Frankfurt a. M.: Lang.

Bruhn, M. (2014). *Marketing* (12. Aufl.). Wiesbaden: Springer Gabler.

Brzoska, L. (2003). *Die Conjoint-Analyse als Instrument zur Prognose von Preisreaktionen.* Hamburg: Kovač.

Buerke, A. (2016). *Nachhaltigkeit und Consumer Confusion am Point of Sale: Eine Untersuchung zum Kauf nachhaltiger Produkte im Lebensmitteleinzelhandel.* Wiesbaden: Springer Gabler.

Bühl, A. (2014). *SPSS 22* (14. Aufl.). Hallbergmoos: Pearson.

Bullock, L. (2018). What are UTM links and how they can help improve your social media marketing. *Forbes.* https://www.forbes.com/sites/lilachbullock/2018/11/26/what-are-utm-links-and-how-they-can-help-improve-your-social-media-marketing/#7357e6dd5f84. Zugegriffen: 18. Dez. 2019.

van der Bulte, C. (2010). Opportunities and challenges in studying customer networks. In S. Wuyts, M. G. Dekimpe, E. Gijsbrechts, & R. Pieters (Hrsg.), *The connected customer* (S. 7–36). New York: Routledge.

Burkert, M. (2008). *Qualität von Kennzahlen und Erfolg von Managern: Direkte, indirekte und moderierende Effekte.* Wiesbaden: Gabler.

Burkholz, R. (2017). Entwicklung einer Buyer Persona. In U. Hannig (Hrsg.), *Marketing und Sales Automation: Grundlagen – Tools – Umsetzung; Alles, was Sie wissen müssen* (S. 39–48). Wiesbaden: Springer Gabler.

Burmann, C., & Zeplin, S. (2005). Innengerichtetes identitätsbasiertes Markenmanagement. In H. Meffert, C. Burmann, & M. Koers (Hrsg.), *Markenmanagement – Identitätsorientierte Markenführung und praktische Umsetzung* (S. 115–139). Wiesbaden: Gabler.

Burmann, C., Halaszovich, T., & Hemmann, F. (2012). *Identitätsbasierte Markenführung: Grundlagen – Strategie – Umsetzung – Controlling.* Wiesbaden: Springer Gabler.

Carlzon, J. (1987). *Moments of truth: New strategies for today's customer-driven economy.* New York: Harper Collins.

Catina, A., & Schmitt, G. M. (1993). Die Theorie der persönlichen Konstrukte. In J. Scheer & A. Catina (Hrsg.), *Einführung in die Repertory Grid-Technik, Bd. 1: Grundlagen und Methoden* (S. 11–23). Bern: Huber.

Chamoni, P., & Gluchowski, P. (2006). Analytische Informationssysteme – Einordnung und Überblick. In P. Chamoni & P. Gluchowski (Hrsg.), *Analytische Informationssysteme – Business Intelligence-Technologien und -Anwendungen* (S. 3–22). Wiesbaden: Springer Gabler.

Chaudhuri, A. (2019). *Visual and text sentiment analysis through hierarchical deep learning networks.* New York: Springer.

Chebat, J.-C., Davidow, M., & Codjovi, I. (2005). Silent voices: Why some dissatisfied consumers fail to complain. *Journal of Service Research, 7,* 328–342.

Cheridito, Y. (2003). *Markenbewertung.* Bern: Haupt.

Coppenhaver, R. (2018). *From voices to results – Voice of customer questions, tools and analysis.* Birmingham: Impackt Publishing.

Cordon, C., Garcia-Milà, P., Ferreiro Vilarino, T., & Caballero, P. (2016). Strategy is digital. Berlin: Springer.

Cornelsen, J. (2000). *Kundenwertanalysen im Beziehungsmarketing.* Nürnberg: GIM.

Court, D., Elzinga, D., Mulder, S., & Vetvik, O. J. (2009). The consumer decision journey. *McKinsey Quarterly, 3,* 1–11.

Crowden, C. B., & Hannich, F. (2015). Darf ich wissen, wer du bist? Mehrwert der Identifikation aus Kundensicht. *BSI.* https://www.bsi-software.com/fileadmin/daten/Medien/Studien/Identifikationsstudie/Kunden-Identifikations-Studie_2015.pdf. Zugegriffen: 11. Dez. 2019.

Daniel, I. (2014). *Lebensstilsegmentierung aufgrund einer inhaltsbasierten Auswertung digitaler Bilder*. Wiesbaden: Springer Gabler.

Davenport, T. H. (2006). Competing on analytics. *Harvard Business Review, 84*, 98–107.

Davies, A. P. M. (2001). Adaptive AHP: A review of marketing applications with extensions. *European Journal of Marketing, 35*, 872–894.

de Ruiter, Z. (2016). *The big book of customer insight, data & analytics*. CX Network. https://www.cxnetwork.com/cx-digital/reports/bigbook-customer-insights-and-analytics. Zugegriffen: 10. Dezember 2019.

Deckers, R., & Heinemann, G. (2008). *Trends erkennen – Zukunft gestalten. Vom Zukunftswissen zum Markterfolg*. Göttingen: BusinessVillage.

Dedic, N., & Stanier, C. (2017). Towards differentiating business intelligence, big data, data analytics and knowledge discovery. In F. Piazolo, V. Geist, L. Brehm, & R. Schmidt (Hrsg.), *Innovations in enterprise information systems management and engineering* (S. 114–122). New York: Springer.

Dequech, D. (2001). Bounded rationality, institutions, and uncertainty. *Journal of Economic Issues, 34*, 911–929.

Dhebar, A. (2013). Toward a compelling customer touchpoint architecture. *Business Horizons, 56*, 199–205.

Dierks, A. (2017). *Re-modeling the brand purchase funnel*. New York: Springer.

Dimler, N. (2016). Die externe Analyse als notwendige Bedingung der Strategieentwicklung. In M. Hirzel, H. Zub, & N. Dimler (Hrsg.), *Strategische Positionierung: Geschäfts- und Servicebereiche auf Kundenbedarf fokussieren* (S. 69–82). Wiesbaden: Springer Gabler.

Dixon, M., Freeman, K., & Toman, N. (2010). Stop trying to delight your customers. *Harvard Business Review, 88*, 2–7.

Dixon, M., Toman, N., & DeLisi, R. (2013). *The effortless experience: Conquering the new battleground for customer loyalty*. New York: Penguin.

Drews, H., & Friedrichsen, M. (2006). Budgetierung und selektive Wahrnehmung. *Controlling, 18*, 79–84.

Duffy, V. G. (2008). *Handbook of digital human modeling: Research for applied ergonomics and human factors engineering*. Boca Raton: CRC Press.

Duncker, C., & Schütte, L. (2018). *Trendbasiertes Innovationsmanagement: Ein Modell für markenbasiertes Produktmanagement*. Wiesbaden: Springer Gabler.

Dunn, E., Gilbert, D. T., & Wilson, T. D. (2011). If money doesn't make you happy, then you probably aren't spending it right. *Journal of Consumer Psychology, 21*, 115–125.

Eckstein, P. P. (2008). *Angewandte Statistik mit SPSS* (6. Aufl.). Wiesbaden: Gabler.

Eggert, A. (2017). Die zwei Perspektiven des Kundenwerts: Darstellung und Versuch einer Integration. In S. Helm, B. Günter, & A. Eggert (Hrsg.), *Kundenwert: Grundlagen – Innovative Konzepte – Praktische Umsetzungen* (S. 38–50). Wiesbaden: Springer Gabler.

Elrod, T., & Chrzan, K. (2003). The value of extent-of-preference information in choice-based conjoint analysis. In A. Gustafsson, A. Herrmann, & F. Huber (Hrsg.), *Conjoint measurement* (S. 235–250). Heidelberg: Springer.

Elsner, R. (2003). *Optimiertes Direkt- und Database-Marketing unter Einsatz mehrstufiger dynamischer Modelle*. Wiesbaden: DUV.

Englbrecht, A. (2007). *Kundenwertorientiertes Kampagnenmanagement im CRM*. Hamburg: Kovač.

Enkel, E. (2005). *Management von Wissensnetzwerken: Erfolgsfaktoren und Beispiele*. Wiesbaden: Deutscher Universitäts-Verlag.

Esch, F.-R., Kochann, D., & Kanitz, R. (2012). Studie: Customer Touchpoint Management – In Berührung mit dem Kunden. *Esch. The Brand Consultants.* https://www.esch-brand.com/publikationen/studien/studie-zu-customer-touchpoint-management/. Zugegriffen: 2. Aug. 2017.

Esch, F.-R., & Kochann, D. (2019). *Kunden begeistern mit System: In 5 Schritten zur Customer Experience Execution.* Frankfurt a. M.: Campus.

Esparza, E. (2013). How to create the most accurate buyer personas for B2B businesses. *Design & Function.* https://www.market8.net/B2B-Web-Design-And-Inbound-Marketing-Blog/How-to-Create-the-Most-Accurate-Buyer-Personas-for-B2B-Businesses. Zugegriffen: 20. Jan. 2020.

Fader, P., & Toms, S. (2018). *The customer centricity playbook.* Philadelphia: Wharton Digital Press.

Farmer, D. (1997). Purchasing myopia revisited. *European Journal of Purchasing and Supply Management, 3,* 1–8.

Farris, P. W., Bendle, N. T., Pfeifer, P. E., & Reibstein, D. J. (2007). *Marketing messbar machen: Die 50 wichtigsten Methoden aus dem Marketing, die jeder Manager kennen sollte.* München: Pearson Business.

Felser, G. (2015). *Werbe- und Konsumentenpsychologie* (4. Aufl.). Heidelberg: Springer.

Fenn, J. (1995). *The microsoft system software hype cycle strikes again.* Stamford: Gartner Group.

Ferdows, K., Lewis, M. A., & Machuca, J. A. D. (2004). Rapid-fire fulfillment. *Harvard Business Review, 82,* 104–110.

Fett, K. (2008). *Clusteranalyse in CRM, Sales und Marketing. Grundlagen und praktische Anwendung.* Norderstedt: Books on Demand.

Finn, A. (2012). Customer delight: Distinct construct or zone of nonlinear response to customer satisfaction? *Journal of Service Research, 15,* 99–110.

Firsching, J. (2013). Samsung Nation – Gamification als Kundenbindungsinstrument. *Future Biz.* https://www.futurebiz.de/artikel/samsung-nation-gamification-als-kundenbindungsinstrument/. Zugegriffen: 11. Dez. 2019.

Fishbein, M., & Ajzen, I. (1975). *Belief, attitude, intention, and behavior.* Reading: Addison-Wesley.

Fogg, B. J. (2003). *Persuasive technology: Using computers to change what we think and do.* Amsterdam: Morgan Kaufmann Publishers.

Forman, H. E., & Gass, I. S. (2001). The analytic hierarchy process – An exposition. *Operations Research, 49,* 469–486.

Foscht, T., Swoboda, B., & Schramm-Klein, H. (2015). *Käuferverhalten* (5. Aufl.). Wiesbaden: Springer Gabler.

Freiling, J. (2000). Entwicklungslinien und Herausforderungen des ressourcen- und kompetenz-orientierten Ansatzes. In H. H. Hinterhuber, S. Friedrich von den Eichen, A. Al-Ani, & G. Handlbauer (Hrsg.), *Das neue strategische Management: Perspektiven und Elemente einer zeitgemäßen Unternehmensführung* (S. 443–461). Wiesbaden: Gabler.

Freiling, J. (2017). Kundenwert aus ressourcentheoretischer Sicht. In S. Helm, B. Günter, & A. Eggert (Hrsg.), *Kundenwert: Grundlagen – Innovative Konzepte – Praktische Umsetzungen* (S. 74–87). Wiesbaden: Springer Gabler.

Frese, E., Graumann, M., & Theuvsen, L. (2012). *Grundlagen der Organisation: Entscheidungs-orientiertes Konzept der Organisationsgestaltung* (10. Aufl.). Wiesbaden: Gabler.

Freter, H. (2008). *Markt- und Kundensegmentierung: Kundenorientierte Markterfassung und -bearbeitung* (2. Aufl.). Stuttgart: Kohlhammer.

Fritz, W. (1995). *Marketing-Management und Unternehmenserfolg: Grundlagen und Ergebnisse einer empirischen Untersuchung* (2. Aufl.). Stuttgart: Schäffer-Poeschel.

Froschmayer, A. (1997). *Konzepte für die strategische Führung von Unternehmensverbindungen.* Herrsching: Kirsch.

Füller, J., & Matzler, K. (2008). Customer delight and market segmentation: An application of he three-factor theory of customer satisfaction on life style groups. *Tourism Management, 29*, 116–126.

Garaus, M., & Wagner, U. (2019). Lost in the store: Assessing the confusion potential of store environments. *Schmalenbach Business Review, 71*, 413–441.

Gartmann, K. (2008). *Der Einfluss der werbemedialen Kommunikation weiblicher Schlankheitsideale auf körperbildrelevante Größen der Frau: Eine experimentelle Studie.* Dissertation. Osnabrück: Universität Osnabrück. https://d-nb.info/992596289/34.

Gelbrich, K. (2001). *Kundenwert.* Göttingen: Cuvillier.

Gengler, E. C., Klensoky, B. D., & Mulvey, S. M. (1995). Improving the graphic representation of means-end results. *Journal of Research in Marketing, 12*, 245–256.

Geschka, H., & Eggert-Kipfstuhl, K. (1994). Innovationsbedarfserfassung. In T. Tomczak (Hrsg.), *Marktforschung* (S. 116–127). St. Gallen: Thexis.

Gimpel, H., Schmied, F., & Stäber, A.-L. (2018). Der unbekannte Kunde – Potenziale der Integration von Kundendaten. *HMD Praxis der Wirtschaftsinformatik, 55*, 91–103.

Godes, D., & Mayzlin, D. (2004). Using online conversations to study word-of-mouth communication. *Marketing Science, 23*, 545–560.

Goncalves, A. (2017). *Social media analytics strategy: Using data to optimize business performance.* New York: Springer Science+Business Media.

Gouthier, M. H. J. (2006). Customer Empowerment in Geschäftsbeziehungen. In H. Hippner & K. Wilde (Hrsg.), *Grundlagen des CRM* (S. 167–194). Wiesbaden: Gabler.

Graf, A., & Maas, P. (2008). Customer value from a customer perspective: A comprehensive review. *Journal für Betriebswirtschaft, 54*, 1–20.

Green, P. E. (1975). Marketing application of MDS: assessment and outlook. *Journal of Marketing, 39*, 24–31.

Green, E. P., & Srinivasan, V. (1990). Conjoint analysis in marketing: New development with implications for research and practice. *Journal of Marketing, 54*, 3–19.

Green, E. P., Krieger, M. A., & Wind, J. Y. (2001). Thirty years of conjoint analysis: Reflections and prospects. *Interfaces, 31*, 56–73.

Green, P. E., & Rao, V. R. (1971). Conjoint measurement for quantifying judgmental data. *Journal of Marketing Research, 8*, 355–363.

Gregoire, Y., Tripp, T. M., & Legoux, R. (2009). When customer love turns into lasting hate: The effects of relationship strength and time on customer revenge and avoidance. *Journal of Marketing, 73*, 18–32.

Gregori, C. (2006). *Instrumente einer erfolgreichen Kundenorientierung: Eine empirische Untersuchung.* Wiesbaden: Deutscher Universitäts-Verlag.

Gremler, D. D., & Brown, S. W. (1999). The loyalty ripple effect: Appreciating the full value of customers. *International Journal of Service Industry Management, 10*, 271–291.

Grisaffe, D. (2007). Questions about the ultimate question. *Journal of Consumer Satisfaction, Dissatisfaction and Complaining Behavior, 20*, 36–53.

Gritzmann, K. (1991). *Kennzahlensysteme als entscheidungsorientierte Informationsinstrumente der Unternehmensführung in Einzelhandelsunternehmen.* Göttingen: GHS.

Grönroos, C. (1990). *Service management and marketing.* Lexington: Lexington Books.

Gronwald, K.-D. (2017). *Integrierte Business-Informationssysteme: ERP, SCM, CRM, BI, Big Data Analytics – Prozesssimulation, Rollenspiel, Serious Gaming* (2. Aufl.). Berlin: Springer Vieweg.

Grünig, R., & Kühn, R. (2018). *The strategy planning process: Analyses, options, projects* (2. Aufl.). Berlin: Springer.

Gündling, C. (2018). *Letzter Aufruf Kundenorientierung.* Wiesbaden: Springer Gabler.

Günter, B. (2017). Qualitative Bausteine der Kundenbewertung – Die unterschätzte Rolle der Aufmerksamkeit. In S. Helm, B. Günter, & A. Eggert (Hrsg.), *Kundenwert: Grundlagen - Innovative Konzepte - Praktische Umsetzungen* (S. 211–236). Wiesbaden: Springer Gabler.

Gutsche, J. (1995). *Produktpräferenzanalyse. Ein modelltheoretisches und methodisches Konzept zur Marktsimulation mittels Präferenzerfassungsmodellen.* Berlin: Duncker & Humblot.

Hadwich, K., & Keller, C. (2015). Interne Servicequalität in Unternehmen: Eine empirische Untersuchung der Einflussfaktoren und Auswirkungen. *Schmalenbachs Zeitschrift für betriebswirtschaftliche Forschung, 67,* 170–205.

Haedrich, G., Tomczak, T., & Kaetzke, P. (2003). *Strategische Markenführung* (3. Aufl.). Bern: Haupt UTB.

Hahn, C. (1997). *Conjoint- und Discrete Choice-Analyse als Verfahren zur Abbildung von Präferenzstrukturen und Produktauswahlentscheidungen – Ein theoretischer und computergestützter empirischer Vergleich.* Münster: Lit.

Hair, J. F., Sarstedt, M., Ringle, C. M., & Mena, J. A. (2012). An assessment of the use of partial least squares structural equation modeling in marketing research. *Journal of the Academy of Marketing Science, 40,* 414–433.

Handlbauer, G., & Renzl, B. (2009). Kundenorientiertes Wissensmanagement. In H. H. Hinterhuber & K. Matzler (Hrsg.), *Kundenorientierte Unternehmensführung* (S. 147–176). Wiesbaden: Gabler.

Hansen, R., & Sia, S. K. (2015). Hummel's digital transformation toward omnichannel retailing: Key lessons learned. *MIS Quarterly Executive, 14,* 51–66.

Hansen, U. (2011). Beziehungslos im Dschungel des Beziehungsmarketing oder: Grenzen des Beziehungsmarketing aus Verbraucherperspektive. In H. Hippner, B. Hubrich, & K. D. Wilde (Hrsg.), *Grundlagen des CRM: Strategie, Geschäftsprozesse und IT-Unterstützung* (S. 293–318). Wiesbaden: Gabler.

Hardoon, D. R., & Shmueli, G. (2013). *Getting started with business analytics: Insightful decision-making.* Boca Raton: CRC Press.

Haubrock, A., & Öhlschlegel-Haubrock, S. (2015). *Der Mythos vom König Kunde: wie Kundenorientierung tatsächlich gelingt* (4. Aufl., Nachdr. 2009). Wiesbaden: Gabler.

Heide, J. B., & John, G. (1992). Do norms matter in marketing relationships? *Journal of Marketing, 56,* 32–44.

Heinemann, G. (2013). No-Line-Systeme als höchste Evolutionsstufe des Multi-Channel-Handels. In F. Keuper, K. Hamidian, E. Verwaayn, & T. Kalinowski (Hrsg.), *Digitalisierung und Innovation* (S. 169–184). Wiesbaden: Springer.

Helm, S. (2017). Der Wert von Kundenbeziehungen aus der Perspektive des Transaktionskostenansatzes. In S. Helm, B. Günter, & A. Eggert (Hrsg.), *Kundenwert: Grundlagen – Innovative Konzepte – Praktische Umsetzungen* (S. 92–107). Wiesbaden: Springer Gabler.

Helm, S., Günter, B., & Eggert, A. (2017). Kundenwert – Eine Einführung in die theoretischen und praktischen Herausforderungen der Bewertung von Kundenbeziehungen. In S. Helm, B. Günter, & A. Eggert (Hrsg.), *Kundenwert: Grundlagen – Innovative Konzepte – Praktische Umsetzungen* (S. 4–31). Wiesbaden: Springer Gabler.

Helmig, B. (1997). *Variety-seeking-behavior im Konsumgüterbereich: Beeinflussungsmöglichkeiten durch Marketinginstrumente.* Wiesbaden: Gabler.

Hemmecke, J. (2012). Handbuch der Repertory Grid Technik. https://www.hemmecke.com/material/Hemmecke-Jeannette_Handbuch-Repertory-Grid-Technik_2012.pdf. Zugegriffen: 15. Aug. 2019.

Henderson, C., Steinhoff, L., & Palmatier, R. (2014). *Consequences of customer engagement: How customer engagement alters the effects of habit-, dependence-, and relationship-based intrinsic loyalty.* Marketing Science Institute Working Paper Series, Report No. 14–121.

Henderson, C. M., & Palmatier, R. W. (2010). Understanding the relational ecosystem in a connected world. In S. Wuyts, M. G. Dekimpe, E. Gijsbrechts, & R. Pieters (Hrsg.), *The connected customer* (S. 37–75). New York: Routledge.

Herrmann, A. (1996). *Nachfragerorientierte Produktgestaltung. Ein Ansatz auf Basis der „means end"-Theorie.* Wiesbaden: Gabler.

Herrmann, A., & Huber, F. (2013). *Produktmanagement: Grundlagen, Methoden, Beispiele* (3. Aufl.). Wiesbaden: Springer Gabler.

Hertfelder, T., & Futterknecht, P. (2019). *Der ERP-Irrglaube im Mittelstand – Scheitern vorprogrammiert.* Berlin: Springer Vieweg.

Herzberg, F. (1968). One more time: How do you motivate employees? *Harvard Business Review, 46,* 53–62.

Hidalgo, C. (2015). Why buyer personas are not a waste of time. *Annuitas.* https://www.annuitas.com/blog/2015/05/21/why-buyer-personas-are-not-a-waste-of-time/. Zugegriffen: 20. Jan. 2020.

Hippner, H., Grieser, L., & Wilde, K. D. (2011). Data Mining – Grundlagen und Einsatzpotenziale in analytischen CRM-Prozessen. In H. Hippner, B. Hubrich, & K. D. Wilde (Hrsg.), *Grundlagen des CRM: Strategie, Geschäftsprozesse und IT-Unterstützung* (S. 784–810). Wiesbaden: Gabler.

Hoffmann, D. (2010). *Data Warehouse im Rahmen der Business Intelligence: Konzeption eines Vorgehensmodells.* Hamburg: Diplomica.

Holland, H. (2009). *Direktmarketing – Im Dialog mit dem Kunden* (3. Aufl.). München: Vahlen.

Hollenbeck, J. R., et al. (1995). Multilevel theory of team decision making: Decision performance in teams incorporating distributed expertise. *Journal of Applied Psychology, 80,* 292–316.

Homburg, C. (2016). *Kundenzufriedenheit – Konzepte, Methoden, Erfahrungen* (9. Aufl.). Wiesbaden: Springer Gabler.

Homburg, C. (2017). *Marketingmanagement – Strategie – Instrumente – Umsetzung – Unternehmensführung* (6. Aufl.). Wiesbaden: Springer Gabler.

Homburg, C., & Daum, D. (1997). Die Kundenstruktur als Controlling-Herausforderung. *Controlling, 9,* 394–405.

Homburg, C., Schäfer, H., & Schneider, J. (2016). *Sales excellence* (8. Aufl.). Wiesbaden: Springer Gabler.

Horbel, C. (2008). *Weiterempfehlungen im Tourismus.* Wiesbaden: Gabler.

Horst, B. (1988). *Ein mehrdimensionaler Ansatz zur Segmentierung von Investitionsgütermärkten.* Pfaffenweiler: Centaurus.

Horx, M. (2011). *Das Megatrend-Prinzip: Wie die Welt von morgen entsteht.* München: Deutsche Verlags-Anstalt.

Huotari, K., & Hamari, J. (2012). Defining gamification. *Proceeding of the 16th International Academic MindTrek Conference.* New York: ACM

Iacobucci, D., Grisaffe, D., Duhachek, A., & Marcati, A. (2003). FAC-SEM: A methodology for modeling factorial structural equations models, applied to cross cultural and cross-industry drivers of customer evaluations. *Journal of Service Research, 6,* 3–23.

Inmon, W. H. (2018). *Hearing the voice of your customer.* Basking Ridge: Technics Publications.

Ittner, C. D., & Larcker, D. F. (1998). Are nonfinancial measures leading indicators of financial performance? An analysis of customer satisfaction. *Journal of Accounting Research, 36,* 1–35.

Iyengar, S. S., & Lepper, M. R. (2000). When choice is demotivating: Can one desire too much of a good thing? *Journal of Personality and Social Psychology, 79,* 995–1006.

Izard, C. E. (1999). *Die Emotionen des Menschen* (9. Aufl.). Weinheim: Beltz.

Janis, I. L. (1982). *Groupthink, psychological studies of policy decisions and fiascoes.* Boston: Houghton Mifflin.

Janz, D. B., & Prasarnphanich, P. (2003). Understanding the antecedents of effective knowledge management: The importance of a knowledge-centered culture. *Decision Science, 34,* 351–384.

Jenner, T. (2003). Erfolg als Ursache für Misserfolg – Hintergründe und Ansätze zur Überwindung eines Paradoxons im strategischen Management. *DBW, 63,* 203–219.

Johnson, D. R. (1991). Comment on adaptive conjoint analysis: Some caveats and suggestions. *Journal of Marketing Research, 28,* 223–225.

Jones, T. O., & Sasser, W. E. (1995). Why satisfied customers defect. *Harvard Business Review, 73,* 88–99.

Jost-Benz, M. (2009). *Identitätsbasierte Markenbewertung: Grundlagen, theoretische Konzeptualisierung und praktische Anwendung am Beispiel einer Technologiemarke.* Wiesbaden: Gabler.

Kahneman, D. (2012). *Schnelles Denken, langsames Denken.* München: Siedler.

Kano, N., Seraku, N., Takahashi, F., & Tsuji, S. (1984). Attractive quality and must-be quality. *Journal of the Japanese Society for Quality Control, 14,* 147–156.

Kaushik, A. (2010). *Web analytics 2.0.* Indianapolis: Wiley Publishing.

Keiningham, T. L., Cooil, B., & Andreassen, T. W. (2007). A longitudinal examination of net promoter and firm revenue growth. *Journal of Marketing, 71,* 39–51.

Keller, B. 2019. Die Reise(n) durchs Touchpoint Management. In B. Keller & C. Sören Ott (Hrsg.), *Touchpoint Management: Entlang der Customer Journey erfolgreich agieren* (S. 29–58). Freiburg: Haufe.

Kelly, G. A. (1991). *The psychology of personal constructs.* London: Routledge (Erstveröffentlichung 1955).

Kelly, S., Johnston, P., & Danheiser, S. (2017). *Value-ology: Aligning sales and marketing to shape and deliver profitable customer value propositions.* Cham: Palgrave Macmillan.

Kemper, H.-G., Baars, H., & Mehanna, W. (2010). *Business Intelligence – Grundlagen und praktische Anwendungen: Eine Einführung in die IT-basierte Managementunterstützung* (3. Aufl.). Wiesbaden: Vieweg + Teubner.

Kesting, T., & Rennhak, C. (2008). *Kundensegmentierung in der deutschen Unternehmenspraxis.* Wiesbaden: Gabler Edition Wissenschaft.

Kipfelsberger, S. (2013). *Energizing Organizations through Customers: Linkages, Mechanisms, and Contingencies.* Dissertation. Schesslitz: Rosch-Buch Druckerei.

Kitayama, S., Markus, H. R., & Kurokawa, M. (2000). Culture, emotion, and well-being: Good feelings in Japan and the United States. *Cognition & Emotion, 14,* 93–124.

Klausegger, C., & Scharitzer, D. (2000). Das Kano-Modell der Kundenzufriedenheit – Eine empirische Analyse von Kundenanforderungen am Beispiel der Mobilfunkbranche. In H. Woratschek (Hrsg.), *Neue Aspekte des Dienstleistungsmarketing* (S. 222–241). Wiesbaden: Gabler.

Klein, M. (2002). Die Conjoint-Analyse: Eine Einführung in das Verfahren mit einem Ausblick auf mögliche sozialwissenschaftliche Anwendungen. *ZA-Information (Zentralarchiv für Empirische Sozialforschung Universität zu Köln), 50,* 7–45.

Kleinaltenkamp, M. (2002). Kundensegmentierung. In M. Kleinaltenkamp & W. Plinke (Hrsg.), *Strategisches Business-to-Business-Marketing* (S. 191–234). Berlin: Springer.

Kleindienst, D., Nüske, N., Rau, D., & Schmied, F. (2017). Beyond mere compliance – Delighting customers by implementing data privacy measures? In J. M. Leimeister & W. Brenner (Hrsg.), *Proceedings der 13. Internationalen Tagung Wirtschaftsinformatik* (S. 807–821). St. Gallen: Hochschule St. Gallen.

Klug, K. (2018). *Vom Nischentrend zum Lebensstil: Der Einfluss des Lebensgefühls auf das Konsumentenverhalten.* Wiesbaden: Springer Gabler.

Köhler, R. (2005). Kundenorientiertes Rechnungswesen als Voraussetzung des Kundenbindungs-managements. In M. Bruhn & C. Homburg (Hrsg.), *Handbuch Kundenbindungsmanagement* (Bd. 5, S. 401–433). Wiesbaden: Springer.

Kohrmann, O. (2003). *Mehrstufige Kundensegmentierung zur Neukundenakquisition: Am Beispiel der Telekommunikation.* Wiesbaden: Deutscher Universitäts-Verlag.

Kotler, P., Keller, K., & Bliemel, F. W. (2007). *Marketing-management* (12. Aufl.). München: Pearson.

Krafft, M. (2002). *Kundenbindung und Kundenwert.* Heidelberg: Physica.

Krafft, M., & Bues, M. (2017). Aktuelle Konzepte zur Messung des ökonomischen Kundenwerts. In S. Helm, B. Günter, & A. Eggert (Hrsg.), *Kundenwert: Grundlagen – Innovative Konzepte – Praktische Umsetzungen* (S. 237–270). Wiesbaden: Springer Gabler.

Kraus, J. H. (2004). *Preissetzung im Aktienfondsgeschäft.* Hamburg: Kovač.

Kreutzer, R. T. (2010). *Praxisorientiertes Marketing: Grundlagen – Instrumente – Fallbeispiele* (3. Aufl.). Wiesbaden: Gabler.

Kreutzer, R. T. (2012). *Praxisorientiertes Online-Marketing: Konzepte – Instrumente – Check-listen.* Wiesbaden: Gabler.

Krishnan, K., & Rogers, S. P. (2014). *Social data analytics: Collaboration for the enterprise.* Waltham: Elsevier.

Kroeber-Riel, W., & Gröppel-Klein, A. (2013). *Konsumentenverhalten* (11. Aufl.). München: Vahlen.

Kromrey, H. (2016). *Empirische Sozialforschung* (13. Aufl.). Konstanz: UVK.

Kuhlmann, E. (2001). *Industrielles Vertriebsmanagement.* München: Vahlen.

Kumar, V., & Bhagwat, Y. (2010). Listen to the customer. *Marketing Research, 22,* 14–19.

Kumar, V., & Pansari, A. (2016). Competitive advantage through engagement. *Journal of Marketing Research, 53,* 497–514.

Kumar, V., & Reinartz, W. (2018). *Customer relationship management* (3. Aufl.). Berlin: Springer.

Kumar, V., Olshavsky, R. W., & King, M. F. (2001). Exploring alternative antecedents of customer delight. *Journal of Consumer Satisfaction, Dissatisfaction and Complaining Behavior, 14,* 14–26.

Kumar, V., Donkers, B., Venkatesan, R., Wiesel, T., & Tillmann, S. (2010). Undervalued or overvalued customers: Capturing total customer engagement value. *Journal of Service Research, 13,* 297–310.

Kunschert, M. (2019). *Der Kundenwert im Industriegütermarketing.* Wiesbaden: Springer Gabler.

Kuß, A., & Tomczak, T. (2000). *Käuferverhalten: Eine marketingorientierte Einführung* (2. Aufl.). Konstanz: UTB.

Kuß, A., Wildner, R., & Kreis, H. (2018). *Marktforschung: Datenerhebung und Datenanalyse* (6. Aufl.). Wiesbaden: Springer Gabler.

Langley, A., Mintzberg, H., Pitcher, P., Posada, E., & Saint-Macary, J. (1995). Opening up decision making: The view from the black stool. *Organization Science, 6,* 260–279.

Larsen, J. T., Norris, C. J., & Cacioppo, J. T. (2003). Effects of positive and negative affect on electromyographic activity over zygomaticus major and corrugator supercilii. *Psychophysiology, 40,* 776–785.

Lauer, T. (2019). *Change Management: Grundlagen und Erfolgsfaktoren* (3. Aufl.). Wiesbaden: Springer Gabler.

Laurent, G., & Kapferer, J.-N. (1985). Measuring consumer involvement profiles. *Journal of Marketing Research, XXII,* 41–53.

Lecinski, J. (2011). *ZMOT: Winning the zero moment of truth.* USA: Google Inc. https://www.thinkwithgoogle.com/future-of-marketing/emerging-technology/2011-winning-zmot-ebook/.

Lennartz, W. (2016). *Kundenwert im wertorientierten Management: Messung und praktische Anwendung*. Wiesbaden: Springer Gabler.

Lenzerini, M. (2002). Data integration: A theoretical perspective. In o. V. (Hrsg.), *Proceedings of the twenty-first ACM SIGMOD-SIGACT-SIGART symposium on Principles of database systems* (S. 233–246). New York: ACM.

Leußer, W., Hippner, H., & Wilde, K. D. (2011a). CRM – Grundlagen, Konzepte und Prozesse. In H. Hippner, B. Hubrich, & K. D. Wilde (Hrsg.), *Grundlagen des CRM: Strategie, Geschäftsprozesse und IT-Unterstützung* (S. 15–56). Wiesbaden: Gabler.

Leußer, W., Hippner, H., & Wilde, K. D. (2011b). Kundeninformationen als Basis des CRM. In H. Hippner, B. Hubrich, & K. D. Wilde (Hrsg.), *Grundlagen des CRM: Strategie, Geschäftsprozesse und IT-Unterstützung* (S. 732–755). Wiesbaden: Gabler.

Libai, B., Muller, E., & Peres, R. (2007). *The effects of attrition on the growth and equity of competitive services*. MSI Reports.

Liehr, T. (2001). Data Matching bei Finanzdienstleistungen – Steigerung des Share of Wallet bei Topkunden. In H. Hippner, U. Küsters, M. Meyer, & K.D. Wilde (Hrsg.), *Handbuch data mining im marketing – Knowledge discovery in marketing databases* (S. 725–740). Wiesbaden: Vieweg.

Link, J., & Hildebrand, V. (1997). Ausgewählte Konzepte der Kundenbewertung im Rahmen des Database Marketing. In J. Link, D. Brändli, D. Schleuning, & R. E. Kehl (Hrsg.), *Handbuch database marketing* (S. 14–36 und 158–173). Ettlingen: IM-Fachverlag Marketing-Forum.

Link, J., Münster, J., & Gary, A. (2011). CRM-controlling. In H. Hippner, B. Hubrich, & K. D. Wilde (Hrsg.), *Grundlagen des CRM: Strategie, Geschäftsprozesse und IT-Unterstützung* (S. 157–182). Wiesbaden: Gabler.

Löffler, M., & Einhorn, M. (2012). Vom Kundenwissen zur Kundenorientierung – Trends in Marktforschung und CRM am Beispiel der Porsche AG. *Marketing Review St. Gallen, 2*, 7–13.

Luce, R. D., & Tukey, W. J. (1964). Simultaneous conjoint measurement: A new type of fundamental measurement. *Journal of Mathematical Psychology, 1*, 1–27.

Luhmann, N. (2000). *Organisation und Entscheidung*. Wiesbaden: Westdeutscher.

Lusti, M. (2001). *Data Warehousing und Data Mining – Eine Einführung in entscheidungsunterstützende Systeme* (2. Aufl.). Berlin: Springer.

Lütters, H. (2004). *Online-Marktforschung: Eine Positionsbestimmung im Methodenkanon der Marktforschung unter Einsatz eines webbasierten Analytic Hierarchy Process (webAHP)*. Wiesbaden: Gabler.

Lütters, H., & Staudacher, J. (2008). Strategische Kontrolle mit dem Analytic Hierarchy Process. *Marketing Review St. Gallen, 25*, 44–48.

Macdonald, E. K., Wilson, H. N., & Konus, U. (2012). Better customer insight – In real time. *Harvard Business Review, 9*, 102–108.

Mack, O., & Khare, A. (2016). Perspectives on a VUCA world. In O. Mack, A. Khare, A. Krämer, & T. Burgartz (Hrsg.), *Managing in a VUCA world* (S. 3–20). Cham: Springer International Publishing.

Maier, S. C., & Todte, H. (2013). Telematik – Eine Revolution in der Kfz-Versicherung? *KFZ-Versicherung, 23*, 776–782.

Makridakis, S., & Gaba, A. (1998). Judgment: It's role and value for strategy. In G. Wright & P. Goodwin (Hrsg.), *Forecasting with judgment* (S. 1–38). Chichester.

Manning, H., & Bodine, K. (2012). *Outside in: The power of putting customers at the center of your business*. Boston: Houghton Mifflin Harcourt.

Markey, R., Reichheld, F., & Dullweber, A. (2009). Closing the customer feedback loop. *Harvard Business Review, 87*, 43–47.

Marschak, J., & Radner, R. (1972). *Economic theory of teams*. New Haven: Yale University Press.

Marx, D. (2014). *Das Kano-Modell der Kundenzufriedenheit: Ein Modell zur Analyse von Kundenwünschen in der Praxis*. Hamburg: Igel.

Maslow, A. H. (1981). *Motivation und Persönlichkeit* (12. Aufl.). Reinbek bei Hamburg: Rowohlt.

Mazzeu, F. (2018). What is customer engagement score and how to calculate it. *SaaSholic*. https://saasholic.com/what-is-customer-engagement-score-and-how-to-calculate-it-85ea5a69be12. Zugegriffen: 5. Jan. 2019.

Meffert, H., Burmann, C., Kirchgeorg, M., & Eisenbeiss, M. (2019). *Marketing* (13. Aufl.). Wiesbaden: Gabler.

Meixner, O., & Haas, R. (2002). *Computergestützte Entscheidungsfindung: Expert Choice und AHP – Innovative Werkzeuge zur Lösung komplexer Probleme*. Frankfurt a. M.: Redline.

Meyer, R. (1999). *Entscheidungstheorie*. Wiesbaden: Gabler.

Mödritscher, G. (2008). *Customer-Value-Controlling: Hintergründe – Herausforderungen – Methode*. Wiesbaden: Gabler.

Mönch, B., & Goller, M. (2008). Service excellence – Vom know-how zum do-how. In F. Keuper & B. Hogenschurz (Hrsg.), *Sales & service* (S. 226–250). Wiesbaden: Gabler.

Müller, A. W., & Müller-Stewens, G. (2009). *Strategic Foresight. Trend- und Zukunftsforschung in Unternehmen – Instrumente, Prozesse, Fallstudien*. Stuttgart: Schäffer-Poeschel.

Murphy, W. J. (1992). Reason, bounded rationality, and the lebenswelt: Socially sensitive decision making. *Journal of Economics and Sociology, 51*, 293–304.

Naisbitt, D., & Naisbitt, J. (2018). *Mastering megatrends: understanding & leveraging the evolving new world*. Singapore: World Scientific.

Oberholzer, G., Leuthold, S., & Bleuler, M. (2018). Customer experience monitor 2018. *Stimmt AG*. https://stimmt.ch/customer-experience-2018/. Zugegriffen: 5. Jan. 2020.

O'Connor, M., & Lawrence, M. (1998). Judgemental forecasting and the use of available information. In G. Wright & P. Goodwin (Hrsg.), *Forecasting with judgment* (S. 65–90). Chichester.

Ohanian, M. (2017). Lebensmittelhandel: Das Wachstum findet online statt. *Handelszeitung*. https://www.handelszeitung.ch/unternehmen/lebensmittelhandel-das-wachstum-findet-online-statt-1398825. Zugegriffen: 26. Febr. 2020.

Oliver, R. L., Rust, R. T., & Varki, S. (1997). Customer delight: Foundations, findings, and managerial insight. *Journal of Retailing, 73*, 311–336.

Olsen, L. D. (1996). *Decision aids for selection problems*. New York: Springer.

Ortmann, G. (2010). Organisation, Strategie, Responsivität: Strategieformation als responsive Strukturation. In G. Schreyögg & P. Conrad (Hrsg.), *Organisation und Strategie: Managementforschung 20, Managementforschung* (S. 1–46). Wiesbaden: Gabler.

Osterwalder, A., Pigneur, Y., Bernarda, G., & Smith, A. (2015). *Value proposition design*. Frankfurt a. M.: Campus.

o. V. (2014). Web analytics in der Schweiz. https://www.yourposition.ch. https://www.yourposition.ch/filesmigrated/1366104091/web-analytics-schweiz.pdf. Zugegriffen: 18. Dez. 2019.

o. V. (2015). Digital analytics trends 2015. *Trakken*. https://www.trakken.de/trakkblog/wp-content/uploads/2015/04/trakken_da_trends_2015.pdf. Zugegriffen: 18. Dez. 2019.

o. V. (2018). 2018 social media industry benchmark report. *RivalIQ*. www.rivaliq.com/blog/2018-social-media-industry-benchmark-report. Zugegriffen: 5. Dez. 2018.

Pansari, A., & Kumar, V. (2017). Customer engagement: The construct, antecedents, and consequences. *Journal of Academy of Marketing Science, 45*, 294–311.

Pansari, A., & Kumar, V. (2018). Customer engagement marketing. In R. W. Palmatier, V. Kumar, & C. M. Harmeling (Hrsg.), *Customer engagement marketing* (S. 1–28). New York: Springer Science+Business Media.

Park, W. W. (1990). A review of research on groupthink. *Journal of Behavioral Decision Making, 3,* 229–245.

Pepels, W. (1995). *Käuferverhalten und Marktforschung.* Stuttgart: Schäffer-Poeschel.

Pepels, W. (2008). Qualitäts- und Zufriedenheitsmessung als CRM-Basis. In S. Helmke, F. M. Uebel, & W. Dangelmaier (Hrsg.), *Effektives customer relationship management: Instrumente, Einführungskonzepte, Organisation* (S. 25–56). Wiesbaden: Gabler.

Perrey, J., Riesenbeck, H., & Schröder, J. (2002). So lohnen sich Investitionen in die Marke. *Akzente, 25,* 16–23.

Perrey, J. (1998). *Nutzenorientierte Kundensegmentierung: Ein integrativer Ansatz zum Zielgruppenmarketing im Verkehrsdienstleistungsbereich.* Wiesbaden: Gabler.

Perrey, J., & Hölscher, A. (2003). Nutzenorientierte Kundensegmentierung – Eine Zwischenbilanz nach 35 Jahren. *Thexis, 4,* 8–11.

Peter, J. P., & Olson, J. C. (1996). *Consumer behavior and marketing strategy* (4. Aufl.). Chicago: Irwin.

Peterson, E. T. (2009). Competing on web analytics. *Journal of Direct, Data and Digital Marketing Practice, 10,* 214–222.

Pfister, H.-R., Jungermann, H., & Fischer, K. (2017). *Die Psychologie der Entscheidung: Eine Einführung* (4. Aufl.). Heidelberg: Springer.

Plinke, W. (1997). Bedeutende Kunden. In M. Kleinaltenkamp & W. Plinke (Hrsg.), *Geschäftsbeziehungsmanagement* (S. 113–159). Berlin: Springer.

Prahalad, C. K., & Bettis, R. A. (1986). A dominant logic. *Strategic Management Journal, 7,* 485–501.

Raab, G., Gernsheimer, O., & Schindler, M. (2013). *Neuromarketing.* Wiesbaden: Springer Gabler.

Radetzki, T. (1999). *Multipersonelles Verhalten bei strategischen Entscheidungen.* Wiesbaden: DUV.

Rebhorn, S., Stark, B., & Döbler, T. (2003). *Conjoint Analyse: Eine beispielorientierte Einführung.* Stuttgart: Ed. 451.

Reeves, B., & Read, J. L. (2009). *Total engagement. Using games and virtual worlds to change the way people work and businesses compete.* Boston: Harvard Business Press.

Reichheld, F. F. (1993). Loyalty-based management. *Harvard Business Review, 71,* 64–73.

Reichheld, F. F. (2003). The one number you need to grow. *Harvard Business Review, 81,* 46–54.

Reichheld, F. F. (2006). The microeconomics of customer relationships. *MIT Sloan Management Review, 47,* 73–78.

Reichheld, F. F., & Markey, R. (2011). *The ultimate question 2.0: How net promoter companies thrive in a customer-driven world* (2. Aufl.). Boston: Harvard Business Press.

Reinartz, T. (1998). *Focusing solutions for data mining – Analytical studies and experimental results in real-world domains.* Berlin: Springer.

Reinartz, W., Thomas, J. S., & Kumar, V. (2005). Balancing acquisition and retention resources to maximize customer profitability. *Journal of Marketing, 69,* 63–79.

Reineck, D., & Suntrop, A.-S. (2019). Social media analytics. *DW Akademie.* https://www.dw.com/downloads/49619772/dw-akademie-2019-guidebook-digital-analytics.pdf. Zugegriffen: 18. Dez. 2019.

Reinecke, S. (2006). Return on marketing? In S. Reinecke & T. Tomczak (Hrsg.), *Handbuch marketing-controlling: Effektivität und Effizienz einer marktorientierten Unternehmensführung* (S. 3–37). Wiesbaden: Gabler.

Revella, A. (2015). *Buyer personas – How to gain insight into your customer's expectations, align your marketing strategies, and win more business.* Hoboken: Wiley.

Reynolds, T. J., & Gutman, J. (1988). Laddering theorie, method, analysis, and interpretation. *Journal of Advertising Research, 2/3,* 11–31.

Richards, C. (2004). *Certain to win. The strategy of John Boyd, applied to business*. Philadelphia: Xlibris.

Rieker, S. A. (1995). *Bedeutung Kunde*. Wiesbaden: Springer.

Riesenbeck, H., & Perrey, J. (2004). *Mega-Macht Marke*. Frankfurt a. M.: Redline.

van Riet, J., & Kirsch, M. (2010). Konzeption und Nutzung des Net Promoter® Score. In G. Greve & E. Benning-Rohnke (Hrsg.), *Kundenorientierte Unternehmensführung* (S. 36–82). Wiesbaden: Gabler.

Roselieb, F. (2003). Empirische Befunde zu Frühwarnsystemen in der internen und externen Unternehmenskommunikation. In R. Schatz & R. Bronner (Hrsg.), *Frühwarnsysteme* (S. 85–106). Bonn: InnoVatio.

Rowe, G. (1998). The use of structured groups to improve judgemental forecasting. In G. Wright & P. Goodwin (Hrsg.), *Forecasting with judgment* (S. 201–235). Chichester: Wiley.

Rust, R. T., Zeithaml, V. A., & Lemon, K. N. (2000). *Driving customer equity*. New York: Free Press.

Saaty, L. T. (1980). *The analytic hierarchy process*. New York: McGraw-Hill.

Saaty, L. T. (1994). *Fundamentals of decision making and priority theory with the analytic hierarchy process*. Pittsburgh: RWS.

Saaty, L. T. (1996). *The analytic network process*. Pittsburgh: RWS.

Sailer, M. (2016). *Die Wirkung von Gamification auf Motivation und Leistung: Empirische Studien im Kontext manueller Arbeitsprozesse*. Wiesbaden: Springer.

Sander, B., Friedrichs, K., & Hunfeld, S. (2009). Markenaustauschbarkeit – Die Brand Parity Studie 2009. *Batten & Company*. https://www.batten-company.com/fileadmin/media/insights-artikel_sammlung/brand_management/11/markenaustauschbarkeit-die_brand_parity_studie_2009.pdf. Zugegriffen: 11. Dez. 2019.

Sarkar, D. (2013). *How can i help you?: 5 mistakes to avoid in customer service*. Noida: Random House India.

Sathit, P. (2017). *Competitive advantage of customer centricity*. Singapore: Springer Nature.

Sauer, S. (2018). *Moderne Datenanalyse mit R: Daten einlesen, aufbereiten, visualisieren und modellieren*. Wiesbaden: Springer Gabler.

Sauerwein, E. (2000). *Das Kano-Modell der Kundenzufriedenheit*. Wiesbaden: Gabler.

Schäffer, T., & Leyh, C. (2017). Master data quality in the era of digitization – Toward inter-organizational master data quality in value networks: A problem identification. In F. Piazolo, V. Geist, L. Brehm, & R. Schmidt (Hrsg.), *Innovations in enterprise information systems management and engineering* (S. 99–113). New York: Springer.

Scharf, A., Schubert, B., & Volkmer, H.-P. (1997). Konzepttests mittels bildgestützter Choice-Based Conjointanalysen. *Planung & Analyse, 5*, 24–28.

Schawel, C., & Billing, F. (2018). *Top 100 Management Tools: Das wichtigste Buch eines Managers: Von ABC-Analyse bis Zielvereinbarung* (6. Aufl.). Wiesbaden: Springer Gabler.

Schelp, J. (2006). „Real"-time warehousing und EAI. In P. Chamini & P. Gluchowski (Hrsg.), *Analytische Informationssysteme – Business-Intelligence-Technologien und -Anwendungen* (S. 425–438). Berlin: Springer.

Schemuth, J. (1996). *Möglichkeiten und Grenzen der Bestimmung des Wertes eines Kunden für ein Unternehmen der Automobilindustrie*. München: FGM.

Schiffman, L., & Wisenblit, J. (2015). *Consumer behavior* (11. Aufl.). Boston: Pearson.

Schmidt, M. (2009). *Management-Handlungsmuster erfolgreicher Führungskräfte*. Wiesbaden: Gabler.

Schneider, W., & Hennig, A. (2008). *Lexikon Kennzahlen für Marketing und Vertrieb: Das Marketing-Cockpit von A–Z* (2. Aufl.). Berlin: Springer.

Schreyögg, G., & Geiger, D. (2003). Wenn alles Wissen ist, ist Wissen am Ende nichts?! *DBW, 63,* 7–22.

Schulz-Hardt, S., Brodbeck, F. C., Mojzisch, A., Kerschreiter, R., & Frey, D. (2006). Group decision making in hidden profile situations: Dissent as a facilitator for decision quality. *Journal of Personality and Social Psychology, 91,* 1080–1093.

Schwarz, O. (2009). Absicherung des Net Promoter Score – Die Ermittlung von Konfidenzintervallen mit dem Bootstrap Verfahren. *der markt, 48,* 105–115.

Schwarz, R. (2002). *Controlling-Systeme.* Wiesbaden: Gabler.

Schweiger, D. M., Sandberg, W., & Ragan, J. W. (1986). Group approaches for improving strategic decision making: A comparative analysis of dialectical inquiry, devil's advocacy and consensus. *Academy of Management Journal, 29,* 51–71.

Schweizer, M. (2005). *Consumer Confusion im Handel.* Wiesbaden: Deutscher Universitäts-Verlag.

Schwetz, W. (2001). *Customer Relationship Management: Mit dem richtigen CRM-System Kundenbeziehungen erfolgreich gestalten.* Wiesbaden: Springer Gabler.

Seifi, H. (2019). *Personalizing haptics: From individuals' sense-making schemas to end-user haptic tools.* Cham: Springer International Publishing.

Seo, M.-G., & Barrett, F. L. (2007). Being emotional during decision making – Good or bad? An empirical investigation. *Academy of Management Journal, 50,* 923–940.

Shaw, C., & Ivens, J. (2005). *Building great customer experiences.* Houndmills: Palgrave.

Shaw, R. (2008). Net promoter. *Journal of Database Marketing & Customer Strategy Management, 15,* 138–140.

Shiv, B. (2010). Is Mr. Spock a good candidate for being a connected customer? The role of emotion in decision making. In S. Wuyts, M. G. Dekimpe, E. Gijsbrechts, & R. Pieters (Hrsg.), *The connected customer* (S. 141–161). New York: Routledge.

Simon, H. A. (1982). *Models of bounded rationality* (Bd. 1 and 2). Cambridge: MIT Press.

Simon, H., & Faßnacht, M. (2016). *Preismanagement: Strategie – Analyse – Entscheidung – Umsetzung* (4. Aufl.). Wiesbaden: Springer Gabler.

Simon, W. (2011). *Gabals großer Methodenkoffer. Zukunft: Grundlagen und Trends.* Offenbach: Gabal.

Skala-Gast, D. (2012). *Zusammenhang zwischen Kundenzufriedenheit und Kundenloyalität – Eine empirische Analyse am Beispiel der deutschen Automobilindustrie.* Wiesbaden: Gabler.

Smith, A. K., & Bolton, R. N. (1998). An experimental investigation of customer reactions to service failure and recovery encounters: Paradox or peril? *Journal of Service Research, 1,* 65–81.

Solomon, M. R. (2013). *Konsumentenverhalten.* München: Pearson.

Sommerhäuser, G. (2000). *Unterstützung bankbetrieblicher Entscheidungen mit dem Analytic-Hierarchy-Process.* Berlin: Duncker und Humblot.

Sparrow, P., Hird, M., & Cooper, L. C. (2014). *Do we need HR?: Repositioning people management for success.* Basingstoke: Palgrave Macmillan.

Sponder, M. (2012). *Social media analytics: Effective tools for building, intrepreting, and using metrics.* New York: McGraw-Hill.

Srivastava, R. K., & Wiesel, T. (2010). Brand platform as strategic investments. In S. Wuyts, M. G. Dekimpe, E. Gijsbrechts, & R. Pieters (Hrsg.), *The connected customer* (S. 203–213). New York: Routledge.

Stadie, E. (1998). *Medial gestützte Limit Conjoint-Analyse als Innovationstest für technologische Basisinnovationen.* Münster: Lit.

Stahl, H. K., Hinterhuber, H., Friedrich von den Eichen, S. A., & Matzler, K. (2009). Kundenzufriedenheit und Kundenwert. In H. H. Hinterhuber & K. Matzler, (Hrsg.), *Kundenorientierte Unternehmensführung* (S. 247–267). Wiesbaden: Gabler.

Stahl, R., & Staab, P. (2017). *Die Vermessung des Datenuniversums: Datenintegration mithilfe des Statistikstandards SDMX*. Berlin: Springer Vieweg.

Staudacher, J. (2008). Identitätsbasiertes strategisches Markencontrolling. Dissertation. Bremen: Universität Bremen. https://elib.suub.uni-bremen.de/diss/docs/00011253.pdf.

Staudacher, J. (2018). Kundendaten als Einflussfaktor auf Reorganisationen in Marketing und Vertrieb. *Swiss Marketing Review, 3,* 18–20.

Staudacher, J. (2019). Erfolgsfaktoren für die Digitalisierung des persönlichen Verkaufs. *Swiss Marketing Review, 5,* 16–19.

Staudacher, J., & Nyholm, J. (2019). Wirkung der Kundenorientierung auf die Profitabilität. https://whataboutthecustomer.com/wp-content/uploads/2018/05/Auswirkung_Kundenorientierung_auf_Profitabilitaet.pdf. Zugegriffen: 10. Dez. 2019.

Staudacher, J., & Wahrlich, K. (2018). Touchpoint management: Measure, design, invest to build valuable relations! https://whataboutthecustomer.com/wp-content/uploads/2018/02/WATC-Strategy-Consulting_Customer-Management_Touchpoint-Management_Measure-Design-Invest-to-Build-Valuable-Relations.pdf. Zugegriffen: 10. Dez. 2019.

Staudacher, J., Warlich, K., & Vinzens, M. (2017). Nutzung der Preismessung zur Evaluation des Geschäftsmodells. *Swiss Marketing Review, 5,* 14–18.

Stauss, B., & Seidel, W. (2014). *Beschwerdemanagement: Unzufriedene Kunden als profitable Zielgruppe* (5. Aufl.). München: Hanser.

Stauss, B. (2009). Beschwerdemanagement als Instrument der Kundenbindung. In H. H. Hinterhuber & K. Matzler, (Hrsg.), *Kundenorientierte Unternehmensführung* (S. 345–365). Wiesbaden: Gabler.

Stauss, P. (2011). Feedbackmanagement. In H. Hippner, B. Hubrich, & K. D. Wilde (Hrsg.), *Grundlagen des CRM: Strategie, Geschäftsprozesse und IT-Unterstützung* (S. 441–475). Wiesbaden: Gabler.

Stelz, H. (2017). Valide Daten als Voraussetzung einer erfolgreichen Customer Journey. In U. Hannig (Hrsg.), *Marketing und Sales Automation: Grundlagen – Tools – Umsetzung; Alles, was Sie wissen müssen* (S. 39–48). Wiesbaden: Springer Gabler.

Stolle, W. (2013). *Global brand management*. Wiesbaden: Springer Gabler.

Strüker, J. (2005). *Individualisierung im stationären Einzelhandel: Ökonomische Analyse elektronischer Formen der Kundenkommunikation*. Wiesbaden: DUV.

Tangpong, C., & Pesek, J. G. (2007). Shareholder value: Ideology, reciprocity and decision making in moral dilemmas. *Journal of Managerial Issues, 14,* 379–396.

Tello, J., Khairnar, S., & Chandramohan, P. (2016). *Deloitte*. https://www2.deloitte.com/content/dam/Deloitte/us/Documents/about-deloitte/us-alliance-big-data-and-beyond.pdf. Zugegriffen: 27. Dez. 2019.

Thiebes, S., Lins, S., & Basten, D. (2014). Gamifyinginformation systems – A synthesis of gamification mechanics and dynamics. *Proceedings of the 22nd European Conference on Information Systems (ECIS).*

Thomas, B., & Tobe, J. (2013). *Anticipate: Know what your customers need before they do*. Hoboken: Wiley.

Thorndike, E. L. (1920). A constant error in psychological ratings. *Journal of Applied Psychology, 4,* 25–29.

Thun, S. (2019). Transformation der Kundenzufriedenheitsforschung – Anforderung an das Kundenzufriedenheitsmanagement der Zukunft. In B. Keller, H. W. Klein, & S. Tuschl (Hrsg.), *Zukunft der Marktforschung* (S. 105–123). Wiesbaden: Springer Gabler.

Tiggermann, M., & Slater, A. (2004). Thin ideals in music television. A source of social comparison and body dissatisfaction. *International Journal of Eating Disorders, 35,* 48–58.

Tolman, E. C. (1932). *Purposive behavior in animals and men*. New York: The Century Co.

Tovstiga, G., & Birchall, W. D. (2004). *Capturing opportunity in disruption*. Innsbruck: Working Paper der OKLC-Konferenz.

Uncles, M. (2005). Marketing metrics: A can of worms or the path to enlightenment? *Journal of Brand Management, 12,* 412–418.

Vahs, D., & Brem, A. (2015). *Innovationsmanagement. Von der Idee zur erfolgreichen Vermarktung.* Stuttgart: Schäffer-Poeschel.

Vandermerwe, S. (2014). *Breaking through: Implementing disruptive customer centricity.* New York: Palgrave Macmillan.

Vargo, S. L., Maglio, P. P., & Akaka, M. A. (2008). On value and value co-creation: A service systems and service logic perspective. *European Management Journal, 26,* 145–152.

van der Veen, G., & van Ossenbruggen, R. (2015). Mapping out the customer's journey: Customer search strategy as a basis for channel management. *Journal of Marketing Channels, 22,* 202–2013.

Venkatesan, R., Petersen, J. A., & Guissoni, L. (2018). Measuring and managing customer engagement value through the customer journey. In R. W. Palmatier, V. Kumar, & C. M. Harmeling (Hrsg.), *Customer engagement marketing* (S. 53–74). New York: Springer Science+Business Media.

Verhoef, P. C., Kooge, E., & Walk, N. (2016). *Creating value with big data analytics: Making smarter marketing decisions.* New York: Routledge, Taylor & Francis Group.

Voeth, M. (2000). *Nutzenmessung in der Kaufverhaltensforschung.* Wiesbaden: Gabler.

Voeth, M., & Herbst, U. (2013). *Marketing-Management: Grundlagen, Konzeption und Umsetzung.* Stuttgart: Schäffer-Poeschel.

von Krogh, G., Erat, P., & Macus, M. (2000). Exploring the link between dominant logic and company performance. *Creativity and Innovation Management, 9,* 82–93.

von Ruben. (2018). Neues im Abmahn-Wahnsinn – BGH urteilt: „Betrug" und Gesetz in Planung. *Gründerlexikon.* https://www.gruenderlexikon.de/news/kurz-notiert/neues-im-abmahn-wahnsinn-bgh-urteilt-betrug-und-gesetz-in-planung-84233569. Zugegriffen: 10. Dez. 2019.

Vossbein, U. (2000). Grundlegende Bedeutung der Kundensegmentierung für das Marketing. In W. Pepels (Hrsg.), *Marktsegmentierung. Marktnischen finden und besetzen* (S. 19–46). Heidelberg: Sauer.

Walsh, G., & Mitchell, V.-W. (2010). The effect of consumer confusion proneness on word of mouth, trust, and customer satisfaction. *European Journal of Marketing, 44,* 838–859.

Walsh, G., Deseniss, A., & Kilian, T. (2013). *Marketing: Eine Einführung auf der Grundlage von Case Studies* (2. Aufl.). Wiesbaden: Springer Gabler.

Wanchai, P. (2017). Key factors for successful ERP implementation: Case studies from private and public organizations in Thailand. In F. Piazolo, V. Geist, L. Brehm, & R. Schmidt (Hrsg.), *Innovations in enterprise information systems management and engineering* (S. 3–16). New York: Springer.

Wangenheim, F. V., & Bayon, T. (2004). The effect of word-of-mouth on services switching: Measurement and moderating variables. *European Journal of Marketing, 38,* 1173–1185.

Ward, J. C., & Ostrom, A. L. (2006). Complaining to the masses: The role of protest framing in customer-created complaint web sites. *Journal of Consumer Research, 33,* 220–230.

Watson, D., & Tellegen, A. (1985). Toward a consensual structure of mood. *Psychological Bulletin, 98,* 219–235.

Weber, J. (2004). *Einführung in das Controlling.* Stuttgart: Schäffer-Poeschel.

Wedel, M., & Kannan, P. K. (2016). Marketing analytics for data-rich environments. *Journal of Marketing, 80,* 97–121.

Wehner, T., Dimmeler, D., & Sauer, D. (2000). Strategisches Wissensmanagement unter Einbezug und Erweiterung der Balanced Scorecard. In H. H. Hinterhuber, A. S. Friedrich, A. Al-Ani, & G. Handlbauer (Hrsg.), *Das neue strategische Management* (S. 232–338). Wiesbaden: Gabler.

Weide, T. (2004). *Strategisches und operatives Controlling zur Unterstützung des Wissensmanagement in Banken. Dissertation.* St. Gallen: Universität St. Gallen.

Werbach, K., & Hunter, D. (2012). *For the win: How game thinking can revolutionize your business.* Philadelphia: Wharton Digital Press.

Wierich, R. (2008). *Personalisierung und Individualisierung von Coupons: Eine empirische Untersuchung der Kundenbindungswirkung individualisierter und personalisierter Coupons.* Stuttgart: Kohlhammer.

Wiesel, T. (2017). Customer engagement value. In S. Helm, B. Günter, & A. Eggert (Hrsg.), *Kundenwert: Grundlagen – Innovative Konzepte – Praktische Umsetzungen* (S. 114–133). Wiesbaden: Springer Gabler.

Wilde, K. D., Leußer, W., & Hippner, H. (2008). Datenqualitätsmanagement beim CRM. *WISU, 37,* 1180–1185.

Wilms, F. E. P. (1995). *Entscheidungsverhalten als rekursiver Prozeß: Konzeptuelle Bausteine des systemorientierten Managements.* Wiesbaden: Gabler.

Wind, Y., & Green, P. E. (1974). Some conceptual, measurement, and analytical problems in life style research. In W.D. Wells (Hrsg.), *Life style and psychographics* (S. 97–126). Chicago: Marketing Classics Press.

Wittink, D. R., & Cattin, P. (1989). Commercial use of conjoint analysis: An update. *Journal of Marketing, 53,* 91–96.

Wolf, J. (2011). *Organisation, Management, Unternehmensführung: Theorien, Praxisbeispiele und Kritik* (4. Aufl.). Wiesbaden: Gabler.

Wu, X., Zhu, X., Wu, G.-Q., & Ding, W. (2014). Data mining with big data. *IEEE Transactions on Knowledge and Data Engineering, 26,* 97–107.

Wübben, M. (2008). *Analytical CRM: Developing and maintaining profitable customer relationships in non-contractual settings.* Wiesbaden: Gabler.

Yang, K. (2008). *Voice of the customer: Capture and analysis.* New York: McGraw-Hill.

Yankelovich, D. (1964). New criteria for market segmentation. *Harvard Business Review, 42,* 83–91.

Yu, L. (2005). How companies turn buzz into sales. *MIT Sloan Management Review, 46,* 5–6.

Zambito, T. (2002). What is a buyer persona? Why the original definition still matters to B2B. *Tony Zambito.* https://tonyzambito.com/buyer-persona-original-definition-matters/. Zugegriffen: 19. Jan. 2020.

Zeithaml, V. A. (2000). Service quality, profitability, and the economic worth of customers: What we know and what we need to learn. *Journal of Academy of Marketing Science, 28,* 67–85.

Zimbardo, P. G., & Gerrig, R. J. (2004). *Psychologie* (16. Aufl.). München: Pearson.

Zoll, S. (2019). Überwachung mit Gesichtserkennung: Made in China, erprobt in Xinjiang und weltweit exportiert. *NZZ.* https://www.nzz.ch/international/china-nutzt-gesichtserkennung-fuer-ueberwachung-und-exportiert-sie-ld.1525690. Zugegriffen: 8. Januar 2020.

Żyminkowska, K. (2019). *Customer engagement in theory and practice: A marketing management perspective.* Cham: Springer International Publishing.

Dimension 2: Customer-centric Transformation

4

Darwin hat erkannt, dass nicht das schnellste oder größte, kleinste oder giftigste Lebewesen die Chance hat, zu überleben, sondern das Lebewesen, das sich am besten an Umweltveränderungen anpassen kann (Darwin 1872).

Kundenorientierung wird in den meisten Veröffentlichungen nur mit dem Customer Management in Verbindung gebracht oder mit Customer Experience-, kundenorientiertem Innovations- oder Angebotsmanagement gleichgesetzt (vgl. beispielhaft Evans 2016; Fader 2012; Matzler et al. 2009). Darüber hinaus gehen manchen Autoren auf die Mitarbeitenden ein (vgl. beispielhaft Gummesson 2008; Haas 2008). Bisher existieren kaum Untersuchungen und Modelle, die Kundenorientierung mit der gesamten Organisation in Verbindung bringen (vgl. Galbraith 2005). In Anlehnung an Darwin zielt Kundenorientierung aber nicht auf einzelne Elemente der Marktbearbeitung oder der Organisation ab, sondern auf die Anpassungsfähigkeit (Reagibilität) der Organisation an das kontinuierlich sich verändernde Einkaufsverhalten der Kunden. Aus meiner Sicht reicht es deshalb nicht aus, Kundenorientierung auf einzelne Bereiche der Organisation anzuwenden. Sie betrifft die gesamte Organisation und fokussiert auf deren Anpassungsfähigkeit (Sparrow et al. 2014, S. 57). Aufbauend auf der Nutzung zukünftiger Erfolgspotenziale gilt es, die gesamte Organisation zu transformieren. Basierend auf den vorhandenen Kundenerkenntnissen soll die Organisation transformiert und im Anschluss das Customer Management angepasst werden. Es erfolgt in der Praxis meist eine direkte Anpassung des Customer Managements auf Basis neuer Kundenerkenntnisse ohne eine ausreichende Transformation der Organisation. Beispielsweise ermittelt eine Organisation eine neue Kundenerkenntnis und führt dann ein neues CRM-System oder einen neuen Touchpoint ein oder passt die Kommunikation an. Die notwendigen Veränderungen innerhalb der Organisation, damit diese Aktivitäten des Customer Managements erfolgreich sein können, bleiben oft aus. Dies ist ein verkürztes Verständnis von Kundenorientierung.

© Springer Fachmedien Wiesbaden GmbH, ein Teil von Springer Nature 2021
J. Staudacher, *Kundenorientierung,* https://doi.org/10.1007/978-3-658-20176-0_4

Kundenorientierung heißt eben nicht nur, Kundenerkenntnisse für die Entscheidungs-findung bereitzustellen, sondern auch die organisatorischen Voraussetzungen dafür zu schaffen, dass die Entscheidungen optimal umgesetzt werden können (Handlbauer und Renzl 2009, S. 156). Customer Value-based Decision Making ist somit die Grundlage für eine Customer-centric Transformation einer Organisation.

Der Begriff Organisation wird je nach Forschungsperspektive sehr unterschied-lich definiert (Frese et al. 2012, S. 20 f.). Da ich im Besonderen auf die Reagibilität (Adaptionsfähigkeit) einer Organisation abstelle, beziehe ich mein Organisationsver-ständnis aus der Soziologie, unter anderem aus der System- und Strukturrationstheorie (Tacke und Drepper 2018).

▶ Aufbauend auf der Systemtheorie wird das Konstrukt der **Organisation** als ein Handlungssystem betrachtet, das sich gegenüber einer komplexen Umwelt behaupten muss (Steinmann et al. 2005, S. 140 ff.). Systeme sind nur in ihren Beziehungen zur Umwelt verständlich; sie konstituieren und erhalten sich durch Erzeugung und Erhaltung einer Differenz zur Umwelt (Luhmann 1984, S. 34 f.). Giddens als Vertreter der Strukturationstheorie bezeichnet soziale Systeme als *„patterning of social relations across time space, understood as reproduced practices"* (Giddens 1984, S. 377).

Im Zentrum des Systembegriffs steht für Giddens der Begriff der sozialen Praktiken. Diese sind *„regularized types of acts"*, Prozeduren, Methoden, Techniken, die von Akteuren angewandt werden (Giddens 1976, S. 75). Dabei begründen die Selektions-muster die Identität des Systems. Die Entscheidungen der Verantwortlichen beeinflussen die Organisation und diese wiederum beeinflusst rekursiv die Entscheidungen. Des-halb stellt Kundenorientierung nicht nur auf die Gewinnung von Kundenerkenntnissen, sondern, basierend auf dem vorgestellten Organisationsverständnis, auch auf die Art und Weise ab, wie diese für die Entscheidungsfindung genutzt werden. Die Verbesserung der Kundenorientierung ist in diesem Organisationsverständnis als ein kontinuierlicher Trans-formationsprozess zu sehen, die Entscheidungen und das Verhalten der Mitarbeitenden mit der Entwicklung der Organisation und den Kunden in Einklang zu bringen.

Es gibt inzwischen eine Vielzahl an Studien und Büchern darüber, wie eine „erfolg-reiche Organisation" auszugestalten ist. Beispielhaft möchte ich die Erkenntnisse von Peters und Waterman (2015) vorstellen. Sie haben auf Basis der erfolgreichsten US-amerikanischen Organisationen acht Attribute definiert, die eine exzellente Organisation aus ihrer Sicht ausmachen:

1. **Close to the customer:** Kunden verstehen und als Co-Creator für die Werterstellung nutzen
2. **Experimenting:** kleine Schritte, um auf Basis einer klaren Strategie zu testen
3. **Autonomy and entrepreneurship:** Entscheidungen nach unten verlagern und Frei-heit geben
4. **Productivity through people:** Mitarbeitende zu Ideen befähigen und belohnen
5. **Dominant Logic:** Eine klare Dominant Logic, der alle Entscheidungen folgen

6. **Simple form:** Struktur und Prozess möglichst einfach und das Management der Organisation möglichst „lean" halten
7. **Simultaneous loose-tight:** Kontinuierliche Anpassung an die Umweltveränderungen

Ihre Ausführungen decken sich mit dem Modell der Kundenorientierung. Sie gehen ebenfalls explizit auf die Entscheidungsfindung und die Dominant Logic einer Organisation ein. Darüber hinaus reduzieren sie Organisation nicht nur auf die Mitarbeitenden, sondern berücksichtigen auch die Struktur, die Prozesse, die Führung und die Steuerung des Systems.

Andere Autoren stellen im Vergleich nur auf einzelne Aspekte einer Organisation ab. Der interne Abbau von Silos, die stärkere Integration der Kunden oder die bessere Integration der Partner bzw. des Netzwerks werden oft angeführt. Nach meinem Verständnis bezieht sich Kundenorientierung auf die gesamte Organisation, und somit bedarf es einer Customer-centric Transformation des gesamten Systems und nicht nur einzelner Teilbereiche.

Die Customer-centric Transformation beeinflusst die folgenden vier Dimensionen einer Organisation (vgl. Abb. 4.1):

1. Auf der **individuellen Ebene** wird die Veränderung der Einstellung und des Verhaltens der Mitarbeitenden und im Besonderen des Managements sowie des Führungsstils vorgenommen.
2. Auf der **intra-organisatorischen Ebene** geht es darum, die gesamte Organisation über die Mitarbeitenden hinaus kundenorientierter auszurichten. Der Optimierung von Schnittstellen sowie der verbesserten Zusammenarbeit von Abteilungen gilt an dieser Stelle ein besonderes Augenmerk (Sparrow et al. 2014, S. 61).
3. Auf der **inter-organisatorischen Ebene** gilt es, soweit beeinflussbar, die Kundenorientierung der Netzwerkpartner ebenfalls zu verbessern und vor allem den Kundendatenaustausch kontinuierlich zu verbessern.
4. Die **Infrastruktur-Ebene** soll gewährleisten, dass die einzelnen eingesetzten Systeme optimal integriert sind und vor allem mit Blick auf die Gewinnung von Kundenerkenntnissen sowie die anschließende Bearbeitung durch das Kundenmanagement systematisch verbessert werden.

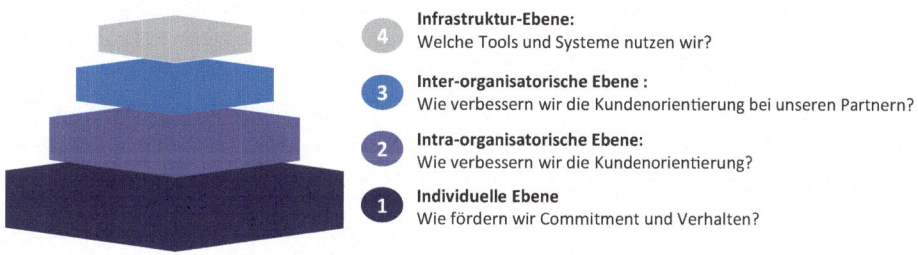

Abb. 4.1 Die Dimensionen der Customer-centric Transformation

Die Stärken und Schwächen vor dem Hintergrund der Verbesserung der Kundenorientierung dieser vier Dimensionen gilt es zu verstehen und die Entscheidung zu treffen, an welcher Stelle und in welchem Umfang Veränderungen vorzunehmen sind. Die zunehmende Spezialisierung im Marketing und Vertriebsbereich in den letzten Jahren hat zu Spannungen innerhalb der Organisation geführt (Buono und Bowditch 2003). Die „digitalen" Marketing-abteilungen stehen im Wettbewerb zu den „klassischen" Marketingabteilungen. Customer-Experience-Managementabteilungen kämpfen gegen Markenmanagementabteilungen um die Daseinsberechtigung in der jeweiligen Organisation, und grundsätzlich stehen sich Marketing und Vertrieb respektvoll, aber abschätzig gegenüber. Es gilt daher umso mehr, Entscheidungen und Investitionen im Rahmen der Kundenorientierung gesamthaft zu begreifen und nicht nur auf einzelne Abteilungen abzustellen (Crick 2017).

4.1 Change Management

Schumpeter unterteilte Organisationen in Pioniere und Folger und untersuchte deren unterschiedliche Strategien, mit Umweltveränderungen umzugehen (Schumpeter 1912). Als eine wichtige Erkenntnis seiner Arbeit gilt, dass jede Organisation einen unterschied-lichen Weg beschreiten kann und sollte, um auf Veränderungen zu reagieren. Allein vor dem Hintergrund, dass Mitarbeitende im Vergleich zu Ressourcen meist mehr Zeit für die Veränderung benötigen, ergeben sich daraus unterschiedliche Geschwindigkeitspotenziale für jede einzelne Organisation anhand ihrer Ausstattung (Albach et al. 2015, S. 4). Darüber hinaus gilt es, den Lebenszyklus einer Organisation zu berücksichtigen (vgl. Abb. 4.2). 70 % der Unternehmenskrisen entstehen aus der Organisation selbst heraus (Probst und Raisch 2004). Die Verbesserung der Kundenorientierung soll neben der Ver-besserung der Reagibilität die jeweiligen Krisen zwischen den einzelnen Entwicklungs-stufen einer Organisation reduzieren bzw. vermeiden helfen. So ist in der Pionierphase z. B. darauf zu achten, dass alle Kundenerkenntnisse nicht nur im Kopf des Gründervaters existieren, sondern für möglichst alle Mitarbeitenden niedergeschrieben zugänglich sind. In der Differenzierungsphase kann bspw. eine zunehmende Bürokratie die Anpassungs-fähigkeit (Reagibilität) der Organisation durch zu viele Vorgaben einschränken.

Das steigende Potenzial, Wissen zu erwerben und auf vorhandenes Wissen zuzugreifen, führt zu einer zunehmenden Veränderungsdynamik (Picot et al. 2008). Die Veränderungen in der Umwelt werden durch die Organisationen angeheizt, die in der Lage sind, neue Kundenerkenntnisse zu ermitteln. Diese Organisationen nutzen diese neuen Erkenntnisse für die Verbesserung der Kundenorientierung und üben so Druck auf den Wettbewerb aus. Die Umweltdynamik wird durch eine Wettbewerbsdynamik verstärkt. Somit ist es das Ziel einer kundenorientierten Organisation, eine möglichst hohe strategische Flexibilität zu besitzen, die, wenn geboten, einen rechtzeitigen Strategiewechsel ermöglicht (Burmann 2002).

▶ **Reagibilität** (Anpassungsfähigkeit) im Sinne der Kundenorientierung ist die Fähig-keit einer Organisation, sich so an veränderte Einstellungen und Verhalten der Kunden anzupassen, dass der Wert für beide gesteigert oder zumindest beibehalten werden kann.

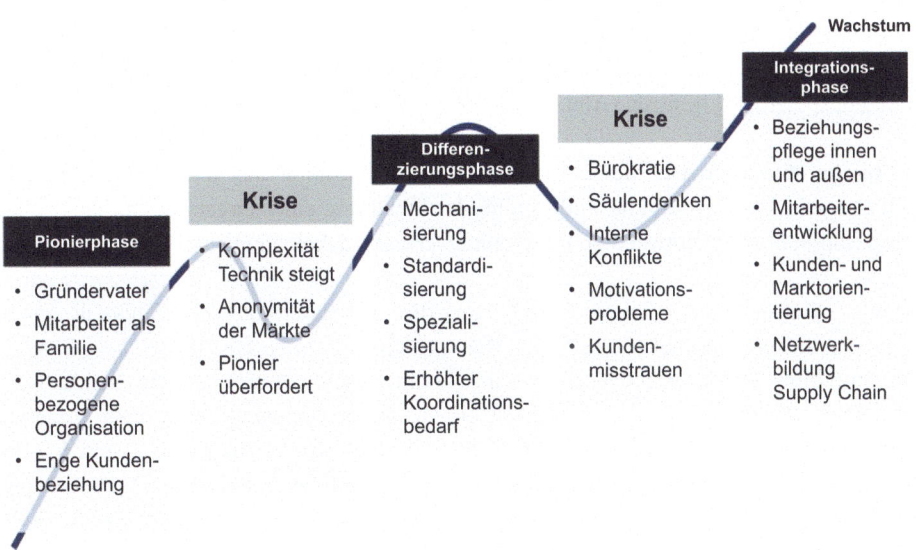

Abb. 4.2 Der Lebenszyklus einer Organisation. (Quelle: Lauer 2019, S. 24)

Welchen hohen Stellenwert die Reagibilität inzwischen hat, wird deutlich, wenn man sich vor Augen führt, dass sich die 500 größten US-amerikanischen Unternehmen 1960 durchschnittlich 60, 1980 35 Jahre und 2005 nur noch 18 Jahre halten konnten (Albach et al. 2015, S. 5).

Zur Verbesserung bzw. Aufrechterhaltung der Reagibilität bedarf es eines Change Managements innerhalb der Organisation. Bisher wird Change Management meist reaktiv und ad hoc ausgeführt, was auch ein Grund für die sehr hohe Flopquote von 70 % sein könnte (Balogun und Hope Hailey 2004). Trotzdem wird Change Management ein hoher Stellenwertwert in der Praxis zugesprochen, gerade auch in der Personalentwicklung (Schermuly und Nachtwei 2012, S. 38). Obwohl das Change Management für die Verbesserung der Kundenorientierung so wichtig ist, existieren dazu wenige empirische Studien (By 2005, S. 378). Die einzelnen Modelle sind oft widersprüchlich und der konkrete Handlungsbezug ergibt sich nicht immer auf den ersten Blick.

Im Folgenden soll auf einzelne Aspekte eingegangen werden, die als Basis für eine Customer-centric Transformation dienen können. Dabei wird grundsätzlich von einem geplanten Change Management ausgegangen (Bamford und Forrester 2003). Change Management wird im Folgenden nicht nur als Entscheidung des Managements top-down verstanden, sondern auch als die Befähigung der Mitarbeitenden, Veränderungen im Sinne des Kunden mehr oder weniger eigenständig durchzuführen (Heifetz et al. 2009). Wenn die Entscheidungskompetenzen mehr an die Front verlagert werden sollen, dann bedarfs es dort auch der Möglichkeit von Veränderungen. In Anlehnung an das strategische Management ist deshalb auch von einem emergenten Change Management in einer Organisation, das durch Zufall stattfindet, auszugehen (Burnes 2004). Da in diesem Buch nicht auf den einzelnen Prozess, sondern auf die Verbesserung der Kundenorientierung einer Organisation an sich abgestellt wird, wird auf emergente Einflüsse im Folgenden nicht eingegangen, auch weil die einzelnen Modelle und Ansätze noch „Entwicklungspotenzial" besitzen (Albach et al. 2015, S. 10).

▶ **Change Management** richtet sich auf die Organisation aus und ist eine Sozialtechnik sowie eine spezifische Philosophie der Steuerung einer Organisation, damit eine Organisation über die notwendige Reagibilität verfügt (in Anlehnung an Lauer 2019, S. 4).

Change Management fokussiert sich auf die Verbesserung der Fähigkeit einer Organisation, ein optimales Customer Management zu entwerfen. In der bestehenden Literatur zum Thema Kundenorientierung kommt diese Unterscheidung deutlich zu kurz. Dies überrascht, denn den meisten Organisationen mangelt es an einer Change-Management-Kompetenz (Lauer 2019, S. 50). Deshalb gilt es, in einem ersten Schritt die unterschiedlichen Dimensionen des Wandels zu antizipieren und die Verbesserung der Kundenorientierung einzuordnen. Dies kann, wie bereits ausgeführt, nur für jede einzelne Organisation individuell erfolgen.

Dimensionen des Wandels
- **Frequenz:** Kontinuierlich – Unterbrochen
- **Umfang:** Inkremental – Radikal
- **Intensität:** Optimierung – Neuentwicklung
- **Levels:** Ablauf-, Aufbauorganisation, soziales Gefüge
- **Prozess:** Emergent – Geplant
- **Richtung:** Bottom-up – Top-down
- **Motivation:** Intern – Extern
- **Komplexität:** Linear – Nichtlinear
- **Ergebnis:** Effektivität, Effizienz, Legitimität

(Quelle: in Anlehnung an Albach et al. 2015, S. 6)

Die einzelnen Dimensionen des Wandels sind interdependent. Bei einem radikalen Wandel wird es eine stärkere Akzentuierung eines Top-down-Change-Managements geben. Deshalb sind bei der Entwicklung eines Change Managements möglichst alle Dimensionen simultan zu berücksichtigen. Dabei sollte immer in Optionen gedacht werden. Zu empfehlen ist, die jeweils relevanten Dimensionen für die spezifische Situation zu bestimmen und anschließend die Auswirkungen auf die drei unterschiedlichen Levels zu analysieren (Stolzenberg und Heberle 2006, S. 2).

- **Aufbauorganisation:** Eigene Struktur und Netzwerk
- **Ablauforganisation:** Prozesse, Zuständigkeiten und Aufgaben
- **Soziale Gefüge:** Dominant Logic, Glaubenssätze, Kompetenzen, Führung, Kultur

Welche Unterschiede sind bei einem inkrementellen oder radikalen Ansatz in Bezug auf die Ablauf-, Aufbauorganisation sowie das soziale Gefüge zu erwarten? Während bspw. bei einem inkrementellen Change Management die Aufbauorganisation unberührt bleibt und es vor allem in der Ablauforganisation sowie dem sozialen Gefüge Veränderungen geben wird, wird bei einem radikalen Change Management meist auch die Aufbauorganisation verändert. Zur Verbesserung kann es keine allgemeingültigen Empfehlungen geben. Es ist zu beobachten, dass Organisationen viel Zeit für die Reorganisation der Aufbauorganisation verwenden. Die Frage, ob die Organisation eher am Angebot oder Kunden ausgerichtet werden soll, kann Organisationen über einen längeren Zeitraum blockieren. Dabei ist eine Organisation nicht automatisch kundenorientiert, wenn sie die Aufbauorganisation nach den Kunden ausrichtet. Das soziale Gefüge und die Ablauforganisation haben vor dem Hintergrund des hohen Stellenwerts des Customer Value-based Decision Makings und der Co-Creation einen viel höheren Einfluss auf die Verbesserung der Kundenorientierung.

In Anlehnung an den bisherigen Ausführungen soll deshalb zu Beginn bestimmt werden, wie intensiv und in welchem Umfang die Veränderung notwendig ist (Albach et al. 2015, S. 5). Grundsätzlich wird davon ausgegangen, dass die meisten Menschen automatisch zu kleinen Veränderungen tendieren (Festinger 1957). Das Konzept der kognitiven Dissonanzen hatte ich bereits mit Bezug auf Kunden vorgestellt (vgl. Abschn. 3.1.4.3). Menschen bevorzugen allgemein eine harmonische Denkwelt. Auf Veränderungen können sie unter anderem reagieren, indem sie neue Informationen einfach ignorieren oder die Kompetenz der Quelle in Zweifel ziehen – ein Phänomen, das es bei der Verbesserung der Kundenorientierung zu beachten gilt. Oftmals erlebe ich, dass die Kommunikation der Geschäftsleitung zum Change Management von den Mitarbeitenden kritisiert wird. Dabei ist nicht die Kommunikation das eigentliche Problem, sondern die Tatsache, dass die Informationen zu einem Konflikt führen, der geleugnet wird, um die bisherige Harmonie nicht zu stören (vgl. Abb. 4.3).

Im Ergebnis konnte bisher beobachtet werden, dass die meisten Organisationen mit inkrementellen Veränderungen auf die zunehmende Austauschbarkeit der Angebote und abnehmende Kundenloyalität reagiert haben. Im Zweifel werden Preisrabatte kontinuierlich und intensiv eingesetzt. Zahlreiche Veröffentlichungen fordern deshalb in der heutigen Zeit einen radikaleren Wandel (Kagermann 2015, S. 24). So einleuchtend der Ruf nach radikalerer Veränderung ist, die Mitarbeitenden einer Organisation müssen ihn mittragen. Für jede Organisation gilt es deshalb, zu bestimmen, welche der vier grundsätzlichen Arten von Change Management die ideale ist. Jede dieser Arten ist für jede Organisation möglich. Es muss nur genau abgewogen werden, ob ein sehr hoher Aufwand für ein Change Management notwendig ist, um das Überleben abzusichern, oder ob eine zu geringe Ambition zwar zu weniger Widerständen bei den Mitarbeitenden führt, aber mittel- bis langfristig im Konkurs endet (vgl. Abb. 4.4). Je nach vorhandener Stärker der Kundenorientierung und den Kundenanforderungen gilt es, die unterschiedliche Intensität des Change Managements zu bestimmen. Dabei bleibt für die meisten Organisationen nur die Wahl eines radikaleren und intensiveren Change Managements, um auch in ein paar Jahren noch erfolgreich zu sein.

Viele Organisation werden somit in den kommenden Jahren über radikale Veränderungen nachdenken müssen, wenn die Verbesserung der Kundenorientierung zu mehr Wachstum und Gewinn führen soll. Dies steht in einem Konflikt mit der grund-

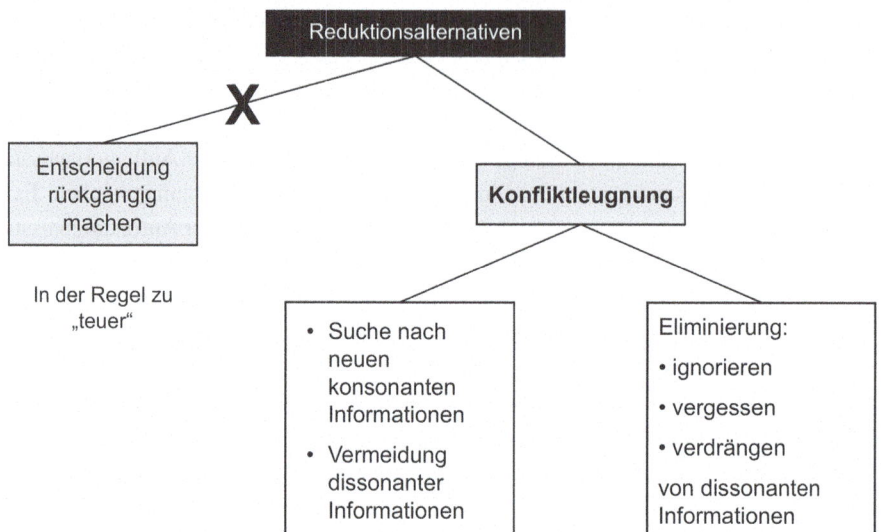

Abb. 4.3 Konfliktleugnung nach dem Konzept der Vermeidung kognitiver Dissonanzen. (Quelle: Lauer 2019, S. 36)

sätzlichen Präferenz von Menschen gegenüber inkrementellen Veränderungen – ein wichtiger Aspekt, warum sich Kundenorientierung in der Praxis meist in einem Spagat zwischen der Anforderung an eine eigentlich radikale intensive Veränderung und dem Wunsch einer inkrementellen und einfachen Veränderung in der Organisation befindet. Lewis führt dazu den Begriff „Bumpy Change" ein (Senior 2002). Er geht davon aus, dass Veränderungen manchmal „friedvoll" und planbar verlaufen. Meist kommt es aber im Rahmen von Veränderungen, die als unangenehm empfunden werden können, zu Widerständen in einer Organisation. Eine erste Empfehlung ist somit, das Change Management zur Verbesserung der Kundenorientierung zu planen und so zu kommunizieren, dass die notwendigen Veränderungen von den Betroffenen so umfassend wie möglich antizipiert werden können. Einer Studie zufolge scheitern Change-

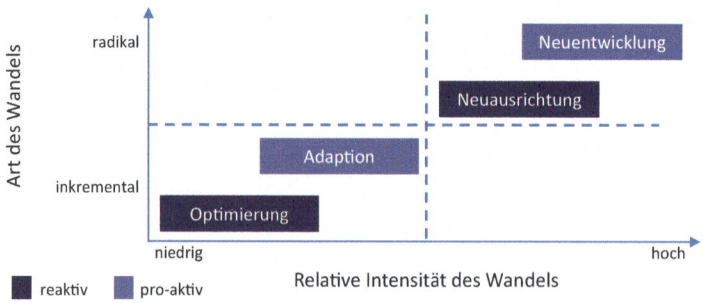

Abb. 4.4 Unterschiedliche Intensität des Change Managements. (Quelle: in Anlehnung an Albach et al. 2015, S. 7)

Management-Aktivitäten zu 30 % am Widerstand der Mitarbeitenden, zu 25 % an einer mangelhaften Prozesssteuerung, zu 20 % an einem zu hohen Tempo und zu 12 % aufgrund einer unklaren Zielsetzung (Schott und Witt 2005, S. 196). Während die letzten drei Punkte lösbarer sind, bleibt der Widerstand der Mitarbeitenden die zentrale Herausforderung. Change Management ist dadurch in jedem Fall ein „Bumpy Ride".

Darüber hinaus gibt es unterschiedliche Arten, wie auf Veränderungen reagiert werden kann: pro-aktiv oder reaktiv. Vor dem Hintergrund der Nutzung von zukünftigen Erfolgspotenzialen im Rahmen der Kundenorientierung und weil eine reaktive Haltung gegenüber Veränderungen zu höheren Aufwänden führt (Nadler et al. 1995), sollten kundenorientierte Organisationen eine pro-aktive Haltung einnehmen.

Als Ausgangspunkt für das Verständnis eines Change Managements gilt das Kräfteverständnis von Lewin (1947). Er geht von akzelerierenden Kräften aus, die von außen auf eine Organisation einwirken, und von retardierenden Kräften, die sich einem notwendigen Wandel entgegenstellen (Lauer 2019, S. 68). Überwiegen die retardierenden (rückwärtsgerichteten) Kräfte, dann erfolgt meist kein Wandel oder sogar eine fatale Rückwärtsentwicklung. Überwiegen die akzelerierenden (vorwärtsgerichteten) Kräfte dauerhaft, dann kommt eine Organisation nicht ins Gleichgewicht, die Mitarbeitenden sind überfordert. Im Ergebnis führt der eigentlich positiv intendierte Wandel zu einem Leistungsabfall der Organisation (vgl. Abb. 4.5).

Basierend auf diesen Annahmen geht Lewin davon aus, dass es für ein Change Management notwendig ist, dass vorübergehend die akzelerierenden Kräfte mehr Beachtung finden und nach einem erfolgreichen Wandel wieder eine Ruhephase einkehrt, die es der Organisation ermöglicht, das neue Wissen möglichst effizient einzusetzen (Schwarz 2019, S. 236).

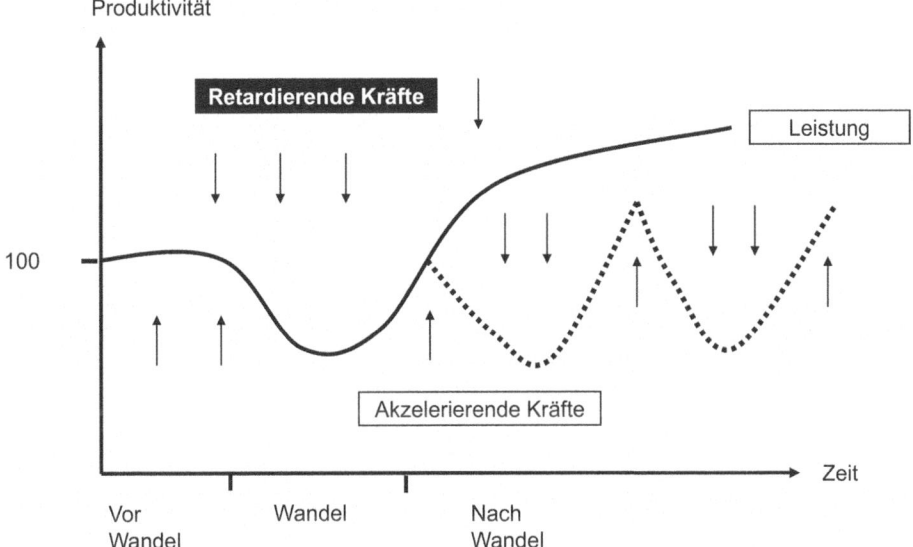

Abb. 4.5 Leistungskurven je nach Ausprägung akzelerierender und retardierender Kräfte. (Quelle: Lauer 2019, S. 69)

Abb. 4.6 stellt das von Lewin entwickelte Drei-Stufen-Modell des Change Managements mit den Stufen „Unfreezing, Moving und Refreezing" vor (Lewin 1947). In der ersten Phase kann das Unfreezing auf drei Arten erfolgen (Staehle 1999, S. 592):

1. **Burning Platform:** Die absichtliche Verstärkung der externen Kräfte auf die Organisation, indem bspw. die Geschäftsleitung einen Brandbrief an alle Mitarbeitenden schreibt. Dieser Ansatz kann schnell zu einer hohen Reaktanz führen und das weitere Change Management deutlich erschweren.
2. **Prophet:** Meinungsführer in der Organisation, die bisher die Kundenorientierung nicht so hochgehalten haben, benennen öffentlich diese Fehleinschätzung und werden zu den stärksten Befürwortern. Auch diese Vorgehensweise birgt Gefahren. Zudem muss eine Organisation überhaupt solche Meinungsführer haben.
3. **Verminderung der retardierenden Kräfte:** Dies ist der klassische Weg. Durch gute Einschätzung der Organisation, einen individuell abgestimmten Plan, ausreichend Ressourcen und umfassende Kommunikation gilt es, Stück für Stück mögliche Widerstände abzubauen.

In der zweiten Phase (Moving), dem eigentlichen Change Management, muss die aktive und konstruktive Integration der Mitarbeitenden abgesichert werden (Lauer 2019, S. 71). Die offene Kommunikation und umfassende Information sind in dieser Stelle wichtige Erfolgsfaktoren, die Mitarbeitenden zu motivieren (Vahs 2009, S. 375). Darüber hinaus ist darauf zu achten, die Energie nicht nur auf den Widerstand zu richten, sondern auch die meist in einer Organisation vorhandenen unterstützenden Kräfte zu mobilisieren (Rank und Scheinpflug 2008, S. 14). Oftmals erlebe ich, dass diese Gruppe in dem

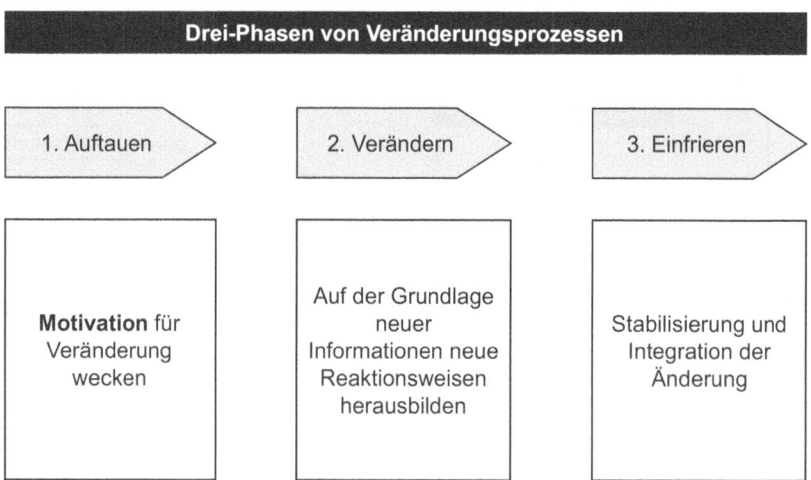

Abb. 4.6 Das Drei-Phasen-Modell des Change Managements nach Lewin. (Quelle: Lauer 2019, S. 70)

Bemühen, den Widerstand möglichst eigenständig zu „brechen", sträflich vernachlässigt wird. In der dritten Phase (Freezing) sollen die Veränderungen „eingefroren" werden. Dabei ist zu beachten, dass die Organisation im weiteren Zeitablauf nicht wieder in alte Gewohnheiten verfällt. Die Kommunikation von Erfolgen sowie Auffrischungen nach einem gewissen Zeitraum sind in dieser Phase wichtige Elemente (Pescher 2010, S. 106).

Für die Verbesserung der Kundenorientierung ergibt sich daraus, dass ein kontinuierlicher Change-Prozess zwar wünschenswert wäre, aber die Mitarbeitenden überfordert. Aus dem externen Veränderungsdruck und dieser Vorgabe ist eine drei- bis fünfjährige Planung für das Change Management, die nach Phasen der Veränderung immer wieder auch Ruhephasen in der Organisation zulässt, zu empfehlen.

Beispiel: Parallele Change-Management-Initiativen

Ein internationaler Konzern stand aufgrund der abnehmenden Zahlungsbereitschaft der Kunden unter Druck. In einer ersten Reaktion wurde ein umfassendes Kostensenkungsprogramm mit einer Laufzeit von 1,5 Jahren lanciert. Nach einem Jahr bestand der Wunsch der Geschäftsleitung, die Kundenorientierung in der Organisation zu verbessern. In einer solchen Situation können die Mitarbeitenden leicht überfordert werden. Zwei parallele Change-Management-Initiativen mit teilweise unterschiedlichen Zielsetzungen können dazu führen, dass das Leistungsniveau der Organisation deutlich absinkt und große Reaktanzen gegenüber jeglichem Wandel in der Organisation entstehen. Deshalb empfehle ich, die Möglichkeiten der Verbesserung der Kundenorientierung einer Organisation zu prüfen, bevor umfassende Kostensenkungsprogramme lanciert werden. Im Zeitraum eines solchen Programms ist die Organisation für weitere Change-Management-Initiativen förmlich blockiert. ◄

Bei der Umsetzung eines Change Managements sind vier grundlegende Herausforderungen zu beachten (vgl. Abb. 4.7): Trägheit (wie ausgeführt, findet diese bisher zu wenig Berücksichtigung), Widerstände, fehlende Orientierung und unklare Ziele (Lauer 2019, S. 72). Bei einem Change Management zur Verbesserung der Kundenorientierung führen oftmals unklare Ziele zu einem Scheitern. Dabei sind die Ziele auf Ebene der Geschäftsleitung meist nicht so unklar. Eine bisher fehlende Definition, was Kundenorientierung überhaupt ist, und ein fehlendes allgemein geteiltes Wissen dieser Definition führen dazu, dass aufgrund der riesigen Anzahl an Definitionsverständnissen innerhalb einer Organisation die Zielsetzung sehr unterschiedlich interpretiert wird. Zu Beginn hatte ich auf den hohen Stellenwert von Sprache für die Verbesserung der Kundenorientierung hingewiesen. Am Anfang eines Change Managements zur Verbesserung der Kundenorientierung gilt es, unbedingt die gewählte Definition von Kundenorientierung umfassend in der Organisation zu kommunizieren und mit Beispielen zu unterlegen. Erst ein geteiltes Verständnis, was Kundenorientierung überhaupt ist und wo die Organisation Schwächen besitzt bzw. welche Potenziale in Zukunft realisiert werden sollen, erlaubt eine verständliche Zielsetzung innerhalb der Organisation.

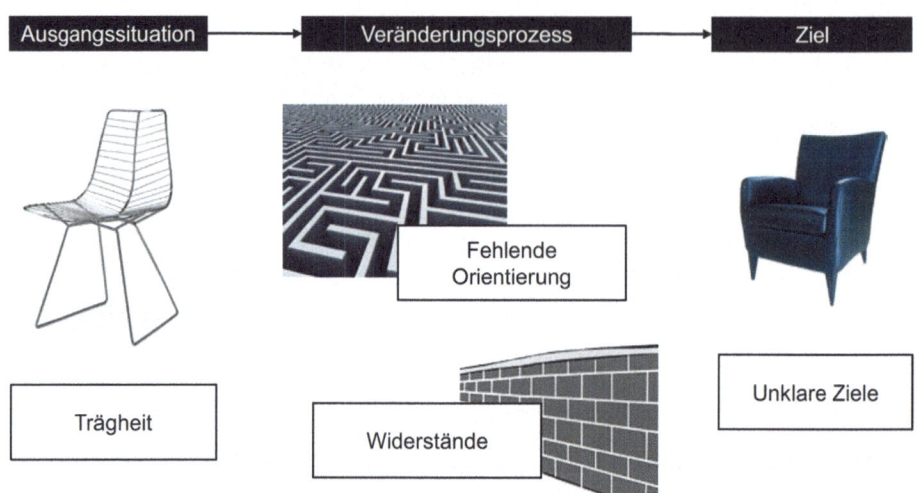

Abb. 4.7 Herausforderungen innerhalb der drei Phasen eines Change Managements. (Quelle: Lauer 2019, S. 72)

Darüber hinaus hat Lauer (2019, S. 81) mehrere Erfolgsfaktoren für ein Change Management bestimmt. Er verwenden den Begriff „Evolution" als einen relevanten Erfolgsfaktor dafür, dass eine Organisation ganz grundsätzlich dazu aufgefordert ist, neues Wissen zu erwerben und erfolgreich in die Entscheidungsfindung einfließen zu lassen (vgl. Abb. 4.8) – eine Bestätigung der hohen Relevanz von Kundenerkenntnissen und des Customer Value-based Decision Makings für eine erfolgreiche Customer-centric Transformation.

Aufbauend auf Lewin konnte Kotter (2009, S. 28 f.) acht Dimensionen für den Erfolg eines Change Managements bestimmen:

1. Das Gefühl der Dringlichkeit wecken
2. Ein Führungsteam zusammenstellen
3. Zielvorstellungen und Strategie entwickeln
4. Kommunikation
5. Handlungsfreiräume gewähren
6. Kurzfristige Erfolge
7. Nur nicht nachlassen
8. Veränderungen fest verankern

In Bezug zu Lewin können die ersten vier Stufen der Unfreezing-Phase zugeordnet werden, die Stufen fünf bis sieben der Phase Changing und die letzte Stufe der Phase Refreezing (Schwarz 2019, S. 238). Im Vergleich zu Lauers Erfolgsfaktoren zeigen sich Überschneidungen, aber auch Unterschiede. Wie eingangs erwähnt, gibt es bisher

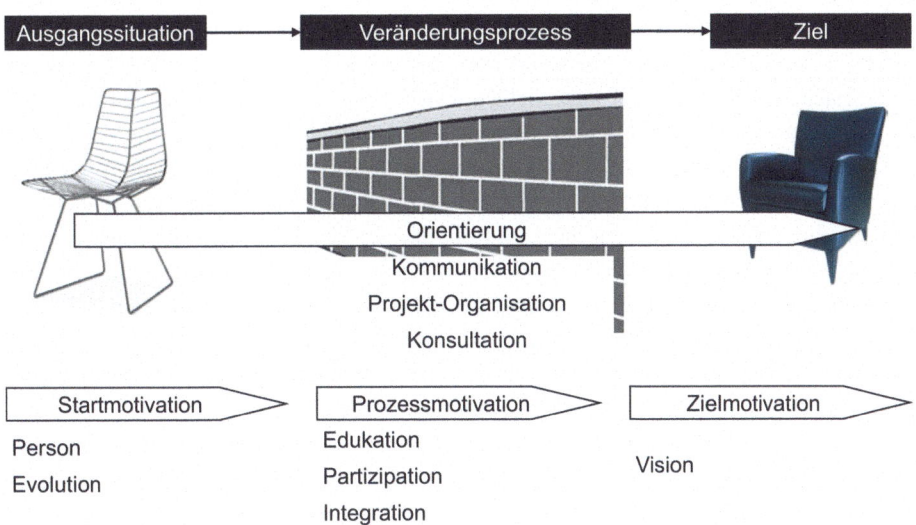

Abb. 4.8 Unterschiedliche Erfolgsfaktoren des Change Managements. (Quelle: Lauer 2019, S. 81)

kaum empirisch gestützte Studie zu den einzelnen Modellen und Erfolgsfaktoren, die es ermöglichen, Empfehlungen auszusprechen. Es gilt, möglichst alle vorgestellten Erfolgsfaktoren zu berücksichtigen und intensiv zu kommunizieren. Ein Erfolgsfaktor, der aus meiner Sicht gerne vergessen wird, sind die Ressourcen. Oftmals startet eine einzelne Person oder Projektgruppe mit einem gewissen Plan und Ressourcenausstattung auf der „Bumpy Ride" des Change Managements. Unterwegs wird es immer größere Widerstände geben. Viele neigen dann dazu, dem entwickelten Plan nicht weiter zu folgen, sondern Ressourcen leichtfertig für metaphorische Feuerlöschübungen an unterschiedlichen Stellen einzusetzen. Zu Beginn können damit auch noch Erfolge erzielt werden, aber im weiteren Verlauf kann diese zu flexible Vorgehensweise dazu führen, dass der einzelne oder die Projektgruppe förmlich „zerrissen" wird. Deshalb ist es bei aller Erfolgs- und Mitarbeitendenorientierung immer wichtig, im Blick zu haben: Sinkt die Motivation beim Change-Management-Verantwortlichen, wird es keinen Wandel geben. Aus Sicht der Geschäftsleitung ist davon auszugehen, dass es illusorisch ist, dass Change-Management-Verantwortliche über Monate eine hohe Motivation besitzen, um Widerstände in der Organisation anzugehen; vor allem, weil beim Change Management der Kundenorientierung meist Fachexperten im Customer Management zum Einsatz kommen und keine „Change-Experten". An dieser Stelle gilt es umzudenken bzw., wenn eine Teamstruktur vorhanden ist, diese mit wichtigen Kompetenzen zu unterstützen.

Der zentrale Erfolgsfaktor liegt für mich in der Vision bzw. der Zielvorstellung. Wie bereits ausgeführt, existieren zahlreiche Ideen in einer Organisation bezüglich dessen, was Kundenorientierung ist und wie diese verbessert werden kann. In Analogie zum

Nationaltrainer: Wir alle könnten eigentlich die Nationalmannschaft besser aufstellen. Deshalb ist es so wichtig, den Begriff Kundenorientierung klar zu definieren und das Change Management auf Zielsetzung 1 auszurichten. Das Change Management hat den Fokus auf das Customer Value-based Decision Making, die Customer-centric Transformation und Co-Creation zu richten (vgl. Abb. 4.9). Im Anschluss sollte die Organisation in der Lage sein, das Customer Management „eigenständig" zu verbessern. Kundenzufriedenheit und die Customer Experience stehen nicht im Zentrum der Kundenorientierung, sondern sind Ergebnisgrößen. Wenn Kundenorientierung mit Wachstum und finanziellem Erfolg sowie der Organisationsentwicklung verbunden wird, befinden sich die Mitarbeitenden auf einem guten Weg. Das zu eingeschränkte „Starren" auf Kundenzufriedenheit und das Customer Experience Management (Zielsetzung 2) bietet zu viel Interpretationsraum und im Zeitablauf zu viel Angriffsfläche auf das Change Management.

Es gilt, vor dem Hintergrund der Verbesserung der Kundenorientierung zu berücksichtigen, dass sich das Change Management nicht nur auf die Organisation selbst bezieht, sondern auch auf das Netzwerk, in das diese eingebunden ist (Finkbeiner und Morner 2015, S. 55). Für ein Change Management auf einer intra-organisationalen Ebene gelten grundsätzlich die gleichen Empfehlungen wie auf der inter-organisationalen Ebene. Darüber hinaus sind die allgemeinen Herausforderungen bei der Steuerung von Netzwerken, die in Abschn. 4.4 vorgestellt werden, zu berücksichtigen.

Abschließend möchte ich noch das Thema „Anzahl Projekte in einer Organisation" ansprechen. Irvin et al. (2003, S. 14) konnten in ihrer Studie ermitteln, wie schädlich eine zu große Anzahl an Projekten für die Transformationsfähigkeit einer Organisation und letztlich für den Erfolg ist. Dies führt u. a. dazu, dass Mitarbeitende die Einstellung im Zeitablauf entwickeln können: „Das Thema geht auch bald wieder vorbei." Gerade die Verbesserung der Kundenorientierung ist nicht ein Modethema des Monats, sondern

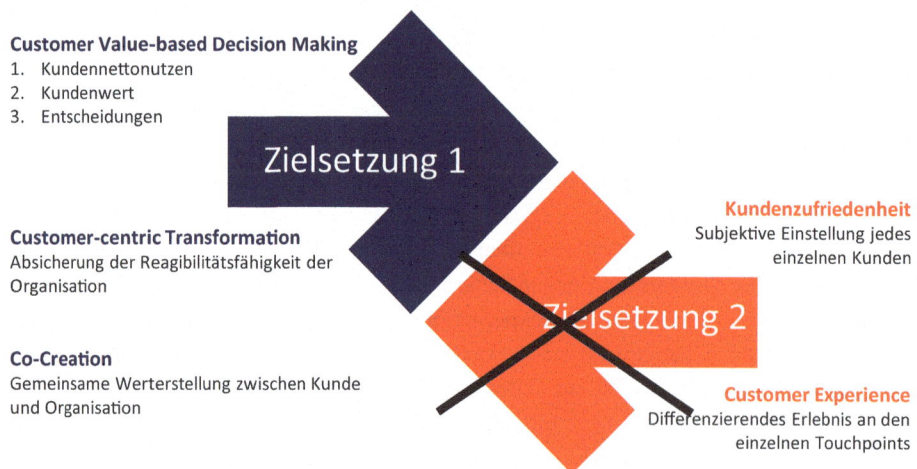

Abb. 4.9 Zielsetzung für das Change Management zur Verbesserung der Kundenorientierung

konstante Veränderungsarbeit einer Organisation über Jahre hinweg. Der Zeitumfang, den die Verantwortlichen für gewisse Themen zu Verfügung stellen, kann als ein Signal gesehen werden (Scholz 1987). Nicht selten machte ich bei meinen Projekten zu Beginn die Erfahrung, dass alle Verantwortlichen erkannten, welche Herausforderung die Verbesserung der Kundenorientierung für eine Organisation bedeutet. Im Projektverlauf wurden dann aber die Meetings und Workshop in die Randbereiche geschoben und die verfügbare Zeit immer wieder gekürzt. Dies ist ein Signal (Arrangement) an alle beteiligten Mitarbeitenden, dass die Verbesserung der Kundenorientierung aus Sicht der Verantwortlichen keine so hohe Priorität (mehr) besitzt. Allgemein sollte deshalb die Anzahl an Projekten im Auge behalten werden.

4.2   Individuelle Ebene

Kundenorientierung setzt bei jedem einzelnen Mitarbeitenden und Verantwortlichen in einer Organisation an (Schwepker 2003). Da es sich um eine Dominant Logic handelt, sollten so viele Mitarbeitende wie möglich von dieser Ausrichtung überzeugt sein. Das stellt die Verantwortlichen vor große Herausforderungen, weil die Verbesserung der Kundenorientierung nicht nur emergent bottom-up erfolgen kann (Handlbauer und Renzl 2009, S. 150).

Es gilt anzumerken, dass nie alle Mitarbeitenden die Kundenorientierung unterstützen werden. Auch verlassen Mitarbeitende die Organisation und neue kommen hinzu. Ich werde oft mit dem Traum konfrontiert, dass bei der Einstellung eines neuen Mitarbeitenden das Level an Kundenorientierung stärker berücksichtigt werden sollte. In nicht wenigen Bereichen ist es schwierig, neue Mitarbeitende zu finden. Somit sehe ich es als die Aufgabe einer Organisation an, kontinuierlich die Einstellung und das Verhalten der Mitarbeitenden in Bezug auf die Kundenorientierung zu verbessern und den Einstellungsprozess nicht zu kompliziert zu gestalten (Haas 2008).

Kundenkontaktmitarbeitende (Frontline Employees) sind eine besondere Gruppe vor dem Hintergrund der Kundenorientierung (Haas 2009). Sie befinden sich an der Schnittstelle zwischen Organisation und Kunden und prägen die Wahrnehmung des Kunden meist sehr entscheidend (Rödiger 2017, S. 1). Viele Transformationsprozesse der Kundenorientierung fokussieren sich zu Beginn auf diese Kundenkontaktmitarbeitenden. Ich empfehle, diese Vorgehensweise kritisch zu überdenken. Meistens sind Kunden nicht von dem Verhalten der Kundenkontaktmitarbeitenden frustriert, sondern von der Einstellung und dem Verhalten der den Kundenkontaktmitarbeitenden vorgelagerten Kollegen. Auch wird Kundenorientierung leicht auf die Empathie der Kundenkontaktmitarbeitenden reduziert (vgl. beispielhaft Jansen 2017), während mein Ansatz stärker auf das Wissen und die Entscheidungen der Mitarbeitenden abzielt. Empathie ist ein wichtiges Element, aber der Erfolg basiert auf der Entwicklung der Fähigkeiten der Mitarbeitenden auf zahlreichen Dimensionen, nicht nur einer.

Gerade zu Beginn des Transformationsprozesses gilt es, die Aufmerksamkeit auf die Führungskräfte und die Führung zu richten. Die Führungskräfte, die Geschäftsleitung sowie der Verwaltungsrat haben den größten Einfluss auf die Stärke der Verbesserung der Kundenorientierung in einer Organisation. Der Führung kommt somit ein hoher Stellenwert zu.

Die Transformation der Kundenorientierung sollte deshalb immer in den Tiefen der Organisation beginnen. Zurückgreifend auf eine Fußballanalogie ist der Kundenkontaktmitarbeitende der Stürmer einer Mannschaft. Die Mannschaft muss den Gegner erfolgreich abwehren und den Stürmer in eine optimale Position bringen, dann wird dieser motiviert sein, möglichst viel Tore zu schießen. Die Customer-centric Transformation sollte in der Buchhaltung, im Prozessmanagement, in der Rechtsabteilung etc. ansetzen.

4.2.1 Mitarbeitende

Eine Beziehung besteht immer aus mindestens zwei Parteien. Im Zuge der Konzeptionalisierung der Kundenorientierung im Sinne einer Refokussierung auf die Organisation stehen die Einstellungen und das Verhalten der Mitarbeitenden und Partner einer Organisation stärker im Zentrum der Betrachtung. Zwar werden die Aktivitäten des Customer Managements für den Kunden erlebbar, aber die Grundlage ist die Organisation, und diese baut wiederum auf den Mitarbeitenden auf. Dabei ändert sich nicht nur die Einstellung der Kunden, sondern auch die Einstellung der Mitarbeitenden.

Die Vereinbarkeit von Job und Privatleben gewinnt an Stellenwert. Finanzielle Anreize erzeugen weniger Wirkung. Die Mitarbeitenden suchen immer mehr einen Sinn und Organisationen, die ihnen zuhören und die sie beeinflussen können (Wolter 2019). Neben steigende Anforderungen an die Flexibilität bei der Arbeit wie bspw. Homeoffice sind auch der Rückgang von Fachkräften und die immer stärkere Spezialisierung zu beachten. Ich mahne immer wieder an, die Bindung der Mitarbeitenden an die Organisation zu analysieren und realistische Ziele zu setzen. So kommt Gallup zu dem Ergebnis, dass in Deutschland nur 15 % der Mitarbeitenden eine hohe Bindung zur Organisation aufweisen. 15 % der Mitarbeitenden haben überhaupt keine Bindung zur Organisation. Die Werte sind vergleichbar mit Österreich und der Schweiz (o. V. 2017a). Bei jeder Art von Transformationsprozess ist dies zu beachten. Deshalb ist für mich auch weniger die Implementierung eines Chatbots ein Element der Kundenorientierung, sondern vielmehr, die 70 % der Mitarbeitenden, die nur eine geringe Bindung zur Organisation besitzen, erfolgreich zu einer Verbesserung der Kundenorientierung zu bewegen.

Die Ausprägungen und die Einflussfaktoren der Kundenorientierung in Bezug auf Mitarbeitende werden seit der Vorstellung dieses Konstrukts im Jahr 1982 umfassend untersucht.[1] Kundenorientierung der Mitarbeitenden wird in zahlreichen Studien dabei in mehrere Dimensionen unterteilt. Ich schließe mich Brown et al. (2002) an und strukturiere die Kundenorientierung auf Mitarbeitendenebene über zwei Dimensionen: die Einstellung und das Verhalten. Wenn es einer Organisation gelingt, dass sich möglichst viele Mitarbeitende des hohen Stellenwerts der Kundenorientierung für den Erfolg der Organisation bewusst sind, hat dies einen positiven Einfluss auf die Stärke der Kundenorientierung und die finanzielle Entwicklung (Staudacher und Nyholm 2019, S. 2).

Ein Aspekt auf Mitarbeitendenebene, der immer wieder etwas untergeht, ist das Lernen. Kundenorientierung wird meist als Einstellung und Verhalten gegenüber dem Kunden definiert. Mein Verständnis baut darauf auf, dass die Mitarbeitenden veränderungsbereit sind. Dies ist eng verbunden mit dem Willen und der Fähigkeit, zu lernen (Handlbauer und Renzl 2009, S. 152). Wenn in der Praxis der Produktlebenszyklus und die SWOT-Analyse die einzigen Instrumente in einer Organisation sind, die angewendet werden, machen die Gewinnung von Kundenerkenntnissen und die Erstellung eines solchen Buchs wenig Sinn. Somit gilt es, die Mitarbeitenden hinsichtlich des Lernens und der daraus resultierenden Fähigkeiten in Kombination mit Einstellungs- und Verhaltensänderungen optimal zu führen, um die Kundenorientierung einer Organisation zu verbessern (Haas 2008, S. 1071).

4.2.1.1 Customer-centric Commitment

Voraussetzung für eine Stärkung der Kundenorientierung ist, dass alle Mitarbeitenden die Zielrichtung der Kundenorientierung einer Organisation als relevant ansehen. Stock und Hoyer (2005) konnten nachweisen, dass eine kundenorientiere Mitarbeitendeneinstellung einen direkten Einfluss auf die Kundenzufriedenheit hat. Andernfalls bleibt Kundenorientierung unklar, und Erfolge stellen sich eher zufällig ein. In einem ersten Schritt empfehle ich, intensiv und explizit darauf einzugehen, dass der Kunde eben nicht König ist. Es soll ein realistisches Bild vom Kunden in der Organisation gezeichnet werden (Haubrock und Öhlschlegel-Haubrock 2015, S. 69). Der Kunde ist der Partner der Organisation, der Wert erhält, wenn er Wert für die Organisation bereitstellt. Diese Repositionierung des Kunden ist wichtig, damit Mitarbeitende Kundenorientierung nicht als zusätzliche Belastung, sondern als Ausrichtung bzw. Dominant Logic begreifen, die ihrem Aufgabengebiet ein Zielsystem gibt. Darüber hinaus sollte berücksichtigt werden, dass die Selbstwahrnehmung der Mitarbeitenden in Bezug auf die eigene Kundenorientierung deutlich besser ausfällt als die Wahrnehmung durch Kunden und Vorgesetzte (Stock-Homburg 2007). Somit gilt es, nicht nur die Perspektive auf den Kunden,

---

[1]Zu einer Übersicht Rödiger (2017).

sondern auch die Perspektive auf die eigene Ausprägung der Kundenorientierung zu repositionieren. An dieser Stelle kann es schnell zu einem Ping-Pong-Spiel mit bösem Ausgang kommen. Die Vorgesetzten üben Druck auf die Mitarbeitenden aus, die diese wiederum externalisieren und den Vorgesetzten bzw. der Organisation als Ganzes die Verantwortung für die niedrige Kundenorientierung zuschieben. Deshalb gilt es, bei beiden Arten der Repositionierung mit Vorsicht zu agieren, gegebenenfalls externe Unterstützung hinzuzuziehen und, soweit möglich, die Aussagen auf Kundenerkenntnisse zu stützen.

Die Schaffung eines Commitments zur Verbesserung der Kundenorientierung sowie die damit verbundenen Ziele sind Aufgaben der Geschäftsleitung und Führungskräfte einer Organisation.[2]

▶ **Commitment** beschreibt allgemein die Verbundenheit gegenüber einem Beziehungspartner (Koot 2005, S. 107).

Commitment kann von allen Stakeholdern gegenüber einer Organisation ausgehen (Young und Denize 1995, S. 22 ff.). Deshalb eignet sich das Commitment-Konstrukt in einem besonderen Maße dafür, die unterschiedliche Beziehungsstärke der Mitarbeitenden und Partner in Bezug auf die Kundenorientierung zu steuern. Aufbauend auf dem Organisational Commitment (Riketta 2005) gehe ich von einem Customer-centric Commitment aus. Möglichst alle Mitarbeitenden und Partner sollen wissen, dass Kundenorientierung an oberster Stelle steht, welche konkreten Ziele die Organisation in der nahen und fernen Zukunft erreichen will und welchen Beitrag sie dazu leisten müssen. Darüber hinaus sollen die Mitarbeitenden und Partner diese Punkte verinnerlichen und eine Verbindung (Commitment) zu diesen aufbauen (Jansen 2017, S. 7).

▶ **Customer-centric Commitment** beschreibt das Ausmaß der Verbundenheit eines Mitarbeitenden gegenüber der kundenorientierten Unternehmensführung und die Intention, über die Vorgaben der Verantwortlichen hinaus die Kundenorientierung zu stärken.

Haubrock und Öhlschlegel-Haubrock (2015) basieren ihre Überlegungen auf den Theorien des sozialen Vergleichs und der sozialen Identität von Festinger und Tajfel (auch im Folgenden Haubrock und Öhlschlegel-Haubrock 2015, S. 26). Diese Theorien gehen davon aus, dass Kunden und Mitarbeitende einander als Gruppen gegenüberstehen. Beide Gruppen befinden sich in einem kontinuierlichen Vergleich und werden immer versuchen, besser als die anderen Gruppen dazustehen. Da in unserer Gesellschaft der Kunde als König eingestuft wird und der Verkaufende als Diener, bleibt den Mitarbeitenden wenig anderes übrig, als die Kunden in der Interaktion abzuwerten. Deshalb ist es, wie eingangs beschrieben, so wichtig, solchen Entwicklungen durch eine spezifizierte Rollenbeschreibung des Kunden entgegenzuwirken.

---

[2]Siehe dazu die Ausführungen zum Thema Führung in Abschn. 4.2.2.

Die Grundlage für die Verbesserung eines Customer-centric Commitments ist, dass die relevanten mitarbeiterbezogenen Einflüsse positiv von den Mitarbeitenden wahrgenommen werden (Haas 2008, S. 1077). Es existieren zahlreiche Einflüsse und Wirkungsbeziehungen. Deshalb soll an dieser Stelle nur auf einen prominenten Einflussfaktor eingegangen werden, der aus meiner Sicht nicht richtig interpretiert wird.

Inzwischen verbreitet sich die Meinung immer mehr, dass sich die Kundenorientierung nur steigern lässt, wenn der Mitarbeitende zufrieden ist. Dazu möchte ich ein paar Gedanken teilen. Wenn das so stimmt, dann kann jede Organisation, die sich in einer Abwärtsspirale befindet, die Kundenorientierung nicht mehr verbessern. Es ist nicht davon auszugehen, dass wenn Mitarbeitende betriebsbedingt gekündigt werden, Kurzarbeit angeordnet wird oder ganze Abteilungen geschlossen werden müssen, allgemein die Stimmung sehr positiv ist. Auch weisen nicht wenige kundenorientierte Organisationen eine relativ hohe Mitarbeitendenfluktuation auf, weil die Anforderungen an die Mitarbeitenden meist höher sind als beim Wettbewerb. Des Weiteren hat die Größe einer Organisation schnell einen Einfluss auf die allgemeine Zufriedenheit von Mitarbeitenden. Je größer die Organisation, desto langsamer, desto willkürlicher und desto weniger Einfluss habe ich als Mitarbeitender. Das muss nicht in jeder Organisation so sein, aber grundsätzlich bin ich der Überzeugung, dass Mitarbeitendenzufriedenheit und Customer-Centric Commitment nicht unbedingt verbunden werden sollten. Dies führt zu einer enormen Komplexität in der Praxis, die Zuständigkeiten sind nicht klar und es fehlt ein klares Messmodell, das aufzeigt, wie viel Mitarbeitendenzufriedenheit notwendig ist, damit das Commitment bei den Mitarbeitenden steigt. Handlbauer und Renzl (2009, S. 171) folgern zu recht, dass eine wechselseitige Beziehung zwischen Mitarbeitenden- und Kundenzufriedenheit bestehen kann, aber nicht zwingend gegeben sein muss. Ich empfehle deshalb, Mitarbeitendenzufriedenheit getrennt von dem Einfluss auf den Organisationserfolg zu steuern und Customer-centric Commitment losgelöst als einen wichtigen Erfolgsfaktor der Kundenorientierung zu betrachten.

4.2.1.2 Customer-centric Citizenship Behavior

Während das Customer-centric Commitment auf die Einstellung der Mitarbeitenden/ Partner abstellt, gilt es, auch das Verhalten der Mitarbeitenden kundenorientiert zu steuern (Donovan et al. 2004). Dabei teile ich kundenorientiertes Verhalten in zwei Dimensionen auf: grundlegendes kundenorientiertes Verhalten – im Sinne von „meine Handlungen sollen kontinuierlich den Wert für den Kunden und die Organisation steigern" – und Extra-Rollenverhalten. Fritz (1995, S. 273) konnte in seiner Studie aufzeigen, dass die Delegation von Entscheidungen auf niedrigere Hierarchiestufen die Kundenorientierung einer Organisation stärkt. Diese Delegation kann ein Rollenverhalten fördern, das über das grundsätzliche erwartete Rollenverhalten hinausgeht. Aufbauend auf dem Organizational Citizenship Behavior verstehe ich unter Extra-Rollenverhalten, dass es weder formal belohnt noch dass dessen Ausbleiben sanktioniert wird (Podsakoff et al. 2000). Während das grundlegende kundenorientierte Rollenverhalten über das Zielsystem gesteuert werden soll, gilt es für die Verantwortlichen, das Extra-Rollenverhalten zu fördern. Ich fasse beide Rollenverhalten als Customer Citizenship Behavior (Kundenbürgertum) zusammen (van Dyne et al. 1994).

▶ **Customer-centric Citizenship Behavior** zielt auf das Verhalten der Mitarbeitenden ab, ihr Wissen im Bereich Kundenorientierung kontinuierlich zu verbessern, dieses im Rahmen von Entscheidungen und Ausführung optimal anzuwenden und über die Vorgaben hinaus den zu beeinflussenden Bereich systematisch kundenorientierter auszugestalten.

Somit gilt es, ein grundsätzlich kundenorientiertes Verhalten der Mitarbeitenden abzusichern und aufgrund der Veränderungen im Personalbestand dieses Verhalten immer wieder zu stärken. Während die erste Dimension kodifiziert in der Organisation vorliegen sollte, entzieht sich die zweite Dimension (Extra-Rollenverhalten) leicht der Beurteilung und Beeinflussung. Hier kann im Rahmen von Geschichten und Wettbewerben eine Sensibilität für den hohen Stellenwert des Customer-centric Citizenship Behaviors erzielt werden. Kundenorientierung richtet sich auf die Reagibilität zur Nutzung von Erfolgspotenzialen aus. Zu starre Vorgaben oder der Versuch, jede einzelne Kundeninteraktion bis ins kleinste Detail vorzudefinieren, sind für die Verbesserung der Kundenorientierung hinderlich. Es bedarf eines klaren Handlungsrahmens für die Mitarbeitenden, aber auch Freiheiten, um auf den individuellen Wahnsinn dieser Welt adäquat antworten zu können. In Abb. 4.10 werden die beiden Dimensionen des Customer-centric Citizenship Behaviors einander gegenübergestellt. Dabei sollte eine Organisation gerade zu Beginn des Transformationsprozesses vor allem darauf abzielen, dass sich möglichst viele Mitarbeitende der kundenorientierten Ausrichtung nicht verweigern.

Nach meinem Verständnis betrifft Kundenorientierung alle Mitarbeitenden einer Organisation und nicht nur die mit Kundenkontakt. Diese Einschätzung wird durch die Dimension Co-Creation unterstützt. Die zunehmende Nutzung von Co-Creation-Elementen in der Organisation zur Verbesserung der Kundenorientierung führt dazu,

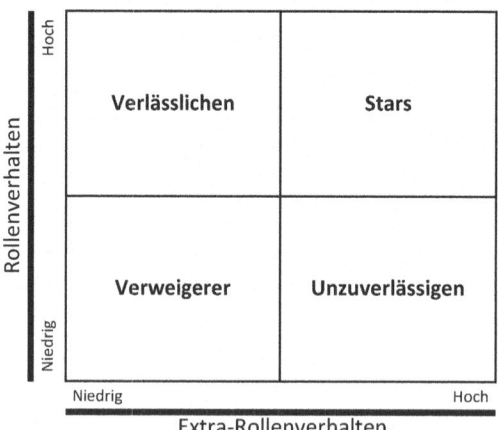

Abb. 4.10 Die zwei Dimensionen des Customer Centric Behaviors

dass immer mehr Mitarbeitende sich intensiver mit den Kunden auseinandersetzen müssen und sogar Kontakt mit ihnen haben werden. Die folgenden Aussagen gelten im Speziellen für Kundenkontaktmitarbeitende, sind aber auch bei Mitarbeitenden im Rahmen von Co-Creation-Aktivitäten zu beachten.

Folgende Besonderheit in Bezug auf Kundenkontaktmitarbeitende sollte berücksichtigt werden: Mitarbeitende, die nur ein bis zwei Jahre in der Organisation tätig sind, neigen dazu, sich stärker an der Organisation als am Kunden zu orientieren (Haubrock und Öhlschlegel-Haubrock 2015, S. 100). Gerade für Kundenkontaktmitarbeitende ist dies nicht ideal. Ursprung dessen ist die Angst, nicht dazuzugehören bzw. seinen Job zu verlieren. Die berühmte Probezeit führt automatisch dazu, dass sich ein neuer Mitarbeitender intensiv mit den bestehenden Abläufen in der Organisation beschäftigt und somit weniger Energie für die Kunden aufbringen kann. Gerade neuen Mitarbeitenden sollte deshalb der hohe Stellenwert der Kundenorientierung kontinuierlich vermittelt und vorgelebt werden.

Neben dem Customer-centric Commitment und dem Customer-centric Citizenship Behavior gelten für Kundenkontaktmitarbeitende noch zwei weitere Dimensionen: Kundenoffenheit und Lösungskompetenz.

▶ **Kundenoffenheit** beschreibt den Willen des Kundenkontaktmitarbeitenden, mit Kunden in Kontakt zu treten. **Lösungskompetenz** bezeichnet die Fähigkeit, Kunden zu helfen (in Anlehnung an Stock und Hoyer 2005).

Es konnte belegt werden, dass das Ausmaß der Kundenoffenheit der Kundenkontaktmitarbeitenden einen direkten Einfluss auf die Kundenloyalität hat (Rödiger 2017, S. 176). Oft erlebe ich Einkaufssituationen, in denen der Verkaufende jegliche Offenheit mir gegenüber vermissen lässt. Sicher sind nicht alle diese Mitarbeitenden negativ gegenüber den Kunden eingestellt. Doch es fehlt oftmals an Feedback und Hilfsmitteln, damit die Kunden den Verkaufenden als offen wahrnehmen. Darüber hinaus ist es fatal, wenn Kundenkontaktmitarbeitende bei Problemen antworten: „Da kann ich gar nichts machen, dafür ist eine andere Abteilung zuständig." Jeder Kundenkontaktmitarbeitende muss sich bewusst sein, dass er für die Lösung des Kundenanliegens zuständig ist. Kundenkontakt ist verpflichtend in jeder Hinsicht. Somit gilt es für Kundenkontaktmitarbeitende über das Customer-centric Commitment und das Customer-centric Citizenship Behavior hinaus auch, die Kontaktoffenheit und die Lösungskompetenz zu verbessern.

4.2.2 Führung

Die Einstellung und das Verhalten der Mitarbeitenden sind eng mit der Führung verbunden. Den hohen Einfluss der Führung auf den Erfolg bei der Verbesserung der Kundenorientierung konnte Rueckert schon 1992 belegen. Er untersuchte beispielhaft das Einstellungsverfahren, das Anreizsystem sowie die Weiterbildungsmöglichkeiten und kommt zu dem Ergebnis, dass diese Auswirkungen auf die Kundenorientierung einer Organisation haben (Rueckert 1992, S. 240). Der Führung kommt somit bei dem Ziel, die Kundenorientierung einer Organisation zu verbessern, eine große Verantwortung zu (Lamberti 2013, S. 601). Wie für Mitarbeitende hat die Zunahme von Co-Creation-Aktivitäten auch einen Einfluss auf die Führung. Wenn immer mehr Mitarbeitende in direkten Kontakt mit den Kunden kommen und das System Organisation die bestehenden Grenzen aufweicht, sind die Führungskräfte gefordert. Die Unsicherheit für alle Beteiligten nimmt zu. Dies gilt es zu antizipieren und proaktiv möglichst zu reduzieren. Es sind andere Führungskompetenzen notwendig, aber vor allem die Fähigkeit, Vertrauen in die eigene Organisation und deren Reagibilität aufzubauen, mögliche neue Kunden-anforderungen erfolgreich gemeinsam zu bewältigen (Sparrow et al. 2014, S. 61).

Führung steht vor dem Hintergrund von Vertrauen und Akzeptanz auch immer in einem moralischen Kontext, den ich explizit ausklammere. Viele Organisationen bspw. in der Finanz-, Automobil- oder Lebensmittelindustrie haben ihre Kunden getäuscht und diese haben sich auch täuschen lassen. Aus einer Customer-Firm-Value-Perspektive ist dieses Vorgehen „kundenorientiert". Wenn aber eine Führungskraft in einer solchen Organisation vor die Mitarbeitenden tritt und vom König Kunden spricht und dass dieser fair zu behandeln ist, ergibt sich für die Mitarbeitenden sofort ein nicht aufzulösender Konflikt. Ich empfehle nicht, vor die Mitarbeitenden zu treten und zu sagen: „Wir sind Lügner und Betrüger", aber Kundenorientierung ist eingebettet in die Moralvorstellung einer Gesellschaft und richtet sich nach dieser aus. Deshalb ist es gerade im Rahmen der Führung so wichtig, ein realistisches (aber auch respektvolles) Bild vom Kunden zu zeichnen. Beide Partner sind nicht perfekt und bereuen (vielleicht) die eine oder andere Entscheidung in der Vergangenheit, getreu dem Motto: „Wer frei von Schuld ist, werfe den ersten Stein." Führung steht somit im moralischen Spannungsfeld zwischen Kunden und Mitarbeitenden (vgl. Abb. 4.11).

▶ Unter **Führung** wird ein Prozess der Willensbildung und Willensdurchsetzung von spezifischen Personen gegenüber anderen Personen zur Erreichung eines oder mehrerer Ziele verstanden (Hahn 1999, S. 29).

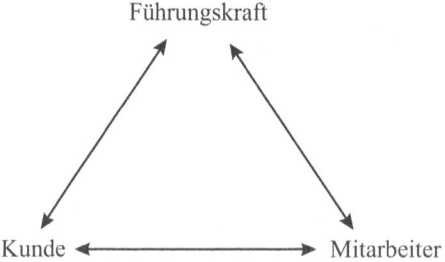

Abb. 4.11 Dreiecksbeziehung der Kundenorientierung. (Quelle: Handlbauer und Renzl 2009, S. 170)

Die Verbesserung der Kundenorientierung einer Organisation benötigt Zeit und Führung (Pinnow 2017, S. 147). Somit stellt sich die Frage: Welche Art von Führung ist optimal?

Es wird aktuell empfohlen, dass Organisationen mehr ausprobieren, Projekte schneller abgebrochen werden sollen und Agilität grundsätzlich einen großen Stellenwert haben sollte (Brett 2018, S. 67). Was bedeutet dies für die Beziehung zwischen Führungskraft, Mitarbeitendem und Kunde? Ausgehend von der Evolutionstheorie gewinnt dadurch der Zufall einen größeren Einfluss auf den Erfolg einer Organisation (Wolf 2011, S. 383). Strategische deterministische Planung, die den Erfolg quasi diktiert, wird immer unwahrscheinlicher (wenn sie denn jemals wahrscheinlich war), und das Ausprobieren bzw. Zufallsprozesse gewinnen an Stellenwert. Für die Führung ist dies nicht einfach. Menschen haben grundsätzlich das Bedürfnis, zu jemandem aufzuschauen, der ihnen Sicherheit gibt. Steve Jobs und Elon Musk werden von vielen Menschen nicht rational analysiert und die grundsätzliche Komplexität von Erfolg wird nicht nachvollzogen, sondern sie werden (zumindest auf LinkedIn) als Managementgötter verehrt. Wenn aber nicht die Planung bzw. die Entscheidung der Führungskraft so entscheidend ist, sondern das Ausprobieren von unterschiedlichen Ansätzen, und wenn Mitarbeitende in kurzfristigen Abständen die Ausrichtung der Arbeit verändern müssen und immer wieder neue Wege einschlagen sollen, stellen sich ganz neue Herausforderungen an die Führung.

Führung bedeutet vor diesem Hintergrund immer auch Selbstführung (Hofert 2018, S. 95). Resilienz gewinnt in diesem Umfeld an Stellenwert. Dabei wird auf die Fähigkeit abgestellt, trotz Störungen und widriger Umstände immer wieder neu anzufangen und in die eigene Kraft zurückzufinden. Trentzsch (2017, S. 163) bestimmt mehrere Erfolgsfaktoren, die grundsätzlich für alle Mitarbeitenden gelten, aber im Besonderen für Führungskräfte:

- **Optimismus:** Da alles ein Lernen ist, können wir, egal bei welcher Entwicklung, nur gewinnen
- **Akzeptanz:** Wer seine Gedanken immer nur auf das Unerreichbare fokussiert, verliert Energie. Was ist möglich?
- **Lösungsorientierung:** Fokus auf die Vision
- **Die Opferrolle verlassen:** Sei nicht abhängig von außen, sondern konzentriere dich auf deine inneren Stärken
- **Verantwortung übernehmen:** Frei nach Tucholsky: „Leben ist aussuchen"

Wenn die Veränderungen, die Geschwindigkeiten und das Risiko zunehmen, ergibt sich automatisch ein anderes Anforderungsprofil an die Führung. Wenn mehr in Projekten gearbeitet wird, die dann auch schnell wieder eingestellt werden, gilt es, die Motivation hochzuhalten und zu verdeutlichen, dass der Erfolg nicht mehr nur das Ergebnis ist, sondern auch im Lernen für die Organisation liegt. Zur systematischen Verbesserung einer solchen Art von Führung fehlen aktuell noch Controllingansätze. Diese sind aber notwendig, um den jeweiligen Verantwortlichen zu unterstützen.

Parallel zur Beziehung zwischen den Mitarbeitenden und den Führungskräften muss auch die Beziehung zu den Kunden berücksichtigt werden. Neben der Befähigung und Ausrichtung bedeutet kundenorientierte Führung auch immer, dass die Verantwortlichen sich mit einer Reihe unangenehmer Fragen auseinandersetzen müssen: Wie soll auf Beschwerden reagiert werden? Wann sollen sich Vorgesetzte schützend vor die Mitarbeitenden stellen? Wie werden Problemkunden behandelt? etc. (Handlbauer und Renzl 2009, S. 172). Ich habe auch deshalb die Ausführungen zur Gewinnung von Kundenerkenntnissen so umfassend gestaltet, damit die Verantwortlichen gute, wertvolle Argumente haben, ihren Führungsanspruch gegenüber den Mitarbeitenden positiv durchzusetzen. Somit ist es wichtig, die hohe Dynamik auf Basis von Kundenerkenntnissen den Mitarbeitenden zu verdeutlichen, ansonsten geht relativ schnell die Dynamik im Team verloren. Aufbauend auf dem Co-Creation-Gedanken gilt es darüber hinaus, den Kunden für die Führung der Mitarbeitenden einer Organisation optimal „einzuspannen" und dadurch die Erwartungen an Führungskräfte und deren persönliche Fähigkeiten deutlich zu reduzieren (Grant 2011).

In der Praxis erlebe ich oft, dass gerade die Gewinnung von Kundenerkenntnissen und darauf basierende Entscheidungen sowie Co-Creation immer noch vielen Organisation schwerfallen. Li und Bernoff (2008) zeigen auf, dass Führungskräfte den Wunsch der Kunden nach Co-Creation oft als Bedrohung wahrnehmen, weil die bestehenden Regeln und Kontrollmechanismen der Organisation zum Teil nicht mehr greifen. Während eines Customer-Experience-Management-Treffens führte ein Verantwortlicher aus, wie groß doch das Risiko sei, Kunden in die Entwicklung einer besseren Customer Experience zu integrieren. Führung baut somit auf der Selbstreflexion auf (Trentzsch 2017, S. 156). Nur wer seine eigenen Glaubenssätze und Handlungsmuster versteht, kann sein Verhalten bewusst beeinflussen und andere zielgerichtet führen (Pinnow 2017, S. 149). Die Selbstführung ist ein wesentlicher Erfolg eines jeden Mitarbeitenden. Deshalb umfasst der Customer Centricity Maturity Check auch immer einen Teil, der die Selbsteinschätzung thematisiert.

Schon seit den 1950er Jahren ist bekannt, dass Verantwortliche dazu neigen, eher inkrementelle Verbesserung vorzunehmen als optimale (Lindblom 1959). Aktuell wird aber postuliert, möglichst laut die Alarmglocken zu läuten, weil bald die Disruptoren kommen und die eigene Organisation „auffressen" werden (Orvos 2018, S. 4). Aufgrund solcher Gedanken setzt ein großes Jammern bezüglich der eigenen Organisation und der Führungskräfte und vor allem der Geschäftsleitung ein. Deshalb mal eine Frage an dich: Wie oft hast du in den letzten drei Jahren in deinem Leben radikale Veränderungen vorgenommen? Aufgehört zu rauchen, weniger Alkohol getrunken, mehr Sport getrieben, dich mehr um Freunde und Familie gekümmert etc.? Und wie einfach ist dir dies gefallen? Ausgehend davon, dass es eben keine Supermenschen gibt, gilt es zu akzeptieren, dass wir den Anspruch stellen können, agiler zu entscheiden und zu handeln, aber dies fällt Menschen außerordentlich schwer. Agilität sollte Menschen befähigen, nicht treiben.

Allgemein soll die Reagibilität der Organisation durch die Verbesserung der Kunden-orientierung gesteigert werden (Lamberti 2013, S. 602). Führung betrachte ich dabei zweidimensional: zum einen in der Art, wie im Tagesgeschäft geführt wird und wie sich die Führung weiterentwickelt bzw. transformiert. Wie schon in Abschn. 3.4 aus-geführt, gilt es, die eigenen Entscheidungen selbstkritisch zu betrachten und wenn nötig die Führung anzupassen. Schmidt (2009, S. 339) konnte bestimmen, dass erfolgreiche Manager die neuesten theoretischen Modelle in ihrer täglichen Arbeit einsetzen – ein Aspekt, den ich immer wieder betone. Eine Organisation muss lernen und die neusten Modelle im Alltag einsetzen. Darüber hinaus ist aber eine erfolgreiche Führung auch dadurch gekennzeichnet, dass sie sich immer wieder anpasst.

Zum anderen kommt aus meiner Sicht eine zentrale Dimension hinsichtlich Führung zu kurz. Während das Verhältnis zwischen Führungskräften und Mitarbeitenden umfassend analysiert worden ist, ist vielen noch nicht bewusst, wie wichtig die kunden-orientierte Führung der Geschäftsleitung gegenüber dem mittleren Management ist. Je stärker gerade die Geschäftsleitung gegenüber dem mittleren Management aufzeigen kann, wie wichtig Kundenorientierung ist, desto größer die Chance, die Kunden-orientierung zu verbessern (Lamberti 2013, S. 603). Aufbauend auf dem Modell von Rogers, ist das mittlere Management eine „Organisation of the late Majority", die, wenn etwas Erfolg in der Organisation hat, auf den Zug aufspringt. Es gilt aber, das mittlere Management möglichst als Early Adopters oder sogar als Innovators zu befähigen (Brett 2018, S. 68 ff.). Somit müssen in einem ersten Schritt die Geschäftsleitung und das mittlere Management kundenorientiert ausgerichtet werden. Dies bedeutet, dass die notwendigen Kompetenzen aufgebaut werden müssen, weil gerade bei der Nutzung von Kundenerkenntnissen und im Bereich IT-Entwicklung aktuell in vielen Organisationen große Defizite bestehen.

Führung gilt es als Steuerung einer Customer-centric Transformation zu begreifen (Sheth et al. 2000, S. 64). Dabei ist nicht gemeint, den neusten Trends wie Social Media, I-Beacons, Apps, etc. hinterherzulaufen oder die Führungskräfte einfach auszutauschen und durch „Digital Leader" zu ersetzen. Die Geschäftsleitung sollte die Verbesserung der Kundenorientierung als ein Arrangement verstehen, das immer wieder den hohen Stellenwert des Customer Value-based Decision Makings, der Customer-centric Trans-formation, der Co-Creation sowie des Customer Managements vorlebt. Das Customer-centric Commitment und Customer-centric Behavior sollten deshalb an erster Stelle in der Geschäftsleitung etabliert und gestärkt werden. Anschließend gilt es, von dort das Customer-centric Commitment und Behavior in der gesamten Organisation einzu-führen und zu stärken (Lamberti 2013, S. 601). Dieser Schritt ist wichtig, denn wenn die Geschäftsleitung nicht geschlossen überzeugt ist, dass Kundenorientierung die wichtigste Dominant Logic der Organisation sein sollte, dann wird es meist unmög-lich, die vielen behindernden Glaubenssätze im Zeitablauf zu eliminieren. Somit ist zum einen das Customer-centric Commitment und Behavior der Geschäftsleitung und

Führungskräften kontinuierlich zu stärken sowie zum anderen die Customer-Centric Transformation voranzutreiben. Canning (1988, S. 34) führt an, dass zur Durchsetzung der Kundenorientierung in einer Organisation der Geschäftsführende zugleich auch der „Top-Customer-Strategist" sein sollte. Diese Aussage kann ich nur unterstreichen. Wenn der Geschäftsführende bzw. die Geschäftsleitung nicht über genügend Kompetenzen im Bereich Kundenorientierung verfügt, ist die Verbesserung der Kundenorientierung innerhalb einer Organisation unmöglich.

Der Ansatzpunkt ist in einem ersten Schritt das Management einer Organisation. Dabei kann auf der rationalen und emotionalen Ebene angesetzt werden. Führung kann auf die positive Energie einer Organisation abstellen, d. h. in welchem Ausmaß eine Organisation ihr emotionales, mentales und verhaltensbezogenes Potenzial zur Verfolgung der eigenen Ziele mobilisieren kann (Bruch und Vogel 2011). Führung soll demnach nicht nur vorgeben, sondern förmlich anstecken (Barsarde 2002). Es gilt zu begreifen, dass Kundenorientierung eine gewisse Neuausrichtung des Führungsverständnisses beinhaltet. Reine Vorgaben sind in unserem Kulturkreis nie ideal, wenn es um zwischenmenschliche Beziehungen geht. Studien zeigen, welchen großen Einfluss die Führung auf das Gefühl einer positiven Energie in einer Organisation haben kann. Je stärker die positive Energie wahrgenommen wird, desto kreativer und kognitiv leistungsfähiger sind Mitarbeitende (Atwater und Carmeli 2009; Fredrickson 1998). Nicht jede Führungskraft und Geschäftsleitung hat auf dieser Ebene die identischen Fähigkeiten. Dies gilt es zu akzeptieren. Aber man muss sich bewusst sein, wie stark auf die emotionale Dimension und auf die strukturelle Dimension der Führung abgestellt werden kann. Diese beiden sind einzuschätzen und wenn nötig zu verbessern oder auszugleichen. Es gibt eben wenige Steve Jobs und Elon Musks auf dieser Welt. Das heißt aber nicht, dass Kundenorientierung für andere Organisationen nicht erreichbar ist. Allgemein können vier Führungsstile unterschieden werden (Homburg und Stock-Homburg 2012, S. 54):

1. Bürokratisch
2. Autoritär
3. Patriarchisch fürsorglich
4. Kooperativ

Während die Führungsstile „bürokratisch" und „autoritär" eher das Erreichen von Leistungszielen fokussieren, haben die Führungsstile „patriarchisch fürsorglich" und „kooperativ" den Mitarbeitenden im Fokus. Die einzelnen Führungsstile treten nicht in Reinform auf, sondern immer gemeinsam mit einer unterschiedlich starken Ausprägung. Dabei bedürfen unterschiedliche Situationen einer Organisation verschiedener Betonungen der Führungsstile. Alle genannten Führungsstile haben ihre Berechtigung (Hofert 2018, S. 97). Vor dem Hintergrund, dass Co-Creation ein zentrales Element der Kundenorientierung ist, unterstütze ich die Ansicht von Homburg et al. (2016, S. 154), dass die Betonung eines kooperativen Führungsstils die Organisation bei der Verbesserung der Kundenorientierung am besten unterstützt. Dies bestätigt auch die

Erkenntnisse von Malms (2012, S. 80), dass 26 % aller Cross-Selling-Initiativen aufgrund des Führungsverhaltens der Vertriebsleitenden scheitern. Schmitz et al. (2014, S. 2) kamen auf Basis von 270 Interviews von B2B-Vertriebsleitenden zu dem Ergebnis, dass ein kooperativer Führungsstil, der die Mitarbeitenden motiviert und inspiriert, die Erfolgsaussichten deutlich erhöht. Auch erwartet die kommende Generation eher einen kooperativen Führungsstil als Schritt-für-Schritt-Vorgaben und Überwachung. Mitarbeitende wollen, wenn möglich, auf Augenhöhe geführt werden (Hofert 2018, S. 96).

Neben dem grundsätzlichen Führungsstil ist in einer Organisation die Führung optimal zwischen den Polen Ordnung und Veränderung zu verorten (vgl. Abb. 4.12). Wie bereits in Abschn. 4.1 ausgeführt, ist ein kontinuierlicher Wandel für Mitarbeitende grundsätzlich überfordernd. Die Betonung der transaktionalen und transformatorischen Führung gilt es an die jeweilige Stufe im Change-Management-Prozess anzupassen. In den Phasen Unfreezing und Moving ist eine transformatorische Führung zu empfehlen, während in der Phase Freezing eine transformatorische Führung die erreichte Veränderung in der Zukunft absichern soll. Für die Verbesserung der Kundenorientierung sollten die Potenziale, die durch die Anpassung des Führungsstils während der Transformation entstehen können, mehr Berücksichtigung finden. Da jede Führungskraft unterschiedliche Stärken und Schwächen hat und die Veränderung in der Führung schnell zu Unsicherheit bei den Mitarbeitenden führen kann, gilt es in den jeweiligen Phasen des Change-Managements auch explizit die Führungserwartungen und -vorgaben zu adressieren. Dadurch wird für die Mitarbeitenden verständlicher, dass vor drei Monaten ein großzügiges Ausprobieren mit einem positiven Feedback bedacht wurde, während es für die Zukunft darauf ankommt, die neuen Abläufe möglichst optimal und fehlerfrei auszuführen – eine Anforderung, für die bezüglich der Vorgehensweise bisher keine empirisch gestützte Empfehlung existiert.

Transaktionale Führung	**Transformatorische**
Sorge für Ordnung und Beständigkeit im komplexen Großunternehmen!	**Führung im eigentlichen Sinne, mit dem Gedanken des Wandels verbunden!**
Führungsstil: analytisch, sach-orientiert, planend, kontrolierend **Ergebnis:** = Dinge richtig tun (Effizienz)	**Führungsstil:** kommunikativ, motivierend, inspirierend, Sinn vermittelnd **Ergebnis:** = die richtigen Dinge tun (Effektivität)

Abb. 4.12 Transaktionale und transformatorische Führung. (Quelle: Lauer 2019, S. 90)

Bei der Führung von Kundenkontaktmitarbeitenden gilt es, folgenden Aspekt zu berücksichtigen: Kundenkontaktmitarbeitende können sehr leistungs- und mitarbeitendenorientiert sein und dabei den Kunden vergessen. Eine kundenorientierte Führungskraft lebt ihren Mitarbeitenden, aber vor allem den Kundenkontaktmitarbeitenden die Dimensionen Customer Value-based Decision Making, Customer-centric Transformation, Co-Creation sowie Customer Management vor und sollte eine Art Vorbild (Arrangement) sein (Stock-Homburg 2016). Dabei geht es weniger um einmalige Aktionen oder um einzelne Projekte. Kundenorientierung ist als eine kontinuierliche Aktivität zu verstehen und deshalb besonderer Wert auf eine fortlaufende Verbesserung zu legen (Charan und Colvin 1999). Somit gilt es, Führung auch immer als vorbildhaftes Verhalten zu verstehen.

Nicht jede Führungskraft ist automatisch kundenorientiert, aber die Aussage von Geschäftsführern: „Wir brauchen andere Mitarbeitende, um die Kundenorientierung zu verbessern", erstaunt mich immer wieder. Der Markt an Mitarbeitenden ist meist begrenzt. Deshalb empfehle ich, folgende Instrumente zum Abbau von Defiziten im Führungsstil einzusetzen (in Anlehnung an Homburg et al. 2016, S. 158):

1. Kontinuierlicher Kundenkontakt
2. Etablierung von Co-Creation
3. Controlling der Entscheidungsprozesse und schriftliches Festhalten der Entscheidung
4. Anerkennung systematisch zeigen
5. Verankerung der Kundenorientierung im eigenen Zielsystem und denen der Mitarbeitenden
6. Nutzung eines kundenorientierten Vergütungssystems

Zu den ersten drei Punkten habe ich schon Aussagen getroffen, deshalb gehe ich im Folgenden auf die letzten drei Punkte ein. Überall ist zu lesen, wie wichtig Anerkennung für Menschen ist. Stell dir doch mal die Fragen: Wen habe ich die letzten zwei Wochen mit meiner ehrlichen Anerkennung im privaten und beruflichen Umfeld bedacht? Wann bin ich mit Anerkennung bedacht worden und wie hat sich das angefühlt?

Michael Kircher hat im Rahmen seiner Studie mehrere Teilnehmer in Fast-Food-Lokale in Innsbruck und München geschickt und sie dort ein Eis kaufen lassen. Direkt danach wurde die Leckerei gewogen. Gaben die Teilnehmenden Komplimente an den Verkaufenden, gab es zehn Prozent mehr Eiscreme. Trinkgeld im Voraus brachte sieben Prozent mehr. Interessant war, dass der Effekt beim Trinkgeld über mehrere Besuche gleichblieb, während er bei Komplimenten deutlich anstieg. Nach fünf Besuchen war der Effekt von Komplimenten stärker als der von Trinkgeld (o. V. 2017b). Somit gilt es, auf Organisationsebene Anerkennung zu zeigen. Für die allgemeine Arbeitsleitung wird das in den meisten Organisationen vorgenommen. Das Gleiche gilt es für die Verbesserung der Kundenorientierung zu etablieren. Auszeichnungen für den kundenorientiertesten Mitarbeitenden des Monats oder Jahrs sowie des Teams bzw. der Abteilung oder Initiative sind eng mit der Verbesserung der Kundenorientierung verbunden.

Zielvereinbarungen spielen ebenfalls eine gewisse Rolle bei der Verbesserung des kundenorientierten Verhaltens. In einer kundenorientierten Organisation umfasst eine Zielvereinbarung immer zwei Dimensionen: das Arbeitsergebnis und den Lernerfolg. Führungskräfte müssen ihren Mitarbeitenden Ziele hinsichtlich des Arbeitsergebnisses geben. Beispielsweise soll Co-Creation stärker eingesetzt werden. Dies sollte immer einhergehen mit einer Lerndimension. So erlebe ich in der Praxis viele Marken- oder Customer Experience Manager, die keine Regressionsanalyse durchführen können (das macht ja die Agentur). Deshalb ist die Erreichung eines Ziels einer Organisation immer nur mit der Verbesserung der eigenen Kompetenzen verbunden. Eigentlich plausibel, aber in den meisten Organisationen wird dieser essenzielle Zusammenhang übersehen. Aus meiner Sicht scheitert die Verbesserung der Kundenorientierung gar nicht so oft am Willen und dem Arbeitseinsatz, sondern meistens an den fehlenden Kompetenzen.

Der Einsatz von Vergütungssystemen wird kontrovers diskutiert. Grundsätzlich kann eine Vergütung einen zusätzlichen Anreiz setzen. Somit wäre es nur plausibel, die Verbesserung der Kundenorientierung mit einem entsprechenden Vergütungssystem zu verknüpfen. Ich sehe gerade bei größeren Organisationen die Einhaltung der Anforderung an ein Vergütungssystem verletzt, dass dieses genau auf den Arbeitskontext abzustimmen ist (Dilcher und Emminghaus 2010, S. 34). Klar kommunizierte Ziele und die Auseinandersetzung mit diesen fördert die Motivation von Mitarbeitenden deutlich stärker als der Einsatz von Vergütungssystemen (Kieser 2012, S. 9). Ein klares Zielsystem, das bei der Erreichung vor allem auf Lob und positives Feedback setzt, ist leistungsstärker als Vergütungssysteme (Eyer und Haussmann 2018, S. 123). Ein Vergütungssystem sehe ich als ein mögliches temporäres Instrument, das die Verbesserung der Kundenorientierung in einzelnen Phasen oder Abteilungen sinnvoll ergänzt (Dilcher und Emminghaus 2010, S. 35). Die Verbesserung der Kundenorientierung betrifft jeden Mitarbeitenden einer Organisation. Dazu ein duales Zielsystem mit Leistungs- und Lernzielen zu entwickeln, stellt schon eine gewisse Herausforderung bzw. Komplexität dar. Dieses noch mit einer variablen Vergütung zu verbinden, lenkt Ressourcen und Zeit in eine Richtung, die ich als nicht zielführend erachte; zumal die Verbesserung der Kundenorientierung ein kontinuierlicher Prozess ist und Vergütungen allgemein möglichst zeitlich befristet oder nur sehr selten zur Anwendung kommen sollten, wenn sie einen motivierenden Charakter haben sollen.

4.3 Intraorganisationale Ebene

Die agile Arbeitsweise hat in den letzten Jahre Einzug in zahlreiche Organisationen gehalten und wurde als die ultimative Steuerungsform einer Organisation gepriesen (bespielhaft Hanschke 2017). Ursprünglich aus der Softwareentwicklung entstanden, gehen Organisationen immer mehr dazu über, diese Arbeitsweise in der gesamten Organisation zu implementieren. Wie stehen agiles Arbeiten und Kundenorientierung zueinander?

Das agile Manifest wurde im Jahr 2001 von 17 Hauptpersonen der Bewegung fixiert (Sauter et al. 2018, S. 19). Das Manifest für agile Softwareentwicklung umfasst die folgenden Punkte (Beck et al. 2001): Wir erschließen bessere Wege, Software zu entwickeln, indem wir es selbst tun und anderen dabei helfen. Durch diese Tätigkeit haben wir diese Werte zu schätzen gelernt:

- Individuen und Interaktionen mehr als Prozesse und Werkzeuge
- Funktionierende Software mehr als umfassende Dokumentation
- Zusammenarbeit mit dem Kunden mehr als Vertragsverhandlung
- Reagieren auf Veränderung mehr als das Befolgen eines Plans

Die Punkte des agilen Manifests decken wichtige Elemente der Kundenorientierung ab: Interaktion und Fokus auf Individuen, Zusammenarbeit mit Kunden (Co-Creation) sowie Reagieren auf Veränderungen (Customer-centric Transformation). Das Verständnis bezüglich agilen Arbeitens wurde um den folgenden Punkt erweitert: „Macht Menschen großartig und liefert fortlaufend Wertvolles" (o. V. 2016b). Diese Aussage liefert einen Bezug zum Customer Value-based Decision Making.

Agiles Arbeiten stellt auf die Geschwindigkeit der Arbeitsweise und Prozesse ab. Dies drückt sich in dem wichtigen Konzept des Sprints aus (vgl. Abb. 4.13). Grundsätzlich ist es nachvollziehbar, dass bei immer austauschbareren Angeboten und Marken der Faktor Geschwindigkeit mehr und mehr an Stellenwert gewinnt. Auch könnte argumentiert werden, dass Kunden steigende Anforderungen an die Geschwindigkeit der Leistungserstellung

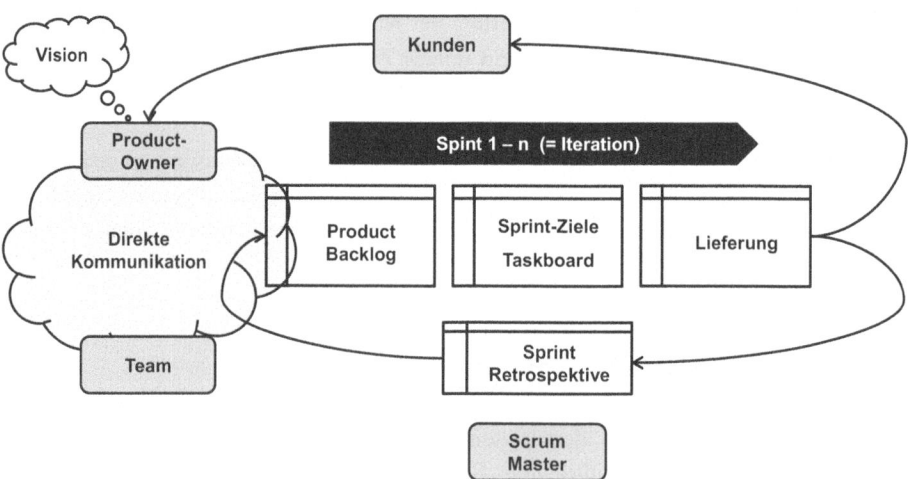

Abb. 4.13 Ablauf und Elemente der agilen Projektmanagementmethode Scrum. (Quelle: Lauer 2019, S. 214)

haben und damit agiles Arbeiten ein zentrales Modell der Kundenorientierung ist. Aus meiner Einschätzung basiert agiles Arbeiten auf der Kundenorientierung einer Organisation. Ich erlebe viele Organisationen, die eher eine Angebots- oder Finanzorientierung besitzen und sich deshalb schwer mit der agilen Arbeitsweise tun. Agiles Arbeiten trifft deterministische Aussagen in Bezug auf die Zusammenarbeit und den Führungsstil. Somit ist abschließend festzuhalten: Je besser die Kundenorientierung einer Organisation, desto eher ist diese in der Lage, agiles Arbeiten einzuführen und systematisch zu verbessern.

4.3.1 Kultur

Allgemein wird der große Einfluss der Kultur auf den Erfolg immer noch unterschätzt (Loebbert 2015, S. 2). Trotz zahlreicher Forschungsprojekte und Veröffentlichungen bleibt die Kultur etwas Weiches, das nicht verändert werden kann. „Culture eats strategy for breakfast" ist ein populäres Zitat, das hoffen lässt, dass langsam ein Umdenken statt-findet (McCracken 2006). Das Zitat sollte nicht dahin gehend interpretiert werden, dass strategisches Arbeiten mit Zielen nicht mehr notwendig ist, sondern dass die Kultur ebenfalls zu berücksichtigen ist. Es gilt, die Kultur mit der gewählten Strategie abzu-stimmen (Slater et al. 2011).

Der hohe Stellenwert der Kultur zur Verbesserung der Kundenorientierung wird in vielen Publikationen seit Anfang der 1990er Jahre vorgestellt (beispielhaft Christensen 1997). Dabei ist zu beachten, dass in Ländern wie den USA oder Südeuropa eine externe Ausrichtung des Verhaltens höher bewertet wird als in Mitteleuropa mit einer eher internen Ausrichtung in der Gesellschaft (Witte 2001, S. 210) und somit dem Kultur-begriff jeweils ein anderes Verständnis bzw. eine andere Ausrichtung zugrunde liegt.

▶ **Kultur** kann als ein Orientierungssystem aufgefasst werden, das innerhalb der Gruppe eine leichte und effiziente Art der Interaktion, Kooperation und Kommunikation zulässt (Frese 2011, S. 93).

Die Veränderung der Kultur zur Verbesserung der Kundenorientierung beinhaltet eine mittel- bis langfristige Perspektive (Kühn 1991, S. 102). In der Praxis erlebe ich, dass die Kultur einer Organisation mit den vielen Glaubenssätzen ein großes Hemmnis ist, die Kundenorientierung einer Organisation zu verbessern. Homburg und Werner (1998, S. 181) konnten in ihrer Studie ermitteln, dass die Kultur, im Vergleich zum System, zu Prozessen und Führung, in den meisten Organisationen am wenigsten kundenorientiert ausgeprägt ist. Es zeigt sich, dass trotz größter Anstrengung auf operativer Ebene (bspw. Angebote, Kommunikation etc.) der Customer-Firm Value nicht gesteigert werden kann, wenn nicht ein entsprechendes Level an Kundenorientierung in der Kultur vorhanden ist. Somit gilt es, die Kultur einer Organisation zur Verbesserung der Kundenorientierung im Rahmen des Change Managements umfassend zu berücksichtigen.

In den letzten Jahren haben zahlreiche Managementmodelle wie Holokratie, Lean Start-up, kollegial geführte Organisationen, Responsive Org, Teal Organisation und Soziokratie größere Aufmerksamkeit erfahren. Diese Ansätze verbindet die Empfehlung, dass die Organisation eine Kultur haben sollte, in der jeder Mitarbeitende dazu angehalten ist, aktiv die Anforderungen wahrzunehmen und sich voll und ganz einzubringen, um aus den Inputs den für die Organisationen optimalen Output zu erzeugen (Sauter et al. 2018, S. 21).

Organisationen stehen kontinuierlich in dem Spannungsfeld zwischen Anpassung an die externen Entwicklungen, Beibehaltung der internen sozial-technischen Systeme und informeller Flexibilität und der formalen Kontrolle (Buenger et al. 1996). Deshalb lassen sich vier grundlegende Typen von Organisationskulturen definieren, die in unterschiedlicher Weise diese Punkte aufgreifen (Deshpande et al. 1993, S. 25):

1. **Clan:** Starke Innenorientierung in Verbindung mit hoher Flexibilität – Fokus auf Führungsfiguren in einem Teamgedanken
2. **Hierarchie:** Starke Innenorientierung in Verbindung mit hoher Kontrolle – Fokus auf Administration und Regeln
3. **Adhocracy:** Starke Außenorientierung in Verbindung mit hoher Flexibilität – Fokus auf Risiko und unternehmerischen Spirit
4. **Markt:** Starke Außenorientierung in Verbindung mit hoher Kontrolle – Fokus auf Ziele und Zielerreichung

Die jeweilige Kulturart konnte sich in unterschiedlichen Organisationen durchsetzen. So haben mittelständische Organisationen meist eine Clankultur, große FMCG-Hersteller eine Marktkultur, junge Technologieunternehmen setzen oft auf eine Adhocracy-Kultur und der Großkonzern hatte in der Vergangenheit meist eine Hierarchiekultur. Diese Zuordnung weicht immer mehr auf.

Die Digitalisierung hat dazu geführt, dass Organisationen die Adhocracy-Orientierung stärker betonen. So haben Großkonzerne eine Heerschar an Scrum- und Agile-Mastern ausgebildet, um die Anpassungsfähigkeit der Organisation zu erhöhen. Homburg (2017, S. 1291) kommt zu dem Ergebnis, dass die Adhocracy-Kultur die Kundenorientierung am besten unterstützt. Während die Marktkultur mit dem hohen Maß an Regeln die Reagibilität einschränken kann, bietet die Adhocracy-Kultur grundsätzlich die beste Ausgangslage zur Absicherung der Reagibilität. Bisher gibt es noch wenige kritische Stimmen zur Adhocracy-Kultur, aber es scheint, dass diese Art der Kultur dazu verleiten kann, dass Mitarbeitende ein zu großes Risiko eingehen und das Überleben der Organisation aufgrund zu risikovoller Entscheidungen gefährden. Viele Organisationen realisieren erst jetzt, wie teuer eigentlich die ganzen technologischen Neuerungen sind, wenn der Kunde dafür nicht bezahlt. Somit muss jede Geschäftsleitung entscheiden, mit welcher Ausprägungsintensität die vier grundlegenden Kulturtypen in der Organisation vorkommen sollen (Yarbrough et al. 2011, S. 558).

Somit kann jeder der grundlegenden Kulturtypen zur Verbesserung der Kunden-orientierung genutzt werden. Du wunderst dich vielleicht, dass hier keine kunden-orientierte Kultur aufgeführt wird. Das liegt daran, dass es eine solche Kultur nicht gibt. Die Kultur hat ja nicht nur die Aufgabe, das Customer Value-based Decision Making, die Co-Creation und das Customer Management zu unterstützen, sondern auch die Organisationssteuerung an sich. Es gilt wie bei der Führung, dass es nicht die „richtige" Kultur gibt, sondern dass jede Organisation die optimale Kultur mit allen Schwächen, aber eben auch Stärken für sich definieren muss, wobei es die Reagibilität abzusichern gilt, ohne aber gleich Adhocracy als das Maß aller Dinge zu sehen. Auch eine hierarchie-fokussierte Kultur mit vielen Regeln zur Verbesserung der Kundenorientierung kann für manche Organisationen eine Option sein (Treacy und Wierserna 1997). Eine Hierarchie-und Marktkultur benötigt mehr Aufwand durch die Verantwortlichen, weil viele Regeln erstellt werden müssen und diese in der heutigen Zeit kontinuierlich anzupassen sind. Auf der anderen Seite können solche Regeln den Mitarbeitenden auch Halt bieten und helfen, das Risiko im Rahmen der Entscheidungen zu reduzieren. Einzig die Clankultur birgt gewisse Risiken zur Stärkung der Kundenorientierung. Entscheidungen unterliegen dem Gedanken des Customer Value-based Decision Makings. Es kann dazu kommen, dass eine zu starke Betonung von Führungsfiguren die Anzahl an Entscheidungen, die nicht auf Kundenerkenntnissen beruhen, ansteigen lässt. Das kann, aber muss nicht der Fall sein.

Aber was bedeutet dies konkret, bzw. wo liegt die eigentliche Herausforderung bezüglich der Verbesserung der Kundenorientierung und der Kultur? Ich möchte dazu ein Beispiel vorstellen.

Beispiel: Unternehmensleitbild bei der Deutschen Bahn

Im Unternehmensleitbild schreibt die Deutsche Bahn Folgendes:
Kundenorientierung: „Wir setzen für jeden einzelnen unserer Kunden alles in Bewegung, damit er seine eigenen Ziele einfach, zuverlässig und sicher erreicht."

Sozial verantwortungsvolles Handeln: „Wir engagieren uns aus Überzeugung für eine soziale Gesellschaft […]."

Klingt so weit gut.

Was sagt das folgende Ereignis über die Kultur und die obigen Worte aus?

Ein 16-jähriges Mädchen wurde im Winter bei Minusgraden wegen fehlender Fahrkarte eines Regionalzuges verwiesen. Das Mädchen musste dann mehrere Stunden vor einem bereits geschlossenen Bahnhof auf den nächsten Zug warten (Burmann et al. 2012, S. 166 f.).[3]

---

[3]Grundsätzlich gilt es, solche Geschichten mit Vorsicht zu bewerten. Es kann sein, dass die Ent-fernung aus dem Zug auch noch andere Gründe als nur die fehlende Fahrkarte hatte.

Aus moralischer Perspektive ist diese Aktion nicht positiv zu bewerten. Leider fehlen mir Kundenerkenntnisse, wie oft das vorkommt und welches Verhalten in dieser Situation für die Organisation und den Kunden optimal wäre, aber das ist bei vielen Interaktionen zwischen Kunde und Organisation so. Nicht alles lässt sich mit Kundenerkenntnissen regeln. Eine grundsätzliche Schwäche der Hierarchie- und Markt-Kultur. Auch wird es schwer, auf Basis des Co-Creation-Gedanken zu argumentieren, das Mädchen war eine wertvolle Ressource im Zug – außer, es handelte sich um Greta Thunberg und sie saß im Gang des Zuges (o. V. 2019).

Auf Basis des Customer Value-based Decision Makings könnte argumentiert werden: Sehr kurzfristig gesehen hat die Organisation alles richtig gemacht, da das Mädchen keinen Wert für die Organisation bereitgestellt hat.[4] Es kann bspw. dagegen angeführt werden, dass das Mädchen so verärgert sein wird, dass es in Zukunft lieber Auto als Bahn fährt oder dieser Vorfall in der Öffentlichkeit publik wird und zu negativen Reaktion von anderen Kunden führt. Diese Beurteilung der Zukunft beinhaltet jedoch eine große Unsicherheit.

Das Beispiel zeigt aber auch etwas anderes auf: Es ist schlicht nicht möglich, für alles und jede Situation genaue Regeln aufzustellen. Es gibt immer die Unsicherheit aus Sicht der Mitarbeitenden, wie in einer spezifischen Situation zu entscheiden ist. In solchen Momenten können Glaubenssätze und Normen bei der Entscheidungsfindung helfen. Deshalb zielt die Kundenorientierung auch auf die Entscheidungen der Mitarbeitenden ab. Grundsätzlich sollte eine Organisation die jeweiligen Mitarbeitenden in die Lage versetzen, sich vor Augen zu führen, welche Auswirkung ihre jeweilige Entscheidung für die Kunden und die Organisation hat. Hätte dies der Verantwortliche gemacht und verstanden, wo genau er das Mädchen da „abstellt" und dass dieser Vorfall an die Öffentlichkeit gelangt, hätte er vielleicht eine andere Entscheidung getroffen. ◄

Aufbauend auf den vier grundlegenden Kulturtypen unterteile ich die Kultur einer Organisation weiter hinsichtlich der Beeinflussung von Einstellung und Verhalten der Mitarbeitenden. Dabei baue ich auf dem Modell von Homburg und Pflesser (2000) auf. Dieses Modell führt drei Dimensionen einer Kultur an:

1. Geteilte gemeinsame Glaubenssätze
2. Normen
3. Artefakte

Diese haben einen Einfluss auf die Einstellung (Customer-centric Commitment) und das Verhalten (Customer-centric Citizenship Behavior) der Mitarbeitenden (vgl. Abb. 4.14).

---

[4]Ich möchte explizit darauf hinweisen, dass junge Mädchen im Winter nicht in geschlossenen Bahnhöfen ausgesetzt werden sollten.

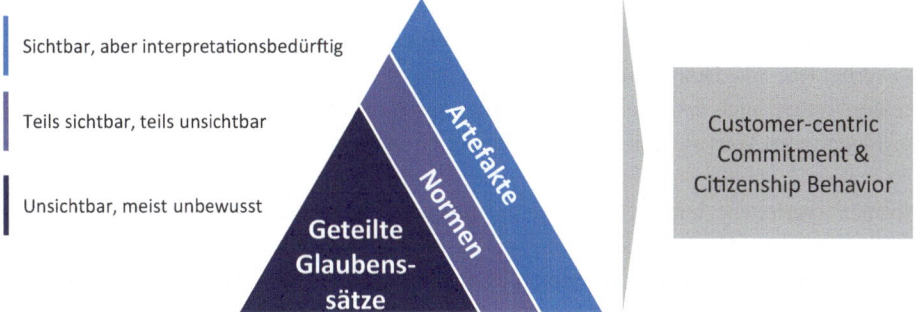

Abb. 4.14   Die Dimensionen einer Kultur

Die Basis einer Kultur entstammt ihrer Genetik, den geteilten gemeinsamen Glaubenssätzen (Sheth et al. 2000, S. 64). Diese geteilten Glaubenssätze gilt es, wie bereits ausgeführt, zu ermitteln und auf die Verträglichkeit zur Steigerung der Kundenorientierung zu analysieren. Kundenorientierung stellt den Menschen in das Zentrum aller Aktivitäten. Dieser Gedanke sollte in der Organisation geteilt sein, um die Kundenorientierung kontinuierlich verbessern zu können. Darüber hinaus sollten in der Organisation Entscheidungen auf Basis von Kundenerkenntnissen gefällt werden. Das kontinuierliche Streben zu lernen ist ebenfalls ein wichtiger Glaubenssatz. Somit sind Glaubenssätze im Gegensatz zu den Normen allgemein, aber unterstützen die Kundenorientierung einer Organisation. Da Glaubenssätze eher allgemeiner Natur sind, besteht an dieser Stelle die Herausforderung, eine Liste an Glaubenssätzen zu erstellen, die eine kundenorientiere Kultur unterstützen. Du findest ein paar Beispiele in Abschn. 7.1.

Auf den geteilten Werten bauen die Normen einer Organisation auf. Normen sind ein wichtiger Bestandteil der Definition einer kundenorientierten Kultur. Im Gegensatz zu Regeln und Kontrolle geben Normen dem Einzelnen mehr Freiheit für die Zielerreichung, aber auch mehr Verantwortung, diese im Sinne der Intention zu interpretieren. Normen haben eine leitende Aufgabe für zielorientiertes Handeln (Heide und John 1992, S. 35).

▶ **Normen** beschreiben das Verhalten, das die Mitglieder einer Organisation einander aufzwingen, zu befolgen (Kilman et al. 1985, S. 5). Normen sind demnach explizite oder implizierte Regeln über erwünschte oder unerwünschte Verhaltensweisen in Organisationen (Trommsdorff und Teichert 2011).

Unklare oder widersprüchliche Normen können der Verbesserung der Kundenorientierung im Weg stehen. Zentrale Normen der Kundenorientierung sind:

1. Ziele nicht auf Daten, sondern auf Kundenerkenntnisse ab.
2. Triff möglichst keine Entscheidung ohne Kundenerkenntnisse.
3. Verbessere systematisch die Entscheidungsprozesse.

4. Transformiere die Organisation, um besser auf Veränderungen antworten zu können.
5. Binde den Kunden überall ein, wo der Wert für beide Parteien gesteigert werden kann.
6. Verhindere Silo-Denken in der Organisation.
7. Missioniere auch dein Netzwerk in Bezug auf die Kundenorientierung.
8. Steigere den Wert sowohl für die Organisation als auch für die Kunden systematisch.

Normen verleiten leicht dazu, jede einzelne Norm niederzuschreiben und zu kommunizieren. Das Bürokratieniveau einer Organisation drückt sich neben der Hierarchietiefe in der Spezialisierung, Regelungs- und Dokumentationsintensität aus (Homburg et al. 2016, S. 126). Es reicht eben nicht aus, Kundenorientierung mit Regeln und Kommunikation in die Organisation zu pressen. So gut die Leitbilder an den Wänden gemeint sind, sie sind nicht erlebbar. Deshalb dürfen Normen nie für sich allein stehen (Schmidt 2009, S. 349). Es gilt, sie für alle Mitarbeitenden erlebbar zu machen, da Normen immer einer subjektiven Beurteilung eines jeden einzelnen unterliegen. Homburg und Pflesser (2000, S. 451) gehen in ihrem Verständnis von Normen über diese hinaus und bestimmen Artefakte als einen weiteren Bestandteil einer Kultur.

▶ **Artefakte**   machen die Normen für die Mitarbeitenden einer Organisation erlebbar (Schein 1984).

Die Erfassung und Interpretation von Artefakten stellen große Anforderungen an den Einzelnen (Homburg 2017, S. 1294). Homburg und Pflesser (2000) bestimmen vier unterschiedliche Artefakte einer Organisation:

1. Geschichten
2. Arrangements
3. Rituale
4. Sprache

Diese vier Artefakte wurden bisher nicht systematisch untersucht. Vor allem existiert kaum das Bewusstsein, dass diese vier Artefakte miteinander verbunden sind (vgl. Tab. 4.1). Dabei können die Artefakte eine viel größere Wirkung erzielen als andere Instrumente (Hatch 1993). An dieser Stelle zeigt sich die enge Verbindung von Führung und Kultur und auch die Erkenntnis: Nicht jede Führungskraft kann jedes dieser Artefakte aufgrund ihrer persönlichen Stärken und Schwächen gleich gut einsetzen.

Geschichten werden inzwischen bewusst unter dem Modebegriff Storytelling in der Praxis genutzt. Dabei können Geschichten zur Verbesserung der Kundenorientierung der eigenen oder fremden Organisation beruhen. Aber Achtung: Apple, Google, Amazon und AirBnB-Geschichten nutzen sich im Zeitablauf ab und sind für die allermeisten Mitarbeitenden unerreichbare Galaxien. Träume zu teilen, ist grundsätzlich ein wichtiges Element für die Motivation, aber die meisten Organisationen haben nur einen Tretroller und keine Rakete zur Verfügung für ihre Reise zu einer besseren Kundenorientierung. Es treibt einem förmlich die Tränen in die Augen, wenn sich Schweizer Retailer mit Amazon vergleichen, wobei das Marktpotenzial im einen Fall bei über fünf Milliarden und im anderen Fall bei etwas über acht Millionen liegt. Somit gilt es, Geschichten über eigene Erfolge oder die von Wettbewerbern prägnant in der Organisation zu streuen (Yarbrough et al. 2011, S. 570).

Beispiel: Zappos

Meine Lieblingsgeschichte ist nach vielen Jahren immer noch eine von Tony Hsieh (CEO von Zappos). Er stellt die Frage: Was ist das wichtigste Marketinginstrument im 21. Jahrhundert? Stell diese Frage mal deiner Marketingabteilung oder, wenn du im Marketing arbeitest, dir selbst. Die Antwort lautet: das Telefon. Dieses Instrument erlaubt es, die ungeteilte Aufmerksamkeit des Kunden zu bekommen, sehr einfach weitere wertvolle Daten zu sammeln und auf die spezifischen Bedürfnisse des Kunden möglichst flexibel einzugehen. Er gab an, dass das längste Telefonat, das einer seiner Mitarbeitenden führte, acht stunden dauerte. Wobei er dies als ein Wunder sieht vor dem Hintergrund der Toilettensituation für beide Beteiligte. Hsieh hat in den ersten zehn Jahren nach der Unternehmensgründung, in denen die meisten Unternehmen Millionen mit Social Media verloren haben, keinen einzigen Dollar für Online- oder Social-Media-Aktivitäten ausgegeben. Das ist eine Geschichte, an der kein „digital native"-Marketing-manager vorbeikommt. Jede Marketingklasse, der ich diese Geschichte erzählt habe, hat versucht zu widersprechen (so soll es ja auch sein – wir benötigen kritischen Diskurs). Aber der Erfolg des Unternehmens Zappos in einer Rezession und in einem vergleichs-weise hart umkämpften Markt unterstützt die Relevanz seiner Empfehlung. Die Aus-sagen von Hsieh zeigen immer wieder aufs Neue, welch starken Einfluss Geschichten auf Menschen haben können. Deshalb ist es von enormer Bedeutung für die Geschäfts-leitung einer Organisation, Geschichten zum Thema Kundenorientierung in die Organisation zu tragen, die Hilfestellung zur Verbesserung bieten. ◄

Neben den Geschichten haben Arrangements in Organisationen ebenfalls einen Einfluss auf die Kundenorientierung. Arrangements sind in diesem Zusammenhang als physische Manifestationen zu verstehen. Beispiele dafür sind teure Möbel im Wartezimmer, ein Kaffeeautomat, der einen hochwertigen Kaffee produziert, oder Kundeninteraktions-räume, die aufgrund der Großzügigkeit und Hochwertigkeit der eingesetzten Materialen aufzeigen: „Unsere Kunden sind uns wichtig." Dabei sind Arrangements nicht als Customer Experience oder die Forderung nach unnötig teuren Designelementen an Kundenkontaktpunkten zu verstehen. Es geht um Elemente innerhalb einer Organisation, die jedem Mitarbeitenden aufzeigen, dass die Kunden der Organisation wichtig sind. Somit sind die vielen vollgeschriebenen Plakate in Bürofluren zum Thema Kunden-orientierung ebenfalls nicht als Arrangements zu sehen, weil sie nur beschreiben, dass Kundenorientierung wichtig ist, aber diese nicht selbst darstellen.

Rituale sind ein weiteres Artefakt einer Kultur. Es können unterschiedliche Rituale zur Verbesserung der Kundenorientierung genutzt werden. Dabei können bspw. Kundenevents oder die jährliche Bestimmung des kundenorientiertesten Mitarbeitenden genannt werden (Trice und Beyer 1993).

Beispiel: Ritual

Ich habe in einem Großkonzern erlebt, dass bei der Einführung des Net Promotors Scores© als neue zentrale Kennzahl für den Unternehmenserfolg der CEO ein neues Ritual einführte. Auf seinen Reisen durch die Organisation fragte er immer wieder Mitarbeitende, die er traf, wie hoch der NPS® in diesem Land oder für den jeweiligen Geschäftsbereich war. Dieses Ritual führte dazu, dass sich die Mitarbeitenden regelmäßig über den aktuellen Stand des für sie relevanten NPS® informierten, um möglichst bei einem meist ja auch unerwarteten Treffen mit dem CEO auskunftsfähig zu sein. Fader und Toms (2018, S. 92) führen an, dass ein CEO eine Glaskugel in den Meetingraum stellte und jeden Mitarbeitenden dazu verdonnerte, einen Dollar zu bezahlen, wenn er das Wort Kunde im Plural nutzte. Damit wollte er erreichen, dass die Heterogenität zwischen den Kunden von den Mitarbeitenden stärker antizipiert wird. ◄

Als letztes Artefakt führen Homburg und Pflesser (2000) die Sprache innerhalb einer Organisation an. Wie oft habe ich in den vergangenen Jahren erlebt, dass in Meetings und Workshop das Wort „Kunde" nicht einmal fiel? Wie oft haben Führungskräfte in Workshops immer wieder auf die Kosten anstelle auf mögliche Wachstumspotenziale verwiesen? Die Sprache und mit welcher Häufigkeit gewisse Begriffe verwendet werden, hat einen großen Einfluss auf die Entwicklung der Kundenorientierung in einer Organisation. Sie steht dabei in enger Verbindung mit den Ritualen. Rituale können helfen, die Sprache in einer Organisation im Zeitablauf zu verändern. Manche Organisationen geben neuen Mitarbeitenden bei der Einstellung ein Glossar über die wichtigsten Begriffe in die Hand.

Auch wenn ich mir der Sehnsucht nach einfachen und klaren Regeln bewusst bin – sorry, diese gibt es nicht und schon gar nicht in Bezug auf die Kultur. Jede Organisation und jede Führungskraft muss für sich entscheiden, welche Elemente zielführend sind und in welchem Umfang sie helfen, die Kundenorientierung zu verbessern. Allgemein empfehle ich, bei der Sprache anzusetzen, da diese jeden betrifft, einfach zu verändern ist und viel bewegt.

Darüber hinaus sollte das Phänomen der „Partial-Kulturen" in Organisationen beachtet werden. Dieses kann die Verbesserung der Kundenorientierung negativ beeinflussen. Als Beispiel für Partial-Kulturen können Marketing und Verkauf angeführt werden. Im Marketing herrscht oft eine kreative Kultur und im Verkauf eine handlungs-/finanzorientierte Kultur (Homburg et al. 2016, S. 120). Dabei können drei grundlegende Typen identifiziert werden (Homburg et al. 2005, S. 6):

1. Marketing als Serviceabteilung des Vertriebs
2. Vertrieb als Erfüllungsgehilfe des Marketings
3. Marketing und Vertrieb in gleichgewichtiger Arbeitsteilung

Tab. 4.1 Beispiele für Artefakte, die hohe bzw. niedrige Kundenorientierung zum Ausdruck bringen. (Quelle: in Anlehnung an Homburg 2017, S. 1295)

	Hohe Kundenorientierung	Niedrige Kundenorientierung
Geschichten	Die Geschäftsleitung ist bei einer hohen Krankheitswelle im Callcenter für die kranken Kollegen eingesprungen und hat Kundenanfragen beantwortet	Vertriebsmitarbeitende wurden dafür ausgezeichnet, dass sie Produkte verkauft haben, über die sich ein Großteil der Kunden im Nachhinein beschwert hat
Arrangements	Das Büro ist so aufgebaut, dass die unterschiedlichen Abteilungen eng verbunden sind	Der Warteraum besteht aus alten Möbeln und wir nur unregelmäßig gereinigt
Rituale	Jeden Monat wird ein Mitarbeiter als besonders kundenorientiert ausgezeichnet	Ein Unternehmen achtet darauf, dass die Schaltermitarbeitenden immer zur gleichen Zeit und gemeinsam in die Pause kommen, ungeachtet der Kundennachfrage
Sprache	Im Unternehmen wird nur der Begriff „Kunde" und nicht „Kunden" benutzt sowie darauf geachtet, jeweils vom spezifischen Segment zu sprechen	In einem Logistikunternehmen werden Kunden als „Beförderungsfälle" bezeichnet

Die Zusammenarbeit dieser beiden Abteilungen bedarf einer kontinuierlichen Verbesserung, denn Organisationen, denen es gelingt, die Schnittstellen zwischen Vertrieb und Marketing zu optimieren und als Customer Management zu verstehen, sind deutlich erfolgreicher. Aus meiner Sicht gilt es hier vor allem, der digitalen Überschwänglichkeit im Marketing Einhalt zu gebieten und den Vertrieb von Bleistift und Papier zu befreien. Während es im Marketing wohl bald die Digital-Agile-Blockchain-Social-Experience-Evolution geben wird, stellen sich viele Vertriebsverantwortliche die Frage, ob Skypecalls mit Kunden möglich sind. Jeder Customer-Experience-Manager hat über 1000 Kontakte auf LinkedIn. Viele Verkaufende haben dort noch nicht mal ein Profil. Hier gilt es, den Stand zwischen beiden Bereichen anzugleichen und die Erfolgsorientierung des Verkaufs mit der Kreativität des Marketings in Einklang zu bringen. Instrumente, um das Entstehen von Sub-Kulturen möglichst zu unterbinden, sind (Bauer und Huber 1997):

4. Einrichtung von informellen Kontaktmöglichkeiten
5. Begrenzung von Subkulturen
6. Professionelles Konfliktmanagement
7. Verankerung des Prinzips des „internen Kunden"

Die Einrichtung von informellen Kontaktmöglichkeiten ist sicher zu begrüßen, kann aber nicht grundlegende Probleme auflösen. Die Begrenzung von Subkulturen sowie ein professionelles Konfliktmanagement sind Instrumente, deren Relevanz von den meisten Organisationen nicht erkannt wird. Oftmals eskalieren unterschiedliche Perspektiven zwischen Abteilungsleitenden, ohne dass die übergeordnete Stelle eingreift. Dies hat meist einen negativen Einfluss auf die Entscheidungen. Ich erlebe oft die Bildung einer „Wagenburg-Mentalität" im Sinne von: „Unser Wert wird in der Organisation nicht oder nicht ausreichend anerkannt", oder, gerade bei älteren Organisationen: „Unsere Kultur verhindert den zukünftigen Erfolg in jedem Fall." In einem solchen Fall müssen durch Kommunikation und, wenn notwendig, Konfliktmanagement Reibungen aufgelöst werden.

Abschließend möchte ich noch auf ein wichtiges Element einer Kultur eingehen. Eine erfolgreiche Transformation setzt voraus, dass das Vertrauen zwischen Mitarbeitenden, Führungskräften, Partnern und Kunden konstant verbessert bzw. hochgehalten wird (Walton und Dutton 1969). Ohne Vertrauen wird Transformation ein reines Lippenbekenntnis und hinter dem Vorhang der Kundenorientierung werden weiterhin alte Götter angebetet. Eng verbunden mit dem Vertrauen ist die Unterstützung der Kultur in der Nutzung von Kundenerkenntnissen im Rahmen der Entscheidungsfindung. Neben der geplanten Verbesserung der Kundenorientierung kann es immer auch zu einer emergenten Entwicklung der Kundenorientierung kommen, was zu Unsicherheit führen kann. Das kritische Hinterfragen von Entscheidungen gehört zu den unangenehmen Aufgaben (Kirsch et al. 1979, S. 324 ff.). Es kann beispielsweise passieren, dass Abwehrmechanismen der an den Entscheidungen zur Verbesserung der Kundenorientierung beteiligten Personen auftreten, die sich u. a. in einer Uminterpretation der Kundenerkenntnisse zeigen können. Piser (2004, S. 47) führt an, dass dieser Problemkomplex nur über die Kultur der Organisation lösbar ist. Nur wenn Vertrauen kontinuierlich über die Bereitschaft zum Lernen aus Versuchen und Irrtümern gestärkt wird, kann ein Nutzen aus der Kontrolle der Entscheidungsprozesse gezogen werden. Eine vertrauensvolle Unternehmenskultur zeichnet sich durch folgende Merkmale aus (Schreyögg und Kliesch 2004, S. 113):

1. Offene Kommunikationsstrukturen
2. Akzeptanz von gegensätzlichen Meinungen
3. Mut, eingeschliffene Glaubenssätze infrage zu stellen
4. Keine Bestrafung für Überbringer schlechter Nachrichten

Anhand der Ausführungen wird deutlich, welch hohen Stellenwert die Kultur für die Verbesserung der Kundenorientierung hat und wie viele unterschiedliche Stellhebel eingesetzt werden können.

4.3.2 Kompetenzen

In den meisten Organisationen werden die Kompetenzen bezüglich der Digitalisierung kritisch gesehen. Eine Bitkom-Studie aus dem Jahr 2017 zeigt auf, dass ein Großteil der Berufstätigen ihre Kompetenzen im Bereich Digitalisierung für nicht ausreichend erachtet. Diese Einschätzung ist vor dem Hintergrund des teilweise auch etwas zu großen Hypes nachvollziehbar. Was jedoch etwas beunruhigt, ist, dass in der gleichen Studie sieben von zehn Mitarbeitenden angaben, im Job keine Zeit für eine Weiterbildung zu haben (Meyer und Pauly 2017). Während in der Vergangenheit Digitalisierung vor allem in den Bereichen Kommunikation und Angebot ansetzte, wird es in Zukunft noch stärker um das gesamte Geschäftsmodell gehen (Klaus 2019, S. 2). Wer hier nicht lernt bzw. keine Zeit dafür hat, darf, wie in der Klausur, meist wiederholen. Deshalb sehe ich das Postulat, einfach in der täglichen Arbeit zu lernen, sehr kritisch. Man muss nicht alle Fehler wiederholen, die andere schon vor einem gemacht haben. Wir sind alle gefordert, uns kontinuierlich weiterzubilden. So nimmt sich Bill Gates anscheinend einen Monat im Jahr Zeit, nur um zu lesen und die neuesten Erkenntnisse in seine eigenen Gedanken und Entscheidungen zu integrieren.

Seit Anfang der 1980er Jahre entwickelte sich eine neue Perspektive im strategischen Management. Der Market-based View stieß zunehmend an seine Grenzen, den Erfolg von Organisationen zu erklären.[5] Der Fokus wurde seitdem auch auf die internen Voraussetzungen innerhalb einer Organisation gelegt. Die Vertreter des Ressource-based View (RBV) beschäftigen sich mit der Frage, wie die Ressourcen einer Organisation strategische Vorteile erlauben (Freiling 2000, S. 184).

▶ Nach Barney (1991, S. 101) sind **Ressourcen** „all assets, capabilities, organizational processes, firm attributes, information, knowledge etc. controlled by a firm that enable the firm to conceive of an implemented strategy".

Für Organisationen, die im Hinblick auf die zu erbringende Wertschöpfung über eine besonders produktive Ressourcenkombination verfügen, eröffnet sich ein über dem Branchendurchschnitt liegendes Ertragspotenzial, da sich der Wettbewerb minderwertiger Ressourcen bedienen muss (Peteraf 1993, S. 180). Im Modell Kundenorientierung sind Kundenerkenntnisse die wichtigste Ressource einer Organisation und eng verbunden mit Mitarbeitenden- und Partnererkenntnissen.

Zu Beginn der 1990er Jahre wurde der Ressource-based View um den Competence-based View (CBV) ergänzt. Der CBV betrachtet Organisationen als Bündel von unterschiedlichen Kompetenzen (Duschek 2004, S. 55).

▶ **Kompetenzen** sind wiederholbare, auf der Nutzung von Wissen beruhende, durch Regeln geleitete und daher nicht zufällige Handlungspotenziale einer Organisation, die zielgerichtete Prozesse sowohl im Rahmen der Disposition zukünftiger Leistungsbereitschaften als auch konkreter Marktzufuhr- und Marktprozesse ermöglichen. Sie dienen dem Erhalt der als notwendig erachteten Wettbewerbsfähigkeit und gegebenenfalls der Realisierung konkreter Erfolgspotenziale (Gersch et al. 2005, S. 48).

---

[5]Vergleiche beispielhaft Handlbauer (2000, S. 124 f.) für eine Kritik.

Der Competence-based View wurde schon bald auf das Netzwerk einer Organisation erweitert. Der Relational View (Ansatz über die kooperativen Kernkompetenzen) hält seit Ende der 90er Jahre des vorigen Jahrhunderts seinen Einzug in die Management-forschung (Mattson 1997, S. 447 f.). Die Vertreter des Relational Views gehen davon aus, dass Wettbewerbsvorteile durch die Art des Partnerschaftsmanagements erzielt werden können (Duschek 2004, S. 61). Dyer und Singh (1998, S. 660) sprechen von vier ent-scheidenden Faktoren einer interorganisationalen Beziehung, welche die Erzielung von Wettbewerbsvorteilen erst ermöglichen. Dies sind

1. die Existenz zwischenbetrieblicher, beziehungsspezifischer Kompetenzen,
2. der zwischenbetriebliche Wissensaustausch,
3. die komplementäre Kompetenzausstattung und
4. die effektive Steuerung und Kontrolle des Systems.

Kompetenzen sind demnach in einer Organisation, aber auch möglichst in dem mit der Organisation verbundenen Netzwerk zu entwickeln. Die zentrale Herausforderung besteht darin, auf Kompetenzen und Ressourcen im Netzwerk zurückgreifen und diese kontrollieren zu können, ohne sie selbst zu besitzen (Prahalad und Ramaswamy 2004, S. 109).

Kompetenzen gilt es demnach auf der individuellen, Abteilungs-, Organisation-sowie Netzwerkebene zu steuern und systematisch zu verbessern. In der Vergangenheit wurden spezifische Kompetenzen einer gewissen Abteilung in der Organisation zugeteilt. Aus der Entwicklung des Marketings heraus wurde der Kunde der Marketingabteilung zugeordnet (Bhalla 2011, S. 41). Das Gleiche gilt für Kundenerkenntnisse, die, wenn überhaupt genutzt, die Marktforschungsabteilung bzw. die Online-Analytics-, CRM-Abteilung etc. zu verantworten hatten. Da Kundenerkenntnisse die Grundlage für eine kundenorientierte Organisation sind, gilt es, die Gewinnung und Nutzung von Kunden-erkenntnissen in der gesamten Organisation zu etablieren. Einzelne Organisationen wie bspw. Zalando sind diesen Schritt schon gegangen.

Dies bedingt aber ein kontinuierliches Lernen der Mitarbeitenden und eine Aneignung von zentralen Konstrukten der Kundenorientierung. Ich empfehle bspw., im Rahmen von Co-Creation-Workshops auch Mitarbeitende aus den Bereichen Logistik, IT oder Finanzen hinzuzuziehen. Dies soll helfen, die Anforderungen der Logistik oder IT direkt mit den Bedürfnissen der Kunden zu spiegeln.

Die Herausforderung besteht darin, dass wichtige Konstrukte des Konsumentenver-haltens wie bspw. der vorgestellte Halo-Effekt und latente Bedürfnisse oft nicht bekannt sind. Aussagen von teilnehmenden Kunden werden dann unterschiedlich interpretiert und können leicht einen negativen Einfluss auf die weitere gemeinsame Zusammenarbeit in der Organisation haben. Auch erlebe ich immer wieder, dass Befragungsergebnisse von vielen Mitgliedern einer Organisation nicht verstanden werden. Wichtige statistische Methoden, die meist überhaupt erst fundierte Aussagen über die Angaben der Kunden erlauben, wie bspw. Signifikanztest oder Regressionsanalysen, sind nicht bekannt.

Das Unterfangen einer Einführung in die statistischen Grundlagen bei gleichzeitiger Interpretation von Befragungsergebnissen ist meistens zum Scheitern verurteilt. Diese Herausforderung wird von Marktforschungsunternehmen bestätigt. Da sich Marken und Angebote auch immer mehr annähern, sind die Unterschiede immer geringer und dadurch das Aufdecken von signifikanten Unterschieden zwischen Wettbewerbern immer herausfordernder. Somit muss viel mehr geschult und das Wissen der Mitarbeitenden im Bereich Kundenorientierung auf dem neusten Stand gehalten werden.

Viele Organisationen scheuen diesen Weg und haben in der Vergangenheit eine Abkürzung eingeschlagen, indem sie eine Kennzahl (bspw. NPS®, CES) in der Organisation eingeführt und allen Mitarbeitenden diese als zentrale Zielgröße vorgestellt haben. Dies kann ein erster Schritt sein, die Kundenorientierung zu verbessern bzw. das Bewusstsein zu stärken. Neben der reinen Kennzahl stellt sich aber sofort die Frage, wie diese verbessert werden kann. Dazu sind vertiefende Analysen notwendig. Ohne eine gemeinsame Kompetenzbasis im Bereich Kundenerkenntnissen wird es sehr herausfordernd, ein geteiltes Verständnis zu etablieren. Ein Erfolgsfaktor von Online-Unternehmen ist auch darin zu sehen, dass die Analysen von Webmetrics, die Kennzahlen und Detailanalysen von meist allen im Unternehmen verstanden und ähnlich interpretiert werden. Allein diese gemeinsame Kompetenz im Bereich Kundenerkenntnisse hilft den Organisationen, die „Offline-Anbieter", die keine solche geteilte Kompetenzbasis besitzen, erfolgreich anzugreifen.

Aufbauend auf diesen Ausführungen sind Kompetenzen im Bereich Ermittlung von Kundenerkenntnissen und dabei im Speziellen im Bereich Statistik die wichtigste Kompetenz zur Verbesserung der Kundenorientierung. Trotz Digitalisierung hält sich aber der Eindruck hartnäckig, dass Customer Management einzig und allein auf Basis von Kreativität erfolgreich sein kann. Organisationen sind gefordert, hier stärker die Statistikkompetenzen der Mitarbeitenden zu evaluieren und gegebenenfalls zu verbessern (Klaus 2019, S. 6). Das setzt beim Verantwortlichen in der Geschäftsleitung an. Fehlt es in der Geschäftsleitung an Kompetenzen im Bereich Statistik und Datenmanagement, wird Kundenorientierung leicht eine spirituelle Konspiration anstatt eine Managementaufgabe.

Darüber hinaus gibt es zahlreiche andere Kompetenzen, die ebenfalls eine wichtige Rolle spielen. Die Fähigkeit der Transformation, der Inklusion, aber auch der Reagibilität ist zentral für die Etablierung einer kundenorientierten Ausrichtung einer Organisation. Ich möchte an dieser Stelle auf eine besondere Kompetenz eingehen, die aus meiner Sicht zu wenig Beachtung findet: die Zeitmanagementkompetenz.

▶ Unter **Zeitmanagement** ist die zeitorientierte Steuerung, Gestaltung und Anpassung der Organisation zu verstehen, wobei die einzelnen Aktivitäten zeitorientiert auszugestalten sind (Baum et al. 2004, S. 135).

Die Aufgaben des Zeitmanagements umfassen zum einen die Beschleunigung betrieblicher Prozesse und zum anderen die Auswahl des optimalen Zeitpunkts für bestimmte

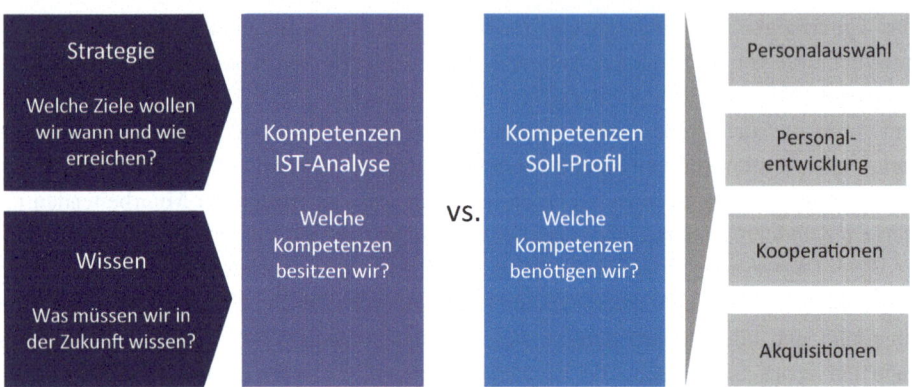

Abb. 4.15 Möglichkeiten zur Verbesserung der Kompetenzen einer Organisation. (Quelle: in Anlehnung an North et al. 2018, S. 18)

Maßnahmen.[6] Die Zeitmanagementkompetenz ist somit eng verbunden mit der Entscheidungskompetenz. Aufgrund der zunehmenden Austauschbarkeit von Angeboten/ Marken und Erlebnissen sowie der Verkürzung von Marktzyklen kann das Zeitmanagement in vielen Organisationen zum wichtigsten Erfolgspotenzial werden (Lattwein 2002, S. 28). Dies findet in der zunehmenden Popularität des agilen Arbeitens Ausdruck.

Kompetenzen und deren kontinuierliche Erweiterung sind wichtig für die Verbesserung der Kundenorientierung. Dabei ist zu beachten, dass der Aufbau und die Pflege von Kompetenzen eine Abfolge verschiedener Entwicklungsschritte erfordern (Jenner 2003, S. 34). Eine Abkürzung dieser Entwicklungsschritte ist oft nicht möglich. So zeigen empirische Studien, dass kontinuierliche Investitionen in Kompetenzen zu besseren Ergebnissen führen als eine Verdopplung der Aufwendungen bei gleichzeitiger Halbierung des Investitionszeitraums (Dierickx und Cool 1989). Auch deshalb benötigt Kundenorientierung Zeit und eine systematische Transformation. Abb. 4.15 zeigt unterschiedliche Möglichkeiten auf, die Kompetenzen einer Organisation zu verbessern.

Ich möchte im Folgenden speziell auf die Personalentwicklung bzw. die Verbesserung der Kompetenzen des individuellen Mitarbeitenden eingehen. In einem ersten Schritt gilt es, das Kompetenzprofil der Organisation sowie jedes einzelnen Mitarbeitenden zu bestimmen. Dabei kann der Mitarbeitende durch eine Leistungs- und Potenzialbeurteilung bewertet werden. Es sollte beachtet werden, dass Kompetenzen immer in Handlungen resultieren und keine Persönlichkeitseigenschaften sind (Erpenbeck und Hasebrook 2011). Kompetenzen können in vier Grunddimensionen eingeteilt werden (Sauter und Staudt 2016, S. 14 ff.):

---

[6]Die hohe Relevanz des Zeitmanagements wird durch die Etablierung unterschiedlicher Konzepte, wie z. B. Time-based Competition, Time-based Management, Time-based Strategy, Speed-Management, Economies of Speed oder eben agiles Arbeiten, unterstrichen (Fleischer 1997, S. 193).

1. **Personale Kompetenzen** sind Fähigkeiten, sich selbst gegenüber klug und kritisch zu sein, produktive Einstellungen, Werthaltungen und Ideale zu entwickeln (Selbstführung).
2. **Aktivitäts- und handlungsorientierte Kompetenzen** sind Fähigkeiten, alles Wissen, die Ergebnisse sozialer Kommunikation sowie persönliche Werte und Ideale willensstark und aktiv umzusetzen und dabei alle anderen Kompetenzen zu integrieren.
3. **Fachlich-methodische Kompetenzen** umfassen die Fähigkeiten, mit fachlichem und methodischem Wissen gut ausgerüstet auch schwierige Probleme schöpferisch zu bewältigen.
4. **Sozial-kommunikative Kompetenzen** bezeichnen Fähigkeiten, sich aus eigenem Antrieb mit anderen zusammen- und auseinanderzusetzen, kreativ zu kooperieren und zu kommunizieren. Vor dem Hintergrund von Co-Creation und der steigenden Relevanz interorganisationaler Werterstellung gewinnt diese Kompetenz zunehmend an Stellenwert.[7]

Jeder einzelne Mitarbeitende ist vor dem Hintergrund der Selbstführung aufgefordert, die notwendigen Kompetenzen zu erwerben. Die Verantwortlichen der Organisation sind gefordert, die Richtung vorzugeben und den Erwerb zusätzlicher Kompetenzen zu unterstützen. Dabei ist die Organisation dazu angehalten, ein möglichst spezifisches Kompetenzmodell für jeden Mitarbeitenden zu entwickeln (Sauter und Staudt 2016, S. 18).

4.3.3 Struktur

Der Einfluss der Organisationsstruktur auf die Kundenorientierung wurde ebenfalls schon früh untersucht (Jaworski und Kohli 1993). Neuere Studien kommen zu dem Ergebnis, dass die Struktur einer Organisation einen geringeren Einfluss auf die Kundenorientierung hat als andere Elemente einer Organisation (Nink 2018, S. 20). Die Struktur einer Organisation kann die Verbesserung der Kundenorientierung in einem gewissen Grad begünstigen oder erschweren (Gaitanides et al. 1994, S. 2). Die geringe Relevanz der Struktur kann darauf zurückgeführt werden, dass im Alltag formelle und informelle Netzwerke für den Erfolg einer Organisation viel entscheidender sind als die „starren" vorgegebenen Strukturen – ein Aspekt, der schon im Rahmen der Transformation angesprochen worden ist.

▶ Die **Organisationsstruktur** kann hinsichtlich Größe, Spezialisierung, Koordination, Konfiguration, Entscheidungsdelegation, Formalisierung und Zentralisation gestaltet werden (Kieser und Walgenbach 2003).

Allgemein gilt es, neben der optimalen Ausrichtung auf den Kunden auch die Verbesserung der Inklusion bei der Gestaltung der Organisationsstruktur zu berücksichtigen.

---

[7]Für ein detailliertes Kompetenzprofil über alle vier Dimensionen sei auf Heyse (2007) verwiesen.

Es wird empfohlen, bei der Organisationsstruktur auf die Verbindung der Abteilungen zu achten (Walton und Dutton 1969). Vor diesem Hintergrund sollte die Anzahl der Hierarchiestufen möglichst gering gehalten werden, um einen besseren Informationsfluss und eine höhere Flexibilität zu ermöglichen (Bruhn 2009, S. 53). Gleichzeitig muss die Entscheidungskompetenz nach unten verteilt werden (Blanchard et al. 1998), ansonsten wird aus dem Abbau an Hierarchiestufen schnell eine Überforderung der Führungskräfte. Hier beobachte ich in der Praxis immer wieder, dass Machtbedürfnisse diesem Ansatz im Weg stehen. Nicht wenige Führungskräfte beziehen ihr Erfolgsverständnis aus der Anzahl der Mitarbeitenden und der Anzahl an Entscheidungen, die sie beeinflussen können. Die Anzahl der Hierarchiestufen wird reduziert, und die Führungskraft möchte die gleiche Entscheidungskompetenz behalten. Im Ergebnis führt das nicht selten dazu, dass Führungskräfte die Zeit für den Austausch mit ihren Mitarbeitenden reduzieren, um die steigenden Anforderungen zu kompensieren. Sie tauchen förmlich unter. Durch diese Entwicklung kann ein Abbau von Hierarchieebenen sogar zu einer Senkung der Inklusion führen, weil die Verantwortlichen diesem wichtigen Aspekt kaum mehr Zeit schenken. Da Kundenorientierung die Reagibilität verbessern soll, ist darauf zu achten, dass Entscheidungen nach unten delegiert und durch die Visualisierung und Fixierung der Entscheidungsprozesse die Mitarbeitenden von der Geschäftsleitung systematisch dabei unterstützt werden, mehr Entscheidungen eigenständig zu treffen (Homburg et al. 2016, S. 124 und 130 f.). „Machthamster" in der Organisation müssen in ihre Schranken verwiesen werden.

Ein weiterer Aspekt hinsichtlich der Organisationsstruktur ist der Grad der Spezialisierung im Customer Management. Fritz kommt im Rahmen seiner Untersuchungen zu dem Ergebnis, dass Spezialisierung z. B. in Form von Key-Account-Management die Kundenorientierung eher verringert (Fritz 1995, S. 273). Auch Homburg (2000, S. 123) sieht Spezialisierung, Standardisierung und Formalisierung kritisch in Bezug auf die Verbesserung der Kundenorientierung. Es gilt deshalb kritisch zu überprüfen, ob die zahleichen Customer Experience Manager, Chief Digital Officers etc. wirklich helfen, die Kundenorientierung zu verbessern oder dem Ansatz der Customer-centric Transformation diametral entgegenstehen. Im Rahmen meiner Projekte erlebe ich, dass die vermeintlichen Spezialisten zur Verbesserung der Kundenorientierung eher gegen den Rest der Organisation förmlich ankämpfen. Kundenorientierung setzt deshalb nach meinem Verständnis bei der Kompetenzverbesserung im Sinne von Schulungen bei der gesamten Organisation an und bei der Einstellung eines Verantwortlichen für dieses Thema. So setzt eine Adhocracy-Kultur auf ein starkes „Wir-Element" in Form einer Gemeinschaft. Spezialisierungen in der Struktur und die jeweilige Kultur sollten abgestimmt sein.

Es gibt unterschiedliche Strukturen, um eine Organisation zu führen. Ich möchte an dieser Stelle auf die Literatur zu diesem Thema verweisen.[8] Allgemein werden folgende

---

[8]Beispielhaft Bach et al. (2017, S. 257).

Elemente zur Verbesserung der Kundenorientierung hinsichtlich der Struktur einer Organisation genannt (Homburg und Bucerius 2008, S. 69):

- Berücksichtigung von kundenbezogenen Aspekten bei der Spartenbildung
- Begrenzung der Hierarchiestufen
- Vermeidung von Überspezialisierung
- Existenz von klar definierten Ansprechpartnern und Anlaufstellen für Kunden

Zwei Punkte habe ich bereits angesprochen: die Begrenzung von Hierarchiestufen sowie die Vermeidung von Überspezialisierung. Größere Organisationen haben oftmals eine zweigeteilte Struktur. Das Front-End ist kundenfokussiert und das Back-End unternehmensorientiert (Galbraith 2010, S. 2). Bei dieser Aufteilung besteht die Gefahr, dass die Zusammenarbeit zwischen den Abteilungen herausfordernder wird. Mitarbeitende im Back-End-Bereich verlieren dadurch leichter den Bezug zum Kunden. In der Praxis ist aber nicht nur eine Aufteilung in Front- und Back-End anzutreffen, sondern auch eine steigende Komplexität im Front-End-Bereich (Marketing und Vertrieb) aufgrund der großen Zunahme an unterschiedlichen Touchpoints zu beobachten. Die Abteilung für digitale Touchpoints stimmt sich dann meist selten mit der Abteilung der nondigitalen Touchpoints ab. Beide Abteilungen tauschen sich eher selten mit dem Produktmanagement und dem Verkauf ab. Somit werden immer mehr Silos in der Struktur einer Organisation etabliert, die eine Customer-centric Transformation erschweren. Die Struktur sollte die Kundenorientierung unterstützen, dabei ist die Ausrichtung wichtiger als die Komplexität. P&G hat bspw. eine vierdimensionale Struktur eingeführt, um zum einen die interne Effizienz hochzuhalten und zum anderen möglichst nah beim Kunden zu sein, trotz der hohen internen Komplexität.

Zum besseren Verständnis einer Organisationstruktur kann diese in eine variable und eine stabile Dimension unterteilt werden (Galbraith 2010, S. 2). Die Grundstruktur der Organisation sowie die zentralen Prozesse werden möglichst stabil gehalten. Die variable Dimension besteht aus Teams, die sich bilden und wieder auflösen, sowie Entscheidungsgremien, die Ressourcen bewilligen und Prioritäten bestimmen (Payne und Frow 2005). Teams werden deshalb allgemein als wichtiges Element zur Steigerung der Kundenorientierung gesehen (Wicher 2008, S. 320). Ein Beispiel für die Nutzung von Teams und der Verbesserung der Kundenorientierung ist Zalando.

Beispiel: Zalando

Zalando hatte eine eigenständige Abteilung, die für die Bereitstellung von Kundenerkenntnissen verantwortlich war. Da das Unternehmen anstrebt, die Personalisierung gegenüber dem Kunden zu verbessern, hat es Produktmanager, Marketingexperte, Software-Entwickler sowie Datenmanager pro Angebotskategorie in Teams zusammengefasst. Die Struktur der Organisation besteht somit aus zentralen Funktionen und unterschiedlichen Teams, die verschiedene Mitarbeitendenprofile umfassen und dadurch die Inklusion erhöhen sollen (Staudacher 2018, S. 19). ◄

Diese Reorganisation kann für Organisationen ein Beispiel dafür sein, dass eine Aufteilung der Organisationsstruktur in Marketing und Vertrieb die Inklusion und damit die Kundenorientierung nicht steigert. Hier gilt es, auch in den Personalabteilungen umzudenken, dass Mitarbeitende nicht mehr mit eingeschränktem Kompetenzprofil eingestellt und möglichst in einer Bahn gehalten werden sollten, sondern dass Teams zu besetzen sind, die sich gemeinsam weiterentwickeln und deren Entscheidungskompetenzen jeweils ausgehandelt werden.

Neben der Struktur von Multi-Kompetenzen-Teams gilt es aus meiner Sicht auch noch Gremien zu etablieren. Einzelne Stellen wie Customer-Experience-Management haben sich aus meiner Sicht nur sehr selten bewährt. Selbst Brandmanager fristen in vielen Organisationen ein trauriges Dasein. Die Steuerung von Multi-Kompetenz-Teams kann kein einzelner Customer-Experience- oder Brand-Manager mehr leisten. Deshalb empfehle ich die Unterstützung durch Gremien. Diese haben zwei Vorteile: Die hohe Komplexität kann durch mehrere Personen aus den unterschiedlichen Teams gelöst werden und die einzelnen Fachgebiete können sich weiterentwickeln. Dies hat aber oft auch einen Einfluss auf die Geschwindigkeit von Entscheidungen. Solche Gremien können dazu führen, dass die Entscheidungsfindung länger dauert. Aus der Perspektive der Kundenorientierung steht die Reagibilität über der Agilität einer Organisation. Ich habe in einer Organisation erst kürzlich ein Customer-Experience- und ein Customer-Data-Team etabliert (vgl. Abb. 4.16). Die ersten Erfahrungen stimmen positiv, jedoch beantwortet sich, wie so oft, erst im Laufe der Zeit die Frage, ob diese Struktur bei den Machtkämpfen in Organisationen Bestand haben wird.

Die Nutzung von variablen Teams und Entscheidungsgremien kann helfen, die Inklusion einer Organisation bei gleichzeitiger Gewährleistung der Transformationsfähigkeit hochzuhalten. Existiert eine starke Verbindung innerhalb der Teams, hat dies einen positiven

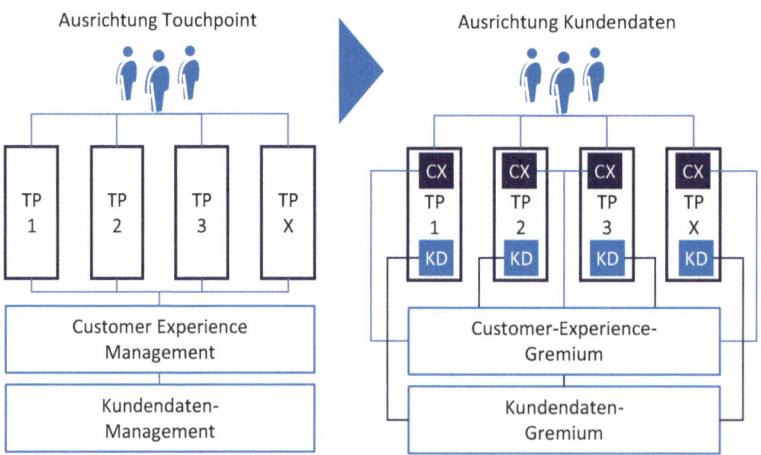

Abb. 4.16 Beispiel für eine Anpassung der Struktur zur Verbesserung der Kundenorientierung. (Quelle: Staudacher 2018, S. 19)

Einfluss auf die Arbeitsergebnisse (Kasper-Fuehrer und Ashkanasy 2001). Die Teams sollten bei der Berücksichtigung der Absicherung des Alignments der gesamten Organisation auch eine stärkere Autonomie für Entscheidungen erhalten (Lamberti 2013, S. 605). Für die Zukunft ist von einer ständigen Weiterentwicklung im Marketing und Vertriebsbereich aufgrund der Umweltveränderungen auszugehen, sodass eine strukturinhärente Variabilität einer Organisation hilft, sich möglichst optimal an Veränderungen anzupassen.

Neben der Frage der allgemeinen Struktur für eine möglichst kundenorientierte Organisation stellt sich auch die Frage, wie Kundenorientierung institutionalisiert werden sollte. Bisher wurden für alle neuen Themen im Customer Management immer auch neue Rollen in Organisationen geschaffen. Neben dem Produkt- und Vertriebsmanager kann es Marken- und Customer-Experience-Manager geben. Wo aber wird Kundenorientierung in die Struktur integriert? Manche Organisationen haben Initiativen zur Verbesserung der Kundenorientierung aus Change-Management-Abteilungen durchgeführt. An dieser Stelle zeigt sich eine zentrale Herausforderung zur Verbesserung der Kundenorientierung. Da sowohl die Organisation als auch das Customer Management betroffen sind, gibt es in der Organisation meist keine Stelle, die über die notwendige Zuständigkeit bzw. Kompetenz verfügt. Auch stellt sich die Frage, ob ein einzelner Spezialist, der der Geschäftsleitung berichtet, nicht schnell überfordert ist und die Komplexität gerade auch bei der Zunahme an CDOs in Organisationen nicht noch weiter erhöht. Letztlich geht es in Organisationen immer auch um Macht. Ich zeige in Kap. 7 ein Beispiel auf, wie die Kundenorientierung in einer Organisation institutionalisiert werden kann.

Ein zentrales Strukturelement zur Verbesserung der Kundenorientierung bei größeren Organisationen ist im Aufbau von Kunden-Champions zu sehen. Dabei ist es schwer, allgemeingültige Empfehlungen über die Anzahl zu treffen. Ungefähr pro 15 Mitarbeitende sollte ein Kunden-Champion bestimmt werden. Es kann aber auch pro zehn oder 25 Mitarbeitende sein. Kunden-Champions sind Mitarbeitende einer Organisation, die über eine hohe Kompetenz im Bereich Customer Value-based Decision Making verfügen. Sie sollen helfen, die Entscheidungen auf Kundenerkenntnissen zu basieren und die dafür nötigen Datenanforderungen zu bestimmen. Darüber hinaus ist es ihre Aufgabe, die statistische Kompetenz in der Organisation systematisch zu steigern, das bestehende Customer-Firm-Value-Modell den jeweiligen Mitarbeitenden vorzustellen und sie bei der Anwendung zu unterstützen. Kunden-Champions sind nicht mit ähnlich bezeichneten Personen des Customer Experience Managements zu verwechseln und sollen auch nicht in die Organisation z. B. im Rahmen von Kundenbeschwerden eingreifen. Vergangene Champion-Ansätze aus dem Marken- und Customer Experience Management führten zu Matrix-Strukturen, die die Kundenorientierung eher schwächen als stärken und oft zu zu viel Reibung führten. Kunden-Champions fokussieren die wichtigste Ressource einer Organisation: die Kundenerkenntnisse und die Nutzung dieser im Rahmen der Entscheidungsfindung. Sie konzentrieren sich auf das Lernen der Mitarbeitenden zur Verbesserung des Customer-centric Citizenship Behaviors.

Ein weiteres strukturelles Element im Rahmen der Kundenorientierung ist die Anlaufstelle für den Kunden. Aufbauend auf dem Konzept der Interaction Orientation sollen zwei Dimensionen der Anlaufstelle berücksichtigt werden (Ramani und Kumar 2008):

1. die Interaktionsqualität mit Kunden sowie
2. die Fähigkeit, möglichst wertvolle Kundenerkenntnisse aus den Interaktionen zu gewinnen.

Die Anlaufstellen für Kunden sollten folgende Grundsätze in Bezug auf die Dimension Interaktionsqualität auszeichnen (Homburg et al. 2016, S. 131):

1. **Eindeutigkeit:** Wohin soll sich der spezifische Kunde wenden?
2. **Referenz:** Wer oder was ist die Referenz für den Kunden?
3. **Erreichbarkeit:** Wie kann die Wartezeit möglichst kurz gehalten werden?
4. **Professionalität:** Wie kann ein möglichst professionelles Erlebnis erzielt werden?
5. **Begeisterung:** Wenn möglich, wie kann der Kunde positiv überrascht werden?

Egal ob B2B oder B2C, jede Organisation steht heute vor der Herausforderung, die Anlaufstelle für den Kunden optimal auszugestalten. In vielen Organisationen wird der Kundenkontakt als Aufwand gesehen, den es möglichst zu reduzieren gilt, oder Kundeninteraktion wird als ständiges Verkaufen und nicht als Beziehungsmanagement verstanden. Webseiten stellen keine Telefonnummern bereit, Kunden müssen umständliche Formulare ausfüllen, wenn sie Anliegen haben. Zwar ist es unter dem Gesichtspunkt der Co-Creation eine Wertsteigerung für die Organisation, wenn der Kunde einen gewissen Teil der Anfrage selbst übernimmt, aber Kunden sind grundsätzlich von einer solchen Interaktionsqualität nicht begeistert. Für starke Marken muss sich das nicht nachteilig auswirken. Ich vermute, dass in vielen Organisationen immer noch nicht verstanden wurde, was Tony Hersey schon vor langer Zeit verstanden hat: Jede Interaktion ermöglicht es der Organisation, wertvolle Daten zu sammeln und den Kunden für die eigene Marke zu begeistern. Somit muss eine Organisation entscheiden, ob die Kundeninteraktion gerade nach dem Kauf eine Art Trigger sein kann, der zu einer höheren Loyalität führt, oder ob die Kundeninteraktion möglichst kostenoptimal ausgestaltet sein sollte. Vergleicht man die Ausgaben der Organisationen für die Kundenakquise und die Kundenbindung, fällt auf, dass fast alle Organisationen bei der Kundenbindung viel zu stark in Kosten denken und bei der Akquise jeder neue Chatbot als absolut notwendiges Instrument zum Überleben gefeiert wird. Ich kann auf Basis meiner Erfahrung immer wieder nur empfehlen, mehr Kundendaten zu sammeln und gerade bei bestehenden Kunden die Interaktionsqualität als Differenzierungselement einzusetzen.

4.3.4 Prozesse

Eng mit der Struktur einer Organisation verbunden sind die Prozesse einer Organisation (Bruhn 2009, S. 53). Abteilungen und Bereiche werden anhand einer funktionalen Gliederung gebildet. Somit haben Prozesse ebenfalls eine hohe Auswirkung auf die Kundenorientierung (Merzenich et al. 2011, S. 93). Die Optimierung des Prozessdesigns wird in der täglichen Arbeit gerne vergessen oder aufgrund der daraus resultierenden Unterbrechungen und Diskussionen aufgeschoben (Sanderson 2017, S. 75). Die systematische und wiederkehrende Analyse der Prozesse bleibt gerade in Bezug auf die Kunden auf der Strecke.

Kunden sind oft die Impulsgeber der Prozesse. Deshalb kann durch die Anpassung der Prozesse ein großer Einfluss auf die Entwicklung der Kundenorientierung genommen werden (Galbraith 2002, S. 10). Dabei gilt es, unterschiedliche Dimensionen bei der Prozessgestaltung zu berücksichtigen, die im Widerspruch zueinander stehen können (vgl. Abb. 4.17).

Trotz der größeren Beachtung der Organisationsprozesse seit den 1980er Jahren (Business Reengineering) und der steigenden Anzahl an Touchpoints und des dadurch komplexeren Customer Purchase Processes wird bereichs- bzw. funktionsübergreifenden Prozessen immer noch eine geringe Bedeutung zugesprochen (Merzenich et al. 2011, S. 93). Durch die zunehmende Vernetzung von Organisationen spielen auch interorganisationale Prozesse für den Erfolg einer Organisation eine immer größere Rolle (Schäffer und Leyh 2017, S. 102). Es ist dabei wichtig, einen Prozessverantwortlichen zu bestimmen. Gerade bei bereichsübergreifenden Prozessen gilt es, eine Person mit der Verantwortung für den jeweiligen Prozess zu betrauen (Brenner und Hamm 1995, S. 37). Ansatzpunkte zur Verbesserung der Prozesse für eine Stärkung der Kundenorientierung sind u. a. (Franke und Park 2006):

- Vermeidung überzogener Prozessstandardisierung
- Förderung von Selbstabstimmung zwischen Mitarbeitenden, gerade abteilungsübergreifend
- Ausreichende Delegation von Entscheidungskompetenzen an ausführende Mitarbeitende im Kundenkontakt
- Schaffung von Transparenz bei kundenbezogenen Prozessen und Sicherstellung permanenter Prozessoptimierung

Die Vorteile einer solchen Ausrichtung bestehen vor dem Hintergrund der Absicherung der Customer-centric Transformation in der höheren Transparenz, der Vermeidung von

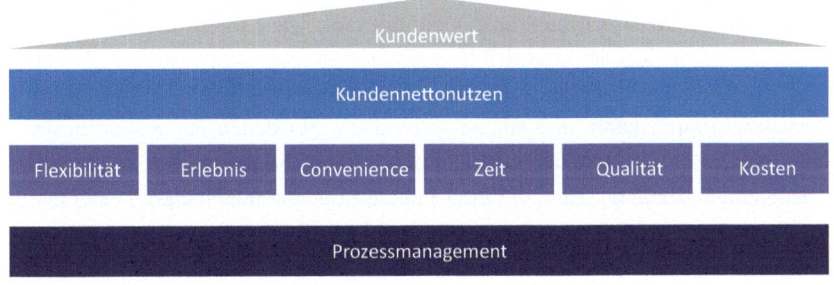

Abb. 4.17 Dimensionen des Prozessmanagements

interner Komplexität sowie der konsequenten Ausrichtung am Customer-Firm Value (Gaitanides et al. 1994, S. 2). In dem Beispiel der Deutschen Bahn in Abschn. 4.3.1 war nicht nur der kulturelle Aspekt Thema, sondern eben auch die zu starre Verfolgung eines Prozesses („Kein Ticket? Bitte sofort Zug verlassen."). Der hohe Stellenwert von möglichst verteilten Entscheidungskompetenzen wurde schon an mehreren Stellen angeführt. Dies gilt im Besonderen für Mitarbeitende mit Kundenkontakt.

Ein Bereich, der bisher im Rahmen des Prozessmanagements zu kurz gekommen ist, sind die Kundendatenmanagementprozesse. In vielen Organisationen weisen kundenbezogene Prozesse meist Medienbrüche, Doppelarbeiten oder hohe Durchlaufzeiten auf, weil eine einheitliche Datenbasis fehlt und/oder die Systeme der Organisation nicht verbunden sind (Merzenich et al. 2011, S. 95). Somit gilt es, alle Prozesse parallel hinsichtlich der Gewinnung und Nutzung von Kundendaten zu modellieren. Für die Verbesserung der Kundenorientierung reicht es somit nicht aus, nur die Prozesse an sich zu optimieren, sondern parallel dazu müssen immer die Dimensionen Kundendatengewinnung und -nutzung mitgeführt werden.

In Abhängigkeit von der verfolgten Strategie und dem Geschäftsmodell sind „Schlüsselprozesse" zu identifizieren, deren Optimierung im Hinblick auf den Customer-Firm Value einen besonders hohen Erfolg verspricht. Die zwei Kriterien zur Identifikation von Schlüsselprozessen sind (Merzenich 2005, S. 63):

1. **Strategische Relevanz:** Bedeutung für den Kunden und/oder die Organisation
2. **Verbesserungspotenzial:** Erfolgsaussichten der Prozessoptimierung

Eine Methode, die sich für die Prozessoptimierung im Sinne von Analyse und Planung bewährt hat, ist das Blueprinting bzw. Service Mapping (Shostack 1982).

▶ Ein **Blueprint** ist eine zweidimensionale Darstellung eines Prozesses: Die horizontale Achse repräsentiert dabei die Abfolge von Aktivitäten, die im Rahmen der Leistungserstellung von Kunde und Organisation ausgeführt werden. Die vertikale Achse trennt verschiedene Arten von Aktivitäten, die wiederum durch verschiedene „Lines" getrennt werden (Kleinaltenkamp et al. 2008, S. 42).

Abb. 4.18 stellt die grundsätzliche Struktur eines Blueprints da. Vor dem Hintergrund von Co-Creation sind zwei Linien besonders relevant: Die Line of Interaction trennt die Aktivitäten, die vom Kunden und der Organisation durchgeführt werden (Zeithaml und Bitner 2000). Die Line of Order Penetration trennt die Aktivitäten der Organisation, die sie allein durchführen kann, und solche Aktivitäten, bei denen der Kunde in die Werterstellung integriert ist (Fließ und Kleinaltenkamp 2004, S. 396).

Aktivitäten unterhalb der Line of Order Penetration sind unabhängig von einem spezifischen Kunden und beziehen sich nur auf die Organisation. Diese Darstellung ist eine Weiterentwicklung des traditionellen Blueprintings (Kingmann-Brundage 1995). Ich empfehle aufgrund des Co-Creation-Gedankens, vom Kunden aus anzufangen und die Prozesse, die gemeinsam bzw. kundeninduziert erfolgen, genauer zu betrachten.

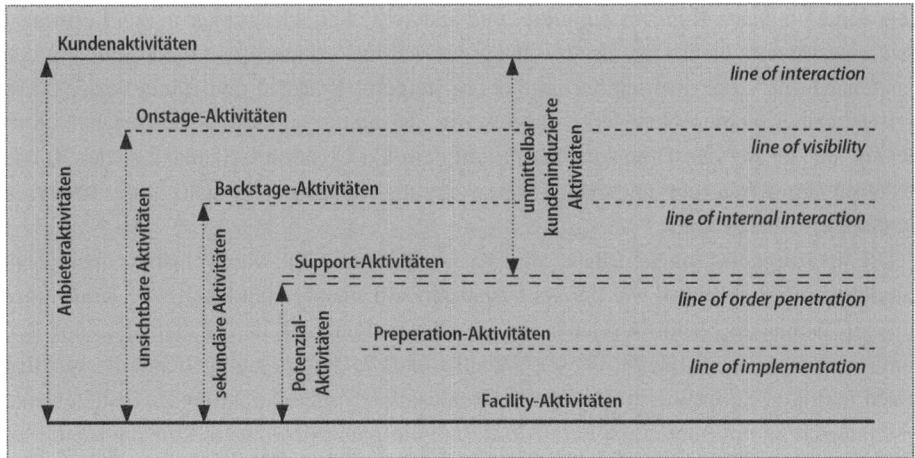

Abb. 4.18 Struktur eines Blueprints. (Quelle: Kleinaltenkamp 2002, S. 11)

Darüber hinaus wird in den aktuellen Blueprints aus meiner Sicht zu einseitig auf Leistungserstellungsprozesse abgestellt. Es soll auch die Gewinnung von Kundendaten und deren Nutzung integriert werden. Dies macht den Blueprint deutlich umfangreicher, aber Leistungserstellung bezieht sich in einer kundenorientierten Organisation immer auf die Nutzung von Kundenerkenntnissen. Deshalb gilt es, diese bei der Leistungserstellung „mitzudenken" bzw. diese ebenfalls kontinuierlich zu verbessern. Du findest ein umfassendes Beispiel zu dieser Methode in meinen Online-Ressourcen.

4.4 Interorganisationale Ebene

Die Beziehungen zwischen einzelnen Organisationen verschieben sich stärker in kooperative Arrangements (Bleicher 2004, S. 135). Grund für diese Entwicklung von einfachen Organisationsstrukturen hin zu multiorganisationalen Verbindungen ist die äußere Komplexität der veränderten Rahmenbedingungen (Froschmayer 1997, S. 9). Aus klassischen Zuliefer- und Händlerbeziehungen haben sich strategische und operative Netzwerke, Entwicklungspartnerschaften, Joint Ventures, strategische Allianzen oder sogar Kooptationen gebildet (Zentes et al. 2003, S. 21).

▶ Unternehmungsnetzwerke stellen eine letztlich auf die Realisierung von Wettbewerbsvorteilen zielende, polyzentrische, oftmals jedoch von einer oder mehreren Organisationen strategisch geführte Organisationsform ökonomischer Aktivitäten dar, die sich

1. durch eine spezielle Art von (Netzwerk-)Beziehungen auszeichnet,
2. einer organisationsübergreifenden Reflexivität Ausdruck verleiht und
3. auf einer Austauschlogik basiert, die sich von jener des Marktes wie auch von jener der Hierarchie unterscheidet (Sydow 1992, S. 82).

Netzwerke, in denen Kunden, Zulieferer und andere Stakeholder stärker in den Leistungs-erstellungsprozess einer Organisation integriert werden, erlauben es Organisationen, den Customer-Firm Value überdurchschnittlich zu steigern (Prahalad und Ramaswamy 2004, S. 109). Dabei werden Netzwerke zu einseitig als interorganisational beschrieben. Aufbauend auf der Service Dominant Logic und dem Co-Creation-Gedanken ist der Kunde ein elementarer Baustein eines jeden Netzwerks und ihn gilt es deshalb in die Analysen ebenfalls einzubeziehen.

Die interorganisationale Ebene der Kundenorientierung wurde bisher übersehen. Kundenorientierung wird, wie bereits ausgeführt, oft missverstanden als die Kraft eines einzigen Managers, seine Organisation zu dominieren und in der Schlacht um den Kunden erfolgreich zu führen. Dieser Gedanke und die damit einhergehende Perspektive waren und sind zu limitiert. Die eigene Organisation kundenorientiert aufzustellen und systematisch zu optimieren, ist herausfordernd, ein ganzes Netzwerk kundenorientierter auszurichten, ist ein zähes Unterfangen. Die nur in einem gewissen Maße steuerbaren interorganisationalen Beziehungen führen zu einer Steuerungsproblematik, die mit dem Ausdruck „Controlling von komplexen Strukturen" umschrieben werden kann (Froschmayer 1997, S. 7).

Erste Erkenntnisse zu dieser Steuerungsart basieren auf der Beziehung zwischen Hersteller und Handel im B2C-Bereich (Cagnon und Chu 2005). Srivastava und Singh (2010, S. 3) sprechen in diesem Zusammenhang von einem „Value Delivery Network", das die Supply Chain bzw. die Vertriebspartner umfasst.

▶ Ein **Value Delivery Network** ist definiert als ein Netzwerk von Organisationen, das durch vor- bzw. nachgelagerte Prozesse und Aktivitäten Angebote für die Endkunden erstellt (Christopher et al. 2002).

Studien kommen zu dem Ergebnis, dass in den meisten Organisationen bis zu 90 % der Touchpoints nicht oder nur zum Teil von der Organisation selbst geführt werden. Die wachsende Anzahl an digitalen Touchpoints hat diese Entwicklung noch verstärkt (Lamberti 2013, S. 599). Somit reicht es nicht, Kundenorientierung nur in der eigenen Organisation zu stärken, darüber hinaus sollte das gesamte Value Delivery Network kundenorientiert ausgerichtet werden. Da andere Organisationen über andere Ausrichtungen bzw. Dominant Logics verfügen werden, kennt dieses Vorhaben gewisse Grenzen. Auch ist nicht jeder Partner gleich wichtig für die Steigerung des Customer-Firm Values.

Dyer und Singh (1998, S. 660) sprechen von vier entscheidenden Faktoren einer inter-organisationalen Beziehung, welche die Erzielung von dauerhaften Wettbewerbsvorteilen erst ermöglichen. Der zwischenbetriebliche Wissensaustausch hat dabei einen hohen Stellenwert. Eine wichtige Funktion haben zudem Boundary Spanners. Sie arbeiten meist im äußeren Bereich einer Organisation.

▶ **Boundary Spanners** sind die Mitarbeitenden einer Organisation, die eine mehr oder weniger starke Beziehung zu den Kunden und Partnern haben (Henderson und Palmatier 2010, S. 37).

Diese Mitarbeitenden gilt es besonders zu führen und sich ihres großen Einflusses auf den Erfolg einer Organisation bewusst zu sein. Es gibt Boundary Spanners hinsichtlich der Kunden, Partner, der Supply Chain und der Vertriebsunterstützer sowie weiterer Stakeholder. Dabei ergibt sich die Herausforderung, welche Informationen mit welchem Akteur zu teilen sind und wie stark darüber hinaus dem jeweiligen Akteur entgegengekommen werden soll. All diese Fragen gilt es systematisch zu beantworten, und meist müssen die Antworten aus der Vergangenheit für heutige Entscheidungen wieder überdacht und neu getroffen werden. Abb. 4.19 stellt ein Value Delivery Network und die jeweiligen Boundary Spanners vor.

Die interorganisationale Perspektive hilft zu verstehen, dass eine Organisation meist nicht mehr allein über die Kundenkontaktmitarbeitenden bzw. Boundary Spanners die Interaktion mit den Kunden pflegt. Gerade durch die Zunahme an digitalen Touchpoints handelt es sich meist um eine Gruppe aus Menschen, die unterschiedlichen Organisationen des Value Delivery Networks angehören. Neben der Steuerung und Kontrolle der Verbesserung des gesamten Netzwerkes in Bezug auf die Kundenorientierung gilt es, im Besonderen die Boundary Spanners Group, die für die Interaktion mit dem Kunden verantwortlich zeichnet, zu fokussieren.

Allgemein stellt sich die Frage, wie eine Organisation die Kundenorientierung der Netzwerkpartner analysieren und wenn notwendig verbessern kann. Darüber hinaus gilt es zu klären, wie die einzelnen Mitarbeitenden der Boundary Spanners Group von der Organisation, obwohl es nicht die eigenen Mitarbeitenden sind, gesteuert werden können. Die Organisationsforschung setzt hier auf Befragungen innerhalb der einzelnen

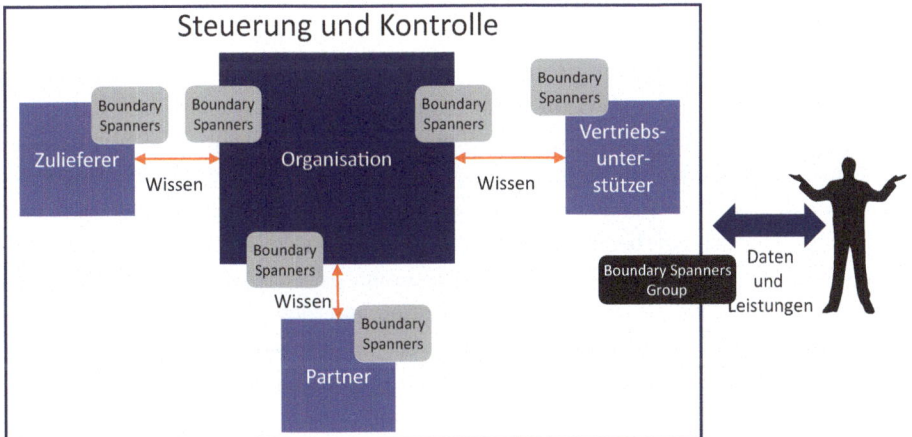

Abb. 4.19 Aufbau eines Value Delivery Networks

Netzwerkpartner (siehe beispielhaft Maloney 2007). Aus meiner Sicht ist dieser Ansatz zu komplex und wenn überhaupt nur für Organisationen durchführbar, die eine sehr mächtige Position im Netzwerk besitzen. Grundsätzlich ist auch zu akzeptieren, dass Organisationen im Netzwerk keine Kundenorientierung verfolgen. Es ist illusorisch, zu glauben, dass eine Organisation in absehbarer Zeit ihr gesamtes Netzwerk kundenorientiert transformiert, da schon die Verbesserung der Kundenorientierung in den eigenen vier Wänden eine umfangreiche Herausforderung darstellt.

Ich empfehle, die Ausrichtung der einzelnen Netzwerkpartner zu bestimmen und im Anschluss mit den Organisationen, die ebenfalls eine kundenorientierte Ausrichtung haben oder anstreben, eine Art Gremium zu etablieren, das sich bezüglich der Steigerung der Kundenorientierung gemeinsam ein- bis zweimal im Jahr abstimmt. Dabei können auch allgemeine Erfahrungen zur Kundenorientierung ausgetauscht werden. Gerade zu Beginn des Transformationsprozesses zur Verbesserung der Kundenorientierung ist auf das Thema Kundenerkenntnisse abzustellen. Somit gilt es, in einem ersten Schritt das Netzwerk auf dieser Dimension zu optimieren.

Es ist jedoch nicht ratsam, Organisationen, die keine Kundenorientierung verfolgen wollen, zu überzeugen, ihre Ausrichtung zu verändern. Dies bindet Energie und schwächt meist die Zusammenarbeit bis zur Zerstörung des Vertrauens in die Zusammenarbeit. Srivastava und Singh (2010, S. 7 f.) benennen vier Dimensionen, um die Beziehungen im Netzwerk zu führen:

1. Vertrauen
2. Commitment
3. Inklusion
4. Customer-Firm Value

Vertrauen baut auf dem Informationsaustausch und der Kosten- sowie Risiko- und Belohnungsaufteilung auf (Morgan und Hunt 1994), Commitment auf den gemeinsamen Zielen und einer längerfristigen Ausrichtung (Moorman et al. 1992). Diese beiden Dimensionen haben wiederum einen Einfluss auf die Höhe der Inklusion und diese wiederum auf den Customer-Form Value (Kalwani und Narayandas 1995). Deshalb empfehle ich, über Regeln und vor allem über die Kommunikation die Verbesserung der Kundenorientierung im Value Delivery Network von nicht kundenorientierten Organisationen abzusichern. Ausgehend von der Strukturationstheorie und der Dualität von Struktur ist bei begrenzter Macht und Sanktionsmöglichkeit vor allem die Kommunikation ein Instrument, um die Steuerung zu verbessern (Giddens 1984). Eine umfassende und gesteuerte Kommunikation mit den Partnern hilft, Vertrauen und Commitment zu steigern und damit trotz der unterschiedlichen Organisationsausrichtungen die Kundenorientierung systematisch zu verbessern. Dabei ist zu antizipieren, dass Organisationen mit einer anderen Dominant Logic zu anderen Entscheidungen kommen können. Diese sollten nicht einfach kritisiert bzw. sanktioniert werden, sondern es sollte ein gemeinsamer Lösungsansatz gefunden werden, mit dem die beteiligten Parteien ihre Ziele weiterhin verfolgen können.

Es überrascht mich, dass nicht alle Organisationen verstanden haben, wie wichtig die Inklusion im Netzwerk ist. Händler wie bspw. Walmart zwingen die Hersteller förmlich dazu, ihre Kundenerkenntnisse zu nutzen (Davenport 2006). Das Unternehmen zwingt die Hersteller, die eigenen IT-System an die von Walmart anzuschließen und die Kundenerkenntnisse in den jeweiligen Verhandlungen mit Walmart zu nutzen. Den meisten Organisationen in Europa fehlt diese verbindende Ausrichtung. Die Freund/ Feind-Perspektive macht viele Verantwortliche blind für Erfolgspotenziale, die vielleicht nur mit dem Wettbewerb gehoben werden können, um mögliche zukünftige Wettbewerber in ihrem Handeln einzuschränken. Der interorganisationalen Ebene muss in Zukunft viel mehr Bedeutung hinsichtlich der Kundenorientierung eingeräumt werden.

4.5 Infrastruktur und Systeme

Bei der Unterstützung des Customer Value-based Decision Makings spielen die Infrastruktur und Systeme einer Organisation eine wesentliche Rolle. Allgemein sollen diese systematisch weiterentwickelt werden, um noch bessere Kundenerkenntnisse zu erzielen (Davenport 2006). Jaworski und Kohli (1993, S. 54) führen an, dass neben der Gewinnung und Auswertung auch der intra- und interorganisationsweiten Verteilung der Kundenerkenntnisse eine große Bedeutung zukommt. Diese Anforderung wird von mehreren Autoren unterstützt und hat dazu geführt, dass die Infrastruktur und Systeme im Rahmen der Kundenorientierung ebenfalls miteinzubeziehen sind (Fritz 1995, S. 204) und (Waisberg und Kaushik 2009).

Die Situation in der Praxis ist erschreckend: 70 % der CRM-Projekte gelten als gescheitert. Die Digitalisierung mit ihrem universellen Heilsversprechen hat oft dazu geführt, dass Organisationen massiv in Infrastruktur und Systeme investiert haben, aber weder sind Kosten gesunken noch konnte ein Mehrwert für die Kunden erzielt werden. Portale, Apps und Social-Media-Kanäle warten meist immer noch auf die Kunden, die diese nutzen. Die Organisationen kommen die Investitionen teuer zu stehen. Beispielhaft kommt eine Studie zu dem Ergebnis, dass im Bereich Customer Analytics von einer 80 %-Quote der fehlenden Adaption der jeweiligen Anwendung durch die Mitarbeitenden ausgegangen wird (Klaus 2019, S. 3). Zwar existieren Anwendungen, aber die Mitarbeitenden können diese nicht optimal zur Erstellung von Kundenerkenntnissen nutzen. Gerade die Limitierung der einzelnen Messansätze ist vielen nicht bewusst. Getreu dem Motto: „Je mehr Klicks, desto mehr Umsatz" fahren sehr viele Angebote mit Karacho an die Wand. Das Kernproblem aus meiner Sicht ist der zu starke Technologiefokus bei der Auswahl der jeweiligen Anwendung. Dies zeigt sich dadurch, dass die Einfachheit bei der Bedienung der Anwendungen über den Mehrwert gestellt wird. Viele Organisationen können auch keinen klaren Business Case für den Mehrwert der Kundenerkenntnisse im Rahmen der Entscheidungsfindung erstellen. Im Ergebnis werden die Lizenzkosten meist übergewichtet oder Anwendungen eingekauft, die für die jeweilige Organisation völlig überdimensioniert sind. Auch die zunehmende Anzahl an Anwendungen verstärkt dieses Problem. Brinker (2019) kommt zu dem Ergebnis, dass im Jahr 2012 ungefähr 150 Marketing- und Verkaufstechnologien zur Verfügung standen. Im Jahr 2018 waren es dann 7000 mit einer steigenden Tendenz. Wie lässt sich hier ein Überblick behalten?

Abb. 4.20 stellt die fünf für mich wichtigsten Kriterien zur Bewertung von Systemen dar. Dabei muss jede Organisation definieren, wie wichtig die einzelnen Kriterien im Verhältnis sind. An der Rangfolge sollte sich jedoch nichts ändern. Vor allem gilt es, den Mehrwert mitzudenken.

Organisationen benötigen heute immer stärker ein gewisses Maß an Infrastruktur und Systemen. Gerade der Hype des Themas Digitalisierung führt dazu, dass es gefühlt mehr Anwendungen als Use-Cases gibt. Ich erlebe gegenüber dieser Entwicklung zwei Verhaltensweisen:

1. Ich bin voll und ganz dabei.
2. Ich verstehe nicht so ganz und warte erst mal ab.

Beide Ansichten werden mir in den jeweiligen Gesprächen meist sehr emotional vorgetragen. Dabei geht es im Bereich Infrastruktur und Systeme nicht um eine Religion oder Diät. Eine Organisation hat die Aufgabe, die optimale Infrastruktur und Systeme bereitzustellen und diese kontinuierlich zu verbessern. Gerade die Kontinuität der Aufgabenstellung wird mit dem Verweis auf das hohe Risiko und die hohen Investitionen schnell in Abrede gestellt. Jährlich sterben im Moment Schweizer Handelsmarken, aber nicht nur aufgrund der Aktivitäten von Amazon oder Zalando. Die meisten Organisationen wie bspw. Modissa, Globus oder Livique haben jahrzehntelang nicht in moderne Systeme investiert, sondern eine Infrastruktur etabliert, die nur mit viel Zeit und viel Aufwand verbessert werden kann. Dass Globus inzwischen an ausländische Investoren verkauft wurde (Speiser 2020), zeigt, wie hoffnungslos die Situation in

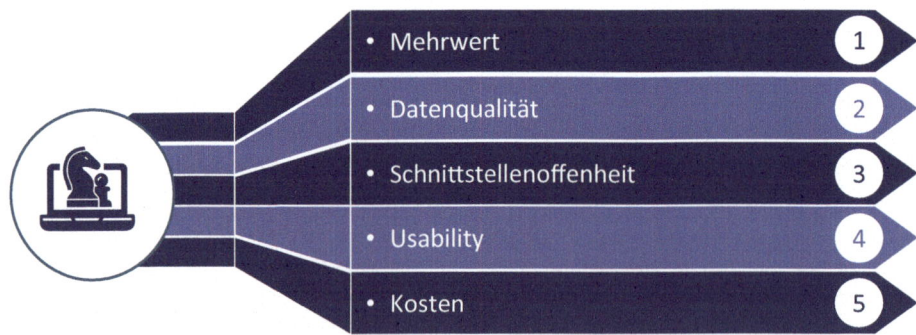

Abb. 4.20 Relevanz von Kriterien zur Beurteilung von Infrastruktur und Systemen

vielen Branchen aufgrund der fehlenden Investitionen in der Vergangenheit ist. Kundenorientierung kann nicht in einem Jahr aufgeholt werden. Die fehlenden internen Kompetenzen werden zwangsläufig zu einem weiteren Sterben führen. Wie oft habe ich gehört: „Da müssen wir erst das umbauen, bevor das geht", oder: „Das dauert bei uns so lange etc."

Die gute Nachricht: Diese Ausreden sind bald vorbei, weil der Kunde die Organisationen massiv unter Druck setzt. Es existieren drei Ansätze für die Beschaffung von Systemen (Kumar und Reinartz 2018, S. 172):

1. Eigenentwicklung
2. Kauf einer Lizenz
3. Outsourcing

Ab einem gewissen Grad an Kundenorientierung benötigt eine Organisation Eigenentwicklungen. Dabei werden Grundsysteme (ERP, CRM, Marketingautomation) eingesetzt und diese mit Zusatzanwendungen optimiert. Diese Eigenentwicklungen haben meist einen sehr spezifischen Funktionsumfang und helfen einzelnen Anwendern dabei, noch besser auf den Kunden einzugehen. Für die Grundsysteme empfiehlt sich der Kauf von Lizenzen. Ich habe das Outsourcing des CRM-Systems oder von Teilen davon bei mehreren Kunden erlebt. Dies geschah immer, weil die Geschäftsleitung den hohen Stellenwert von CRM allgemein nicht erkannt und die Organisation gerade im Bereich Datenmanagement so gut wie keine Kompetenzen hatte. Es kann für einzelne Firmen wie beispielsweise American Express sinnvoll sein, einzelne Teile des CRM-Systems an Anbieter wie Salesforce auszulagern. Ein komplettes Outsourcing des CRM-Systems mit einer langfristigen Perspektive ist aus meiner Sicht allerdings nicht zu empfehlen. Für Organisationen, die lange Zeit die technologischen und methodischen Entwicklungen nicht antizipiert haben, kann es aber von Vorteil sein, für einen gewissen Zeitraum ein Outsourcing zu betreiben und anschließend Schritt für Schritt in das CRM-System wieder in die eigene Infrastruktur zu integrieren.

4.5.1   API

Bei dem Begriff Customer-centric Transformation denken die meisten Menschen an die Mitarbeitenden einer Organisation. Dieses Element der Kundenorientierung umfasst aber auch die Systemlandschaft einer Organisation. Ich hatte ausgeführt, dass die vielen Insellösungen in Organisationen einen negativen Einfluss auf die kundenbezogenen Prozesse haben können. In der Vergangenheit wurden die meisten Anwendungen entweder lokal oder auf einem mehr oder weniger eigenen Server (On-Premises) ausgeführt. Der Erfolg von cloudbasierten Anwendungen hat dazu geführt, dass die Verbindung zwischen den einzelnen Anwendungen neue Möglichkeiten eröffnet. Es gibt heute kaum eine

Anwendung in der Cloud, die nicht auf andere Bibliotheken/Datenbanken zugreifen kann (Sagdeo 2018, S. 238). Diese Vorgehensweise verfolgt die Ziele, die Sicherheit zu erhöhen, den Code zu vereinfachen und schneller neue Anwendungen zu erstellen. Programmierer sollen sich verstärkt auf den Nutzen und nicht auf die grundlegende Programmierung fokussieren können (Mengal 2012). Somit gilt es, Anwendungen, die vielleicht auf einer anderen Basis bestehen, gerade im Bereich Datenaustausch optimal miteinander zu verbinden.

Ein Begriff, der in diesem Zusammenhang große Aufmerksamkeit erfährt, ist das Application Programming Interface (API). Bei einem API handelt es sich um eine Verbindung zwischen zwei Anwendungen. Dieses kann als Steckdose moderner Software-Anwendungssysteme gesehen werden. Ein API erlaubt es, dass Anwendungen, die zu unterschiedlichen Zeiten von verschiedenen Personen und Organisationen entwickelt wurden, zusammenarbeiten (Sagdeo 2018, S. 236).

APIs laufen meist im Hintergrund und verbinden unterschiedliche Anwendungen. Die Höhe der Kundenorientierung speist sich nicht zuletzt aus der Fähigkeit der Organisation, möglichst wertvolle Daten über den Kunden an unterschiedlichen Touchpoints und Prozessstufen zu sammeln. Zum Beispiel werden über eine Kundenfeedbackmessung spezifische Kundeninformationen erhoben, die wiederum für die Ausgestaltung oder die Frequenz des Newsletters genutzt werden können. Je besser die unterschiedlichen IT-Systeme die Daten austauschen können, desto besser ist eine Organisation darauf vorbereitet, kundenorientiert zu agieren.

▶ **API** bezeichnet eine Programmierschnittstelle, die es Anwendungen erlaubt, Anfragen an andere Anwendungen zu stellen und sich auszutauschen. Dabei können die Anwendungen auf der gleichen Ebene oder vor- oder nachgelagert sein. Eine API basiert auf standardisierten Befehlen, sodass der Code nicht immer wieder neu entwickelt werden muss (in Anlehnung an Christensson 2016).

Bei der Entwicklung von APIs wird meist auf das Paradigma des Representational State Transfers (REST) zurückgegriffen. Inzwischen basieren die meisten registrierten APIs auf dem REST-Design.

Viele Organisationen betreiben ihr Kundendatenmanagement noch in lokalen Excel-Dateien oder in veralteten CRM-Systemen, die nicht cloudbasiert sind. Dadurch können diese Daten nur schwer mit anderen Anwendungen verbunden werden. Deshalb gilt es zu überprüfen, ob die bestehenden Anwendungen in die Cloud transferiert werden können. Es existiert zwar immer die Möglichkeit, Daten manuell auszuspielen und in andere Systeme wieder zu integrieren, aber neben dem Aufwand sind vor allem die Fehleranfälligkeit einer solchen Vorgehensweise und die negativen Auswirkungen auf die kundenbezogenen Prozesse zu kritisieren (Merzenich et al. 2011, S. 95). Im Moment ist jedoch auch zu berücksichtigen, dass viele Cloud-Angebote nicht die gleiche Flexibilität hinsichtlich der Konfiguration besitzen wie ältere Softwareangebote (Nowak und Kurbel 2017). Es ist zu hoffen, dass dieser Nachteil in der nahen Zukunft eliminiert wird. Es bestehen drei Möglichkeiten, Anwendungen mittels API zu verbinden:

1. Eigenerstellung: Die meisten Anwendungen stellen den Code dafür zur Verfügung
2. Direkte Anbindung: Viele Anwendungen bieten schon eine automatische Verbindung zu anderen Anwendungen an (bspw. Wordpress mit vielen CRM-Systemen)
3. Drittanbieter: Beispielsweise Zapier

Für eine Organisation kommt es bei der Auswahl zwischen den drei Möglichkeiten darauf an, wie groß bzw. umfassend die Anforderungen an die Interaktion zwischen unterschiedlichen Anwendungen sind. Ab einem bestimmten Anforderungsniveau ist es sinnvoll, die API selbst zu erstellen. Auf Basis des vorgegebenen Protokolls können zusätzliche Datenfelder, Berechnungen oder Aktivitäten ausgelöst werden, welche eine direkte Anbindung und Drittanbieter nicht leisten können. Für einen ersten Schritt und für kleinere Organisationen kann es hilfreich sein, bei der Auswahl einer Anwendung auch zu berücksichtigen, wie gut der Austausch mit anderen Anwendungen möglich ist. Zapier gibt bspw. an, dass es über 1500 Anwendungen verbinden kann. Dabei ist zu berücksichtigen, dass sich dies meist auf Kommunikationsanwendungen bezieht. Die wichtige Integration in ERP-Systeme bleibt meist unberücksichtigt.

Während ich in Meetings immer wieder erlebe, dass der Datenschutz als zentrales Killer-Argument gegenüber Cloudlösungen angebracht wird, möchte ich auf einen anderen, aber mindestens ebenso wichtigen Punkt hinweisen:

Cloudlösungen basieren meist auf einem Subscription-Modell pro Mitarbeitendem. Viele Anbieter erhöhen nach einer günstigen Einführungsphase die Lizenzkosten deutlich, reduzieren den Funktionsumfang oder verlangen Aufschläge für Zusatzfunktionen. Deshalb sollte jede Organisation überlegen, wie abhängig sie von einem einzelnen Anbieter sein kann oder sollte. Dabei sind weniger die Softwarekosten und Installationskosten zu berücksichtigen als der gerade für große Organisationen hohe Schulungsaufwand und der daraus resultierende Zeitraum, in dem Bedienungsfehler passieren können.

Auch aus diesem Grund gewinnt das Thema Schnittstelle an Bedeutung, um die Flexibilität zu erhöhen. Angelehnt an die Schnittstelle ist in einem weiteren Schritt die Architektur zu bestimmen, mit der die verschiedenen Systeme verbunden werden sollen. Es können drei grundsätzliche Architekturen unterschieden werden:

1. Direkte Verbindung
2. Einbindung einer Middleware
3. Aggregation anstelle von Verbindung

Die direkte Verbindung zwischen Systemen führt dazu, dass ein System die zentrale Datenbank der Kundendaten wird. Dadurch erhöht sich die Abhängigkeit der Organisation von dem System bei einem vergleichbar geringen Aufwand. Bei der

Verbindung über eine Middleware können die einzelnen Systeme einfacher ausgetauscht und die zentrale Informationsdatenbank kann ausgelagert werden. Jedes System schickt bzw. erhält die Informationen, die es benötigt. Neben der höheren Flexibilität und der Beschleunigung ist auch die Durchgängigkeit der Informationsbereitstellung zu beachten. Als Problembereiche lassen sich die folgenden vier Punkte identifizieren (Riggert 2019, S. 2):

1. Fehler besitzen bei einer Integration weitreichendere Folgen.
2. Tests werden herausfordernder.
3. Es werden höhere Anforderungen an das Systemverständnis durch den Anwendenden gefordert.
4. Meist sind nicht alle Komponenten ähnlich leistungsstark und es gilt, die Nutzung möglichst nicht auf das schwächste Glied abzustimmen.

Ein relativ junger Ansatz im Bereich Kundendatenmanagement versucht, bestehende Daten zu aggregieren, anstelle die einzelnen Systeme zu verbinden. Im Gegensatz zu einer reinen Middleware (Datenbank und Verbindung) handelt es sich dabei um Anwendungen, welche die grafische Datenanalyse unterstützen. Aktuell sind die Kosten für solche Anwendungen noch hoch (beispielhaft Squirro und Palentir). Der Vorteil ist in der hohen Flexibilität und der Unterstützung dieser Anwendung in der Datenanalyse und Datenpräsentation zu sehen. Auch an dieser Stelle kann nur ein evolutionärer Weg empfohlen werden, damit die notwendigen Kompetenzen in der Organisation vorliegen. Vor dem Hintergrund des Customer Value-based Decision Makings gilt es darauf hinzuweisen, dass viel zu viele Organisationen diesen wichtigen Punkt noch nicht mal angedacht bzw. genügend Investitionen getätigt haben, um Kundenorientierung auf den Ebenen Infrastruktur und Systeme zu verbessern.

4.5.2 CRM-Systeme

Kaum ein Begriff wird so missverstanden wie CRM. Auch aufgrund des Begriffsmissverständnisses scheitern so viele CRM-Projekte und die Erwartungen werden in den meisten Fällen nicht erfüllt (Kumar und Reinartz 2018, S. 14). Viele Verantwortliche gehen von dem CRM-System und nicht vom Management aus. Im Folgenden wird explizit auf das CRM-System eingegangen. Nimmt man rein die Bedeutung der einzelnen Wörter, würde man bei einem CRM-System eine Anwendung erwarten, welche das Kundenbeziehungsmanagement unterstützt. In der Praxis gibt es inzwischen eine Vielzahl an Systemen. Dabei ist ein steigender Funktionsumfang, aber auch eine Spezialisierung in den einzelnen Anwendungen zu beobachten. In der Wissenschaft gibt es nur wenige Erkenntnisse hinsichtlich der Anwendung von CRM-Systemen (bspw. Schillewaert et al. 2000). Allgemein handelt es sich bei dem Begriff CRM-System um eine unverstandene und undefinierte Black-Box (Tanner et al. 2005, S. 176). Konkrete Handlungsempfehlungen für CRM-Systeme sind selten (Wahlberg et al. 2009).

Trotzdem ist allen Anwendungen gemein, dass sie im Kern nicht das Kundenbeziehungsmanagement unterstützen, sondern die Vertriebsmitarbeitenden und noch viel stärker die Führungskräfte einer Organisation. Der Name „Salesforce" bringt den eigentlichen Fokus von CRM-Systemen auf den Punkt. Basierend auf dem Abgleich zwischen dem Begriff und den Funktionen ist festzuhalten, dass es so etwas wie ein CRM-System aktuell nicht auf dem Markt gibt. Kein System ist in der Lage, einen Customer-Firm Value zu modellieren, kein System erlaubt die strategische Steuerung der Kunden oder des Kundenstamms im Zeitablauf und unterstützt schon gar nicht (trotz der vielen Artikel zu Artificial Intelligence) die Verkaufenden mit Inhalten und Verkaufsansätzen (Staudacher und Holland 2019). Zahlreiche Studie zeigen auf, dass es gerade bei der Unterstützung der Verkaufenden enormes Potenzial gibt. Bei solchen Aussagen wird immer auf kleine Zusatzanwendungen mit einem geringen Funktionsumfang verwiesen, die solche Möglichkeiten im Ansatz bereitstellen. Im Ergebnis überrascht es nicht, dass Studien belegen, dass CRM-Systeme einen sehr geringen Einfluss auf den Verkaufserfolg besitzen (Rodriguez und Honeycutt 2011), aber CRM-Systeme sind im Moment eigentlich auch eher Salesforce-Management-Systeme und sollten auch so genannt werden.

Bei dieser Ausgangslage überrascht es nicht, dass CRM-Systeme in der Praxis einen sehr schlechten Ruf besitzen und in vielen Organisationen sehr kritisch gesehen werden (Mussak 2016, S. 20 f.). Vor allem fühlen sich Verkaufsmitarbeitende durch diese Anwendungen eher kontrolliert als unterstützt. Wie erwähnt ist es nicht verwunderlich, dass mehrere Studien keinen Zusammenhang zwischen der Nutzung eines CRM-Systems und dem Unternehmenserfolg bestätigen konnten (Blodgett 1995; Frook 2000; Rigby et al. 2002). Nur 30 % aller Organisationen konnten durch die Einführung eines CRM-Systems eine Verbesserung der Performance erzielen (Chang et al. 2010, S. 849), obwohl Organisationen zwischen 2000 und 2005 geschätzte 220 Mrd. US$ für die Einführung eines CRM-Systems ausgegeben haben (Maklan et al. 2011). Diese Kosten dürften inzwischen sogar deutlich gestiegen sein. Ein empirischer Zusammenhang zwischen der abhängigen Variable „Performance des Verkaufenden" und unabhängigen Variablen (wie bspw. Nutzungsintensität, Akzeptanz, Vertrauen) eines CRM-Systems konnte bisher nicht bestätigt werden (Igbaria und Tan 1997; Engle und Barnes 2000; Avlonitis und Panagopoulos 2005).

Somit ist es nicht verwunderlich, dass nach einer ersten Euphoriewelle zu Beginn der 2000er Jahre der Einsatz von CRM-Systemen deutlich hinter den Erwartungen geblieben ist (Li und Mao 2012, S. 269). Vor allem die sehr hohen Investitionen in die Systeme sowie die Prozessanpassungen und Schulungen wurden nicht angemessen antizipiert (Krasnikov et al. 2009, S. 61). Die Implementierung eines CRM-Systems führt in der Praxis immer wieder zu vielen Schwierigkeiten. Es wird anscheinend zu oft davon ausgegangen, dass Technologie mehr oder weniger automatisch zu einer höheren Produktivität führt (Ryals 2005, S. 252). Wenn aber eine Anwendung eher die Verkaufenden kontrolliert als das Kundenbeziehungsmanagement unterstützt, wenn

Organisation eher auf teure Kundenakquise als auf rentable Kundenbindung setzen, dann kann sich schlicht kein Erfolg einstellen.

Gregori (2006, S. 167) stellt in seiner Studie die Vermutung an, dass der Grund für eine Einführung von Informationssystemen allgemein eher Kostenüberlegungen sind statt die Erhöhung des Markterfolgs durch eine Steigerung der Kundenorientierung. Somit ist festzuhalten: Es gibt aktuell kein CRM-System, das eine kundenorientierte Organisationsführung unterstützt. Die bestehenden Systeme decken einzelne Aspekte ab, fokussieren sich aber auf die Mitarbeitendensteuerung. Ein solches System kann sinnvoll sein. Es sollte aber nicht CRM-System genannt werden, und die Verantwortlichen sollten nicht überrascht sein, dass Mitarbeitenden grundsätzlich von einem System, das sie kontrolliert, eher weniger begeistert sind. Dies erklärt auch, warum der Usability von CRM-Systemen immer ein solch hoher Stellenwert bei der Evaluation der unterschiedlichen Anwendungen zugesprochen wird. Was kaum Wert generiert, muss möglichst einfach zu bedienen sein. Ob durch eine Optimierung der Bedienung der Erfolg von CRM-Systemen gesteigert werden kann, kann ich aufgrund meiner Erfahrung nicht bestätigen. Abb. 4.21 stellt die Grundstruktur eines CRM-Systems in der Theorie dar.

Trotz des immer größer werdenden Funktionsumfangs handelt es sich bei CRM-Systemen meist um Datenbanken mit einigen grafischen Dateneingabemasken und standardisierten Auswertungen. Die Daten müssen meist mühsam manuell eingegeben

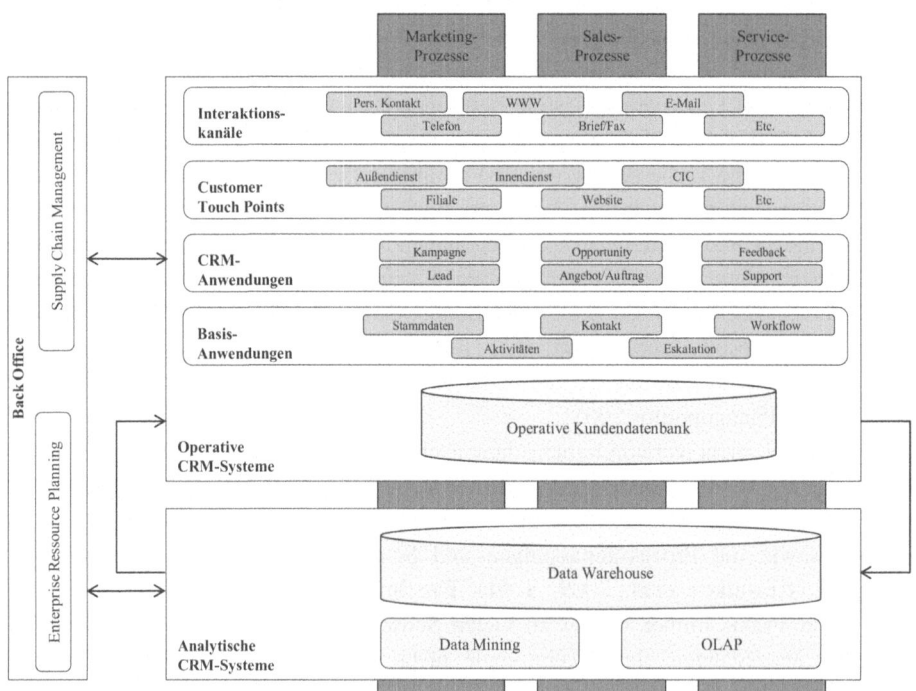

Abb. 4.21 Komponenten eines CRM-Systems. (Quelle: Leußer et al. 2011, S. 45)

werden. Übersichten können selten individualisiert werden. Mit der Berechnung/ Integration eines Customer-Firm Values sind alle Systeme überfordert.

Viele meiner Studierenden arbeiten noch mit Excel/Sheets-Datenblättern in Organisationen statt mit einem CRM-System. Grundsätzlich ist das auch nicht als ideal zu bezeichnen. Der große Vorteil von Excel/Sheets gegenüber bestehenden CRM-Systemen liegt aber in den einfachen Berechnungsmöglichkeiten. Zwar müssen die Daten in die jeweiligen Systeme (bspw. Marketingautomation, ERP) immer wieder manuell aus- bzw. eingespielt werden, dies ist sehr fehleranfällig, dafür kann aber relativ einfach ein Customer-Firm Value etabliert und für die Steuerung des Kundenbeziehungs-managements genutzt werden.

Bei der Einführung bzw. Nutzung eines CRM-Systems sind drei unterschiedliche Ausrichtungen, die aber miteinander verbunden werden können, zu berücksichtigen. Diese Systematik deckt sich mit den drei unterschiedlichen Ebenen von Kundenerkennt-nissen (vgl. Abschn. 3.1.2):

1. Kundenkontaktmanagement
2. Verkaufssteuerung
3. Kundenbeziehungsmanagement

Ein Kundenkontaktmanagement-System hilft der Organisation, den Kunden zu identi-fizieren und mit ihm in Kontakt zu treten. Die steigende Anzahl an Touchpoints hat zu einer steigenden Anzahl an Funktionen bzw. spezialisierten Systemen geführt (Greve 2011, S. 17). Für Kumar und Reinartz (2018, S. 51) besteht ein solches Kundenkontakt-management-System aus sechs Dimensionen:

1. Kundendatenbank
2. Angebotskatalog
3. Contentmanagement (im Sinn von Vorlagen)
4. Vertriebsautomatisierung
5. Partner-Kanal-Automatisierung
6. Kundenservice

Ein Kundenkontaktmanagement soll Organisationen helfen, mit den Kunden in Kontakt zu treten. Es werden die Kontaktadressen, Kanalpräferenzen sowie vergangene Käufe aufgezeigt. Mittels der Integration von E-Mail-, Telefon- oder Social-Media-Kampagnen wird der Kontakt automatisiert. Jede Organisation sollte prüfen, ob eine solche Anwendung vor dem Hintergrund der hohen Kosten einen Mehrwert erzielt. Im Moment macht diese Art von CRM-System den Großteil aus.

Ein Verkaufssteuerungs-System beinhaltet die Elemente des Kundenkontaktmanagement-Systems und erweitert es um folgende Dimensionen: Leadmanagement, Funnelsteuerung, Controllingkennzahlen auf Angebots-, Mitarbeitenden- und Interaktionshäufigkeitsebene sowie Templates für die Angebotserstellung. Diese Systeme sollen helfen, den Verkauf zu beurteilen und sein zukünftiges Potenzial einzuschätzen. Das Controlling der Aktivitäten der Mitarbeitenden steht an erster Stelle. Den Verkaufenden werden einzelne Funktionen an die Hand gegeben, um die Arbeit effizienter zu gestalten. Das Kundenbeziehungsmanagement wird meist nur rudimentär unterstützt. Diese Art von CRM-System wird im Vergleich zum Kundenkontaktmanagement deutlich seltener genutzt.

Ein Kundenbeziehungsmanagement-System (KBMS) besteht nach meinem Verständnis von Kundenorientierung aus folgenden Elementen:

1. Customer-Firm-Value-Modell und zugrunde liegende Berechnungsprozesse
2. Dynamische Kundensegmentierung
3. Verbindung zwischen Kundenbeziehungsstrategie und System
4. Inhalte für die Segmente in den jeweiligen Stufen im Customer Purchase Process
5. Empfehlungen für die Verkaufenden

Gerade der letzte Punkt kann ein entscheidender Vorteil für Organisationen sein. Erste Unternehmen wie bspw. Würth setzen Kundenbeziehungsmanagementsysteme ein, um die Außendienstmitarbeitenden zu unterstützen. Je nach Angebotsauswahl des Kunden schlägt das System Cross-Selling-Angebote vor. Dadurch wird der Außendienstmitarbeitende entlastet, die Organisation kann kontinuierlich die Bedürfnisse der Kunden in Bezug auf die Angebote besser verstehen, und der Kunde erhält möglichst individualisierte Vorschläge. Vergleicht man ein solches System mit dem Ansatz der Migros, die zwar über ihr Cumulus-System individuelle Daten der Kunden sammelt, aber dann jedem Kunden den gleichen Prospekt schickt, wirkt das System von Würth wie aus einer fernen Zukunft. Diese Form von CRM-System wird aber leider bisher sehr selten in der Praxis genutzt.

Die stärkere Befähigung des persönlichen Verkaufs auf Basis des Customer-Firm Values ist für mich eine zentrale Zielgröße der Verbesserung der Kundenorientierung einer Organisation. Somit sind konzeptionelle Elemente wie der Customer-Firm Value und das Customer Management mit der notwendigen Infrastruktur und den Systemen zu verbinden.

▶ Ein **CRM-System** ist eine Anwendung, die Schnittstellen zu anderen Systemen besitzt, ein Customer-Firm-Value-Modell und zugrunde liegende Berechnungsprozesse sowie eine dynamische Kundensegmentierung integriert hat, die Verbindung zwischen Kundenbeziehungsstrategie und System ermöglicht und sowohl Vorgaben für die Verkaufenden als auch Inhalte für die einzelnen Segmente in den jeweiligen Stufen im Customer Purchase Process bereitstellt.

Wenn ein Verkaufender ein System engagiert nutzen soll, sollte es auch einen Mehrwert für ihn bereitstellen. Die beschriebenen Funktionen werden in absehbarer Zeit trotz aller Digitalisierungsdiskussionen von keiner Anwendung unterstützt werden. Deshalb sind Verantwortliche gefordert, eine individuelle Lösung für die eigene Organisation zu konfigurieren. Hohe Kompetenzen im Bereich Kundendatenmanagement und IT sind dabei die Voraussetzung, die an zu vielen Orten schmerzlich vermisst wird.

Ich empfehle, in einem ersten Schritt ein CRM-System in Excel/Sheets zu erstellen und die anderen Systeme damit zu verbinden. An das Excel/Sheet-CRM-System kann ein cloudbasiertes CRM-System angeschlossen werden, das als Kundenkontaktmanagement und Vertriebssteuerung dient. Dadurch lassen sich die Kosten für ein CRM-System niedrig halten. Vor allem hilft dieser Ansatz den Mitarbeitenden einer Organisation, genau zu verstehen, für welche Aufgabe bzw. Ziel welche Anwendung eingesetzt wird. Im Ergebnis kann durch einen solchen Aufbau den Mitarbeitenden ein Mehrwert angeboten werden, der hilft, Vorbehalte gerade gegenüber der Verkaufssteuerung abzubauen. In einem weiteren Schritt ist zu prüfen, ob weitere Systeme angebunden werden können und dann eine eigene Datenbank mit Berechnungsalgorithmen erstellt wird, die die Berechnung eines Customer-Firm Values und eine dynamische Segmentierung erlaubt. Die Kosten für solche Aktivitäten sind im Vergleich zu all den anderen IT-Tools vergleichsweise gering, aber wie schon beschrieben, wird im Missverständnis von Kundenorientierung zu oft zu viel in das Front-End von Touchpoints investiert, anstatt das Back-End optimal aufzustellen. Erst wenn die Kundenerkenntnisse auf einem hohen Niveau abgesichert sind, gilt es, das Design und die Usability für die Kunden zu erhöhen – oder anders ausgedrückt: Dein Kunde will, dass du ihn optimal verstehst, und nicht, dass du dich nur hübsch für ihn machst.

Letztlich ist darauf hinzuweisen, dass egal welches System eine Organisation nutzt, jeder Mitarbeitende dieses System auf seine individuelle Art einsetzen wird. Ähnlich wie bei Kunden sollten viel stärker die unterschiedlichen Job-Profile bei der Ausgestaltung eines CRM-Systems berücksichtigt werden. Excel/Sheet sind aktuell den bestehenden Lösungen vorzuziehen, weil sie viel flexibler konfiguriert werden können. Es kann Mussak (2016, S. 206) gefolgert werden, der im Rahmen seiner Forschungsarbeit wiederholt einen empirischen Beleg dafür leistet, dass ein CRM-System den Vertriebserfolg nicht automatisch erhöht.

4.5.3 Automation-Systeme

Die Automatisierung hat nach der Produktion nun auch das Kundenbeziehungsmanagement erfasst. Während in den USA 2015 bereits 84 % der Organisationen planten, die Kundenbeziehung zu automatisieren, waren es in Deutschland nur 30 % und noch weniger in der Schweiz (Hannig 2017, S. 4). Allgemein ist die Automatisierung auf dem Vormarsch, aber benötigt wohl noch etwas Zeit. Kriss (2014) konnte in seiner Studie aufzeigen, dass Marketing-Automation zu einer Umsatzdifferenz von 140 %

führen kann und die Loyalitätsraten um den Faktor 7 gesteigert werden können. Ich trenne an dieser Stelle nicht die Begriffe Marketing-Automation und Sales-Automation, weil eine zu große Unterscheidung zwischen Marketing und Verkauf dem Netzwerkgedanken der Kundenorientierung widerspricht.

▶ **Marketing-Automation** ist die IT-gestützte Durchführung wiederkehrender Marketing- und Verkaufsaufgaben mit dem Ziel, die Effizienz von Kundenbeziehungsprozessen und die Effektivität von Entscheidungen zu steigern (Hannig 2016, S. 27).

Trotz der breiten Definition wählen die meisten Organisation das Lead Management als Einstieg in die Automatisierung des Kundenbeziehungsmanagements (Born 2013, S. 23). Dieser Fokus basiert auf der Erkenntnis, dass über 60 % des Verkaufsprozesses im B2B-Bereich abgeschlossen sind, bevor ein Mitarbeitender einen Kundenkontakt hat (o. V. 2016a). Hier können durch Automatisierung und die damit verbundenen Kanäle die Kunden besser erreicht und Kosten eingespart werden. Die Automatisierung leidet aber unter einem großen Missverständnis. So hat Gartner bspw. prognostiziert, dass im Jahr 2020 85 % der Kunden-Lieferanten-Beziehungen ohne zwischenmenschliche Interaktion stattfinden (Hanington 2014). Automatisierung wird aber meist nicht den Mitarbeitenden ersetzen, sondern diesen auf andere Aufgaben fokussieren, damit sich die Organisation im Wettbewerb differenzieren kann. Automatisierung wird viel zu oft als Science-Fiction gesehen denn als punktuelle Unterstützung mit einem gewissen Mehrwert. Somit stellt sich wie bei allen Systemen die Frage nach dem optimalen Einsatz bzw. dem ROI. Der fehlende Fokus auf die Kundenbindung im Sinne von Ausbau und Loyalisierung steht dem Grundsatz der Kundenorientierung diametral entgegen. Somit ist davon auszugehen, dass in der Praxis aktuell die Marketing-Automation meist die Kundenorientierung mehr verringert, als dass sie diese stärkt.

Neben dieser Fragestellung führen Marketing-Automation-Systeme zwangsläufig zu der Frage, wie das CRM-System zu nutzen ist. Nach meinem Verständnis kommt ein Marketing-Automation-System der Definition eines CRM-Systems deutlich näher als die bestehenden CRM-Systeme. Inzwischen haben Marketing-Automation-Systeme CRM-Funktionalitäten oder einzelne CRM-Anwendungen Marketing-Automation-Funktionen integriert. Organisationen müssen prüfen, ob es zwei Anwendungen bedarf, die möglichst über eine API verbunden werden können, oder ob eine Anwendung mit dem damit einhergehenden reduzierten Funktionsumfang ausreichend ist.

Darüber hinaus sind CRM- und vor allem Marketing-Automation-Systeme eng mit dem Prozessmanagement verbunden. Da alle Anwendungen auf dem Markt nur Teillösungen anbieten (Sanderson 2017, S. 73), gilt es, anhand des Blueprintings zu bestimmen, welche Prozesse am besten für die Automatisierung geeignet sind. Ein schlechter Prozess wird durch Marketing-Automation meist noch schlechter, während ein guter Prozess verbessert wird (Gates o. J.).

Leider ist auch bei diesem Thema zu beobachten, dass meist auf die Kostenein-
sparung bzw. die Intensität bzw. Frequenz, mit der man den Kunden Newsletter schicken
kann, eingegangen wird. Marketing-Automation kann aber auch dabei helfen, gerade im
Nachkauferlebnis die Kundenbeziehung zu vertiefen.

Zentraler Kostenaspekt der Marketing-Automation ist der Content (Körner 2017,
S. 119 ff.). Zwar erlaubt die Marketing-Automation den günstigeren Versand von
Content, sie benötigt aber meist mehr oder mehrere Varianten an Content, ansonsten
steigert sich nur die Intensität, mit der die Kunden angesprochen werden, nicht aber die
Relevanz. Zur Einführung einer Marketing-Automation schlage ich in Anlehnung an
Findeisen (2017, S. 113) folgende Vorgehensweise vor:

- Blueprinting der bestehenden Prozesse und Auswahl der für die Automatisierung
  geeignetsten Prozesse
- Datenanalyse
- Entwicklung der Automationslogik
- Entwicklung von Szenarien
- Implementierung der Automation
- Kontrolle und Modifikation

Ich erlebe öfter, dass die Anwendungen den Einsatz vorgeben und nicht die Prozess-
potenziale. Oft werden Use-Cases von anderen Organisationen einfach auf die eigene
Organisation übertragen, getreu dem Motto: Was dort funktioniert hat, muss auch hier
funktionieren. Dies führt dazu, dass die Differenzierung wieder einmal vergessen wird.
Wenn alle Organisationen einer Branche Marketing-Automation in der gleichen Weise
einsetzen, bleibt die Differenzierung auf der Strecke.

4.5.4   Contentmanagementsysteme

Eng verbunden mit der Marketing-Automation ist das Contentmanagementsystem.
Immer mehr Organisationen führen ein E-Mail-Kampagnen-/Automation-System ein.
Nach den anfänglichen kleinen Erfolgen wird schnell deutlich, dass diese Systeme
nur so gut sind wie der dabei bereitgestellte Content. Der Aufwand für die Erstellung
von relevantem Content ist dabei nicht zu unterschätzen (Hannig 2017, S. 14). Je mehr
Segmente eine Organisation nutzt bzw. je mehr sie darauf abzielt, möglichst individuell
mit dem Kunden zu interagieren, desto mehr Content muss sie bereitstellen. Auch hat
die steigende Anzahl an Touchpoints dazu geführt, dass Organisationen über alle Kanäle
senden und somit der Anteil an Irrelevantem stark gestiegen ist. Der Content sollte somit
differenzieren, aber eben auch wahrgenommen werden (vgl. Abb. 4.22).

Technologien können dabei helfen, zumindest die Verwaltung und Verteilung deutlich günstiger zu gestalten. In vielen Organisationen wird Content für Einzelkampagnen
erstellt und in die jeweiligen Tools eingebunden. Texte, Bilder, Videos etc. liegen dann
verstreut in unterschiedlichen Systemen. Das Recycling bzw. die effiziente Erstellung,

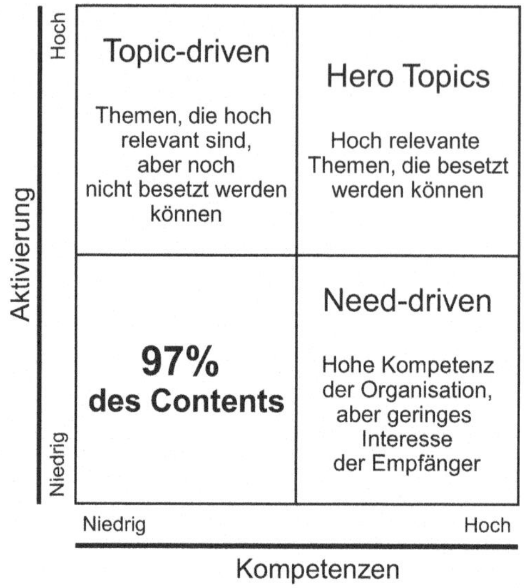

Abb. 4.22 Die Themenmatrix. (Quelle: in Anlehnung an Körner 2017, S. 127)

Verwaltung und Distribution von Content gewinnt einen immer größeren Stellenwert. Ohne technische Unterstützung kann die Übersicht schnell verloren gehen und dadurch die Effizienz sinken.

▶ Ein **Contentmanagementsystem** besteht aus Technologien, Werkzeugen und Methoden, um Inhalte (Content) unternehmensweit und für Partner und Kunden zu erfassen, zu verwalten, zu speichern, zu schützen und zu verteilen (in Anlehnung an Riggert 2019, S. 3).

Inzwischen gibt es eine Vielzahl an unterschiedlichen Systemen (zu einer Übersicht vgl. Hilker 2017, S. 214 ff.). Neben Softwareunternehmen wie Adobe, Oracle und Marketo, die Plattformen anbieten, gibt es auch viele Einzellösungen wie bspw. scoop. it oder beegit.com. Somit sollte eine Organisation entscheiden, ob sie auf eine Plattform und/oder die Kombination von mehreren Einzellösungen setzt. Für die meisten Organisationen sind die Plattformlösungen zu umfassend und teuer. Somit gilt es, die verschiedenen Einzellösungen effizient zu verbinden. Der Gedanke der effizienten Verbindung steht auch hier im Mittelpunkt der Überlegungen. Ein Contentmanagementsystem umfasst folgende fünf Bausteine (Werres 2005, S. 2):

1. Beschaffung und Erstellung von Content
2. Veröffentlichung und Präsentierung von Content
3. Verwaltung und Organisierung von Content
4. Aktualisierung von Content
5. Verteilung und Integration von Content

In den vergangenen Jahren waren die Erwartungen an die neuen, meist digitalen Kanäle hoch. Das Argument der niedrigeren Kosten wurde immer wieder angeführt. Bei der Erstellung und Bewirtschaftung von Content zeigt sich aber auch, dass die wachsenden Möglichkeiten mit einer deutlichen Erhöhung der Komplexität und steigenden Kosten verbunden sind (Hilker 2017, S. 241). Darüber hinaus unterliegen ähnlich wie die CRM-Systeme auch die Contentmanagementsysteme einem kontinuierlichen Wandel (Spörrer 2019, S. 2). Jede Organisation ist aufgefordert, die Anforderung an das Contentmanagementsystem zu prüfen. Für manche liegt der Schwerpunkt mehr in der Erstellung, für andere in der Verwaltung und Distribution. Das Contentmanagementsystem ist als wichtige Ergänzung zum CRM- und Automation-System zu sehen. Es gilt, Workflows zu entwickeln, die aufzeigen, wie mit dem Content umgegangen wird und wie die Anwendungen diesen Workflow unterstützen (Spörrer 2019, S. 50). Ein Beispiel für ein Contentmanagementsystem ist Wordpress. Dieses eignet sich zur Erstellung von Blogposts. Mithilfe von zusätzlichen Plugins wie bspw. blog2social können die Posts automatisch in jedem Social-Media-Kanal verteilt werden. Dadurch lässt sich der Aufwand deutlich reduzieren, und Inhalte können über zahlreiche Kontaktpunkte verteilt werden. Darüber hinaus ist Recycling nicht nur bei Plastikflaschen, sondern auch beim Content ein wichtiges Thema.

Es ist davon auszugehen, dass sich die Entwicklungen im Bereich Infrastruktur und Systeme in den kommenden Jahren weiterhin mit hoher Geschwindigkeit vollziehen. Mehrwert und Flexibilität sollten stärker berücksichtigt werden.

Literatur

Albach, H., Meffert, H., Pinkwart, A., & Reichwald, R. (2015). Management of permanent change – New challenges and opportunities for change management. In H. Albach, H. Meffert, A. Pinkwart, & R. Reichwald (Hrsg.), *Management of permanent change* (S. 3–22). Wiesbaden: Springer Gabler.

Atwater, L., & Carmeli, A. (2009). Leader–member exchange, feelings of energy, and involvement in creative work. *The Leadership Quarterly, 20,* 264–275.

Avlonitis, G. J., & Panagopoulos, N. G. (2005). Antecedents and consequences of CRM technology acceptance in the sales force. *Industrial Marketing Management, 34,* 355–368.

Bach, N., Brehm, C., Buchholz, W., & Petry, T. (2017). *Organisation: Gestaltung wertschöpfungsorientierter Architekturen, Prozesse und Strukturen* (2. Aufl.). Wiesbaden: Springer Gabler.

Balogun, J., & Hope Hailey, V. (2004). *Exploring strategic change* (2. Aufl.). London: Prentice Hall.

Bamford, D. R., & Forrester, P. L. (2003). Managing planned and emergent change within an operations management environment. *International of Operations & Production Management, 23,* 546–564.

Barney, J. B. (1991). Firm ressources and sustained competitive advantage. *Journal of Marketing Management, 17,* 99–120.

Barsarde, S. G. (2002). The ripple effect: Emotional contagion and its influence on group behavior. *Administrative Science Quarterly, 47,* 644–675.

Bauer, H., & Huber, F. (1997). *Das Management der Schnittstelle F&E/Marketing.* Mannheim: Arbeitspapier W26 des Instituts für Marktorientierte Unternehmensführung.

Baum, H.-G., Coenenberg, G. A., & Günther, T. (2004). *Strategisches controlling* (3. Aufl.). Stuttgart: Schäffer-Poeschel.

Beck, K., et al. (2001). Manifesto for agile software development. https://agilemanifesto.org/. Zugegriffen: 19. Aug. 2019.

Bhalla, G. (2011). *Collaboration and co-creation.* New York: Springer.

Blanchard, K., Carlos, J. P., & Randolph, A. (1998). *Management durch Empowerment. Mitarbeiter bringen mehr, wenn sie mehr dürfen.* Reinbek: Rowohlt.

Bleicher, K. (2004). *Das Konzept Integriertes Management. Visionen – Missionen – Programme.* Frankfurt a. M.: Campus.

Blodgett, M. (1995). Vendor tries to simplify sales force automation. *Computer World, 31,* 62.

Born, A. (2013). Marketing Automation – Anwendungen mit Aha-Erlebnis. *Absatzwirtschaft, 3,* 24–29.

Brenner, W., & Hamm, V. (1995). Prinzipien des Business Reengineering. In W. Brenner & G. Keller (Hrsg.), *Business Reengineering mit Standardsoftware* (S. 17–43). Frankfurt a. M.: Campus.

Brett, J. (2018). *Evolving digital leadership: how to be a digital leader in tomorrow's disruptive world.* New York: Springer.

Brinker, S. (2019). Marketing technology landscape supergraphic (2019): Martech 5000 (actually 7,040). chiefmartec.com. https://chiefmartec.com/2019/04/marketing-technology-landscape-supergraphic-2019/. Zugegriffen: 8. Okt. 2019.

Brown, T. J., Mowen, J. C., Donavan, D. T., & Licata, J. W. (2002). The customer orientation of service workers: Personality trait effects on self-and supervisor performance ratings. *Journal of Marketing Research, 39,* 110–119.

Bruch, H., & Vogel, B. (2011). *Fully charged: How great leaders boost their organization's energy and ignite high performance.* Harvard: Harvard Business Press.

Bruhn, M. (2009). Das Konzept der kundenorientierten Unternehmensführung. In H. H., Hinterhuber, & K. Matzler (Hrsg.), *Kundenorientierte Unternehmensführung* (S. 33–68). Wiesbaden: Gabler.

Buenger, V., Daft, R. L., Conlon, E. J., & Austin, J. (1996). Competing values in organizations: Contextual influences and structural consequences. *Organization Science, 7,* 557–576.

Buono, A. F., & Bowditch, J. L. (2003). *The human side of mergers and acquisitions: Managing collisions between people, cultures, and organizations.* Washington, D.C: Beard Books.

Burmann, C. (2002). *Strategische Flexibilität und Strategiewechsel als Determinanten des Unternehmenswertes.* Wiesbaden: Deutscher Universitäts-Verlag.

Burmann, C., Halaszovich, T., & Hemmann, F. (2012). *Identitätsbasierte Markenführung: Grundlagen – Strategie – Umsetzung – Controlling.* Wiesbaden: Springer Gabler.

Burnes, B. (2004). *Managing change: A strategic approach to organisational dynamics* (4. Aufl.). Harlow: Prentice Hall.

By, R. T. (2005). Organisational change management: A critical review. *Journal of Change Management, 5,* 369–380.

Cagnon, J. J. L., & Chu, J. (2005). Retail in 2010: A world of extremes. *Strategy and Leadership, 33,* 13–23.

Canning, G. (1988). Is your company marketing oriented? *The Journal of Business Strategy, 9,* 34–36.

Chang, W., Park, J. E., & Chaiy, S. (2010). How does CRM technology transform into organizational performance? A mediating role of marketing capability. *Journal of Business Research, 63,* 849–855.

Charan, R., & Colvin, G. (1999). Why CEOs fail. *Fortune, 21,* 68–80.

Christensen, C. M. (1997). *The innovators dilemma.* Boston: Harvard Business Press.

Christensson, S. (2016). API Definition. Techterms. https://techterms.com/definition/api. Zugegriffen: 31. Okt. 2019.

Christopher, M., Payne, A., & Ballantyne, D. (2002). *Relationship marketing: Creating stakeholder value.* Oxford: Butterworth Heinemann.

Crick, J. M. (2017). The drivers, benefits, and drawbacks to a customer value-oriented dominant logic: A dynamic managerial capability perspective, an abstract. In M. Stieler (Hrsg.), *Creating marketing magic and innovative future marketing trends. Developments in marketing science: Proceedings of the academy of marketing science* (S. 687–688). Cham: Springer.

Darwin, C. (1872). *The origin of species by means of natural selection* (6. Aufl.). London: John Murray.

Davenport, T. H. (2006). Competing on analytics. *Harvard Business Review, 84,* 98–107.

Deshpande, R., Farley, J. U., & Webster, F. E. (1993). Corporate culture, customer orientation, and innovativeness in japanese firms: A quadrad analysis. *Journal of Marketing, 57,* 23–37.

Dierickx, I., & Cool, K. (1989). Asset stock accumulation and sustainability of competitive advantage. *Management Science, 35,* 1504–1511.

Dilcher, B., & Emminghaus, C. (2010). Leistung und Vergütung – Ein Thema, das niemand mag? In B. Dilcher & C. Emminghaus (Hrsg.), *Leistungsorientierte Vergütung: Herausforderung für die Organisations- und Personalentwicklung; Umsetzung und Wirkung von Leistungsentgeltsystemen in der betrieblichen Praxis* (S. 13–38). Wiesbaden: Gabler.

Donovan, D. T., Brown, T. J., & Mowen, J. C. (2004). Internal benefits of service-worker customer orientation: Job satisfaction, commitment, and organizational citizenship behaviors. *Journal of Marketing, 68,* 128–146.

Duschek, S. (2004). Inter-firm resources and sustained competitive advantage. *Management Review, 15,* 53–73.

Dyer, H. J., & Singh, H. (1998). The relational view: Cooperative strategy and sources of inter-organisational competitive advantage. *Management Review, 23,* 660–679.

Engle, R. L., & Barnes, M. L. (2000). Sales force automation usage, effectiveness, and cost-benefit in Germany, England and the United States. *Journal of Business & Industrial Marketing, 15,* 216–241.

Erpenbeck, J., & Hasebrook, J. (2011). Sind Kompetenzen Persönlichkeitseigenschaften. In W. Faix & M. Auer (Hrsg.), *Kompetenz, Persönlichkeit, Bildung* (S. 227–262). Stuttgart: Steinbeis-Edition.

Evans, G. (2016). *Customer centricity.* Great Britain: Eastbound.

Eyer, E., & Haussmann, T. (2018). *Zielvereinbarung und variable Vergütung: ein praktischer Leitfaden – nicht nur für Führungskräfte: mit elf ausführlichen Fallbeispielen* (7. Aufl.). Wiesbaden: Springer Gabler.

Fader, P. (2012). *Customer centricity* (2. Aufl.). Philadelphia: Wharton Digital Press.

Fader, P., & Toms, S. (2018). *The customer centricity playbook.* Philadelphia: Wharton Digital Press.

Festinger, L. (1957). *A theory of cognitive dissonance.* Stanford: Stanford University Press.

Findeisen, D. (2017). Marketing-Automation-Projekte erfolgreich umsetzen. In U. Hannig (Hrsg.), *Marketing und Sales Automation: Grundlagen – Tools – Umsetzung; Alles, was Sie wissen müssen* (S. 103–116). Wiesbaden: Springer Gabler.

Finkbeiner, N., & Morner, M. (2015). The role of conditional cooperation in organizing change. In H. Albach, H. Meffert, A. Pinkwart, & R. Reichwald (Hrsg.), *Management of permanent change* (S. 49–64). Wiesbaden: Springer Gabler.

Fleischer, S. (1997). *Strategische Kooperationen: Planung – Steuerung – Kontrolle.* Lohmar: Eul.

Fließ, S., & Kleinaltenkamp, M. (2004). Blueprinting the service company: Managing service processes efficiently. *Journal of Business Research, 57,* 392–404.

Franke, G. R., & Park, J. (2006). Salesperson adaptive selling behavior and customer orientation: A meta-analysis. *Journal of Marketing Research, 43,* 693–702.

Fredrickson, B. L. (1998). What good are positive emotions? *Review of General Psychology, 2,* 300.

Freiling, J. (2000). Entwicklungslinien und Herausforderungen des ressourcen- und kompetenz-orientierten Ansatzes. In H. H. Hinterhuber, S. Friedrich von den Eichen, A. Al-Ani, & G. Handlbauer (Hrsg.), *Das neue strategische Management: Perspektiven und Elemente einer zeitgemäßen Unternehmensführung* (S. 443–461). Wiesbaden: Gabler.

Frese, E., Graumann, M., & Theuvsen, L. (2012). *Grundlagen der Organisation: Entscheidungs-orientiertes Konzept der Organisationsgestaltung* (10. Aufl.). Wiesbaden: Gabler.

Frese, W. (2011). *Der Einfluss der Kultur auf den Strategieprozess: Eine empirische Unter-suchung.* Wiesbaden: Gabler.

Fritz, W. (1995). *Marketing-Management und Unternehmenserfolg: Grundlagen und Ergebnisse einer empirischen Untersuchung* (2. Aufl.). Stuttgart: Schäffer-Poeschel.

Frook, J. E. (2000). Sales tools as friends, not foes. *B to B, 85,* 55.

Froschmayer, A. (1997). *Konzepte für die strategische Führung von Unternehmensverbindungen.* Herrsching: Kirsch.

Gaitanides, M., Scholz, R., & Vrohlings, A. (1994). Prozessmanagement – Grundlagen und Ziel-setzung. In M. Gaitanides, R. Scholz, A. Vrohlings, & M. Raster (Hrsg.), *Prozessmanagement – Konzepte, Umsetzungen und Erfahrungen des Reengineering* (S. 1–20). München: Hanser.

Galbraith, J. R. (2002). Organizing to deliver solutions. *Organizational Dynamics, 31*(2), 194.

Galbraith, J. R. (2005). *Designing the customer-centric organization: A guide to strategy, structure, and process.* San Francisco: Jossey-Bass.

Galbraith, J. R. (2010). The multi-dimensional and reconfigurable organization. *Organizational Dynamics, 39,* 115–125.

Gates, B. o. J. Bill Gates Quotes. BrainyQuote. https://www.brainyquote.com/quotes/bill_gates_104353. Zugegriffen: 6. Feb. 2020.

Gersch, M., Freiling, J., & Goeke, C. (2005). *Grundlagen einer „Competence-based Theory of the Firm": Die Chance zur Schließung einer „Realisierungslücke" innerhalb der Marktprozess-theorie.* Bochum: IFU.

Giddens, A. (1976). *New rules of sociological method a positive critique of interpretative sociologies.* London: Hutchinson.

Giddens, A. (1984). *Die Klassenstruktur fortgeschrittener Gesellschaften.* Frankfurt a. M.: Suhrkamp.

Grant, A. M. (2011). How customers can rally your troops. *Harvard Business Review, 89,* 96–103.

Gregori, C. (2006). *Instrumente einer erfolgreichen Kundenorientierung: eine empirische Unter-suchung.* Wiesbaden: Dt. Univ.-Verl.

Greve, G. (2011). Social CRM – Ganzheitliches Beziehungsmanagement mit Social Media. *Marketing Review St. Gallen, 28,* 16–21.

Gummesson, E. (2008). Extending the service-dominant logic: From customer centricity to balanced centricity. *Academy of Marketing Science, 36,* 15–17.

Haas, A. (2008). Kundenorientierung von Mitarbeitern: Forschungsstand und -perspektiven. *Zeit-schrift für Betriebswirtschaft, 78,* 1061–1100.

Haas, A. (2009). Kann zu viel Kundenorientierung nachteilig sein? Eine Analyse der Wirkung der Kundenorientierung von Verkäufern auf die Kaufentscheidung. *Zeitschrift für Betriebswirtschaft, 79*, 7–30.

Hahn, D. (1999). Strategische Unternehmungsführung – Grundkonzept. In D. Hahn & B. Taylor (Hrsg.), *Strategische Unternehmungsplanung – Strategische Unternehmungsführung Stand und Entwicklungstendenzen* (S. 25–50). Heidelberg: Physica.

Handlbauer, G. (2000). Competing on Cognition? Möglichkeiten und Grenzen einer konstruktivistischen Orientierung der strategischen Unternehmensführung. In H. H. Hinterhuber, S. Friedrich von den Eichen, A. Al-Ani, & G. Handlbauer (Hrsg.), *Das neue strategische Management* (S. 123–146). Wiesbaden: Gabler.

Handlbauer, G., & Renzl, B. (2009). Kundenorientiertes Wissensmanagement. In H. Hans, H. H. Hinterhuber, & K. Matzler (Hrsg.), *Kundenorientierte Unternehmensführung* (S. 147–176). Wiesbaden: Gabler.

Hanington, J. (2014). 20 incredible marketing automation stats. Salesforce Blog. https://www.salesforce.com/blog/2014/01/20-marketing-automation-stats.html. Zugegriffen: 18. Nov. 2019.

Hannig, U. (2016). Mehr als geistige Grundhaltung. *acquisa*, (11–12), 26–27.

Hannig, U. (2017). Marketing und sales automation. In U. Hannig (Hrsg.), *Marketing und Sales Automation: Grundlagen – Tools – Umsetzung; Alles, was Sie wissen müssen* (S. 3–18). Wiesbaden: Springer Gabler.

Hanschke, I. (2017). *Agile in der Unternehmenspraxis: Fallstricke erkennen und vermeiden, Potenziale heben*. Wiesbaden: Springer Vieweg.

Hatch, M. J. (1993). The dynamics of organizational culture. *Academy of Management Review, 18*, 657–693.

Haubrock, A., & Öhlschlegel-Haubrock, S. (2015). *Der Mythos vom König Kunde: Wie Kundenorientierung tatsächlich gelingt* (4. Aufl.). Wiesbaden: Gabler (Nachdr. 2009).

Heide, J. B., & John, G. (1992). Do norms matter in marketing relationships? *Journal of Marketing, 56*, 32–44.

Heifetz, R., Grashow, A., & Linsky, M. (2009). *The practice of adaptive leadership: Tools and tactics for changing your organization and the world*. Boston: Harvard Business Press.

Henderson, C. M., & Palmatier, R. W. (2010). Understanding the relational ecosystem in a connected world. In Stefan Wuyts, Marnik G. Dekimpe, Els Gijsbrechts, & Riek Pieters (Hrsg.), *The connected customer* (S. 37–75). New York: Routledge.

Heyse, V. (2007). Strategien – Kompetenzanforderungen – Potentialanalysen. In V. Heyse & J. Erpenbeck (Hrsg.), *Kompetenzmanagement: Methoden, Vorgehen, KODE® und KODE®X im Praxistest* (S. 11–180). Münster: Waxmann.

Hilker, C. (2017). *Content Marketing in der Praxis: Ein Leitfaden – Strategie, Konzepte und Praxisbeispiele für B2B- und B2C-Unternehmen*. Wiesbaden: Springer Gabler.

Hofert, S. (2018). *Das agile Mindset: Mitarbeiter entwickeln, Zukunft der Arbeit gestalten*. Wiesbaden: Springer Gabler.

Homburg, C. (2000). *Kundennähe von Industriegüterunternehmen: Konzeption – Erfolgsauswirkungen – Determinanten* (3. Aufl.). Wiesbaden: Gabler.

Homburg, C. (2017). *Marketingmanagement – Strategie – Instrumente – Umsetzung – Unternehmensführung* (6. Aufl.). Wiesbaden: Springer Gabler.

Homburg, C., & Bucerius, M. (2008). Kundenzufriedenheit als Managementherausforderung. In C. Homburg (Hrsg.), *Kundenzufriedenheit: Konzepte – Methoden – Erfahrungen.* Wiesbaden: Springer Gabler.

Homburg, C., & Pflesser, C. (2000). A multiple-layer model of market-oriented organizational culture. *Journal of Marketing Research, 37*, 449–462.

Homburg, C., & Stock-Homburg, R. (2012). *Der kundenorientierte Mitarbeiter: Bewerten – Begeistern – Bewerten* (2. Aufl.). Wiesbaden: Springer Gabler.

Homburg, Christian, & Werner, H. (1998). *Kundenorientierung mit System: Mit Customer-Orientation-Management zu profitablem Wachstum.* Frankfurt a. M.: Campus.

Homburg, C., Jensen, O., & Klarmann, M. (2005). *Die Zusammenarbeit zwischen Marketing und Vertrieb – Eine vernachlässigte Schnittstelle.* Mannheim: Arbeitspapier M865 des Instituts für Marktorientierte Unternehmensführung – Universität Mannheim.

Homburg, C., Schäfer, H., & Schneider, J. (2016). *Sales excellence* (8. Aufl.). Wiesbaden: Springer Gabler.

Igbaria, M., & Tan, M. (1997). The consequences of information technology acceptance on subsequent individual performance. *Information & Management, 32,* 113–121.

Irvin, J., Pedro, L., & Gennaro, P. (2003). Strategy from the inside out: Lessons in creating organic growth. *The Journal of Business Strategy, 24,* 10–14.

Jansen, L. (2017). Kundenorientierung als Veränderungsaufgabe. In B. Rosenberger (Hrsg.), *Modernes Personalmanagement: Strategisch – Operativ – Systemisch* (S. 3–14). Wiesbaden: Springer Gabler.

Jaworski, B. J., & Kohli, A. K. (1993). Market orientation: Antecedents and consequences. *Journal of Marketing, 57,* 53–70.

Jenner, T. (2003). *Marketing-Planung.* Stuttgart: Kohlhammer.

Kagermann, H. (2015). Change through digitization – Value creation in the age of industry 4.0. In H. Albach, H. Meffert, A. Pinkwart, & R. Reichwald (Hrsg.), *Management of permanent change* (S. 23–48). Wiesbaden: Springer Gabler.

Kalwani, M., & Narayandas, N. (1995). Long-term manufacturer–supplier relationships: Do they pay off for supplier firms? *Journal of Marketing, 59,* 1–16.

Kasper-Fuehrer, E., & Ashkanasy, N. (2001). Communicating trustworthiness and building trust in interorganizational virtual organizations. *Journal of Management, 27,* 235–254.

Kieser, A., & Walgenbach, P. (2003). *Organisation* (4. Aufl.). Stuttgart: Schäffer-Poeschel.

Kieser, H.-P. (2012). *Variable Vergütung im Vertrieb: 10 Bausteine für eine motivierende Entlohnung im Außen- und Innendienst.* Wiesbaden: Springer Gabler.

Kilman, R., Saxton, M. J., & Serpa, R. (1985). Introduction: Five key issues in understanding and changing culture. In R. Kilman, M. J. Saxton, & R. Serpa (Hrsg.), *Gaining control of the corporate culture* (S. 1–16). San Francisco: Jossey-Bass.

Kingmann-Brundage, J. (1995). Service mapping: Back to basics. In W. J. Glynn & J. G. Barnes (Hrsg.), *Understanding services management* (S. 119–142). Chichester: Wiley.

Kirsch, W., Esser, W.-M., & Gabele, E. (1979). *Das Management des geplanten Wandels von Organisationen.* Stuttgart: Poeschel.

Klaus, L. (2019). *Data-Driven Marketing und der Erfolgsfaktor Mensch: Schlüsselfaktoren und Kernkompetenzen für das Marketing der Zukunft.* Wiesbaden: Springer Gabler.

Kleinaltenkamp, M. (2002). Blueprinting – Grundlage des Managements von Dienstleistungsunternehmen. In H. Woratschek (Hrsg.), *Neue Aspekte des Dienstleistungsmarketing: Konzepte für Forschung und Praxis* (S. 3–28). Wiesbaden: Dt. Univ.-Verl.

Kleinaltenkamp, M., Griese, I., & Klein, M. (2008). Wie Kundenintegration effizient gelingt. *Marketing Review St. Gallen, 25,* 40–43.

Koot, C. (2005). *Kundenloyalität, Kundenbindung und Kundenbindungspotential – Modellgenese und empirische Überprüfung im Retail-Banking.* München: Dr. Hut.

Körner, A. (2017). Roadmap zur Marketing Automation. In U. Hannig (Hrsg.), *Marketing und Sales Automation: Grundlagen – Tools – Umsetzung; Alles, was Sie wissen müssen* (S. 117–136). Wiesbaden: Springer Gabler.

Kotter, J. (2009). *Das Prinzip Dringlichkeit. Schnell und konsequent handeln im Management.* Frankfurt a. M.: Campus.

Krasnikov, A., Jayachandran, S., & Kumar, V. (2009). The impact of customer relationship management implementation on cost and profit efficiencies: Evidence from the US commercial banking industry. *Journal of Marketing, 73,* 61–76.

Kriss, P. (2014). The value of customer experience, quantified. Harvard Business Review. https://hbr.org/2014/08/the-value-of-customer-experience-quantified. Zugegriffen: 2. Sep. 2019.

Kühn, R. (1991). Methodische Überlegungen zum Umgang mit der Kundenorientierung im Marketing-Management. *Marketing Zeitschrift für Forschung und Praxis, 13,* 97–107.

Kumar, V., & Reinartz, W. (2018). *Customer relationship management* (3. Aufl.). Berlin: Springer.

Lamberti, L. (2013). Customer centricity: The construct and the operational antecedents. *Journal of Strategic Marketing, 21,* 588–612.

Lattwein, J. (2002). *Wertorientierte strategische Steuerung: Ganzheitlich-integrativer Ansatz zur Implementierung.* Wiesbaden: Dt. Univ.-Verl.

Lauer, T. (2019). *Change Management: Grundlagen und Erfolgsfaktoren* (3. Aufl.). Wiesbaden: Springer Gabler.

Leußer, W., Hippner, H., & Wilde, K. D. (2011). CRM – Grundlagen, Konzepte und Prozesse. In H. Hippner, B. Hubrich, & K. D. Wilde (Hrsg.), *Grundlagen des CRM: Strategie, Geschäfts-prozesse und IT-Unterstützung* (S. 15–56). Wiesbaden: Gabler.

Lewin, K. (1947). Frontiers in group dynamics: Concept, method and reality in the social sciences. *Human Relations, 1,* 5–41.

Li, C., & Bernoff, J. (2008). *Groundswell: Winning in a world transformed by social technologies.* Boston: Harvard Business Press.

Li, L., & Mao, J. Y. (2012). The effect of CRM use on internal sales management control: An alternative mechanism to realize CRM benefits. *Information & Management, 49,* 269–277.

Lindblom, C. E. (1959). The science of muddling through. *Public Administration Review, 19,* 79–88.

Loebbert, M. (2015). *Kultur entscheidet: Kulturelle Muster in Unternehmen erkennen und verändern.* Wiesbaden: Springer Gabler.

Luhmann, N. (1984). *Soziale Systeme Grundriss einer allgemeinen Theorie.* Frankfurt a. M.: Suhrkamp.

Maklan, S., Knox, S., & Peppard, J. (2011). Why CRM fails – And how to fix it. MIT Sloan Management Review. https://sloanreview.mit.edu/article/why-crm-and-how-to-fix-it/. Zugegriffen: 4. Nov. 2019.

Malms, O. (2012). *Realizing cross-selling potential in business-to-business markets.* St. Gallen: Universität St. Gallen.

Maloney, B. P. (2007). *Absatzmittlergerichtetes, identitätsbasiertes Markenmanagement: Eine Erweiterung des innengerichteten, identitätsbasierten Markenmanagements unter besonderer Berücksichtigung von Premiummarken.* Wiesbaden: DUV.

Mattson, L.-G. (1997). Relationship marketing and the markets-as-networks approach – A comparative analysis of two evolving streams of research. *Journal of Marketing Management, 23,* 447–461.

Matzler, K., Stahl, H. K., & Hinterhuber, H. H. (2009). Die Customer-based View der Unternehmung. In H. H. Hinterhuber & K. Matzler (Hrsg.), *Kundenorientierte Unternehmensführung* (S. 3–33). Wiesbaden: Gabler.

McCracken, J. (2006). „Way Forward" requires culture shift at Ford. The wall street journal. https://www.wsj.com/articles/SB113797951796853248. Zugegriffen: 12. Aug. 2019.

Mengal, S. (2012). 6 advantages to using third party libraries over developing your own. mindfulhacker.com. http://www.mindfulhacker.com/6-advantages-using-third-party-libraries-over-developing-your-own/. Zugegriffen: 31. Okt. 2019.

Merzenich, M. (2005). *Prozessmanagement im Customer Relationship Management – Gestaltung und Implementierung kundenorientierter Geschäftsprozesse.* Berlin: Logos.

Merzenich, M., Hippner, H., Jaeck, H.-F., & Wilde, K. D. (2011). Gestaltung kundenbezogener Geschäftsprozesse. In H. Hippner, B. Hubrich, & K. D. Wilde (Hrsg.), *Grundlagen des CRM: Strategie, Geschäftsprozesse und IT-Unterstützung* (S. 91–128). Wiesbaden: Gabler.

Meyer, V., & Pauly, B. (2017). Berufstätige sehen sich nicht für digitale Arbeitswelt gerüstet. Bitkom. https://www.bitkom.org/Presse/Presseinformation/Berufstaetige-sehen-sich-nicht-fuer-digitale-Arbeitswelt-geruestet.html. Zugegriffen: 8. Okt. 2019.

Moorman, C., Zaltman, G., & Desphande, R. (1992). Relationships between providers and users of market research: The dynamics of trust within and between organizations. *Journal of Marketing Research, 29,* 314–328.

Morgan, R. M., & Hunt, S. D. (1994). The commitment–trust theory of relationship marketing. *Journal of Marketing, 58,* 20–38.

Mussak, P. (2016). *Einsatz von Customer Relationship Management im Vertrieb – Eine Untersuchung am Beispiel der Assekuranz Schweiz.* Bamberg: Difo-Druck GmbH.

Nadler, D., Shaw, R. B., & Walton, A. E. (1995). *Discontinuous change: Leading organizational transformation.* San Francisco: Jossey-Bass.

Nink, M. (2018). Engagement Index Deutschland 2018. Gallup. https://www.gallup.de/183104/engagement-index-deutschland.aspx. Zugegriffen: 5. Feb. 2020.

North, K., Reinhardt, K., & Sieber-Suter, B. (2018). *Kompetenzmanagement in der Praxis: Mitarbeiterkompetenzen systematisch identifizieren, nutzen und entwickeln: mit vielen Praxisbeispielen* (3. Aufl.). Wiesbaden: Springer Gabler.

Nowak, D., & Kurbel, K. (2017). Understanding the flexibility of cloud ERP software. In F. Piazolo, V. Geist, L. Brehm, & R. Schmidt (Hrsg.), *Innovations in enterprise information systems management and engineering* (S. 135–147). New York: Springer.

Orvos, J. (2018). *Achieving business agility: Strategies for becoming pivot ready in a digital world.* New York: Springer.

o. V. (2016a). Leading B2B sales organizations challenge, align & prescribe to get deals done. CEB. http://www.multivu.com/players/English/7427254-ceb-challenge-align-prescribe-b2b-sales-strategy/. Zugegriffen: 18. Nov. 2019.

o. V. (2016b). Manifesto modern agile. http://modernagile.org/. Zugegriffen: 19. Aug. 2019.

o. V. (2017a). Engagement Index Deutschland. Gallup. https://www.gallup.de/183104/engagement-index-deutschland.aspx. Zugegriffen: 5. Feb. 2020.

o. V. (2017b). So einfach gibt's eine grössere Portion Eis. https://www.faz.net/aktuell/stil/essen-trinken/so-einfach-gibt-s-eine-groessere-portion-eis-15153806.html. Zugegriffen: 8. Aug. 2019.

o. V. (2019). Wie Greta Thunberg auf die Bahn-Kritik per Twitter reagierte. Der Tagesspiegel. https://www.tagesspiegel.de/gesellschaft/wegen-ueberfuellung-klimaaktivistin-sitzt-im-gang-wie-greta-thunberg-auf-die-bahn-kritik-per-twitter-reagierte/25336272.html. Zugegriffen: 3. Febr. 2020.

Payne, A., & Frow, P. (2005). A strategic framework for customer relationship management. *Journal of Marketing, 69*(4), 167–176.

Pescher, J. (2010). *Change Management: Taxonomie und Erfolgsauswirkungen.* Wiesbaden: Gabler.

Peteraf, M. A. (1993). The cornerstones of competitive advantage: A ressource-based-view. *Strategic Management Journal, 14,* 179–191.

Peters, T. J., & Waterman, R. H. (2015). *In search of excellence: Lessons from America's best-run companies.* London: Profile Books.

Picot, A., Reichwald, R., & Wigand, R. T. (2008). *Information, organization and management.* Wiesbaden: Springer.

Pinnow, D. F. (2017). Change Management durch systemische Führung. In B. Rosenberger (Hrsg.), *Modernes Personalmanagement: Strategisch – Operativ – Systemisch* (S. 147–154). Wiesbaden: Springer Gabler.

Piser, M. (2004). *Strategisches Performance Management: Performance Measurement als Instrument der strategischen Kontrolle.* Wiesbaden: Dt. Univ.-Verl.

Podsakoff, P. M., MacKenzie, B. S., Paine, B. J., & Bachrach, G. D. (2000). Organizational citizenship behaviors: A critical review or the theoretical and empirical literature and suggestions for future research. *Journal of Management Science, 26,* 513–563.

Prahalad, C. K., & Ramaswamy, V. (2004). *The future of competition.* Boston: Harvard Business School Press.

Probst, G., & Raisch, S. (2004). Die Logik des Niedergangs. *Harvard Business Manager,* 37–45.

Ramani, G., & Kumar, V. (2008). Interaction orientation and firm performance. *Journal of Marketing, 72,* 27–45.

Rank, S., & Scheinpflug, R. (2008). *Change-Management in der Praxis. Beispiele, Methoden, Instrumente.* Berlin: Schmidt.

Rigby, D. K., Reichheld, F. F., & Schefter, P. (2002). Avoid the four perils of CRM. *Harvard Business Review, 80,* 101–108.

Riggert, W. (2019). *ECM – Enterprise Content Management: Konzepte und Techniken rund um Dokumente* (2. Aufl.). Wiesbaden: Springer Vieweg.

Riketta, M. (2005). Organizational identification: A meta-analysis. *Journal of Vocational Behavior, 66,* 358–384.

Rödiger, K. (2017). *Empathie im Kundenkontakt: Einflussfaktoren, Erfolgsauswirkungen und Altersunterschiede als Kontextfaktoren.* Wiesbaden: Springer Gabler.

Rodriguez, M., & Honeycutt, E. D. (2011). Customer Relationship Management (CRM)'s impact on B to B sales professionals' collaboration and sales performance. *Journal of Business to Business Marketing, 18,* 335–356.

Rueckert, R. W. (1992). Developing a market orientation: An organizational strategy perspective. *International Journal of Research in Marketing, 9,* 225–245.

Ryals, L. (2005). Making customer relationship management work: The measurement and profitable management of customer relationships. *Journal of Marketing, 69,* 252–261.

Sagdeo, P. (2018). Application programming interfaces and the standardization-value appropriation problem. *Harvard Journal of Law & Technology, 32,* 236–262.

Sanderson, A. (2017). Marketingautomation führt zur Prozessoptimierung. In U. Hannig (Hrsg.), *Marketing und Sales Automation: Grundlagen – Tools – Umsetzung; Alles, was Sie wissen müssen* (S. 73–86). Wiesbaden: Springer Gabler.

Sauter, R., Sauter, W., & Wolfig, R. (2018). *Agile Werte- und Kompetenzentwicklung: Wege in eine neue Arbeitswelt.* Wiesbaden: Springer Gabler.

Sauter, W., & Staudt, F.-P. (2016). *Strategisches Kompetenzmanagement 2.0: Potenziale nutzen – Performance steigern.* Wiesbaden: Springer Gabler.

Schäffer, T., & Leyh, C. (2017). Master data quality in the era of digitization – Toward Inter-organizational master data quality in value networks: A problem identification. In F. Piazolo, V. Geist, L. Brehm, & R. Schmidt (Hrsg.), *Innovations in enterprise information systems management and engineering* (S. 99–113). New York: Springer.

Schein, E. H. (1984). Coming to a new awareness of organizational culture. *Sloan Management Review, 26,* 3–16.

Schermuly, C., & Nachtwei, J. (2012). Instrumente für morgen: Change-Begleitung, Coaching und Action Learning. *Wirtschaftspsychologie aktuell, 4,* 36–41.

Schillewaert, N., Ahearne, M. J., Frambach, R. T., & Moenaert, R. K. (2000). The adoption of information technology in the sales force. *Industrial Marketing Management, 34,* 232–336.

Schmidt, M. (2009). *Management-Handlungsmuster erfolgreicher Führungskräfte.* Wiesbaden: Gabler.

Schmitz, C., Lee, Y.-C., & Lilien, L. G. (2014). Cross-selling performance in complex selling contexts: An examination of supervisory- and compensation-based controls. *Journal of Marketing, 78,* 1–19.

Scholz, C. (1987). Corporate culture and strategy – The problem of strategic fit. *Long Range Planning, 20,* 78–87.

Schott, E., & Witt, M. (2005). Change management. In E. Schott & C. Campana (Hrsg.), *Strategisches Projektmanagement* (S. 195–231). Berlin: Springer.

Schreyögg, G., & Kliesch, M. (2004). Wie dynamisch können organisationale Kompetenzen sein? In S. Friedrich von den Eichen, H. H. Hinterhuber, K. Matzler, & H. K. Stahl (Hrsg.), *Entwicklungslinien des Kompetenzmanagements* (S. 3–20). Wiesbaden: DUV.

Schumpeter, J. (1912). *Theorie der wirtschaftlichen Entwicklung.* Leipzig: Duncker & Humblot.

Schwarz, C. (2019). Banken im Strukturwandel – Von der Filiale zum Multikanalansatz. In C. Muchna (Hrsg.), *Aspekte des Innovations- und Changemanagements: Ein Theorie-Praxis-Transfer* (S. 227–262). Wiesbaden: Springer Gabler.

Schwepker, C. H. (2003). Customer-oriented selling: A review, extension, and directions for future research. *Journal of Personal Selling & Sales Management, 23,* 151–171.

Senior, B. (2002). *Organisational change* (2. Aufl.). London: Prentice Hall.

Sheth, J. N., Sisodia, R. S., & Sharma, A. (2000). The antecedents and consequences of customer-centric marketing. *Academy of Marketing Science, 28,* 55–66.

Shostack, G. L. (1982). How to design a service. *European Journal of Marketing, 16,* 49–63.

Slater, S. F., Olson, E. M., & Finnegan, C. (2011). Business strategy, marketing organization culture, and performance. *Marketing Letters, 22,* 227–242.

Sparrow, P., Hird, M., & Cooper, L. C. (2014). *Do we need HR?: Repositioning people management for success.* Basingstoke: Palgrave MacMillan.

Speiser, M. (2020). Globus: Eine gute Lösung. Handelszeitung. https://www.handelszeitung.ch/unternehmen/globus-eine-gute-losung?. Zugegriffen: 6. Feb. 2020.

Spörrer, S. (2019). *Content Management Systeme: Begriffsstruktur und Praxisbeispiel.* Wiesbaden: Gabler.

Srivastava, V., & Singh, T. (2010). Value creation through relationship closeness. *Journal of Strategic Marketing, 18,* 3–17.

Staehle, W. H. (1999). *Management* (8. Aufl.). München: Vahlen.

Staudacher, J. (2018). Kundendaten als Einflussfaktor auf Reorganisationen in Marketing und Vertrieb. *Swiss Marketing Review,* 18–20.

Staudacher, J., & Holland, N. (2019). Die Zukunft des CRM liegt in der Kundendatenanalyse. *Swiss Marketing Review,* 14–18.

Staudacher, J., & Nyholm, J. (2019). Wirkung der Kundenorientierung auf die Profitabilität. https://whataboutthecustomer.com/wp-content/uploads/2018/05/Auswirkung_Kundenorientierung_auf_Profitabilitaet.pdf. Zugegriffen: 29. Jan. 2020.

Steinmann, H., Schreyögg, G., & Koch, J. (2005). *Management – Grundlagen der Unternehmensführung.* Wiesbaden: Gabler.

Stock, R. M., & Hoyer, W. D. (2005). An attitude-behavior model of salespeople's customer orientation. *Journal of Academy of Marketing Science, 33,* 536–552.

Stock-Homburg, R. (2007). Sehen Kundenkontakt-Mitarbeiter mit den Augen der Kunden? Untersuchung der Wahrnehmungskonsistenz zwischen Mitarbeitern und Kunden. *Die Betriebswirtschaft, 67,* 665–693.

Stock-Homburg, R. (2016). Kundenorientierte Mitarbeiter als Schlüssel zur Kundenzufriedenheit. In C. Homburg (Hrsg.), *Kundenzufriedenheit: Konzepte – Methoden – Erfahrungen* (S. 279–304). Wiesbaden: Springer Gabler.

Stolzenberg, K., & Heberle, K. (2006). *Change Management: Veränderungsprozesse erfolgreich gestalten – Mitarbeiter mobilisieren.* Heidelberg: Springer.

Sydow, J. (1992). *Strategische Netzwerke: Evolution und Organisation.* Wiesbaden: Gabler.

Tacke, V., & Drepper, T. (2018). *Soziologie der Organisation.* Wiesbaden: Springer VS.

Tanner, J. F., Ahearne, M., Leigh, T. W., Mason, C. H., & Moncrief, W. C. (2005). CRM in sales-intensive organizations: A review and future directions. *Journal of Personal Selling & Sales Management, 25,* 169–180.

Treacy, M., & Wierserna, F. D. (1997). *The discipline of market leaders: Choose your customers, narrow your focus, dominate your market.* New York: Perseus.

Trentzsch, S. E. (2017). Selbstmanagement für Führungskräfte. In B. Rosenberger (Hrsg.), *Modernes Personalmanagement: Strategisch – Operativ – Systemisch* (S. 155–168). Wiesbaden: Springer Gabler.

Trice, H., & Beyer, J. M. (1993). *The cultures of work organizations.* New York: Prentice Hall.

Trommsdorff, V., & Teichert, T. (2011). *Konsumentenverhalten* (8. Aufl.). Stuttgart: Kohlhammer.

Vahs, D. (2009). *Organisation* (7. Aufl.). Stuttgart: Schäffer-Poeschel.

van Dyne, L., Graham, J. W., & Dienesch, R. M. (1994). Organizational citizenship behavior: Construct redefinition, measurement, and validation. *Academy of Management Journal, 37,* 756–802.

Wahlberg, O., Strandberg, C., & Sandberg, K. W. (2009). Trends, topics and under-researched areas in CRM research-a literature review. *International Journal of Public Information Systems, 5,* 191–207.

Waisberg, D., & Kaushik, A. (2009). Web analytics 2.0: Empowering customer centricity. *The Original Search Engine. Marketing Journal, 2,* 5–11.

Walton, R. E., & Dutton, J. M. (1969). The management of interdepartmental conflict: A model and review. *Administrative Science Quarterly, 14,* 73–84.

Werres, T. (2005). *CMS – Potenziale und Grenzen von Typo3.* München: GRIN.

Wicher, H. (2008). Kundenorientierte Organisationform. In S. Helmke, M. F. Uebel, & W. Dangelmaier (Hrsg.), *Effektives Customer Relationship Management: Instrumente, Einführungskonzepte, Organisation* (S. 313–324). Wiesbaden: Gabler.

Witte, E. H. (2001). Kundenorientierung: Eine Managementaufgabe mit psychologischem Feingefühl. *Gruppendynamik und Organisationsberatung, 32,* 203–215.

Wolf, J. (2011). *Organisation, Management, Unternehmensführung: Theorien, Praxisbeispiele und Kritik* (4. Aufl.). Wiesbaden: Gabler.

Wolter, U. (2019). Unter der Lupe: Mitarbeiterbedürfnisse. Personalwirtschaft. https://www.personalwirtschaft.de/fuehrung/artikel/unter-der-lupe-mitarbeiterbeduerfnisse.html. Zugegriffen: 29. Jan. 2020.

Yarbrough, L., Morgan, N. A., & Vorhies, D. W. (2011). The impact of product market strategy-organizational culture fit on business performance. *Journal of the Academy of Marketing Science, 39,* 555–573.

Young, L., & Denize, S. (1995). A concept of commitment: Alternative views of relational continuity in business service relationships. *Journal of Business & Industrial Marketing, 10,* 22–37.

Zeithaml, V. A., & Bitner, M. J. (2000). *Services marketing.* New York: Irwin McGraw-Hill.

Zentes, J., Swoboda, B., & Morschett, D. (2003). Kooperationen, Allianzen und Netzwerke – Grundlagen, Metaanalyse und Kurzabriss. In J. Zentes, B. Swoboda, & D. Morschett (Hrsg.), *Kooperationen, Allianzen und Netzwerke* (S. 3–33). Wiesbaden: Gabler.

Dimension 3: Co-Creation

5

Aufbauend auf den Erkenntnissen der Service-Dominant-Logic ist Co-Creation der Motor einer kundenorientierten Organisation. Trotz dieser Erkenntnisse wird in vielen Veröffentlichungen immer noch von Lösungen, Dienstleistungen und Value Proposition gesprochen. Diese Begriffe können implizieren, dass die Organisation der alleinige Bereitsteller von Wert ist (Strandvik et al. 2012). Bevor auf Co-Creation eingegangen wird, sollten die beiden Perspektiven von Co-Creation unterschieden werden. Co-Creation kann aus der Perspektive des Kunden oder der Organisation betrachtet werden (Heinonen et al. 2010). Sie ist nicht nur als die Integration des Kunden in den Leistungserstellungsprozess einer Organisation zu verstehen, sondern auch als die Integration der Organisation in das Leben des Kunden (Lepak und Smith 2007). Wert wird aus Sicht der Organisation als Kundenwert und Wert aus Sicht des Kunden als Kundennettonutzen definiert (Grönroos und Voima 2013). Eine Organisation kann Wert nur bereitstellen. Der Kunde ist immer der eigentliche Schöpfer des Wertes (Vargo und Lusch 2004).

Die Werterstellung setzt sich, wie die anderen Elemente des Customer Managements, darüber hinaus aus geplanten sowie emergenten Aktivitäten zusammen (Schatzki 1996). Aus diesem Grund ist die enge Verbindung zwischen der Co-Creation und dem Customer Experience Management zu beachten (Wittko 2012, S. 41). Eine Organisation kann die jeweiligen Erlebnisse durch Vorgaben zu gestalten versuchen, durch den unplanbaren Einfluss des Kunden werden die Erlebnisse aber immer wieder ein anderes Wertergebnis haben.

Co-Creation wird auf vier Stufen unterschieden (vgl. Abb. 5.1):

1. Kunden können die Organisation bezüglich des Designs der Wertbereiterstellung unterstützen.
2. Darüber hinaus können sie einen mehr oder weniger großen Anteil des Werts selbst bereitstellen.

© Springer Fachmedien Wiesbaden GmbH, ein Teil von Springer Nature 2021
J. Staudacher, *Kundenorientierung,* https://doi.org/10.1007/978-3-658-20176-0_5

Abb. 5.1   Unterschiedliche Dimensionen der Co-Creation

3. Weiterempfehlung als eine Art der Co-Creation im Verkauf ist ebenfalls zu berücksichtigen.
4. Organisationen setzen zusätzlich die Kunden dafür ein, andere Kunde bei der Nutzung von Angeboten zu unterstützen.

Dabei sind die vier Stufen eng miteinander verbunden. Eine Weiterempfehlung kann den Verkaufsaspekt in Form einer einfachen Kaufempfehlung, aber auch den Unterstützungsaspekt in Form einer genauen Beschreibung des Einsatzes des empfohlenen Angebots umfassen.

Co-Creation steht in enger Verbindung mit der Art und Weise, welchen Bezugspunkt der Kunde bei der Interaktion haben soll. Dabei können folgende Interaktionsformen unterschieden werden (Bhalla 2011, S. 22):

1. Kunde mit sich selbst
2. Kunde mit anderen Kunden
3. Kunde mit einem Thema
4. Kunde mit dem Netzwerk der Organisation
5. Kunde mit der Organisation

Es wird meist auf die Werterstellung zwischen Kunde und Organisation fokussiert. Auch die weiteren Ausführungen konzentrieren sich auf diese Interaktionsform. Es gilt aber zu berücksichtigen, dass trotz dieses gewählten Fokus der Kunde immer mehr oder weniger mit dem gesamten Netzwerk einer Organisation bzw. mit deren Ecosystem interagiert (Curley 2017, S. 8). Abb. 5.2 stellt beispielhaft eine Customer-centric Supply Chain für einen Konsumgüterhersteller dar. Efficient Consumer Response und Supply Chain Management sind somit immer auch ein Teil der Co-Creation einer Organisation. Jede Organisation hat für sich zu entscheiden, in welchem Umfang sie die jeweiligen Netzwerkpartner in die Co-Creation mit dem Kunden einbezieht. Der hohe Stellenwert des Informationsaustausches wurde schon angesprochen. Darüber hinaus sind auch weitere Formen der Co-Creation mit dem gesamten Netzwerk einer Organisation denkbar.

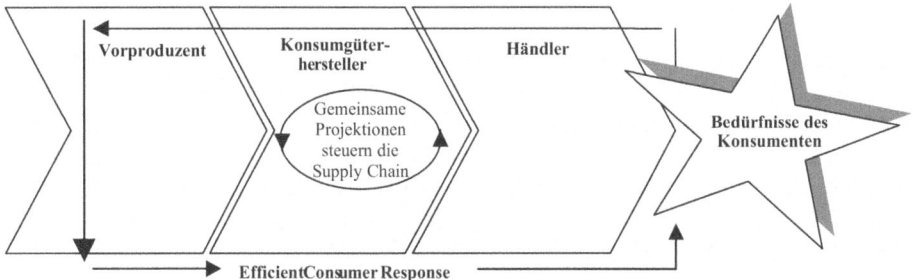

Abb. 5.2 Customer-centric Supply Chain. (Quelle: von den Eichen et al. 2009, S. 476)

Die Interaktion zwischen Kunde und Organisation zur gemeinsamen Werterstellung erfordert, dass sich beide Parteien an einem Ort treffen können (Wikström 1996). Aus Sicht der Kundenorientierung ist dieser „Treffpunkt" methaphorisch die Kundenbeziehung. Somit sind Kundenbeziehung und Co-Creation eng miteinander verbunden (vgl. Abb. 5.3).

▶ Eine **Kundenbeziehung** entsteht aus dieser Perspektive erst durch die Integration des Kunden in die Werterstellung einer Organisation über eine längere Zeitdauer (Stahl 2009, S. 103).

Für eine kundenorientierte Organisation ergibt sich demnach eine duale Perspektive auf eine Kundenbeziehung: zum einen auf die Dauer und die Bindung an sich, zum anderen auf die Stärke der Integration des Kunden in die Werterstellung. Die Verbindung von Kundenbeziehung und Co-Creation wurde bisher im Rahmen des Kundenbeziehungs- managements nur eingeschränkt berücksichtigt. Das Kundenbeziehungsmanagement geht meist nur auf Weiterempfehlung eine Form der Co-Creation ein. Kunden- orientierung denkt aber das Konstrukt Kundenbeziehung weiter. Dabei soll das verkürzte

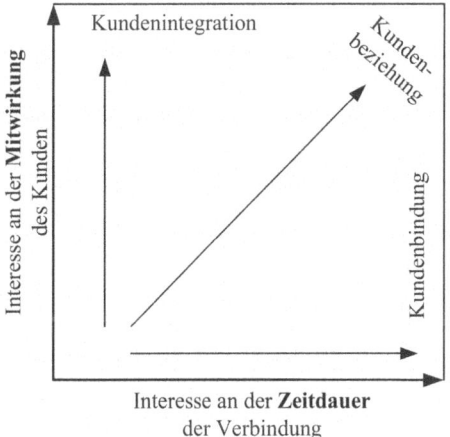

Abb. 5.3 Zusammenhang zwischen Kundenintegration, Kundenbindung und Kundenbeziehung. (Quelle: Stahl 2009, S. 103)

Verständnis als Summe der Transaktionen des Kunden im Zeitablauf vermieden werden. Dies stellt nur die eine Dimension der Kundenbeziehung dar. Die andere Dimension sind die Stärke und der Wertbeitrag, den der Kunde über die Transaktionen hinaus mit der Organisation im Rahmen des Co-Creation erstellt.

Kundenerkenntnisse und das Customer Value-based Decision Making sind die Grundlagen für eine erfolgreiche Co-Creation. Je mehr Kundenerkenntnisse ein Kunde einer Organisation bereitstellt und je mehr die Organisation diese Informationen im Sinne der Co-Creation nutzt, desto höher ist das Wertentwicklungspotenzial (Heidenreich et al. 2015, S. 279). Neben der direkten Gewinnung von Kundenerkenntnissen gilt es auch, die Gewinnung von Kundenerkenntnissen durch andere Kunden und Partner mitzudenken. In diesem Licht sind beispielhaft die Vorbehalte vieler Manager in Bezug auf die Durchführung von Kundenbefragungen kritisch zu bewerten. Ich höre oft Aussagen wie: „Bei der Kundenbefragung macht doch keiner mit", oder: „Die Kunden werden zu oft befragt." Eine kundenorientierte Organisation, die mit ausreichend Kompetenzen im Bereich Co-Creation ausgestattet ist, kann den Kunden eigentlich nicht zu oft befragen. Sinnvolle Fragen, die den Wert für den Kunden steigern, werden gerne beantwortet. Für die allermeisten Kunden ist dies völlig logisch, doch leider ist das noch nicht in jeder Organisation angekommen. Die Teilnahme an Kundenbefragungen ist allgemein hoch, wenn eine positive Veränderung und damit Motivation für den Kunden im Anschluss entsteht.

Beispiel: Co-Creation

Ich erlebe in vielen Organisationen eine große Unsicherheit bezüglich der Frage, ob Kunden mehrheitlich verantwortungsvoll handeln. Uber, AirBnB etc. könnten aus meiner Sicht nicht existieren, wenn die Menschheit aus lauter Lügnern und Bösewichten bestehen würde – nicht, dass es diese nicht gibt und Co-Creation gewisse Regeln und Sicherheitsvorkehrungen benötigt. Ich bin der Ansicht, dass der Mensch (meistens) gut ist. Ohne hier zu philosophisch werden zu wollen, kann ich nicht erkennen, dass die Mehrzahl an Kunden nicht verantwortungsvoll mit Organisationen interagiert. Eine weitere Facette der Interaktion ist der Respekt der Mitarbeitenden gegenüber den Kunden einer Organisation. Je positiver die Atmosphäre zwischen Kunden und Mitarbeitenden einer Organisation, desto eher wird eine solide Grundlage für die gemeinsame Werterstellung gelegt. Unsicherheit im Rahmen von Co-Creation auf Ebene der Geschäftsleitungen kann leicht zu Handlungen auf Mitarbeitendenebene gegenüber dem Kunden führen, die Co-Creation erschweren. ◄

Neben dem Customer Value-based Decision Making soll die Customer-centric Transformation dafür sorgen, dass die Organisation dazu befähigt wird, Co-Creation erfolgreich durchzuführen. Kompetenzen, Führung, Prozesse und Struktur gilt es kontinuierlich zu verbessern und Co-Creation als festen Bestandteil der Kultur zu verstehen (Sparrow et al. 2014). Co-Creation baut dabei auf vier zentralen Kompetenzen auf (vgl. Abb. 5.4):

1. Eine Organisation muss in der Lage sein, Kundenerkenntnisse aufzunehmen.
2. Sie sollte ermöglichen, dass der Kunde sich im Rahmen des Co-Creation engagieren kann.
3. Darüber hinaus muss die Organisation als Wertbereitsteller den Wertzuwachs nach außen transferieren können und
4. die interne Inklusion über die unterschiedlichen Abteilungen und Netzwerkpartner hinweg sicherstellen.

Für die erfolgreiche Nutzung von Co-Creation gilt es, einen grundsätzlichen Entwicklungsprozess (Evolution) zu berücksichtigen. In einem ersten Schritt bedarf es einer Co-Experience zwischen Kunde und Organisation (Kijima und Arai 2016, S. 142). Die Kunden, aber auch die Organisationen sollen sich zunächst gegenseitig hinsichtlich der Fähigkeiten und Erwartungen verstehen. Co-Definition bezeichnet im Anschluss die Definition einer gemeinsame Ziel- und Rollenvereinbarung sowie eines Austauschmodus bzw. einer Austauschplattform (Vargo et al. 2008). Dies ist eine wichtige Grundlage, damit die Interaktion zwischen Kunde und Organisation überhaupt erfolgreich sein kann und die Organisation die Möglichkeit hat, den Prozess zu steuern. Anschließend muss im Rahmen der Co-Elevation in Form eines Zick-Zack-Prozesses der Wert für den Kunden und der Wert für die Organisation gemeinsam gesteigert werden (Klir 2001). Dabei kann es durchaus passieren, dass die Zusammenarbeit abgebrochen oder neu ausgerichtet werden muss. In dieser Stufe ist es vor allem wichtig, den Wert für den Kunden nicht aus den Augen zu verlieren und das vorhandene starke Technikdenken in der Organisation nicht überhandnehmen zu lassen. Letztlich führt das Co-Development zur Finalisierung der gemeinsam erarbeiteten Lösung (Kijima und Arai 2016). Abb. 5.5 stellt die unterschiedlichen Prozessstufen vor.

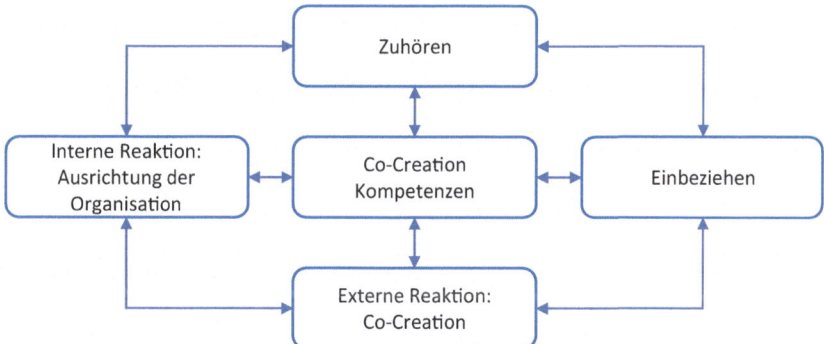

Abb. 5.4 Für Co-Creation notwendige Kompetenzen. (Quelle: Bhalla 2011, S. 20, Übersetzung durch den Autor)

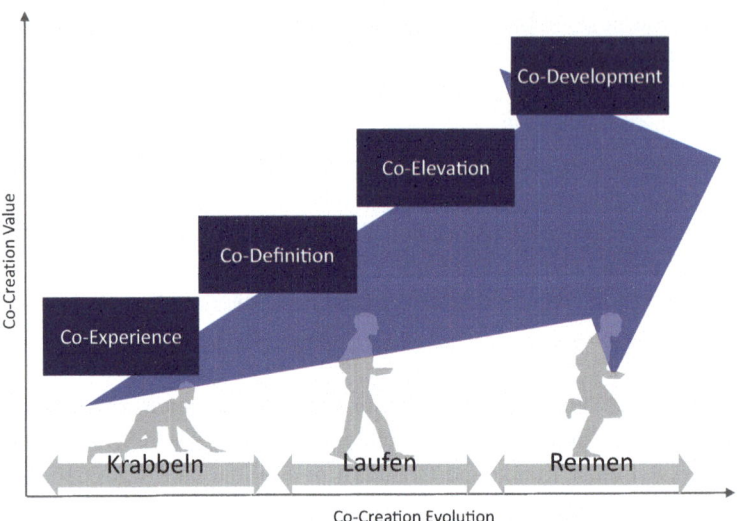

Abb. 5.5 Die vier Stufen der Co-Creation. (Quelle: in Anlehnung an Kijima und Arai 2016, S. 143)

Die Nutzung dieses Co-Creation-Entwicklungsprozesses soll helfen, ein ziel-gerichtetes bzw. wertorientiertes Ergebnis aus der Zusammenarbeit mit dem Kunden zu beziehen. Wenn in einer Organisation Co-Creation eingeführt wird, wird dies meist als relativ starrer Organisationsprozess mit einem gewissen Zeithorizont und einzel-nen Schritten getan. Dabei ist zu beachten, dass Co-Creation eher als ein kontinuier-liches System an Interaktionen mit viel Ausprobieren und Lernen anstelle eines strikten Prozesses zu verstehen ist (Akhilesh 2016, S. 8). Auch an dieser Stelle kommt es auf die Reagibilitätsfähigkeit der Organisation an. Während mittel- bis langfristig die Ver-änderungen der Kundeneinstellung und des -verhaltens antizipiert werden sollen, gilt es kurzfristig im Rahmen der Co-Creation auf die aktuellen Anforderungen der Kunden optimal einzugehen. Somit ist zu überprüfen, in welchen Zeitabschnitten und mit wie vielen Iterationen die einzelnen vorgestellten Prozessstufen zu durchlaufen sind. Eine gemeinsame Werterstellung führt meist unweigerlich zu Verzögerungen. Dies sollte von Beginn an ebenfalls eingeplant werden.

Beispiel: Ausgestaltung von Co-Creation-Workshops

In Konzernen ist oft zu beobachten, dass wenn Co-Creation-Workshops stattfinden, die vermeintlich schönsten Räume ausgewählt werden, ein tolles Catering organisiert wird und vieles mehr, nur um den Kunden zu beeindrucken. Grundsätzlich spricht auch nichts dagegen. Es kann nur die Gefahr bestehen, dass wieder in das alte Denk-muster vom „König Kunde" zurückgefallen wird. Co-Creation ist eine Partnerschaft. Die Organisation ist nicht der Diener des Kunden. Somit ist gerade bei der physischen

Interaktion im Rahmen von Co-Creation darauf zu achten, dass durch die Ausgestaltung des Workshops oder anderen Formen kein unterschwelliges Beziehungs-
ungleichgewicht entsteht. ◀

Anhand der bisherigen Beispiele wird deutlich, welche großen Abstufungen bei den
Formen von Co-Creation es gibt. Co-Creation lässt sich darüber hinaus durch die
folgenden Merkmale charakterisieren (in Anlehnung an Gregori 2006, S. 82):

1. Merkmale der eingebundenen Kunden
2. Eingriffstiefe der Kundenintegration
3. Formen der Kundenintegration

Die Merkmale der einzubindenden Kunden können auf zwei Dimensionen in Anlehnung
an YI und Gong (2013, S. 1280) bestimmt werden. Das Engagement des Kunden im
Rahmen des Co-Creation setzt sich u. a. aus den folgenden Dimensionen zusammen:

1. Informationsgewinnung
2. Informationsteilung
3. Verantwortliches Handeln
4. Respekt
5. Flexibilität
6. Leidenschaft

Der Wert des Kunden setzt sich u. a. zusammen aus:

1. Kundenwert
2. Meinungsführerschaft
3. Kompetenzen
4. Ressourcenumfang
5. Dauer der Teilnahme

Eine Segmentierung der Kunden auf Basis der beiden Dimensionen kann für eine
Organisation zusätzlich hilfreich sein (vgl. Abb. 5.6). Ein Messmodell für den Einsatz
innerhalb einer Kundenbefragung findest du in Kap. 8. Das Messmodell kann helfen,
die grundsätzliche Bereitschaft und Intensität des Kundenstamms für Co-Creation-
Aktivitäten zu bestimmen. Darüber hinaus kann das Messmodell hilfreich sein, Kunden
zu identifizieren, die sich im Besonderen für Co-Creation-Workshops eignen. Nicht jeder
Kunde ist in gleicher Form bereit oder fähig, mit einer Organisation Wert zu erstellen
(Vivek et al. 2018, S. 48). Es ist das Ziel, möglichst wertvolle und engagierte Kunden im
Rahmen von spezifischen Co-Creation-Aktivitäten einzusetzen bzw. den Kundenstamm
allgemein so zu engagieren, dass der Wert gesteigert werden kann (Maxham 2001).

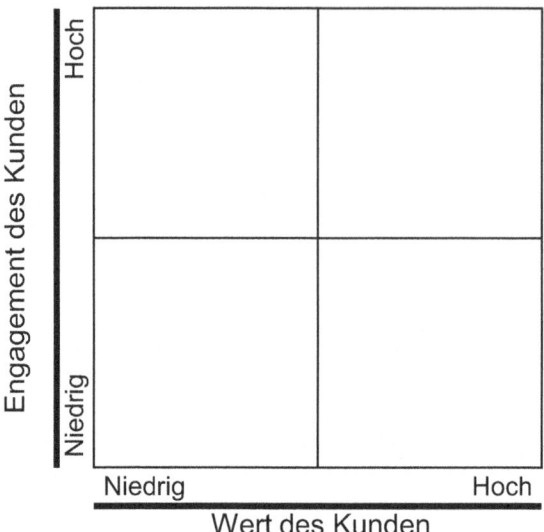

Abb. 5.6 Kundensegmentierung für die Co-Creation

Eine weitere Herausforderung besteht bei einer stärkeren Integration des Kunden in die Werterstellung darin, dass der Kunde eigentlich ein Teil der Human Ressources einer Organisation wird (Chan et al. 2010). Bisher gibt es noch keine Untersuchungen und Erfahrungen darüber, welche Kompetenzen für Mitarbeitende aufgebaut werden müssen, um solche Quasi-Kollegen zu führen. Es ist nicht zu erkennen, dass HR erkannt hat, dass die Kunden inzwischen immer mehr auch Quasi-Mitarbeitende einer Organisation sein können. Wenn Kunden bspw. regelmäßig an Co-Creation-Workshops teilnehmen und über einen längeren Zeitraum eng mit der Organisation verbunden sind, gilt es, spezifische Führungsinstrumente zu etablieren und die notwendigen Kompetenzen in der Organisation zu entwickeln. Hier kann auf den Erkenntnissen der Netzwerkforschung bzw. des Relational Views aufgebaut werden.

Den Kundenkontaktmitarbeitenden kommt im Rahmen der Co-Creation eine „Boundary-Spanning"-Funktion zu (Aldrich und Herker 1977). Sie ermöglichen die Integration des Kunden in die Wertschöpfung der Organisation (Rill und Hämäläinen 2018, S. 18). Die Eingriffstiefe kann mehrere Dimensionen umfassen. Abb. 5.7 stellt die vier Anwendungsbereiche der Co-Creation vor.

Grundsätzlich kann Co-Creation an folgenden vier Stellen zum Einsatz kommen: Design, Erstellung, Verkauf und Unterstützung. Sie wird von den meisten Organisationen aber nur für die Gewinnung von Kundenerkenntnissen eingesetzt (wenn überhaupt). Der Kunde stellt seine Zeit und Kompetenz in Form von Feedback zur Verfügung. Die gesammelten Kundenerkenntnisse können für das Design von Geschäftsmodellen, Marken, Beziehungen, Erlebnissen, Angeboten etc. eingesetzt werden. Während die

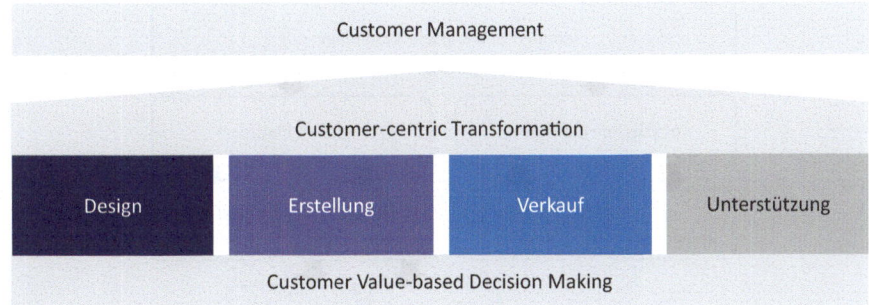

Abb. 5.7 Einsatzorte für Co-Creation

Gewinnung von Kundenerkenntnissen sich auf das Auswerten von Daten und das Ableiten von Lösungsansätzen bezieht, kann im Rahmen von Co-Creation in der Designphase der Kunde auch kreative Lösungsvorschläge einbringen. So ist bspw. in den vergangenen Jahren der Aufbau von digitalen Innovationsplattformen zu beobachten (Kijima und Arai 2016, S. 144).[1]

Aus meiner Sicht ist es nicht zu empfehlen, Co-Creation nur auf das Innovations- oder Angebotsmanagement zu reduzieren (beispielhaft Grafmüller 2020). Der Kunde kann den Wert auch allein oder zumindest teilweise autonom erstellen. Instagram, Wikipedia und Co. werden von den Kunden nicht nur designt, sondern diese Angebote werden durch die Kunden auch in einem gewissen Rahmen produziert. Dabei stellt die Organisation den Rahmen in Form von System, Struktur, Prozessen und Regeln auf, der Kunde erzeugt auf diesen Plattformen den Wert für die anderen Kunden und die Organisation. Co-Creation kann auch für den Verkauf des Angebots genutzt werden (Gouillart und Quancard 2016). Bekannte Elemente sind die Weiterempfehlung bzw. die Kunde-wirbt-Kunde-Programme. Gerade im Verkauf bzw. Vertrieb besteht noch ein enormes Potenzial hinsichtlich Co-Creation, das weit über die Weiterempfehlung hinausgeht. So hat bspw. die Swisscom im B2B-Verkauf Co-Creation eingeführt, um spezifische und individualisierte Lösungen mit dem Kunden zu entwickeln und sich dadurch gegenüber dem steigenden Wettbewerb zu differenzieren. Viele digitale Angebote scheitern nicht daran, dass der Kunde nicht ausreichend in die Designphase integriert wurde, sondern daran, dass der Verkauf nicht mit den Kunden zusammen entwickelt wurde.

Darüber hinaus kann Co-Creation im Support der Angebotsnutzung eingesetzt werden. Dies wird ebenfalls zunehmend populär. Kunden werden als Experten für den Support von der Organisation angeworben. Diese können ihre Expertise anderen Kunden bereitstellen. Neben dem Kostenvorteil für die Organisation ist auch zu berücksichtigen, dass Kunden anderen Kunden mehr Vertrauen entgegenbringen als Servicemitarbeitenden. Dabei ist aber zu beachten, dass Angebote im Supportbereich immer mehr an Komplexi-

---

[1]Die Migros betreibt bspw. seit 2011 die Plattform Migipedia (https://migipedia.migros.ch/de/).

Abb. 5.8 Plattformen der Co-Creation. (Quelle: Bhalla 2011, S. 58, Übersetzung durch den Autor)

tät gewinnen und eine Kundenintegration die Komplexität erhöht. Co-Creation auf dieser Stufe kann dann auch dazu führen, dass Serviceangebote scheitern (Parasuraman 2006). Es sollten zwei Dimensionen berücksichtigt werden: Der Service an und für sich ist nicht ausreichend gut, oder der Service ist aufgrund der höheren Erwartung der Kunden, die ja an der Entwicklung mitgewirkt haben, nicht gut genug – was wiederum zu einer Enttäuschung bei den Kunden führen kann, da sie Zeit und Energie bereitgestellt haben (Heidenreich et al. 2015, S. 279). Die Einsatzmöglichkeiten von Co-Creation sind sehr umfassend. Dabei gilt es zu beachten, dass sie systematisch eingesetzt wird und der Wertzuwachs abgesichert ist.

Bezüglich der Plattform der Kundenintegration gibt es mehrere Möglichkeiten. Es kann grundsätzlich zwischen einer physischen und einer digitalen Plattform unterschieden werden (vgl. Abb. 5.8). Je enger eine Beziehung ist, desto wahrscheinlicher ist die gemeinsame Werterstellung auch erfolgreich (Srivastava und Singh 2010). Die eingesetzte Plattform sollte es somit ermöglichen, eine möglichst enge Beziehung zu den Kunden aufzubauen.

In den vergangenen Jahren haben digitale Plattformen zur Ausführung von Co-Creation an Bedeutung gewonnen (Han et al. 2018).

▶ Eine **digitale Plattform** besteht aus einer Architektur, die die Erstellung sowie Nutzung von Kundenerkenntnissen, Angebotsentwicklung und Angebotsnutzung im Internet erlaubt (Gawer und Cusumano 2008). Dabei wird davon ausgegangen, dass mit steigender Partizipation der Kunden an der Plattform auch deren Wert steigt (Eisenmann et al. 2006).[2]

Solche Plattformen benötigen kontinuierliche Fragestellungen, weil sonst das Interesse der Kunden schnell abnimmt – eine Erfahrung, die viele Konsumgüterhersteller

---

[2]Dieser Aspekt gilt vor dem Hintergrund engagierter und wertvoller Kunden als Teilnehmende.

machen mussten. Im Vergleich dazu besitzen Handelsunternehmen den Vorteil, dass das Leistungsangebot deutlich größer ist und sich somit viel mehr Möglichkeiten der Interaktion ergeben. Als Anreize für die Teilnahme an einer Co-Creation können u. a. folgende Elemente eingesetzt werden (Bhalla 2011, S. 95):[3]

- Prestige
- Zugehörigkeit
- Trendsetter
- Bedürfnis für eine Lösung
- Motivation zur Unterstützung
- Finanzielle Anreize

Für physische Co-Creation-Workshops sollte dem Kunden grundsätzlich eine Aufwands-entschädigung für die Zeit und die Anreise geleistet werden, aber darüber hinaus sind finanzielle Anreize eher abzulehnen. Viele Organisationen unterschätzen die Heerschar an Kunden, die extrem motiviert sind, die jeweilige Organisation zu unterstützen. Ich erlebe immer wieder bei Innovationen, wie kritisch die eigenen Mitarbeitenden sind und wie begeistert eine gewisse Gruppe an Kunden gegenüber einer Innovation sein kann. Co-Creation kann somit auch in einer Situation helfen, in der die Organisation auf-grund mehrerer Rückschläge zu kritisch gegenüber der eigenen Leistung wird. Positives Kundenfeedback muss allgemein aktiv eingefordert werden. Co-Creation bietet sich dafür an.

Beim Einsatz von digitalen Plattformen für das Design können drei unterschiedliche Arten von Kundenintegration bestimmt werden (vgl. Abb. 5.9). Je nach Kooperationstyp gilt es, unterschiedliche Methoden einzusetzen (Füller et al. 2009):

- Netnografie bezieht sich auf das passive Einbinden des Kunden. Er kann bspw. Vor-schläge bewerten oder Feedback geben.
- Community-based Innovation wird für die aktive einmalige Teilnahme des Kunden eingesetzt.
- Eine Innovation Community ist eine permanente Plattform für Designaufgaben.

Innovation Communities haben in der Vergangenheit große Aufmerksamkeit erlangt. Dabei ist zu berücksichtigen, dass zum einen genügend spannende Fragestellungen aus Sicht des Kunden existieren und zum anderen die Community im Zeitablauf vital gehalten wird.

---

[3]Vgl. die Ausführung zu Gamification in Abschn. 3.2.2, das zur Unterstützung von Co-Creation eingesetzt werden kann.

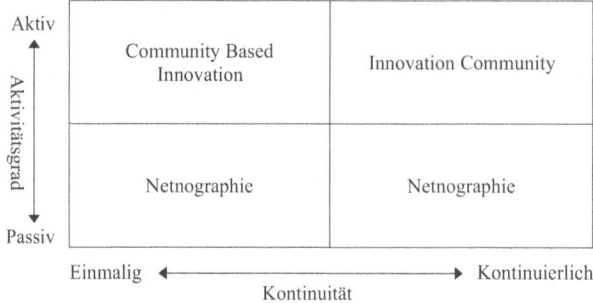

Abb. 5.9 Kundenintegration mittels Online-Communities. (Quelle: Füller et al. 2009, S. 453)

5.1 Design

Die Nutzung von Kundenerkenntnissen im Rahmen des Customer Value-based Decision Makings ist die grundlegendste Form der Co-Creation. Informationen aus Kunden-befragungen, Beschwerden, CRM-Aktivitäten, Web- und Social-Analytics etc. werden für die Entscheidungsfindung in der Organisation genutzt. Dies ist die Basis der Wert-erstellung für jede kundenorientierte Organisation. Darüber hinaus kann der Kunde noch intensiver in die jeweilige Designphase integriert werden. Organisationen wie bspw. Outfittery oder Glossybox lassen den Kunden zu Beginn der Beziehung eine umfang-reiche Liste an Fragen beantworten, um ihm anschließend kuratierte Angebote, die möglichst optimal auf den jeweiligen Kunden zugeschnitten sind, zusenden zu können (Ternès et al. 2015, S. 15). Während die meisten Organisationen keine solch umfang-reichen Daten über den individuellen Kunden sammeln und nutzen, setzen andere Organisationen wie bspw. Vivino nicht auf umfangreiche Fragebögen, sondern erstellen Vorschläge auf Basis des Verhaltens der Kunden in der jeweiligen App.

Bezüglich der einzelnen Elemente des Customer Managements wird Co-Creation in der Praxis unterschiedlich stark eingesetzt. Einen sehr hohen Stellenwert hat Co-Creation schon seit Jahren im Innovationsmanagement (vgl. Abb. 5.10) und wird oft fälschlicher-weise auf dieses reduziert (vgl. beispielhaft Freudenthaler-Mayrhofer und Sposato 2017). Dabei können unterschiedliche Methoden zum Einsatz kommen, die sich dahin gehend unterscheiden, ob mit ihnen Nutzen entdeckt oder den Wertbeitrag getestet werden soll.

Die Conjoint-Analyse ist dabei als ein Sonderfall zu sehen, da sie sowohl Nutzen-präferenzen entdecken als auch helfen kann, das Wertpotenzial von Angeboten zu testen.

Allgemein ist im FMCG-Bereich davon auszugehen, dass es sich bei Innovationen in 90 % der Fälle um Line Extensions handelt. Auch erreichen nur wenige der europa-weit über 500.000 Neuangebote die Regale und wenn, dann verschwindet die Hälfte davon innerhalb eines Jahres (von den Eichen et al. 2009, S. 474). Das Gleiche gilt für Geschäftsmodelle, Apps und digitale Plattformen. Die Gewinnung von Kundenerkennt-nissen durch Co-Creation im Rahmen des Designs, auch mit den jeweiligen Netzwerk-partnern, ist ein wichtiges Element, um die Erfolgsaussichten zu verbessern.

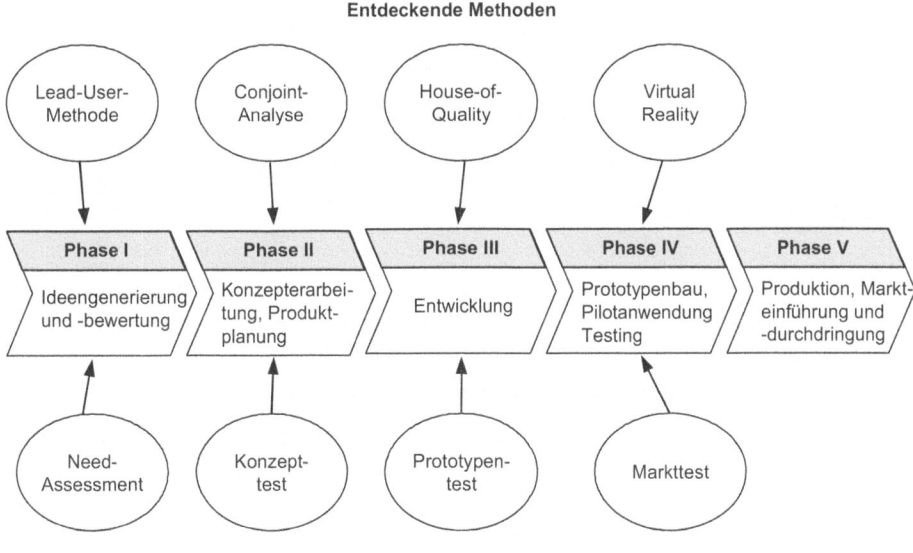

Abb. 5.10 Methoden zur Kundenintegration in den Innovationsprozess. (Quelle: Herstatt 2009, S. 228)

Aufgrund des wachsenden Einflusses von Co-Creation auf das Design entstanden die Ansätze Open Innovation, Open User Innovation und Innovation Network (Freudenthaler-Mayrhofer und Sposato 2017, S. 29).

▶ **Open Innovation** bedeutet der Wissensaustausch mit externen Quellen mit dem Ziel, den internen Innovationsprozess zu beschleunigen und das Erfolgspotenzial zu erhöhen (Chesbrough et al. 2006). Open User Innovation bezeichnet Innovationen, die von Kunden ausgehen, die sich die unterschiedlichen Aufgaben teilen und das Ergebnis Dritter zur Verfügung stellen. Innovation Network meint einen offenen Innovationsprozess mit dem Ecosystem einer Organisation (Curley 2017, S. 40).

Während bei der Open Innovation noch die Organisation der Bezugspunkt ist, findet Open User Innovation zwischen unterschiedlichen Kunden statt. Ein Innovation Network lehnt sich nicht mehr an den internen Innovationsprozess einer Organisation an, stattdessen wird der Prozess von den Teilnehmenden des Ecosystems mitgestaltet. So toll die Begriffe auch klingen mögen, in der Praxis setzen sie voraus, dass der Kunde bzw. der Ecosystempartner auch die notwendigen Fähigkeiten besitzt oder spezifisch nach seinen Fähigkeiten eingesetzt werden kann, um Themen wie bspw. IoT zu antizipieren und einen Wertbeitrag zu leisten (Kagermann 2015, S. 39). Dabei zeigt sich, dass es Kunden deutlich einfacher fällt, Dinge zu bewerten, als diese aktiv zu gestalten. Bei einem

Experiment wurden Designexperten und normale Usergebeten, das Design unterschiedlicher Webseiten zu beurteilen. Es zeigte sich, dass die Bewertung der einzelnen Webseiten durch die beiden Gruppen mehr oder weniger identisch war (Leifer und Meinel 2018, S. 11).

Darüber hinaus hat der Begriff Design Thinking in den letzten Jahren große Aufmerksamkeit bekommen. Design Thinking nimmt, wie die Kundenorientierung, eine Humancentric Perspektive ein.

▶ **Design Thinking** ist ein Ansatz, der die Arbeitsweisen, Methodiken und Denkweisen von Designern nutzt, um gemeinsam mit Kunden Wert zu erstellen (Brown 2009, S. 86).[4]

Design Thinking kann unterteilt werden in eine Arbeitsweise, einen Prozess und eine Toolbox. Dabei ist anzumerken, dass sich Design Thinking auf den Anwendungskontext ausrichtet und nicht auf den Ausführenden oder die Organisation. Man kann es für den jeweiligen Kontext richtig anwenden oder eben nicht (Leifer und Meinel 2018, S. 8). Die Arbeitsweise umfasst u. a. die folgenden Punkte:

- Balance zwischen Lern- und Designergebnis
- Nutzung von Prototypen, um schnell und flexibel zu lernen
- Co-Creation mit dem Kunden bzw. Ecosystem
- Interaktive Vorgehensweise
- Optimale Ressourcen- und Kompetenzausstattung

Der Design-Thinking-Prozess besteht aus den folgenden Stufen (in Anlehnung an Schallmo 2017, S. 18):

- Aufgabe definieren
- Aufgabe verstehen
- Beobachten
- Lernen
- Sichtweise definieren
- Ideenfindung
- Prototype erstellen
- Validieren

Abb. 5.11 stellt für die vier Kernphasen des Prozesses – Beobachten, Lernen, Designen und Validieren – unterschiedliche Tools vor.

---

[4]Zu weiterführenden Informationen https://thisisdesignthinking.net/.

	(1) Beobachten	(2) Lernen
Vergangenheit/ Gegenwart	• Beobachtung • Interviews • Mind Maps • Beantworten der fünf W-Fragen	• Informationen klassifizieren • Analogien bestimmen • Personas identifizieren • Customer Journeys und Value Chains dokumentieren
	(3) Designen	**(4) Bestätigen**
Zukunft	• Ideation • Brainstorming • Prototyping • Mock-Ups erstellen	• Hypothesenbildung • Experimentieren • Simulationen nutzen • A/B-Tests
	Divergenter Denkansatz Explorative Analyse	Konvergenter Denkansatz Konfirmatorische Synthese

Abb. 5.11 Tools zur Unterstützung von Design Thinking. (Quelle: in Anlehnung an Diderich 2020, S. 11, Übersetzung durch den Autor)

In den Ausführungen zu Design Thinking wird oft die intuitive oder auch emotionale Art der Entscheidungsfindung betont (McKim 1972, S. 3). An dieser Stelle liegt aus meiner Sicht ein Missverständnis vor. Auch das Design Thinking baut auf Kundenerkenntnissen und dem Customer Value-based Decision Making auf. Entscheidungen, egal welche und an welcher Stelle, besitzen immer eine rationale und eine emotionale Dimension, die Menschen grundsätzlich nur begrenzt steuern können. Somit ist die Entscheidungsfindung aus meiner Sicht nicht das Besondere dieses Ansatzes. Design Thinking unterscheidet sich von anderen Ansätzen in der Art der Umsetzung. Neben der Co-Creation als wichtigem Element wird eine stärkere Betonung des Ausprobierens, konstanter Unzufriedenheit mit etablierten Ansätzen und der Berücksichtigung des Lernergebnisses neben dem Designergebnis vorgenommen. Dieser Perspektivenwechsel kann zu mehr und wahrscheinlich auch stärkeren Konflikten in den jeweiligen Teams führen (Ewald et al. 2018, S. 43). Somit ist eine weitere Besonderheit des Design Thinkings in der Steuerung der jeweiligen Teams zu sehen. Während das Wissen langsam ansteigt, können die Emotionen zwischenzeitlich negativ abgleiten und die Dynamik im jeweiligen Team kann ebenfalls eine negative Entwicklung aufzeigen (vgl. Abb. 5.12).

Design Thinking hat im Vergleich zur Kundenorientierung eine stärkere Ausrichtung auf den Kundennettonutzen als auf den Kundenwert (Leifer und Meinel 2018, S. 27). Vor dem Hintergrund der Verbesserung der Kundenorientierung einer Organisation ist diese einseitigere Betrachtungsweise des Customer-Firm Values kritisch zu sehen. Es gilt, diesen Ansatz zur Optimierung des Kundennettonutzens sinnvoll einzusetzen, aber auch den Kundenwert bei der Anwendung zu berücksichtigen. Ansonsten kann es bei der Einführung von Design Thinking dazu kommen, dass die alten Geister der Kundenorientierung, wie Bedürfnisse und Zufriedenheit, die eigentliche Zielgröße Customer-Firm Value wieder ablösen.

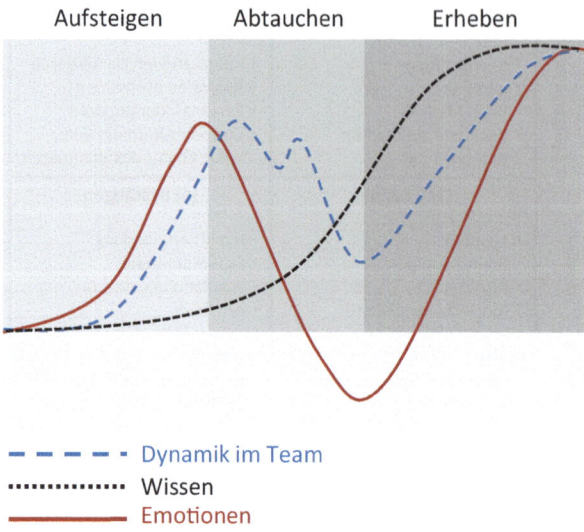

Aufsteigen   Abtauchen   Erheben

– – – – – Dynamik im Team
·············· Wissen
———— Emotionen

Abb. 5.12 Entwicklung des Wissens, der Emotionen und der Teamdynamik im Rahmen von Co-Creation. (Quelle: Rill und Hämäläinen 2018, S. 31)

Design-Workshops mit Mitarbeitenden und Kunden gewinnen an Stellenwert. Dabei gilt es, folgende Punkte für den Vertrauensaufbau zu berücksichtigen (Rill und Hämäläinen 2018, S. 108):

- Halte dich mit Bewertungen zurück
- Unterstütze wilde Ideen
- Sei jederzeit mental anwesend
- Baue auf den Ideen anderer auf
- Lernen, nicht lehren
- Wenn die Stimmung ungemütlicher wird, ist das meist ein Zeichen, dass etwas Tolles entsteht

Grundsätzlich soll in den Design-Workshops mit dem Kunden Wert erstellt werden (Engeseth 2006). Dazu können die sechs Phasen der Moderation beachtet werden (vgl. Abb. 5.13).

Darüber hinaus ist gerade bei Design-Workshops das Konzept des Open Space zu berücksichtigen. Owen (2001) erkannte, dass die Pausen auf Konferenzen meist produktiver genutzt werden als die Zeit im Tagungsraum. Je größer die Freiheit, desto mehr engagieren sich Menschen grundsätzlich. Um in einem solchen Raum (Open Space) produktiv zu sein, sollten die inhaltlichen Freiräume aber durch einige Regeln und Rahmenbedingungen eingegrenzt werden. Dazu gehören definierte Zeiträume, in denen gearbeitet wird, und die Verpflichtung, Ergebnisse zu produzieren und zu dokumentieren. Freiheit und Termindruck sollten in einer optimalen Balance gehalten werden. Der Termindruck darf allerdings nicht zu stark sein (Pohl und Witt 2000, S. 92).

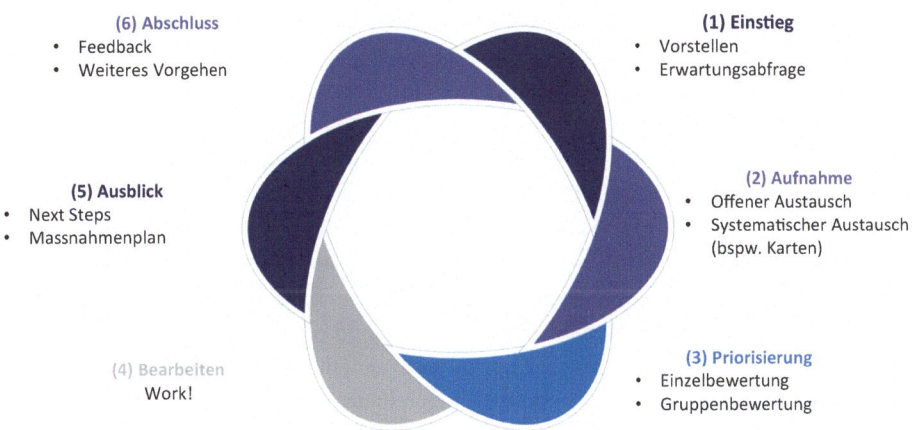

(6) Abschluss
- Feedback
- Weiteres Vorgehen

(1) Einstieg
- Vorstellen
- Erwartungsabfrage

(5) Ausblick
- Next Steps
- Massnahmenplan

(2) Aufnahme
- Offener Austausch
- Systematischer Austausch (bspw. Karten)

(4) Bearbeiten
Work!

(3) Priorisierung
- Einzelbewertung
- Gruppenbewertung

Abb. 5.13   Aufbau eines Workshops. (Quelle: in Anlehnung an Seifert 2007)

Beispiel: Einsatz von Co-Creation für das Design

Eines meiner vielen schönen Co-Creation-Erlebnis hatte ich bei einer Versicherung. Die Digitalabteilung hatte vor dem Hintergrund des großen Hypes für mehrere Millionen Euro ein Kundenportal aufgebaut. Die Nutzungszahlen waren nach dem Start sehr weit hinter den Erwartungen zurückgeblieben und viele Kunden beschwerten sich massiv über die umständliche Interaktion. Das Ziel meines Co-Creation-Workshops war es eigentlich, der Geschäftsleitung den Mehrwert einer kundenorientierten Unternehmensführung aufzuzeigen. Dazu wurden mehrere Co-Creation-Workshops mit einer repräsentativen Kundenstruktur durchgeführt. Als Aufgabenstellung sollten Co-Creation und die Kundenbeziehungen mit Berücksichtigung von Kundennettonutzen und Kundenwert umfassend analysiert werden.

In den durchgeführten Workshops kamen die Kunden auch auf das neue Kundenportal zu sprechen. Die Geschäftsleitung erhielt das Feedback, dass für die jährliche Abrechnung eine E-Mail vollkommen ausreichend wäre und das neue Kundenportal das Involvement der Kunden überhaupt nicht berücksichtige. Viele Kunden beschwerten sich, dass sie das Passwort vergessen, die Menüführung sich immer wieder ändere und der Prozess jetzt deutlich mehr Zeit in Anspruch nehme (die sie allgemein nicht gerne für Versicherungsleistungen aufbringen), speziell im Vergleich zu einer einfachen E-Mail mit einem PDF. Vor dem Hintergrund der Kosten wurde das Portal weiterhin am Leben gehalten. Das Besondere – oder eben auch nicht: Die verantwortliche Abteilung hatte Kundenbefragung, Design Thinking, agile Projektarbeit, Scrum etc. angewendet. Die grundsätzliche Frage, ob aktuell überhaupt ein Portal

gebraucht wird, durfte die Abteilung aber aufgrund der Gefährdung ihrer Existenz-
berechtigung nicht stellen. Somit sei an dieser Stelle betont: Kundenorientierung basiert
auf dem Customer Value-based Decision Making und nicht auf Design Thinking und
anderen Methoden zur Implementierung einzelner Instrumente. ◄

Da es im Rahmen von Co-Creation häufiger zu Konfliktsituation kommen kann, sollte
die Methode von Blake et al. (1964) zur Verbesserung der Zusammenarbeit von Gruppen
berücksichtigt werden. Diese Methode eignet sich im Besonderen, wenn die Gruppen
aus anderen Bereichen stammen und bislang hinsichtlich der anderen Gruppe kaum
Erfahrungen vorliegen bzw. sogar Vorurteile bestehen. Eine Intergruppen-Intervention
kann wie folgt durchgeführt werden (Staehle 1999, S. 954).

Die unterschiedlichen Gruppen treffen sich mit einem externen Moderator an einem
neutralen Ort. Beide Gruppen beantworten Fragen in der Art:

- Welche Eigenschaften charakterisieren unsere Gruppe am besten?
- Welche Eigenschaften charakterisieren die andere Gruppe am besten?
- Wie, glauben wir, beschreibt uns die andere Gruppe?

Anschließend präsentieren sich die jeweiligen Gruppen gegenseitig die Antworten
zu den Fragen. Es sollten dabei nur Verständnisfragen, aber keine Wertungen der Aussagen zugelassen werden. Im Anschluss ziehen sich die Gruppen zurück und stellen
die eigenen Aussagen bezüglich der anderen Gruppen dem Feedback gegenüber. Oft
ist zu erleben, dass mögliche negative Vorurteile und Ängste dadurch schon deutlich
abgebaut werden können. In einer weiteren gemeinsamen Runde werden die offenen und
kontroversen Punkte unter Einbezug des Moderators besprochen und der Versuch unternommen, sie aufzulösen. Wichtig ist, dass die dabei vereinbarten Punkte nach einem
gewissen Zeitablauf überprüft werden.

Abschließend möchte ich noch kurz zwei Instrumente vorstellen, die immer mehr
an Relevanz gewinnen, aber in der allgemeinen Diskussion etwas untergehen. Neben
Geschäftsmodellen, Marken und Erlebnissen haben die Zusatzdienstleistungen einer
Organisation in den letzten Jahren an Stellenwert für die Differenzierung und Gewinnsteigerung gewonnen. Für nicht wenige Organisationen stellen die Zusatzdienstleistungen inzwischen den größten Beitrag für die Gewinnentwicklung.

▶ **Value-Added Services** (Zusatzdienstleistungen) besitzen einen Dienstleistungs-
charakter und sind Sekundärleistungen in Verbindung mit einer Primärleistung. Sie
können zur Differenzierung und Erzielung einer höheren Preisbereitschaft eingesetzt
werden (Laakmann 1995, S. 12 f.).

Aufgrund der steigenden Relevanz zur Differenzierung, aber auch der Möglichkeit der
Steigerung der Preisbereitschaft sowie des Dienstleistungscharakters dieses Angebots

gilt es, Co-Creation bei der Entwicklung von Value-Added Service zu berücksichtigen (vgl. Abb. 5.14).

Ein weiteres Instrument, das in den letzten Jahren an Stellenwert gewonnen hat, ist das Behavioral Pricing. Während das Value-based Pricing auf dem Kundennettonutzen aufbaut, geht das Behavioral Pricing stärker auf die Wahrnehmung des Preises aus Sicht des Kunden ein. Somit ergänzen sich beide Perspektiven. Eine genaue Abgrenzung zwischen den Begriffen wurde bisher nicht vorgenommen. Da das Behavioral Pricing eine Unterkategorie der Behavioral Economics ist, basieren alle Erkenntnisse auf Experimenten. Dabei stand der Preis nicht im Fokus der durchgeführten Experimente (Simon und Faßnacht 2016, S. 169). Bei der Nutzung der jeweiligen Erkenntnisse gilt es deshalb, diese umfassend im jeweiligen Anwendungskontext zu untersuchen.

Während die Methoden des Value-based Pricings auf die Bewertung der einzelnen Nutzendimensionen und deren Wertbeitrag für das Angebot abstellen, fokussiert das Behavioral Pricing die Preiswahrnehmung, die Preisbewertung und das Preiswissen (Pechtl 2014). Für die Preisgestaltung ergeben sich unterschiedliche Empfehlungen, die je nach Preiswissen durch die Veränderung der Preiswahrnehmung zu einer anderen Preisbewertung führen, obwohl sich der zugrunde liegende Nutzen nicht verändert. Da das Behavioral Pricing mehr als eine Ansammlung unterschiedlicher Instrumente zu begreifen ist, bietet es sich an, für die Ausgestaltung und Umsetzung Co-Creation einzusetzen.

Allgemein wird Co-Creation umfassend für die Angebotsentwicklung eingesetzt, für die Preisbestimmung bleibt sie meist unberücksichtigt. Preise werden immer noch über einen Kostenplus-Ansatz oder Wettbewerbsvergleich bestimmt. Viele Organisationen besitzen nach wie vor ein enormes Potenzial bei der kundenorientierten Preisgestaltung.

Eine Erklärung könnte sein, dass die enge Verbindung von Kundenorientierung und Kundenbedürfnis dazu geführt hat, dass der Preis übersehen wird. Kundennettonutzen setzt sich im Gegensatz zum Bedürfnis aus dem Nutzen und dem Aufwand für

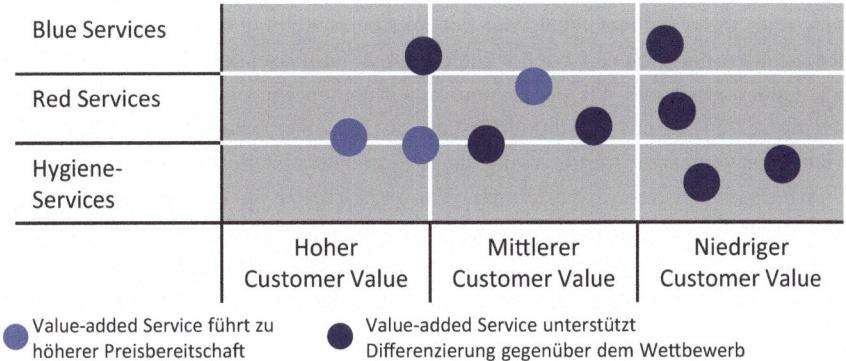

Abb. 5.14 Systematik von Value-added Services. (Quelle: in Anlehnung an Laakmann 1995 und Kano et al. 1984 – Copyright © CustomersX. All rights reserved. Reprinted by permission)

den Kunden zusammen. Die Erkenntnisse des Behavioral Pricings sollteeine kundenorientierte Organisation berücksichtigten.

5.2   Erstellung

Während Co-Creation für die Designentwicklung inzwischen in vielen Organisationen
umfassend eingesetzt wird, wird sie für die Wertbereitstellung deutlich weniger berücksichtigt. Im Rahmen der Wertbereitstellung gibt es ebenfalls unterschiedliche Stufen von
Co-Creation. Wikipedia ist ein Beispiel für einen sehr hohen Grad an Co-Creation innerhalb der Wertbereitstellung. Verbreiteter sind Ansätze, die auf einer Mass-Customization-
Strategie beruhen.

▶ Eine **Mass-Customization**-Strategie bezeichnet eine Kombination aus Massen-
produktion mit gestaltbaren Elementen, die eine individuellere Ausrichtung auf
den Kunden ermöglicht (in Anlehnung an Davis 1987). Sie verbindet Effizienzvor-
teile in der Herstellung mit der Steigerung des Kundennettonutzens aufgrund von
Individualisierungsoptionen durch den Kunden (Lee und Chang 2011).

Bei einer Mass-Customization-Strategie wird der Kunde mehr oder weniger stark
in die Werterstellung integriert (Yan et al. 2019). Je nach Ausprägungsgrad soll der
Kunde das Angebot vor dem Hintergrund einer mehr oder weniger großen Autonomie
selbst erstellen (Peppers und Rogers 1993). Als ein Beispiel für eine Adoption-based
Customization sind Fast-Food-Restaurants zu nennen, die ein „Build Your Own"-Essen
anbieten (Sparrow et al. 2014, S. 59). Da Kunden im B2C-Bereich bei der Herstellung
von physischen Angeboten meist über deutlich weniger Kompetenzen verfügen als die
Mitarbeitenden einer Organisation, gilt es bei der Zusammenarbeit darauf zu achten,
dass den Kunden ein handhabbarer Rahmen gesetzt wird. Zwar könnte man in dem
Essenbeispiel auch den Kunden z. B. das Fleisch grillen lassen, aber nicht bei jedem
Kunden wäre das Ergebnis ideal. Bei der Wertbereitstellung von digitalen Angeboten
können Kunden die gleichen oder vielleicht sogar umfassendere Kompetenzen als die
Mitarbeitenden besitzen. Wikipedia kann den Rahmen für Co-Creation dadurch deutlich weiter setzen als ein Fast-Food-Restaurant. Bei einer solchen Collaboration-based
Customization kann der Kunde völlig neue Elemente erstellen oder besitzt ein hohes
Maß an Freiheit bei der Ausgestaltung (Yan et al. 2019). In B2C-Branchen ist es für
digitale Wertschöpfungsprozesse einfacher, die Kunden in die Wertbereitstellung zu
integrieren als bei physischen Angeboten. In vielen B2B-Branchen gilt diese Aussage aber nur eingeschränkt, da Kunde und Hersteller oft über ähnliche Kompetenzen

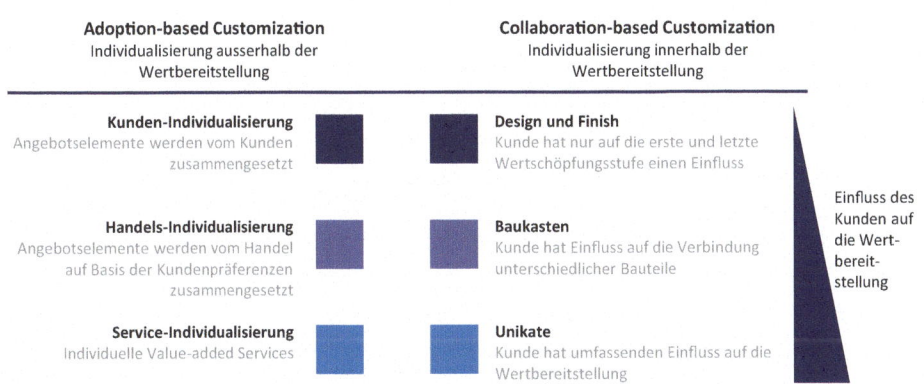

Abb. 5.15 Konzeption Mass Customization. (Quelle: in Anlehnung an Piller 2006, S. 220)

verfügen (vgl. Abb. 5.15). Darüber hinaus ist bei vielen B2B-Kundenbeziehungen davon auszugehen, dass die jeweilige Organisation mit anderen Zulieferern in einem Netzwerk schon seit Jahrzehnten eng zusammenarbeitet. In dieser Form der Zusammenarbeit kann es neben Co-Creation auch zu einem Wettbewerb bezüglich des Umfangs des Leistungsanteils der jeweiligen Organisation kommen. Aus Kundensicht ist die Verbindung von Co-Creation und Competition hilfreich, um zu große Abhängigkeiten zu vermeiden und das Wertpotenzial zu maximieren (Wilhelm und Kohlbacher 2011). Aus Sicht des Zulieferers bestehen hohe Anforderungen an den Austausch von Kundenerkenntnissen in einem solchen Co-Optation-Ecosystem.

Grundsätzlich gilt bei der Integration des Kunden in die Wertbereitstellung, dass ausreichend Kundenerkenntnisse vorliegen müssen. Wenn in einem Fast-Food-Restaurant zwar unterschiedliche Essensbestandteile zur Verfügung stehen, aber keiner davon oder die meisten Kombinationen dem Kunden nicht zusagen, wird Co-Creation keinen Mehrwert erzielen können. Darüber hinaus stellt sich grundsätzlich für markenführende Organisationen die Individualisierung der Wertbereitstellung als Herausforderung dar. Eine Marke baut auf einer differenzierenden und fokussierten Positionierung auf. Je stärker jeder einzelne Kunde die Wertbereitstellung individualisiert, desto heterogener kann die Wahrnehmung der Positionierung bzw. das Markenimage sein. Wenn als Positionierungskern Individualisierung gesetzt wurde, stellt dies kein Problem dar. Wird auf Sicherheit oder Prestige als Positionierungskern abgestellt, könnte eine zu große Individualisierung die Markenstärke schädigen. Markenmanagement engt nicht nur die Optionen für die Mitarbeitenden einer Organisation ein, sondern auch die Kunden im Rahmen von Co-Creation.

5.3   Verkauf

Die Weiterempfehlung einer Organisation durch bestehende Kunden an neue Kunden kann als grundlegende Co-Creation im Verkauf betrachtet werden. Darüber hinaus kann Co-Creation im persönlichen und digitalen Verkauf genutzt werden. Dabei sind zwei Dimensionen zu beachten: die Verbesserung der Kompetenzen und die Verbesserung des Verkaufs an sich. Bisher gibt es noch wenige Studien und Erkenntnisse zum Kompetenzaspekt. Es ist möglich, dass sich durch den Einsatz von Co-Creation im Verkauf die Verkaufskompetenzen des Verkaufenden verbessern.

Pee (2016) kommt in ihrer Studie im Bereich digitaler Verkauf zu dem Ergebnis, dass Co-Creation im Verkauf über die Weiterempfehlung hinaus einen signifikanten Einfluss auf den Erfolg eines Angebots hat. Darüber hinaus geht sie in ihrem Modell explizit auf die Dimension der Co-Creation in der Entscheidungsfindung ein. Viele Ausführungen sehen den Kunden eher als Inspirationsquelle. Der Einfluss auf die jeweiligen Entscheidungen im Rahmen von Co-Creation wurde bisher kaum untersucht (vgl. Abb. 5.16). Vor dem Hintergrund des Customer Value-based Decision Makings ist die Co-Creation of Decision ein elementarer Aspekt, den es als weitere Dimension zu steuern gilt.

Der Customer-Firm Value setzt sich aus dem Kundenwert und dem Kundennettonutzen zusammen. In der Vergangenheit basierte dieses Konzept auf der Vorgabe, dass die Organisation der Schöpfer des Werts ist und somit die Balance und die Weiterentwicklung dieser beiden Dimensionen mehr oder weniger kontrollieren kann. Durch Co-Creation gewinnt der Kunde einen stärkeren Einfluss auf die Entwicklung und die Balance zwischen Kundenwert und Kundennettonutzen. Dabei wird davon ausgegangen, dass durch Co-Creation der Kundennettonutzen steigt und dadurch fast automatisch auch der Kundenwert gesteigert wird. Diese Verbindung kann für manche Organisationen bestehen. Es gilt aber zu berücksichtigen, dass der Kundennettonutzen durch Co-Creation gesteigert wird und es durch die individuellen Anforderungen des Kunden zu

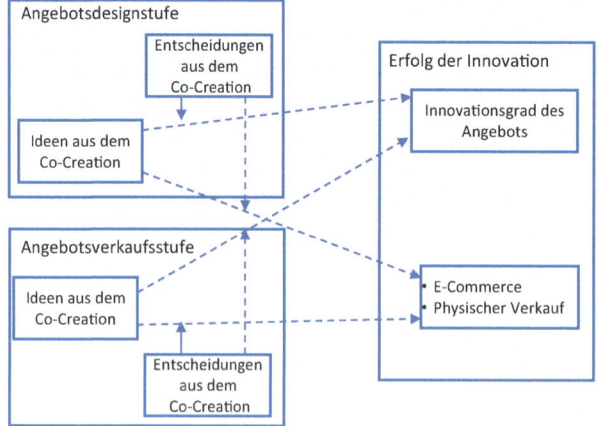

Abb. 5.16   Co-Creation of Decision. (Quelle: Pee 2016, S. 224, Übersetzung durch den Autor)

einem geringeren Kundenwert kommen kann, vor allem dann, wenn im Rahmen der Co-Creation dem Kunden ein umfassender Einfluss auf die jeweiligen Entscheidungen eingeräumt wird.

Aus meiner Sicht sollte deshalb der persönliche Verkauf im Rahmen von Co-Creation stärker integriert werden. In der Verkaufsphase kann dieser einen Einfluss auf die Balance von Kundenwert und Kundennettonutzen nehmen. So kann der Verkaufende einige Optionen schon in der Verkaufsphase ausschließen, die einen negativen Einfluss auf den Kundenwert haben können. Darüber hinaus kann er durch Vorgaben dem Kunden signalisieren, welchen Einfluss er auf die Entscheidungen im Rahmen der Co-Creation hat. Gerade bei Angeboten mit einer hohen Individualisierungsmöglichkeit wird Co-Creation im Verkauf verstärkt eingesetzt. In Form von Workshops werden mit den Kunden zusammen das Angebot und die Vorgehensweise sowie seine Rolle definiert. Dies stellt neue Anforderungen an die Kompetenzen des einzelnen Verkaufenden, aber auch an die Organisation bezüglich der Einbindung des Verkaufs. Der Verkauf wird bisher eher nachgelagert an die Angebotsentwicklung angekoppelt. Im Rahmen von Co-Creation kann der Verkauf der Ausgangspunkt des Innovations- bzw. Produktmanagements und auch der Endpunkt des Entwicklungsprozesses sein. An dieser Stelle ergeben sich unterschiedliche Fragen: So ist zu klären, wie das zunehmende Design Thinking im Produktmanagement mit der Rolle des Verkaufs als Sammler von Kundenerkenntnissen umgeht? Vor allem im B2B-Bereich gilt es, über die Verbindung zwischen Verkauf und Produktmanagement im Rahmen von Co-Creation neu nachzudenken. Kesting und Ulhøi (2010) kommen zu dem Ergebnis, dass alle Mitarbeitenden versteckte Innovationskompetenzen besitzen, viele Organisationen diese aber nicht nutzen.

5.4   Unterstützung

Auch im Bereich Unterstützung gibt es bisher nur wenige belastbare Erkenntnisse. Eine Form der Co-Creation, die in den letzten Jahren an Relevanz gewonnen hat, ist das Crowdfunding. Crowdfunding kann bezeichnet werden als die Finanzierung eines Vorhabens durch eine meist untereinander unverbundene Personengruppe (Wenzel und Schmidpeter 2018). Plattformen wie Kickstarter, IndieGoGo, Sellaband und DonorChoose konnten in den vergangenen Jahren Erfolge verzeichnen. Dabei können die Investoren als Unterstützende, aber auch als Verkaufende auftreten. So fanden Gera und Kaur (2016) heraus, dass der Erfolg von Crowdfunding nicht unerheblich von der Weiterempfehlung der Investoren und Interessierten abhängt. Dieses Beispiel zeigt, dass die unterschiedlichen Dimensionen der Co-Creation nicht überschneidungsfrei sein können. Auch spielt das Ecosystem des jeweiligen Crowdfundingsuchenden eine Rolle für den Erfolg (Mollick 2014).

Als weitere Art der Unterstützung können Customer-to-Customer-Networks gesehen werden (Nicholls 2005) und dabei im Besonderen Community-based Service Desks. Der Service Desk einer Organisation baut in diesem Fall nicht auf einer Software oder den Mitarbeitenden auf, sondern andere Kunden versuchen, Kundenanfragen zu lösen. In Form von Wissensblogs und Austauschplattformen tauschen sich Kunden schon seit Jahren über Angebote und Organisationen aus. Eine neue Entwicklung, die bisher auch relativ wenig Aufmerksamkeit erfahren hat, ist, dass Organisationen bestehende Kunden auf einer eigenen Plattform zur Beantwortung von Kundenanfragen einbinden.

Darüber hinaus sollte Co-Creation im Rahmen der Unterstützung einen Einfluss auf die Rolle der Kundenkontaktmitarbeitenden haben. Während deren Rollenverständnis bisher vor allem auf die Beratung des Kunden und die Hilfestellung bei Problemen ausgerichtet waren, kann es nun erweitert werden. Kundenkontaktmitarbeitende sind in der Zukunft auch als Teil der Innovationsabteilung zu sehen. Sie können frühzeitig Kundenideen in die Organisation tragen und durch das kontinuierliche Feedback der Kunden Agenten des Wandels sein (Oppl und Stary 2019, S. 36). Aufgrund der momentan bestehenden Effizienzperspektive, mit der diese Abteilung in den meisten Organisationen betrachtet wird, ist ein großes Umdenken für eine derartige Veränderung notwendig. Dabei kann Technologie sinnvoll unterstützen. Bisherige Umsetzungen werden aber fast ausschließlich auf Kosteneinsparungen ausgerichtet. Die meisten Organisationen sind nicht in der Lage, an diesem wichtigen Touchpoint wertvolle Kundenerkenntnisse zu gewinnen. Das Kundenanliegen soll möglichst schnell gelöst werden. Die systematische tiefergehende Problemerforschung bleibt aus.

Abschließend bleibt festzuhalten, dass Co-Creation bisher fast ausschließlich aus Sicht der Kunden untersucht wurde. Die Anforderungen an Mitarbeitende einer Organisation gilt es noch viel besser zu verstehen (Yi und Gong 2013, S. 1284). Diese Einschätzung deckt sich mit dem grundlegenden Problem des bisherigen Verständnisses von Kundenorientierung. Die Customer-centric Transformation wurde für die Verbesserung der Kundenorientierung als mehr oder weniger gegeben betrachtet und nicht als eine zentrale Herausforderung.

Literatur

Akhilesh, K. B. (2016). *Co-creation and learning*. New York: Springer Nature.

Aldrich, H., & Herker, D. (1977). Boundary spanning roles and organization structure. *Academy of Management Review, 2,* 217–230.

Bhalla, G. (2011). *Collaboration and co-creation*. New York: Springer.

Blake, R. R., Shepard, H. A., & Mouton, J. S. (1964). *Managing intergroup conflict in industry*. Houston: Gulf.

Brown, T. (2009). *Change by design: How design thinking transforms organizations and inspires innovation*. New York: Harper Collins.

Chan, K. W., Yim, C. K., & Lam, S. S. K. (2010). Is customer participation in value creation a double-edged sword? Evidence from professional financial services across cultures. *Journal of Marketing, 74,* 48–64.

Chesbrough, H., Vanhaverbeke, W., & West, J. (2006). *Open innovation: A new paradigm for understanding industrial innovation*. New York: Oxford University Press.

Curley, M. (2017). *Open innovation 2.0*. New York: Springer Science + Business Media.

Davis, S. M. (1987). *Future perfect*. Reading: Addison-Wesley.

Diderich, C. (2020). *Design thinking for strategy: Innovating towards competitive advantage*. Cham: Springer.

Eisenmann, T., Parker, G., & Van Alstyne, M. W. (2006). Strategies for two-sided markets. *Harvard Business Review, 84,* 92.

Engeseth, S. (2006). *One: A consumer revolution for business*. London: Cyan.

Ewald, B., Menning, A., Nicolai, C., & Weinberg, U. (2018). Emotions along the design thinking process. In C. Meinel & L. Leifer (Hrsg.), *Design thinking research: Looking further: Design thinking beyond solution-fixation* (S. 41–60). New York: Springer.

Freudenthaler-Mayrhofer, D., & Sposato, T. (2017). *Corporate Design Thinking: wie Unternehmen ihre Innovationen erfolgreich gestalten*. Wiesbaden: Springer Gabler.

Füller, J., Jawecki, G., & Bartl, M. (2009). Produkt- und Serviceentwicklung in Kooperation mit Online Communities. In H. H. Hinterhuber & K. Matzler (Hrsg.), *Kundenorientierte Unternehmensführung* (S. 449–468). Wiesbaden: Gabler.

Gawer, A., & Cusumano, M. A. (2008). How companies become platform leaders. *MIT Sloan Management Review, 49,* 28.

Gera, J., & Kaur, H. (2016). Identifying significant features to improve crowd funded projects' success. In H. Saini, R. Sayal, & S. Rawat (Hrsg.), *Innovations in computer science and engineering. Advances in intelligent systems and computing* (Bd. 413, S. 211–218). Singapore: Springer.

Gouillart, F. J., & Quancard, B. (2016). *The co-creation edge: Harnessing big data to transform sales and procurement for business innovation*. New York: Palgrave MacMillan.

Grafmüller, L. K. (2020). *Co-creation of high-tech products in the B2B domain*. Wiesbaden: Springer Gabler.

Gregori, C. (2006). *Instrumente einer erfolgreichen Kundenorientierung: eine empirische Untersuchung*. Wiesbaden: Dt. Univ.-Verl.

Grönroos, C., & Voima, P. (2013). Critical service logic: Making sense of value creation and co-creation. *Journal of the Academy of Marketing Science, 41,* 133–150.

Han, X., Martinez, V., & Neely, A. (2018). Service in the platform context: A review of the state of the art and future research. In A. Smedlund, A. Lindblom, & L. Mitronen (Hrsg.), *Collaborative value co-creation in the platform economy* (S. 1–28). New York: Springer.

Heidenreich, S., Wittkowski, K., Handrich, M., & Falk, T. (2015). The dark side of customer co-creation: Exploring the consequences of failed co-created services. *Journal of Academy of Marketing Science, 43,* 279–296.

Heinonen, K., et al. (2010). A customer-dominant logic of service. *Journal of Service Management, 21,* 531–548.

Herstatt, C. (2009). Virtuelle Kundeneinbindung in den frühen Innovationsphasen. In H. H. Hinterhuber & K. Matzler (Hrsg.), *Kundenorientierte Unternehmensführung* (S. 223–246). Wiesbaden: Gabler.

Kagermann, H. (2015). Change through digitization – Value creation in the age of industry 4.0. In H. Albach, H. Meffert, A. Pinkwart, & R. Reichwald (Hrsg.), *Management of permanent change* (S. 23–48). Wiesbaden: Springer Gabler.

Kano, N., Seraku, N., Takahashi, F., & Tsuji, S. (1984). Attractive quality and must-be quality. *Journal of the Japanese Society for Quality Control, 2,* 147–156.

Kesting, P., & Ulhøi, J. P. (2010). Employee-driven innovation: Extending the license to foster innovation. *Management Decision, 48,* 65–84.

Kijima, K., & Arai, Y. (2016). Value co-creation process and value orchestration platform. In S. Kwan, J. Spohrer, & Y. Sawatani (Hrsg.), *Global perspectives on service science* (S. 137–154). New York: Springer.

Klir, G. (2001). *Facets of systems science* (2. Aufl.). Boston: Springer.

Laakmann, K. (1995). *Value-Added-Services als Profilierungsinstrument im Wettbewerb*. Frankfurt a. M.: Lang.

Lee, H. H., & Chang, E. (2011). Consumer attitudes toward online mass customization: An application of extended technology acceptance model. *Journal of Computer-Mediated Communication, 16,* 171–200.

Leifer, L., & Meinel, C. (2018). Looking further: Design thinking beyond solution-fixation. In C. Meinel & L. Leifer (Hrsg.), *Design thinking research: Looking further: Design thinking beyond solution-fixation* (S. 1–12). New York: Springer.

Lepak, D. P., & Smith, K. G. (2007). Value creation and value capture: A multilevel perspective. *Academy of Management Review, 32,* 180–194.

Maxham, J. G. (2001). Service recovery's influence on consumer satisfaction, positive word-of-mouth, and purchase intentions. *Journal of Business Research, 54,* 11–24.

McKim, R. H. (1972). *Experiences in visual thinking*. Belmont: Brooks/Cole.

Mollick, E. (2014). The dynamics of crowdfunding: An exploratory study. *Journal of Business Venturing, 29,* 1–16.

Nicholls, R. (2005). *Interactions between service customers: Managing on-site customer-to-costumer interactions for service advantage*. Poznań: The Poznań Uniwersity of Economics.

Oppl, S., & Stary, C. (2019). *Designing digital work: Concepts and methods for human-centred digitization*. New York: Springer.

Owen, H. (2001). *Open space technology*. Stuttgart: Klett-Cotta.

Parasuraman, A. (2006). Modeling opportunities in service recovery and customer-managed interactions. *Marketing Science, 25,* 590–593.

Pechtl, H. (2014). *Preispolitik: Behavioral Pricing und Preissysteme* (2. Aufl.). Konstanz: UTB.

Pee, L. G. (2016). Customer co-creation in B2C e-commerce: Does it lead to better new products? *Electronic Commerce Research, 16,* 217–243.

Peppers, D., & Rogers, M. (1993). *The one to one future: Building relationships one customer at a time*. New York: Currency Books.

Piller, F. (2006). *Mass Customization: Ein wettbewerbsstrategisches Konzept im Informationszeitalter* (4. Aufl.). Wiesbaden: DUV.

Pohl, M., & Witt, J. (2000). *Innovative Teamarbeit. Zwischen Konflikt und Kooperation*. Heidelberg: Sauer.

Rill, B. R., & Hämäläinen, M. M. (2018). *The art of co-creation: A guidebook for practitioners*. New York: Springer.

Schallmo, D. (2017). *Design Thinking erfolgreich anwenden: so entwickeln Sie in 7 Phasen kundenorientierte Produkte und Dienstleistungen*. Wiesbaden: Springer Gabler.

Schatzki, T. R. (1996). *Social practices: A Wittgensteinian approach to human activity and the social*. Cambridge: Cambridge University Press.

Seifert, J. W. (2007). *Visualisieren, Präsentieren, Moderieren* (21. Aufl.). Offenbach: Gabal.

Simon, H., & Faßnacht, M. (2016). *Preismanagement: Strategie – Analyse – Entscheidung – Umsetzung* (4. Aufl.). Wiesbaden: Springer Gabler.

Sparrow, P., Hird, M., & Cooper, L. C. (2014). *Do we need HR? Repositioning people management for success*. Basingstoke: Palgrave MacMillan.

Srivastava, V., & Singh, T. (2010). Value creation through relationship closeness. *Journal of Strategic Marketing, 18,* 3–17.

Staehle, W. H. (1999). *Management* (8. Aufl.). München: Vahlen.

Stahl, H. K. (2009). Kundenloyalität kritisch betrachtet. In H. H. Hinterhuber & K. Matzler (Hrsg.), *Kundenorientierte Unternehmensführung* (S. 87–106). Wiesbaden: Gabler.

Strandvik, T., Holmlund, M., & Edvardsson, B. (2012). Customer needing: A challenge for the seller offering. *Journal of Business & Industrial Marketing, 27,* 132–141.

Ternès, A., Towers, I., & Jerusel, M. (2015). *Konsumentenverhalten im Zeitalter der Mass Customization.* Wiesbaden: Springer Gabler.

Vargo, S. L., & Lusch, R. F. (2004). Evolving to a new dominant logic for marketing. *Journal of Marketing, 68,* 1–14.

Vargo, S. L., Maglio, P. P., & Akaka, M. A. (2008). On value and value co-creation: A service systems and service logic perspective. *European Management Journal, 26,* 145–152.

Vivek, S. D., Beatty, S. E., & Hazod, M. (2018). If you build it right, they will engage: A study of antecedent conditions of customer engagement. In R. W. Palmatier, V. Kumar, & C. M. Harmeling (Hrsg.), *Customer engagement marketing* (S. 31–52). New York: Springer Science + Business Media.

von den Eichen, S. A. F., Hinterhuber, H. H., Matzler, K., & Stahl, H. K. (2009). Durch Kooperation den Kundenwert steigern. In H. H. Hinterhuber & K. Matzler (Hrsg.), *Kundenorientierte Unternehmensführung* (S. 469–488). Wiesbaden: Gabler.

Wenzel, F., & Schmidpeter, R. (2018). Neue Geschäftsmodelle und kooperative Innovation – vom Crowdfunding zum Crowd Founding. In P. Bungard (Hrsg.), *CSR und Geschäftsmodelle: auf dem Weg zum zeitgemäßen Wirtschaften, Management-Reihe Corporate Social Responsibility* (S. 499–516). Wiesbaden: Springer Gabler.

Wikström, S. (1996). Value creation by company-consumer interaction. *Journal of Marketing Management, 12,* 359–374.

Wilhelm, M. M., & Kohlbacher, F. (2011). Co-opetition and knowledge co-creation in Japanese supplier-networks: The case of Toyota. *Asian Business & Management, 10,* 66–86.

Wittko, O. (2012). *Service Experience Value: eine empirische Analyse am Beispiel von Flugdienstleistungen.* Wiesbaden: Springer Gabler.

Yan, Y., Gupta, S., Schoefer, K., & Licsandru, T. (2019). A review of E-mass customization as a branding strategy. *Corporate Reputation Review, 29*(8), 215–223.

Yi, Y., & Gong, T. (2013). Customer value co-creation behavior: Scale development and validation. *Journal of Business Research, 66,* 1279–1284.

Dimension 4: Customer Management

6

Kundenorientierung wird fälschlicherweise oft mit Customer Management gleichgesetzt. Zwar zielt in meinem Modell die Verbesserung der Kundenorientierung auch auf die Verbesserung des Customer Managements ab, aber bevor dies verbessert werden kann, gilt es, Customer Value-based Decision Making, Customer-centric Transformation und Co-Creation zu berücksichtigen bzw. zu verbessern. Customer Management ist eine abgeleitete Tätigkeit einer Organisation, die sich aus den anderen drei Dimensionen speist. Wenn die Organisationen die richtigen Entscheidungen treffen, sich kontinuierlich an die Veränderungen der Kundeneinstellung und des Kundenverhaltens anpassen und den Kunden optimal in die Werterstellung integrieren, besteht die Möglichkeit, das Customer Management wertsteigernd zu entwickeln.

Das Customer Management umfasst eine strategische und operative Ebene (vgl. Abb. 6.1). Das Geschäftsmodell und die Strategie sind kundenorientiert auszurichten. Basierend auf diesen beiden Elementen wird der optimale Instrumenteneinsatz bestimmt. Als eine Informationsquelle für das Customer Value-based Decision Making dient das Controlling der strategischen und operativen Ebene einer Organisation. Aufgrund des Umfangs dieses Buches wird auf den Instrumenteneinsatz und das Controlling des Customer Managements nicht weiter eingegangen. Das Controlling ist eng an das Customer Value-based Decision Making angelehnt. Abschn. 7.4 geht auf das Controlling der Verbesserung der Kundenorientierung ein. Die dort getroffenen Aussagen können auf das Controlling des Customer Managements übertragen werden.

Nicht wenige Autoren propagieren, dass heute nur noch eine Vision notwendig ist, dass Management auf Sicht zwischen drei Monaten und ein Jahr fährt und für Pure Player (Organisation, die ein reines digitales Geschäftsmodell haben) keine strategischen Pläne mehr nötig sind (vgl. beispielhaft Outram 2015). Dagegen werden hybride Organisationen, die nur einen Teil ihres Geschäftsmodells digitalisiert haben, meist belächelt. Kundenorientierung ist für mich ein umfassendes Managementmodell einer

© Springer Fachmedien Wiesbaden GmbH, ein Teil von Springer Nature 2021
J. Staudacher, *Kundenorientierung*, https://doi.org/10.1007/978-3-658-20176-0_6

4 Controlling (nicht berücksichtigt):
Wie werden die Strategie und die Instrumente überwacht?

3 Instrumente (nicht berücksichtigt):
Welche Instrumente sind wie auszugestalten?

Strategie:
2 Welche Marktbearbeitungsstrategie, Markenpositionierung,
Beziehungsmanagement und Erlebnis ist zu wählen?

Geschäftsmodell:
1 Wie ist das Geschäftsmodell kundenorientiert zu gestalten?

Abb. 6.1 Dimensionen des Customer Managements

Organisation. Auch wenn in der Praxis viele Kundenorientierung als die technische Anpassung der Webseite oder eines anderen Touchpoints an die Kundenbedürfnisse missverstehen, so lehne ich eine reine Instrumenten- oder Customer-Experience-Perspektive ab. Kundenorientierung umfasst alle angeführten Dimensionen, und diese gilt es gesamthaft zu betrachten. Du musst für dich entscheiden, ob du dein Geschäftsmodelldesign stärker kundenorientiert gestalten solltest oder ob es reicht, die Strategie anzupassen. Die Dynamik der Veränderungen der Kundeneinstellung und des Kundenverhaltens sowie die Kompetenzentwicklung innerhalb deiner Organisation werden Antworten für diese Entscheidung liefern. Allgemein sei angemerkt: Es ist nicht sinnvoll, trotz aller Geschwindigkeits- und Kurzfristigkeitseuphorie eine Marke in einem Zeithorizont von drei Monaten zu führen. Auch die Customer Experience alle sechs Monate anzupassen, wird die Kunden eher verwirren, als Orientierung, Sicherheit und Prestige zu vermitteln. Aber woher kommt dieses Missverständnis?

Zur (nicht erzählten) Wahrheit gehört, dass Geschäftsmodelle, die ausschließlich im Trial-und-Error-Modus weiterentwickelt werden, viel eher scheitern als Geschäftsmodell, die nach einer experimentellen Einführungsphase mit einer soliden strategischen Planung ergänzt werden. Kundenorientierung stellt auf die Nutzung von Erfolgspotenzialen ab. Wer nur in drei Monaten oder ein Jahr in die Zukunft denkt, kann schlecht die Erfolgspotenziale der Zukunft erkennen. Muddling Through ist eine Form der Organisationssteuerung, steht aber für sich allein im völligen Widerspruch zur Kundenorientierung. Dass in vielen Publikationen gepriesen wird, dass sich mit diesem Management-Ansatz die Kundenorientierung deutlich besser steigern lässt als durch eine systematische Planung, stimmt traurig. Wert entsteht vor allem aus der frühzeitigen richtigen Partizipation von Veränderungen. Wer Werterstellung als strikte Planwirtschaft missversteht, dem ist nicht zu helfen. Strategie und Planung wurden aber nie so definiert, wie es die neuen digitalen Evangelisten ausführen. Somit bleibt mir nur, den hohen Stellenwert der strategischen Ebene für die Verbesserung der Kundenorientierung zu betonen, aber alles in der Organisation muss sich dem Primat der Reagibilität unterordnen, auch die strategischen Elemente.

Schon Day und Fahey (1988, S. 52) haben erkannt, dass Wert sich nicht nur auf einen kurzfristigen finanziellen Wert beziehen kann, weil sonst strategisches Denken nicht immer gefördert wird und somit attraktive Strategien von den Verantwortlichen übersehen werden können. Dies unterstreicht die hohe Relevanz einer strategischen Ebene im Rahmen der Kundenorientierung. Zentraler Ansatzpunkt für die Planung und Implementierung wertschaffender Strategien sind aber nicht ausschließlich monetäre Größen, sondern den monetären Größen vorgelagerte qualitativ-inhaltliche Größen in Form von Erfolgspotenzialen (Wirth 2000, S. 3). Wert kann im Sinne der Kundenorientierung nur bezogen auf eine mittel- bis langfristige Perspektive verstanden werden, da es um die Nutzung von Erfolgspotenzialen geht und nicht um die krampfhafte Suche nach Quick Wins ohne Ziel, aber mit geringem Aufwand.

Diese Erkenntnisse haben vor dem Hintergrund der Verbesserung der Kundenorientierung weitreichende Auswirkungen. Investitionen in Kunden beinhalten wegen der möglichen Zeitverzögerung der Wirkung von Aktivitäten ein gewisses Risiko (Coenenberg und Baum 1990, S. 47). So können Investitionen nach einer gewissen Zeit die Kundenbeziehungen stärken, jedoch bleibt immer ein gewisser Grad an Unsicherheit über die Wirkung von Investitionen in Kunden. Falls die Investitionen in die Kunden die Beziehungen nicht stärken, sind diese entgangenen Wertbeiträge zweckentfremdete Ressourcen für die Organisation bzw. wertvernichtende Opportunitätskosten. Diese können als Slack bezeichnet werden.

▶ **Slacks** sind Ressourcenbestände, die zur Zielerreichung nicht zwingend notwendig sind (Kunz 2002, S. 2).

Slack ist per se nicht negativ zu deuten (Haedrich und Tomczak 1996, S. 71). Der Aufbau von Slack kann Freiräume (Handlungsspielraum) ermöglichen, die dann unter dem Druck, dass die Erfüllung bestimmter Ziele misslingt oder zu misslingen droht, dazu genutzt werden können, neue, bisher unbekannte Möglichkeiten zu finden (Zinkin 2006, S. 178). Jenner (2001, S. 138) spricht in diesem Zusammenhang von realen Optionen, die einer Organisation die nötige Reagibilität für das Customer Management ermöglichen können. Investitionen in Kunden führen nicht immer zu unmittelbaren Einnahmen, eröffnen aber die Möglichkeit zur Nutzung von zukünftigen Chancen und der Abwehr möglicher Risiken (Bronner 1995, S. 43).

6.1 Geschäftsmodell

Das Geschäftsmodell hat in den letzten Jahren stark an Beachtung gewonnen. Bevor ich in dieses Themengebiet einsteige, möchte ich eine Unterscheidung vornehmen. Auch deshalb, weil ich kein Digital Native bin und nach der Rezeption von zahlreichen Büchern zum Thema Digital Leadership sehr viele Widersprüche aufkamen, die ich nicht auflösen konnte.

Es gibt Geschäftsmodelle, die bisher noch keinen Gewinn erwirtschaftet haben, aber sehr berühmt sind, bspw. Uber. Da hilft es auch nicht, dass Uber vom Time Magazin als beste App im Jahr 2013 ausgezeichnet worden ist (Cordon et al. 2016, S. 18). Die folgenden Aussagen beziehen sich auf Geschäftsmodelle, die in möglichst kurzer Frist Gewinne erzielen und langfristig überleben können. Es gilt zu bewundern, dass Investoren Milliarden Dollar an Kapital in Uber investieren, damit dieses Unternehmen bestehende Anbieter angreift. Dass sich nach einer kurzen Zeit ein blutiger Schwertkampf in Form von Preiskämpfen mit Nachahmern etablierte, lag vielleicht auch daran, dass die gewählte Strategie kaum Verteidigungsmöglichkeiten bot und zu einfach zu kopieren war. Da es in Europa nicht so einfach ist, solche Investoren zu finden und, mal abgesehen von der Vermarktung, auch nicht wirklich viel Können notwendig ist, archaische Faustkämpfe mit Wettbewerbern zu bestreiten, konzentrieren sich folgende Aussagen auf Organisationen, die frühzeitig Gewinn anstreben.

Bezüglich eines Geschäftsmodells werden nicht mehr Branchen, sondern Organisationsarten unterschieden. Auch deshalb habe ich eingangs wiederholt die abnehmende Relevanz von Branchen als Einflussfaktor auf die Kundenorientierung thematisiert. Allgemein können vor dem Hintergrund der Digitalisierung zwei Organisationsarten unterschieden werden (Outram 2015, S. 17):

1. Ein Pure Player ist eine Organisation, die mehr oder weniger nur aus digitalen Elementen besteht und ein geringes Risikoprofil besitzt.
2. Hybrid Player sind Organisationen, die ein wertvolles bestehendes Geschäftsmodell besitzen, das meist nicht digitalisiert ist, und versuchen, dieses zu ergänzen bzw. zu ersetzen.

Hybrid Player besitzen ein höheres Risikoprofil, weniger Kompetenzen und müssen im Rahmen des Customer-centric Transformationsprozesses kontinuierlich Widerstände gegenüber der notwendigen, aber unsicheren Veränderung abbauen.

Bevor ich die einzelnen Elemente der Geschäftsmodellentwicklung aufzeige, möchte ich einen grundlegenden Gedanken vorstellen, der in der Überflusszeit nicht genug betont werden kann. Johnson (2010) geht in seinen Ausführungen davon aus, dass Organisationen zur Verbesserung des Customer-Firm Values möglichst einen White Space finden sollten.

▶ Ein **White Space** ist ein Geschäftsmodell, das ein großes Wertsteigerungspotenzial für eine Organisation bereithält, indem es neue Kunden bearbeiten kann. Gleichzeitig besitzt die Organisation aber kaum Kompetenzen für die Erzielung einer Wertsteigerung in diesem Bereich (Johnson 2010, S. 8).

Er begründet dies mit dem Beispiel des Xerox's Palo Alto Research Center (PARC). Dieses hat zahlreiche Technologien entwickelt, die aber andere Organisationen wie bspw. Apple, Adobe und 3Com erfolgreich für die eigene Organisation nutzen konnten. Somit folgt er der Anforderung an eine kundenorientierte Organisation, dass es gilt, ein Change Management zu etablieren und gerade bei fehlenden Kompetenzen möglichst umfassend auf Co-Creation zu setzen. Johnson führt aus, dass Organisationen neue Kunden meist nur mit den bestehenden Kompetenzen, Strukturen, Prozessen, Geschäftsmodellen etc. bearbeiten. Diese Vorgehensweise nennt er Adjacency. Dies erlaubt auch eine Wertsteigerung, führt aber meist nicht zu einer höheren Reagibilität der Organisation.

Viele Organisationen haben in der Vergangenheit Schwierigkeiten gehabt, White Spaces erfolgreich zu nutzen, jedoch zeigen Beispiele, dass die Nicht-Nutzung von White Spaces unvorteilhaft für eine Organisation sein kann. Aus meiner Sicht ist das Modell von Johnson hilfreich, um sich den Wertbeitrag der Kundenorientierung zu verdeutlichen. Wenn eine Organisation in der Lage ist, Customer Value-based Decision Making zu etablieren, die Organisation Customer-centric zu transformieren und den Kunden möglichst optimal in die Werterstellung zu integrieren, dann steigt die Wahrscheinlichkeit, dass das Customer Management einen White Space erfolgreich besetzen kann. Kundenorientierung ist als Reagibilitätsfähigkeit zu begreifen. Somit ist die Verbesserung der Kundenorientierung eine veritable Möglichkeit, sich White Spaces erfolgreich zu erschließen. Aus meiner Sicht ist das Modell von Johnson hilfreich, um die Grundlogik von Kundenorientierung und ihrer Ausrichtung besser zu verstehen. Beispiele wie Nokia zeigen, dass MOTS (More-of-the-Same) nicht zwangsläufig zum Erfolg führt (Stähler 2017, S. 14 f.).

Zum Thema Geschäftsmodell ist in den vergangenen Jahren eine große Anzahl an Publikationen erschienen. Die steigende Relevanz dieses Themas beruht auf der Erkenntnis, dass Wert nicht nur durch das Angebot/die Marke/Beziehung/das Erlebnis, sondern auch über die Art des Geschäftsmodells entsteht (Stähler 2002). Da Angebote und Marken immer austauschbarer werden, kann ein Geschäftsmodell helfen, sich zu differenzieren, und bietet Organisationen Potenziale über das Angebot/die Marke/Beziehung und das Erlebnis hinaus (Gassmann et al. 2017, S. 4). Dabei ist zu beachten, dass es sich bei neuen Geschäftsmodellen um Erfahrungsgüter handelt (Stähler 2015), die reine Bekanntheit oder die Usability der jeweiligen Anwendung ist keine ausreichende Bedingung für den Erfolg. Das Geschäftsmodell ist erst dann erfolgreich, wenn Kunden eine Einstellung bilden und ihr Verhalten anpassen.

▶ Ein **Geschäftsmodell** beschreibt die Art und Weise, wie eine Organisation Wert erstellt, bereitstellt und für sich steigert (Osterwalder und Pigneur 2010, S. 14).

Inzwischen gibt es zahlreiche Modelle zur Analyse und Erstellung eines Geschäftsmodells. Ein Geschäftsmodell besteht aber nicht nur aus einem Bauplan, sondern soll auch die Sinnfrage beantworten. Im Sinne der Customer-centric Transformation gilt es, auch über die Organisation nachzudenken, weil es auch Fragen wie bspw. „Warum sollen die besten Leute für uns arbeiten?" zu beantworten gilt. Das Modell von Stähler deckt den Aspekt der Customer-centric Transformation ab (vgl. Abb. 6.2). Er geht in seinen Ausführungen explizit auf die Themen Team und Werte ein. Diese Ergänzung zu bestehenden Modellen ist wichtig, weil die Dominant Logic und die Teams einen hohen

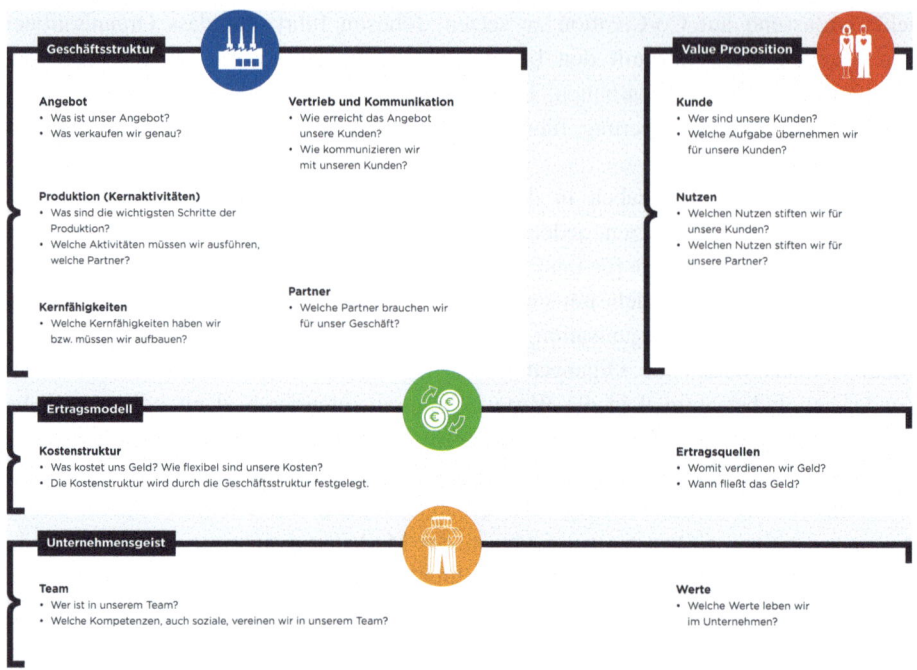

Abb. 6.2 Business Model Canvas. (Quelle: Stähler 2017, S. 28)

Einfluss auf den Erfolg einer Organisation haben und von Anfang an mitgedacht werden sollten.

Stähler (2017) geht in seinem Modell von vier Bausteinen zur Entwicklung eines Geschäftsmodels aus:

1. Value Proposition
2. Geschäftsstruktur
3. Ertragsmodell
4. Unternehmensgeist (Dominant Logic)

Value Proposition bezeichnet das Wertversprechen an den Kunden bzw. den Nutzen für den Kunden. Der Kunde soll möglichst begeistert werden und die Organisation einen hohen Kundenwert erzielen. Geschäftsstruktur umfasst die eigene Organisation und ihr Netzwerk. Dabei ist eine Konzentration auf die wichtigen Aktivitäten zu empfehlen. Das Ertragsmodell stellt die Kosten den Einnahmen sowie der Art der Einnahmengewinnung gegenüber. Die Geschäftsstruktur hat einen hohen Einfluss auf die Kosten. Unternehmensgeist bezieht sich auf die Dominant Logic.

Zappos und Zalando verkaufen beide Schuhe, aber die Werte sind ganz andere. Während Zappos den hohen Wert der Kundenorientierung erkannt hat, kopiert Zalando die Marke Zappos und hat eine Shareholder-Value-Orientierung. Beide Organisationen ähneln sich äußerlich. Die Dominant Logic ist aber verschieden. Outram (2015, S. 15) bringt es treffend auf den Punkt: Disruption hat nichts mit Technologie zu tun, sondern es geht darum, die Art und Weise sowie die Perspektive, mit der Menschen denken, zu verändern. Die Entscheidungsfindung, die eingebettet ist in die Dominant Logic einer Organisation, gilt es deshalb bei der Entwicklung oder Anpassung eines Geschäftsmodells genau zu verstehen.

Beispiel: Disruption der eigenen Organisation

Ein mögliches Element, um die Kundenorientierung zu verbessern, ist die Disruption der eigenen Organisation – die Fähigkeit einer Organisation, sich selbst zu kannibalisieren. Als Amazon den Verkauf von gebrauchten Büchern einführte, war der Aufschrei groß. Das Unternehmen kannibalisiert sich selbst, da Kunden auf gebrauchte Bücher ausweichen werden. Die Verantwortlichen hatten aber herausgefunden, dass Kunden vor allem gebrauchte Bücher von Autoren kauften, deren Wert sie nicht einschätzen konnten bzw. deren Wert sie als geringer ansahen. Wenn ein Autor gefällt, neigen Kunden anscheinend dazu, in Zukunft nicht mehr gebrauchte Bücher von diesem Autor zu kaufen (Mendelson und Meza 2001). Was auf den ersten Blick zu einer Verringerung des Gewinns hätte führen sollen, steigerte den Gewinn des Unternehmens. Sich selbst anzugreifen, kann eine erfolgreiche Form der Customer-centric Transformation sein. ◄

Es gibt zahlreiche Arten von Geschäftsmodellen, die unter Begriffen wie Long Tail oder Freemium umfassend beschrieben werden (vgl. beispielhaft Gassmann et al. 2017). Aus der Sicht der Kundenorientierung ist eine Art von Geschäftsmodell besonders interessant: Multi-Sided Market.

Customer Management wird meist für eine Kundengruppe (B2B oder B2C) in einer Organisation ausgeführt. Bei dem Geschäftsmodell Multi-Sided Market gibt es zwei oder sogar mehrere unterschiedliche Kundengruppen aus unterschiedlichen Branchen (Abdelkafi et al. 2019). Auf der einen Seite wird eine Beziehung meist mit einer B2B- und auf der anderen Seite mit einer B2C-Kundengruppe geführt. Die Zunahme solcher Geschäftsmodelle zeigt, dass ein Trennen von Branchen und Zielgruppen sowie ein Verständnis eines unterschiedlichen Customer Managements für B2B- und B2C-Zielgruppen viel zu kurz greift.

▶ **Multi-Sided Platforms** bring together two or more distinct but interdependent groups of customers. Such platforms are of value to one group of customers only if the other groups of customers are also present. The platform creates value by facilitating interactions between the different groups. A multi-sided platform grows in value to the extent that it attracts more users, a phenomenon known as the network effect (Osterwalder und Pigneur 2010, S. 77).

Zahlreiche Organisationen wie TripAdvisor, Google, Comparis, AirBnB etc. basieren auf diesem Geschäftsmodell und sind erfolgreich. Deshalb gewinnt es in Forschung und Praxis deutlich an Stellenwert (McIntyre und Srinivasan 2017) – auch, weil Multi-Sided-Market-Geschäftsmodelle die Transaktionskosten zwischen den Partner reduzieren, eine hohe Reagibilität besitzen, schnell wachsen und einen hohen Wert generieren können (Abdelkafi et al. 2019). Es ist aber auch kritisch anzumerken, dass bisher nur wenige Organisationen mit diesem Geschäftsmodell erfolgreich waren (Yoffie et al. 2019). Der Wert dieses Geschäftsmodells bestimmt sich meist aus der Anzahl an Teilnehmenden auf den unterschiedlichen Seiten. Basierend auf direkten und indirekten (Cross-side-) Netzwerkeffekten fokussiert sich dieses Geschäftsmodell auf das Kundenbeziehungs-management zu unterschiedlichen Zielgruppen (Täuscher und Abdelkafi 2018). Eine zentrale Herausforderung dieses Geschäftsmodell ist die Gewinnung der ersten Teil-nehmenden. Oft ist die Situation anzutreffen, dass keiner teilnimmt, bis jeder teilnimmt (Cusumano et al. 2019, S. 17 f.). Die zentrale Frage bei der Nutzung dieses Geschäfts-modells ist: Wer ist der Kunde? Kundenorientierung bezieht sich in dieser Situation auf unterschiedliche Märkte mit sehr verschiedenen Zielgruppen und damit steigenden Anforderungen an die Organisation. Auch die Wertentwicklung bezieht sich nicht nur auf die Organisation und die Kunden, sondern auch auf die Organisation und die jeweiligen sehr unterschiedlichen Kundengruppen. Bei der Nutzung dieses Geschäftsmodells ist unbedingt die Kundenorientierung als Dominant Logic zu etablieren.

Wie bereits ausgeführt, gibt es zahlreiche Veröffentlichungen zum Thema Geschäfts-modell. Ich möchte in diesem Abschnitt auf den Kern eines Geschäftsmodells vertiefend eingehen: die Value Proposition. Vielleicht fragst du dich, warum dem Thema Customer Value-based Decision Making im Rahmen dieses Buches ein so großer Stellenwert ein-geräumt wird. Dies kann am Beispiel der Entwicklung einer Value Proposition verdeut-licht werden. Ich erlebe zahllose Workshops, in denen es Begriffe hagelt, die meistens keiner versteht, es wird geklebt, es gibt Fotos für LinkedIn und im Anschluss fallen sich alle bei einem Bier in die Arme. Aber nur 5 % aller Organisationen haben eine quanti-fizierte, das heißt auf umfassende Daten abgestützte Value Proposition (Kelly et al. 2017, S. 6). Nichts gegen kreative Workshops und Ideenaustausch, aber im Anschluss gilt es, Kundenerkenntnisse für die Überprüfung zu nutzen. Da die meisten Organisationen eben über keine oder nur wenige Kundenerkenntnisse verfügen, macht sich diese Schwäche bei der Entwicklung einer erfolgreichen neuen Value Proposition umso mehr bemerkbar. Ich will damit Kreativität und Glück nicht als wichtige Erfolgsfaktoren herunterspielen, aber es sind eben auch Daten in Form von Kundenerkenntnissen notwendig, um den Erfolg abzusichern.

▶ Eine **Value Proposition** beschreibt den Nutzen, den Kunden durch die Beziehung zur Organisation erhalten.

Bei der Entwicklung der Value Proposition ist vor allem eine Frage unglaublich spannend zu beantworten: „Was ist der Kunde bereit, für das Produkt oder die Dienstleistung zu bezahlen?" Zahlreiche Organisation haben in den letzten Jahren digitale Zusatzdienstleistungen auf den Markt gebracht, ohne dass Kunden bereit sind, dafür zu bezahlen. Versicherung, Banken, Stromanbieter etc. bieten neue Portale, Apps und Dienstleistungen an, die ein Bedürfnis des Kunden befriedigen, aber anscheinend ist das Bedürfnis des Kunden nicht so groß, dass er bereit ist, dafür zu bezahlen. Somit steigen die Kosten für die Organisationen bei meist gleichzeitigem Umsatz- und Gewinnrückgang im Kernangebot und der Kunde wird mit kostenlosen Zusatzdienstleistungen förmlich überschwemmt.

Ich bin auf den Unterschied zwischen Start-ups in den USA und Europa eingegangen. Manche US-amerikanische Start-ups wetten auf eine Quasi-Monopolstellung in den jeweiligen Märkten und nehmen deshalb hohe Verluste in der Anfangszeit in Kauf. Für europäische Organisationen ist diese Vorgehensweise nicht unmöglich, aber bedeutend schwieriger. Deshalb gilt es, in Europa die Zahlungsbereitschaft der Kunden bzw. den Wertbeitrag von Anfang deutlich stärker zu gewichten, damit einem Start-up sprichwörtlich nicht zu schnell die Luft ausgeht.

Zur Entwicklung einer Value Proposition habe ich ein Value-Proposition-Design-Modell entwickelt. Es beginnt mit der Aufstellung der unterschiedlichen Kundenaktivitäten während des Customer Purchase Process (vgl. Abschn. 3.1.4.3). Für einen einfachen Einstieg kann von dem gesamten Kundenstamm ausgegangen werden. In einer späteren Phase ist die Analyse auf Basis unterschiedlicher Segmente zielführender. Dabei wird bei jeder Aktivität untersucht, ob es Potenziale und/oder Probleme aus Sicht des Kunden gibt. Ich erlebe an dieser Stelle ein zentrales Problem der Kundenorientierung. Immer noch wird diese Analyse zu stark aus dem Gedanken heraus geführt: „Wir in der Organisation müssen etwas für den Kunden tun bzw. bereitstellen." Dies ist eine Möglichkeit der Werterstellung. Es gilt aber auch zu überlegen, wie der Kunde im Sinne von Co-Creation in die Werterstellung integriert werden kann. Die einzelnen Ergebnisse dieser Analyse werden auf die unterschiedlichen Wertebenen einer Organisation verteilt. Manche Punkte betreffen das Geschäftsmodell, andere das Angebot, wieder andere beziehen sich auf die Marke usw. Im Anschluss daran gilt es, die Ergebnisse zu kategorisieren (vgl. Abb. 6.3).

Für die weitere Analyse sind auch die Umsetzungskosten der jeweiligen Aktivitäten zu berücksichtigen. Diese sind in Bezug zu den drei Kategorien Differenzierung, Zahlungsbereitschaft und Hygiene zu setzen. Vor allem Hygienefaktoren sind kritisch zu sehen. Zwar könnte eine Organisation diese Potenziale nutzen oder das Problem lösen, aber der Kunde ist weder bereit, dafür zu bezahlen, noch hilft dies bei der Differenzierung. Sollte der Kunde aber im bestehenden Geschäftsmodell mehrere schwerwiegende Probleme erfahren, gilt es zu überprüfen, ob nicht erst die Hygienefaktoren anzugehen sind, damit der Kunde überhaupt die Beziehung mit der Organisation aufrechterhält. Eine andere Option ist, ein neues Geschäftsmodell zu entwickeln.

Abb. 6.3 Value-Proposition-Modell. (Quelle: Copyright © CustomersX. All rights reserved. Reprinted by permission)

Beispiel: Einfluss von Hygienefaktoren auf den Erfolg

Betrachtet man ehemalige Geschäftsmodelle von bspw. Globus, wird schnell deutlich, warum das Unternehmen verkauft wurde. Als Kunde muss ich Zeit für die Anfahrt in Kauf nehmen, am Wochenende ist es aufgrund des Menschenaufkommens sehr anstrengend, mich im Geschäft zu bewegen, das Sortiment ist überschaubar und die Einkäufe muss ich noch nach Hause tragen. Da verwundert es nicht, dass E-Commerce in manchen Angebotskategorien einen großen Erfolg feiert. ◀

Die Umsetzung der vorgestellten Dreiteilung in Differenzierung, Zahlungsbereitschaft und Hygiene ist herausfordernd. In der Anwendung zeigt sich schnell, dass viele Aktivitäten zu keiner Zahlungsbereitschaft führen werden und die Differenzierung auch nicht wirklich unterstützen. Ich erlebe oft, dass Workshops an dieser Stelle mehrmals wiederholt werden müssen, weil nur Hygienefaktoren genannt werden, deren Umsetzung auch meist teuer ist. Aber Kundenorientierung zielt eben nicht vereinfacht darauf ab, nur dem Kunden mehr Wert zu bieten. Es gilt vor dem Konzept des Customer-Firm Values auch den Wert für die Organisation zu steigern.

Abschließend ist anzumerken, dass die Nutzung eines solchen Modells immer auch die Unterlegung mit Kundenerkenntnissen nach sich zieht. Wie viele Kunden werden den neuen Service nutzen, wie hoch ist die Zahlungsbereitschaft, wie stark differenzieren wir uns damit vom Wettbewerb, wie hoch sind die Kosten, wie lange dauert die Umsetzung, wie einfach sind die Aktivitäten zu kopieren etc.? All diese Fragen sollten nicht nur mit Meinungen belegt werden, sondern möglichst mit Daten, die im Folgenden überwacht werden können und bei Veränderungen helfen, die Aktivität oder Priorität der Aktivitäten anzupassen. Kundenorientierung zielt auf die Wissenserweiterung bzw. Kompetenzerweiterung in der Organisation ab. Wenn Ideen scheitern, ist der Mehrwert in dem möglichen Lernprozess zu sehen und nicht in der Rechtfertigung, weshalb etwas nicht funktioniert hat. Scheitern kann nur als Chance genutzt werden, wenn der Gescheiterte möglichst viel gelernt hat.

6.2   Zielsystem

Zur Steuerung einer Organisation sind neben dem Geschäftsmodell und einer Vision auch Ziele notwendig. Auf der Ebene des Gesamtunternehmens bestehen meist Ziele, aber für die Steuerung des Kundenbeziehungsmanagements fehlt häufig ein spezifisches Zielsystem. Die stärkere Verbindung von finanzwirtschaftlichen Zielen und kundenbezogenen Zielen wird aber schon seit Jahren gefordert (Srivastava und Wiesel 2010, S. 204). In der Praxis gibt es Ziele auf Ebene der Organisation und Ziele für die jeweiligen Instrumente. Auf der Ebene des Kundenbeziehungsmanagements klafft ein großes Loch. Die Ziele der Organisation und die Instrumentenziele sind förmlich unverbunden. Anders ausgedrückt: Zielgrößen wie bspw. Marktanteil und eine Kennzahl wie bspw. Kundenzufriedenheit sind nicht ausreichend als Zielsystem für ein Customer Management.

▶ **Ziele**   sind mentale Konstrukte der Verantwortlichen, die wünschenswerte zu erreichende Zustände darstellen. Sie bestimmen, welche Aspekte einer Situation als relevant wahrgenommen und verfolgt werden sollen (Pfister et al. 2017, S. 20).

Bevor ich auf das Zielsystem für das Kundenbeziehungsmanagement eingehe, möchte ich ein Phänomen vorstellen, das mehr Beachtung finden sollte und eine nicht unwesentliche Herausforderung für die Verbesserung der Kundenorientierung darstellen kann.

Die aufkommende Marktorientierung in den 1980er Jahren hat dazu geführt, dass die Steigerung des Marktanteils als das primäre Ziel einer Organisation gesetzt wurde. Die ersten Ergebnisse der PIMS-Studie belegten einen hohen Zusammenhang zwischen Marktanteil und Gewinn einer Organisation. Je größer der Marktanteil, desto wahrscheinlicher der wirtschaftliche Erfolg.

Diese Verbindung wird inzwischen deutlich kritischer gesehen. Eine Beziehung zwischen beiden Größen ist für viele Organisation nicht gegeben (Farris und Moore 2005). Ich kann aufgrund meiner Erfahrung den fehlenden Zusammenhang nur bestätigen. Darüber hinaus sehe ich noch ein weiteres Problem, den Marktanteil als zentrale Zielgröße zu bestimmen. Gerade in hoch kompetitiven Märkten führt der Marktanteilsblick leicht dazu, Aktivitäten zu lancieren, die zwar den Angebotsverkauf unterstützen, aber den ROI deutlich verringern. Ganz besonders gefährlich wird es, wenn durch den unvorsichtigen Einsatz von Preisinstrumenten der Kundennettonutzen auf der symbolischen Ebene (die Marke ist nicht viel wert) absichtlich verringert wird. In einer solchen Situation kann schnell eine Abwärtsspirale entstehen, die kaum mehr aufzuhalten ist.

Eine starke Aussage bezüglich der Bedeutung von Marktanteilen machte der Präsident des Verwaltungsrates von Geberit, Albert M. Baehny, im Jahr 2015: „I am not interested in market share. In my career, I hardly ever looked at market share. If the customer net benefit is good, the demand will follow" (aus Simon und Faßnacht 2016, S. 39). Ich empfehle Gewinn und Wachstum als zentrale Zielgrößen einer Organisation. Dabei ist anzumerken, dass Wachstum nicht immer möglich ist. Umweltveränderungen können dazu führen, dass Organisationen für eine gewisse Zeit nicht wachsen können. Abnehmender Innovationserfolg hat in vielen Branchen in den letzten Jahren große Organisationen entstehen lassen, die aufgrund der marktbeherrschenden Stellung kaum mehr Wachstum erlaubten. Je nach Situation kann Wachstum der Gewinnzielsetzung nachgelagert sein.

Eine populäre Systematik für den Aufbau eines Ziel- bzw. Controllingsystems ist der Aufbau der Balanced Scorecard. Diese führt von den Kompetenzen über die Prozesse zu den Kunden und schließlich zur finanziellen Entwicklung einer Organisation. Dieser Aufbau ist plausibel. Die große Herausforderung besteht in der Praxis, die unterschiedlichen Entwicklungen auf den verschiedenen Stufen in Beziehung zu setzen. Fragen wie bspw.: „Um wie viel muss ich die Prozesse verbessern, damit der Unternehmenswert steigt?" führen schnell zu einer zu großen Komplexität. So plausibel der Ansatz als Denkmodell ist, die Umsetzung erscheint komplex.

▶ Ein **Zielsystem** besitzt einen hierarchischen Aufbau an unterschiedlichen Zielebenen, die über eine Mittel-Zweck-Beziehung miteinander verbunden sind. Dabei sind die Ziele der oberen Ebene eher abstrakt und konkretisieren sich auf den unteren Ebenen (Homburg 2017, S. 434).

Für das Customer Management ist das primäre quantitative Ziel, den Customer-Firm Value zu steigern. Darüber hinaus können unterschiedliche Zielsysteme für die Strategie, das Markenmanagement und Customer Experience Management entwickelt werden. In den jeweiligen Abteilungen kann dies durchaus sinnvoll sein. Da Kundenorientierung aber organisationsweit etabliert werden soll und möglichst alle Mitarbeitenden das Zielsystem der Organisation nachvollziehen können, empfehle ich die Implementierung eines Kundenbeziehungszielsystems (vgl. Abb. 6.4). Der Einsatz eines solchen Zielsystems bedeutet eine gewisse Komplexitätsreduktion. So hat die Stärkung des Markenimages oder die Verbesserung der Customer Experience an der einen oder anderen Stelle hoffentlich einen Einfluss auf das Consideration Set, die Choice und die Bindung. Aber diese Ziele sind dem Kundenbeziehungszielsystem nachgelagert und müssen nicht zwingend von allen Mitarbeitenden der Organisation antizipiert werden. Im Gegensatz dazu gilt es, möglichst allen Mitarbeitenden in der Organisation das Kundenbeziehungszielsystem zu erklären und den eigenen Beitrag für die Zielerreichung herauszuarbeiten.

Auf einer ersten Stufe ist zu entscheiden, welche Gewichtung Kundenakquise und Kundenbindung für die Verbesserung von Wachstum und Gewinn haben – eine ganz zentrale Frage, die so nur wenige Organisationen beantworten können. Je nach Zielsetzung auf dieser Ebene gilt es, die entsprechenden Investitionen auszurichten. Dabei dient als Grundlage der Evaluation der Customer-Firm Value.

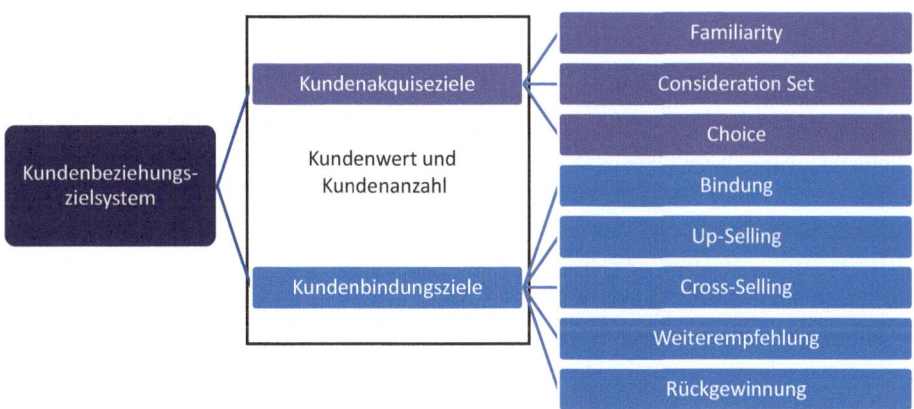

Abb. 6.4 Kundenbeziehungszielsystem

Die Kundenakquise wird meist zu stark betont. Der Großteil der Investitionen erfolgt in diesem Bereich mit dem Ergebnis, dass zwar die Anzahl an Neukunden steigt, dafür der Customer-Firm Value deutlich absinkt und immer öfter negativ wird. Manche Organisationen haben erkannt, welch hohen Stellenwert die Kundenbindung für die Verbesserung der Gewinnentwicklung hat. Bisher gibt es jedoch noch wenige Studien, die sich mit diesem wichtigen Thema beschäftigen. Reinartz et al. (2005, S. 77) kommen zu dem Ergebnis, dass die Investitionshöhe sowie die Verteilung auf Kunden-akquise und Kundenbindung einen hohen Einfluss auf den Customer-Firm Value und den Unternehmenswert haben. Sie konnten aufzeigen, dass zu geringe Investitionen in die Kundenbindung einen deutlich größeren Einfluss haben als zu große Investitionen, was die Ausführungen bezüglich Slack unterstützt. Darüber hinaus hat eine zu geringe Investition in das Kundenbindungsmanagement einen deutlich negativeren Einfluss auf den Kundenwert als eine geringe Investition in die Kundenakquise. Jedoch zeigt die Studie auch, dass eine Steigerung der Investitionen in die Kundenbindung von über 10 % vom Optimum durchschnittlich den Customer-Firm Value nur um 1 % steigert.

Den Kundenakquise- und Kundenbindungszielen sind die Ziele des Marken-managements, des Customer Experience Managements sowie der Instrumente nach-gelagert. Ein solches Zielsystem darzustellen, benötigt entsprechend Platz. Deshalb erhältst du ein umfassendes Beispiel zu den einzelnen Zieldimensionen online.

6.3 Marktbearbeitungsstrategie

Eng verbunden mit dem Zielsystem des Kundenbeziehungsmanagements sind die Markt-bearbeitungsstrategien. Strategische Entscheidungen im Rahmen der Kundenorientierung unterscheiden sich von Marktbearbeitungsstrategien grundsätzlich durch ihre höhere Komplexität. Diese resultiert aus der Notwendigkeit eines integrierten Vorgehens, da die

Entscheidungen nicht nur einen Teil, sondern stets die gesamte Organisation betreffen (Becker 1996, S. 11).

Daraus können sich vielfältige, wenig voraussagbare, ungewisse Verhaltensmöglichkeiten ergeben (Bleicher 2004, S. 37). Die Anzahl an möglichen Zielen, die auch in einem Widerspruch zueinander stehen können, und die Unsicherheit über die zukünftige Entwicklung verbinden sich zu einem komplexen Problem (Courtney et al. 1997, S. 68). Outram (2015, S. 6) folgert: „the strategic plan may indeed be dead". Er entwirft das Wort „Stractics", welches auf eine Planung abzielt, die eng verbunden mit den Instrumenten ist. Diese Perspektive auf Strategie ist aus meiner Sicht ermüdend. Auch wird diskutiert, ob das Spannungsfeld zwischen Strategien (hohe Flexibilität) und den in einer Organisation angelegten Strukturen (niedrigere Flexibilität) aufgelöst werden kann (Ortmann 2010, S. 1). Neben der starren Planung von Strategien sollte viel eher die Reagibilität einer Organisation in den Fokus rücken. Antizipation und Flexibilität gilt es möglichst gleichzeitig zu denken. Somit drückt sich der Erfolg der Strategieentwicklung nicht nur in dem Planungsergebnis aus, sondern auch in der Antwortfähigkeit einer Organisation aufgrund von Veränderungen (Ortmann 2010, S. 1). Organisationen, welche sich kritisch mit der mittel- und langfristen Planung ihrer Zukunft beschäftigen, haben mehr vom Erfolgsfaktor Zeit als ihre Wettbewerber (Camphausen 2013, S. 1). Die Frage, die in Zeiten der Corona-Pandemie am drängendsten war, lautet: Wie sieht die Exit-Strategie aus dem Lock-down aus? Wie schwierig es den Verantwortlichen fiel, eine Strategie zu entwickeln und vor allem im Netzwerk (Europa/Welt) abzustimmen, kann als ein Beleg dafür gesehen werden, wie wichtig die Strategieentwicklung grundsätzlich in einer Organisation ist. Dabei ist vor allem auch das Vertrauen, das eine kommunizierte Strategie den Mitarbeitenden vermittelt, nicht zu unterschätzen. Wie schwer strategisches Denken aber in der Praxis ist, zeigt das folgende Beispiel.

Beispiel: Die Herausforderung des strategischen Denkens

Der CEO eines internationalen Konzerns hat mir im Kick-off für ein Projekt zur Entwicklung einer Marktbearbeitungsstrategie seine Erwartungshaltung mit den Worten „Tell me one good idea" sehr präzise vermittelt. Dieser Glaubenssatz des CEOs verunmöglicht strategisches Denken, weil er eine Strategie nicht als einen mittel- bis langfristigen Weg verstand, sondern als eine Ansammlung operativer Maßnahmen ohne Zielbild. Zwar konnte ich aufzeigen, dass die bisherige Ausrichtung der Organisation auf das Thema Produktqualität nur einen geringen Einfluss auf die Kaufentscheidungen hat, jedoch war mein Vorschlag, das Thema Convenience zu besetzen, aufgrund der inhärenten Komplexität dieser Ausrichtung mit der Erwartungshaltung des CEO nicht vereinbar. Im Ergebnis wurde die Strategie nicht verändert, sondern versucht, entgegen den im Projekt ermittelten Kundenerkenntnissen, mit möglichst geringen Kosten Erfolg im Markt zu haben. Finanziell ging das zwei Jahre lang gut, im dritten Jahr stürzte die Marke ab und die Organisation hatte keine Möglichkeit, den weiteren Absturz zu verhindern. ◄

Ich erlebe, dass Strategie immer mehr als etwas Störendes wahrgenommen wird. Verkürzt wird dem jungen Mintzberg gefolgt, dass sich die Strategie nur aus einzelnen Aktivitäten einer Organisation ergibt (Mintzberg und Waters 1985, S. 257). Mintzberg hat diese Perspektive später allerdings relativiert, aber der Glaube, dass Geschwindigkeit der wesentliche Erfolgsfaktor ist und der Wandel immer dynamischer wird, stellt den Mehrwert strategischen Denkens und strategischer Planung infrage. Aus meiner Sicht geht es um die Reagibilität, die auf der Qualität der Lernprozesse einer Organisation aufbaut. Lernen wird durch die Anwendung strategischer Planung unterstützt, indem mögliche Fehleinschätzungen im Rückblick systematisch analysiert werden können. Deshalb kommt der Trendanalyse (vgl. Abschn. 3.1.5) als Vorbereitung für die strategische Planung ein großer Stellenwert zu, damit eine Organisation das Lernen fördern kann. Exemplarisch für das inzwischen eigenwillige Verständnis bezüglich Strategie soll hier Bungay (2019) genannt werden, der folgende fünf Glaubenssätze zu Strategie veröffentlichte:

1. Strategie bezieht sich nur auf die ferne Zukunft.
2. Disruptoren ändern ihre Strategie andauernd.
3. Es gibt keinen Wettbewerbsvorteil mehr.
4. Es braucht keine Strategie – Agilität allein reicht aus.
5. Es bedarf unbedingt einer digitalen Strategie.

Diese fünf Punkte repräsentieren mehr oder weniger den aktuellen Zeitgeist und sind aus meiner Sicht alle falsch. Strategie bezieht sich, wie ausgeführt, vor allem auf das Lernen und Anpassen einer Organisation im Hier und Jetzt und nicht nur auf die Planerstellung für eine ferne Zukunft. Sie unterstützt die notwendige Customer-centric Transformation einer Organisation, die ebenfalls eine mittel- bis langfristige Perspektive besitzt. Die meisten Disruptoren bauen auf der von Bruce Henderson formulierten Strategie auf: Preisreduktion und Kapazitätserhöhung. Auch wenn das heute Hypergrowth genannt wird, die Idee ist die gleiche. Bei einer Erhöhung des Produktionsvolumens lassen sich Kosten einsparen, und diese können den Kunden vorab durch Preisreduktionen weitergegeben werden. So viel Veränderung ist bei diesen Organisationen hinsichtlich der Strategie nicht auszumachen. Grundsätzlich ist es schwieriger, einen Wettbewerbsvorteil zu halten, deshalb gehen Organisationen dazu über, mehrere Wettbewerbsvorteile aufzubauen, um sich zu behaupten. Aber dass es gar keinen Wettbewerbsvorteil mehr gibt, ist eine extreme Sichtweise. Über agiles Arbeiten habe ich ja schon ein paar Worte verloren. Eine Strategie bildet einen Rahmen für die Entscheidungsfindung in einer Organisation. Agiles Arbeiten ist eine Kompetenz, die aber umso mehr einen klaren Rahmen benötigt, damit die einzelnen Teams möglichst zielgerichtet zusammenarbeiten können. Allein der Begriff „digitale Strategie" ist aus der Perspektive der Kundenorientierung zu vermeiden. Er kann ein Silo-Denken in der Organisation fördern und gerade das gilt es möglichst zu reduzieren. Vor ein paar Jahren gab es den Begriff *E-Business Strategie,* jetzt *digitale Strategie.* Klingt gut – aber Strategie ist einfach Strategie.

Ich stimme aber zu, dass der Aufwand und der Umfang der strategischen Planung inzwischen möglichst gering zu halten sind und der Fokus auf einem Ausprobieren sowie auf der Kontrolle der Planungsprämissen liegen sollte anstatt auf der Ausarbeitung umfassender Pläne, die sich schnell ändern können. Somit unterscheidet den klassischen Strategieprozess von dem modernen Strategieprozess der Umfang der Gewinnung von Kundenerkenntnissen (nicht allgemein! – nur für die Strategieentwicklung) und der Fokus auf ein Ausprobieren anstelle eines deterministischen Umsetzens (vgl. Abb. 6.5).

Kranz (2007) hat einen umfassenden Strategieprozess entwickelt (vgl. Abb. 6.6), der eine induzierte und autonome sowie synoptische und inkrementale Betrachtungsperspektive vereint. In Ergänzung zum modernen Strategieprozess in Abb. 6.5 können gerade in der Phase des Ausprobierens neue, ungeplante Entwicklungen auf den Strategieprozess einwirken. Die Ansicht, dass Strategie als induzierten, deterministischen Planungsprozess zu begreifen ist, wurde aber schon von Mintzberg relativiert.

Die Strategieentwicklung steht darüber hinaus vor der Herausforderung, Zentralisierung und Autonomie optimal zu verbinden (Cordon et al. 2016, S. 25). Wenn Entscheidungen im Rahmen der Kundenorientierung stärker auf die Mitarbeitenden verlagert werden, ergeben sich neue Herausforderungen. Auf der einen Seite ist der Aufwand für die Strategieentwicklung möglichst gering zu halten, auf der anderen Seite sollten eigentlich mehr Mitarbeitende integriert werden. Diese Entwicklung führt dazu, dass Strategieentwicklung als

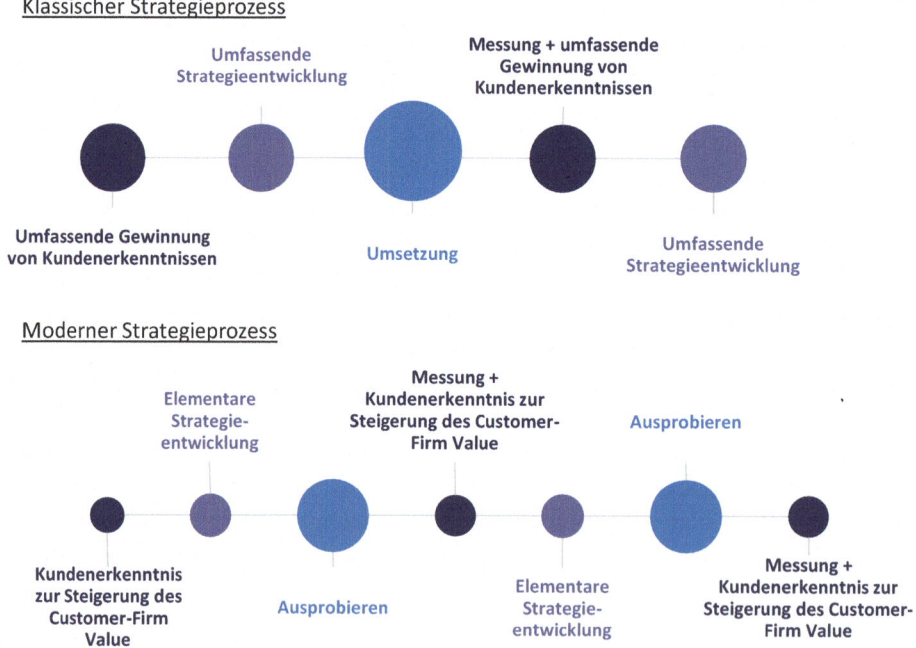

Abb. 6.5 Unterschied zwischen dem klassischen und modernen Strategieprozess

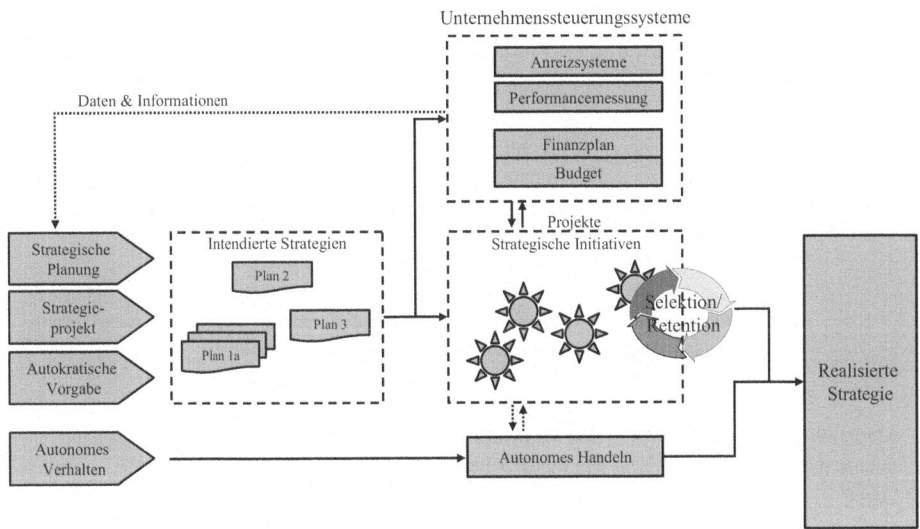

Abb. 6.6 Integrativer Strategieprozess. (Quelle: Kranz 2007, S. 293)

Kompetenz einer Organisation immer mehr erodiert und dadurch zwar die vermeintliche Geschwindigkeit von Entscheidungen zunimmt, aber die Reagibilität auf Basis eines Lernprozesses unter die Räder kommen kann.

Darüber hinaus wird meist nur der Zeithorizont der strategischen Planung angesprochen bzw. dieser kritisiert, aber strategisches Denken bezieht sich nicht nur auf die Zeit, sondern auch auf die Entwicklung von Entscheidungsoptionen. Gerade bei zunehmender Unsicherheit sind die Entwicklung von Optionen und deren kontinuierliche Überprüfung elementar für den Erfolg einer Organisation.

▶ **Strategie** bedeutet demnach, sein Denken, Entscheiden und Handeln an den übergeordneten oder obersten Zielen oder Zielvoraussetzungen zu orientieren und sich dabei nicht durch vordergründige Dringlichkeiten, das heißt Augenblicksvorteile und -nachteile, ablenken zu lassen (Gälweiler 2005, S. 66).

Die bisherigen Ausführungen haben etwas Raum benötigt, bevor auf die eigentliche Strategieentwicklung eingegangen wird. Aber den Abgesang auf die Strategie, der sich in den letzten Jahren orkanhaft verstärkt hat, gilt es zu reflektieren.

Für die Entwicklung einer Strategie sollen in einem ersten Schritt die unterschiedlichen Dimensionen der Markbearbeitungsstrategien berücksichtigt werden (vgl. Abb. 6.7). Dabei kann zwischen Marktwahl- und Marktteilnehmerstrategien unterschieden werden (Meffert et al. 2019, S. 326 f.).

Aufgrund der Ausrichtung dieses Buches werden im Folgenden die abnehmerorientierten Strategien (im Folgenden kundenorientierten Strategien) fokussiert.

Basisstrategie	Strategie-dimensionen	Inhalt der strategi-schen Festlegung	Strategische Optionen	
Marktwahl-strategien	Marktfeld-strategie	Festlegung der Produkt-Markt-Kombinationen	■ Gegenwärtige oder neue Produkte in gegenwärtigen oder neuen Märkten ■ Rückzug aus bestehenden Märkten	
	Marktareal-strategie	Bestimmung des Markt- bzw. Absatz-raumes	■ lokale, regionale, nationale ■ internationale, mul-tinationale ■ globale	Arealstrategie
	Marktsegmen-tierungsstrategie	Festlegung von Art bzw. Grad der Dif-ferenzierung der Marktbearbeitung	■ undifferenzierte ■ Segmentorientierte ■ individuelle (One-to-One)	Marktbearbeitung
Marktteil-nehmerstra-tegien	Abnehmer-gerichtete Strategie	Festlegung der Marktbearbeitung gegenüber Abneh-mern	■ Innovationsstrategie ■ Qualitätsstrategie ■ Markenstrategie ■ Programm-/Servicestrategie ■ Preis-Mengen-Strategie ■ Longtail-Strategie	
	Absatzmittler-gerichtete Strategie	Bestimmung der Verhaltensweisen gegenüber Absatz-mittlern (Handel)	■ Kooperation ■ Anpassung ■ Ausweichen/Umgehung ■ Konflikt	
	Konkurrenz-gerichtete Strategie	Bestimmung der Verhaltensweisen gegenüber Konkur-renten	■ Kooperation ■ Anpassung ■ Ausweichen ■ Konflikt	
	Anspruchsgrup-pengerichtete Strategie	Festlegung der Verhaltenswei-sen gegenüber indirekt markt-beeinflussenden gesellschaftlichen Anspruchsgruppen	■ Innovation ■ Anpassung ■ Ausweichen ■ Widerstand	

Abb. 6.7 Systematik von Marktbearbeitungsstrategien. (Quelle: Meffert et al. 2019, S. 327)

Die in Abb. 6.7 vorgestellten Beispiele sind dabei nicht als Gegensatzpaare zu ver-stehen (Meffert et al. 2019, S. 348). Innovationen, eine starke Marke, ein umfassendes Serviceangebot sind kein Widerspruch. Jede Organisation muss für sich prüfen, welche Kompetenzen vorhanden sind und welche Strategie die optimale Verbesserung des Customer-Firm Values erlaubt. Dabei besteht die Herausforderung nicht in der Strategie-definition für sich allein, sondern in der Umsetzung durch die Organisation. Soll bspw. eine Marke aufgebaut werden, reicht es eben nicht aus, eine Agentur zu beauftragen und ein paar Schulungen durchzuführen. Es gilt, die bestehenden Kompetenzen zu bewerten und fehlende möglichst schnell zu ergänzen sowie die Anforderungen des Marken-managements in die Entscheidungsfindung zu integrieren.

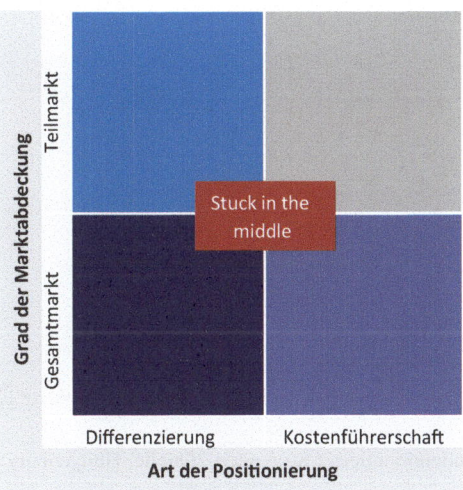

Abb. 6.8 Wettbewerbsstrategien nach Porter. (Quelle: in Anlehnung an Porter 2013)

Für die Entwicklung einer Marktbearbeitungsstrategie kann auf einer ersten Ebene das Modell von Porter (2013) zum Einsatz kommen. Er unterscheidet in vier Feldern zwischen Differenzierung und Kostenführerschaft und Gesamt- bzw. Nischenmarkt.

Porter nennt die Strategien, die zwischen diesen Feldern liegen, Stuck in the Middle, und empfiehlt die Ausrichtung auf eines der vier Felder (vgl. Abb. 6.8). Der Erfolg dieses Modells ist an Einkaufsstraßen europäischer Großstädte zu beobachten – auf der einen Seite H&M und Zara und auf der anderen Seite Louis Vuitton und Hermes. Während bei der Kostenführerschaftsstrategie der Preis im Vordergrund steht, gilt es bei der Differenzierungsstrategie zu bestimmen, wie eine Differenzierung vom Wettbewerb erreicht werden kann. An dieser Stelle ist anzumerken, dass kundenorientierte Organisationen auch eine Kostenführerschaftsstrategie wählen können. Kundenorientierung zielt auf die Differenzierung ab. Diese kann über den Preis erfolgen, muss es aber nicht.

Zur Differenzierung können alle Elemente des Customer Managements oder deren Kombination zum Einsatz gelangen. Sich nur über das Angebot zu differenzieren, wird für Organisationen immer herausfordernder (Heupel et al. 2019, S. 4). Diese Entwicklung bestätigt die Stiftung Warentest. Im Zeitraum zwischen 2007 und 2012 hat diese im Rahmen von 832 Tests und 1300 Angeboten 45 % aller Angebote mit der Note „gut" bewertet (Burmann et al. 2012, S. 99). Die Differenzierung innerhalb dieser 45 % kann deshalb nicht rein über das Angebot erfolgen. Dabei bedeutet dies im Umkehrschluss nicht, dass das Angebot nicht wichtig ist. Das Angebot hat einen wichtigen Bestandteil, sollte aber für eine Differenzierung mit einer starken Marke, einem differenzierenden Erlebnis oder Beziehungsmanagement angereichert werden. Porters Normstrategie wurde schon früh kritisch gesehen. Marken wie bspw. Swatch verfolgten weder eine reine Kostenführerschafts- noch eine reine Differenzierungsstrategie. Diese Marke als Stuck in the Middle zu bezeichnen, spottet jedoch dem Erfolg, den diese Marke hat. So gibt es auch hybride Strategien, die durchaus erfolgreich sein können.

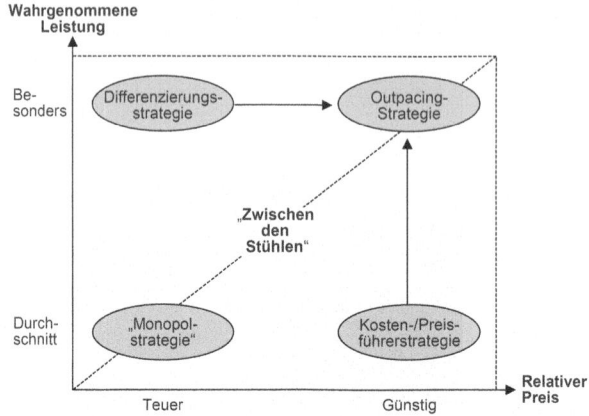

Abb. 6.9 Systematik kundenorientierter Strategien. (Quelle: Hungenberg 2014, S. 209)

▶ Eine **Outpacing-Strategie** bezeichnet die Verbindung zwischen Kostenführerschafts-
und Differenzierungsstrategie (Gilbert und Strebel 1987).

Trotz der Empfehlung von Porter, sich auf eines der vier Felder zu fokussieren, sind
Outpacing-Strategien der reinen Kostenführerschaft und Differenzierungsstrategie überlegen (Jenner 2000). Dabei wird die Outpacing-Strategie oft nicht direkt beim Markteintritt
gewählt. Die meisten Organisationen verknüpfen die unterschiedlichen Elemente im Zeitablauf (Hungenberg 2014, S. 204). Outpacing gewinnt aufgrund des steigenden Wettbewerbs
immer mehr an Stellenwert. Darüber hinaus ist ein weiteres Phänomen in den vergangenen
Jahren zu beobachten: Während Porter noch von Kostenführerschaft spricht, bieten
inzwischen zahlreiche Organisationen ihr Angebot umsonst an. In manchen Branchen gibt
es somit keine Kostenführerschaftsstrategie, da die Angebote mehr oder weniger umsonst
angeboten werden. Grundsätzlich ist bei der Wahl einer Outpacing-Strategie die Warnung
von Porter bezüglich der Stuck-in-the-Middle-Position zu berücksichtigen, da sich die
jeweiligen Elemente der beiden Grundsatzstrategien teilweise widersprechen. Abb. 6.9 stellt
die Outpacing-Strategie in Bezug zu Porters Normstrategien dar.

Darüber hinaus existieren zahlreiche weitere Strategiemodelle. Ein Modell, das
ich vor dem Hintergrund des Customer-Firm Values vorstellen möchten, ist das Blue-
Ocean©-Strategiemodell[1]. Schon 1986 haben Ries undTrout Marktherausforderern
empfohlen, nicht das Ziel zu verfolgen, die vorhandenen Marktregeln besser als der
Marktführer zu beherrschen („Größer-und-besser-Philosophie"), sondern eine Strategie
zu wählen, neue Regeln oder sogar einen neuen Markt zu etablieren (New Game
Strategy) (Ries und Trout 1986, S. 79 f.). Auf dieser Vorgabe baut das Blue-Ocean©-
Strategiemodell auf. In Anlehnung an meine Empfehlung, mehr auf den Kunden denn

---

[1]Bei „Blue Ocean Strategy®" und „Blue Ocean®" handelt es sich um in den USA markenrechtlich
geschützte Begriffe. Die Rechte liegen bei Chan W. Kim und Renée Mauborgne.

auf den Wettbewerb zu achten, sind Kim und Mauborgne (2015, S. 4) überzeugt davon, dass der Wettbewerb sich nur auf eine Weise schlagen lässt: indem man aufhört, es zu versuchen.

Das Blue-Ocean©-Strategiemodell stellt somit nicht auf Wettbewerbsvorteile in den ohnehin hart umkämpften Märkten ab, sondern auf die Erschaffung neuer Märkte mit neuen Kunden. Bestehende Märkte werden als Red Oceans bezeichnet. Diese sind hart umkämpft und werden von starken Wettbewerbern dominiert. Blue Oceans© hingegen, in Anlehnung an die Ausführungen zum White-Space-Konzepts zu Beginn des Kapitels (vgl. Abschn. 6.1), beziehen sich auf bisher unbearbeitete potenzielle Märkte (vgl. Tab. 6.1). Das Modell ist somit eingebettet in die Gedanken von Johnson zum White Space und der Fokussierung auf Kunden anstelle von bestehenden Wettbewerbern.

Das Blue-Ocean©-Strategiemodell besteht aus vier Dimensionen und folgt dem Customer-Firm-Value-Gedanken (Kim und Mauborgne 2015, S. 114):

1. Eliminierung
2. Reduzierung
3. Kreierung
4. Steigerung

Im Gegensatz zu anderen Modellen wird darauf fokussiert, dass sich der Kundennettonutzen verbessert, aber gleichzeitig über die Reduktion von Kosten der Kundenwert steigert (Heupel et al. 2019, S. 14). Die Anwendung dieses Modells in der Praxis ist spannend, weil es immer wieder schwerfällt, sich von Instrumenten und Aktivitäten zu trennen oder diese zu reduzieren. In den meisten Organisationen herrscht aufgrund des Wettbewerbsvergleichs oft der Eindruck vor: „Unser Budget ist zu gering für den Erfolg." Das Blue-Ocean©-Strategiemodell hilft, das Kundenbeziehungsmanagement mit einer anderen Perspektive anzugehen. Zur Unterstützung der Verbesserung des Kundennettonutzens und des Kundenwerts können folgende Fragen zum Einsatz kommen (Kim und Mauborgne 2015, S. 31 f.):

Tab. 6.1 Strategien für rote und blaue Ozeane. (Quelle: Kim und Mauborgne 2015, S. 18)

Rote Ozeane	Blaue Ozeane
Wettbewerb im vorhandenen Markt schlagen	Schaffung neuer Märkte
Die Konkurrenz schlagen	Der Konkurrenz ausweichen
Die existierenden Kunden nutzen	Neue Kunden erschließen
Direkter Zusammenhang zwischen Kosten und Nutzen	Aushebelung des direkten Zusammenhangs zwischen Kosten und Nutzen
Ausrichtung des Gesamtsystems der Unternehmensaktivitäten an der strategischen Entscheidung für Differenzierung oder niedrige Kosten	Ausrichtung des Gesamtsystems der Unternehmensaktivitäten auf Differenzierung und niedrige Kosten

1. Welche der Instrumente bzw. Aktivitäten, die die Branche als selbstverständlich betrachtet, sollten eliminiert werden?
2. Welche Faktoren müssen bis weit unter den Standard der Branche reduziert werden?
3. Welche Faktoren müssen bis weit über den Standard der Branche gesteigert werden?
4. Welche Faktoren, die bisher noch nie von der Branche geboten wurden, müssen kreiert werden?

Gerade die erste Frage bezüglich der Elimination bietet für viele Organisationen großes Potenzial (Bersch 2019, S. 37). Was bietet eine Organisation den Kunden an, was diese kaum wahrnehmen und für sie keinerlei Nutzen hat? Dies ist eine wichtige Frage, die in den meisten Organisationen zu kurz kommt. Aus den Fragen wird deutlich, dass dieses Strategiemodell weniger auf die Positionierung im Markt abstellt, sondern eng verbunden ist mit der Struktur bzw. der Perspektive eines Geschäftsmodells. Die Kombination aus Geschäftsmodellanalyse, Value Proposition Analyse und Blue-Ocean©-Strategiemodell ist dazu geeignet, die Wertsteigerung und Differenzierung vor dem Hintergrund der Kundenorientierung zu verbessern (Bersch 2019, S. 34). Bisher gibt es noch wenige Studien und Erfahrungen zu diesem Strategiemodell (Heupel et al. 2019, S. 3). Einzelne Beispiele umgesetzter Blue-Ocean-Strategien© bieten den Kunden eine deutlich höhere Convenience bei gleichzeitiger Kostenreduktion. Dass diese Ozeane nicht für ewig unberührt bleiben, zeigt das Beispiel Cirque du Soleil. Er ist ein Beispiel für eine Blue-Ocean-Strategie© und hat die Zirkusbranche revolutioniert. Inzwischen wird diese Strategie kopiert und zahlreiche Nischenanbieter wie bspw. der Circus Ohlala färben das Wasser rot.

Abschließend gilt es, aus den entwickelten Strategieoptionen die optimale auszuwählen. Dabei kommen drei Dimensionen zum Einsatz (Meffert et al. 2019, S. 370):

1. Konsistenztest
2. Kompetenztest
3. Funktionstest

Beim Konsistenztest sollten Kundenerkenntnisse, interne Kennzahlen, Ziele und die bisherige Ausrichtung in Einklang gebracht werden. Beim Kompetenztest geht es im Sinne der Customer-centric Transformation darum, zu verstehen, ob die bestehenden Kompetenzen für die Strategierealisierung ausreichend sind. Gerade dieser Aspekt wird im strategischen Denken oft übersehen. Ob Start-up oder Konzern – ich erlebe inzwischen wieder häufiger, dass bspw. das Markenmanagement auf der Kompetenzebene nicht systematisch geführt wird. Auch die Digitalisierung hat dazu geführt, dass fehlende Mitarbeitendenkompetenzen auf komplexe IT-Anwendungen treffen. Die Umsetzung bleibt dann mit Ansage hinter den intendierten Zielen zurück. Beim Funktionstest wird auf die Ressourcen eingegangen sowie die Wirkung der Strategie überprüft. Fragen bezüglich der Anzahl benötigter Mitarbeitender, aber auch Fragen wie bspw. „Wie viele neue Kunden bringt der Social-Media-Auftritt?" gilt es an dieser Stelle zu beantworten.

Für die Durchführung dieser drei Tests stehen unterschiedliche Methoden zur Verfügung (Meffert et al. 2019, S. 371). Ich empfehle den Einsatz einer Nutzwertanalyse, aber auch die vorgestellte AHP-Methode (vgl. Abschn. 3.2.3.3) kann an dieser Stelle hilfreich sein. Der Vorteil der AHP-Methode ist im Rahmen der Strategieauswahl darin zu sehen, dass auch die Konsistenz der Antworten der Teilnehmenden überprüft wird und die Bewertungen metrisch auf individuellem Niveau vorliegen. Auch kann diese Methode helfen, die hohe Komplexität durch einfache Paarvergleiche deutlich zu vereinfachen. Die Bewertungsart von Strategien auf Basis dieser Methode kann den Verantwortlichen aufgrund der Komplexitätsreduktion von größerem Nutzen sein als das Ergebnis selbst.

6.4 Markenmanagement

Markenmanagement wird in vielen Veröffentlichungen immer noch dem Produkt- oder sogar Kommunikationsmanagement zugeordnet. Marke ist ein elementarer Bestandteil der Strategie einer Organisation und kein Instrument (Meffert et al. 2019, S. 264). Es überrascht nicht, dass viele Organisationen das Markenmanagement auf der Fachebene ansiedeln und im Ergebnis keine starke Marken haben (Siegert 2000, S. 43). Dies ist auch ein Grund, warum Marken immer austauschbarer werden (Burmann et al. 2018, S. 99). Es fehlt die ganzheitliche Perspektive auf die Organisation, die für eine Differenzierung vom Wettbewerb notwendig ist.

Beispiel: Markenverständnis

Vor dem Hintergrund, dass das durchschnittliche Schweizer Unternehmen zehn Mitarbeitende hat und das Kommunikationsbudget meist überschaubar ist, könnte man davon ausgehen, dass das Thema Marke für die meisten Schweizer Organisationen nicht relevant ist. Eine Marke entsteht aber nicht aufgrund von Budget, sondern wenn die Geschäftsleitung diese in jeder ihrer Handlungen lebt. Eine Marke wird gestärkt, wenn die Mitarbeitenden in ihrem Verhalten und die Touchpoints in ihrem Design und Funktionalität die Marke transportieren. Eine Marke ist meist gar nicht so sehr mit Kosten für Kommunikation verbunden, sondern mit einem internen professionellen Management der Leistungserstellung unter der Vorgabe der Positionierung sowie einer regelmäßigen Kundenbefragung. Aufgrund meiner Beratungsprojekte zum Thema Markenmanagement seit über 20 Jahren kam ich zu folgender Erkenntnis.

Es war immer wieder erstaunlich zu beobachten, dass die meisten Geschäftsführenden mit dem Thema Markenmanagement nicht vertraut waren. Ob Pharmagroßhändler, Finanzbroker, Baumarkt, Einkaufszentrum, Maschinen-, Möbelhersteller etc. – Marke war als Managementmodell in den Organisationen nicht existent und wurde auf Kommunikationsaktivitäten reduziert. Da meist die Assoziationen Marke = hohes Kommunikationsbudget vorlag, wurde diese wichtige Kompetenz für die Werterstellung einer Organisation ignoriert. ◄

Jede Organisation sollte sich bewusst entscheiden, ob sie eine Marke aufbauen und führen will oder nicht. Dabei ist zu beachten, dass eine Marke die Verantwortlichen und Mitarbeitenden einer Organisation einschränkt. Es gilt, in Bezug auf die Markenpositionierung bei allen Entscheidungen zu überprüfen, ob sie die Positionierung unterstützen. Gerade in der Kommunikation wird die Arbeitsweise verschoben von der Nutzung von individuellen, kreativen Ideen hin zu einer systematischen Stärkung der Markenpositionierung über die Zeit. Dies ist deutlich schwieriger und erfordert vor allem regelmäßige Kundenbefragungen und hohe Kompetenzen in der Gewinnung von Kundenerkenntnissen.

▶ Eine **Marke** ist dabei ein Nutzenbündel mit spezifischen Merkmalen, die dafür sorgen, dass sich dieses Nutzenbündel gegenüber anderen Nutzenbündeln, welche dieselben Basisbedürfnisse erfüllen, aus Sicht relevanter Zielgruppen differenziert und Einfluss auf das Verhalten der Zielgruppe haben (in Anlehnung an Keller 2003).

Marke hat in meinem Verständnis zwei Aufgaben: Einstellungen im Kopf und Herzen bei den Kunden aufzubauen und zu stärken, aber eben auch das Verhalten zu beeinflussen. Gerade dieser Zusammenhang erodiert aber immer mehr. Aus meiner Sicht macht diese Entwicklung Markenmanagement nicht obsolet, aber es gilt zu überprüfen, wie viel Ressourcen und Kompetenzen im Bereich Marken-, Kundenbeziehungs- und Customer Experience Management einzusetzen sind, um sich zu differenzieren und den Customer-Firm Value zu steigern.

Beispiel: Einfluss des Markenmanagements

Welchen positiven bzw. negativen Einfluss das Markenmanagement haben kann, zeigen die Beispiele Rivella und Ovomaltine. Während Rivella immer wieder neue Angebote wie gelb, Rhabarber und Pfirsich auf den Markt brachte, hat Ovomaltine erkannt, dass unter einer starken Marke auch andere Produkte als die ursprünglichen Getränke angeboten werden können. Das Unternehmen bietet neben Getränken auch Riegel und andere Produkte an. Darüber hinaus hat Ovomaltine den Claim: „Mit Ovo kannst du es nicht besser, aber länger" möglichst breit gefasst. Im Vergleich dazu hat Rivella mit dem Claim: „Der Durstlöscher der Schweiz" sich zum einen freiwillig in die Zwangsjacke der Getränke begeben sowie den Markteintritt in andere Länder nicht gerade unterstützt.

Darüber hinaus konnten zahlreiche Organisationen wie bspw. Salt in den letzten Jahren schmerzlich erfahren, wie herausfordernd Markenmanagement ist. Wurde das Salt-Management erst dafür bewundert, dass es keine Markenlizenzen nach Paris zu Orange abführen musste, ist nach dem Re-Branding und der Entlassung des Topmanagements zu erkennen, dass das mit dem Markenmanagement wohl doch nicht so einfach ist (o. V. 2015). Salt stellt seitdem immer stärker den Preis in den Vordergrund und versucht alles, um die Kostenschraube möglichst eng anzuziehen (Rotzinger und Berger 2019). ◀

Markenmanagement kann in vier Aufgaben unterteilt werden:

1. Regelmäßige Messung der Markenstärke bzw. Markenpositionierung bei den Kunden durch Befragungen (mindestens einmal im Jahr)
2. Systematische Analyse aller Aktivitäten einer Organisation und Ausrichtung dieser Aktivitäten zur Stärkung der Markenpositionierung
3. Steuerung der Markenarchitektur (wenn vorhanden)
4. Führung der Marke im Zeitablauf (Anpassung der Marke an Umweltveränderungen)

Zentrales Problem in der Praxis sind die viel zu geringen Ressourcen für eine systematische Markenstärkemessung. Befragungen werden nur alle drei Jahre durchgeführt. Mittelwerte reichen für die statistische Analyse und der Fragebogen wird mit dem Argument der Vergleichbarkeit möglichst nicht verändert. Markenmanagement wird so auf CI/CD-Controlling reduziert. Zwar ist die zentrale Aufgabe des Markenmanagements die Durchsetzung eines gemeinsamen Vorstellungsbildes über die Möglichkeiten der Zielerreichung mithilfe der Marke in den Köpfen der Stakeholder (Esch und Geus 2005, S. 1270), dies kann jedoch nur erfolgreich sein, wenn es durch die gesamte Organisation bzw. alle involvierten Personen erfolgt. Markenmanagement hat somit eine die Organisation umfassende Dimension, wie die Kundenorientierung.

Es existieren zahlreiche Modelle zum Markenmanagement.[2] Für mich sind der strategische und identitätsbasierte Markenmanagementansatz von zentraler Bedeutung. Beide Ansätze bauen auf den Arbeiten von Aaker (1992) auf. Während der strategische Markenmanagementansatz das Markenmanagement in das strategische Management einer Organisation integriert (Haedrich et al. 2003), liefert der identitätsbasierte Markenmanagementansatz eine umfassender Anleitung zur Konzeption und Veränderung einer Marke (Burmann et al. 2018). Im Folgenden wird auf den identitätsbasierten Markenmanagementansatz eingegangen und dieser um Elemente des strategischen Markenmanagementansatzes ergänzt.

Der identitätsbasierte Markenmanagementansatz geht explizit auf die Organisation ein und nimmt diese als Ausgangspunkt für die Gestaltung und Führung einer Marke.

▶ **Markenmanagement** beschreibt einen Prozess […], der die Planung, Koordination und Kontrolle aller Maßnahmen zum Aufbau starker Marken bei allen relevanten Zielgruppen umfasst. Ziel ist eine funktions- und organisationsübergreifende Integration aller mit der Marke zusammenhängenden Entscheidungen und Aktivitäten zum Aufbau von langfristig stabilen und werthaltigen Marke-Kunden-Beziehungen im Sinne des Oberziels einer Maximierung des Unternehmenswertes (Meffert und Burmann 2005, S. 32).

---

[2]Zu einer Übersicht über die unterschiedlichen Ansätze vgl. (Burmann et al. 2018).

Der identitätsbasierte Markenmanagementansatz berücksichtigt die Kunden und die Organisation und versucht eine Balance zwischen beiden Perspektiven zu erzielen (vgl. Abb. 6.10). Er besteht aus den Dimensionen Markenidentität (intern) und Markenimage (extern). Dabei hat der Ansatz mehrere Entwicklungsstufen durchlaufen. Früher wurde noch die Marke-Kunde-Beziehung als Verbindung zwischen Markenidentität und Markenimage im Ansatz mitgeführt (Burmann et al. 2012). Dies macht die Abgrenzung der Markenmanagements gegenüber dem Kundebeziehungsmanagement herausfordernd. Im neueren Modell werden das Markenerlebnis und die Touchpoints stärker fokussiert. Das führt zu der Schwierigkeit, Markenmanagement vom Customer Experience Management abzugrenzen – ein Aspekt, auf den noch zu sprechen zu kommen ist.

Als Ausgangspunkt dient die Markenidentität (Selbstbild) einer Marke, die aus sechs Merkmalen besteht (Burmann und Meffert 2005b, S. 53 und 56 f.):

1. Markenherkunft
2. Markenvision
3. Markenkompetenz
4. Markenwerte
5. Markenleistung
6. Markenpersönlichkeit

▶ Die **Markenidentität** umfasst diejenigen raum-zeitlich gleichartigen Merkmale der Marke, die aus Sicht der internen Zielgruppen in langfristiger Weise den Charakter der Marke prägen (Burmann et al. 2012, S. 30).

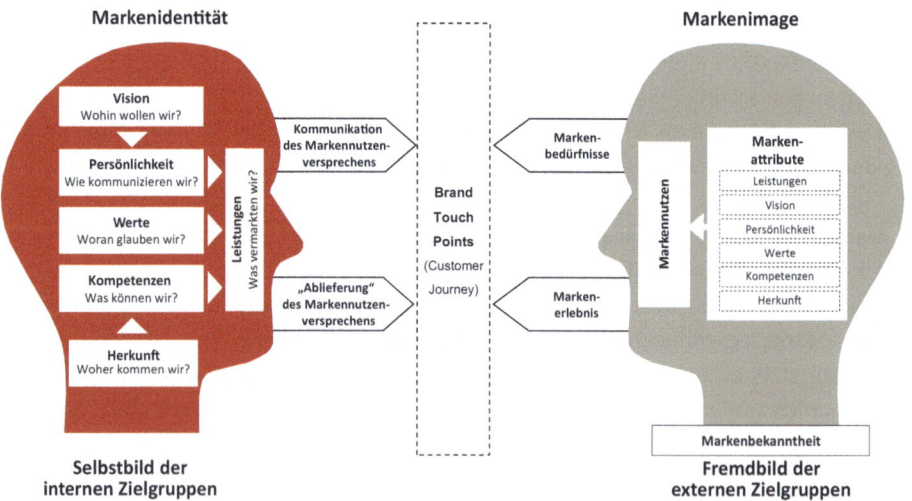

Abb. 6.10 Dimensionen des identitätsbasierten Markenmanagementansatzes. (Quelle: Burmann et al. 2018, S. 58)

Die Markenherkunft stellt den Ursprung einer Marke dar. Sie kann unterteilt werden in historische, regionale, kulturelle und institutionelle Herkunft (Blinda 2003, S. 31). Ein bekanntes Beispiel ist dabei „Made in Switzerland" oder „Made in Germany". Dabei gilt es, in einem ersten Schritt die relevanten Herkunftsdimensionen zu sammeln und für die Differenzierung und Kaufbeeinflussung zu bewerten. Ich erlebe immer wieder, dass die Deutsche und Schweizer Fahne auf jedes Angebot geklebt werden. Wichtig ist zu überprüfen, ob das überhaupt einen Einfluss auf die Kaufentscheidung von Kunden hat. Nicht selten hat sie das nämlich nicht. Deshalb sind Kundenbefragungen so wichtig für das Markenmanagement, weil die eingesetzten Elemente hinsichtlich der Kaufverhaltensrelevanz kontinuierlich zu überprüfen sind.

Die Markenvision dient als langfristiger Fixstern zur Motivation aller internen Zielgruppen einer Marke (Burmann und Meffert 2005b, S. 61). Die Vision ist ein konkretes Zukunftsbild – nahe genug, dass wir die Realisierbarkeit noch sehen können, aber schon fern genug, um die Begeisterung der Organisation für eine neue Wirklichkeit zu wecken (Rödl 2002, S. 10). Damit wird auf den Entwurf eines Entwicklungspfads verwiesen, eine Idee, wohin sich die Marke entwickeln soll. Nicht viele Marken haben eine klare Vision. Oft wird in der Praxis auch Vision mit Ziel verwechselt. „Wir wollen die stärkste Marke in der XY-Branche sein", ist keine Vision. Im Gegensatz zur Markenherkunft kann es auch nur eine Vision geben. Ich empfehle, bei der Ausarbeitung der Vision eine möglichst hohe Sinnhaftigkeit für den Kunden auszuarbeiten. Dies stellt Organisationen in Bezug auf das Markenmanagement vor die größte Herausforderung.

Die Markenkompetenzen sind der Kernbestandteil der Markenidentität und verdeutlichen die hohe Bedeutung der Kompetenzorientierung innerhalb des Markenmanagements (Blinda 2007). Sie bauen auf einem temporären Wissensvorsprung der Organisation gegenüber den Wettbewerbern auf und sollen, basierend auf einem relevanten Kundennutzen, eine höhere Preisbereitschaft, Mehrkauf, Bereitschaft für Cross-Selling sowie höhere Kundenbindung erzeugen (Burmann und Meffert 2005b, S. 60). Sie unterliegen wie alle Kompetenzen der Customer-centric Transformation einer Organisation und müssen kontinuierlich überwacht und verbessert werden.

Markenwerte einer Marke sollen die emotionale Komponente der Marke unterstützen und die Grundüberzeugungen der Markenverantwortlichen nach innen und außen zum Ausdruck bringen (Burmann und Meffert 2005b, S. 62). Die Nutzung von Markenwerten für das Markenmanagement gilt es kritisch zu prüfen. Eine Organisation muss sich die Frage stellen, ob sie im Vergleich zum Wettbewerb spezifische, möglichst einzigartige Werte vertritt, welche die Kaufentscheidung von Kunden beeinflussen. So führt z. B. Rappaport (1999, S. 6) an, dass übertriebene Erwartungen an die gesellschaftliche und volkswirtschaftliche Rolle von Organisationen kritisch zu sehen sind, jedoch ist zu beobachten, dass Kunden diese verstärkt in Zeiten von Veränderungen und Unsicherheit einfordern. Somit gilt es, kontinuierlich und systematisch für eine Marke zu überprüfen, ob der Einsatz von Markenwerten in die Markenidentität und in die Positionierung die Differenzierung unterstützen, indem sie das Kaufverhalten der Zielgruppe (unter Berücksichtigung des Kundenwerts) beeinflussen. Viele Nachhaltigkeitspositionierungen sind nicht aufgrund der fehlenden Sinnhaftigkeit gescheitert, sondern weil die Kunden dies nicht bei der Kaufentscheidung berücksichtigen. Ich möchte anmerken, dass viele Marken über keine spezifischen Markenwerte verfügen.

Während Markenherkunft, -werte, -kompetenzen und -vision konzeptionelle Größen der Markenidentität sind, werden die Markenleistungen und die Markenpersönlichkeit mehr oder weniger direkt von den Kunden wahrgenommen (Staudacher 2008, S. 35). Um sich dauerhaft vom Wettbewerb differenzieren zu können, sollen Markenleistungen direkt auf den Markenkompetenzen basieren (Burmann und Meffert 2005b, S. 60). Im digitalen Zeitalter stellt das viele Organisationen vor eine große Herausforderung. Nicht die beste Agentur macht eine Leistung erfolgreich, sondern der Umfang der Kompetenzen einer Organisation.

In Anlehnung an Gilmores Theorie des Animismus besitzen Marken menschliche Persönlichkeitseigenschaften, die es den Kunden erleichtern können, mit der Marke zu interagieren (Burmann und Meffert 2005b, S. 63). Die Markenpersönlichkeit (Markencharakter) spiegelt die inneren (menschlichen) Eigenschaften einer Marke wider (Aaker 2005, S. 168). Die Persönlichkeitsmerkmale einer Marke drücken sich im Verhalten der Mitarbeitenden und im verbalen und nonverbalen Kommunikationsstil der Marke aus. Die Markenpersönlichkeit hat durch den Aufbau innerer Bilder wie z. B. Sicherheit oder Aufrichtigkeit eine emotionale Wirkung und kann deshalb besser behalten und spontaner abgerufen werden (Ruge 2005, S. 242). Aaker hat eine Systematik zur Definition und Messung der Markenpersönlichkeit entwickelt (vgl. Tab. 6.2).

Der Bezug zwischen Marken und den Eigenschaften einer Person wird kritisiert (Felser 2015, S. 327). Hirnpsychologische Studien zeigen, dass Menschen Marken eher als Objekte denn als Menschen wahrnehmen (Yoo 2008). Am Modell von Aaker (1997) wird darüber hinaus kritisiert, dass je nach Kultur eine unterschiedliche Markenpersönlichkeit für eine Marke gemessen wird und dies mehr über die Kunden und deren kulturelle Verankerung aussagt als über die Marke. Allein schon die jeweilige Übersetzung kann zu abweichenden Bedeutungen in der jeweiligen Sprache führen. Das Modell von Aaker kann aber helfen, eine grundsätzliche Richtung der Markenpersönlichkeit aus Sicht der Kunden und vor allem die Einheitlichkeit der Beurteilung zu bestimmen. Ich erlebe immer wieder bei Markenpersönlichkeitsmessungen, dass fast alle Dimensionen gleich stark oder gleich schwach beurteilt werden. Dies ist eng verbunden mit einer fehlenden Stringenz im Markenmanagement. Die Positionierung könnte zu breit bzw. unscharf sein.

Tab. 6.2 Dimensionen der Markenpersönlichkeit. (Quelle: Aaker 1997, S. 352)

Sincerity	Excitement	Competence	Sophistication	Ruddedness
Down-to-earth	Daring	Reliable	Upper class	Outdoorsy
Honest	Spirited	Intelligent	Charming	Tough
Wholesome	Imaginative	Successful		
Cheerful	Up-to-date			

Inzwischen sind viele Organisationen gezwungen, kontinuierlich neue Angebote und neue Geschäftsmodelle zu vermarkten. Dies kann für die wahrgenommene Kontinuität einer Marke ein Nachteil sein. Kunden suchen in Marken auch immer Orientierung und Sicherheit. In dieser Situation kann über Elemente aus der Herkunft und der Persönlichkeit einer Marke trotz angebotstechnischer Veränderungen die Kontinuität hochgehalten werden (Burmann et al. 2012, S. 89 f.). Somit gilt es, bei diesen beiden Dimensionen gerade bei der Vermarktung von Innovationen sehr genau darauf zu achten, dass die neuen Angebote zur Marke passen.

Die vorgestellten Identitätskomponenten sind für die Markenkonzeption als Grundraster zu sehen. Je nach internen und externen Gegebenheiten sind die einzelnen Dimensionen inhaltlich auszugestalten, zu verstärken oder abzuschwächen. In einem ersten Schritt ist die Ist-Identität zu spezifizieren. Dies kann durch Gespräch mit Mitarbeitenden und der Geschäftsführung erfolgen. In einem zweiten Schritt soll eine mögliche Soll-Identität bestimmt werden. Dabei gilt es zu beachten, dass bei der Ausarbeitung der Ist-Identität möglichst differenzierende und für die Kaufentscheidung der Kunden relevante Dimensionen bestimmt werden (Meffert und Burmann 2005, S. 52). Hier haben sich die Begriffe Points of Parity (Elemente der Markenidentität, die nicht differenzieren) und Points of Difference (Elemente der Markenidentität, die eine Differenzierung unterstützen) etabliert. Die Identität dient als Grundlage für die Markenpositionierung. Somit sollten sich die Markenpositionierungsdimensionen in der Identität widerspiegeln. Eine Marke kann bspw. die Herkunft (Appenzeller), besondere Werte (Max Havelaar), die Persönlichkeit (Marlboro) oder eine Mischung einzelner Dimensionen (BMW) für die Positionierung nutzen.

Der Markenidentität steht das Markenimage gegenüber. Im Mittelpunkt des Markenmanagements stehen somit die Wechselseitigkeit von Markenimage (externe Wahrnehmung) und Markenidentität (Definition und Verhalten des definierten Seins) (Burmann et al. 2012, S. 12).

▶ Das **Markenimage** ist ein mehrdimensionales Einstellungskonstrukt, welches das in der Psyche relevanter externer Zielgruppen fest verankerte, verdichtete und wertende Vorstellungsbild von einer Marke wiedergibt und das Kaufverhalten beeinflusst (Burmann et al. 2012, S. 59).

Ursprünglich wurde der Bekanntheit einer Marke eine große Bedeutung zugesprochen (Aaker 1992, S. 61). Die Markenbekanntheit gilt in vielen Organisationen noch als zentrale Steuerungsgröße gerade für Kommunikationsaktivitäten. Natürlich können sich keine Einstellungen bilden, wenn eine Marke nicht bekannt ist. Aus einer kundenorientierten Perspektive stellt sich die Frage: Bauen sich automatisch Einstellungen auf, nur weil eine Marke bekannt ist? Dies kann aufgrund zahlreicher Untersuchungen verneint werden. Wie in Abschn. 3.1.4.1 ausgeführt, empfehle ich, die Markenbekanntheit nicht zu berücksichtigen, sondern stattdessen auf die Familiarity abzustellen. Die Steuerungsgröße des Markenimages ist die externe Markenstärke.

▶ Die **externe Markenstärke** ist definiert als der Wirkungsgrad einer Marke auf die Einstellung und das Verhalten der Kunden (Jost-Benz 2009, S. 53).

Die externe Markenstärke wird auch als das subjektive Wissen der Kunden über die Marke betrachtet. Dies umfasst das Wissen der Kunden über die sechs Markenidentitätskomponenten sowie Erfahrungen mit dieser Marke im Zeitablauf (Burmann et al. 2012, S. 59). Anzumerken ist, dass die Markenpositionierung, auf der die Markenstärke vor allem aufbaut, eine Verdichtung der Markenidentität ist und das Wissen die ganze Markenidentität oder nur die Markenpositionierung umfassen kann. Abgeleitet vom Wissen über eine Marke ergibt sich der abgeleitete Nutzen für den Kunden vor dem Hintergrund seiner individuellen Bedürfnisse (Keller 1993, S. 17). Der abgeleitete Nutzen kann in vier Dimensionen unterteilt werden (Burmann et al. 2018, S. 50):

1. Übergeordnete Markennutzenebene
2. Funktionale Nutzenebene
3. Soziale Nutzenebene (extrinsisch)
4. Persönliche Nutzenebene (intrinsisch)

Der übergeordnete Markennutzen betrifft die Risikoreduktion (Markenvertrauen), der funktionale Markennutzen den utilitaristischen und den ökonomischen Nutzen (vgl. Abb. 6.11). Der utilitaristische Nutzen basiert auf den physikalisch-technischen Eigenschaften der Markenleistungen, der ökonomische Nutzen der Marke ergibt sich aus dem Nettonutzen der Marken für den Nachfrager (Stolle 2013). Die soziale Nutzenebene umfassst den sozialen Markennutzen einer Marke und stellt auf die Befriedigung extrinsischer Bedürfnisse der Kunden ab (Wertschätzung, Gruppenzugehörigkeit und Selbstdarstellung). Auf der persönlichen Nutzenebene zielt der sinnlich-ästhetische Markennutzen auf das Bedürfnis nach Schönheit ab und der hedonistische Nutzen einer Marke soll das Bedürfnis nach Selbstverwirklichung sowie Lust und Genuss befriedigen (Stolle 2013, S. 263).

Die Wahrnehmung der einzelnen Markennutzenattribute durch die Kunden kann bei günstigen Lernbedingungen dauerhaft als Einstellung gespeichert werden, um als

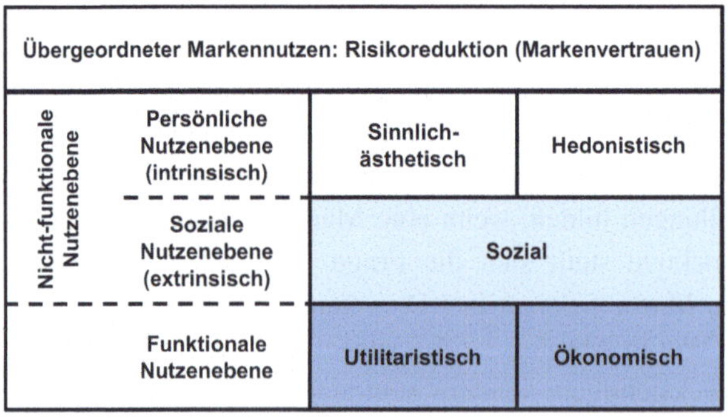

Abb. 6.11 Markennutzenarten und –ebenen. (Quelle: Burmann et al. 2018, S. 50)

Schlüsselinformation für spätere Entscheidungssituationen entlastend zur Verfügung zu stehen (Orientierungsfunktion) (Staudacher 2008, S. 38). Bestehende Einstellungen resultieren somit aus der Wahrnehmung des Markennutzens. Nutzenwahrnehmung und Einstellungsänderung vollziehen sich als Prozesse. Deshalb ist bei einer Repositionierung bzw. Imageveränderung immer mit einer gewissen Zeitdauer zu rechnen.

Der Markenpositionierung kommt als Verdichtung der Markenidentität und als Bindeglied zwischen Markenidentität und Markenimage ein wichtiger Stellenwert zu. Aufgrund der Ergebnisse der Trendanalyse kann es notwendig sein, die Markenidentität zu verändern. Kunden verlangen bspw. weniger Zucker in Cerealien. Dies kann Auswirkungen auf die Positionierung einer Marke haben.

▶ „**Markenpositionierung** ist die Planung, Umsetzung, Kontrolle und Weiterentwicklung einer an den Idealvorstellungen der Kunden ausgerichteten, vom Wettbewerb differenzierenden und von der eigenen Kompetenzausstattung darstellbaren, markenidentitätskonformen Position im Wahrnehmungsraum relevanter Zielgruppen." (Feddersen 2010, S. 29).

Kapferer (1992, S. 47) führt an, dass eine Marke wertlos ist, solange sie nicht möglichst einzigartig positioniert wurde. Mithilfe der Markenpositionierung soll die eigene Marke von Konkurrenzmarken abgegrenzt werden (Esch 2005, S. 133). Dabei ist wie bereits erwähnt eine Fokussierung auf wenige Positionierungsdimensionen anzustreben (Burmann und Meffert 2005a, S. 82). Die Positionierung geht über das Angebot hinaus und soll aufzeigen, wie die Marke inszeniert, zelebriert und kommuniziert wird. Konkreter ausgedrückt: Wenn eine Fast-Food-Kette eine Filiale in der Nachbarschaft eröffnet, überlebt nur die Pommesbude, die den Verkauf der Pommes in der Vergangenheit so inszeniert hat, dass die Kunden wegen der Inszenierung kommen und nicht nur wegen der Pommes (Haubrock und Öhlschlegel-Haubrock 2015, S. 8).

Die Markenpositionierung kann auf Basis von zwei unterschiedlichen Ansätzen erfolgen (Haedrich et al. 2003, S. 53):

1. Reaktiv
2. Aktiv

Bei einer reaktiven Positionierung wird auf artikulierten Kundenbedürfnissen aufgebaut. Die reaktive Markenpositionierung liefert u. a. den Vorteil, dass ein Vergleich mit dem Wettbewerb möglich ist. Auf Basis von meist quantitativen Kundenbefragungen kann mittels Imageprofilen, Diskriminanzanalyse, Repertory-Grid-Technik, Multidimensionaler Skalierung (MDS) oder der Conjointanalyse eine Positionierung vorgenommen werden. Abb. 6.12 stellt eine reaktive Positionierung auf Basis einer Kundenbefragung beispielhaft dar. In einer Branche unterscheiden sich die Marken hinsichtlich Prestige und Convenience. Bisher gibt es keine Marke, die beide Bedürfnisse gleich stark befriedigen kann. Es besteht die Möglichkeit, eine Differenzierung

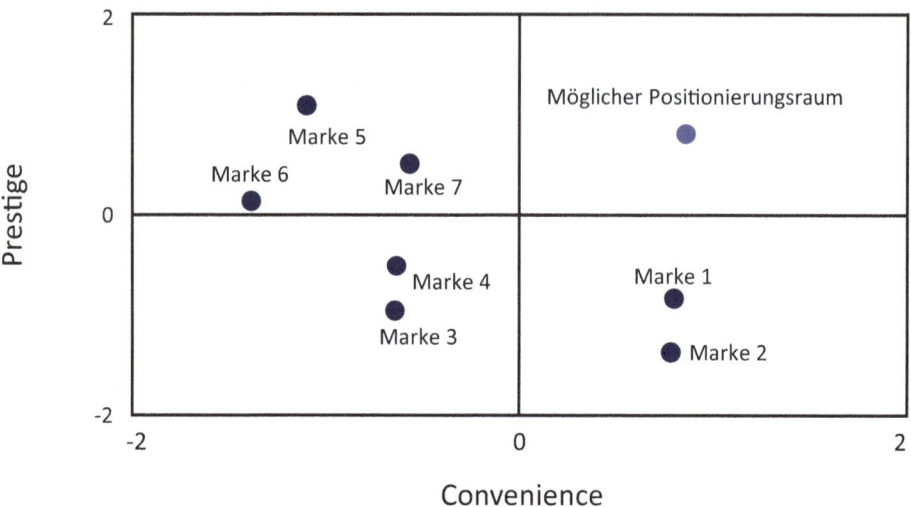

Abb. 6.12 Beispiel für eine reaktive Positionierung

durch ein hohes Prestige in Kombination mit einer hohen Convenience zu erzielen und sich vom bestehenden Wettbewerb abzugrenzen. Dabei ist darauf zu achten, dass die Organisation auch über die notwendigen Kompetenzen verfügt.

Allgemein besitzt die reaktive Positionierung mehrere Mängel, obwohl sie in der Praxis populär ist (Haedrich et al. 2003, S. 50 ff.):

- Trend zur Gleichschaltung konkurrierender Angebote
- Reaktives Kundenbeziehungsmanagement
- Mangelnde Innovationsorientierung
- Unzureichende Annahmen zum Kundenverhalten

Die reaktive Positionierung verletzt eine der Grundprämissen des Customer Value-based Decision Makings bzw. der Kundenerkenntnisse. Wenn jede Organisation über die gleichen Informationen verfügt, besteht die Tendenz, ähnliche Entscheidungen zu treffen, eine ähnliche Positionierung zu entwickeln und sich im Ergebnis mehr und mehr anzugleichen. Das führt das eigentliche Ziel der Markenpositionierung ad absurdum. Darüber hinaus unterstützt eine reaktive Positionierung ein reaktives Kundenbeziehungsmanagement, weil sie sich auf Bedürfnissen auf der Vergangenheit abstützt. Dies geht einher mit einer möglichen mangelnden Innovationsorientierung. Differenzierende Positionierungen verlangen neben der systematischen Ausarbeitung und der Abstützung durch Zahlen immer auch eine gewisse Kreativität, Spekulation und vor allem Weitsicht im Sinne einer Trendanalyse (Haedrich et al. 2003, S. 51).

Der zentrale Kritikpunkt gegenüber einer reaktiven Positionierung ist aber darin zu sehen, dass es kaum einer Organisation erlaubt ist, Defizite bei Basis- oder Hygienemerkmalen einer Marke zu besitzen. Schon 1992 konnte Trommsdorff (1992, S. 330) diese Entwicklung beobachten, die sich in den vergangen Jahren verstärkt hat. Im Ergebnis kann die reaktive Positionierungsanalyse genutzt werden, um die Ausgangslage zu verstehen, unter dem Blickpunkt der Verbesserung der Kundenorientierung sollte aber auf eine Kombination mit einer aktiven Positionierung gesetzt werden.

Die meisten Organisationen sind Marktherausforderer. Somit stellt sich die Frage: „Spielen wir nach den bestehenden Regeln oder führen wir neue Regeln ein?" (Ries und Trout 1986, S. 79). In Anlehnung an den White-Space-Gedanken und das Blue-Ocean-Strategiemodell® können mithilfe der aktiven Positionierung neue Regeln etabliert und vermeintlich stärkere Marken angegriffen werden. An dieser Stelle wird die enge Verbindung von Strategie und Markenmanagement deutlich. Der zentrale Grund, warum dies in der Praxis so selten zu beobachten ist, ist das hohe Risiko einer aktiven Positionierung. Diese baut auf latenten, zukünftigen Bedürfnissen von Kunden auf. Dabei stehen die Verantwortlichen vor der Herausforderung, dass die ausgewählten zukünftigen Bedürfnisse für den Kunden (Kauf) und für die Organisation (Kundenwert) relevant genug sein müssen. Dieses Risiko lässt sich durch die Kombination von Trendanalyse und bspw. Repertory-Grid-Technik deutlich verringern. Eine jährlich durchgeführte systematische Trendanalyse zeigt Entwicklungen im Zeitablauf auf. Wenn sie mit der Repertory-Grid-Technik verbunden wird, können mögliche Entwicklungen früher als vom Wettbewerb entdeckt und hinsichtlich des Wertbeitrags für die Kunden und die Organisation besser abgeschätzt werden. Ein gewisses Risiko bleibt aber bestehen. Deshalb ist zu beobachten, dass Organisationen die aktive Positionierung eher scheuen. Es wird lieber gewartet, bis es fast zu spät ist, und dann unter großen Aufwänden versucht, das drohende Markensterben zu verhindern. Eine umfassende Darstellung der beiden Positionierungsvorgehensweisen findest du online.

Die Entwicklung des Positionierungskerns umfasst vier Stufen. Egal, welche Positionierungsart gewählt wird, sind in einem ersten Schritt die Bedürfnisse der Kunden und deren Wertpotenzial darzulegen. Aus Sicht der Kundenorientierung gilt es, hier bestehende Markenmanagementmodelle zu kritisieren. Bisher hat kein Modell explizit die Integration des Kundenwerts im Rahmen der Markenpositionierung vorgestellt. Markenpositionierung geht bisher nur auf Bedürfnisse und Differenzierung ein, jedoch sollte auch berücksichtigt werden, ob die gewählte Positionierung genügend Wertpotenzial für die Organisation besitzt. Beispielsweise kann es sehr verlockend sein, auf Sicherheit zu setzen, weil es für die meisten Kunden einer Kategorie das relevanteste Bedürfnis ist. Es kann aber sein, dass diese Kundengruppe sehr selten kauft und dabei deutlich weniger ausgibt als Kundengruppen, denen Convenience wichtiger ist. Somit gilt es, bestehende Markenmanagementmodelle im Rahmen der Positionierungsentwicklung um die Dimension Kundenwert zu ergänzen.

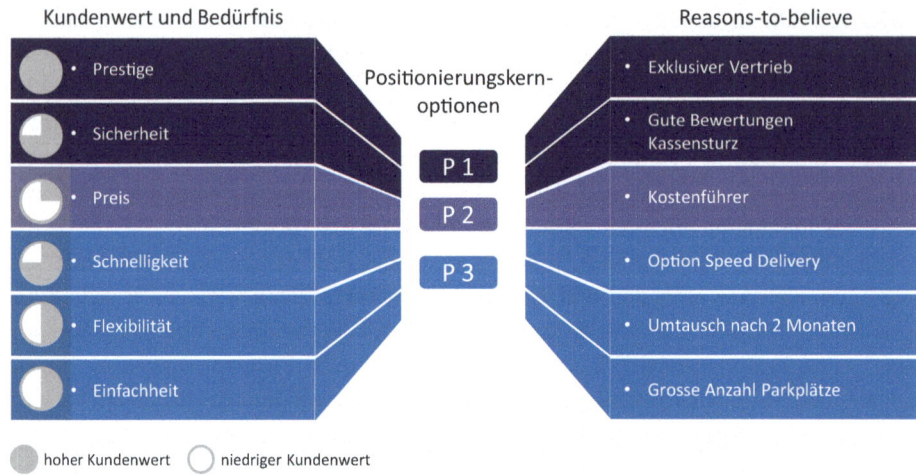

Abb. 6.13 Beispiel für die Entwicklung von Positionierungskernoptionen

Im Anschluss werden diese Bedürfnisse zu mehreren Positionierungskernoptionen verbunden. In einem weiteren Schritt wird jedem Kundenbedürfnis ein Reason-to-Believe auf Basis der ausgearbeiteten Soll-Markenidentität zugeordnet.

▶ Ein **Reason-to-Believe** ist der nachvollziehbare Grund für Kunden, der gewählten Positionierung zu vertrauen.

Im letzten Schritt sind die unterschiedlichen Positionierungskernoptionen hinsichtlich der Werthaltigkeit für die Kunden und die Organisation zu bewerten (vgl. Abb. 6.13).

Dies kann verschiedene Ergebnisse zur Folge haben. Eine attraktive Positionierungsoption kann nur bedingt durch die bestehende Markenidentität unterstützt werden. Dann gilt es zu entscheiden, ob die Markenidentität anzupassen ist oder eine weniger attraktive Positionierung gewählt werden sollte. Es kann auch sein, dass zwei Positionierungsoptionen mehr oder weniger gleich attraktiv sind. Darüber hinaus besteht die Möglichkeit, dass die Markenidentität das wichtigste Bedürfnis der meisten Kunden unterstützen kann, aber deren Kundenwert deutlich geringer ist als bei Kunden, für die andere Bedürfnisse relevanter sind. Hier ergeben sich oft Konflikte bei der Entscheidungsfindung, was die hohe Relevanz einer systematischen Gewinnung von Kundenerkenntnissen im Zeitablauf aufzeigt. Je mehr Kundenerkenntnisse vorliegen, desto eher können Positionierungsoptionen erfolgreich bewertet werden. Einmalige Kundenbefragungen zur Definition einer Markenpositionierung sind abzulehnen.

Nachdem der Positionierungskern für eine Marke bestimmt worden ist, gilt es, die Positionierung weiter auszuarbeiten. Hier sollte auf das Involvement zurückgegriffen werden (vgl. Abschn. 3.1.3.2). Levermann (1995) hat ausgehend vom Involvement der Zielgruppe vier Normziele einer Positionierung bestimmt:

1. Die gemischte Positionierung ist dadurch gekennzeichnet, dass die Bedürfnisse vorhanden und nicht trivial sind. Darüber hinaus besteht ein hohes Informationsinteresse (Involvement). Bei der Wahl dieser Positionierungsform gilt es, rationale und emotionale Aspekte zu verbinden.

2. Die sachorientierte Positionierung ist dadurch gekennzeichnet, dass die Bedürfnisse trivial sind, aber ebenfalls ein hohes Informationsbedürfnis besteht. Die Kunden sollen mit rationalen Informationen ausgestattet werden.

3. Bei der erlebnisorientierten Positionierung sind die Bedürfnisse aktuell vorhanden und nicht trivial. Es besteht aber ein geringes Informationsinteresse, da die relevanten Eigenschaften vermeintlich bekannt sind. Hier sollten die Kunden möglichst emotional angesprochen werden.

4. Bei der Familiarity-Positionierung sind die Bedürfnisse wiederum trivial, und es besteht ein geringes Informationsinteresse, da die relevanten Eigenschaften vermeintlich bekannt sind. Bei dieser Positionierung soll die Vertrautheit der Kunden mit der Marke erhöht werden.

Bei der gemischten und erlebnisorientierten Positionierung sollte der Positionierungskern emotional formuliert sein, bei der sachorientierten Positionierung rational. Die Familiarity-Positionierung zielt darauf ab, dass der Kunde mit der Marke in Berührung (Familiarity anstelle von Bekanntheit) kommt. Es werden keine Nutzenversprechen bei dieser Positionierung als Positionierungskern verwendet, sondern die Aufforderung, die Marke zu erleben.

Zentrale Herausforderung bei jeder Form der Positionierung ist das allgemein sinkende Involvement der Kunden. Kunden haben zunehmend ein geringeres Informationsinteresse. Dies führt in der Praxis dazu, dass die erlebnisorientierte oder die Familiarity-Positionierung zunehmend eingesetzt werden. Diese Entwicklung ist für eine einzelne Marke meist nicht zu durchbrechen. Es gibt zwar ein paar Beispiele dafür, das Involvement gegenüber einer Kategorie zu erhöhen, gerade im Lebensmittelbereich, aber allgemein gibt es kaum Möglichkeiten für eine einzelne Marke, sich dieser Entwicklung zu entziehen. Deshalb kommt, neben der Entscheidung der grundsätzlichen Ausrichtung der Positionierung, der Entscheidung, aus wie vielen Elementen die erweiterte Positionierung besteht, ebenfalls ein immer größer Stellenwert zu. Ich empfehle, bei einem geringen Involvement zwei Dimensionen, bei einem mittleren drei sowie bei einem hohen Involvement vier Dimensionen zu verwenden (vgl. Abb. 6.14).

Aufgrund der steigenden Anzahl an Touchpoints kann noch spezifiziert werden, an welchen die jeweiligen Dimensionen zum Einsatz kommen. Gerade für Paid Touchpoints kann es sinnvoll sein, sich auf wenige zu reduzieren, während bei Owned Touchpoints möglichst alle Dimensionen zum Einsatz kommen sollten.

Zum Abschluss der Positionierung ist dafür zu sorgen, dass die gesamte Organisation die Markenpositionierung verinnerlicht und die Mitarbeitenden ihr Handeln darauf ausrichten. Dies zeigt die enge Verbindung des Markenmanagements mit der Kundenorientierung. Es gilt, die Einstellung und das Verhalten der Mitarbeitenden erst zu beeinflussen, bevor das Customer Management bzw. die Marke eine Wirkung auf die Kunden

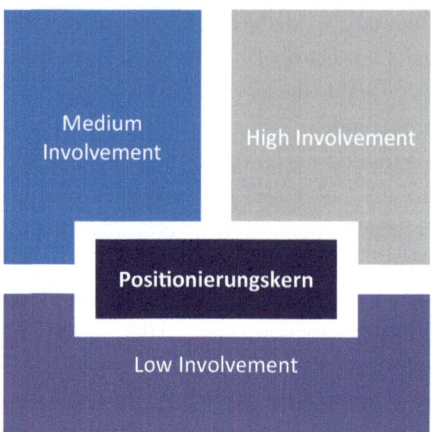

Abb. 6.14   Umfang der Positionierung in Abhängigkeit des Involvements

entfalten kann. Neben der schriftlichen Information eines jeden Mitarbeitenden einer Organisation empfehle ich, dass jede Abteilung in der Organisation Workshops zum Thema durchführt: „Wie können wir die Marke durch unser Verhalten stärken?" Die Ergebnisse werden wiederum allen in der Organisation zur Verfügung gestellt und sollten gerade beim Markenaufbau bzw. einer Repositionierung regelmäßig wiederholt werden. Nur so wird abgesichert, dass die Marke in der Organisation auch wirklich gelebt wird.

Nach der Bestimmung der Markenidentität und der Positionierung gilt es, die Marke im Zeitablauf zu führen. Organisationen tendieren dazu, Marke als eine einmalige gestalterische Aktivität zu betrachten. Es wird eine Beratung/Agentur engagiert, das Design und der Claim werden festgelegt und im Anschluss auf jeden Touchpoint gedruckt. Das führt meist nicht zu einer starken Marke. Es fehlt immer noch an vielen Stellen die Erkenntnis, dass eine Marke nach der Bestimmung Führung benötigt. Es können drei grundsätzliche Arten der Markenführung identifiziert werden (Jenner 1999a, S. 24):

1. Markenstarre
2. Markenaktionismus
3. Dynamisch-kontinuierliche Markenführung

Jenner (1999b) empfiehlt, dass eine Marke möglichst kontinuierlich und dynamisch geführt wird. Organisationen sollten die Markenidentität/-positionierung nicht zu stark verändern (Markenaktionismus), aber auch nicht über einen längeren Zeitraum völlig unverändert lassen (Markenstarre). Es gilt deshalb, die Markenidentität/-positionierung kontinuierlicher zu überprüfen und sich der Gefahren und Potenziale von Veränderungen genau bewusst zu sein. Grundsätzlich gilt: Es sollte so wenig wie nötig an Marken verändert werden. Beispiele wie Camel, Pepsi und Fiat zeigen im Vergleich zu Marlboro, Coca-Cola und BMW, dass Marken, die nur wenig verändern, meist erfolgreicher sind.

Dies ist wahrscheinlich darauf zurückzuführen, dass oft davon ausgegangen wird, dass Kunden Marken vor allem aufgrund des Prestigenutzens kaufen. Marken bieten aber in erster Linie Orientierung und vor allem Sicherheit. Veränderungen stehen meist konträr zur Sicherheit. Somit gilt es, Veränderungen an der Marke möglichst behutsam und konsistent über einen gewissen Zeitraum vorzunehmen.

Bei der Entwicklung von digitalen Geschäftsmodellen beobachte ich immer öfter das Phänomen „Markenblindheit". Markenblindheit entsteht, wenn eine Organisation zwar Kundenbedürfnisse, User Experience und Revenue Streams berücksichtigt, aber keine differenzierende Positionierung ausarbeitet. Es wird zu oft vergessen, dass erst eine klare, differenzierende und relevante Positionierung es ermöglicht, dass Kunden Angebote ausprobieren und sich so die Familiarity erhöht. Da die Aktivierung eine große Herausforderung darstellt, gilt es umso mehr, bei neuen Ideen von Anfang an die Marke mitzudenken. Hier sei an das Phänomen „Appmageddon" erinnert. Viele Apps finden keinen Nutzer, auch weil eine einfache und klare Positionierung nicht zu erkennen ist und der vermeintlich große Funktionsumfang die Kunden eher zu überfordern scheint.

Die Verbindung zwischen Markenmanagement und Kundenbeziehungsmanagement erfolgt über das Konstrukt der Marke-Kunde-Beziehung (Hollenbeck 2011).

▶ Die **Marke-Kunde-Beziehung** beschreibt den Grad der subjektiv wahrgenommenen, kognitiven und affektiven Verbundenheit eines Kunden mit einer Marke (Burmann et al. 2012, S. 74).

Organisationen sollten das Ziel verfolgen, nach dem Erstkontakt einen wiederholten Kontakt mit dem Kunden zu etablieren, aus dem dann eine Marke-Kunde-Beziehung entstehen kann (Wenske 2008, S. 91). Es gibt zahlreiche Gründe, warum der Aufbau einer Beziehung zwischen einer Marke und Kunden Vorteile hat (Burmann et al. 2012, S. 75 f.). Wenske (2008, S. 16) konnte in ihrer Studie ermitteln, dass ein Zusammenhang zwischen Share of Wallet und Festigkeit der Marke-Kunde-Beziehung sowie zwischen der Abwanderungsrate innerhalb von 18 Monaten besteht, der durchaus als signifikant zu beurteilen ist. Ich verwende den Begriff Marke-Kunde-Beziehung grundsätzlich nicht. Ansonsten ist, wie bereits angesprochen, eine Abgrenzung zwischen Marken- und Kundenbeziehungsmanagement schwierig. Aber es gilt zu berücksichtigen, dass die Marke einen großen Einfluss auf die Entstehung sowie die Entwicklung einer Kundenbeziehung hat.

6.5 Kundenbeziehungsmanagement

Eine kundenorientierte Organisation stellt nicht das Angebot, sondern den Kunden und die Beziehung zu diesem in den Fokus ihrer Aktivitäten. Abb. 6.15 stellt ein Kundenbeziehungsmanagement im Rahmen der kundenorientierten Unternehmensführung vor.

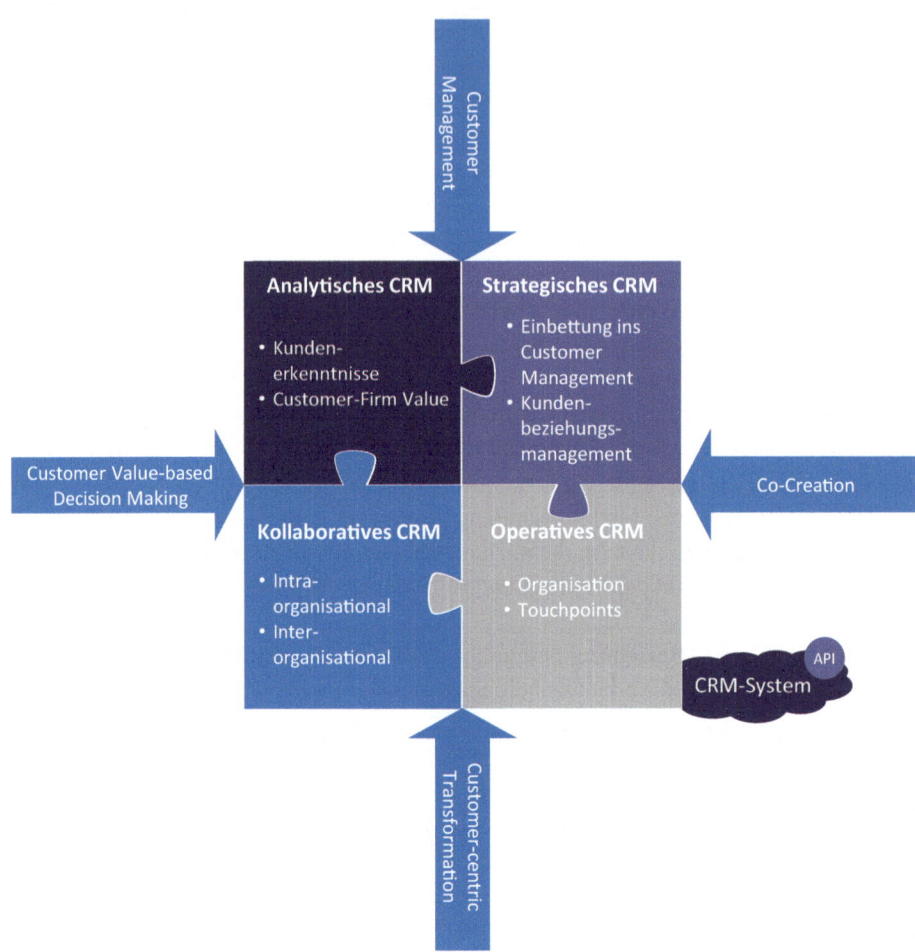

Abb. 6.15 Kundenbeziehungsmanagement (Customer Relationship Management). (Quelle: Copyright © CustomersX. All rights reserved. Reprinted by permission.)

Das Kundenbeziehungsmanagement unterteilt sich in vier Felder. Ausgehend vom Customer Value-based Decision Making umfasst das analytische CRM die Gewinnung von Kundenerkenntnissen, die Bereitstellung der Kundenerkenntnisse in der Organisation, die Berechnung des Customer-Firm Values, die Segmentierung sowie das Controlling des Kundenbeziehungsmanagements. Die Leistungsfähigkeit des analytischen CRMs hat einen hohen Einfluss auf den Erfolg des Kundenbeziehungsmanagements (Lütje 2009, S. 85). Das strategische CRM bettet das Kundenbeziehungsmanagement in die Gesamtstrategie der Organisation ein und entwickelte Pläne und das Zielsystem für die Kundenakquise sowie die Kundenbindung. Ausgehend von der Customer-centric Transformation berücksichtigt das operative CRM die Ausgestaltung der Organisation und die jeweiligen Touchpoints sowie deren Weiterentwicklung. Das kollaborative CRM bezieht sich auf die abteilungs- und organisationsübergreifende Nutzung des Kundenbeziehungsmanagements. Dabei soll im Rahmen aller vier Bereiche Co-Creation, soweit möglich, berücksichtigt werden. Das Kundenbeziehungsmanagement fußt auf dem CRM-System (vgl. Abschn. 4.5.2), das je nach Leistungsfähigkeit die unterschiedlichen Aufgaben mehr oder weniger unterstützen kann.

Nach meinem Verständnis ist eine Kundenbeziehung eng mit dem Aspekt der Co-Creation verbunden (vgl. Kap. 5). In Verbindung mit dem vorgegebenen Geschäftsmodell, den Zielen, der Marktbearbeitungsstrategie sowie der Marke soll das Kundenbeziehungsmanagement optimal ausgestaltet werden. Während die Organisation möglichst eine enge Beziehung mit dem Kunden anstreben sollte, ist davon auszugehen, dass die meisten Kunden nicht wirklich eine Beziehung zu einer Organisation suchen. Es liegt somit immer in der Verantwortung der Organisation, die Beziehungen zu festigen. Grundsätzlich erfolgt eine Dreiteilung der Kundenbeziehungsstrategie in Kundenakquise, Kundenbindung und Kundenrückgewinnung (vgl. Abb. 6.17).

▶ Der **Kundenbeziehungslebenszyklus** stellt idealtypische Verläufe einer Kundenbeziehung in den unterschiedlichen Stufen dar. Je nach Stufe können unterschiedliche Konsequenzen für das Kundenbeziehungsmanagement gezogen werden (Bruhn 2009, S. 46).

Darüber hinaus kann auch die Kundenelimination für eine Organisation wichtig sein, wenn die Kunden den Wert der Organisation zerstören und keine Möglichkeit besteht, den Kundenwert zu steigern. Abb. 6.16 macht deutlich, dass für die Gewinnsteigerung nicht nur die Kundenakquise genutzt werden sollte. Die meisten Organisationen besitzen nicht wenige Kunden mit einem negativen Gewinnbeitrag. Zur Steigerung des Customer Equitys können entweder die unprofitablen Kundenbeziehungen in profitable Beziehung umgewandelt (Option 1) oder die Beziehungen gezielt beendet werden (Option 2). Diese beiden Punkte werden in der Praxis noch oft vernachlässigt. Bei der jeweiligen Umsetzung ist auch zu beobachten, dass die betroffenen Kunden stark verärgert werden. Beide Optionen sind somit nicht als eine Art Bestrafung zu kommunizieren, stattdessen ist ein gemeinsamer Weg zur Wertsteigerung zu suchen und ein notwendiges Beziehungsende deutlich, aber auch empathisch zu begründen. Eine Trennung ist nie einfach, deshalb gilt es, im Rahmen solcher Aktivitäten ganz besonders darauf zu achten, wie diese vollzogen werden. Wenn ich sehe, welch großer Aufwand für das Erstellen von Customer Experiences betrieben wird und wie wenig die Beziehungsbeendigung in Organisationen berücksichtigt wird, sehe ich an dieser Stelle enormes Potenzial. Gerade im B2B-Bereich mit geringer Kundenanzahl und langjährigen Kundenbeziehungen sollte dieser Baustein der Kundenbeziehungsstrategie deutlich mehr Aufmerksamkeit erfahren.

Die unterschiedlichen Stufen des Kundenbeziehungsmanagements werden im Kundenbeziehungslebenszyklus dargestellt. Er zeigt einen idealtypischen Verlauf einer Beziehung auf. In der Praxis werden viele Kundenbeziehungen deutlich verschiedene Verläufe

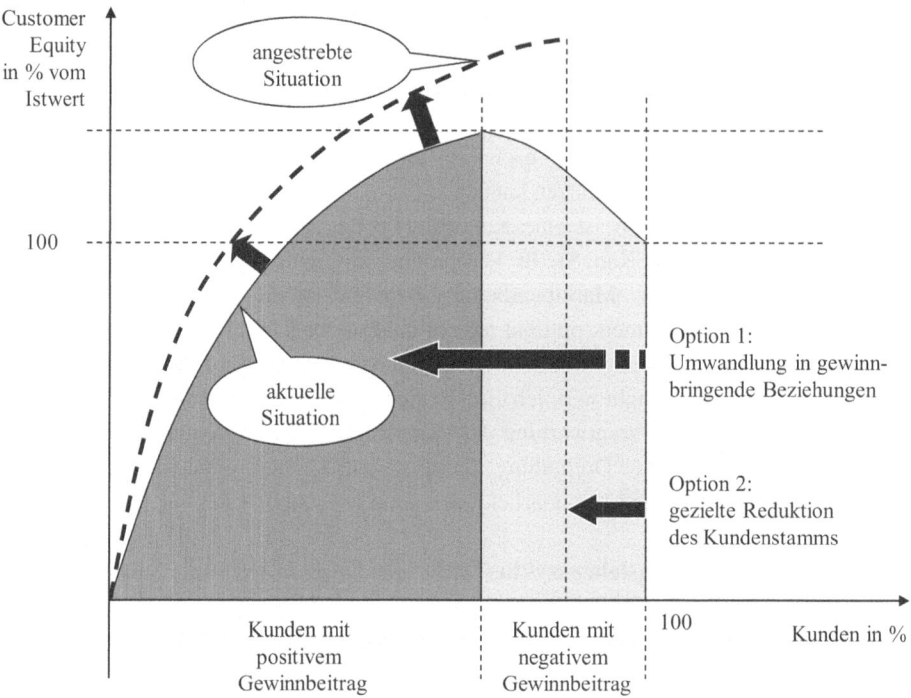

Abb. 6.16 Konzentration auf profitable Kundengruppen. (Quelle: Leußer et al. 2011, S. 24)

haben (Wübben 2008, S. 27). Auch die Dauer der Beziehung ist höchst unterschiedlich. Manche Kunden werden jahrelang eine Beziehung mit der Organisation eingehen,
andere Kunden werden den Beziehungslebenszyklus schon nach einem Tag, einer Woche
oder einem Monat durchlaufen haben. Die Etablierung des Kundenbeziehungslebenszyklus in Kombination mit der Customer Purchase Process Analysis soll helfen, von der
Akquisefixierung wegzukommen und den Blick und die Differenzierungsmöglichkeiten
vom Wettbewerb über den ganzen Beziehungszeitraum zu richten (Abb. 6.17).

Neben der Kundenakquise zielt eine Organisation vor allem darauf ab, den Wert der
Kunden systematisch zu steigern und diese möglichst lange an sich zu binden. Dabei
können drei unterschiedliche Werte-Gaps im Kundenbeziehungsmanagement identifiziert
werden (Jenkinson 1997, S. 325):

1. **Fehler bei der Kundenakquise:** Falsche Kunden durch fehlende Selektion und
   schlechte Prozesse
2. **Fehler bei der Kundenwertgenerierung:** Verpassen der Up-/Cross-Selling-Gelegen-
   heit, Behinderung des Wiederkaufs und unzureichender Kundenkontakt
3. **Fehler bei der Kundenbindung:** Schlechter Service, fehlende Kundenbeachtung,
   keine Lost-Customer-Analyse und keine Kundenrückgewinnung

Nicht wenige Organisationen sind darauf ausgerichtet, jeden potenziellen Kunden anzusprechen und zu akquirieren. Oft verschwenden sie ihre Ressourcen durch mangelndes

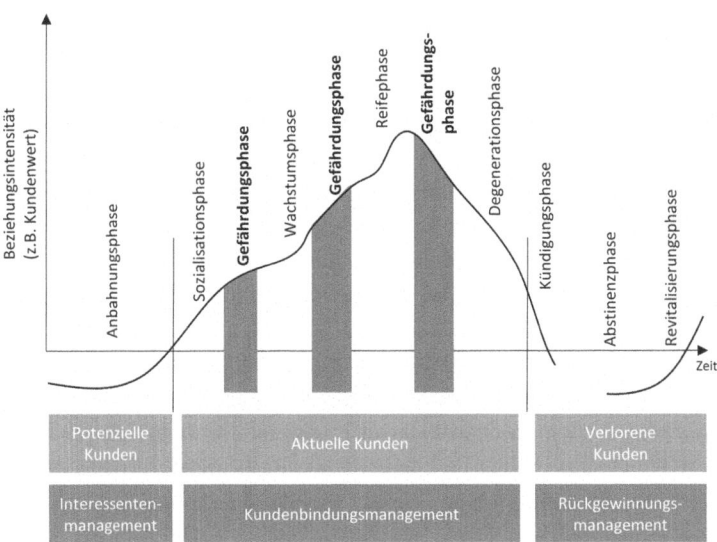

Abb. 6.17 Der Kundenbeziehungslebenszyklus. (Quelle: Stauss 2011, S. 434)

selektives Vorgehen („Gießkannenprinzip") (Fader 2012). Manche Kunden können so hohe oder spezifische Erwartungen haben, dass eine Organisation diese nicht erfüllen kann oder sollte. Die steigende Individualisierung verstärkt diese Entwicklung in den vergangenen Jahren. Manche Kunden sind hochgradig an eine Wettbewerbsmarke gebunden und kaum zu einem Wechsel bereit. Andere Kunden nutzen das Angebot nur vereinzelt und sollten gemäß des Opportunitätskostendenkens nicht anstelle von Heavy Usern akquiriert werden (Helm 2005). Die Kundenakquise gilt es, selektiv und wertorientiert auszurichten. Dabei sollten die Prozesse kontinuierlich überprüft werden, damit möglichst nur wertvolle Kunden akquiriert werden. Die Konzentration auf Schlüsselkunden ist zu empfehlen (Stahl 1996, S. 1). Lütje (2009, S. 102) spricht allgemein von Kundenbeziehungsfähigkeit und nicht nur von Kundenbeziehungsmanagement.

Zur Verbesserung des Wachstums und des Gewinns einer Organisation sollen die Kundenpotenziale möglichst umfassend ausgeschöpft werden. Up- und Cross-Selling sind wichtige Bausteine der Kundenprofitabilität, aber auch das Weiterempfehlungs- und das Informationsverhalten des Kunden können dazugerechnet werden. Oft haben Organisationen Schwierigkeiten, nach der Akquise die Kunden weiter auszubauen bzw. die Wertpotenziale auszuschöpfen. Die Silo-Mentalität innerhalb der Organisation kann ein dafür Grund sein, weil der Verkaufende einer Angebotskategorie wenig Interesse und Anreize hat, Angebote des Kollegen zu verkaufen. Ich beobachte oft bei Start-ups, die nur ein Angebot besitzen folgende Herausforderung. Auf dieses meist innovative Angebot ist die Organisation zu Recht stolz, vergisst aber, dass die Kosten für die Kundenakquise bei nur einem Angebot sehr hoch sind. Viele Start-ups übersehen, wie wichtig es ist, von Anfang an Cross-Selling betreiben zu können, um möglichst schnell in die Gewinnzone zu kommen.

In der Praxis ist der hohe Stellenwert der Kundenbindung leider immer noch nicht angekommen. Es wird akquiriert und akquiriert mit Agenturen und Dienstleistern und jeder zur Verfügung stehenden Technologie. Im Ergebnis sind nicht genügend Ressourcen für die Kundenbindung vorhanden. Es wird anscheinend davon ausgegangen, dass die Altkunden loyal bis in alle Ewigkeit sind. So bietet die Mobilfunkbranche Neukunden mehr Rabatt an als bestehenden Kunden bei der Verlängerung. Dass nicht mehr Kunden ihre Verträge kündigen und sich anschließend wieder neu akquirieren lassen, ist das große Glück dieser Branche. Kundenbetreuung im Sinne von Mehrwert wird gerade im B2C-Bereich völlig übersehen. Das höchste der Gefühle sind Newsletter mit weiteren Angeboten, die täglich im Postfach erscheinen. Für kundenorientierte Organisationen ist es eine Pflicht, ein Kundenbindungsprogramm zu etablieren. Darüber hinaus gilt es, gefährdete oder gar verlorene Kundenbeziehungen systematisch zu analysieren. Durch eine umfassende Lost-Customer-Analyse auf Basis eines leistungsfähigen CRM-Systems mit relevanten Kundenerkenntnissen können wertvolle Kunden identifiziert, individuelle Angebote und Wiedergutmachungen, z. B. im Rahmen eines aktiven Beschwerdemanagementsystems (Günter 2006), angeboten und letztlich Kunden wieder zurückgewonnen werden.

6.5.1 Kundenakquise

Kundenakquise ist grundsätzlich eine wichtige Aufgabe einer Organisation. Es wird davon ausgegangen, dass durchschnittlich 25 % der Kunden einer Organisation pro Jahr ersetzt werden müssen (Sathit 2017, S. 164). Neben der Entscheidung durch den Kunden, die Beziehung zu beenden, kann eine Organisation die Entscheidung treffen, gewisse Kunden nicht mehr zu betreuen. So werden bspw. jüngere Kunden akquiriert, damit der Kundenstamm nicht bald ausstirbt. In reifen und von starkem Wettbewerb geprägten Märkten kommt der Kundenakquise aber eine geringere Relevanz zu (Ang und Buttle 2006, S. 296). Die meisten Organisationen befinden sich in solchen Märkten. Deshalb überrascht es so sehr, wie stark sich Organisationen immer noch auf die Akquise von neuen Kunden förmlich einschießen und die bestehenden Kunden ignorieren – auch, weil die Kundenakquise meist höhere Kosten verursacht als die Kundenbindung (Gregori 2006, S. 1). Einen wichtigen Einfluss auf diese Entwicklung hat die Incentivierung des Verkaufs, der hohe Anreize für die Neukundenakquise erhält, aber wenig dafür, bestehende Kunden zu binden. Es ist zu hoffen, dass an dieser Stelle ein Umdenken stattfindet.

Kundenorientierte Organisationen achten bei der Akquise darauf, möglichst wertvolle Kunden zu gewinnen und die Akquisekosten kontinuierlich zu optimieren (Lütje 2009, S. 89). Es ist zu beobachten, dass Organisationen vermeintlich günstige Angebote lancieren, um möglichst viele Kunden zu akquirieren. Zwar steigt meist die Zahl der Kunden und damit die Hoffnung, diese an sich zu binden. Es ist aber auch zu beobachten, dass die neuen Kunden häufig einen deutlich geringeren Kundenwert aufweisen (Sathit 2017). Aufgrund fehlender Kundenerkenntnisse wird in der Steuerung nur auf Anzahl und Umsatz der einzelnen Transaktion gesetzt, anstatt eine gewinn-orientierte Zeitraumbetrachtung zu etablieren. Der Druck der Produktionskosten sowie die Lagerkosten können schnell dazu führen, dass die Marke über kontinuierliche Preis-aktionen zerstört wird. Die Anzahl der Kunden steigt bei einer solchen Vorgehensweise aber mittelfristig sinkt die Kundenbindung, weil die Marke an Stärke verliert. Diese Ent-wicklung konnte in zahlreichen Branchen wie bspw. Tourismus, Automobil und Einzel-handel beobachtet werden.

Im Sinne der Deckungsbeitragskosten reicht es nicht aus, nur den Umsatz und die Anzahl an neuen Kunden zu berücksichtigen (Kirchner 2008, S. 272). Es gilt auch, die Kosten für die Kundenakquise genau zu verstehen. Die Kundenakquise wird in zwei Dimensionen unterteilt: die Akquisitionsrate und die Akquisekosten (Farris et al. 2007, S. 205 f.). Die Kundenakquisitionsrate ergibt sich aus dem Verhältnis der gewonnenen Kunden und den angesprochenen potenziellen Kunden (Kumar und Reinartz 2018, S. 82).

$$Akquisitionsrate(\%) = 100 * \frac{\# \; der \; gewonnen \; Kunden}{\# \; der \; angesprochenen \; potenziellen \; Kunden}$$

Dabei ist es wichtig zu klären, was genau unter einer erfolgten Kundenakquise ver-standen wird. Gerade Organisationen, die eine App anbieten, definieren eine erfolgte Kundenakquise oftmals als „Die App ist auf dem Handy installiert", jedoch kann von Kundenakquise eigentlich nur gesprochen werden, wenn der Kunde die App mehrmals nutzt. Somit können entweder unterschiedliche Kundenakquiseraten im Sinne eines Funnels ausgewertet werden oder es gilt genau zu bestimmen, was als erfolgte Kunden-akquise für die jeweilige Organisation sinnvoll ist.

Die Kundenakquisitionskosten ergeben sich aus den Kampagnenkosten im Verhältnis zu den neu gewonnenen Kunden (Kumar und Reinartz 2018, S. 82).

$$Kundenakquisitionskosten \; pro \; Kunde \frac{Kosten \; für \; die \; Kampagne}{Anzahl \; an \; gewonnenen \; Kunden}$$

Für die Berechnung der Kundenakquisekosten stellen die große Anzahl an Touchpoints sowie der hohe Einfluss der Weiterempfehlung eine erhebliche Herausforderung dar. Gehen wir von einer Organisation aus, die an fünf Touchpoints eine Kampagne startet, aber ein Kunde wird durch einen Post von einem Freund auf Instagram auf das Angebot aufmerksam. Wie sind die Kosten für diesen Kunden zu berechnen? Die allermeisten Organisationen werden im Alltag nie für jeden einzelnen Kunden den genauen Customer Purchase Process ermitteln können. Darüber hinaus ist die Berechnung von durchschnitt-lichen Nutzungswerten für jeden Touchpoint selbst auf Segmentebene komplex. Der Kunde nutzt die Touchpoints einer Organisation integriert, das gilt es bei den Kosten-bestimmungen zu berücksichtigen. In der Praxis werden aber Kundenakquisekosten meist per einzelnem Touchpoint bzw. einzelner Kampagnen aufgeführt. Darüber hinaus hat die Anzahl an Stufen bei der Neukundenakquise einen Einfluss auf die Kostenbestimmung.

Während die Kosten für einstufige Kundenakquiseaktionen meist einfacher zu bestimmen sind, sind zwei- oder mehrstufige Kundenakquiseaktionen deutlich komplexer bezogen auf die Zuordnung der Kosten (Kirchner 2008, S. 270). Für Organisationen, die nur einzelne Kampagnen nutzen, ist somit die Bestimmung der Kundenakquisekosten deutlich einfacher (Kumar und Reinartz 2018, S. 83). In der Praxis werden deshalb jedem Kunden Durchschnittskosten per Touchpoints zugeordnet, was leicht zu einer Verfälschung der Ergebnisse führen kann. Meist bleibt aber nur die Nutzung von Durchschnittswerten übrig. Es ist zu hoffen, dass Organisationen bewusster wird, welch großes Wertpotenzial die Identifikation von Kunden mit sich bringen kann – gerade bei den eigenen Touchpoints.

Eine weitere wichtige Kennzahl im Rahmen der Kundenakquise ist die durchschnittliche Kauffrequenz. Diese misst, wie oft ein Kunde ein Angebot während eines definierten Zeitraums kauft (Tag/Monat/Jahr). Diese gilt es, wenn möglich, im Zeitablauf zu steigern, sodass sich der Kundenwert kontinuierlich verbessert.

$$\text{Durchschnittliche Kauffrequenz} = \frac{1}{\textit{Anzahl Käufe während einer spezifischen Periode}}$$

Die Performance einer Organisation im Rahmen der Kundenakquise hat einen hohen Einfluss auf das Kundenbindungspotenzial. Deshalb sollten Organisationen Kundenbeziehungen aufmerksam aufbauen (Kenning 2002, S. 93). Es gilt, die Entscheidung des Kunden zu bestätigen (Confirmationsphase) und mögliche bestehende kognitive Dissonanzen abzubauen (Holland 2009, S. 609). Das Vertrauen in die Organisation ist bei den neu gewonnenen Kunden von Beginn an zu stärken (Gouthier 2006, S. 384).

Für Organisationen besteht dabei die Herausforderung, dass Neukunden oft auf andere Elemente Wert legen als Bestandskunden (Mittal und Katrichis 2000). Dadurch können leicht Zielkonflikte entstehen. Soll sich die Organisation eher auf die Neukunden oder Bestandskunden ausrichten, oder gar einen Kompromiss zwischen beiden wählen, der niemanden richtig glücklich macht? Ich empfehle, ausgehend vom wertvollen Kundenstamm einzelne Änderungen zur Optimierung der Kundenakquise vorzunehmen. Dadurch, dass die Kundenakquise in vielen Organisationen so prominent ist, wird genau andersherum entschieden. Die Organisation wird vor allem auf die neuen Kunden ausgerichtet und die bestehenden Kunden können vernachlässigt werden.

Beispiel: Fehlendes CRM

Im Rahmen meiner FMCG-Projekte konnte ich über Jahre beobachten, dass neue Produkte mit großer kommunikativer Unterstützung lanciert wurden. Die Organisationen gaben viel Geld für Werbung, Sponsoring und Social Media aus, in der Hoffnung, die jeweilige Zielgruppe zu erreichen.

Was allen Herstellern fehlt, ist ein zentrales CRM, welches das Potenzial der bestehenden Kunden für das neue Angebot ermittelt. Dadurch, dass der Handel die direkte Beziehung mit dem Kunden führt, ist das für FMCG-Hersteller keine leichte

Aufgabe. Anstatt den bestehenden Kundenstamm zu nutzen und durch Weiterempfehlung neue Kunden für das neue Produkt zu begeistern, wurde der Versuch unternommen, zwischen all den vielen Marken den Kunden zu erreichen. Im Ergebnis war dies vor allem für die kleineren bzw. finanzschwächeren Hersteller eine Sisyphosaufgabe. Die Ausgaben für die Markteinführung stiegen kontinuierlich, gleichzeitig wurden immer mehr Rabatte gegeben, die Organisationen mussten für die Lancierung die Kosten senken – insgesamt ein Teufelskreis. Dies führte dazu, dass viel Energie in die Neuproduktentwicklung gesteckt wurde. Für das Kundenbeziehungsmanagement waren die Ressourcen begrenzt. ◀

Zusammenfassend gilt, dass neben der wertorientierten Kundenakquise die Aufgabe für die Organisation darin besteht, die gewonnenen Kunden möglichst langfristig zu binden (Kirchner 2008, S. 266).

6.5.2 Kundenbindung

Die Fähigkeiten im Bereich der Kundenbindung haben für die meisten Organisationen einen hohen Einfluss auf die Gewinnentwicklung (Wübben 2008, S. 28). Durchschnittlich steigern Organisationen ihren Gewinn um 100 %, wenn sie es schaffen, dass die Bindung von 5 % der Kunden steigt (Reichheld und Sasser 1990, S. 105), wobei zu berücksichtigen ist, dass es sich dabei um Kunden mit einem hohen Kundenwert handeln muss. Im Englischen wird immer öfter der Begriff „Stickiness" anstelle von Kundenbindung verwendet (Sathit 2017, S. 172). Dies illustriert das Ziel, den Kunden förmlich an die Organisation festzukleben.

▶ **Kundenbindungsmanagement** wird als strategischer Fokus mit einem Bündel von Aktivitäten angesehen, die dafür geeignet sind, Beziehungen zwischen Kunden und einer Organisation und deren Partner enger zu gestalten.

Während die Dauer einer Kundenbindung und deren Auswirkung umfassend untersucht worden ist, gibt es kaum Erkenntnisse bezüglich der Beziehungstiefe. Für jede Organisation bestehen unterschiedliche Möglichkeiten, wie tief die Beziehung mit dem Kunden gehen kann. Somit überrascht es nicht, dass es in der Praxis hierzu kaum systematische Ansätze gibt, wenn das Thema schon in der Wissenschaft kaum Beachtung findet.

Doch genau an diesem Punkt setzt Kundenorientierung eben an – wie kann eine Organisation möglichst günstig eine möglichst tiefe Beziehung mit dem Kunden eingehen? Die Frage nach der Tiefe einer Beziehung wird in der Abgrenzung von Kundenbeziehungsmanagement und Customer Experience Management relevant. Während Customer Experience das Erlebnis im Sinne von Einzigartigkeit und Begeisterung betont, setzt das Kundenbeziehungsmanagement auf die Tiefe und

Stärke der Beziehung. Die Berücksichtigung der jeweiligen Perspektive kann ähnliche Empfehlungen zum Ergebnis haben. Ich erlebe aber, dass sich die meisten Verantwortlichen in diesem Bereich gar nicht bewusst sind, dass es aus einer Investitionsperspektive eine Entscheidung auch bezüglich der Tiefe der Beziehung zu treffen gilt. Nutzt eine Organisation die möglichen Investitionen für mehrere einzelne Instrumente, um kontinuierlich den Kunden nach dem Kauf zu begleiten, oder soll die Webseite für Serviceanfragen und die dahinterliegenden Prozesse möglichst begeisternd sein? Am besten beides.

Im Rahmen meiner Workshops und Vorlesungen sowie als Kunde von vielen Organisationen erlebe ich, dass die Differenzierung in der Nachkaufphase und dadurch die Stärkung der Kundenbindung mehr oder weniger nicht existiert. Es gibt zwar einzelne Newsletter, und wenn sich jemand beschwert, wird er vielleicht sogar kontaktiert. Aber die Kundenbindung systematisch und wertorientiert zu vertiefen, scheint noch nicht so verbreitet zu sein.

Darüber hinaus erlaubt eine tiefgehende Kundenbindung die Gewinnung von möglichst vielen Kundenerkenntnissen (Gouthier 2006, S. 375). Auch deshalb hat die Kundenbindung einen so großen Stellenwert für die kundenorientierte Ausrichtung einer Organisation. Kunden geben eher Informationen an Organisationen weiter, wenn eine tiefe Beziehung besteht. Zusätzlich gilt es, den Kunden möglichst wertmaximierend in den Leistungserstellungsprozess zu integrieren (Lamberti 2013). Das Kundenbeziehungsmanagement umfasst demnach zwei Dimensionen: Aus Sicht der Co-Creation soll der Kunde in den Leistungserstellungsprozess integriert werden, aus Sicht des Customer Value-based Decision Makings soll nicht auf einzelne Kundentransaktionen, sondern stattdessen auf die Beziehung und dadurch auf den Wert für den Kunden als auch für die Organisation abgestellt werden (Gummesson 2008). Somit sollten Organisationen einen möglichst engagierten und aktiven Kundenstamm besitzen (Kumar und Reinartz 2018, S. 25).

Ausgangspunkt für das Kundenbeziehungsmanagement sind die jeweiligen Ziele und die Frage, welche Aktivitäten diese optimal unterstützen (Bruhn 2014, S. 75). Abb. 6.18 stellt die unterschiedlichen Ziele der Kundenbindung vor. Diese sind an das Zielsystem einer kundenorientierten Organisation (vgl. Abb. 6.4) angelehnt. Grundsätzlich sind Sicherheits-, Wachstums- und Ertragsziele zu unterscheiden, wobei in der Praxis meist eine Mischung aus verschiedenen Zielen angestrebt wird. Es verwundert somit nicht nur, dass die Kundenbindung zu wenig priorisiert, sondern auch, dass die hohe Komplexität aufgrund der verschiedenen Ziele nicht antizipiert wird.

Die Kundenbindung wird dahin gehend unterteilt, ob es sich um eine Verbundenheit mit dem Kunden oder um Gebundenheit handelt (Johnson 1982, S. 39). Verbundenheit baut auf der freiwilligen Bindung des Kunden auf. Dies kann aufgrund der Zufriedenheit oder der Trägheit geschehen. Aus meiner Sicht ist es wichtig, zu verstehen, dass Trägheit bisher stark bei der Erklärung des Kaufverhaltens unterschätzt wird. Die Beziehung zwischen Kundenzufriedenheit und Loyalität ist oft asymmetrisch (Kumar und Reinartz 2018, S. 21), somit meist nicht linear und flacht meist an beiden Enden deutlich ab. Auch

Abb. 6.18 Ziele der Kundenbindung. (Quelle: Herrmann und Huber 2013, S. 304)

deshalb ist die Gewinnung und Nutzung von Kundenerkenntnissen so wichtig, um den Einfluss der Trägheit richtig einschätzen zu können.

Gebundenheit ergibt sich aufgrund der Fixierung durch den Anbieter für einen gewissen Zeitraum (Stotz 2018, S. 39). Die klassischen Beispiele sind Rasierklingen, zu Beginn das Nespresso-System sowie Garantieverträge. Die Stärke der Gebundenheit hat einen hohen Einfluss auf die Gewinnentwicklung einer Organisation, wahrscheinlich auch, weil sie die Trägheit der Kunden unterstützt.

Neben Kundenbindung wird auch von Kundenloyalität gesprochen. Beide Begriffe werden häufig vermischt, dabei haben sie unterschiedliche Perspektiven: Während sich Kundenbindung auf die Organisation bezieht, setzt Kundenloyalität beim Kunden an (Stotz 2018, S. 38).

▶ **Kundenloyalität** beschreibt die Verhaltensabsicht sowie das tatsächliche Verhalten eines Kunden gegenüber einer Organisation (Staudacher 2008, S. 58).

Kundenloyalität kann in vier Dimensionen unterteilt werden (in Anlehnung an Homburg 2017, S. 46):

1. Wiederkaufsverhalten der Kunden
2. Bereitschaft für Zusatzkäufe
3. Weiterempfehlung
4. Unterstützung Co-Creation

In den bisherigen Ausführungen zur Kundenloyalität wird Co-Creation noch übersehen. Loyale Kunden sind eher bereit, Daten preiszugeben und sich für eine Organisation zu engagieren. Aufgrund des starken Einsatzes von Social Media in den letzten Jahren

wurde viel auf die Weiterempfehlung abgestellt. Aus meiner Sicht gilt es aber, Kundenloyalität integrativer im Sinne der Co-Creation zu verstehen und für die Organisation zu
nutzen. Nicht der Kauf allein stiftet Wert für die Organisation.

Organisationen setzten im Rahmen der Kundenbindung bzw. Kundenloyalität vor
allem auf das Wiederkaufsverhalten. Dies wird als Spurious Loyalty bezeichnet und
liegt dann vor, wenn Kunden durch zufällige oder situative Faktoren (z. B. langan-
haltende Sonderangebote/Lock-in-Effekte) Angebote wiederholt kaufen. Eine solche
Loyalität kann dazu führen, dass sich die Profitabilität des Kundenstamms im Zeitablauf verringert. Geben Organisationen konstant Rabatte oder Treubonusse, vor allem
für das Kundensegment, das höhere Kosten erzeugt, z. B. aufgrund extensiver Service-
anforderungen, geht die Rechnung nicht auf (Shah et al. 2012, S. 92 ff.).

Ein Element der Kundenbindung sind Loyalitätsprogramme. Diese erfreuen sich in
den letzten Jahren großer Beliebtheit (Kreutzer 2016). In Deutschland hat sich Anzahl
an Kundenkarten von 650.000 im Jahr 1996 auf über 100 Mio. im Jahr 2004 gesteigert
(Homburg et al. 2016, S. 309). Die Loyalitätsprogramme der verschiedenen Fluggesellschaften sind bekannt. Darüber hinaus weiß jeder, was Cumulus bzw. die Supercard ist.
Gefühlt jede zweite Organisation hat ein Loyalitätsprogramm und die Kundenkarten
kämpfen inzwischen hart um den Platz im Portemonnaie bzw. als App auf dem Handy.

▶ Ein **Loyalitätsprogramm** ist ein Kundenbeziehungsprozess, der Kunden aufgrund
ihres Wiederkaufs oder Einsatzes für eine Organisation belohnt (Kumar und Reinartz
2018, S. 182).

Dabei sind Loyalitätsprogramme keine neue Erfindung. Die technologischen Möglichkeiten haben inzwischen dazu geführt, dass immer mehr Organisationen Loyalitätsprogramme anbieten können. Allgemein verfolgen Loyalitätsprogramme die folgenden
vier Ziele (Kumar und Reinartz 2018, S. 182):

1. Aufbau und Stärkung der Kundenbindung
2. Optimierung der Kundeninvestitionen
3. Einfluss auf Kaufverhalten
4. Gewinnung von Kundenerkenntnissen

Der Aufbau und die Stärkung der Loyalität erfolgen neben der direkten Belohnung für
den Wiederkauf bzw. den Einsatz des Kunden über Newsletter, Kundenmagazine, Webseiten sowie Social-Media-Kanäle. Der Kunde erhält dort exklusive Informationen und
Angebote, die einen weiteren Anreiz für ein möglichst loyales Verhalten bieten sollen.
Darüber hinaus werden Loyalitätsprogramme oft in Zusammenarbeit mit Finanzdienst-
leistern etabliert. Die Kunden erhalten zusätzlich eine Kreditkarte oder Versicherungsleistungen. Ein Loyalitätsprogramm kann helfen, das Kundenwertmodell zu optimieren
und auf Basis der gewonnenen Kundenerkenntnisse die Investitionen in den Kunden zu
verbessern. Dabei gilt es, zwei Perspektiven zu berücksichtigen: Ein Kunde ist bisher

unprofitabel – eine Organisation sollte weniger in den Kunden investieren, oder: Eine Organisation sollte mehr in den Kunden investieren, damit dieser wieder profitabel wird. Dies kann an folgendem Beispiel verdeutlicht werden:

Beispiel: Loyalitätserhöhung

Ein Kunde kauft ein spezifisches Angebot zu selten. Die Verantwortlichen einer Organisation können deshalb entscheiden, ihm keinen Rabatt anzubieten, weil er das Angebot zu selten kauft und der Rabatt im Vergleich zum möglichen Gewinn kaum einen Wertgewinn darstellt. Die Verantwortlichen können aber auch einen besonders großen Rabatt gewähren, um den Kunden zu mehr Käufen des Angebots zu animieren und ihn dadurch überzeugen, die Loyalität gegenüber der Organisation deutlich zu erhöhen. ◄

Es zeigt sich einmal mehr der hohe Stellenwert des Kundenwerts zur Verbesserung der Kundenorientierung. Eine Organisation muss die Möglichkeit haben, solche Szenarien durchzuspielen. Aufgrund der Komplexität erlebe ich immer noch viel zu viele Gießkannenaktionen und Standardrabatte, die eher den Gewinn schmälern, als die Loyalität zu steigern.

Ein Loyalitätsprogramm kann einen unterschiedlichen Einfluss auf das Kaufverhalten haben. Der Kunde kann öfter kaufen, einen höheren Preis zahlen, mehr vom gleichen Angebot kaufen etc. Bisher werden Loyalitätsprogramme meist nur mit dem Ziel, das Kaufverhalten zu beeinflussen, lanciert (Kumar und Reinartz 2018, S. 183), die Gewinnung von Kundenerkenntnissen durch den Einsatz von Loyalitätsprogrammen gewinnt aber immer mehr an Stellenwert (Homburg et al. 2016, S. 310). Zum einen können die Kunden gezielter bearbeitet werden, zum anderen lässt sich der POS bzw. die Supply Chain aufgrund der gewonnenen Informationen optimieren. Der hohe Stellenwert von Kundeninformationen hat auch bei diesem Instrument zumindest bei manchen Organisationen zu einem gewissen Umdenken geführt. Während Kundenbefragungen und Webanalytics meist nur anonyme Kundenerkenntnisse erlauben und die meisten Organisationen CRM nicht optimal einsetzen, erlauben Loyalitätsprogramme Kundenerkenntnisse, die auf das individuelle Kundenverhalten abzielen.

Eine große Herausforderung von Loyalitätsprogrammen, wie bei vielen Instrumenten des Kundenbeziehungsmanagements, ist die starke technische, prozessuale Sichtweise des Managements auf das Thema. Halvinka und Sullivan (2011) konnten ermitteln, dass 85 % der Kunden, die einem Loyalitätsprogramm beitreten, im Anschluss nicht mehr von der jeweiligen Organisation kontaktiert werden. Darüber hinaus sind viele Loyalitätsprogramme nicht wertoptimal ausgestaltet. Der Kunde braucht einen besonderen Aufwand, um sich an das Programm überhaupt zu erinnern sowie die Karte im Portemonnaie zu bzw. die App beim Kauf dabeizuhaben. Auch sind viele Programme so ausgestaltet, dass sie kaum mehr einen Anreiz für die Nutzung bieten. Gerade die Billigfluglinien haben zwar Loyalitätsprogramme übernommen, aber nur wer gefühlt zweimal um die

Welt fliegt, bekommt noch einen Freiflug. Loyalitätsprogramme stehen heute somit in einem ebenfalls harten Wettbewerb und sollten deshalb in die gesamte Customer Experience integriert werden. So ist es nicht verwunderlich, dass manche Studien zu dem Ergebnis kommen, dass Loyalitätsprogramme nur eine geringe Auswirkung auf die Kundenbindung haben (Meyer-Waarden und Benavent 2006), während andere Studien einen Einfluss auf die Kauffrequenz bestätigen können (Lewis 2006).

Da sich Marken/Angebote immer mehr annähern, ist es zu empfehlen, neben der Loyalität des Kunden auch den Share of Wallet zu betrachten.

▶ **Share of Wallet** bezeichnet den Umsatzanteil des Budgets eines Kunden für eine bestimmte Kategorie, der durch eine Organisation abgedeckt wird (Kumar und Reinartz 2018, S. 94).

Die Größe des Share of Wallet hat einen positiven Einfluss auf den Kundenwert (Garland 2004). Sie dient als eine weitere Größe, um die Stärke der Kundenbeziehung zu verstehen (Schawel und Billing 2018, S. 288). Die Herausforderung besteht darin, diese Informationen zu erhalten. In manchen Kundenbeziehungen kann der Share of Wallet geschätzt werden. Darüber hinaus erlauben es persönliche Kundenbeziehungen, diese Informationen zu bekommen. Für viele Organisationen ist es nicht möglich, den Share of Wallet zu ermitteln. Hier können Kundenbefragungen helfen zu verstehen, welche Kundensegmente/-profile welchen Grad an Share of Wallet haben.

Wie bereits ausgeführt, wollen Kunden nicht zwingend eine Beziehung zu einer Organisation aufbauen. Die zahlreichen Entwicklungen haben dazu geführt, dass die durchschnittliche Abwanderungsquote der Kunden auf über 60 % gestiegen ist (Griffin und Lowenstein 2001, S. 5). Neben dem fehlenden Umsatz geht dies oft mit negativer Mund-zu-Mund-Propaganda einher, weil unzufriedene Kunden viel eher über eine Organisation reden als zufriedene. Es wird vor allem dann empfohlen, Kunden zurückzugewinnen, wenn in der Vergangenheit positive Erfahrungen zwischen Kunde und Organisation gesammelt wurden (Neu und Günter 2015, S. 2). Auf diesen positiven vergangenen Erfahrungen gilt es aufzubauen (Stauss und Friege 2017). Es ist deshalb davon auszugehen, dass mit steigender Dauer der Kundenbeziehung auch die Wahrscheinlichkeit, dass sich der Kunde eher zurückgewinnen lässt, steigt, wenn der Grund für den Beziehungsabbruch nicht zu schmerzlich war. Kunden, die zurückgewonnen werden konnten, sind oft loyaler als Neukunden. Darüber hinaus steigt meist der Kundenwert von zurückgewonnenen Kunden durch eine geringere Preissensibilität, eine höhere Weiterempfehlungs- sowie Cross-Buying-Bereitschaft (Sieben 2002).

▶ Die **Kundenrückgewinnung** umfasst die Etablierung von Prozessen und Aktivitäten, die darauf abzielen, eine kundenseitig beendete und aus der Organisationperspektive wertvolle Kundenbeziehung zu reaktivieren (in Anlehnung an Michalski 2002, S. 12).

Bezüglich Kundenrückgewinnung und Beschwerdemanagement kann es zu gewissen Überschneidungen kommen (Rutsatz 2004, S. 19), da die Kundenrückgewinnung auch auf gefährdete Kunden abzielt. Dabei ist zu berücksichtigen, dass nicht immer genau bestimmt werden kann, wann ein Kunde überhaupt abgewandert ist oder nur seinen nächsten Kauf hinauszögert (Neu und Günter 2015, S. 18). Bezüglich der Kunden-abwanderung hat sich der Begriff Churn Management etabliert. Er bezeichnet den systematischen Ansatz, Kundenabwanderung zu vermeiden (Neu und Günter 2015, S. 20), wobei es gilt, unprofitablen Kunden die Kündigung der Beziehung möglichst ein-fach zu gestalten (Schneider 2008, S. 79).

Bisher erfolgte die Kundenrückgewinnung in den wenigsten Organisationen systematisch. Meist wird fallweise versucht, Kunden wieder an die Organisation zu binden. Die Kundenakquise dominiert alle anderen Bereiche des Kundenbeziehungs-managements, obwohl Sauerbrey und Henning (2000, S. 20) aufzeigen konnten, dass die erfolgreiche Kundenrückgewinnung, wie die Kundenbindung, durchschnittlich nur 30 % der Ressourcen benötigt.

6.5.3 Kundenentwicklung

Die Kundenentwicklung ist ein weiterer Baustein des Kundenbeziehungsmanagements. Ist ein Kunde akquiriert worden, gilt es, seinen Wert für die Organisation zu steigern. Kundenerkenntnissen und vor allem der Datenintegration kommt dabei ein großer Stellenwert zu (Gimpel et al. 2018, S. 97). Die Kundenentwicklung ist eng mit dem Customer Engagement verbunden (vgl. Abschn. 3.3.3.9). Im Folgenden wird auf das Up-Selling, Cross-Selling und die Weiterempfehlung eingegangen.

Die meisten Ausführungen fassen Up-Selling und Cross-Selling zusammen (Ngobo 2004, S. 1129). Tab. 6.3 stellt beide Begriffe gegenüber.

Trotz der hohen Relevanz des Up-Sellings ist dieses Themengebiet wissenschaftlich bisher weniger durchdrungen (von Wagenheim 2003, S. 45).

▶ **Up-Selling** bezeichnet die Deckung eines Kundenbedarfs innerhalb einer Kundenbe-ziehung durch den Verkauf höherwertiger Angebote eines Grundleistung eines Anbieters, die in einer substitutiven Beziehung zueinander stehen (Pohlkamp 2009, S. 17).

Up-Selling stellt auf die Steigerung des Kundenwerts durch die Abschöpfung einer höheren Zahlungsbereitschaft bei dem Kunden ab. Bisher existieren noch wenige Erkenntnisse bezüglich der Relevanz des Up-Sellings im Rahmen der Kundenent-wicklung. Kim und Kim (2000) kamen in ihrer Studie bezüglich Lebensversicherungen zu dem Ergebnis, dass eine 25 %ige Umsatzsteigerung durch Up-Selling möglich ist. Salazar et al. (2007) ermitteln, dass Up-Selling vor allem vom Stand der Kunden im Kundenlebenszyklus und dem jeweiligen Erfahrungshintergrund abhängt. In den meisten Studien wird Up-Selling nicht als einstellungs- und verhaltensbezogene Größe

Tab. 6.3 Abgrenzung von Up-Selling und Cross-Selling. (Quelle: Pohlkamp 2009, S. 18)

	Up-Selling	Cross-Selling
Angebot	Angebote stehen in substitutiver Beziehung zueinander	Produkte/Dienstleistungen stehen in komplementärer Beziehung zueinander
Preis	Höherwertige Produkte/Dienstleistungen	Gleichwertige Produkte/Dienstleistungen
Initiator	Kunde = Up-Buying (Pull) oder Anbieter = Up-Selling (Push), Zahlungsbereitschaft	Anbieter oder Kunde (Push/Pull), Zahlungsbereitschaft
Zeitraum	Mittel- bis langfristig	Kurz- bis mittelfristig

verstanden, sondern aus der Perspektive der Gewinnung von Kundenerkenntnissen bzw. Datenintegration betrachtet (Pohlkamp 2009, S. 31). Abb. 6.19 stellt beispielhaft ein Ergebnis einer solchen Datenintegrationsstudie in der Automobilbranche vor. Darin wird ersichtlich, mit welcher Verteilung die einzelnen Automobilkunden beim kommenden Fahrzeugkauf die jeweilige Angebotskategorie wechseln. Die meisten Kunden verweilen anscheinend in der gleichen Angebotsklasse.

Somit ist zu hoffen, dass in Zukunft deutlich mehr Erkenntnisse über den Bereich Up-Selling vorliegen und dieses nicht mit Cross-Selling vermischt wird. Beides sind gänzlich verschiedene Aufgaben im Kundenbeziehungsmanagement und stellen die Organisation auch jeweils vor unterschiedliche Herausforderungen.

Das Cross-Selling ist im Gegensatz zum Up-Selling umfassend erforscht. Trotz der hohen Relevanz scheitern aber drei Viertel aller Cross-Selling-Initiativen (Schmitz et al. 2014). Die Gründe des Scheiterns werden meist mit dem Verkaufspersonal in Verbindung gebracht. Abb. 6.20 zeigt, dass in den meisten Branchen hohes Potenzial beim Ausschöpfen bestehenden Cross-Selling-Potenzials existiert. Dabei fällt auf, dass die Unterschiede zwischen den einzelnen Branchen nicht sehr groß sind – auch ein Hinweis darauf, dass sich Cross-Selling in der Praxis noch nicht voll etablieren konnte (Schäfer 2002, S. 12).

In Anlehnung an den Share of Wallet sind auch für die Verbesserung von Cross-Selling zusätzliche Informationen notwendig. Ziel ist es, das jeweilige Potenzial optimal einschätzen und die Verkaufsaktivitäten ausgestalten zu können (Wübben 2008, S. 4). In vielen Organisationen liegen zu wenige Kundenerkenntnisse vor. Die Transaktionsdaten mit dem Kunden sind fehlerhaft und die jeweiligen Bedürfnisse unbekannt. Dadurch wird der eigentlich hohe mögliche Wertbeitrag von Cross-Selling systematisch zerstört. Ist die Akquise von neuen Kunden teuer, sind die Kosten für Cross-Selling-Aktivitäten meist deutlich günstiger. Venkatesan und Kumar (2004) konnten aufzeigen, dass bei einer Steigerung von Cross-Buying auch die Kauffrequenz steigt. Somit hat Cross-Selling einen doppelten Einfluss auf die Umsatzentwicklung einer Organisation.

Von \ Zu	Premium Kleinwagen	Premium Kompaktklasse	Premium Mittelklasse	Premium Oberklasse	Premium Vans	Volumen Kleinwagen	Volumen Kompaktklasse	Volumen Mittelklasse	Volumen Oberklasse	Volumen Vans	Total
Premium Kleinwagen	36%	7%	7%	7%		7%	11%	11%	11%	4%	28
Premium Kompaktklasse	3%	35%	14%	11%		14%	14%	8%	3%		37
Premium Mittelklasse	1%	8%	41%	12%		13%	13%	7%	4%	1%	95
Premium Oberklasse		4%	17%	30%		9%	9%	13%	14%	3%	99
Premium Vans	17%		17%	17%		17%	17%	17%	17%		6
Volumen Kleinwagen	4%	5%	7%	4%		25%	27%	17%	8%	2%	275
Volumen Kompaktklasse	1%	4%	8%	4%	1%	11%	38%	18%	14%	2%	318
Volumen Mittelklasse	1%	2%	8%	5%	1%	12%	21%	34%	12%	7%	164
Volumen Oberklasse	2%	2%	4%	7%		7%	16%	19%	42%	2%	117
Volumen Vans	2%	2%	6%	8%		17%	25%	11%	17%	13%	53
Total	31	59	129	93	4	167	292	213	168	36	1192

Legende   1%- 10%   11%- 20%   21%- 30%   > 30%

Abb. 6.19 Übergangswahrscheinlichkeiten in der Automobilbranche. (Quelle: Gimpel et al. 2018, S. 101)

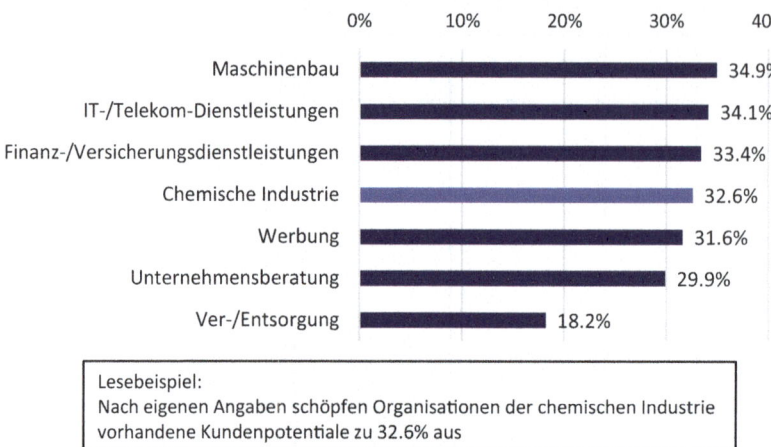

Abb. 6.20 Ausschöpfung vorhandener Cross-Selling-Potenziale in verschiedenen Branchen. (Quelle: Homburg und Schäfer 2017, S. 141)

Beispiel: Das nächste Angebot

Ich wurde von den Verantwortlichen einer staatlichen Organisation, die Start-ups unterstützt, gefragt, was für mich die wichtigste Frage ist, die ich an die Verantwortlichen eines Start-ups stelle.

Eine spannende Frage, gibt es doch sehr viele Themen, die gerade bei der Gründung durchaus relevant sein können für den Erfolg. Meine Antwort führte zu einer gewissen Überraschung, wenn nicht sogar Schockstarre. Meine erste Frage an jede/n neue/n Unternehmer/in ist: „Was ist dein nächstes Angebot?" Warum diese Frage? Ich könnte meine Frage nur auf die Innovation richten, auf mögliche Patente, Kundenbedürfnisse, Finanzierung, Kultur der Organisation, Vision etc. Natürlich gibt es manche Organisationen, wie bspw. On-Turnschuhe, die für eine gewisse Zeit mit einem Angebot erfolgreich sein können, die meisten Organisationen erzielen aber keine Differenzierung auf der Angebotsebene. Das heißt nicht, dass das Angebot schlecht ist. Mein Fokus auf eine Organisation ist aber das Führen von Kundenbeziehungen und nachgelagert die Erstellung und Distribution von Angeboten. Kundenorientierung geht über die kundenorientierte Entwicklung von Angeboten hinaus. Cross-Selling ist dabei ein wichtiges Element. Dazu werden weitere Angebote benötigt. ◄

An dieser Stelle weise ich darauf hin, dass Cross-Selling nicht für jede Organisation nur positive Effekte haben kann. Shah et al. (2012) fanden heraus, dass 10 bis 35 % der Kunden, die Cross-Selling getätigt hatten, unprofitabel waren. Somit gilt es, auch beim Cross-Selling darauf zu achten, welche Kunden angesprochen werden. Allgemein zeigt sich, dass die Wahrscheinlichkeit für Cross-Buying steigt, je länger eine Kundenbeziehung dauert (Maitzen 2016, S. 38). Auch Kundenbindungsprogramme sowie die

Kundenkontaktmitarbeitenden können einen positiven Einfluss auf das Cross-Buying haben (Verhoef et al. 2001; Malms und Schmitz 2011).

▶ **Cross-Selling** bezeichnet die Deckung eines Kundenbedarfs durch den Verkauf zusätzlicher Angebote, die mit den Einstiegsangeboten (d. h. Leistungen, die ein Kaufinteresse bzw. eine Geschäftsbeziehung ursprünglich begründet haben) verbunden sind, aber keine Substitute der Einstiegsangebot darstellen. Der Verkauf der Zusatzleistungen kann zeitlich versetzt oder zeitgleich mit dem Verkauf des Einstiegsangebots stattfinden. Ein Anbieter kann dabei Zusatzangebote verkaufen, die er selbst erstellt oder von anderen Anbietern zugekauft hat (Homburg und Schäfer 2017, S. 143).

Cross-Selling bezeichnet den Verkauf von Angeboten in unterschiedlichen Geschäftsfeldern (Hose zu Kreditkarte). Intra-Cross-Selling bezeichnet den Verkauf von Angeboten im gleichen Geschäftsfeld (Hose zu Hemd) (Helmke und Uebel 2008, S. 124).

Es kann hilfreich sein, Cross-Selling aus Sicht der Organisation und des Kunden zu strukturieren (vgl. Abb. 6.21). Dabei können drei Stoßrichtungen für das Cross-Selling identifiziert werden (Homburg und Schäfer 2017, S. 144): Eine Organisation kann den Wettbewerb verdrängen, sie kann ungenutztes Potenzial decken, und darüber hinaus können neue Angebote basierend auf latenten Bedürfnissen der Kunden entwickelt werden. Cross-Selling hat somit unterschiedliche Auswirkungen auf die Organisation. Während es bei der ersten Stoßrichtung darum geht, das Angebot oder den Verkauf zu verbessern, zielt die zweite Stoßrichtung auf die Ermittlung von Potenzialen ab. Die dritte Stoßrichtung hat wiederum einen Fokus auf das Angebotsmanagement, aber in diesem Fall auf die Erstellung von Innovationen.

Im persönlichen Verkauf kommt den Führungskräften ein hoher Stellenwert bei der Umsetzung von Cross-Selling-Aktionen gerade bei innovativen Angeboten zu. Je besser

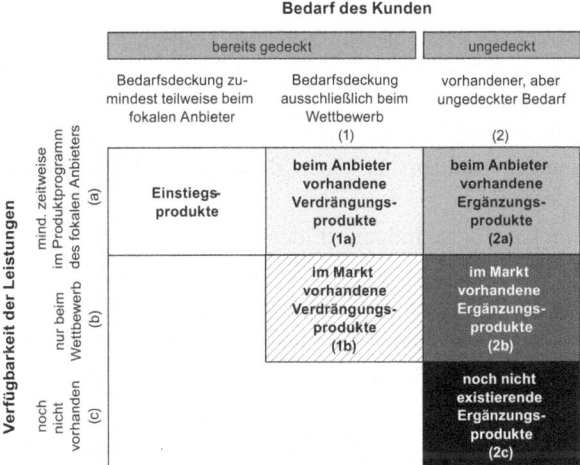

Abb. 6.21 Ansatz zur Abgrenzung des Cross-Selling-Potenzials. (Quelle: Homburg und Schäfer 2017, S. 144)

die Kundenerkenntnisse und je stärker die Führungskräfte überzeugt sind, dass das eigene Angebot/die eigene Marke dem Wettbewerb überlegen ist, desto eher gelingt es den Verkaufenden meist, anschließend erfolgreich zu sein (Wieseke et al. 2008). Eine kundenorientierte Ausrichtung hat somit auch den Effekt, dass die Führungskräfte eher an die Überlegenheit gegenüber dem Wettbewerb glauben. Dies hat wiederum einen Einfluss auf die Mitarbeitenden. Darüber hinaus werden Aktivitäten wie bspw. Cross-Selling als wichtig erkannt und möglichst optimal umgesetzt.

Abschließend kann die Weiterempfehlung für die Kundenentwicklung genutzt werden.

▶ **Weiterempfehlung** erfolgt aufgrund eines außergewöhnlichen Erlebnisses mit einer Marke/einem Angebot, dem allgemeinen hohen Interesse gegenüber der Marke/ des Angebots oder der Nachfrage aus dem persönlichen oder beruflichen Umfeld. Die Weiterempfehlung kann zielgerichtet im Umfeld des Kunden oder ungerichtet bspw. über Social Media oder das Tragen des Angebots erfolgen.

Dabei sind Weiterempfehlungen durch die Kunden allgemein und durch eine spezifische Kundengruppe voneinander zu unterscheiden.

▶ Ein **Influencer**/Opinion Leader ist eine Person, die mit ihrem Handeln das Einkaufsverhalten von Kunden beeinflussen kann (Nirschl und Steinberg 2018, S. 12).

Ein Influencer/Opinion Leader sollte durch drei Punkte gekennzeichnet sein (Vogelaar 2013, S. 12):

1. Offen und enthusiastisch gegenüber der Organisation und dem Leistungsangebot sein,
2. den Enthusiasmus mit anderen teilen,
3. Einfluss auf eine möglichst große Gruppe Menschen haben.

Organisationen, die auf die Nutzung von Influencern/Opinion Leadern setzen, gehen von drei Punkten aus (van der Bulte 2010, S. 8):

1. Kunden sprechen mit bzw. zeigen die relevanten Inhalte anderen Kunden,
2. die Meinung einiger Kunden hat einen disproportional größeren Einfluss als die anderer Kunden sowie
3. eine Organisation kann diese Influencer identifizieren.

Diese Punkte werden inzwischen von vielen Organisationen aufgegriffen. Leider wird nur nicht erwähnt, dass diese Annahmen nicht immer gelten. So gibt es Zweifel, ob Influencer wirklich die Durchdringung von Innovationen beschleunigen (Watts und Dodds 2007) oder ob Vielnutzer einen größeren Einfluss auf den Kundenstamm haben als Wenignutzer (Godes und Mayzlin 2009). Darüber hinaus bestätigen meine Untersuchungen die Ergebnisse von Trusov et al. (2008), dass Weiterempfehlung eher offline als online wirkt. Über 80 % der Online-Verbindungen haben keinen Einfluss in Form von Weiterempfehlung. Für einzelne Organisationen kann aber der Einsatz von Influencern im Sinne der Co-Creation zu einer Wertsteigerung führen.

Die allgemeine Weiterempfehlung hat verschiedene Charaktere und kann einen unterschiedlichen Einfluss auf andere ausüben (Helm 2000, S. 20). Hinsichtlich des Charakters einer Weiterempfehlung kann zwischen informativem, bewertendem und empfehlendem Charakter unterschieden werden (Richins und Root-Shaffer 1988, S. 33). Darüber hinaus kann eine Weiterempfehlung einen informativen und normativen Einfluss haben (Deutsch und Gerard 1955). Abb. 6.22 stellt die unterschiedlichen Einflussarten dar.

Weiterempfehlung besteht aus zwei Dimensionen:

1. Das Austauschen über einen Inhalt (Word-of-Mouth)
2. Das Zeigen eines Inhaltes (Signaling)

Diese Unterscheidung ist wichtig, weil viele Manager den hohen Stellenwert des zweiten Punktes übersehen. Grundsätzlich sollte jede Organisation herausfinden, ob sich über die eigene Organisation/Marke/die eigenen Angebote innerhalb des Kundenstammes ausgetauscht wird. Dies kann über eine Einzelinteraktion oder Gruppeninteraktion offline sowie online erfolgen. So ist es sehr unwahrscheinlich, dass jemand die Begeisterung über eine Hämorrhoidensalbe auf seinen Social-Media-Kanälen oder bei einem Abendessen mit Freunden mitteilt. Vielleicht spricht er in einem vertrauten Gespräch mit einem anderen Betroffenen über die Wundersalbe. Auch wird er die Begeisterung über die Salbe nicht dadurch ausdrücken, dass er die Salbe gut sichtbar im Büro auf den Arbeitstisch legen wird. Für viele Organisationen scheidet Weiterempfehlung deshalb aus. Andere Angebote können so ein geringes Involvement aufweisen, sodass darüber grundsätzlich kein Austausch stattfindet. In Anlehnung an das Involvement der Kunden gilt es, Weiterempfehlung realistisch für die eigenen Angebote einzuschätzen.

Weiterempfehlung umfasst für mich nicht nur den aktiven bewussten Austausch. Kunden tragen Angebote und empfehlen diese durch das Zeigen der gekauften Angebote

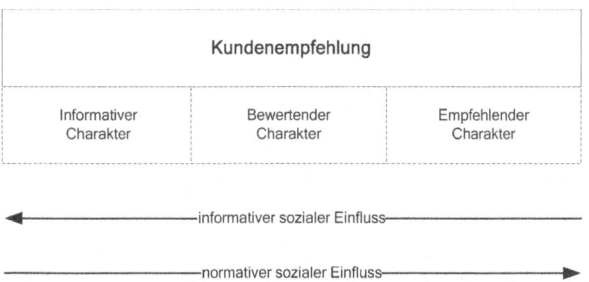

Abb. 6.22 Einflussarten der Weiterempfehlung. (Quelle: Garnefeld 2008, S. 13)

weiter (Signaling). Dies wird in vielen Organisationen übersehen. So war ein Automobil-hersteller überrascht über die Kundenerkenntnis, dass sich ein großer Werbedruck bei der Lancierung eines neuen Autos negativ auf den Abverkauf auswirkt, wenn das Auto in der anschließenden Zeit von den Kunden nicht oft genug auf der Straße gesehen wird. Ein Brillenhersteller musste schmerzlich feststellen, dass die Entscheidung, das Marken-logo auf dem Brillengestell zu entfernen, einen signifikanten Rückgang des Umsatzes sowie der Markenstärke zur Folge hatte. Weiterempfehlung gilt es immer für den spezi-fischen Kontext in Bezug zur jeweiligen Marke/Angebot zu bestimmen. Ich empfehle, die Sichtbarkeit der Marke sehr genau zu überprüfen. Kunden wollen grundsätzlich nicht als Werbeträger fungieren. Somit sind Organisationen angehalten, einen guten Mix zwischen Sichtbarkeit sowie Unaufdringlichkeit zu bestimmen, um Weiterempfehlung über das Signaling zu nutzen.

6.6   Customer Experience Management

Das Customer Experience Management ist ein relativ neues Konstrukt, das bisher nur eine geringe Verbreitung in der Managementliteratur gefunden hat (Lamberti 2013, S. 596). Dem Begriff fehlt eine klare Definition (Lemke et al. 2011), obwohl er gerade in Blogs und Studien sehr umfassend genutzt wird. Beim Aufkommen des Begriffs wurde Customer Experience Management mit Kundenorientierung gleichgesetzt. Customer Experience wurde darüber hinaus oft anstelle eines Produkts- oder Dienstleistungsver-kaufs als ein Verkauf von Lösungen angesehen (Galbraith 2005). Customer Experience Management ist nicht mit Kundenorientierung gleichzusetzen und hat auch keinen Bezug zum Lösungsverkauf. Es ist ein weiterer Baustein des Customer Managements einer Organisation.

In einem ersten Schritt gilt es, Markenmanagement und Customer Experience Management voneinander abzugrenzen. Das Markenmanagement führt in der eigenen Konzeption das Markenerlebnis als eine Dimension mit (Burmann et al. 2012). Gerade auch durch den Fokus des Markenmanagements auf das Verhalten der Mitarbeitenden, die die Marke leben und zum Kunden transportieren sollen. Palmer (2010, S. 200) weist deshalb zu Recht darauf hin, dass eine Abgrenzung zwischen Markenmanagement und Customer Experience Management nicht so einfach ist. Aus dem ausgeführten Marken-managementverständnis wären Marke und Customer Experience zunächst mehr oder wenig identisch konzeptioniert.

Customer Experience Management ist darüber hinaus von Kundenbeziehungs-management abzugrenzen. Aus Sicht des Kundenbeziehungsmanagements gilt es, den Kundenwert zu optimieren. Dies umfasst auch das Erlebnis des Kunden bei der Akquise und in der Bindungs- bzw. Rückgewinnungsphase. Das Kundenbeziehungsmanagement geht aber weniger auf die Ausgestaltung der einzelnen Interaktionen zwischen Kunden und Organisation ein als auf den Einsatz der Instrumente im Zeitablauf. Zwar zielt das Kundenbeziehungsmanagement auch auf eine Vertiefung der Beziehung ab, aber eher im

Zeitablauf als in der einzelnen Interaktion. Im Gegensatz zum Markenmanagement gibt es im Kundenbeziehungsmanagement kein Modell zur inhaltlichen Ausgestaltung des Interaktionserlebnisses.

Es ist somit festzuhalten, dass Markenmanagement und Kundenbeziehungsmanagement nicht überschneidungsfrei von Customer Experience Management sind und diese sich gegenseitig beeinflussen. Man könnte der Ansicht folgen, einer oder zwei dieser Ansätze wären ausreichend. Für eine kundenorientierte Organisation empfiehlt es sich, alle drei Ansätze zu berücksichtigen, aber auch dafür zu sorgen, dass sich ein überschneidungsfreies Verständnis in der Organisation etabliert. Nicht selten können Kompetenzdiskussionen gerade zwischen diesen drei Fachabteilungen entstehen.

Zur besseren Handhabbarkeit dieser Interdependenzen folge ich der Unterteilung einer Experience von O'Loughlin et al. (2004). Sie teilen eine Experience in drei grundsätzliche Ebenen auf:

1. Markenerlebnis
2. Beziehungserlebnis (Beziehungserfahrung)
3. Transaktionserlebnis (Co-Creation-Erlebnis)

Somit baut nach meinem Verständnis Customer Experience Management auf dem Marken- und dem Kundenbeziehungsmanagement auf und erweitert beide um den zusätzlichen Fokus auf das spezifische Erlebnis in der jeweiligen Transaktion. Customer Experience wird dabei aus einer Anwendungsperspektive im Sinne der Co-Creation mit dem Kunden betrachtet (Vargo und Lusch 2004). Diese Einordnung deckt sich nicht mit anderen Definitionen von Customer Experience (vgl. beispielhaft Bruhn und Hadwich 2012, S. 10). Aus meiner Sicht bergen aber die anderen Definitionsansätze die Gefahr, dass sie im Widerspruch zu Marken- und Kundenbeziehungsmanagement stehen und die jeweiligen Unterscheidungen eher konzeptioneller als praxisorientierter Natur sind. Es ist zu hoffen, dass die hohe Popularität des Themas zu einer umfassenden empirischen Untersuchung führt, um eine optimale Einbettung in das Customer Management zu gewährleisten.[3] Markenpositionierung und Kundenbeziehungsmanagement setzen aus meiner Sicht den Rahmen für die detaillierte Ausgestaltung des Transaktionserlebnisses.

▶ Das **Customer Experience Management** (CX) fokussiert auf die einzelne Transaktion zwischen Kunde und Organisation. Es baut auf der Markenpositionierung auf, ist in das Kundenbeziehungsmanagement eingebettet und verfolgt das Ziel, dass sich die Organisation in der Wahrnehmung der Kunden durch das Erlebnis während der Transaktion differenziert. Die Customer Experience ist auf Basis der Markenpositionierung an allen Touchpoints entsprechend einheitlich zu gestalten.

---

[3]Vgl. zu einer Übersicht der verschiedenen Definitionsansätze beispielhaft Klaus (2015, S. 19 ff.).

Es ist demnach nicht zielführend für eine Organisation, das Erlebnis an den Touchpoints oder sogar nur einzelne Touchpoints zu verändern, ohne die Markenpositionierung zu berücksichtigen. Auch die Überinvestition in ein möglichst tolles Kauferlebnis am POS (Kundenakquise) bei gleichzeitigem Nicht-Investment in das Kundenbindungsmanagement deckt sich nicht mit meinem Verständnis von Customer Experience Management. Ebenfalls ist die Reduktion des Customer Experience Managements auf die Kunde-Kundenkontaktmitarbeitenden-Interaktion abzulehnen (Tiffert 2019, S. 1).

Leider ist aber in der Praxis zu erleben, dass aufgrund der Neuartigkeit des Themas Customer Experience Management dieses oft losgelöst von Marken- und Beziehungsmanagement betrieben wird. Investitionen in eine differenzierende Customer Experience können sich lohnen. Durchschnittlich 85 % der Kunden zahlen mehr für ein besseres Kundenerlebnis (o. V. 2017). Kunden mit schlechten Erlebnissen bleiben danach durchschnittlich etwa ein Jahr, die Kunden mit den besten Erlebnissen über sechs Jahre (Kriss 2014).

Customer Experience Management ist aus einer Netzwerkperspektive zu verstehen. Basierend auf dem Relational View kommt dem Austausch von Kundenerkenntnissen ein zentraler Stellenwert zu. So sind Datensilos und der fehlende intra- und interorganisationale Austausch von Kundenerkenntnissen die zentralen Herausforderungen des Customer Experience Managements (Kreutzer 2018, S. 100).

Beispiel: Mangelhafte Customer Experience

Ein internationaler Elektronikhändler baute ein umfassendes Multi-Channel-Vertriebssystem mit zahlreichen eigenen und fremden Vertriebskanälen auf. Dabei wurde auch Franchisenehmern angeboten, unter der Marke der Organisation stationäre Vertriebskanäle zu führen. Das Problem bestand für den Kunden darin, die Angebote, die er im Onlineshop des Elektronikhändlers gekauft hatte, bei den Franchisenehmern umzutauschen oder zur Reparatur zu bringen. Ohne Datenaustausch und Prozesse zwischen den einzelnen Vertriebskanälen kann es leicht zu unbefriedigenden Erlebnissen für die Kunden kommen. Nicht jeder Kunde weiß, welcher Vertriebskanal zur eigentlichen Organisation gehört und welcher durch Drittanbieter geführt wird. ◄

An diesem Beispiel zeigt sich der hohe Stellenwert einer Netzwerkperspektive zur Verbesserung der Kundenorientierung, weil immer mehr das gesamte Netzwerk einen Einfluss auf das Kundenerlebnis hat (Lamberti und Noci 2012).

Die steigende Bedeutung des Customer Experience Managements basiert auch auf der zunehmenden Austauschbarkeit von Marken und Angeboten. Kunden geben im Rahmen von Zufriedenheits- oder Weiterempfehlungsbefragungen an, dass sie grundsätzlich zufrieden sind bzw. weiterempfehlen würden. Trotzdem beenden sie die Kundenbeziehung (Klaus 2015, S. 31). In Anlehnung an die Herausforderungen der organisatorischen Integration des Markenmanagements steht auch das Customer Experience Management vor dem Problem, dass es zu operativ gedacht wird. Aufgrund der fehlenden kundenorientierten Ausrichtung der Organisation wird Customer Experience Management nicht mit dem Customer Management einer Organisation verbunden, sondern als Instrumente im Bereich Qualitäts-, Beschwerde- oder Kommunikationsmanagement verwendet (vgl. Tab. 6.4).

Ein weiterer zentraler Fehler in der Praxis ist die selbstzerstörerische Verbindung von Customer Experience Management mit einer einzigen Kennzahl. In den letzten Jahren hat der NPS® dabei an Popularität gewonnen, und zahlreiche Softwareanbieter haben VoC-Systeme in den jeweiligen Organisationen eingeführt. Der Vorteil dieser Vorgehensweise ist darin zu sehen, dass die Aufwände und die Überzeugungsarbeit relativ gering waren. Die jeweiligen Geschäftsleitungen konnten sich mit wenig Aufwand diesem Element der kundenorientierten Unternehmensführung nähern. Die Selbstzerstörung setzte meist nach zwei bis drei Jahren ein. Wie zu Beginn dieses Buchs ausgeführt, läuft Customer Experience Management ohne direkte Beziehung zum Customer-Firm Value über kurz oder lang Gefahr, an Relevanz innerhalb der Entscheidungsfindung einer Organisation zu verlieren. Wie beim Markenmanagement seit 40 Jahren, dem Thema CRM seit 30 Jahren und nun seit zehn Jahren beim Thema Customer Experience Management zeigt sich, dass nur eine kundenorientierte Ausrichtung der Organisation den optimalen Einsatz dieser Modelle ermöglicht und den Wert für die Kunden, aber eben auch für die Organisation steigert.

Eine weitere Herausforderung des Customer Experience Managements ist die Erfolgsmessung. Aufgrund der Komplexität und Subjektivität eines Erlebnisses ist die Messung einer Customer Experience sehr herausfordernd (Palmer 2010, S. 202). Neben dem Customer-Firm Value als Ergebnisvariable des Customer Experience Management kann die Experience Quality Scale von Klaus (2015, S. 101) (vgl. Kap. 8) zum Einsatz kommen, wobei auch seine Konzeption nicht überschneidungsfrei zum Thema

Tab. 6.4 Arten der organisationalen Einbindung des Customer Experience Managements. (Quelle: in Anlehnung an Klaus 2015, S. 49 f.)

	Totschläger	Manager	Vorreiter
Perspektive	Unzufriedenheit mit vergangenen Erlebnissen	Definition von Best Practices	Reagibilität einer lernenden Organisation
Ansiedlung	Fachabteilung	Fachabteilung mit direktem Zugang zur Geschäftsleitung	Geschäftsleitung
Aufgabengebiet	Qualitätsmanagement, Kanal- und Serviceoptimierung	Customer Purchase Process- und Touchpoint-Management	Sicherstellung der Befähigung der Mitarbeitenden durch die Customer-centric Transformation
Herausforderung	Bleibt oft stecken, da nicht eingebunden in eine Customer-centric Transformation	Nur kurzfristiges Sponsorship durch die Geschäftsleitung sowie Verbindung mit dem Customer-Firm Value	Abgrenzung von anderen Managementaufgaben sowie Selbstmotivation der Organisation

Markenmanagement ist oder er aus einer anderen Perspektive anerkennt, dass Customer Experience Management auf dem Markenmanagement aufbaut.

Inzwischen existiert auf unzähligen Blogs und in zahlreichen Veröffentlichungen eine Vielzahl an Customer-Experience-Modellen. Es fällt auf, dass viele nicht auf die Ausgestaltung des eigentlichen Erlebnisses eingehen, sondern auf die Einbettung des Customer Experience Managements in die Organisation und die jeweiligen Berührungspunkte (vgl. Abb. 6.23).

Für mich ist Customer Experience Management aber weniger ein allumfassendes Managementmodell, sondern zielt auf die strategischen Vorgaben für die Erlebnisgestaltung ab. Pine und Gilmore (1998, S. 102) haben vier grundlegende Arten von Experiences definiert:

1. Bildung
2. Unterhaltung
3. Ästhetik
4. Ausbrechen

Bei einem Bildungserlebnis nimmt der Kunde die Eindrücke auf und beteiligt sich zu einem gewissen Grad an der Ausgestaltung des Erlebnisses (Toth 2019, S. 11). Bei einer Unterhaltung nimmt der Kunde ebenfalls die Eindrücke wahr, aber beteiligt sich nicht. Ausbrechen bezeichnet ein Erlebnis, bei dem sich die Kunden aktiv beteiligen und in das Erlebnis förmlich eintauchen (Pine und Gilmore 1998, S. 102). Ästhetik bezeichnet ein Erlebnis, bei dem

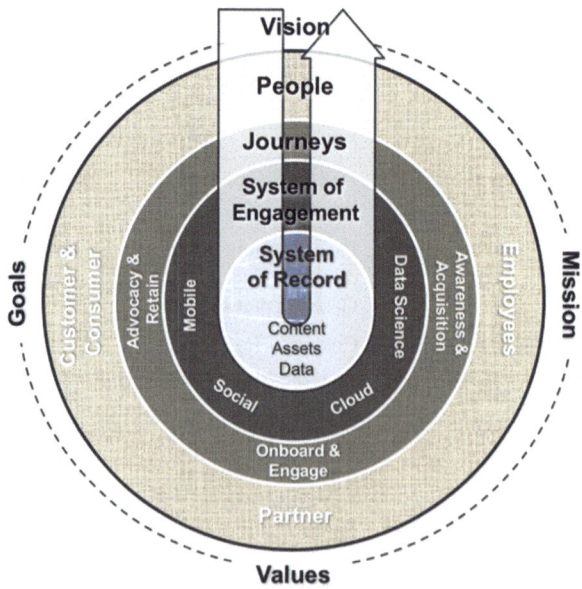

Abb. 6.23 „Customer Experience Management" Systeme und Ebenen. (Quelle: Goldhausen 2018, S. 74)

die Kunden ebenfalls eintauchen, aber eher passiv teilnehmen. Somit können Experiences grundsätzlich über die Intensität der Co-Creation unterschieden werden.

Darüber hinaus kann eine Experience aus Sicht der Kunden in folgende Dimensionen zerlegt werden (Gentile et al. 2007):

- Die **sensorische Dimension** bezieht sich auf die Aufnahme von Umweltreizen über die Sinnesorgane. Sie ist dafür geeignet, Wohlbefinden, Erregung sowie Befriedigung beim Kunden auszulösen, indem die Sinne des Konsumenten (Sehen, Hören, Anfassen, Riechen und Schmecken) über äußere Reize stimuliert werden.
- Die **emotionale bzw. affektive Dimension** löst Reaktionen beim Kunden aus, wie beispielsweise Emotionen und Stimmungen. Eine Beziehung mit den Angeboten der Organisation, dem Leistungsanbieter selbst oder der Marke kann beim Kunden ein positives Gefühl auslösen. Die emotionale Dimension betrifft somit die Stimmungs- und Gefühlsebene.
- Die **kognitive Erlebnisdimension** zielt auf den Intellekt der Kunden ab und spricht das Denkvermögen des Konsumenten gezielt an. Beim Aufeinandertreffen auf kognitive Erlebniskomponenten werden die Kreativität, die gedankliche Auseinandersetzung sowie das Problemlösungsverhalten der Kunden stimuliert.
- Die **verhaltensbezogene Erlebnisdimension** beinhaltet die Vermittlung von physischen Erlebnissen, Interaktionsmöglichkeiten usw. Sie zielt auf eine Veränderung des rationalen Verhaltens der Kunden über den gesamten Nutzungszeitraum und auf Lebensstilveränderungen der Kunden ab.
- Die sogenannte **Lifestyle-Dimension** liefert Argumente zur Bestätigung der Werte und Meinungen von Kunden.
- Die **soziale Dimension** stellt die Interaktion mit dem relevanten sozialen Kontext in den Mittelpunkt der Betrachtung. Diese Interaktion wird auch als **relationale Erlebnisdimension** bezeichnet.

Zur Ausarbeitung der einzelnen Experiences kann das Modell von Stein und Ramaseshan (2016) genutzt werden. Sie gehen von sechs unterschiedlichen Dimensionen aus, mit denen eine Experience entwickelt werden kann. Dabei ist das Modell als Grundraster zu betrachten, das je nach Touchpoint um weitere Elemente ergänzt werden sollte (vgl. Abb. 6.24).

Auf Basis von 28 Tiefeninterviews versuchten sie darüber hinaus zu bestimmen, wie wichtig die einzelnen Elemente entlang der Stufen des Customer Purchase Process sind (vgl. Tab. 6.5).

Es wird deutlich, dass die Experience vor allem am POS eine hohe Relevanz besitzt, aber eben auch davor und danach. Für ein Beispiel zur Anwendung dieses Modells, aber auch die anderen, die in diesem Buch vorgestellt werden, bitte ich dich, die Website https://customersx.ch/bk/ zu besuchen. Die Anwendung dieser Modelle für unterschiedliche Organisationen benötigt einen Raum, den dieses Buch nicht bieten kann.

Atmosphäre
- Ausstattung
- Stimmung
- Attraktivität des Umfelds
- Layout und Design
- Angebotsdarstellung

Technologie
- Einfachheit in der Anwendung
- Einfachheit im Einkauf
- Selbstservice

Kommunikation
- Werbung
- Promotionen
- Informationen

Prozesselemente
- Wartezeit
- Serviceprozess
- Navigation

Mitarbeitende-Kunde-Interaktion
- Freundlichkeit
- Hilfsbereitschaft
- Individueller Service
- Konfliktlösung

Angebots-Interaktion-Elemente
- Angebotsdifferenzierung
- Sortiment
- Inspiration

Abb. 6.24 Customer Experience Management. (Quelle: in Anlehnung an Stein und Ramaseshan 2016)

Tab. 6.5 Relevanz der einzelnen Elemente der Experience während des Customer Purchase Process. (Quelle: in Anlehnung an Stein und Ramaseshan 2016, S. 17)

Atmosphäre	Evaluation	Purchase	Usage Experience
Technologie	13	27	7
Kommunikation	15	17	9
Prozesselemente	14	15	10
Mitarbeitende-Kunde-Interaktion	9	23	6
Angebots-Interaktions-Elemente	11	26	8

Literatur

Aaker, D. A. (1992). *Management des Markenwerts*. Frankfurt a. M.: Campus.

Aaker, J. L. (1997). Dimensions of brand personality. *Journal of Marketing Research, 34*(3), 347–356.

Aaker, J. L. (2005). Dimensionen der Markenpersönlichkeit. In F.-R. Esch (Hrsg.), *Moderne Markenführung* (S. 165–176). Wiesbaden: Gabler.

Abdelkafi, N., Raasch, C., Roth, A., & Srinivasan, R. (2019). Multi-sided platforms. *Electronic Markets, 29*, 553–559.

Ang, L., & Buttle, F. (2006). Managing for successful customer acquisition: An exploration. *Journal of Marketing Management, 22*(3–4), 295–317.

Becker, A. (1996). *Rationalität strategischer Entscheidungsprozesse ein strukturationstheoretisches Konzept*. Wiesbaden: DUV.

Bersch, L. (2019). Der Einsatz von Blue Ocean Strategy® und Design Thinking in Unternehmen im Rahmen eines Innovationsmanagements. In T. Barsch, T. Heupel, & H. Trautmann (Hrsg.), *Die Blue-Ocean-Strategie in Theorie und Praxis: Diskurs und 16 Beispiele erfolgreicher Anwendung* (S. 33–45). Wiesbaden: Springer Gabler.

Bleicher, K. (2004). *Das Konzept Integriertes Management. Visionen – Missionen – Programme*. Frankfurt a. M.: Campus.

Blinda, L. (2003). Relevanz der Markenherkunft für die identitätsbasierte Markenführung. LiM Arbeitspapier Nr. 2. Bremen. https://www.uni-bremen.de/fileadmin/user_upload/fachbereiche/ fb7/lim/LiM-AP-02-Markenherkunft.pdf. Zugegriffen: 26. Juni 2020.

Blinda, L. (2007). *Markenführungskompetenzen eines identitätsbasierten Markenmanagements: Konzeptualisierung, Operationalisierung und Wirkungen*. Wiesbaden: DUV.

Bronner, T. (1995). *Wertsteigerung durch strategische Entscheidungen*. Stuttgart: Schäffer-Poeschel.

Bruhn, M. (2009). *Relationship marketing* (2. Aufl.). München: Vahlen.

Bruhn, M. (2014). *Marketing* (12. Aufl.). Wiesbaden: Springer Gabler.

Bruhn, M., & Hadwich, K. (2012). Customer experience – Eine Einführung in die theoretischen und praktischen Problemstellungen. In M. Bruhn & K. Hadwich (Hrsg.), *Customer experience: Forum Dienstleistungsmanagement* (S. 4–36). Wiesbaden: Springer Gabler.

Bungay, S. (2019). 5 Myths about strategy. Harvard Business Review. https://hbr.org/2019/04/5-myths-about-strategy. Zugegriffen: 18. Nov. 2019.

Burmann, C., Halaszovich, T., & Hemmann, F. (2012). *Identitätsbasierte Markenführung: Grundlagen – Strategie – Umsetzung – Controlling*. Wiesbaden: Springer Gabler.

Burmann, C., Halaszovich, T. F., Schade, M., & Piehler, R. (2018). *Identitätsbasierte Markenführung: Grundlagen – Strategie – Umsetzung – Controlling* (3. Aufl.). Wiesbaden: Springer Gabler.

Burmann, C., & Meffert, H. (2005a). Managementkonzept der identitätsorientierten Markenführung. In H. Meffert, C. Burmann, & M. Koers (Hrsg.), *Markenmanagement – Identitätsorientierte Markenführung und praktische Umsetzung* (S. 73–114). Wiesbaden: Gabler.

Burmann, C., & Meffert, H. (2005b). Theoretisches Grundkonzept der identitätsorientierten Markenführung. In H. Meffert, C. Burmann, & M. Koers (Hrsg.), *Markenmanagement – Identitätsorientierte Markenführung und praktische Umsetzung* (S. 37–72). Wiesbaden: Gabler.

Camphausen, B. (2013). *Strategisches management: planung, entscheidung, Controlling*. München: Oldenbourg.

Coenenberg, A. G., & Baum, H.-G. (1990). *Strategisches Controlling: Grundfragen der strategischen Planung und Kontrolle*. Stuttgart: Schäffer.

Cordon, C., Garcia-Milà, P., Ferreiro Vilarino, T., & Caballero, P. (2016). *Strategy is digital: How companies can use big data in the value chain*. New York: Springer.

Courtney, H., Kirkland, J., & Viguerie, P. (1997). Strategy under uncertainty. *Harvard Business Review, 75*(6), 67–79.

Cusumano, M. A., Gawer, A., & Yoffie, D. B. (2019). *The business of platforms: Strategy in the age of digital competition, innovation, and power*. New York: Harper Collins.

Day, G. S., & Fahey, L. (1988). Valuing market strategies. *Journal of Marketing, 52*(3), 45–57.

Deutsch, M., & Gerard, H. B. (1955). A study of normative and informational social influences upon individual judgment. *Journal of Abnormal and Social Psychology, 51*(3), 629–636.

Esch, F.-R. (2005). Markenpositionierung als Grundlage der Markenführung. In F.-R. Esch (Hrsg.), *Moderne Markenführung* (S. 131–164). Wiesbaden: Gabler.

Esch, F.-R., & Geus, P. (2005). Ansätze zur Messung des Markenwerts. In F.-R. Esch (Hrsg.), *Moderne Markenführung* (S. 1263–1306). Wiesbaden: Gabler.

Fader, P. (2012). *Customer centricity* (2. Aufl.). Philadelphia: Wharton Digital Press.

Farris, P. W., Bendle, N. T., Pfeifer, P. E., & Reibstein, D. J. (2007). *Marketing messbar machen: Die 50 wichtigsten Methoden aus dem Marketing, die jeder Manager kennen sollte*. München: Pearson Business.

Farris, P. W., & Moore, M. J. (2005). *The profit impact of marketing strategy project retrospect and prospects.* Cambridge: Cambridge University Press.

Feddersen, C. (2010). *Repositionierung von Marken – Ein agentenbasiertes Simulationsmodell zur Prognose der Wirkungen von Repositionierungsstrategien.* Wiesbaden: Gabler.

Felser, G. (2015). *Werbe- und Konsumentenpsychologie* (4. Aufl.). Heidelberg: Springer.

Galbraith, J. R. (2005). *Designing the customer-centric organization: A guide to strategy, structure, and process.* San Francisco: Jossey-Bass.

Gälweiler, A. (2005). *Strategische Unternehmensführung* (3. Aufl.). Frankfurt a. M.: Campus.

Garland, R. (2004). Share of wallet's role in customer profitability. *Journal of Financial Services Marketing, 8*(3), 259–268.

Garnefeld, I. (2008). *Kundenbindung durch Weiterempfehlung: Eine experimentelle Untersuchung der Wirkung positiver Kundenempfehlungen auf die Bindung des Empfehlenden.* Wiesbaden: Gabler.

Gassmann, O., Frankenberger, K., & Csik, M. (2017). *Geschäftsmodelle entwickeln: 55 innovative Konzepte mit dem St. Galler Business Model Navigator* (2. Aufl.). München: Hanser.

Gentile, C., Spiller, N., & Noci, G. (2007). How to sustain the customer experience: An overview of experience components that co-create value with the customer. *European Management Journal, 25*(5), 395–410.

Gilbert, X., & Strebel, P. J. (1987). Strategies to outpace competition. *Journal of Business Strategy, 8*(1), 28–36.

Gimpel, H., Schmied, F., & Stäber, A.-L. (2018). Der unbekannte Kunde – Potenziale der Integration von Kundendaten. *HMD Praxis der Wirtschaftsinformatik, 55*(1), 91–103.

Godes, D., & Mayzlin, D. (2009). Firm-created word-of-mouth communication: Evidence from a field test. *Marketing Science, 28*(4), 721–739.

Goldhausen, K. (2018). Customer Experience Management – Der Weg ist das Ziel. In A. Rusnjak & D. Schallmo (Hrsg.), *Customer experience im Zeitalter des Kunden: Best practices, lessons learned und Forschungsergebnisse* (S. 41–94). Wiesbaden: Springer Gabler.

Gouthier, M. H. J. (2006). Neukundenmanagement. In H. Hippner & K. Wilde (Hrsg.), *Grundlagen des CRM* (S. 373–408). Wiesbaden: Gabler.

Gregori, C. (2006). *Instrumente einer erfolgreichen Kundenorientierung: Eine empirische Untersuchung.* Wiesbaden: Dt. Univ.-Verl.

Griffin, J., & Lowenstein, M. V. (2001). *Customer winback: How to recapture lost customers – And keep them loyal.* San Francisco: Jossey-Bass.

Gummesson, E. (2008). Customer centricity: Reality or a wild goose chase. *European Business Review, 20,* 315–330.

Günter, B. (2006). Beschwerdemanagement. In C. Homburg (Hrsg.), *Kundenzufriedenheit* (S. 369–390). Wiesbaden: Gabler.

Haedrich, G., & Tomczak, T. (1996). *Produktpolitik.* Stuttgart: Kohlhammer.

Haedrich, G., Tomczak, T., & Kaetzke, P. (2003). *Strategische Markenführung* (3. Aufl.). Bern: Haupt UTB.

Haubrock, A., & Öhlschlegel-Haubrock, S. (2015). *Der Mythos vom König Kunde: We Kundenorientierung tatsächlich gelingt* (4. Aufl.). Wiesbaden: Gabler. (Nachdr. 2009).

Helm, S. (2000). *Kundenempfehlungen als Marketinginstrument.* Wiesbaden: DUV.

Helm, S. (2005). Customer valuation as a driver of relationship dissolution. *Journal of Relationship Marketing, 3*(4), 77–91.

Helmke, S., & Uebel, F. M. (2008). Kundenorientierte Steuerung im Direktmarketing. In S. Helmke, F. M. Uebel, & W. Dangelmaier (Hrsg.), *Effektives Customer Relationship Management: Instrumente, Einführungskonzepte, Organisation* (S. 119–146). Wiesbaden: Gabler.

Herrmann, A., & Huber, F. (2013). *Produktmanagement: Grundlagen, Methoden, Beispiele* (3. Aufl.). Wiesbaden: Springer Gabler.

Heupel, T., Barsch, T., Niesar, T., & Yesilkaya, V. (2019). Vom konventionellen Strategischen Management zur Blue Ocean Strategy©. In T. Barsch, T. Heupel, & H. Trautmann (Hrsg.), *Die Blue-Ocean-Strategie in Theorie und Praxis: Diskurs und 16 Beispiele erfolgreicher Anwendung* (S. 3–32). Wiesbaden: Springer Gabler.

Hlavinka, K., & Sullivan, J. (2011). *The billion member march: The 2011 Colloquy loyalty census.* Cinncinati: Loyalty One Colloquy.

Holland, H. (2009). Kundenbindungsmanagement in der Automobilbranche. In H. Hans & K. Matzler (Hrsg.), *Kundenorientierte Unternehmensführung* (S. 605–620). Wiesbaden: Gabler.

Hollenbeck, L. D. (2011). Exploring customer brand engagement: Definition and themes. *Journal of Strategic Marketing, 19*(7), 555–573.

Homburg, C. (2017). *Marketingmanagement – Strategie – Instrumente – Umsetzung – Unternehmensführung* (6. Aufl.). Wiesbaden: Springer Gabler.

Homburg, C., & Schäfer, H. (2017). Die Erschließung von Kundenwertpotenzialen durch Cross-Selling. In S. Helm, B. G, & Andreas Eggert (Hrsg.), *Kundenwert: Grundlagen – Innovative Konzepte – Praktische Umsetzungen* (S. 140–159). Wiesbaden: Springer Gabler.

Homburg, C., Schäfer, H., & Schneider, J. (2016). *Sales excellence* (8. Aufl.). Wiesbaden: Springer Gabler.

Hungenberg, H. (2014). *Strategisches Management in Unternehmen: Ziele – Prozesse – Verfahren* (8. Aufl.). Wiesbaden: Springer Gabler.

Jenkinson, A. (1997). Database marketing for loyalty. In D. Link, D. Brändli, C. Schleuning, & R. E. Kehl (Hrsg.), *Handbuch Database Marketing* (S. 315–334). Ettlingen: IM-Fachverlag Marketing-Forum.

Jenner, T. (1999a). Markenführung als Lernprozess. *Harvard Business Manager, 21,* 20–29.

Jenner, T. (1999b). Überlegungen zum strategischen Wandel in der Markenführung. *Marketing ZFP, 21*(2), 149–160.

Jenner, T. (2000). Hybride Wettbewerbsstrategien in der deutschen Industrie – Bedeutung, Determinanten und Konsequenzen für die Marktbearbeitung. *Die Betriebswirtschaft, 60*(1), 7–22.

Jenner, T. (2001). Controlling strategischer Erfolgspotentiale unter besonderer Berücksichtigung realer Optionen. In S. Reinecke, T. Tomczak, & G. Geis (Hrsg.), *Handbuch Marketingcontrolling: Marketing als Motor von Wachstum und Erfolg* (S. 128–142). Frankfurt a. M.: Ueberreuter.

Johnson, P. M. (1982). Social and coginitive featuers of the dissolution of commitment to relationships. In S. Duck & R. Gilmour (Hrsg.), *Dissolving personal relationships* (S. 51–76). London: Academic.

Johnson, M. W. (2010). *Seizing the white space.* Boston: Harvard Business Press.

Jost-Benz, M. (2009). *Identitätsbasierte Markenbewertung: Grundlagen, theoretische Konzeptualisierung und praktische Anwendung am Beispiel einer Technologiemarke.* Wiesbaden: Gabler.

Kapferer, J.-N. (1992). *Die Marke – Kapital des Unternehmens.* Landsberg/Lech: Moderne Industrie.

Keller, K. L. (1993). Conceptualizing, measuring, and managing customer-based brand equity. *Journal of Marketing, 57*(1), 1–22.

Keller, K. L. (2003). *Strategic brand management.* Upper Saddle River: Prentice Hall.

Kelly, S., Johnston, P., & Danheiser, S. (2017). *Value-ology: Aligning sales and marketing to shape and deliver profitable customer value propositions.* Cham: Palgrave Macmillan.

Kenning, P. (2002). Aufbau langfristiger Kundenbeziehungen im Handel. In D. Ahlert, J. Becker, R. Knackstedt, & M. Wunderlich (Hrsg.), *Customer Relationship Management im Handel* (S. 85–102). Berlin: Springer.

Kim, B.-D., & Kim, S.-O. (2000). Measuring upselling potential of life insurance customers: Application of a stochastic frontier model. *Journal of Interactive Marketing, 13*(4), 2–9.

Kim, W. C., & Mauborgne, R. (2015). *Blue ocean strategy: How to create uncontested market space and make the competition irrelevant.* Boston: Harvard Business School Press.

Kirchner, J. (2008). Wertorientierte Ausrichtung der Neukundengewinnung. In S. Helmke, F. M. Uebel, & W. Dangelmaier (Hrsg.), *Effektives Customer Relationship Management: Instrumente, Einführungskonzepte, Organisation* (S. 263–286). Wiesbaden: Gabler.

Klaus, P. (2015). *Measuring customer experience: How to develop and execute the most profitable customer experience strategies.* Basingstoke: Palgrave Macmillan.

Kranz, M. (2007). *Management von Strategieprozessen: Von der Strategischen Planung zur integrierten Strategieentwicklung.* Wiesbaden: Dt. Univ.-Verl.

Kreutzer, R. T. (2016). *Erfolgreiches Dialog-Marketing im Modehandel.* Köln: BTE.

Kreutzer, R. T. (2018). Customer Experience Management – Wie man Kunden begeistern kann. In A. Rusnjak & D. Schallmo (Hrsg.), *Customer Experience im Zeitalter des Kunden: Best Practices, Lessons Learned und Forschungsergebnisse* (S. 95–120). Wiesbaden: Springer Gabler.

Kriss, S. (2014). The value of customer experience, quantified. Harvard Business Review. https://hbr.org/2014/08/the-value-of-customer-experience-quantified. Zugegriffen: 2. Sept. 2019.

Kumar, V., & Reinartz, W. (2018). *Customer relationship management* (3. Aufl.). Berlin: Springer.

Kunz, H. A. (2002). *Wertorientierte Unternehmenssteuerung, Organizational Slack und Strategische Interaktion.* Stuttgart: Schäffer-Poeschel.

Lamberti, L. (2013). Customer centricity: The construct and the operational antecedents. *Journal of Strategic Marketing, 21*(7), 588–612.

Lamberti, L., & Noci, G. (2012). CSR as a strategic lever in medium-sized companies: Evidence from Italy. *Business Ethics: A European Review, 21,* 402–416.

Lemke, F., Clark, M., & Wilson, H. (2011). Customer experience quality: An exploration in business and consumer contexts using repertory grid technique. *Journal of Academy of Marketing Science, 39*(6), 846–869.

Leußer, W., Hippner, H., & Wilde, K. D. (2011). CRM – Grundlagen, Konzepte und Prozesse. In H. Hippner, B. Hubrich, & K. D. Wilde (Hrsg.), *Grundlagen des CRM: Strategie, Geschäftsprozesse und IT-Unterstützung* (S. 15–56). Wiesbaden: Gabler.

Levermann, T. (1995). *Entwicklung eines Expertensystems zur Beurteilung der strategischen Durchsetzung von Werbung.* Wiesbaden: Gabler.

Lewis, M. (2006). Customer acquisition promotions and customer asset value. *Journal of Marketing Research, 43*(2), 195–203.

Lütje, S. (2009). *Kundenbeziehungsfähigkeit: Konzeptionalisierung und Erfolgswirkung.* Wiesbaden: Gabler.

Maitzen, P. (2016). *Attraktivität von Cross-Selling-Angeboten aus Kundensicht: Konstruktentwicklung und Überprüfung im Wirkungsmodell.* Wiesbaden: Springer Gabler.

Malms, O., & Schmitz, C. (2011). Cross-divisional orientation: Antecedents and effects on cross-selling success. *Journal of Business to Business Marketing, 18*(3), 253–275.

McIntyre, D. P., & Srinivasan, A. (2017). Networks, platforms, and strategy: Emerging views and next steps. *Strategic Management Journal, 38*(1), 141–160.

Meffert, H., & Burmann, C. (2005). Wandel in der Markenführung – Vom instrumentellen zum identitätsorientierten Markenverständnis. In H. Meffert, C. Burmann, & M. Koers (Hrsg.), *Markenmanagement – Identitätsorientierte Markenführung und praktische Umsetzung* (S. 19–36). Wiesbaden: Gabler.

Meffert, H., Burmann, C., Kirchgeorg, M., & Eisenbeiss, M. (2019). *Marketing* (13. Aufl.). Wiesbaden: Gabler.

Mendelson, H., & Meza, P. E. (2001). Amazon.com: Marching toward profitability. Standford. https://www.gsb.stanford.edu/faculty-research/case-studies/amazoncom-marching-toward-profitability. Zugegriffen: 26. Juni 2020.

Meyer-Waarden, L., & Benavent, C. (2006). The impact of loyalty programmes on repeat purchase behaviour. *Journal of Marketing Management, 22*(1–2), 61–88.

Michalski, S. (2002). *Kundenabwanderungs- und Kundenrückgewinnungsprozesse: eine theoretische und empirische Untersuchung am Beispiel von Banken.* Wiesbaden: Gabler.

Mintzberg, H., & Waters, J. A. (1985). Of strategies, deliberate and emergent. *Strategic Management Journal, 6*(3), 257–272.

Mittal, V., & Katrichis, J. M. (2000). Distinctions between new and loyal customers. *Marketing Research, 12*(1), 26–30.

Neu, M., & Günter, J. (2015). *Erfolgreiche Kundenrückgewinnung: verlorene Kunden identifizieren, halten und zurückgewinnen.* Wiesbaden: Springer Gabler.

Ngobo, P. V. (2004). Drivers of customers' cross-buying intentions. *European Journal of Marketing, 38,* 1129–1157.

Nirschl, M., & Steinberg, L. (2018). *Einstieg in das Influencer Marketing: Grundlagen, Strategien und Erfolgsfaktoren.* Wiesbaden: Springer Gabler.

O'Loughlin, D., Szmigin, I., & Turnbull, P. (2004). From relationships to experiences in retail financial services. *International Journal of Bank Marketing, 22,* 522–539.

Ortmann, G. (2010). Organisation, Strategie, Responsivität: Strategieformation als responsive Strukturation. In G. Schreyögg & P. Conrad (Hrsg.), *Organisation und Strategie: Managementforschung 20, Managementforschung* (S. 1–46). Wiesbaden: Gabler.

Osterwalder, A., & Pigneur, Y. (2010). *Business model generation.* New Jersey: Wiley.

Outram, C. (2015). *Digital stractics: The death of the strategic plan.* Houndmills: Palgrave MacMillan.

o. V. (2015). Salt verliert halbes Management. inside-channels.ch. https://www.inside-channels.ch/articles/40449. Zugegriffen: 21. Okt. 2019.

o. V. (2017). Customers 2020: A progress report. Walkerinfo. https://www.walkerinfo.com/knowledge-center/featured-research-reports/customers-2020-a-progress-report. Zugegriffen: 2. Sept. 2019.

Palmer, A. (2010). Customer experience management: A critical review. *Journal of Service Marketing, 24,* 196–208.

Pfister, H.-R., Jungermann, H., & Fischer, K. (2017). *Die Psychologie der Entscheidung: Eine Einführung* (4. Aufl.). Heidelberg: Springer.

Pine, B. J., & Gilmore, J. H. (1998). Welcome to the experience economy. *Harvard Business Review, 76,* 97–105.

Pohlkamp, A. (2009). *Identifikation und Ausschöpfung von Up-Selling-Potenzialen: ein Beitrag zur Segmentierung von Aufsteigern.* Wiesbaden: Gabler.

Porter, M. E. (2013). *Wettbewerbsstrategie: Methoden zur Analyse von Branchen und Konkurrenten* (12. Aufl.). Frankfurt a. M.: Campus.

Rappaport, A. (1999). *Shareholder value* (2. Aufl.). Stuttgart: Schäffer-Poeschel.

Reichheld, F. F., & Sasser, W. E. (1990). Zero defections: Quality comes to service. *Harvard Business Review, 68*(5), 105–111.

Reinartz, W., Thomas, J. S., & Kumar, V. (2005). Balancing acquisition and retention resources to maximize customer profitability. *Journal of Marketing, 69*(1), 63–79.

Richins, M. L., & Root-Shaffer, T. (1988). The role of involvement and opinion leadership in consumer word-of-mouth: An implicit model explicit. *Advances in Consumer Research, 15,* 32–36.

Ries, A., & Trout, J. (1986). *Positioning: Die neue Werbestrategie.* Hamburg: McGraw-Hill.

Rödl, M. (2002). *Strategische Unternehmensbewertung im Rahmen des Akquisitionsprozesses.* München: VVF.

Rotzinger, U., & Berger, P. (2019). Schock für 400 Salt-Shop-Verkäufer. Blick. https://www.blick.ch/news/wirtschaft/sie-sollen-neue-vertraege-unterschreiben-sonst-muessen-sie-gehen-schock-fuer-400-salt-shop-verkaeufer-id15280733.html. Zugegriffen: 21. Okt. 2019.

Ruge, H.-D. (2005). Aufbau von Markenbildern. In F.-R. Esch (Hrsg.), *Moderne Markenführung* (S. 239–262). Wiesbaden: Gabler.

Rutsatz, U. (2004). *Kundenrückgewinnung durch Direktmarketing. Das Beispiel des Versandhandels.* Wiesbaden: Gabler.

Salazar, M. T., Harrison, T., & Ansell, J. (2007). An approach for the identification of crosssell and up-sell opportunities using a financial services customer database. *Journal of Financial Services Marketing, 12*(2), 115–131.

Sathit, P. (2017). *Competitive advantage of customer centricity.* Singapore: Springer Nature.

Sauerbrey, C., & Henning, R. (2000). *Kundenrückgewinnung. Erfolgreiches Management für Dienstleister.* München: Vahlen.

Schäfer, H. (2002). *Die Erschließung von Kundenpotentialen durch Cross-Selling.* Wiesbaden: Springer.

Schawel, C., & Billing, F. (2018). *Top 100 Management Tools: Das wichtigste Buch eines Managers: von ABC-Analyse bis Zielvereinbarung* (6. Aufl.). Wiesbaden: Springer Gabler.

Schmitz, C., Lee, Y.-C., & Lilien, L. G. (2014). Cross-selling performance in complex selling contexts: An examination of supervisory- and compensation-based controls. *Journal of Marketing, 78*(3), 1–19.

Schneider, W. (2008). *Profitable Kundenorientierung durch Customer Relationship Management. Wertvolle Kunden gewinnen, begeistern und dauerhaft binden.* München: Wissenschaftsverlag.

Shah, D., Kumar, V., Qu, Y., & Chen, S. (2012). Unprofitable cross-buying: Evidence from consumer and business markets. *Journal of Marketing, 76*(3), 78–95.

Sieben, F. G. (2002). *Rückgewinnung verlorener Kunden. Erfolgsfaktoren und Profitabilitätspotenziale.* Wiesbaden: Gabler.

Siegert, G. (2000). *Medien Marken Management: Relevanz, Spezifika und Implikationen einer medienökonomischen Profilierungsstrategie.* München: Fischer.

Simon, H., & Faßnacht, M. (2016). *Preismanagement: Strategie – Analyse – Entscheidung – Umsetzung* (4. Aufl.). Wiesbaden: Springer Gabler.

Srivastava, R. K., & Wiesel, T. (2010). Brand platform as strategic investments. In S. Wuyts, M. G. Dekimpe, E. Gijsbrechts, & R. Pieters (Hrsg.), *The connected customer* (S. 203–213). New York: Routledge.

Stahl, H. K. (1996). *Zero-Migration.* Wiesbaden: Gabler.

Stähler, P. (2002). *Geschäftsmodelle in der digitalen Ökonomie* (2. Aufl.). St. Gallen: EUL.

Stähler, S. (2015). Das Management der Digitalen Transformation. Medium.Com. https://medium.com/@business_inno/das-management-der-digitalen-transformation-f5d818bfbdc6. Zugegriffen: 11. Apr. 2020.

Stähler, P. (2017). *Das Richtige gründen: Werkzeugkasten für Unternehmer* (3. Aufl.). Hamburg: Murmann.

Staudacher, J. (2008). *Identitätsbasiertes strategisches Markencontrolling.* Dissertation, Universität Bremen, Bremen. http://elib.suub.uni-bremen.de/diss/docs/00011253.pdf.

Stauss, P. (2011). Kundenbeziehungs-Lebenszyklus. In H. Hippner, B. Hubrich, & K. D. Wilde (Hrsg.), *Grundlagen des CRM: Strategie, Geschäftsprozesse und IT-Unterstützung* (S. 319–342). Wiesbaden: Gabler.

Stauss, B., & Friege, C. (2017). Kundenwertorientiertes Rückgewinnungsmanagement. In S. Helm, B. Günter, & A. Eggert (Hrsg.), *Kundenwert: Grundlagen – Innovative Konzepte – Praktische Umsetzungen* (S. 451–470). Wiesbaden: Springer Gabler.

Stein, A., & Ramaseshan, B. (2016). Towards the identification of customer experience touchpoint elements. *Journal of Retailing and Consumer Services, 30*, 8–19.

Stolle, W. (2013). *Global brand management*. Wiesbaden: Springer Gabler.

Stotz, N. (2018). *Die Rolle von Wechselkosten im Systemgeschäft*. Hamburg: Kovač.

Täuscher, K., & Abdelkafi, N. (2018). Scalability and robustness of business models for sustainability: A simulation experiment. *Journal of Cleaner Production, 170*, 645–664.

Tiffert, A. (2019). *Customer Experience Management in der Praxis Grundlagen – Zusammenhänge – Umsetzung*. Wiesbaden: Springer Gabler.

Toth, A. (2019). *Die Treiber der Customer Experience*. Wiesbaden: Springer Gabler.

Trommsdorff, V. (1992). Multivariate Imageforschung und strategische Marketingplanung. In A. Herrmann & V. Flegel (Hrsg.), *Handbuch des Electronic Marketing* (S. 321–337). München: Beck.

Trusov, M., Bodapato, A., & Bucklin, R. E. (2008). *Determining influential users in Internet social networks*. Maryland: Working Paper, Robert H. Smith School of Business.

van der Bulte, C. (2010). Opportunities and challenges in studying customer networks. In S. Wuyts, M. G. Dekimpe, E. Gijsbrechts, & R. Pieters (Hrsg.), *The connected customer* (S. 7–36). New York: Routledge.

Vargo, S. L., & Lusch, R. F. (2004). Evolving to a new dominant logic for marketing. *Journal of Marketing, 68*(1), 1–14.

Venkatesan, R., & Kumar, V. (2004). A customer lifetime value framework for customer selection and resource allocation strategy. *Journal of Marketing, 68*(4), 106–125.

Verhoef, P. C., Franses, P. H., & Hoekstra, J. C. (2001). The impact of satisfaction and payment equity on cross-buying: A dynamic model for a multi-service provider. *Journal of Retailing, 77*(3), 359–378.

Vogelaar, R. (2013). *Superpromoter*. New York: Springer Nature.

von Wagenheim, F. (2003). *Weiterempfehlung und Kundenwert: Ein Ansatz zur persönlichen Kommunikation*. Wiesbaden: DUV.

Watts, D. J., & Dodds, P. S. (2007). Influentials, networks, and public opinion formation. *Journal of Consumer Research, 34*(4), 441–458.

Wenske, A. V. (2008). *Management und Wirkungen von Marke-Kunden-Beziehungen im Konsumgüterbereich: eine Analyse unter besonderer Berücksichtigung des Beschwerdemanagements und der Markenkommunikation*. Wiesbaden: Gabler.

Wieseke, J., Homburg, C., & Lee, N. (2008). Understanding the adoption of new brands through salespeople: A multilevel framework. *Journal of the Academy of Marketing Science, 36*(2), 278–291.

Wirth, O. (2000). Ausgestaltung und Umsetzung wertorientierter Steuerungssysteme. Dissertation, Universität St. Gallen, St. Gallen.

Wübben, M. (2008). *Analytical CRM: Developing and maintaining profitable customer relationships in non-contractual settings*. Wiesbaden: Gabler.

Yoffie, D. B., Gawer, A., & Cusumano, M. A. (2019). A study of more than 250 platforms reveals why most fail. *Harvard Businnes Review*. https://hbr.org/2019/05/a-study-of-more-than-250-platforms-reveals-why-most-fail. Zugegriffen: 17. Febr. 2020.

Yoo, C. (2008). Unconscious processing of Web advertising: Effects on implicit memory, attitude toward the brand, and consideration set. *Journal of Interactive Marketing, 22*(2), 2–18.

Zinkin, J. (2006). Strategic Marketing: Balancing Customer Value with Shareholder Value. *Marketing Review, 6*(2), 163–181.

Verbesserung der Kundenorientierung 7

Auf den vorangegangenen Seiten wurden Kundenorientierung definiert und die wichtigsten Aspekte vorgestellt. Dabei habe ich versucht, eine Einschätzung der einzelnen Themen vorzunehmen und einen Handlungsbezug vorzustellen. Kundenorientierung ist nicht die Anwendung einzelner Tools, sondern ein Transformationsprozess, der für jede Organisation in jeder Situation anzupassen ist.

Im Folgenden wird der idealtypische Prozess zur Verbesserung der Kundenorientierung vorgestellt. Für eine detaillierte Beschreibung der einzelnen Stufen des Transformationsprozesses verweise ich aus Platzgründen auf die Online-Ressourcen. Darüber hinaus gehe ich auf die Roadmap und das Playbook als wichtige Artefakte zur Beeinflussung des Customer-centric Commitments und des Customer-centric Citizenship Behaviors der Mitarbeitenden ein. Im Anschluss werden spezifische organisationsindividuelle Empfehlungen getroffen. Das Controlling der Kundenorientierung zielt darauf ab, das Lernen im Sinne der Selbstführung und die Reagibilität abzusichern (vgl. Abb. 7.1).

Bei der Verbesserung der Kundenorientierung können folgende Defizite ausgemacht werden (in Anlehnung an Freudenthaler-Mayrhofer und Sposato 2017, S. 20):

Abb. 7.1 Dimensionen zur Verbesserung der Kundenorientierung

1. Reduktion der Kundenorientierung auf das Customer Management
2. Zu starke Fokussierung auf die operativen Maßnahmen des Customer Managements
3. Konzeptionelle und methodische Defizite bei der Bestimmung des Kundenwerts und Kundennettonutzens (Customer-Firm Value)
4. Fehlende Nutzung von entwickelten Kundensegmenten
5. Gleichsetzung von Kundenzufriedenheit und Kundenbindung
6. Vernachlässigung von Soft Skills (Führung und Kultur in der Umsetzung der Kundenorientierung)
7. Isolierte Optimierung von Einzelaspekten der Kundenorientierung – ohne Abstimmung aufeinander

Ansätze zur Elimination dieser Defizite wurden im Rahmen dieses Buches vorgestellt. Meine Ausführungen gehen aufgrund der angeführten Defizite bewusst nicht auf die Instrumente bzw. operativen Maßnahmen ein. Customer Value-based Decision Making hat den größten Raum in den Ausführungen bekommen, weil an dieser Stelle die meisten Defizite zu verordnen sind. Die Customer-centric Transformation wird in den meisten Ausführungen zur Kundenorientierung meist ganz vergessen oder in einem Nebensatz erwähnt. Dabei ist Kundenorientierung eine Dominant Logic, die gerade auch die Führung, die Kultur, das Kompetenzmanagement sowie die Prozesse betrifft und eben nicht nur das Customer Management. Der Reduktion der Verantwortlichen auf Einzelaspekte der Kundenorientierung soll mit dem folgenden Prozess Einhalt geboten werden (vgl. Abb. 7.2).

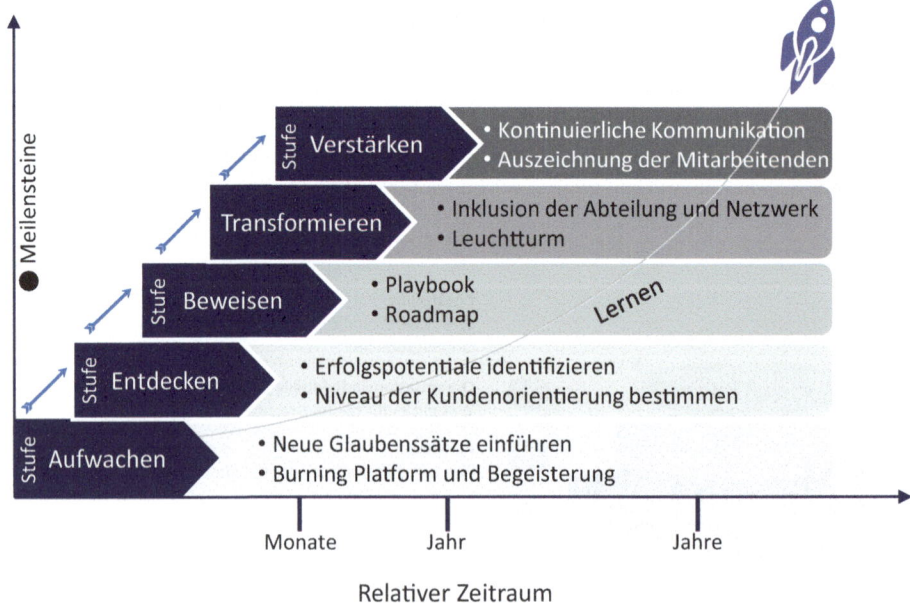

Abb. 7.2 Prozess zur Verbesserung der Kundenorientierung

In der ersten Stufe gilt es, die Organisation für das Thema Kundenorientierung zu begeistern. Wenn möglich, sollten die Elemente „Burning Platform", „Prophet" und „Verminderung retardierender Kräfte" verbunden werden (vgl. Abschn. 4.1). Diese Stufe ist mit einem Aufwachen am Morgen zu vergleichen und sollte deshalb sehr behutsam erfolgen. Die meisten Organisationen werden bisher eine andere Dominant Logic verfolgt haben. Die Geschäftsleitung ist gefordert, neue Glaubenssätze in die Organisation einzuführen und dadurch ein Basisverständnis bezüglich der Dringlichkeit, aber auch eine erste Begeisterung zu etablieren. Darüber hinaus gilt es, unter der Berücksichtigung von Normen und Artefakten einen ersten Impuls zur Verbesserung des Customer-centric Commitments und anschließend des Customer-centric Citizenship Behaviors zu erzielen (vgl. Abschn. 4.3.1). Kundenorientierung in der Stufe Aufwachen kann nur top-down erfolgen. Alle Ansätze aus einzelnen Fachabteilungen oder Geschäftsbereichen werden früher oder später scheitern. Darüber hinaus sind Normen und Artefakte wichtige Elemente zur Verbesserung der Kundenorientierung. Diese sollen auf den Glaubenssätzen basieren. Die beiden zentralen Glaubenssätze sind, dass die Kunden der Grund für die gemeinsame Zusammenarbeit sind und Kundenorientierung den Gewinn steigert. Als grundlegende Norm ist die Vorgabe festzulegen, dass jede Entscheidung in der Organisation auf Basis von Kundenerkenntnissen zu treffen ist und den Customer-Firm Value steigern soll.

Auf der zweiten Prozessstufe gilt es, das bestehende Niveau der Kundenorientierung sowie die jeweiligen Stärken und Schwächen zu verstehen und mögliche Potenziale zu entdecken. Dazu kann in einem ersten Schritt der Customer Centricity Maturity Check in Kap. 8 eingesetzt werden. Nach der ersten Einschätzung mittels des Customer Centricity Maturity Check kann der Interviewleitfaden zur Überprüfung der individuellen Veränderungsbereitschaft, ebenfalls in Kap. 8 aufgeführt, auf Ebene der Geschäftsleitung zum Einsatz kommen. Damit kann die Geschäftsleitung je nach Ergebnis des Customer Centricity Maturity Check analysieren, wie Transformationsanforderung und -bereitschaft zueinander stehen. Diese Erkenntnisse sind mit dem Verständnis bezüglich der Erfolgspotenziale zu ergänzen. Aufbauend auf der Trendanalyse, der Customer Purchase Process Analysis sowie der ergänzenden Gewinnung von Kundenerkenntnissen auf Basis der Analyse des Customer-Firm Values und den in Kap. 8 vorgestellten zusätzlichen Messmodellen gilt es, Erfolgspotenziale für die Organisation zu bestimmen und zu bewerten. Im Anschluss sollten, basierend auf den internen Stärken und Schwächen sowie den externen Erfolgspotenzialen, strategische Initiativen entwickelt werden. Diese sollen in einem weiteren Schritt bewertet werden. Dabei stehen vor allem die Strategic Wins im Vordergrund (vgl. Abb. 7.3). Auch an dieser Stelle sei wiederholt: Die Verbesserung der Kundenorientierung hat eine mittel- bis langfristige Perspektive. Es kann hilfreich sein, an dieser Stelle für die einzelnen strategischen Initiativen verschiedene Gestaltungsoptionen zu entwickeln. Strategisches Arbeiten zielt vor allem auf das Lernen und nicht auf die richtige Voraussage der Zukunft ab. Das Erarbeiten von verschiedenen Optionen für die einzelnen Initiativen ist hilfreich dabei, die Lernkurve hochzuhalten.

Abb. 7.3 Bewertung der Erfolgspotenziale zur Verbesserung der Kundenorientierung. (Quelle: Lauer 2019, S. 205)

Auf der dritten Stufe gilt es für die Geschäftsleitung, sich gegenüber den Mitarbeitenden zu beweisen. Die meisten Organisationen propagieren, dass sie kundenorientiert sind. Nur glauben das die wenigsten Mitarbeitenden. Durch die Roadmap, die in Abschn. 7.2 vorgestellt wird, sowie ein Playbook, das in Abschn. 7.1 präsentiert wird, soll für jeden Mitarbeitenden verständlich kommuniziert werden, welche Ziele bezüglich des Customer Value-based Decision Makings bestehen, welche Bereiche die Customer-centric Transformation tangiert, wie sich die Co-Creation weiterentwickelt sowie das Customer Management angepasst wird. Es darf dabei nicht vergessen werden, dass diese beiden Elemente im Sinne von Artefakten einen wichtigen Stellenwert bei der Beeinflussung des Customer-centric Commitments und des Customer-centric Citizenship Behaviors haben.

Das vierte Prozesselement „Transformieren" ist weniger eine Stufe als eine kontinuierliche Aktivität. Sie umfasst einen deutlich längeren Zeitraum als die bisherigen Stufen. Das Customer Management sollte immer erst angepasst werden, wenn die Organisation die notwendigen Kompetenzen aufgrund der Transformation besitzt. In der Vergangenheit lag der Fokus bei der Verbesserung der Kundenorientierung auf Ressourcen im Sinne von Budget und oftmals Technologie. Die Customer-centric Transformation richtet sich auf die Mitarbeitenden aus und umfasst die gesamte Organisation. Die beiden wichtigsten Elemente sind die erfolgreiche Umsetzung eines Leuchtturms und die Absicherung der Inklusion. Auch wenn der Ansatz und der Begriff Leuchtturm in vielen Organisationen inzwischen verbrannt ist, gilt es doch, kontinuierliche Erfolge an einzelnen Stellen in der Organisation zu erzielen und die Begeisterung für das Thema Kundenorientierung hochzuhalten. Erfolge sind aufzuteilen in Ergebniserfolge und Lernerfolge. Auf diese Unterscheidung werde ich später noch eingehen. An dieser Stelle sei angemerkt, dass Lernerfolge für die kommenden Jahre an Bedeutung gewinnen werden. Ich kann aber nicht erkennen, dass wir wissen, wie wir diese kommunizieren sollen.

Die Geschäftsleitung ist aufgefordert, die Erfolge in Bezug auf die Verbesserung der Kundenorientierung über einen längeren Zeitraum kontinuierlich kommunizieren. Ich habe bisher noch keine Organisation erlebt, die die einzelnen Erfolge im Zeitablauf zu umfangreich kommunizierte. Auch ist verstärkt auf die Veränderung der Organisation und nicht auf die Veränderung des Customer Managements abzustellen. Je besser die Transformationsfähigkeit, desto höher das Potenzial, das Customer Management optimal zu gestalten. Allgemein kann ich den Organisationen nur mehr Mut bei der internen Kommunikation wünschen. Darüber hinaus ist auf die Inklusion während der Transformation zu achten. Die Inklusion betrifft die unterschiedlichen Abteilungen sowie das gesamte Netzwerk. Macht, Ängste, heterogene Kompetenzausstattung und vieles mehr werden eher früher als später wie Kaugummi die Customer-centric Transformation ausbremsen. Die drei Stufen von Lewin gilt es unbedingt zu berücksichtigen. Keine Organisation kann ständig verändert werden. Transformation bedeutet, immer wieder in eine Refreezing-Phase einzutreten. In dieser Phase gilt es, die Veränderungen in der Organisation einzuüben und zu perfektionieren, bevor ein neuer Change-Zyklus gestartet werden kann. Deshalb ist die Planung ein wichtiges Element der Kundenorientierung, gerne auch im Rahmen des Customer Managements, aber eben auch für die Customer-centric Transformation. Die grundsätzlichen Erfolgsfaktoren von Kotter (2009, S. 28 f.) für ein erfolgreiches Change-Management seien an dieser Stelle wiederholt aufgeführt:

1. Das Gefühl der Dringlichkeit wecken
2. Ein Führungsteam zusammenstellen
3. Zielvorstellungen und Strategie entwickeln
4. Kommunikation
5. Handlungsfreiräume gewähren
6. Kurzfristige Erfolge
7. Nur nicht nachlassen
8. Veränderungen fest verankern

Zur Steuerung der Customer-centric Transformation kann die Struktur aus Abb. 7.4 genutzt werden. Jede Organisation hat einen individuellen Aufbau und individuelle Möglichkeiten. Anstelle einer Stabsstelle kann auch der CEO einer Organisation die Funktion der Koordination zur Verbesserung der Kundenorientierung übernehmen. Gerade für kleine Organisationen ist das für eine kundenorientierte Ausrichtung der Organisation verpflichtend. Obwohl die meisten Quellen die Empfehlung aussprechen, Budgetentscheidungen in das Steering Board zu geben, empfehle ich, Budgetentscheidungen in der Stabsstelle anzusiedeln. Beide Varianten haben ihre Vor- und Nachteile, jedoch sollte sich das Steering Board aufgrund meiner Erfahrung auf die Zielsetzung und die inhaltliche Ausgestaltung konzentrieren. Den meisten Organisationen fehlen Kompetenzen gerade auch auf der Ebene Steering Board und nicht Budget. Da das Steering Board aus mehreren Personen besteht, die immer auch eine Funktion in der Organisation besitzen, kann es schnell zu Machteinflüssen kommen. Vor dem Hintergrund der Co-Creation ist es darüber hinaus zu empfehlen, Kunden in das Steering Board zu inkludieren. Hier gilt es, für jede Organisation den Umfang und auch die rechtlichen Rahmenbedingungen zu bestimmen. Aufgrund der fehlenden Erfahrungen werden die meisten Organisationen vor einem solchen Schritt zurückschrecken. Diese Ängste gilt es

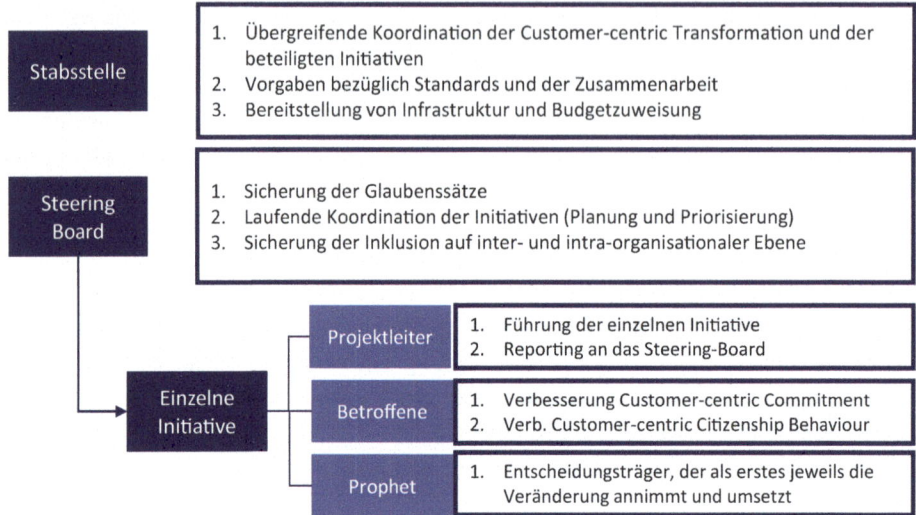

Abb. 7.4 Organisationsstruktur für eine Customer-centric Transformation. (Quelle: in Anlehnung an Lauer 2019, S. 204)

ernst zu nehmen. Aber rational betrachtet entscheidet der Kunde entweder an der Kasse oder im Steering Board, ob die Organisation weiterhin existiert. Es kann von Vorteil sein, im Steering Board möglichst frühzeitig Vorbehalte von Kunden zu verstehen.

Auch wenn die Customer-centric Transformation nicht als eine Ansammlung von Einzelprojekten missverstanden werden soll, gilt es, die jeweiligen Veränderungen über Projekte und Initiativen zu steuern. Es soll ein Projektleiter eingesetzt werden, der von der Stabsstelle befähigt wird und dem Steering Board bezüglich der Entwicklungen Rechenschaft schuldig ist. Wenn möglich, ist es zu empfehlen, einen Propheten zu bestimmen. Dabei muss es sich um einen Entscheidungsträger handeln, der hinter der Veränderung steht und dies in der Organisation kommuniziert und darüber hinaus dies auch vorlebt. Gerade zu Beginn des Transformationsprozesses werden die Kompetenzen auch auf Ebene der Entscheidungsträger nicht ausreichend sein. Deshalb ist bei der Nutzung eines Propheten darauf zu achten, dass er geübt ist im Customer Value-based Decision Making. Die Verbesserung der Kundenorientierung wird meist nur dann erfolgreich sein, wenn jeder Mitarbeitende erleben kann, dass Entscheidungen in der Organisation immer aufgrund bestehender Kundenerkenntnisse getroffen werden. Wenn für eine Entscheidung keine Erkenntnisse vorliegen, so muss zumindest das nachträgliche Controlling so kurzfristig und auf Basis von besseren Daten stattfinden, dass die getroffene Entscheidung, wenn nötig, angepasst werden kann. Ein Prophet zeichnet sich immer über die Art und Weise der Entscheidungsfindung aus. Es kann beim Einsatz eines Propheten sonst sehr schnell zu Missverständnissen kommen. Kundenorientierung wird dann wieder auf die Verbesserung des Chatbots oder die Einführung von Homeoffice reduziert. Das Customer-centric Commitment und das Customer-Centric Citizenship Behavior werden durch die Art der Entscheidungsfindung (Customer Value-based) und die Entscheidungsprozesse beeinflusst. Können diese Vorgaben zu Beginn nicht erfüllt werden, ist zu empfehlen, einen Propheten erst zu einem späteren Zeitpunkt einzusetzen. Ein Prophet ist ein wirkungsstarkes Artefakt und darf nicht zu einer Konfusion in der Organisation bezüglich der grundsätzlichen Systematik von Kundenorientierung führen.

Auf der fünften Prozessstufe gilt es, die intrinsische Selbstführung basierend auf dem Customer-centric Commitment durch eine externe Motivation zu ergänzen. Die ersten Aktivitäten zur Verbesserung der Kundenorientierung sollten verstärkt werden. Grundsätzlich können finanzielle Anreize gesetzt werden, wobei deren Wirkungsstärke nicht überschätzt werden darf. Auch sollten finanzielle Anreize auf keinen Fall kontinuierlich vergeben werden. Diese Anreizform ist somit schon ganz grundsätzlich höchstens als Ergänzung zu betrachten.[1] Darüber hinaus wird eine variable Vergütung empfohlen, wenn sich das Mitarbeitendenverhalten nur schwer kontrollieren lässt (Haller 2017, S. 361). Vor allem kundenorientierte Organisationen sollten ausreichend Informationen zur Steuerung der Mitarbeitenden besitzen. Die umfassende Kommunikation der Erfolge (Leuchtturm), aber auch immer die zugrunde liegende Leistung des jeweiligen Projektleitenden und der Betroffenen sind ganz zentrale Elemente für die Verbesserung der Kundenorientierung. Darüber hinaus gilt es, Auszeichnungen für einzelne Mitarbeitende, aber auch Mitarbeitendengruppen zu entwickeln. Bei der Kommunikation ist im Besonderen auf neue Mitarbeitende zu achten. Diese können sich zu stark auf die Organisation ausrichten. Deshalb sollte der Versuch unternommen werden, neue Mitarbeitende soweit sinnvoll auszuzeichnen und die Kommunikation von Auszeichnung gerade gegenüber neuen Mitarbeitenden intensiver auszugestalten als gegenüber langjährigen Mitarbeitenden. In der Prozessstufe Verstärken können u. a. folgende weitere Elemente zum Einsatz kommen (Haller 2017, S. 362):

- Aufzeigen der Verbindung zwischen der Verbesserung der Kundenorientierung und der Arbeitsplatzsicherheit aufgrund des Kompetenzgewinns jedes einzelnen Mitarbeitenden
- Weiterbildung, gerade im Bereich Customer Value-based Decision Making
- Auszeichnungen im Rahmen von Veranstaltungen, im Intranet, in E-Mails etc. an jeden einzelnen Mitarbeitenden
- Verantwortungserweiterung

Die Verantwortungserweiterung ist allgemein ein wichtiges Instrument, um die Motivation der Mitarbeitenden zu erhöhen. Ich bin auf die veränderte Rolle von Kundenkontaktmitarbeitenden eingegangen. Für diese Mitarbeitenden sehe ich die Erweiterung

---

[1]Die Tarifverträge in Deutschland schränken leistungsabhängige Entlohnungsmodelle darüber hinaus ein.

der Verantwortung im Bereich Co-Creation als ein ganz wichtiges Instrument zur Motivationssteigerung, aber auch zur Verbesserung der Kundenorientierung der gesamten Organisation. Ich betone immer und überall: Es kann nie schaden, mit dem Kunden zu reden. Das Wort „reden" verstehe ich dabei immer auf Schweizerdeutsch als „zulose". Das übersetze ich mit Zuhören, aber auch mit Zulassen. Gerade der letzte Punkt ist im Kundengespräch elementar.

Beim Belohnen gilt die gleiche Prämisse wie bei der Kundenorientierung: Jeder Mitarbeitende ist anders und besitzt eine andere Motivationsstruktur. Die Verantwortlichen sind gefordert, die unterschiedlichen Motivationsbedürfnisse in der Organisation zu verstehen und angelehnt an die Kundensegmentierung eine Mitarbeitendensegmentierung zu entwickeln. Auch hier kann der Customer Centricity Maturity Check hilfreich sein. Darüber hinaus ist anzudenken, ob die jeweiligen Netzwerkpartner bzw. deren Mitarbeitende ausgezeichnet werden. Dies kann helfen, Kundenorientierung als eine Aufgabe des Ecosystems zu begreifen und nicht nur als die alleinige Aufgabe der eigenen Organisation. Dabei muss aber vermieden werden, dass die Auszeichnung Externer umfangreicher ausfällt als die Auszeichnung der eigenen Mitarbeitenden.

Das sechste Element des Prozesses zur Verbesserung der Kundenorientierung ist keine einzelne Stufe. Den hohen Stellenwert von Kompetenzen und Lernen habe ich an mehreren Stellen angesprochen. Die bestehenden theoretischen Modelle und Ansätze haben, wie ausgeführt, bei der Überführung in die Praxis schnell große Herausforderungen zu meistern. Keine Organisation wird in der Lage sein, in sechs Monaten einen Customer Engagement Value zu berechnen. Der Competence-, aber auch der Knowledge-based View sind wichtige Grundlagen der Kundenorientierung, weil sie auf die Lernfähigkeit einer Organisation abstellen. Elemente einer Organisation, die die Kundenorientierung stärken, wie bspw. kooperative Führung und Adhocracy-Kultur,

Aktivitäten zur Verbesserung der Kundenorientierung		
Einbinden Co-Creation mit dem Kunden forcieren	**Verstehen** Systematische Verbesserung der Kundenerkenntnisse	**Anpassen** Organisation und Customer Management anpassen
Integrieren Infrastruktur und Systeme integrieren	**Motivieren** Lernerfolge herausstellen und Kompetenzen erweitern	**Fokussieren** Die drei Transformations-stufen und Anzahl Projekte beachten
Verbinden Abteilung und das gesamte Netzwerk verbinden	**Transformieren** Die Reagibilität der Organisation absichern	**Steigern** Den Customer-Firm Value kontinuierlich erhöhen

Abb. 7.5 Aktivitäten zur Verbesserung der Kundenorientierung. (Quelle: in Anlehnung an Oliveira und Gimeno 2014)

können zu einem höheren Risiko zu scheitern führen. Scheitern wirkt sich in unserem Kulturkreis meist negativ aus. Ein Sicherheitsdenken dominiert unsere Handlungen.

Zur Verbesserung der Kundenorientierung ist deshalb stärker der Lern- und nicht nur der Transformationserfolg auszuzeichnen. Die Verantwortlichen kommunizieren eher Themen wie bspw. die Reduktion der Reaktionszeit bei Schadensfällen oder die Entwicklung eines neuen Geschäftsmodells. Grundsätzlich ist dagegen auch nichts einzuwenden, denn wenn eine Organisation nur lernt und keine Erfolge erzielt, wird es früher oder später auch schwierig. Es gilt deshalb, Ansätze zu entwickeln und Ergebnismisserfolge, die aber einen hohen Lernerfolg ermöglicht haben, ebenfalls zu belohnen (Haller 2017, S. 367). Dieser Aspekt wird zwar vereinzelt angesprochen, bisher gibt es aber keine Untersuchungen oder Beispiele aus der Praxis, wie dies optimal zu gestalten ist.

Zusammenfassend stellt Abb. 7.5 die zentralen Aktivitäten zur Verbesserung der Kundenorientierung dar.

Neben den einzelnen Prozessschritten und den jeweiligen Aktivitäten gilt es, auch die Veränderungskurve der Emotionen bei der Verbesserung der Kundenorientierung zu beachten. Abb. 7.6 stellt einzelne mögliche Einstellungen und Denkmuster im Rahmen der Customer-centric Transformation vor. Im Zeitablauf muss berücksichtigt werden, dass zu Beginn meist ein hohes Energieniveau vorliegt, das nach einer gewissen Zeit deutlich absinken wird. Liebgewonnene Glaubenssätze werden verteidigt, Allianzen gegen den Wandel geschmiedet und vieles mehr. Was mir oft in der Praxis fehlt, ist eine gezielte Trauerarbeit, wie in Phase 4 beschrieben. Es gilt, die alten Glaubenssätze in Würde zu beerdigen, sich Zeit zu nehmen und über Trauer-Artefakte den Respekt gegenüber einer meist auch nicht völlig erfolglosen Zeit zu würdigen. Wer nicht bewusst Abschied nimmt, hält fest, ist nicht offen für Neues. Viele therapeutische Ansätze beschäftigen sich mit den Themen des Abschiednehmens als Vorraussetzung für die Bereitschaft, Neues zu erlernen (Grannemann und Seele 2016, S. 36). Gerade im Rahmen des Digitalisierungshypes der letzten Jahre haben viele Evangelisten übersehen, dass keine der Religionen, die sich neu in einer Region entfalten wollten, erfolgreich war, wenn sie nicht gewisse Brauchtümer alter Glaubensätze übernahm. Metaphorisch gesprochen kann es hilfreich sein, die jeweiligen Christbäume in einer Organisation zu kennen und zu überlegen, wie diese zur Stärkung der Kundenorientierung eingesetzt werden können. Wenn diese der Verbesserung im Weg stehen, gilt es, diese aber auch konsequent zu verbieten.

Abschließend soll auf die Autarkie einer Organisation bei der Verbesserung der Kundenorientierung eingegangen werden. Die Einbeziehung von externen Beratern kann aufgrund folgender Motive erfolgen (Lauer 2019, S. 2020):

1. Einbringen von externem Wissen
2. Neutralität
3. Höhere Überzeugungskraft
4. 100 % Fokus

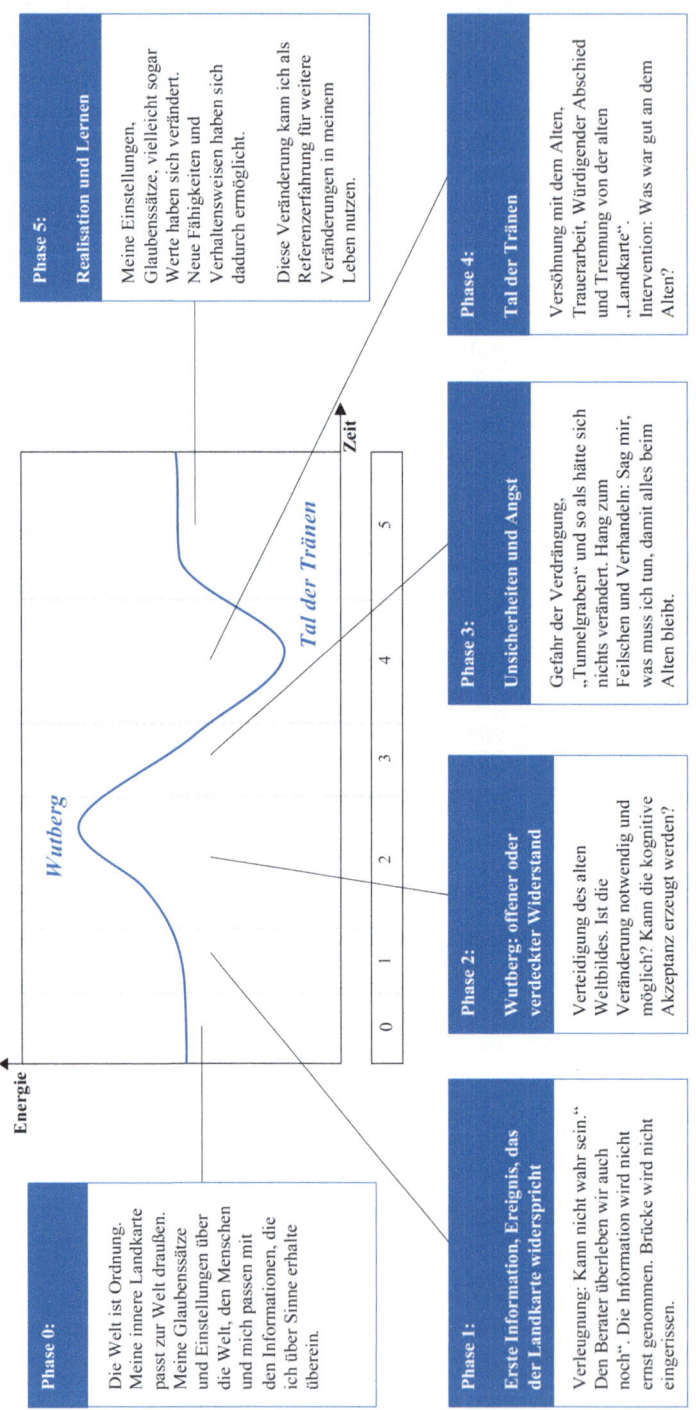

Phase 0:

Die Welt ist Ordnung. Meine innere Landkarte passt zur Welt draußen. Meine Glaubenssätze und Einstellungen über die Welt, den Menschen und mich passen mit den Informationen, die ich über Sinne erhalte überein.

Phase 1:

Erste Information, Ereignis, das der Landkarte widerspricht

Verleugnung: Kann nicht wahr sein. " Den Berater überleben wir auch noch". Die Information wird nicht ernst genommen. Brücke wird nicht eingerissen.

Phase 2:

Wutberg: offener oder verdeckter Widerstand

Verteidigung des alten Weltbildes. Ist die Veränderung notwendig und möglich? Kann die kognitive Akzeptanz erzeugt werden?

Phase 3:

Unsicherheiten und Angst

Gefahr der Verdrängung, „Tunnelgraben" und so als hätte sich nichts verändert. Hang zum Feilschen und Verhandeln: Sag mir, was muss ich tun, damit alles beim Alten bleibt.

Phase 4:

Tal der Tränen

Versöhnung mit dem Alten, Trauerarbeit, Würdigender Abschied und Trennung von der alten „Landkarte".
Intervention: Was war gut an dem Alten?

Phase 5:

Realisation und Lernen

Meine Einstellungen, Glaubenssätze, vielleicht sogar Werte haben sich verändert. Neue Fähigkeiten und Verhaltensweisen haben sich dadurch ermöglicht.

Diese Veränderung kann ich als Referenzerfahrung für weitere Veränderungen in meinem Leben nutzen.

Abb. 7.6 Die Veränderungskurve der Emotionen. (Quelle: Grannemann und Seele 2016, S. 24)

1. Oftmals werden Berater erst beim Aufkommen von Krisensymptomen geholt. Für die Verbesserung des Multi-Channel-Ansatzes oder die Optimierung der Preise ist dies ein mögliches Vorgehen. Je schlechter die Situation in der Organisation in Bezug auf die finanzielle Entwicklung, desto unwahrscheinlicher ist es, dass die Organisation noch eine Customer-centric Transformation akzeptiert. Der verengte Fokus auf kurzfristige Low Hanging Fruits hemmt meist die Verbesserung der Kundenorientierung. Organisationen befinden sich in einem klassischen Dilemma.
2. Aufkommende Widerstände im Rahmen der Customer-centric Transformation können den Einsatz von Beratern als Schiedsrichter legitimieren. Widerstände sind der Beweis, dass eine Veränderung begonnen hat (Grannemann und Seele 2016, S. 29). Berater können dabei auch über eine gewisse Expertise zum Thema Kundenorientierung verfügen. Im Fokus der Beratungsunterstützung sollten die kritische Analyse des Verhaltens der Geschäftsleitung sowie die Absicherung der Entscheidungskompetenzen nach unten sein.
3. Berater als externe Propheten einzubeziehen, kann ebenfalls eine Möglichkeit sein. Dann ist aber die Zusammenarbeit so auszugestalten, dass der Berater als Quasi-Mitarbeitender in die Organisation eingebunden wird und tägliche Aufgaben ausführt. Ansonsten besteht die Gefahr, dass die Überzeugungskraft des PowerPoint-Propheten schnell schwindet.
4. Mitarbeitende haben zahlreiche Aktivitäten bereits auszufüllen. Kundenorientierung wird meist nicht auf der grünen Wiese eingeführt. Berater können in den ersten drei Phasen Aufwachen, Entdecken und Beweisen unterstützen. Dabei ist nicht zu empfehlen, dass wie bei anderen Themen externe Berater die Projektsteuerung übernehmen. Die Verbesserung der Kundenorientierung basiert auch auf den Kompetenzen der Organisation zur Customer-centric Transformation. Deshalb sollte eine Organisation von Beginn an in die eigenen Kompetenzen in diesem wichtigen Bereich investieren.

7.1 Roadmap

Grundsätzlich wirken Glaubenssätze und Normen nur begrenzt auf das Customer-centric Commitment und das Customer-centric Citizenship Behavior (Homburg 2017, S. 1294). Beide Dimensionen einer kundenorientierten Kultur haben über Artefakte vor allem einen indirekten Einfluss auf das Verhalten der Mitarbeitenden. Deshalb gilt es, für die Verbesserung der Kundenorientierung Artefakte einzusetzen, die das Commitment und Behavior verändern und eine Customer-centric Transformation unterstützen.

▶ Eine **Roadmap** ist die verdichtete Darstellung zukünftiger Ziele und geplanter Veränderungen, die möglichst alle Mitarbeitenden dabei unterstützen soll, die Verbesserung der Kundenorientierung nachzuvollziehen. Sie ist als eines der wichtigsten Artefakte im Sinne eines Arrangements zu verstehen (vgl. Abschn. 4.3.1).

Eine Roadmap zielt darauf ab, die kommenden Ziele und Veränderungen prägnant für alle Mitarbeitenden darzustellen. Dabei gilt es zu beachten, wie öffentlich diese Informationen sind. Neben der Willkommenseite im Intranet bieten sich Tischaufsteller und ähnliche Instrumente an, damit die Roadmap bzw. das Playbook für die Mitarbeitenden möglichst sichtbar wird.

Das folgende Beispiel ist für mich eines der besten dafür, wie die Kundenorientierung institutionalisiert werden kann und welche große Wirkung Roadmap und Playbook erzeugen können.

Beispiel: Roadmap und Playbook

Ein Konzern engagierte einen ehemaligen Berater, um die Kundenorientierung der Organisation zu verbessern. Ihm wurde angeboten, seine neue Abteilung in der Zentrale anzusiedeln. Darüber hinaus sollte er von Beginn an auf jedem internen Event auftreten und sein Thema möglichst überall in der Organisation vorstellen. Die Einbindung sollte über das Marketing- und Vertriebsdepartment erfolgen – eine machtvolle Ausgestaltung und Institutionalisierung, die mit besten Absichten angeboten wurde. Der Berater lehnte jeden Punkt davon ab. Er gründete die neue Abteilung in einem Produktionswerk mit deutlichem Abstand zur Zentrale. Dies ermöglichte es ihm, gerade in den ersten zwei Jahren in Ruhe das Thema Kundenorientierung für die Organisation zu adaptieren. Statt auf jedem möglichen Event aufzutreten und viel Zeit in Reisen und Vorbereitung zu investieren, baute er ein Netzwerk von Kunden-Champions in der Organisation auf (vgl. Abschn. 4.3.3). Die neue Abteilung wurde direkt an den CEO angegliedert. Dies ermöglichte die Einstellung von Datenanalysten, Psychologen, Designern etc., die sich im Marketing- und Vertriebsdepartment damals schwergetan hätten, und den Kompetenzaufbau zum Thema Kundenorientierung in der Geschäftsleitung. Nach einem Jahr verschickte der Berater an jeden Mitarbeitenden in der Organisation einen Schreibtischaufsteller mit der Roadmap auf der einen und dem Playbook auf der anderen Seite.

Die Versendung des Schreibtischaufstellers führte zu extrem vielen Reaktionen in der gesamten Organisation. Als die Mitarbeitenden ihr Feedback mit dem Berater teilen wollten, verwies er auf die jeweiligen Kunden-Champions, die er in jedem größeren Department während des ersten Jahres aufgebaut hatte. Somit konnte er alle Mitarbeitenden erreichen, behielt aber seine eigenen Ressourcen unter Kontrolle und konnte die Kunden-Champions in die Organisation einführen, ohne dass er die Kontaktaufnahme erzwang, sondern indem die Mitarbeitenden sich an diese wendeten.

Erst nach dieser Vorbereitung stellte er sich und vor allem die jeweiligen Projektleitenden und Kunden-Champions auf internen Events und Meetings vor. Diese Vorgehensweise muss nicht für jede Organisation die richtige sein. Auch ist es nicht ausreichend, nur eine Roadmap und ein Playbook zu entwickeln, aber ohne die Artefakte Roadmap und Playbook wäre die Energie bei den Mitarbeitenden in der Organisation für eine Customer-centric Transformation nur mit viel mehr Aufwand freigesetzt worden. ◄

Für den Aufbau einer Roadmap können mehrere Dimensionen in Betracht gezogen werden:

1. Die Vision
2. Die Glaubenssätze
3. Die generellen Normen der Kundenorientierung
4. Das Zielsystem der Organisation (ohne Zielsystem des Customer Managements)
5. Die kommenden Transformationsprojekte
6. Die geplanten Verbesserungen in der Co-Creation
7. Der Reagibilitätsindex

Die ersten vier Punkte sind verpflichtend für jede Roadmap zur Verbesserung der Kundenorientierung. Die weiteren Punkte sind eng verbunden mit dem Entwicklungsstand einer Organisation hinsichtlich der Kundenorientierung. Sie setzen eine gewisse Erfahrung voraus, um hier realistische Einschätzungen vornehmen zu können.

Die Vision einer Organisation ist nicht mit dem Organisationszielen zu verwechseln und sollte die Basis der Roadmap sein. Die zentralen Glaubenssätze haben das Ziel, die Kundenorientierung zu stärken und auf mögliche bestehende kontraproduktive Gedanken gegenüber der Verbesserung der Kundenorientierung in der Organisation eingehen zu können. Dabei sollten nicht mehr als fünf Glaubenssätze eingesetzt werden. Diese sind weniger als Propaganda-Phrasen zu betrachten, sondern sollen möglichst auch auf bestehende Vorbehalte (alte Glaubensätze) in der Organisation eingehen. Die Glaubenssätze gilt es mit Verhaltensnormen zu konkretisieren. Während die Glaubenssätze eine Gedankenwelt erzeugen sollen, geben die Normen die jeweiligen Leitplanken für die Mitarbeitenden vor. In dem in Abschn. 4.3.1 vorgestellten Beispiel der Deutschen Bahn, bei dem ein Schaffner ein junges Mädchen ohne Fahrkarte an einem einsamen Bahnhof im Winter aussetzte, hätten Normen dem Mitarbeitenden helfen können, die optimale Entscheidung zu treffen.

In der Vergangenheit wurden zahlreiche Zielsysteme entwickelt, die eine Verbindung der unterschiedlichen Dimensionen einer Organisation ermöglichen sollen. Der Gedanke dahinter war, dass bspw. die Stärkung der Mitarbeitendenkompetenzen zu einer höheren Kundenzufriedenheit führt und im Ergebnis der Gewinn der Organisation steigt. Solche singulären Bezüge sind der Traum eines jeden Managers, aber leider eben ein Traum. Planung muss emergente Entwicklungen zulassen können und Ziele gilt es immer relativ zum aktuellen Wissensstand zu betrachten. Somit ist der Aufbau von komplexen Zielsystemen nur begrenzt sinnvoll. Dies bedeutet aber nicht, dass Wirkungsbezüge zwischen einzelnen Dimensionen nicht regelmäßig überprüft werden sollten. So habe ich in Abschn. 3.3.2 ausgeführt, dass die Verbesserung einer einzelnen Kennzahl nicht zwangsläufig zu mehr Gewinn führt. Ziele werden iterativ entwickelt und müssen sich im Zeitablauf den Entwicklungen anpassen. Deshalb sind Benchmarks mit anderen Organisationen ebenfalls nur bedingt sinnvoll. Die zentralen Anforderungen an eine

Organisation bezüglich der gesetzten Ziele sind die Kenntnis der Einflussfaktoren auf diese Ziele und die optimale Steuerung der Zielerreichung.

Allgemein ist es wichtig, dass die Globalziele möglichst handhabbar für die Organisation heruntergebrochen werden (Fader und Toms 2018, S. 88). Da Kundenorientierung zwei unterschiedliche Perspektiven umfasst (Kunden und Organisation), gilt es, ein zweidimensionales Zielsystem einzusetzen. Die Ziele des Customer Managements werden den Zielen des Customer Value-based Decision Makings, den Zielen der Customer-centric Transformation und den Zielen der Co-Creation gegenübergestellt. Im Kern gilt es, das Steigerungsziel des Customer-Firm Values durch entsprechende Unterziele zu konkretisieren. Aus meiner Sicht unterstützt die Aufteilung in zwei Zieldimensionen die geforderte Handhabbarkeit und führt nicht zu einer Scheinbeziehung zwischen unterschiedlichen Zielebenen einer Organisation, die leicht verwirren können. Auch erleichtert diese Zweiteilung die Verständlichkeit für die Mitarbeitenden. Während die Roadmap die Ziele des Customer Value-based Decision Makings, die Ziele der Co-Creation sowie die Ziele der Customer-centric Transformationen beinhaltet, hat das Playbook die Ziele des Customer Managements integriert. Abb. 7.7 stellt den Aufbau eines Zielsystems zur Steuerung der Kundenorientierung dar.

In einem ersten Schritt sind die Wachstums- und Gewinnziele zu bestimmen. Dabei ist grundsätzlich ein iteratives Vorgehen bei der Entwicklung des Zielsystems zu empfehlen. Aus diesen beiden Größen wird das Ziel für den Customer-Firm Value bestimmt. Dabei kann der Customer-Firm Value auch in die beiden Größen Kundenwert

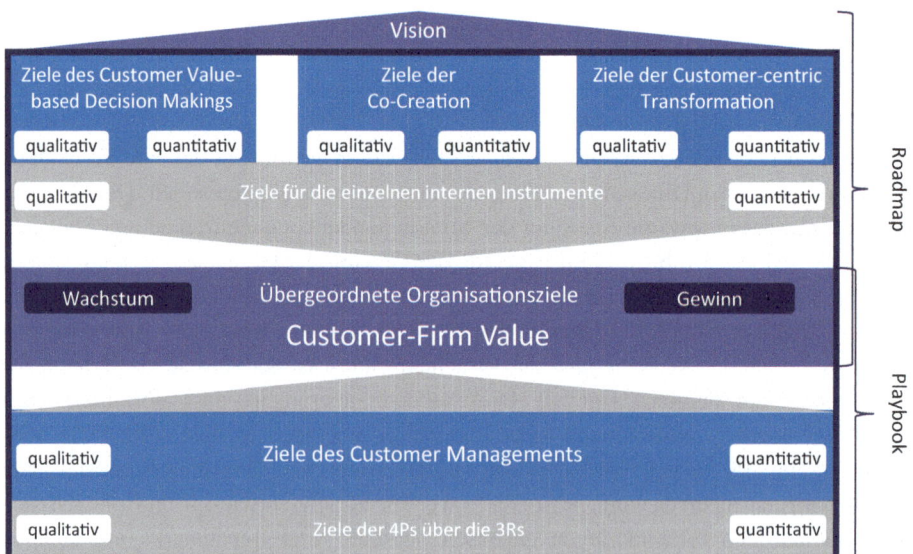

Abb. 7.7 Aufbau eines Zielsystems zur Steuerung der Kundenorientierung

(Customer Equity) und Kundennettonutzen heruntergebrochen werden. Im Anschluss ist zu empfehlen, die jeweiligen Ziele für das Customer Value-based Decision Making, die Ziele für die Co-Creation und die Ziele für die Customer-centric Transformation zu definieren. Dabei ist jeweils zwischen qualitativen und quantitativen Zielen zu unterscheiden (Homburg 2017, S. 435).

Beispielhaft können als Ziele für die Verbesserung des Customer Value-based Decision Makings die Anzahl an Kundenbefragungen und der Nutzungsgrad der Segmentierung gewählt werden. Die wichtigsten Zielgrößen sind die Anzahl an Entscheidungen, die auf Basis von Kundenerkenntnissen gefällt werden, die verbesserten Entscheidungsprozesse sowie die Ziele bezüglich der Weiterentwicklung des Customer-Firm-Value-Modells.

Die Ziele zur Verbesserung der Co-Creation können in die vier vorgestellten Dimensionen strukturiert werden. Neben der Anzahl an Co-Creation-Workshops oder der Anzahl an Kundenanfragen, die durch andere Kunden beantwortet wurden, kann auch die Weiterempfehlung als eine Zielgröße für die Verbesserung der Co-Creation zum Einsatz kommen. Es kann auch ein Co-Creation-Index bestimmt werden, der angibt, wie intensiv die Organisation Co-Creation nutzt.

Das zentrale Ziel der Customer-centric Transformation ist der Fortschritt im Transformationsprozess. So kann eine Organisation vorgeben, dass bis Ende des Jahres weitere 20 % des Prozesses durchlaufen werden sollen. Dabei ist zu berücksichtigen, dass es nach der anfänglichen Euphorie meist zu einer Verlangsamung kommt und somit auch die Ziele in der zweiten Phase der Transformation dementsprechend realistisch einzuschätzen sind. Das allgemeine Transformationsprozessziel kann mit einzelnen Projektzielen ergänzt werden. Darüber hinaus ist zu empfehlen, das Customer-centric Commitment und das Customer Citizenship Behavior jährlich im Rahmen der Mitarbeitendenbefragung zu messen (die Skala findest du in Kap. 8). Für beide Größen sollten die Entwicklungsziele für die kommende Periode definiert werden. Die kundenorientierte Zusammenarbeit mit dem Netzwerkpartner kann ebenfalls mit Zielen versehen werden. Dabei sollte der Austausch von Kundenerkenntnissen im Zentrum stehen. Ein weiteres wichtiges Ziel ist die Kompetenzentwicklung der Mitarbeitenden. Zum Beispiel kann untersucht werden, wie viele Mitarbeitende an der Kennzahlenschulung oder statistischen Datenanalyse oder Einführung in das Customer-Firm Value-Modell teilgenommen haben. Aus meiner Sicht nicht zu vergessen sind Ziele für die kundenorientierte Ausrichtung der Infrastruktur und Systeme. So kann die Zufriedenheit mit dem CRM-System oder die Zufriedenheit mit dem Datenaustausch zwischen den Systemen als Zielgröße definiert werden.

Die Ziele der drei Dimensionen können durch weitere Unterziele auf Ebene der Instrumente weiter unterteilt werden. Die Integration in die Roadmap dieser Unterziele sollte nur dann erfolgen, wenn die Unterziele einen hohen Einfluss auf die Kundenorientierung haben und nur für einen gewissen Zeitraum gesetzt werden. Ansonsten sollte die Roadmap nur die Globalziele auf Ebene Customer Value-based Decision Making, Co-Creation und Customer-centric Transformation darstellen.

Es wird deutlich, dass ein Zielsystem schnell an Komplexität gewinnen kann. Auch können hier nicht alle Optionen für Ziele zur Verbesserung der Kundenorientierung vorgestellt werden. Online findest du unterschiedlich komplexe Zielsysteme, die dir eine gute Basis bieten. Diese gilt es dann an die Anforderungen der eigenen Organisation und auch an deren Möglichkeiten anzupassen.

Die kommenden Transformationsprojekte und die geplanten Verbesserungen in der Co-Creation können als Liste oder auf einem Zeitstrahl festgehalten werden. Der Einsatz eines Reagibilitätsindex ist nur für Organisationen zu empfehlen, die über eine hohe Kompetenz in der Verbesserung der Kundenorientierung verfügen. Die Einschätzung der Reagibilität kann in einer ersten Stufe nur durch die Geschäftsleitung und in einer zweiten Stufe durch die Mitarbeitenden erfolgen. Darin liegt die zentrale Schwäche dieser Vorgehensweise. Wenn die jeweiligen Teilnehmenden nicht über ausreichende Kompetenzen zum Thema Kundenorientierung verfügen, werden sie die Reagibilität mit einem sehr hohen Fehlerterm beurteilen. Deshalb sollte ein Reagibilitätsindex erst zu einem späteren Zeitpunkt zum Einsatz kommen.

Abb. 7.8 stellt eine beispielhafte Visualisierung einer einfachen Roadmap zur Verbesserung der Kundenorientierung dar. Grundsätzlich gilt es gerade bei der Einführung

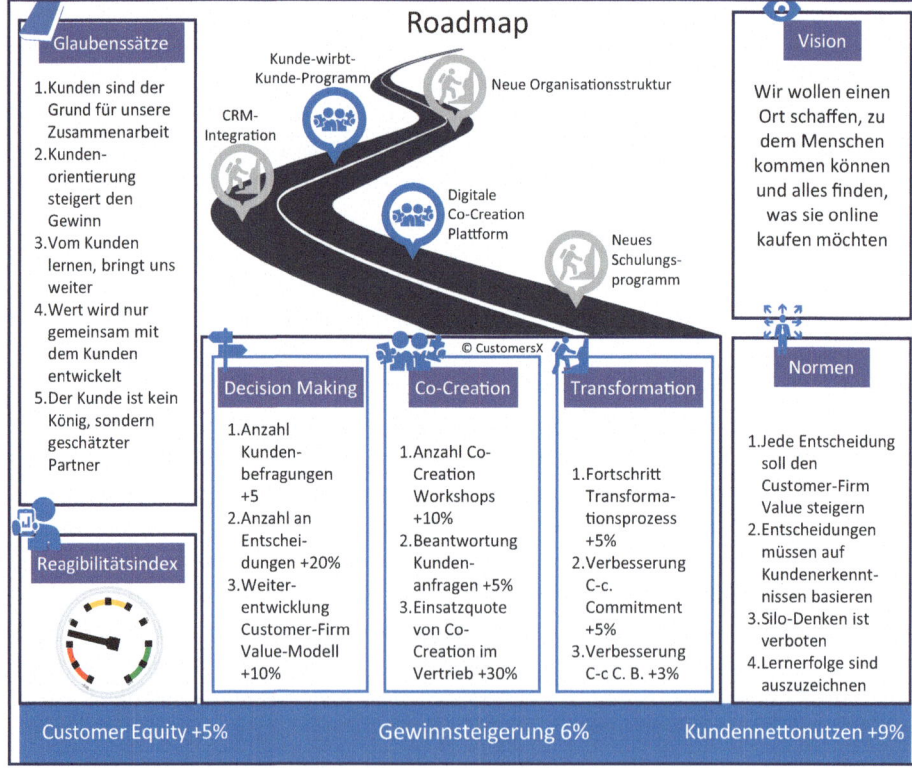

Abb. 7.8 Beispiel für eine Roadmap. (Quelle: Copyright © CustomersX. All rights reserved. Reprinted by permission)

dieses Artefakts darauf zu achten, dass die Visualisierung und die Mitarbeitenden nicht überfrachtet bzw. überfordert werden. Die Darstellung der Zielwerte kann die jeweiligen Ist- und Sollwerte beinhalten oder die jeweilige Veränderungsrate.

7.2 Playbook

Das Playbook ist auf das Customer Management fokussiert. Während die Roadmap auf die Organisation eingeht, stellt das Playbook eine Übersicht für die kundengerichteten Aktivitäten dar.

▶ Als **Playbook** (Spielbuch) wird die Verdichtung des Kundenbeziehungszielsystems, des Marken-, Kundenbeziehungs- sowie Customer Experience Management als Vorgaben für die Ausrichtung des Verhaltens aller Mitarbeitenden bezeichnet. Es ist ebenfalls als eines der wichtigsten Artefakte im Sinne eines Arrangements zu verstehen.

Abb. 7.9 stellt ein beispielhaftes Playbook vor. Auch das Playbook inkludiert die angestrebte Gewinnsteigerung, die Steigerung des Kundenwertes (Customer Equity) und des Kundennettonutzens. Als Ausgangspunkt des Playbooks dienen die relevantesten Mikro-Trends, die in der Zukunft einen starken Einfluss auf die Organisation haben können. Somit wird das Playbook von oben nach unten immer konkreter bzw. es beginnt in der Zukunft und führt in die Gegenwart. Neben die Mikro-Trends ist die Positionierung zu stellen, die ebenfalls einen langfristigen Charakter hat. Sie muss, wenn vorhanden, bei allen Aktivitäten im Customer Management berücksichtigt werden. Darunter werden die wichtigsten Aktivitäten im Kundenlebenszyklus auf den drei Stufen dargestellt. In Bezug auf das Customer Experience Management sind zahlreiche Darstellungen möglich. Ich empfehle die Darstellung der Relevanz und Performance der einzelnen Touchpoints entlang des Customer Purchase Process. Diese können noch weiter in Earned, Owned und Paid unterteilt werden. Darüber hinaus können die wichtigsten Customer-Experience-Elemente auf den sechs Dimensionen dargestellt werden (vgl. Abschn. 6.6). Das Playbook wird komplementiert durch das Kundenbeziehungszielsystem (vgl. Abschn. 6.2) auf der linken Seite. Wenn eingesetzt, kann auch eine qualitative Kennzahl des Customer Managements integriert werden (vgl. Abschn. 3.3.2). In dem aufgeführten Beispiel wird die Zufriedenheit ausgewiesen.

Dies ist als eine beispielhafte Illustration zu verstehen. Weitere Umsetzungsvorschläge findest du online. Die größte Gefahr bei der Erstellung des Playbook ist, dass sich die jeweilige Marketingabteilung mit ihrer Agentur austobt. Es gilt zu antizipieren, dass sich diese Ziele und Vorgaben schnell ändern können. Ein Playbook, aber auch eine Roadmap sind nicht als gestalterische Elemente zu verstehen, sondern als Arbeitsvisualisierungen, die innerhalb von kürzester Zeit innerhalb der Organisation geändert werden können sollten. Natürlich kann eine Grafikagentur das schöner gestalten, aber bei Kundenorientierung steht nicht die Schönheit im Vordergrund, sondern die Reagibilität

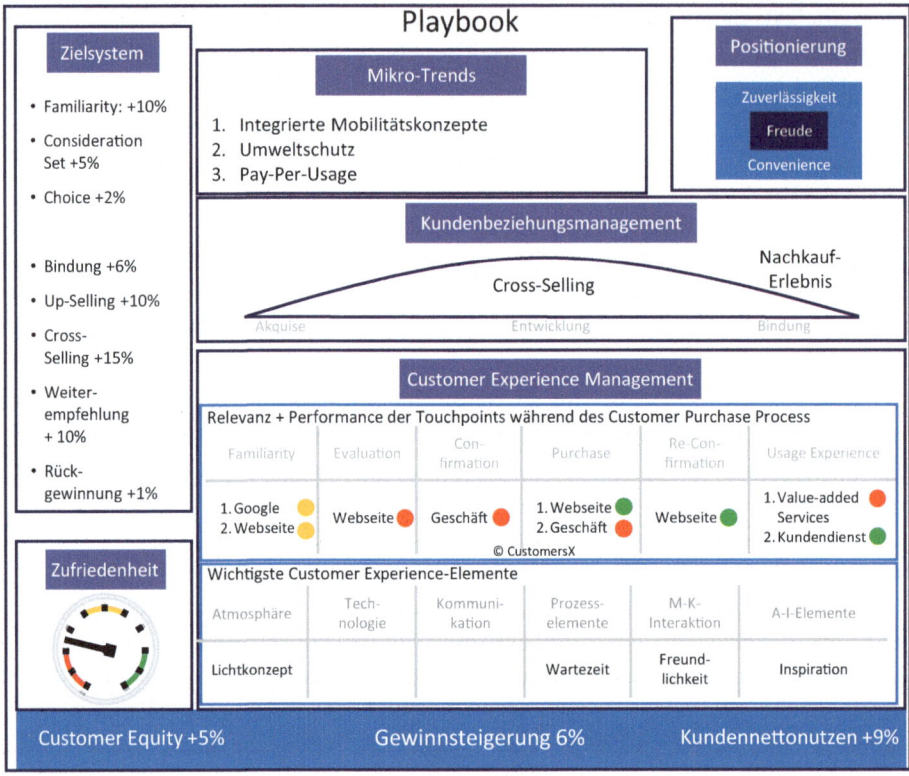

Abb. 7.9 Beispiel für ein Playbook. (Quelle: Copyright © CustomersX. All rights reserved. Reprinted by permission)

auf Veränderungen. Das gilt auch für Artefakte, die in der Organisation zum Einsatz kommen. Was nur mit großem Aufwand verändert werden kann, gilt es sehr kritisch zu überprüfen, ob es nicht eher der Verbesserung der Kundenorientierung schadet als stärkt.

Die Roadmap und das Playbook sind sehr wichtige Bausteine zur Verbesserung der Kundenorientierung. Dadurch, dass jeder Mitarbeitenden beide Dokumente in Händen hält, wird Kundenorientierung greifbar. Für Mitarbeitende aus dem HR-, Controlling-, Produktionsbereich etc. stellt das Playbook vereinfacht dar, was das Customer Management der Organisation erreichen will und welche Elemente dafür wichtig sind. Es verbindet auch die bisher oft nicht integrierten Themen wie Marken-, Kundenbeziehungs- und Customer Experience Management in einem Dokument. Für die Erstellung des Playbooks ist es unerlässlich, dass die jeweiligen Fachabteilungen einem gemeinsamen Kompromiss zustimmen. Dies kann helfen, Silodenken zu reduzieren, und gewährleistet, dass nicht die restlichen Mitarbeitenden mit unterschiedlichen Materialien der einzelnen Abteilungen überfrachtet werden. Kundenorientierung ist äußerst komplex, was auf den Seiten dieses Buches wahrscheinlich deutlich wurde. Für den Großteil der Mitarbeitenden ist es nicht zielführend, wenn sich diese mit allen Details beschäftigen.

Die Roadmap verdichtet die Themen, die die Organisation betreffen, und hilft dabei, Komplexität zu reduzieren sowie darauf zu achten, dass sich erst die Organisation transformiert, bevor das Customer Management angepasst wird. Erst die Erhöhung der Kompetenzen, die umfassendere Gewinnung von Kundenerkenntnissen sowie die Verbesserung des Customer-Firm Value-Modell erlauben eine Optimierung des Customer Managements. Ansonsten wird ein neuer Chatbot, ein neues Portal, eine neue App etc. als Zeichen für die steigende Kundenorientierung einer Organisation missbraucht.

7.3 Organisationsindividuelle Empfehlungen

Jede Organisation hat ihre eigene Geschichte, bestehende Dominant Logic und Zukunft. Die gute Nachricht für alle Organisationen, die bisher keine Berührungspunkte mit dem Thema Kundenorientierung hatten: Sie können einfach den in Abb. 7.2 beschriebenen Prozess nutzen. Manche Organisationen haben aber bereits einzelne Elemente für die Verbesserung der Kundenorientierung umgesetzt. Diese stehen jedoch sprichwörtlich etwas verloren in der Landschaft, und der anfängliche Schwung ist inzwischen vielleicht verloren gegangen. Diese Situation deckt sich mit meiner Erfahrung, die ich zu Beginn dieses Buches ausgeführt und in vielen anderen Konzernen angetroffen habe. In einer solchen Situation gibt es bei der Nutzung des Prozesses ein paar Punkte zu beachten. Darüber hinaus werden sich Gründer oder Start-ups fragen: „Ist denn wirklich so viel Aufwand für die Kundenorientierung notwendig?", oder denken: „Ich habe eine tolle Idee, tolle Mitarbeitende und tolle Angebote, das wird schon erfolgreich." Vielleicht arbeitest du aber auch in der Verwaltung und möchtest die Kundenorientierung verbessern und die bisherigen Ausführungen waren zu dir stark auf Unternehmen bezogen. Im Folgenden möchte ich deshalb einige zentrale Elemente ansprechen, die dir helfen sollen, trotz der individuell unterschiedlichen Ausgangslage die Kundenorientierung zu verbessern. Wenn du an dieser Stelle immer noch der Meinung bist, in deiner Branche sei es schwierig, die Kundenorientierung zu verbessern, oder die Beispiele in diesem Buch seien zu sehr auf B2C oder B2B gemünzt – dann habe ich leider eine schlechte Nachricht für dich. Bitte lies noch mal von vorne!

7.3.1 Start-ups

Diese Organisationsform hat meist limitierte Ressourcen, viele interne Veränderungen und ein hohes konstantes Risiko des Scheiterns vor Augen. Die Stufe Aufwachen ist meist mit der Gründung gleichzusetzen. Auch das Entdecken fällt in diese Zeit. Darüber hinaus fühlt es sich komisch an, für drei bis fünf Mitarbeitende den Customer Centricity Maturity Check durchzuführen. Zum einen sind nur wenige Personen involviert, zum anderen fehlen wahrscheinlich Erfahrungen für eine Einschätzung der eigenen Organisation aufgrund deren kurzer Existenz. Trotzdem werbe ich dafür, dieses Instrument (oder auch gerne ein gleichwertig gutes) einzusetzen und dies jährlich zu wiederholen. Nur weil man in einem Start-up arbeitet, muss die Kundenorientierung nicht automatisch hoch sein. Der Customer Centricity Maturity Check ist auch für Start-ups ein wichtiges Artefakt, um die Kundenorientierung zu verbessern. Der Aufwand für das Playbook und die Road-map ist möglichst gering zu halten, kann aber neben den anderen Plänen helfen, Kunden-orientierung von Anfang an in die DNA der Organisation einzubrennen. Die weiteren beiden Stufen Transformieren und Verstärken sind wie ausgeführt zu behandeln. Somit gilt für Start-ups, möglichst mit Augenmaß die kostbare Zeit in die jeweiligen Artefakte zu investieren. Die Unterlagen sollen einfach gehalten werden und schnell veränderbar sein. Es ist aber darauf zu achten, dass Kundenorientierung von Beginn an gelebt wird und es die gleichen Artefakte wie in größeren Organisation gibt.

Die Bandbreite von Start-ups reicht von solchen, die an der Heilung von Krebs arbeiten, bis zu einem weiteren Online-Shop für Bademode. Für die Ableitung von Empfehlungen zur Verbesserung der Kundenorientierung bedarf es einer Einteilung der unterschiedlichen Organisationen. Dabei existieren viele Zwischenmodelle, und die folgende Aufteilung basiert nicht auf einer wissenschaftlichen Unterscheidung, sondern auf Basis meiner Erfahrung und dem Ziel, die relevantesten Punkte aufzuzeigen.

Krebsheiler verlassen sich sehr stark auf das jeweilige Angebot. Da das Angebot für Investoren meist attraktiv ist, erhalten sie grundsätzlich eine gute finanzielle Aus-stattung und sind gut vernetzt. Sie beteiligen sich an Start-up-Wettbewerben und erhalten Aufmerksamkeit von Förderungsagenturen und deren Coaches sowie den Medien. Ich erlebe aber immer wieder, dass Kundenorientierung als Denkmodell in diesen Organisationen völlig fehlt. Customer Management wird als Einsatz von unterschied-lichen Marketing-Mix-Instrumenten verstanden und je toller der Name, bspw. Zero-Frill-Marketing, desto höher die Chance, dass ein neues Instrument zum Einsatz kommt. Darüber hinaus werden Markenmanagement und vor allem Cross-Selling völlig ver-nachlässigt.

Für Krebsheiler empfehle ich, den Perspektivenwechsel von der Angebotfixation zur Kundenorientierung vorzunehmen. Dabei gilt es, vor allem die Denkhaltung und Kultur nicht zu übersehen. Der vorgestellte Business Model Canvas in Abschn. 6.1 enthält die Dimension Team, die helfen kann, auch die Kultur von Anfang an systematisch zu berücksichtigen. Darüber hinaus empfehle ich, dem Markenmanagement wieder mehr Beachtung zu schenken. Der starke Fokus auf das Customer Experience Management in den letzten Jahren hat dazu geführt, dass zwar die Moments of Truth bestimmt werden, die Positionierung an den Touchpoints aber vernachlässigt wird. Auch für Start-ups, die an einem Medikament zur Krebsheilung arbeiten, kann es hilfreich sein, die Frage: „Was verkaufen wir unserem ersten Kunden im Anschluss an seinen ersten Kauf bei uns?" beantworten zu können.

Online-Shops können dazu neigen, Kundenorientierung auf Technologie, Design und tolle Angebote, die es so bisher noch nie gab, zu verkürzen. Social Media und SEO/SEA sind Standardinstrumente. Vor allem das Shop- bzw. ERP-System erhält im Frontend viel Aufmerksamkeit.

Für Online-Shops sehe ich vor allem im Behavioral Preismanagement, systematischen Cross-Selling und im Aufbau von Value-added Services großes Potenzial. Darüber hinaus ist das Verständnis bezüglich des Einsatzes von Rabatten sehr wichtig für den Erfolg. Ich erlebe immer wieder, dass sehr hohe Beträge für die jeweilige Shoplösung ausgegeben werden. Die Investition in das „so wichtige" Design sind im Vergleich zu anderen Investitionen extrem hoch. Gerade für Online-Shops gilt es, den Fokus auf die Gewinnung von Kundenerkenntnissen und die Etablierung eines möglichst leistungs-fähigen Customer-Firm-Value-Modells zu legen. Als Basis dazu ist zu empfehlen, die vielen günstigen Cloudlösungen miteinander mittels API zu verbinden und den Datenaustausch abzusichern. Aufgrund meist beschränkter Ressourcen ergeben sich dadurch oft Kompromisse hinsichtlich des Designs. Aber meine Erfahrung zeigt, dass sich durch die erzielten Gewinne das Design nachträglich optimieren lässt, wenn die Systemintegration hoch ist, der Datenaustausch reibungslos verläuft und viele Kunden-erkenntnisse ermittelt werden können. Ich befinde mich regelmäßig in der Situation, den Verantwortlichen mitzuteilen, dass wir diese spezifische Branchenlösung, die für viel Geld eingekauft wurde, oder dieses ganz tolle System austauschen müssen, um bessere Kundenerkenntnisse gewinnen zu können. Das Shop- und ERP-System sind für mich Hygienefaktoren. Der Erfolg basiert immer mehr auf der Leistungsfähigkeit des CRM- und Marketingautomationsystems. Hier musste ich schon sehr oft traumatische Trauerarbeit verrichten, weil viel Geld in das falsche System bzw. die falsche Agentur investiert wurde. System- und Datenintegration sind elementare Erfolgsfaktoren für Online-Shop-Start-ups.

Allgemein setzen viele Start-ups zu wenig auf systematische Kundenbefragungen. „Warum sollen wir unsere ersten zehn Kunden befragen?", ist ein Gedanke, den ich oft zu hören bekomme. Kundenorientierung erfordert systematische Kundenbefragungen auf hohem Niveau. Diese gilt es von Beginn an zu entwickeln und die jeweiligen Ein-satzorte zu bestimmen. Die relationale jährliche Kundenbefragung ist durch einzelne transaktionale Kundenbefragungen zu ergänzen, auch wenn zu Beginn nur wenige Kunden vorhanden sind. Co-Creation ist ein wesentliches Element der Verbesserung der Kundenorientierung, das es vom Moment der Gründung einzusetzen gilt.

7.3.2 KMUs

In vielen KMU herrschen noch eine Clan-Kultur und patriarchischer Führungsstil – zwei Elemente, die grundsätzlich die Kundenorientierung behindern können (aber nicht müssen!). KMU schrecken nach meiner Erfahrung stark vor der Gewinnung von Kundenerkenntnissen zurück. Die Liste an Ausreden wie Kosten, Überforderung der Kunden, Datenschutz etc. ist lang. Die zentrale Herausforderung von KMU ist, dass sie zur Differenzierung stärker auf das Kundenbeziehungsmanagement setzen sollten. Dies bedingt aber den professionellen Einsatz von Kundenbefragungen. Damit meine ich nicht, einen Fragebogen oder eine Befragung bei einem Marktforschungsinstitut in

Auftrag zu geben. Die Organisation muss die Kompetenzen besitzen, einen optimalen Fragebogen zu entwickeln, ansonsten werden die gewonnenen Ergebnisse nicht für die Entscheidungen eingesetzt. Da meist keine Marktforschungsabteilung vorhanden ist, gilt es, möglichst viele Mitarbeitende zu diesem wichtigen Element der Kundenorientierung zu befähigen. Die fehlenden statistischen Kompetenzen sind ebenfalls ein wichtiger Faktor, warum sich die Kundenorientierung in vielen KMU nur schwer verbessern lässt. Dies geht einher mit einer reinen Umsatz- statt Customer-Firm-Value-Betrachtung des Kundenstamms. Für jede Organisation ist es eine Herausforderung, das Customer-Firm Value-Modell zu verbessern, aber viele KMU haben in der Vergangenheit in teure IT-Lösungen investiert, die den Zenit längst überschritten haben, und werden von Agenturen und Implementierern betreut, die aufgrund der hohen Kosten und Komplexität bei den Verantwortlichen für Ängste bezüglich der Weiterentwicklung sorgen.

Dabei besitzen KMU im Vergleich zu Konzernen eigentlich den Vorteil, IT leichter anpassen und austauschen zu können. Auch sind aufgrund der geringeren Anzahl an Mitarbeitenden viele Entscheidungen schon auf der untersten Organisationsstufe angesiedelt (in Abhängigkeit der Ausprägung der patriarchischen Kultur). Die Voraussetzungen für die Verbesserung der Kundenorientierung sind eigentlich gut. Da aber das Customer Value-based Decision Making einen hohen Einfluss auf die Höhe der Kundenorientierung hat, gilt es, in diesem Bereich mutigere Veränderungen vorzunehmen. Ich empfehle meist die folgenden Punkte:

1. Konsequente Verschiebung der Infrastruktur in die Cloud
2. Nutzung des leistungsfähigsten CRM-Systems im Markt
3. Verbindung von ERP und CRM mittels einer eigens entwickelten API
4. Relationale und transaktionale Kundenbefragung
5. Einführung eines Kundenscoringmodells und dessen Weiterentwicklung als Basis für die Berechnung des Customer-Firm Values
6. Umfassende Schulung der Mitarbeitenden in der Kundendatenanalyse

Diese Liste ist nicht abschließend, umfasst aber die Empfehlungen, die ich vielen KMU in den letzten Jahren ausgesprochen habe.

7.3.3 Konzerne

Das zentrale Stichwort bezüglich Kundenorientierung und Konzern ist „Verlernen". Grundsätzlich verfügen Konzerne über sehr viele Bausteine, um die Kundenorientierung zu verbessern. Es existieren eine Marktforschungs-, Marken-, Customer-Experience- und Data-Mining-Abteilung. Viele sind bemüht, die Kultur weniger hierarchisch zu gestalten. Daten werden mehr und mehr für die Entscheidungsfindung genutzt und das HR achtet darauf, dass sich die Mitarbeitenden weiterbilden und der Fit bei der Einstellung der Dominant Logic einer Organisation gegeben ist. Somit sollte das in einem Konzern mit der Verbesserung der Kundenorientierung doch ganz einfach sein, oder?

Aus meiner Sicht bestehen zwei elementare Herausforderungen für Konzerne. Meist wurden in der Vergangenheit einzelne Elemente für die Etablierung der Kundenorientierung als Dominant Logic in der Organisation implementiert. So verstehen sich nicht wenige Customer-Experience-Manager eigentlich als die Verantwortlichen für die Stärkung der Kundenorientierung einer Organisation. Die zweite Herausforderung in Konzernen ist in den vielen inter- und intraorganisationalen Schnittstellen zu sehen.

Viele Konzerne haben Kundenorientierung mit einer Kennzahl verbunden. Wenn diese eine Kennzahl steigt, so soll dies als Beweis dafür gelten, dass sich die Kundenorientierung der Organisation verbessert hat. Schöne Idee, aber leider trifft das nicht zu! Natürlich ist so eine Geschichte einfach zu kommunizieren, aber in dieser Einfachheit besteht auch das eigentliche Problem. Die Konzerne, die so arbeiten, haben sich einen kundenorientierten hübschen Anstrich verpasst. Somit gilt es, in einem ersten Schritt die bisherigen Aktivitäten zur Verbesserung der Kundenorientierung zu verlernen. Dabei ist es nicht zu empfehlen, alle Mitarbeitenden darüber zu informieren, dass die Kennzahl doch nicht so ganz der richtige Ansatz war. Es ist besser, diese einfach langsam, aber sicher verschwinden zu lassen. Das passiert in den meisten Konzernen nach drei bis fünf Jahren bzw. nach dem nächsten Wechsel in der Geschäftsleitung sowieso. Die jeweilige Kennzahl ist durch einen Customer-Firm-Value zu ersetzen. Zwar sind Konzerne konzeptionell in der Lage, komplexere Modelle wie den Customer Engagement Value zu entwickeln, aber die bestehende IT-Infrastruktur ist hochgradig komplex und lässt sich auf absehbare Zeit nicht verändern. Die Entwicklung einer IT-Roadmap für die Implementierung eines leistungsfähigen Customer-Firm-Value-Modells ist deshalb eine der wichtigsten Herausforderungen für einen Konzern, die es zu meistern gilt, um die Kundenorientierung zu verbessern.

Darüber hinaus ist anzuführen, dass Kundenorientierung nicht gleichzusetzen ist mit Customer Experience Management, Beschwerdemanagement oder Closed-Loop-Kundenfeedbacksystemen. Konzerne sind dann erfolgreich bei der Verbesserung der Kundenorientierung, wenn sie nicht auf das Customer Management, sondern auf das Customer Value-based Decision Making abstellen. Da diese Organisationen eigentlich über einen gewissen Umfang an Kundenerkenntnissen verfügen könnten, gilt es, auf die Nutzung der Kundenerkenntnisse im Rahmen der Entscheidungsfindung und die Optimierung der Entscheidungsprozesse abzustellen. Konzerne sind viel zu groß und zu komplex, als dass jede einzelne Experience mittels einer Fachabteilung verbessert werden könnte. Auch Kundenfeedbacksystem geraten bei Kundenbeschwerden zu strategischen Themenstellungen schnell an ihre Leistungsgrenze. Marktforschungabteilungen sehe ich inzwischen sehr kritisch und empfehle, die dortigen Kompetenzen breiter in der Organisation zu verteilen. Der Fokus auf die Art und Weise, wie Entscheidungen getroffen werden, und die Vorgaben bezüglich der Optimierung der Entscheidungsprozesse haben einen größeren Einfluss auf die Verbesserung der Kundenorientierung und benötigen deutlich weniger Ressourcen. Kundenorientierung zielt in erster Linie auf die Selbstführung und die Befähigung der Organisation zur Entscheidungsfindung, Transformation und Co-Creation und nicht auf das Customer Management ab. Da die Komplexität in Konzernen grundsätzlich hoch ist, empfehle ich, auf die Entscheidungen und die dafür benötigten Kundenerkenntnisse und statistischen Kompetenzen der Entscheidungsträger abzustellen. Die Etablierung von Kunden-Champions in der Organisation ist hilfreich, um die hohe Komplexität und Größe handhabbar zu halten. Der Customer-Firm Value ist für dieses Vorhaben die notwendige Basis.

Bezüglich der Schnittstellenproblematik empfehle ich den Einsatz von Teams (vgl. Abschn. 4.3.3). Dies erlaubt die Integration der jeweiligen Kunden-Champions für eine gewisse Zeit. Da Kundenorientierung sowohl die Organisation als auch den Kunden umfasst, ist es förderlich, wenn sich nicht nur Marketing und Vertrieb metaphorisch um den Kunden „kümmern", sondern auch Mitarbeitende anderer Abteilungen involviert sind. Vor allem im Rahmen des Ausbaus von Co-Creation ist ein Teamansatz unerlässlich.

7.3.4   Verwaltung

Auf den ersten Blick und in vielen Gesprächen mit Verwaltungsmitarbeitenden scheint die Verbesserung der Kundenorientierung nicht einfach. Dabei haben Initiativen wie bspw. Flag und WoV die Kundenorientierung in der Verwaltung deutlich gesteigert. Verwaltungen haben andere Zielprioritäten als Unternehmen. So ist eine Adhocracy-Kultur vielleicht auch nicht die optimale Kultur für solche Organisationen. Ich versuche, in solchen Moment immer wieder in Erinnerung zu rufen, was Kundenorientierung im Kern ausmacht: die Nutzung von zukünftigen Erfolgspotenzialen. Im Vergleich zu Unternehmen haben Verwaltungen den Vorteil einer deutlich stabileren Umwelt und Planbarkeit. Das Risikoprofil der Entscheidungen sollte nicht so hoch sein, die Geschwindigkeit mag geringer sein und die IT-Ausstattung vielleicht auch drei Nummern kleiner und aufgrund des Datenschutzes kann alles On-Prem und nicht in der Cloud sein, aber die Bürger können befragt und mittels Co-Creation in die Angebotsentwicklung einbezogen werden. Erste Befragungen zu Co-Creation in Schweizer Gemeinden und Kantonen kommen aber zu dem beunruhigenden Ergebnis, dass für Co-Creation meist keine eigenen Kompetenzen in den jeweiligen Verwaltungen vorliegen. Verwaltungen lagern Bürgerbefragungen und Co-Creation-Aktivitäten zu oft aus und besitzen zu wenige eigene Kompetenzen in diesem wichtigen Bereich. Im Ergebnis werden die gewonnenen Ergebnisse dann oft im Rahmen der Entscheidungsfindung nicht berücksichtigt, und den bestehenden Ängsten in den jeweiligen Organisationen kann nur unzureichend begegnet werden. Die umfassendere Schulung und eigenständigere Nutzung der vorgestellten Ansätze und Instrumente gerade im Bereich Customer Value-based Decision Making und Co-Creation sind für Verwaltungen zu empfehlen.

Abschließend möchte ich noch für alle Organisationen beispielhaft auf das Lernen eingehen. Das Modell des Kundennettonutzens stellt den Nutzen dem Preis/Aufwand für den Kunden gegenüber. In Workshops beginne ich immer damit, die Teilnehmenden zu bitten, mir die Preis- und Aufwandselemente aus Sicht des Kunden zu beschreiben. Das fällt zu oft zu schwer. Während der Nutzen durch viele Frameworks inzwischen eingeteilt und systematisiert werden kann, fehlen vergleichbare Ansätze auf Seiten des Aufwands. Kundenorientierung ist aber nicht gleichzusetzen mit Kundenbedürfnissen und Kundenzufriedenheit, sondern mit Kundennettonutzen und Kundenwert. Für die Differenzierung und die Absicherung des Wachstums und des Gewinns gilt es, diese beiden Elemente umfassend zu beherrschen und kontinuierlich das jeweilige Modell im Alltag zu verbessern. Fortlaufende Weiterbildungen und kritischer Austausch gerade in diesem Bereich sind sehr wichtig, um befähigt zu sein, die Kundenorientierung zu verbessern. Für eine Organisation wird es gefährlich, wenn die Anforderungen der Börse oder anderer Anspruchsgruppen einen höheren Einfluss erhalten als der Kundennettonutzen und der Kundenwert (Reinecke 2006, S. 5).

7.4 Controlling

Das Controlling ist ein wichtiges Element zur Verbesserung der Kundenorientierung einer Organisation. Es ist in zweifacher Weise mit dem Phänomen Zeit konfrontiert. Controlling wird in den Ablauf der Zeit gestellt und setzt eine bestimmte Vorstellung über die Zeit voraus. Innerhalb der Planung ist darauf zu achten, dass die einzelnen Akteure zwischen unterschiedlichen Zeitdimensionen unterscheiden, dass sie das Verständnis über Zeithorizonte der Kunden antizipieren und sich Entscheidungsgruppen auf eine Zeitvorstellung für das Controlling verständigen können (Schulte 1996, S. 232 ff.). Homburg und Beutin (2006, S. 248) fordern deshalb eine stärkere Beachtung des Faktors Zeit im Rahmen des Controllings.

Allgemein wird in unserem Kulturkreis Controlling mit Kontrolle gleichgesetzt. Dieses Verständnis von Controlling ist aber nicht ausreichend zur Verbesserung der Kundenorientierung (Donaldson und Davis 1991). Die Stärkung von Vertrauen innerhalb einer Organisation gilt es ebenso zu berücksichtigen. Deshalb ist bei der Analyse der Kundenorientierung bei Kunden, Mitarbeitenden und Partnern darauf zu achten, dass das Controlling nicht zu einer negativen Einstellung der kontrollierten Person gegenüber Kontrollen führen (Nuber 1995, S. 92). Es sollen Widerstände gegenüber der Transformation und bisher unberücksichtigte Entwicklungen der Kundeneinstellung und -verhalten erkannt und durch Informationsbereitstellung die Reagibilität abgesichert werden. Wir neigen ganz allgemein eher zum Überwachen und Bestrafen als zum umfassenden Analysieren der Veränderungen und dem Befähigen der Mitarbeitenden. Controlling umfasst aber zwei Aufgaben (Meffert et al. 2019, S. 927):

- Informationsfunktion
- Kontrollfunktion

▶ Ein **Controlling** zur Verbesserung der Kundenorientierung zielt auf die Informationsbereitstellung und Kontrolle auf strategischer und operativer Ebene ab. Auf strategischer
Ebene werden die Planungsprämissen sowie die Lern- bzw. Kompetenzentwicklung
überprüft. Das strategische Controlling hat das Ziel, die Nutzung zukünftiger Erfolgspotenziale abzusichern. Das operative Controlling zielt auf einen Soll-Ist-Vergleich
sowie eine Abweichungsanalyse ab. Das operative Controlling hat das Ziel, die Nutzung
bestehender Erfolgspotenziale abzusichern.

Die Informationsfunktion des Controllings soll das organisationale Lernen fördern, die
Mitarbeitenden befähigen und somit einen Beitrag zur Stärkung der Reagibilität leisten.
Organisationales Lernen kann auf drei Ebenen erfolgen (Argyris und Schön 1996):

1. Single-Loop-Learning
2. Double-Loop-Learning
3. Deutero-Learning

- **Single-Loop-Learning** erfolgt in vielen Organisationen in Bezug auf die Kundenorientierung durch die Verwendung einer Kennzahl, die meist mittels eines
  VoC-Systems ein regelmäßiges Kundenfeedback zurückspielt. Auf die Gefahren eines
  solch verkürzten Steuerungsverständnisses der Kundenorientierung bin ich schon
  mehrfach eingegangen. Darüber hinaus können weitere Ziele zur Verbesserung der
  Kundenorientierung gesetzt werden, die mittels Soll-Ist-Vergleich überwacht werden.
  Neben der Durchführung von Soll-Ist-Analysen bestehen meist Schwächen in der
  jeweiligen Abweichungsanalyse. Eine Abweichungsanalyse geht der Frage nach,
  warum es zu einer gewissen Ausprägung einer Zielmessung gekommen ist. Homburg
  (2017, S. 1312) führt zu Recht an, dass sich die Kundenorientierung im Controlling-
  system daran ablesen lässt, in welchem Ausmaß Kundenerkenntnisse für die
  Abweichungsanalyse vorliegen. Viele Organisationen nutzen für die Abweichungsanalyse Wettbewerbsvergleiche. Das ist keine kundenorientierte Vorgehensweise.
- **Double-Loop-Learning** zielt auf die Überwachung der Planungsprämissen einer
  Organisation ab. Die Planungsprämissen sind bewusst getroffene Annahmen bezüglich des Einwirkens von möglichen Umweltentwicklungen in der Zukunft (Staudacher
  2008, S. 122). Die Ergebnisse der Trendanalyse, die jeweiligen Kundenerkenntnisse
  sowie Analyse der Organisation sind Planungsprämissen, die ebenfalls regelmäßig
  überprüft werden sollen, damit frühzeitig Änderungen vorgenommen werden können.
  Deshalb sind Trendanalysen und Kundenbefragungen regelmäßig durchzuführen.
  Ansonsten besteht für die Organisation keine Möglichkeit, die Planungsprämissen
  zu überprüfen. Die gewonnenen Kundenerkenntnisse in einer fernen Vergangenheit
  können das Scheitern in der Zukunft zementieren. Um Prämissen einer Kontrolle
  zuführen zu können, müssen folgende Anforderungen erfüllt sein (Schoch 1993,
  S. 184):

1. Die Prämissen müssen einen Planungsbezug besitzen.
2. Die Prämissen müssen öffentlich sein.
3. Die Prämissen müssen auf einem grundlegenden Commitment der Entscheidungsträger beruhen.
   Somit haben das Playbook und die Roadmap auch die Funktion, bestehende
   Planungsprämissen zu veröffentlichen, und dies wird nur gelingen, wenn ein
   grundlegendes Commitment der Entscheidungsträger vorliegt.
- Das **Deutero-Learning** bezieht sich auf die Lernfähigkeit einer Organisation all-
  gemein. Sie umfasst sowohl die strategische als auch die operative Ebene sowie die
  Lernerfolge und die Verbesserung der Entscheidungen und Entscheidungsprozesse.
  Dabei sollen die Kompetenzentwicklung der Organisation systematisch analysiert und
  Informationen zur Verbesserung bereitgestellt werden (vgl. Abb. 7.10).

Zum Controlling der Kompetenzentwicklung kann ein Kompetenzportfolio eingesetzt werden (vgl. Abb. 7.11). Die Lernförderung zielt grundsätzlich immer auf das
Customer Value-based Decision Making ab. Darüber hinaus gilt es, Kompetenzlücken
zu bestimmen. Der Einsatz von Co-Creation, die Transformationsfähigkeit oder das
Technologieverständnis können in Organisationen gefährliche Kompetenzlücken für die
Verbesserung der Kundenorientierung sein. Diese gilt es systematisch zu evaluieren und
entsprechende Lernansätze zu entwickeln.

Das Controlling der Verbesserung der Kundenorientierung umfasst somit mehrere
Dimensionen. Es gilt, dabei die Nutzung möglicher zukünftiger und bestehender Erfolgspotenziale abzusichern (vgl. Abb. 7.12).

Auf einer ersten Stufe sind die Lernerfolge und die Entscheidungen sowie Ent-
scheidungsprozesse zu kontrollieren. Dabei können Soll-Ist-Vergleiche und
Abweichungsanalysen eingesetzt werden. Lernerfolge können bspw. über die Anzahl an
Weiterbildungen oder über die Bewertung von internen Wissenstests gemessen werden.
Zur Analyse der Entscheidungen einer Organisation besteht bspw. die Möglichkeit,

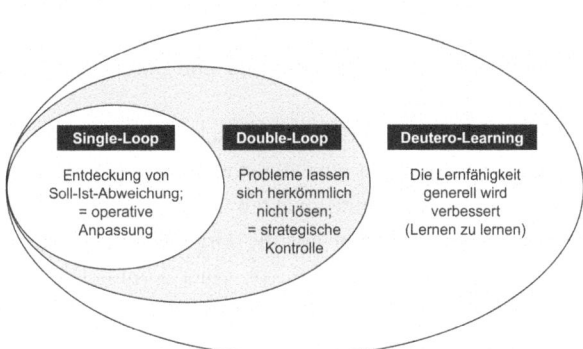

Abb. 7.10 Die drei Ebenen des organisationalen Lernens. (Quelle: Lauer 2019, S. 234)

Abb. 7.11 Kompetenzportfolio zur Beurteilung der Kompetenzen. (Quelle: Buchholz 2019, S. 71)

dem Einzelnen und der jeweiligen Gruppe der Verantwortlichen die Verhaltensmuster (Entscheidungspräferenzen) aufzuzeigen und sie zu visualisieren (Weber und
Schäffer 2001, S. 43). Die AHP-Methode kann hierbei zum Einsatz gelangen (vgl.
Abschn. 3.2.3.3). Die Visualisierung von Entscheidungspräferenzen kann helfen,
taktisches Entscheidungsverhalten einzudämmen und die Nutzung von Kundenerkenntnissen zu fördern. Eine strukturierte Vorgehensweise soll die positiven Eigenschaften
von Gruppenentscheidungen fördern und helfen, mögliche negative Entwicklungen
einzudämmen (Rowe 1998). Die AHP-Methode erlaubt auch die Analyse der Konsistenz
von Entscheidungen und gibt somit darüber hinaus eine Indikation bezüglich der Entscheidungskompetenzen. Das ist zwar nicht für jede Entscheidung in der Organisation
zielführend, aber strategische Entscheidungen oder zumindest eine zufällige Auswahl
an Entscheidungen können mittels dieser Methode analysiert werden. Darüber hinaus
können die Anzahl an Kundenerkenntnissen, die für die einzelne Entscheidung genutzt
wurden, und deren Aktualität zur Bewertung von Entscheidungen zum Einsatz kommen.
Die Entscheidungsprozesse gilt es zu visualisieren und durch geeignete Indikatoren zu
kontrollieren.

Auf einer zweiten Stufe erfolgt das strategische Controlling. Auf strategischer
Ebene umfasst das Controlling nicht nur die Annahmen der Trendanalyse, sondern
auch schwache Signale, die zwar keine exakten Prognosen erlauben, aber zu einem
späteren Zeitpunkt starke Einwirkungen auf die Organisation haben können (Krystek
2005, S. 174). Die zahlreichen Warnungen vor einer kommenden Pandemie in den
letzten Jahren und im Besonderen die Aussage von Bill Gates, dass wir als Weltgemein-
schaft nicht genug auf eine Viruspandemie vorbereitet sind, sind als schwache Signale
zu sehen (Meckel 2020). Regierungen und bisher erfolgreiche Organisationen scheinen
dabei besonders gefordert zu sein, nicht zu blind gegenüber schwachen Signalen aus der
Umwelt zu sein (Jenner 2001, S. 133).

Abb. 7.12 Controllingsystematik zur Verbesserung der Kundenorientierung

Auf einer dritten Stufe wird das operative Controlling zwischen Kunde und Organisation weiter unterteilt. Die kundenbezogene Dimension umfasst die Soll-Ist-Vergleiche und Abweichungsanalysen bezüglich des Customer-Firm Values und des Customer Managements. Die organisationsbezogene Dimension beinhaltet die Soll-Ist-Vergleiche und Abweichungsanalysen bezüglich des Customer-centric Commitments, des Customer-centric Citizenship Behaviors sowie der Customer-centric Transformation und der Co-Creation.

Der Aufbau der Controllingsystematik unterstreicht die Grundpfeiler der Kundenorientierung. Zukünftige Erfolgspotenziale gilt es durch Lernerfolge und die Verbesserung von Entscheidungen abzusichern. Darüber hinaus verpflichtet die Kundenorientierung zu einer mittel- bis langfristigen Perspektive. Sie stellt auf die Organisation ab und betrachtet das Customer Management als das befähigte Resultat der Entscheidungen der Mitarbeitenden einer Organisation. Die Selbstführung der Mitarbeitenden und die Reagibilität sollen durch die Verbesserung der Kundenorientierung gestärkt werden.

Wir sind schon am Ende dieses Buches angelangt. Ich hoffe, ich konnte dir etwas von meiner Leidenschaft bezüglich Kundenorientierung vermitteln. Die einzelnen Dimensionen habe ich kritisch beleuchtet. Das gefällt nicht immer. Die Verbesserung der Kundenorientierung einer Organisation ist ein anspruchsvolles Handwerk. Im folgenden Kapitel findest du den Zugang zum Customer Centricity Maturity Check sowie zahlreiche Messmodelle, die dir helfen sollen, wertvolle Kundenerkenntnisse zu bestimmen und die Kundenorientierung deiner Organisation zu verbessern. Danke für deine Zeit und dein Interesse. Ganz zum Schluss möchte ich dir noch die drei ganz persönlichen Erfolgsfaktoren für deine zukünftige Herausforderung bei der Verbesserung der Kundenorientierung in Abb. 7.13 vorstellen. Ich wünsche dir viel Erfolg.

Abb. 7.13 Persönliche Erfolgsfaktoren zur Verbesserung der Kundenorientierung

Literatur

Argyris, C., & Schön, D. A. (1996). *Organizational learning: A theory of action perspective*. Reading: Addison-Wesley.

Buchholz, L. (2019). *Strategisches Controlling: Grundlagen – Instrumente – Konzepte* (3. Aufl.). Wiesbaden: Springer Gabler.

Donaldson, L., & Davis, J. H. (1991). Stewardship theory or agency theory: CEO governance and shareholder returns. *Australian Journal of Management, 16,* 49–64.

Fader, P., & Toms, S. (2018). *The customer centricity playbook*. Philadelphia: Wharton Digital Press.

Freudenthaler-Mayrhofer, D., & Sposato, T. (2017). *Corporate Design Thinking: wie Unternehmen ihre Innovationen erfolgreich gestalten*. Wiesbaden: Springer Gabler.

Grannemann, U., & Seele, H. (2016). *Führungsaufgabe Change: eine Roadmap für Führungskräfte in Veränderungsprozessen*. Wiesbaden: Springer Gabler.

Haller, S. (2017). *Dienstleistungsmanagement: Grundlagen – Konzepte – Instrumente* (7. Aufl.). Wiesbaden: Springer Gabler.

Homburg, C. (2017). *Marketingmanagement – Strategie – Instrumente – Umsetzung – Unternehmensführung* (6. Aufl.). Wiesbaden: Springer Gabler.

Homburg, C., & Beutin, N. (2006). Kundenstrukturmanagement als Controllingherausforderung. In Sven Reinecke & Torsten Tomczak (Hrsg.), *Handbuch Marketingcontrolling – Effektivität und Effizienz einer marktorientierten Unternehmensführung* (S. 225–252). Wiesbaden: Gabler.

Jenner, T. (2001). Controlling strategischer Erfolgspotentiale unter besonderer Berücksichtigung realer Optionen. In S. Reinecke, T. Tomczak, & G. Geis (Hrsg.), *Handbuch Marketingcontrolling: Marketing als Motor von Wachstum und Erfolg* (S. 128–142). Frankfurt a. M.: Ueberreuter.

Kotter, J. (2009). *Das Prinzip Dringlichkeit. Schnell und konsequent handeln im Management.* Frankfurt a. M.: Campus.

Krystek, U. (2005). Analyse von „Weak Signals" für die Vermeidung von Ad-hoc-Krisen. In C. Burmann, J. Freiling, & M. Hülsmann (Hrsg.), *Management von Ad-hoc Krisen* (S. 169–184). Wiesbaden: Springer Gabler.

Lauer, T. (2019). *Change Management: Grundlagen und Erfolgsfaktoren* (3. Aufl.). Wiesbaden: Springer Gabler.

Meckel, M. (2020). Die Politik hätte besser auf die Pandemie vorbereitet sein können. Handelsblatt. https://www.handelsblatt.com/meinung/gastbeitraege/gastkommentar-die-politik-haette-besser-auf-die-pandemie-vorbereitet-sein-koennen/25768108.html. Zugegriffen: 26. Apr. 2020.

Meffert, H., Burmann, C., Kirchgeorg, M., & Eisenbeiss, M. (2019). *Marketing* (13. Aufl.). Wiesbaden: Gabler.

Nuber, W. (1995). *Strategische Kontrolle – Konzeption, Organisation und kontextspezifische Differen-zierung*. Wiesbaden: DUV.

Oliveira, A., & Gimeno, A. (2014). *Customer service supply chain management: Models for achieving customer satisfaction, supply chain performance, and shareholder value*. London: FT Press.

Reinecke, S. (2006). Return on marketing? In S. Reinecke & T. Tomczak (Hrsg.), *Handbuch Marketing-Controlling: Effektivität und Effizienz einer marktorientierten Unternehmensführung* (S. 3–37). Wiesbaden: Gabler.

Rowe, G. (1998). The use of structured groups to improve judgemental forecasting. In G. Wright & P. Goodwin (Hrsg.), *Forecasting with judgment* (S. 201–235). Chichester: Wiley.

Schoch, D. (1993). *Strategisches controlling*. Dissertation, Hochschule für Wirtschafts-, Rechts- und Sozialwissenschaften, St. Gallen.

Schulte, R. (1996). *Zeit und strategische Planung – Analyse der Zeitdimension zur Stützung der Unternehmenspraxis*. Wiesbaden: Gabler.

Staudacher, J. (2008). *Identitätsbasiertes strategisches Markencontrolling*. Dissertation, Universität Bremen, Bremen. http://elib.suub.uni-bremen.de/diss/docs/00011253.pdf.

Weber, J., & Schäffer, U. (2001). Sicherstellung der Rationalität von Führung als Funktion des Controlling. In J. Weber & U. Schäffer (Hrsg.), *Rationalitätssicherung der Führung – Beiträge zu einer Theorie des Controlling* (S. 25–45). Wiesbaden: DUV.

Customer Centricity Maturity Check und Messmodelle

8

Die Beurteilung der Kundenorientierung deiner Organisation kannst du über folgenden Link vornehmen.

https://customersx.ch/cmc

Skala zur Messung der Stärke der Kundenorientierung aus interner Sicht

Die vorliegende Messskala baut auf der bisher anerkanntesten von Narver und Slater (1990) auf und wird um Elemente von Deshpande et al. (1993, S. 33) ergänzt sowie basierend auf meinem Verständnis bezüglich des Kundenwerts erweitert.

1. Wir haben Prozesse, um kontinuierlich die Verbesserung der Kundenorientierung zu messen.
2. Unsere Angebote, Marken, Kundenbeziehungen und Erlebnisse werden immer aufgrund von Kundenerkenntnissen entwickelt.
3. Wir bieten dem Kunden einen gegenüber dem Wettbewerb überlegenen Nutzen.
4. Wir kennen den Kundennettonutzen genau.
5. Wir kennen den Kundenwert genau.

Skala zur Messung der Stärke der Kundenorientierung aus externer Sicht

1. We as a customer are at the center of [firm]'s actions.
2. [Firm] caters its actions entirely to us as a customer.
3. For [firm] we play the undeniable primary role.
4. The customers are the top priority for [firm].
5. [Firm] is a customer-centric firm.
6. [Firm] lives the idea of "customer centricity".

Quelle: Habel et al. (2020, S. 42)

© Springer Fachmedien Wiesbaden GmbH, ein Teil von Springer Nature 2021

J. Staudacher, *Kundenorientierung,* https://doi.org/10.1007/978-3-658-20176-0_8

Skala zur Messung von Consumer Confusion

- **Similarity confusion proneness**
  1. Owing to the great similarity of many products it is often difficult to detect new products.
  2. Some brands look so similar that it is uncertain whether they are made by the same manufacturer or not.
  3. Sometimes I want to buy a product seen in an advertisement, but cannot identify it clearly between scores of similar products.
- **Overload confusion proneness**
  1. I do not always know exactly which products meet my needs best.
  2. There are so many brands to choose from that I sometime feel confused.
  3. Owing to the host of stores it is sometimes difficult to decide where to shop.
  4. Most brands are very similar and are therefore hard to distinguish.
- **Ambiguity confusion proneness**
  1. Products such as CD players or VCR often have so many features that a comparison of different brands is barely possible.
  2. The information I get from advertising often is so vague that it is hard to know what a product can actually perform.
  3. When buying a product I rarely feel sufficiently informed.
  4. When purchasing certain products, such as a computer or hifi, I feel uncertain as to product features that are particularly important for me.
  5. When purchasing certain products, I need the help of sales personnel to understand differences between products.

Quelle: Walsh und Mitchell (2010, S. 848)

Involvement-Skala

Die folgende Tabelle zeigt die unterschiedlichen Dimensionen des Involvements und deren quantitative Messung in Anlehnung an Laurent und Kapferer (1985, S. 44).

Dimension	Beschreibung	Beispielfrage	Autor
Wichtigkeit	Wahrgenommene Wichtigkeit der Angebotskategorie	XY ist für mich wichtig	L/K
Wissen	Allgemeines Wissen über die Angebotskategorie	Ich kenne mich gut im Bereich XY aus	Neu
Interesse	Interesse gegenüber den Angebotskategorien	Ich interessiere mich allgemein für die neuesten Entwicklungen im Bereich XY	Neu
Risiko Relevanz	Wahrgenommene Wichtigkeit von möglichen negativen Konsequenzen	Wenn man XY kauft, ist es nicht schlimm, wenn man einen Fehler macht	L/K

Dimension	Beschreibung	Beispielfrage	Autor
Risiko Wahrscheinlichkeit	Subjektive Wahrscheinlichkeit eines Fehlkaufs	Wenn man XY kauft, ist es schwer, eine falsche Wahl zu treffen	L/K
Preis		Ich gebe mehr aus für XY als mein Umfeld	Neu
Lust	Hedonistischer Wert einer Angebotskategorie	Ich kann nicht sagen, dass ich XY besonders mag	L/K
Prestige	Wahrgenommenes Prestige einer Angebotskategorie	Man kann viel über eine Person aufgrund ihrer Wahl gegenüber XY sagen	L/K

Bedürfnisskala

Die folgende Tabelle zeigt die Messung von Bedürfnissen mittels Paarvergleichen. Weitere Bedürfnisse sind integrierbar. Das Grundbedürfnis eines Angebots wird bei dieser Form der Analyse nicht integriert.

Bedürfnis	1	2	3	4	5	Bedürfnis
Preis						Prestige
Preis						Sicherheit
Preis						Convenience
Preis						Weitere Bedürfnisse

Skala zur Messung von Kundenemotionen (Paarvergleiche mit einer fünfstufigen Skala)

- angenehm vs. unangenehm
- interessant vs. uninteressant
- glücklich vs. unglücklich
- erregend vs. langweilig
- schön vs. hässlich

Quelle: Foscht et al. (2015, S. 51)

Skala zur Messung der Kundenbegeisterung

1. Ich empfinde Freude gegenüber XY.
2. Ich bin positiv erregt, wenn ich an XY denke.
3. XY hat mich überrascht.

Quelle: Bösener (2015, S. 180)

Customer Experience Quality Scale (EXQ-Scale)
- **Brand experience**
  1. XYZ has a good reputation.
  2. I am confident in XYZ's expertise.
  3. XYZ gives independent advice (on which product/service will best suit my needs).
  4. I choose XYZ not because of the price alone.
  5. The people who work at XYZ represent the XYZ brand well.
  6. XYZ's offerings have the best quality.
  7. XYZ's offerings are superior.
- **Service (provider) experience**
  1. XYZ advised me throughout the process.
  2. Dealing with XYZ is easy.
  3. XYZ keeps me informed.
  4. XYZ demonstrates flexibility in dealing with me.
  5. At XYZ I always deal with the same forms and/or same people.
  6. XYZ's personnel relates to my wishes and concerns.
  7. The people I am dealing with [at XYZ] have good people skills.
  8. XYZ delivers a good customer service.
  9. I have built a personal relationship with the people at XYZ.
  10. XYZ's facilities are better designed to fulfill my needs than their competitors'.
  11. XYZ's online facilities are designed to be as efficient as possible (for me).
  12. XYZ's offline facilities are designed to be as efficient as possible (for me).
- **Post-purchase/consumption experience**
  1. I stay with XYZ because they know me.
  2. XYZ knows exactly what I want.
  3. XYZ keeps me up-to-date.
  4. XYZ will look after me for a long time.
  5. XYZ deal(t) well with me when things go (went) wrong.
  6. I am happy with XYZ as my (service provider).
  7. Being a client at/customer of XYZ gives me social approval

Quelle: Klaus (2015, S. 101)

Customer Satisfaction Scale
1. My feelings towards XYZ are very positive.
2. I feel good about coming to XYZ for the offerings I am looking for.
3. Overall I am satisfied with XYZ and the service they provide.
4. I feel satisfied that XYZ produce the best results that can be achieved for me.
5. The extent to which XYZ has produced the best possible outcome for me is satisfying.

Quelle: Dagger et al. (2007)

Behavioral Loyalty Scale
1. Say positive things about XYZ to other people?
2. Recommend XYZ to someone who seeks your advice?
3. Encourage friends and relatives to use XYZ?
4. Consider XYZ the first choice to buy – services?
5. Use XYZ more in the next few years?

Quelle: Parasuraman et al. (2005)

Word-of-Mouth Behavior Scale
1. Mentioned to others that you do business with XYZ.
2. Made sure that others knew that you do business with XYZ.
3. Spoke positively about XYZ employee(s) to others.
4. Recommended XYZ to family members.
5. Spoke positively of XYZ to others.
6. Recommended XYZ to acquaintances.
7. Recommended XYZ to close personal friends.

Quelle: Brown et al. (2005)

Opinion Leader Scale
1. I often influence people's opinions about new (skin car, bags, cars) offerings.
2. When they choose new (X) offering, other people do not turn to me for advice.
3. I often persuade other people to buy new (X) offerings that I like.
4. People that I know pick (X) offerings based on what I told them.
5. Other people rarely come to me for advice about choosing new (X) offering.
6. My opinion on new (X) offering seems not so count with other people.

Quelle: Goldsmith und de Witt (2003, S. 31)

Customer Engagement-Skala
- **Customer Purchase**
   1. I will continue buying the offering of this brand in the near future.
   2. My purchases with this brand make me content
   3. I do not get my money's worth when I purchase this brand.
   4. Owing the offering of this brand makes me happy.

- **Customer Reference**
    1. I promote the brand because of the monetary referral benefits provided by the brand.
    2. In addition to the value derived from the offering, the monetary referral incentives also encourage me to refer this brand to my friend and relatives.
    3. I enjoy referring this brand to my friends and relatives because of the monetary referral incentives.
    4. Given that I use this brand, I refer my friends and relatives to this brand because of the monetary referral incentives.
- **Customer Influence**
    1. I do not actively discuss this brand on my media.
    2. I love talking about my brand experience.
    3. I discuss the benefits that I get from this brand with others.
    4. I am a part of this brand and mention it in my conversations.
- **Customer knowledge**
    1. I provide feedback about my experiences with the brand to the firm.
    2. I provide suggestions for improving the performance of the brand.
    3. I provide suggestions about the new offering of the brand.
    4. I provide suggestions for developing new offerings for this brand.

Quelle: Kumar und Pansari (2016, S. 504)

Customer Value Co-Creation Behavior Scale
- **Information seeking**
    1. I have asked others for information on what this service offers.
    2. I have searched for information on where this service is located.
    3. I have paid attention to how others behave to use this service well.
- **Information sharing**
    1. I clearly explained what I wanted the employee to do.
    2. I gave the employee proper information.
    3. I provided necessary information so that the employee could perform his or her duties.
    4. I answered all the employee's service-related questions.

- **Responsible behavior**
  1. I performed all the tasks that are required.
  2. I adequately completed all the expected behaviors.
  3. I fulfilled responsibilities to the business.
  4. I followed the employee's directives or orders.
- **Personal interaction**
  1. I was friendly to the employee.
  2. I was kind to the employee.
  3. I was polite to the employee.
  4. I was courteous to the employee.
  5. I didn't act rudely to the employee.
- **Feedback**
  1. If I have a useful idea on how to improve service, I let the employee know.
  2. When I receive good service from the employee, I comment about it.
  3. When I experience a problem, I let the employee know about it.
- **Advocacy**
  1. I said positive things about XYZ and the employee to others.
  2. I recommended XYZ and the employee to others.
  3. I encouraged friends and relatives to use XYZ.
- **Helping**
  1. I assist other customers if they need my help.
  2. I help other customers if they seem to have problems.
  3. I teach other customers to use the service correctly.
  4. I give advice to other customers.
- **Tolerance**
  1. If service is not delivered as expected, I would be willing to put up with it.
  2. If the employee makes a mistake during service delivery, I would be willing to be patient.
  3. If I have to wait longer than I normally expected to receive the service, I would be willing to adapt.

Quelle: Yi und Gong (2013, S. 1281)

Interviewleitfaden zur Überprüfung der individuellen Veränderungsbereitschaft (Quelle: Grannemann und Seele 2016, S. 89)

	Fragen / Kriterien	Was heißt das? Konsequenzen, Folgen Maßnahmen
1. Information	**Was meinen Sie, …?** sind die Mitarbeiter gut informiert? z.B. auf einer Skala von 1 (sehr schlecht) bis 9 (sehr gut) 1 - o - o - o - 5 - o - o - o - 9 Wirklich alle? Bei wem gibt es evtl. Lücken? Sind die Gründe klar, die zur Veränderung geführt haben? Ist klar geworden, wie die Entscheidungen zustande gekommen sind? Ist klar, dass es kein „Zurück" gibt?	
2. Kognitive Akzeptanz	**Glauben Sie, …?** wie viele Einwände und Widerstände existieren noch? Inwieweit ist die Veränderung (kognitiv) akzeptiert? 1 - o - o - o - 5 - o - o - o - 9 Woher wissen wir das? Kennen wir die Einwände und hatten wir Gelegenheit, sie zu diskutieren? Haben wir Gelegenheiten geschaffen, sich an mehreren Zeitpunkten offen dazu zu äußern? Woran merken wir, dass die Veränderung wirklich verstanden worden ist.	
3. Emotionale Akzeptanz	**Was meinen Sie...?** inwieweit die Veränderung auch emotional akzeptiert ist. 1 - o - o - o - 5 - o - o - o - 9 Haben sich die Mitarbeiter wirklich von alten Prozessen, liebgewordenen Gewohnheiten, u.U. Orten, Räumen, Menschen, Rollen, Kontakten verabschiedet? Wurde darüber gesprochen, wovon man sich verabschieden muss? Gab es schon genug Zeit für die „Trauerarbeit"? Wie hoch ist der Motivationsgrad?	
4. Neu-Delegation	**Wie weit sind wir mit...?** 1 - o - o - o - 5 - o - o - o - 9 Kennen die Mitarbeiter die neue Aufgaben? Kenne sie die neue Aufgabeninventur, neue Gewichtungen, neue Regeln, neue Entscheidungs- und Kooperationsabläufe, Verantwortlichkeiten, neue Informationswege und Abstimmungsprozesse, anderen Ziel- und Leistungskriterien? Stimmen die Verantwortlichkeiten? Sind die Delegationspakete gut gepackt und ausgepackt?	
5. Ressourcen	**In wieweit haben die Mitarbeiter alles, was Sie brauchen?** 1 - o - o - o - 5 - o - o - o - 9 Ist der Zeitrahmen ausreichend? Welche Art von Unterstützung, Schulung, Training on the Job? Kennen wir den Bedarf? Wie können wir ihn eruieren? Haben wir die notwendigen Fähigkeiten, Einstellungen und Haltungen richtig eingeschätzt?	
6. Indikatoren	**Welche Indikatoren für den Erfolg der Veränderung haben wir?** An welchen Phänomenen, Verhaltensweisen, Symptome können wir bei den Mitarbeitern, an den Ergebnissen, bei den Kunden usw. erkennen ob der Prozess gut verläuft. Wann müssen wir intervenieren oder nachhaken?	Sammlung von Beispielen:

Customer Orientation – Sales Orientation Scale
- **Customer Orientation**
  1. Tries to figure out a customer's needs
  2. Has the customer's best interest in mind
  3. Takes a problem-solving approach in selling offerings to customers
  4. Recommends offerings that are best suited to solving problems
  5. Tries to find out which kind of offering would be most helpful to customers
- **Sales Orientation**
  1. Tries to sell as much as he can, rather than satisfying customers
  2. Finds it necessary to stretch the truth in his sales presentations
  3. Tries to sell as much as he can to convince the customer to buy, even if it is more than wise customers would buy
  4. Paints to rosy a picture of the offering to make them sound as good as possible
  5. Makes recommendations based on what he thinks he can sell and not on the basis of customers' long-term satisfaction

Quelle: Thomas et al. (2001)

Checkliste zur Diagnose der Organisationskompetenzen (Quelle: North et al. 2018, S. 26)

„Kompetenzmuffel"	5	4	3	2	1	„Kompetenz-Organisation"
1. Kernkompetenzen sind nicht definiert						Kernkompetenzen sind definiert und werden regelmäßig aktualisiert
2. Kompetenzprofile der Mitarbeiterinnen und Mitarbeiter existieren nicht						Kompetenzprofile der Mitarbeiterinnen und Mitarbeiter existieren für Kernprozesse, -funktionen und werden regelmäßig aktualisiert
3. Kompetenzentwicklung ist nicht mit Personalentwicklung verzahnt						Kompetenzentwicklung wird in Mitarbeitergesprächen und Entwicklungsplanung systematisch berücksichtigt
4. Lernen und Weiterbildung müssen im Zweifelsfall hinter operativen Aufgaben zurückstehen						Lernen und Weiterbildung haben hohe Priorität (Zeit und Budget ist für jede Mitarbeiterin, jeden Mitarbeiter vorgesehen)
5. Informelles Lernen am Arbeitsplatz wird nicht anerkannt						Informelles Lernen wird mit entsprechenden Maßnahmen unterstützt (Coaching, Mentoren etc.)
6. Es gibt keine individuellen Weiterbildungspläne						Individuelle Weiterbildungspläne werden konsequent umgesetzt
7. Weiterbildung und Anwendung sind nicht miteinander verzahnt						Weiterbildung ist immer mit Anwendung verbunden
8. Es existieren keine Anreize zur Kompetenzentwicklung für die Mitarbeiterinnen und Mitarbeiter						Kompetenzentwicklung wird durch Anreizsysteme konsequent unterstützt

Skala zur Messung der emotionalen Mitarbeitendenbindung

- **Wachstum**
  1. Während des letzten Jahres hatte ich bei der Arbeit die Gelegenheit, Neues zu lernen und mich weiterzuentwickeln.
  2. In den letzten sechs Monaten hat jemand in der Firma mit mir über meine Fortschritte gesprochen.
- **Teamarbeit**
  1. Ich habe einen sehr guten Freund/eine sehr gute Freundin innerhalb der Firma.
  2. Meine KollegInnen haben einen inneren Antrieb, Arbeit von hoher Qualität zu leisten.
  3. Die Ziele und die Unternehmensphilosophie meiner Firma geben mir das Gefühl, dass meine Arbeit wichtig ist.
  4. Bei der Arbeit scheinen meine Meinungen zu zählen.
- **Unterstützung**
  1. Bei der Arbeit gibt es jemanden, der mich in meiner Entwicklung fördert.
  2. Mein Vorgesetzter/meine Vorgesetzte oder eine andere Person bei der Arbeit interessiert sich für mich als Mensch.
  3. Ich habe in den letzten sieben Tagen für gute Arbeit Anerkennung oder Lob bekommen.
  4. Ich habe bei der Arbeit jeden Tag die Gelegenheit, das zu tun, was ich am besten kann.
- **Grundbedürfnisse**
  1. Ich habe die Materialien und die Arbeitsmittel, um meine Arbeit richtig zu machen.
  2. Ich weiß, was bei der Arbeit von mir erwartet wird.

Quelle: Nink (2018)

Skala zur Messung des Customer-centric Commitments

- **Allgemeine Einstellung**
  1. Ich schätze meine Kollegen als sehr kundenorientiert ein.
  2. Meine Kollegen fühlen sich mit unseren Kunden so verbunden, dass sie bereit sind sich besonders für deren Anliegen einzusetzen.
  3. Ich bin stolz, wenn ich anderen erzählen kann, wie kundenorientiert mein Unternehmen ist.
  4. Das Ziel, die Kundenorientierung zu verbessern, beeinflusst das tägliche Handeln meiner Kollegen.
- **Customer Value-based Decision Making**
  1. Alle meine Kollegen kennen das Kundenwertmodell unseres Unternehmens.
  2. Alle meine Kollegen kennen die relevanten Veränderungen der Einstellungen und des Kaufverhaltens unserer Kunden.
  3. Meinen Kollegen ist bewusst, dass sie nur gute Entscheidungen treffen können, wenn Informationen bezüglich der Kundenbedürfnisse und des Kundenwerts vorliegen.
- **Customer-centric Transformation**
  1. Meinen Kollegen ist bewusst, dass die Verbesserung der Kundenorientierung ihnen sehr dabei helfen kann, ihre eigenen Fähigkeiten zu verbessern.
  2. Unsere Geschäftsleitung fördert die kundenorientierte Einstellung der Mitarbeitenden kontinuierlich.

3. Erfolge bei der Veränderung im Unternehmen, um in Zukunft kundenorientierter zu sein, erfüllen mich mit Stolz.
4. Die Zusammenarbeit in Teams aus unterschiedlichen Abteilungen ist meinen Kollegen sehr wichtig, um bessere Ergebnisse zu erzielen.
- **Co-Creation**
  1. Meinen Kollegen ist bewusst, dass Wert nur mit dem Kunden zusammen geschaffen werden kann.
  2. Ich habe keine Angst, mit unseren Kunden meine Fragestellungen und Entscheidungen zu besprechen.
  3. Meine Kollegen freuen sich immer auf den Austausch mit Kunden.
- **Customer Management**
  1. Die Werte, für die unsere Organisation/Marke steht, sind für mich nicht nur schöne Worte, sondern beeinflussen mein tägliches Handeln.
  2. Ich fühle mich mit unserer Organisation/Marke verbunden, sodass ich bereit bin, mich besonders für die Marke einzusetzen.

Skala zur Messung des Customer-centric Citizenship Behaviors
- **Allgemeines Verhalten**
  1. Meine Kollegen sind immer hilfsbereit gegenüber Kunden.
  2. Meine Kollegen würden auch Verantwortung für Aufgaben außerhalb des eigenen Verantwortungsbereichs übernehmen, um Kundenanliegen besser lösen zu können (z. B. in der Verfolgung von Beschwerden oder Reklamationen).
  3. Meine Kollegen denken bei allem, was sie sagen oder tun, an die Auswirkungen suf unsere Kunden.
- **Customer Value-based Decision Making**
  1. Meine Kollegen bilden sich regelmäßig im Bereich Kundendatengewinn und Kundendatenanalyse weiter.
  2. Meine Kollegen berücksichtigen bei allen Entscheidungen die Auswirkungen auf den Kundenwert und Kundennettonutzen.
  3. Meine Kollegen hinterfragen regelmäßig öffentlich die bestehenden Entscheidungsprozesse in unserem Unternehmen.
- **Customer-centric Transformation**
  1. Meine Kollegen unterstützen Veränderungen im Unternehmen aktiv, wenn dadurch die Kundenorientierung verbessert werden kann.
  2. Lernerfolge werden in unserem Unternehmen regelmäßig ausgezeichnet.
  3. Meine Kollegen handeln kundenorientiert, auch wenn sie nicht beobachtet oder kontrolliert werden.
- **Co-Creation**
  1. Ohne Kundenfeedback wird in unserem Unternehmen kaum eine Entscheidung getroffen.
  2. Meine Kollegen versuchen systematisch, unsere Kunden immer stärker an der Werterstellung zu beteiligen.
  3. Meine Kollegen achten bei ihren Entscheidungen darauf, dass die Weiterempfehlungsabsicht der Kunden steigt.

- **Customer Management**
  1. Meine Kollegen beachten bei allen Entscheidungen die Markenpositionierung.
  2. In unserem Unternehmen wird Kundenbindung großgeschrieben.
  3. Meine Kollegen setzen sich freiwillig durch ihr tägliches Verhalten für unsere Kunden ein, auch über das hinaus, was minimal von ihnen verlangt wird, und auch ohne, dass sie dafür besonders belohnt werden.

Zusätzliche Fragen für Kundenkontaktmitarbeitende

- **Offenheit**
  1. Meinen Kollegen macht es Spaß, mit Kunden zu interagieren.
  2. Der Austausch mit Kunden ist für meine Arbeit bereichernd.
  3. Kundenorientierung ist für meinen Job elementar.
- **Lösungskompetenz**
  1. Meine Kollegen versuchen, Kunden mittels Informationen anstelle von Druck zu beeinflussen.
  2. Meine Kollegen widersprechen Kunden auch, damit die Kunden bessere Entscheidungen treffen können.
  3. Meine Kollegen versuchen immer, dem Kunden zu helfen, seine Ziele zu erreichen.

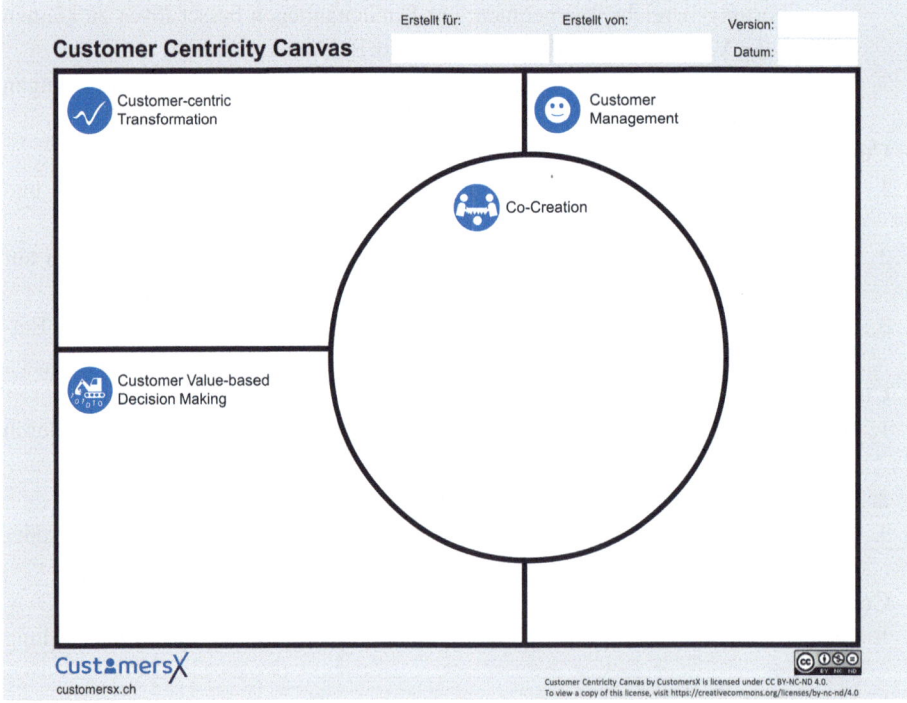

Customer Centricity Canvas Vorlage. (Quelle: © CustomersX. All rights reserved. Reprinted by permission)

Literatur

Bösener, K. (2015). *Kundenzufriedenheit, Kundenbegeisterung und Kundenpreisverhalten: empirische Studien zur Untersuchung der Wirkungszusammenhänge*. Wiesbaden: Springer Gabler.

Brown, T. J., Barry, T. E., Dacin, P. A., & Gunst, R. F. (2005). Spreading the word: Investigating the antecedents of consumers' positive word-of-mouth intentions and behaviors in a retailing context. *Journal of Academy of Marketing Science, 33*, 123–138.

Dagger, T., Sweeney, J., & Johnson, L. (2007). A hierarchical model of health service quality: Scale-development and investigation of an integrated model. *Journal of Service Research, 10*, 123–142.

Deshpande, R., Farley, J. U., & Webster, F. E. (1993). Corporate culture, customer orientation, and innovativeness in Japanese firms: A quadrad analysis. *Journal of Marketing, 57*, 23–37.

Foscht, T., Swoboda, B., & Schramm-Klein, H. (2015). *Käuferverhalten* (5. Aufl.). Wiesbaden: Springer Gabler.

Goldsmith, R. E., & de Witt, T. S. (2003). The predictive validity of an opinion leadership scale. *Journal of Marketing Theory and Practice, 11*, 28–35.

Grannemann, U., & Seele, H. (2016). *Führungsaufgabe Change: Eine Roadmap für Führungskräfte in Veränderungsprozessen*. Wiesbaden: Springer Gabler.

Habel, J., Kassemeier, R., Alavi, S., Haaf, P., Schmitz, C., & Wieseke, J. (2020). When do customers perceive customer centricity? The role of a firm's and salespeople's customer. *Journal of Personal Selling & Sales Management, 40*, 24–40.

Klaus, P. (2015). *Measuring customer experience: How to develop and execute the most profitable customer experience strategies*. Basingstoke: Palgrave Macmillan.

Kumar, V., & Pansari, A. (2016). Competitive advantage through engagement. *Journal of Marketing Research, 53*, 497–514.

Laurent, G., & Kapferer, J.-N. (1985). Measuring consumer involvement profiles. *Journal of Marketing Research, XXII*, 41–53.

Narver, J. C., & Slater, S. F. (1990). The effect of a market orientation on business profitability. *Journal of Marketing, 54*, 20–35.

Nink, M. (2018). Engagement index Deutschland 2018. Gallup. https://www.gallup.de/183104/engagement-index-deutschland.aspx. Zugegriffen: 5. Febr. 2020.

North, K., Reinhardt, K., & Sieber-Suter, B. (2018). *Kompetenzmanagement in der Praxis: Mitarbeiterkompetenzen systematisch identifizieren, nutzen und entwickeln: mit vielen Praxisbeispielen* (3. Aufl.). Wiesbaden: Springer Gabler.

Parasuraman, A., Zeithaml, V., & Malhotra, A. (2005). E-S-QUAL: A multiple-item scale for assessing electronic service quality. *Journal of Service Research, 7*, 213–234.

Thomas, R. W., Soutar, G. N., & Ryan, M. M. (2001). The selling orientation-customer orientation (S.O.C.O.) scale: A proposed short form. *The Journal of Personal Selling and Sales Management, 21*, 63–69.

Walsh, G., & Mitchell, V.-W. (2010). The effect of consumer confusion proneness on word of mouth, trust, and customer satisfaction. *European Journal of Marketing, 44*, 838–859.

Yi, Y., & Gong, T. (2013). Customer value co-creation behavior: Scale development and validation. *Journal of Business Research, 66*, 1279–1284.

Stichwortverzeichnis

© Springer Fachmedien Wiesbaden GmbH, ein Teil von Springer Nature 2021
J. Staudacher, *Kundenorientierung,* https://doi.org/10.1007/978-3-658-20176-0

The manufacturer's authorised representative in the EU is Springer
Nature Customer Service Centre GmbH, Europaplatz 3, 69115 Heidelberg,
Germany. If you have any concerns regarding our products, please
contact ProductSafety@springernature.com

Printed and bound by CPI Group (UK) Ltd, Croydon, CR0 4YY
27/04/2026
02097560-0019